Ensaios sobre a Gītā

A CANÇÃO DO BEM-AVENTURADO

Sri Aurobindo

Ensaios sobre a Gītā

A CANÇÃO DO BEM-AVENTURADO

Uma Visão Espiritual Mais Ampla sobre a
Bhagavad Gītā, o Texto Clássico do Hinduísmo,
e sua Importância para o Mundo Atual

Tradução
Aryamani

Editora
Pensamento
SÃO PAULO

Título do original: *Essays on the Gita.*

Publicado por Sri Aurobindo Ashram Publication Department.

1ª edição 2024.

Editor: Adilson Silva Ramachandra
Gerente editorial: Roseli de S. Ferraz
Gerente de produção editorial: Indiara Faria Kayo
Preparação de originais: Alessandra Miranda de Sá
Revisão: Barbara Kreutzig, Jivatman e Neusa Volpe
Revisão final: Jivatman, Aryamani e Luciane Gomide
Revisão das palavras em sânscrito: Umberto Cesaroli Jr
Editoração eletrônica: Ponto Design Gráfico
Capa: Ricardo de Oliveira Bernardo

Dados Internacionais de Catalogação na Publicação (CIP)
(Câmara Brasileira do Livro, SP, Brasil)

Aurobindo, Sri, 1872-1950

Ensaios sobre a Gita : a canção do bem-aventurado: uma visão espiritual mais ampla sobre a Bhagavad Gita, o texto clássico do hinduísmo, e sua importância para o mundo atual / Sri Aurobindo; tradução Aryamani. - São Paulo : Editora Pensamento, 2024.

Título original: Essays on the Gita
ISBN 978-85-315-2360-1

1. Bhagavad Gita 2. Espiritualidade 3. Hinduísmo 4. Hinduísmo - Livros sagrados I. Título.

24-196797 CDD-294.5924047

Índices para catálogo sistemático:

1. Bhagavad Gita : Escrituras sagradas : Hinduísmo - 294.5924047

Eliane de Freitas Leite - Bibliotecária - CRB 8/8415

Direitos de tradução para a língua portuguesa adquiridos com exclusividade pela EDITORA PENSAMENTO-CULTRIX LTDA., que se reserva a propriedade literária desta tradução.
Rua Dr. Mário Vicente, 368 – 04270-000 – São Paulo – SP – Fone: (11) 2066-9000
http://www.editorapensamento.com.br
E-mail: atendimento@editorapensamento.com.br
Foi feito o depósito legal.

NOTA DA EDIÇÃO INGLESA

A primeira série dos Ensaios Sobre a Gītā foi publicada na revista mensal *Arya* entre o mês de agosto de 1916 e julho de 1918. Foi revisada por Sri Aurobindo e publicada em forma de livro em 1922.

A segunda série foi publicada em *Arya* entre agosto de 1918 e julho de 1920. Em 1928, Sri Aurobindo concluiu uma extensa revisão que foi publicada em forma de livro.

Para a presente edição o texto foi inteiramente comparado com todas as edições precedentes e com os manuscritos da revista *Arya*.

SUMÁRIO

Prefácio 9

ENSAIOS SOBRE A GĪTĀ - PRIMEIRA SÉRIE 13

Capítulo I - O Que a Gītā Pode nos Oferecer 15
Capítulo II - O Instrutor Divino 23
Capítulo III - O Discípulo Humano 31
Capítulo IV - O Âmago do Ensinamento 40
Capítulo V - Kurukshetra 49
Capítulo VI - O Ser Humano e a Batalha da Vida 56
Capítulo VII - O Credo do Guerreiro Ariano 64
Capítulo VIII - Sankhya e Ioga 74
Capítulo IX - Sankhya, Ioga e Vedanta 86
Capítulo X - O Ioga da Vontade Inteligente 97
Capítulo XI - Obras e Sacrifício 107
Capítulo XII - O Significado do Sacrifício 115
Capítulo XIII - O Senhor do Sacrifício 124
Capítulo XIV - O Princípio das Obras Divinas 132
Capítulo XV - O Avatar: Possibilidade e Propósito de sua Encarnação 142
Capítulo XVI - Como o Avatar vem ao Mundo 153
Capítulo XVII - O Nascimento Divino e as Obras Divinas 162
Capítulo XVIII - O Obreiro Divino 170
Capítulo XIX - Igualdade 180
Capítulo XX - Igualdade e Conhecimento 191
Capítulo XXI - O Determinismo da Natureza 202
Capítulo XXII - Mais Além dos Modos da Natureza 213
Capítulo XXIII - O Nirvana e as Obras no Mundo 221
Capítulo XXIV - O Âmago do Carma-Ioga 232

ENSAIOS SOBRE A GĪTĀ - SEGUNDA SÉRIE 243

PARTE I - A SÍNTESE ENTRE AS OBRAS, O AMOR E O CONHECIMENTO 243

Capítulo I - As Duas Naturezas 245
Capítulo II - A Síntese Entre Devoção e Conhecimento 258
Capítulo III - O Divino Supremo 268
Capítulo IV - O Segredo dos Segredos 279
Capítulo V - A Verdade e a Via Divinas 288
Capítulo VI - Obras, Devoção e Conhecimento 298
Capítulo VII - A Palavra Suprema da Gītā 312
Capítulo VIII - Deus em Poder de Devenir 328
Capítulo IX - A Teoria do Vibhuti 338
Capítulo X - A Visão do Espírito Universal – Tempo como Destruidor 348
Capítulo XI - A Visão do Espírito Universal –O Aspecto Duplo 358
Capítulo XII - O Caminho e o Bhakta 365

PARTE II - O SEGREDO SUPREMO 375

Capítulo XIII - O Campo e o Conhecedor do Campo 377
Capítulo XIV - Acima das Gunas 388
Capítulo XV - Os Três Purushas 400
Capítulo XVI - A Plenitude da Ação Espiritual 413
Capítulo XVII - Deva e Asura 425
Capítulo XVIII - As Gunas, a Fé e as Obras 437
Capítulo XIX - As Gunas, a Mente e as Obras 451
Capítulo XX - Svabhava e Svadharma 464
Capítulo XXI - Em Direção ao Segredo Supremo 481
Capítulo XXII - O Segredo Supremo 493
Capítulo XXIII - O Âmago do Significado da Gītā 513
Capítulo XXIV - A Mensagem da Gītā 523

PREFÁCIO

Vemos isso como um mistério, ou falamos disso ou ouvimos sobre isso como se fosse um mistério, mas, na verdade, ninguém o conhece.

(Gītā. II. 29)

Aqueles que buscam o Imutável, o Indeterminável, o Não Manifestado, o Onipresente, o Inconcebível, o Self mais alto, o Imóvel, o Permanente e que – iguais em sua mente em relação a todos – se dedicam ao bem de todos os seres, é para Mim que eles vêm.

(Gītā. XII. 3, 4.)

A Gītā não pode ser descrita exclusivamente como um evangelho do amor. O que ela apresenta é um Ioga do conhecimento, da devoção e das obras, baseado em uma consciência e realização espirituais da unidade com o Divino e da unidade de todos os seres no Divino. Bhakti, devoção e amor de Deus, trazendo consigo a unidade com todos os seres e amor por todos os seres, ocupa aí um lugar muito elevado, mas sempre em conexão com o conhecimento e com as obras.

(Sri Aurobindo – *Letters on Yoga*, vol. 29, *Complete Works of Sri Aurobindo*, p. 441)

Bhagavad Gītā – a Canção do Bem-Aventurado. O Bem-Aventurado é Krishna, o Instrutor divino que, no campo de batalha de Kurukshetra, dá ao seu discípulo e amigo, Arjuna, o sublime ensinamento que lhe permite ultrapassar a crise moral terrível em que ele se encontra.

[...] Em seus Ensaios Sobre a *Gītā*, publicados em inglês entre os anos 1916 e 1920, Sri Aurobindo renovou completamente o estudo crítico da Gītā, ressaltando ao longo da obra seu significado espiritual mais vasto.[1]

(Philippe B. Saint Hilaire – Pavitra)

[...] "Sri Aurobindo viu que suas próprias realizações espirituais eram testemunhas da verdade do ensinamento da Gītā. E é à luz de sua própria sabedoria que ele explica e expõe esse ensinamento para o benefício daqueles que estão prontos a ultrapassar as palavras do texto sagrado para descobrir seu espírito. [...]"[2]

(T.V. Kapali Sastry, *Sri Aurobindo: Lights on the Teachings*)

A Bhagavad Gītā, *A Canção do Bem-Aventurado*, embora tenha sido um evento em um momento histórico específico e em uma situação de todo incomum, continua a nos surpreender com a atemporalidade de seu ensinamento e a nos conduzir a descobertas novas, ao abrir os olhos da nossa alma para uma nova visão e um novo conhecimento – com Sri Aurobindo esse conhecimento se torna próximo, claro, desvelado. Sua imensidade nos transcende e, ao mesmo tempo, traz para dentro de nós a presença de Krishna, que se torna viva e luminosa à medida que avançamos na leitura.

Perceberemos no último capítulo, "A Mensagem da Gita", como Sri Aurobindo introduz uma mudança sutil na linguagem da obra. Até então, nas passagens em que o diálogo entre Krishna e Arjuna aparecem, encontramos os pronomes do inglês arcaico "*thou*" and "*thy*". O último capítulo nos traz a voz de Sri Aurobindo-Krishna. O pronome usado é "*you*", que traduzi como "você". Este capítulo, que conclui os "*Ensaios Sobre a Gītā*", nos traz a grande revelação.

[...] Uma Presença suprema dentro de você se encarregará de seu Ioga e o conduzirá prontamente, segundo as linhas de seu svabhāva, à sua consumação perfeita. E, mais tarde, qualquer que seja seu gênero de vida e seu modo de ação, você viverá e agirá

1. Citação extraída do prefácio da obra *Le Yoga de la Gita*, de Philippe B. Saint-Hilaire (conhecido como *Pavitra*), um dos primeiros membros do *Ashram* de Sri Aurobindo, onde viveu de 1926 até 1969, quando deixou o corpo. (N. da T.)
2. Idem.

> *conscientemente, agindo e se movendo n'Ele, e o Poder Divino agirá por meio de você em todos os seus movimentos interiores e exteriores. Esse é o supremo caminho, porque é o mais alto segredo e o mais alto mistério e, ainda assim, é um movimento interior que todos podem realizar de maneira progressiva. Esta é a verdade mais profunda e mais íntima de sua existência real, de sua existência espiritual.*

Essas são as palavras finais dos *Ensaios Sobre a Gītā*, com as quais Sri Aurobindo conclui o livro.

Mais uma vez, no trabalho de tradução, palavras e expressões sânscritas foram um grande desafio, assim como encontrar palavras em português que possam corresponder ao significado dado por Sri Aurobindo. Repito, então, o que já foi dito na nota de *A Síntese do Ioga*:

"Sátvico", "rajásico" e "tamásico" são exemplos de adjetivos que tivemos de introduzir para definir a qualidade das três gunas, *sattva, rajas* e *tamas*.

No dicionário Houaiss encontramos a palavra "iogue" com a função dupla de adjetivo e substantivo. Para não confundir o leitor, introduzi a palavra "ióguico" como adjetivo e deixei "iogue" como substantivo.

Há palavras que, embora façam parte do dicionário Houaiss, são pouco conhecidas. Por exemplo, "brâmane" e "brâmine", ambas adjetivo e substantivo de dois gêneros. Decidi usar a primeira como substantivo e a segunda como adjetivo.

A palavra "Sankhya", por ser muito usada no texto, deixei em maiúscula quando aparece como filosofia, e em minúscula quando se refere aos seguidores dessa filosofia, os "sankhyas", como em inglês.

Muitas palavras e expressões sânscritas são explicadas por Sri Aurobindo no próprio texto. Para algumas criei notas. Quais deixar em itálico foi uma decisão difícil, visto que várias estão já integradas na língua portuguesa. Em caso de dúvida, preferi deixar em itálico. No caso da palavra "svabhava", deixei sempre em itálico ao longo do texto, com exceção do índice, em que indica o título do Capítulo XX da Segunda Série, e no título do próprio capítulo.

Há diferenças nas regras quanto a deixar palavras com maiúsculas ou minúsculas em inglês e português, tentei seguir na maioria das vezes as regras do português.

Ao seguir o texto página por página vemos sua alma, aos poucos, revelar-se. Como sempre, Sri Aurobindo nos guia. Desde o início, nos cinco primeiros capítulos, ele já nos põe diante dos elementos principais deste grande evento: a atualidade da Gītā, o Instrutor Divino, o Discípulo Humano, o Âmago do Ensinamento e as Circunstâncias: o Campo de Kurukshetra. Portanto, ao prosseguir com a leitura, o leitor já estará em contato com esses elementos essenciais, o que ajudará na compreensão do texto e sua mensagem.

– Aryamani, Auroville, setembro de 2023

ENSAIOS SOBRE A GĪTĀ

PRIMEIRA SÉRIE

CAPÍTULO I

O QUE A GĪTĀ PODE NOS OFERECER

Há, no mundo, uma abundância de escrituras sagradas e profanas de revelações e semirrevelações, de religiões, filosofias, seitas, escolas e sistemas aos quais se apegam, com exclusividade e paixão, as numerosas mentes cujo conhecimento é incompleto ou nenhum. Elas pretendem que só este ou aquele livro é a Palavra eterna de Deus e que todos os outros são imposturas ou, no melhor dos casos, são inspirados de maneira imperfeita, que esta ou aquela filosofia é a última palavra do intelecto racional e todos os outros sistemas são erros, ou válidos somente porque contêm certas verdades parciais que as ligam ao único culto filosófico verdadeiro. Mesmo as descobertas das ciências físicas foram elevadas à categoria de culto e em nome delas a religião e a espiritualidade foram banidas como ignorância e superstição e a filosofia como quinquilharia e devaneio. Mesmo os sábios muitas vezes se prestaram a essas exclusões sectárias e altercações vãs, extraviados por algum espírito da obscuridade, que se misturou à sua luz ou a cobriu com uma nuvem de egoísmo intelectual ou orgulho espiritual. No entanto, a humanidade agora parece inclinada a um pouco mais de modéstia e de sabedoria; não matamos mais nossos semelhantes em nome da verdade de Deus ou porque a mente deles foi treinada de modo diferente ou constituída de outra maneira que a nossa; somos menos dispostos a amaldiçoar ou a insultar nosso vizinho porque ele é pecaminoso ou presunçoso o bastante para discordar da nossa opinião; estamos prontos mesmo a admitir que a Verdade está em toda parte e não pode ser nosso monopólio exclusivo; começamos a ver outras religiões e outras filosofias pela verdade e ajuda que contêm e não mais apenas para condená-las como falsas ou para criticar o que consideramos ser seus erros. Mas somos sempre inclinados a declarar que nossa verdade nos dá aquele supremo conhecimento que outras religiões ou filosofias não souberam captar ou que apreenderam só imperfeitamente, de modo que lidam apenas com aspectos subsidiários e inferiores da verdade das coisas, ou podem apenas preparar mentes menos evoluídas para as alturas às quais chegamos. E ainda somos inclinados a forçar, sobre nós mesmos ou sobre outros, toda a massa sagrada do livro ou do evangelho que admiramos e a insistir que tudo nele deve ser aceito como uma verdade eternamente válida e que a nenhuma letra, a nenhum acento ou a nenhuma diérese seja negada sua parte da inspiração plena.

Pode, portanto, ser útil, quando abordamos Escrituras antigas, tais como os Vedas, os Upanishads ou a Gītā, indicar com precisão o espírito com o qual nos acercamos delas e o que, exatamente, pensamos poder extrair delas que tenha valor para a humanidade e seu futuro. Antes de mais nada, existe sem dúvida uma Verdade única e eterna que buscamos e da qual todas as outras verdades derivam, à luz da qual toda outra verdade se situa, se explica e se relaciona no plano geral do conhecimento. Porém, precisamente por essa razão, essa Verdade não pode ser encerrada em uma única fórmula incisiva e não é provável que seja encontrada, em sua totalidade ou em tudo o que traz consigo, em uma única filosofia ou escritura, nem que seja expressa de modo completo e para sempre por um mestre, um pensador, profeta ou Avatar quaisquer. Tampouco apreendemos de maneira completa essa Verdade, se a visão que tivermos dela necessitar a exclusão intolerante da verdade que é subjacente em outros sistemas; pois quando rejeitamos de modo apaixonado é que simplesmente não podemos apreciar e explicar. Em segundo lugar, essa Verdade, embora seja uma e eterna, expressa-se no Tempo e através da mente do indivíduo; portanto, cada escritura deve necessariamente conter dois elementos: um temporário, perecível, pertencente às ideias do período e do país no qual foi originado e o outro, eterno e imperecível, e aplicável a todas as épocas e a todos os países. Ademais, na exposição da Verdade, a real forma que lhe é dada, o sistema e o arranjo, o molde metafísico e intelectual, a expressão precisa que é usada devem estar largamente sujeitos às mutações do Tempo e deixam de ter a mesma força, porque o intelecto humano se modifica sempre; por uma divisão e combinação contínuas ele é obrigado a alterar suas divisões continuamente e a rearranjar suas sínteses; ele abandona sempre antigas expressões e antigos símbolos por novos ou, se usa o antigo, muda sua conotação ou, ao menos, seu conteúdo exato e as associações, de maneira que jamais poderemos estar de todo seguros de compreender um antigo livro desse gênero de maneira precisa, no sentido e espírito que ele tinha para seus contemporâneos. O que é de um valor permanente é aquilo que, além de ser universal, foi experienciado, vivido e sentido por uma visão mais alta que a do intelecto.

Por isso, considero de menor importância extrair da Gītā sua conotação metafísica exata como foi compreendida pelos homens de seu tempo – mesmo se isso fosse acuradamente possível. Que isso não é possível é mostrado pela divergência dos comentários originais, que foram escritos e ainda são escritos, sobre ela, pois todos estão de acordo que cada um esteja em desacordo com os outros; cada um encontra na Gītā seu próprio sistema metafísico e a tendência de seu pensamento religioso. Nem mesmo a erudição mais meticulosa e mais desinteressada e as mais iluminadas teorias do desenvolvimento histórico da filosofia indiana nos salvam desse erro inevitável. Mas o que podemos fazer com proveito é buscar na Gītā o que ela contém de verdades realmente vivas, à parte de sua forma metafísica; extrair desse livro aquilo que pode nos ajudar – a nós mesmos ou ao mundo em geral – a traduzi-lo na forma e expressão as mais naturais e vivas que pudermos encontrar que sejam adaptadas à mentalidade da humanidade atual e apropriadas às suas necessidades espirituais. Sem dúvida, nessa tentativa podemos misturar um grande número de erros, nascidos de nossa própria individualidade e das ideias nas quais vivemos, como o fizeram antes homens maiores do que nós, mas, se mergulharmos no espírito dessa grande Escritura e, acima de tudo, se tentarmos viver nesse espírito, poderemos estar seguros de encontrar nela o tanto de verdade real quanto formos capazes de receber, assim como a influência espiritual e a ajuda concreta que, pessoalmente, somos destinados a obter dela. E essa, afinal, é a razão pela qual as Escrituras foram escritas; o resto é disputa acadêmica ou dogma teológico. Só continuam a ser de importância vital para a humanidade aquelas escrituras, religiões, filosofias, que possam ser assim constantemente renovadas, revividas, sua substância de permanente verdade constantemente reformada e desenvolvida no pensamento mais profundo e na experiência espiritual de uma humanidade que se desenvolve. O resto permanece como monumentos do passado, mas não tem força ou impulso vital para o futuro.

Na Gītā há muito pouco que seja apenas local ou temporal; seu espírito é tão largo, profundo e universal que mesmo esse pouco pode ser facilmente universalizado sem que o sentido do ensinamento sofra qualquer diminuição ou violação; antes, ao dar-lhe escopo mais amplo do que se ele se limitasse ao país e à época, o ensinamento ganha em profundidade, verdade e poder. De fato, com frequência a própria Gītā sugere o escopo mais vasto que se pode dar, dessa maneira, a uma ideia que, em si, é local ou limitada. Assim, ela trata da antiga ideia e do antigo sistema indiano do sacrifício como um intercâmbio entre deuses e seres humanos – um sistema e uma ideia que desde muito tempo se tornaram praticamente obsoletos mesmo na Índia e não são mais reais para a mente humana em geral; mas encontramos aqui um sentido tão sutil, tão figurativo e simbólico dado à palavra "sacrifício", e o conceito de deuses é tão pouco local e mitológico, tão inteiramente cósmico e filosófico, que poderemos com facilidade aceitar ambos como expressões de um fato prático de psicologia e como uma lei geral da Natureza e, assim, aplicá-los às concepções modernas de intercâmbio entre vida e vida, de sacrifício ético e de dom de si, de maneira a alargar e aprofundar esses termos e dar a eles um aspecto mais espiritual e a luz de uma Verdade mais profunda e de maior alcance. Do mesmo modo, a ideia da ação em acordo com o Shastra, a ordem social quádrupla, a alusão à posição seletiva das quatro ordens ou às incapacidades espirituais relativas dos sudras e das mulheres parecem ser, à primeira vista, locais e temporais, se são tomadas realmente em seu sentido literal, estreitas ao ponto de privar o ensinamento da Gītā de sua universalidade e profundidade espiritual e de restringir seu valor para a humanidade em geral. Mas se, ao olharmos além do nome local e da instituição temporal, buscarmos apreender o espírito e o sentido, veremos que aí também o sentido é profundo e verdadeiro e o espírito é filosófico, espiritual e universal. Por Shastra nós percebemos que a Gītā se refere à lei que a humanidade impôs a si mesma como substituto da ação puramente egoística do ser humano natural não regenerado e um controle de sua tendência a buscar na satisfação de seus desejos a norma e o objetivo de sua vida. Vemos também que a ordem quádrupla da sociedade é apenas a forma concreta de uma verdade espiritual que em si mesma é independente da forma; ela repousa no conceito do trabalho justo como uma expressão corretamente ordenada da natureza do ser individual por meio do qual o trabalho é feito; essa natureza lhe designa sua linha e seu escopo na vida conforme suas qualidades inatas e sua função autoexpressiva. Visto que esse é o espírito no qual a Gītā apresenta seus exemplos mais particulares e mais locais, somos justificados ao aplicar sempre o mesmo princípio e ao buscar sempre a verdade geral mais profunda, que seguramente é subjacente a tudo o que, à primeira vista, parece ser apenas local e pertencente a uma época. Porque descobriremos sempre que uma verdade e um princípio mais profundos são implícitos na textura do pensamento, mesmo quando não são enunciados de modo expresso em sua linguagem.

Não trataremos, então, com um espírito diferente os elementos do dogma filosófico ou o credo religioso que penetraram na Gītā ou se agarraram a ela devido ao uso dos termos filosóficos e dos símbolos religiosos correntes no seu tempo.

Quando a Gītā fala de Sankhya e de Ioga não discutiremos além dos limites do que é apenas justo e essencial para nossa exposição, as relações entre o Sankhya da Gītā, com seu Purusha único e sua forte nota vedântica e o Sankhya não teísta ou "ateísta" que chegou até nós com seu esquema de múltiplos Purushas e uma Prakriti única. Tampouco discutiremos as relações do Ioga da Gītā – multilateral, sutil, rico e flexível – com a doutrina teísta e o sistema fixo, científico, rigorosamente definido e gradual do Ioga de Patanjali. Na Gītā, o Sankhya e o Ioga são, de maneira evidente, apenas duas partes convergentes da mesma verdade vedântica, ou melhor, são duas vias concorrentes que conduzem à sua realização: uma, filosófica, intelectual, analítica; a outra, intuitiva, devocional, prática, ética e sintética, que alcança o conhecimento por meio da experiência. A Gītā não reconhece uma verdadeira diferença em seus ensinamentos. Necessitamos ainda menos discutir as teorias que veem a Gītā como o fruto de alguma tradição ou de um sistema religioso particular. Seu ensinamento é universal, quaisquer que tenham sido suas origens.

O sistema filosófico da Gītā, seu arranjo da verdade, não é a parte de seu ensinamento que é a mais vital, profunda, eternamente durável; mas a maioria do material de que o sistema é composto, as principais ideias sugestivas e penetrantes que são tecidas em sua harmonia complexa, tem um valor, uma validez eternos, pois não são apenas ideias luminosas ou especulações impressionantes de um intelecto filosófico, mas são, bem mais, verdades duráveis da experiência espiritual, fatos verificáveis de nossas possibilidades psicológicas mais elevadas, que nenhuma tentativa de compreender com profundidade o mistério da existência pode permitir-se negligenciar. Qualquer que seja o sistema, ele não é, como comentaristas esforçam-se em apresentá-lo, moldado ou intencionado para servir de apoio a alguma escola exclusiva de pensamento filosófico ou para evidenciar com predominância as pretensões de alguma forma de Ioga. A linguagem da Gītā, a estrutura do pensamento, a combinação e o equilíbrio de ideias não pertencem nem à índole de um instrutor sectário nem ao espírito de uma dialética rigorosamente analítica que seleciona um ângulo da verdade à exclusão de todos os outros; existe na Gītā, antes, um movimento de ideias largo, ondulante, envolvente, que é a manifestação de uma mente vasta e de uma rica experiência sintética. Esta é uma das grandes sínteses em que a espiritualidade indiana tem sido tão rica, como é rica também na criação de movimentos mais intensos e exclusivos de conhecimento e de realização religiosa que seguem até o final, com uma concentração absoluta, um fio condutor, uma via, até sua conclusão última. Esta obra não é separadora, ela reconcilia e unifica.

O pensamento da Gītā não é puro monismo, embora veja no Self único, imutável, puro e eterno o fundamento de toda a existência cósmica; ele não é tampouco Mayavada, embora fale da Maia dos três modos da Prakriti, onipresente no mundo criado; também não se trata de um monismo qualificado, embora o pensamento da Gītā coloque no Um sua Prakriti eterna e suprema manifestada sob a forma do Jiva, e enfatize que o estado supremo de consciência consiste mais na vida em Deus que na dissolução; seu pensamento tampouco é Sankhya, embora explique o mundo criado pelo duplo princípio de Purusha e Prakriti; ele também não é teísmo vaishnava[1] embora nos apresente Krishna, que é o Avatar de Vishnu segundo os Puranas, como a divindade suprema e não reconheça em Brahman,[22] indefinível e sem relação, nenhuma superioridade real de estado, devido a uma diferença essencial, em relação a este Senhor dos seres que é o Mestre do Universo e o Amigo de todas as criaturas. Assim como a primeira síntese espiritual dos Upanishads, essa síntese posterior, ao mesmo tempo espiritual e intelectual, evita naturalmente toda determinação rígida que possa prejudicar sua abrangência universal. Seu objetivo é precisamente o oposto daquele dos comentaristas polêmicos, que, ao encontrarem esta Escritura estabelecida como uma das três mais altas autoridades vedânticas, tentaram fazer dela uma arma defensiva e ofensiva contra outras escolas e outros sistemas. A Gītā não é uma arma para uma guerra dialética, ela é um portão que se abre sobre todo o mundo da verdade da experiência espiritual e a visão que ela nos dá abarca todas as províncias dessa região suprema. Ela traça o mapa, mas não recorta e nem constrói muros e cercas para confinar nossa visão.

Existiram outras sínteses na longa história do pensamento indiano. Começamos com a síntese védica entre o ser psicológico do indivíduo em seus voos mais altos e seu alcance mais vasto do conhecimento, do poder, da alegria, da vida e da glória divinos e a existência cósmica dos deuses, síntese procurada por trás dos símbolos do Universo material naqueles planos superiores que estão escondidos dos sentidos físicos e da mentalidade material. O coroamento dessa síntese foi, na experiência dos Rishis védicos, alguma coisa de divino, transcendente e beatífico, em cuja unidade a alma que cresce no ser humano e a eterna plenitude divina das divindades cósmicas encontram-se perfeitamente e se cumprem. Os Upanishads retomaram essa experiência culminante dos primeiros videntes e fizeram dela seu ponto de partida para uma síntese do conhecimento

1. Que tem relação com Vishnu, ou que lhe pertence. Adorador de Vishnu. (N. da T.)
2. *Brahman* – o Absoluto, o Espírito; o ser Supremo, a Realidade; o Eterno. (N. da T.)

alta e profunda; eles reuniram em uma grande harmonia tudo o que havia sido visto e experienciado durante um período extenso e fértil de busca espiritual por aqueles que, inspirados e liberados, conheceram o Eterno. A Gītā parte dessa síntese vedântica e na base de suas ideias essenciais constrói outra harmonia dos três grandes meios e poderes: Amor, Conhecimento e Obras, mediante os quais a alma humana pode aproximar-se diretamente do Eterno e se fundir nele. Há ainda outra síntese, a tântrica,[3] que, embora menos sutil e menos profunda espiritualmente, é ainda mais audaz e poderosa que a síntese da Gītā – porque toma mesmo os obstáculos à vida espiritual e os obriga a se tornarem meios para uma conquista espiritual mais rica e permite-nos abarcar em nossa esfera de ação divina a totalidade da Vida enquanto Lila[4] do Divino; e em algumas direções ela é mais diretamente rica e fecunda, pois faz passar ao primeiro plano não só o conhecimento divino, as obras divinas e uma devoção enriquecida pelo Amor divino, mas também os segredos do Hatha e do Raja Iogas, o uso do corpo e da ascese mental para a revelação da vida divina em todos os seus planos, aos quais a Gītā dá apenas uma atenção breve e superficial. Além do mais, essa síntese tântrica apreende a ideia do aperfeiçoamento divino do indivíduo, ideia que os Rishis védicos possuíam, mas que as eras intermediárias jogaram ao segundo plano, e que é destinada a ocupar um lugar tão amplo em toda síntese futura do pensamento, da experiência e da aspiração humanas.

Nós, que somos do dia de amanhã, nos situamos na vanguarda de uma nova idade de desenvolvimento, que deve conduzir a uma síntese nova e mais ampla. Não somos chamados a ser vedânticos ortodoxos de uma das escolas, ou tântricos, nem a aderir a uma das religiões teístas do passado, nem a nos entrincheirar por trás dos quatro ângulos dos ensinamentos da Gītā. Isso seria limitar a nós mesmos e tentar criar nossa vida espiritual a partir do ser, do conhecimento e da natureza de outros, dos homens do passado, em lugar de edificá-la a partir de nosso próprio ser e de nossas próprias possibilidades. Nós não pertencemos às auroras do passado, mas aos meios-dias do futuro. Uma massa de novo material derrama-se em nós; temos não só que assimilar as influências das grandes religiões teístas da Índia e do mundo e um sentido restabelecido do significado do budismo, mas também levar em consideração as revelações, potentes embora limitadas, do conhecimento e da busca modernos; além disso, o passado longínquo e sem data que parecia estar morto volta a nós com um fulgor de numerosos e luminosos segredos, perdidos há muito para a consciência humana e que reaparecem agora

3. Toda a tradição purânica, deve ser lembrado, extrai a riqueza de seu conteúdo do Tantra.

de detrás do véu. Tudo isso indica uma nova síntese, muito rica e muito vasta; uma nova harmonização – largamente abrangente, de nossos ganhos – é uma necessidade ao mesmo tempo intelectual e espiritual, do futuro. Mas do mesmo modo como as sínteses do passado tomaram como ponto de partida aquelas que as precederam, assim também aquelas do futuro, para estarem em um terreno sólido, devem proceder daquilo que deixaram, no passado, os grandes corpos do pensamento e da experiência espiritual realizada. Entre esses, a Gītā ocupa um lugar dos mais importantes.

Nosso objetivo então, ao estudar a Gītā, não será escrutinar, de maneira escolástica ou acadêmica, seu pensamento, nem situar sua filosofia na história da especulação metafísica, e tampouco nos ocuparemos dela à maneira de um analista dialético. Nos aproximaremos dela para encontrar ajuda e luz e nosso objetivo deve ser distinguir sua mensagem essencial e viva, aquela que a humanidade deve apreender para seu aperfeiçoamento e seu bem-estar espiritual mais elevado.

CAPÍTULO II

O INSTRUTOR DIVINO

A peculiaridade da Gītā entre os grandes livros religiosos do mundo é que essa não é uma obra à parte, como um trabalho em si, fruto da vida espiritual de uma personalidade criadora como o Cristo, Maomé ou Buda, ou de uma época de pura busca espiritual, como o Veda ou o Upanishad, mas ela é dada como um episódio em uma história épica de nações e suas guerras e de seres humanos e seus feitos, e nasce de um momento crítico na alma de um de seus personagens principais ao fazer face à ação suprema de sua vida, um trabalho terrível, violento e sanguinário, no momento em que ele deve recuar por completo ou continuar até a conclusão inexorável. Pouco importa se a Gītā é ou não, como a crítica moderna supõe, uma composição posterior inserida na massa do Mahabharata[1] por seu autor com o objetivo de revestir seu ensinamento com a autoridade e a popularidade da grande epopeia nacional. Parece-me que há fortes razões contra essa suposição, a favor da qual as evidências tanto extrínsecas quanto intrínsecas são, além do mais, escassas e insuficientes até o último ponto. Mas, mesmo se válidas, o fato permanece, que o autor não só se deu ao trabalho de entrelaçar sua obra de maneira inextricável na vasta rede do grande poema, mas teve o cuidado, repetidas vezes, de nos recordar a situação na qual o ensinamento surgiu; ele retorna a isso de modo proeminente, não só no final mas no meio de suas mais profundas dissertações filosóficas. Devemos aceitar a insistência do autor e reconhecer a importância dessa preocupação recorrente do Instrutor e do discípulo. O ensinamento da Gītā, então, deve ser visto não apenas à luz de uma filosofia espiritual ou de uma doutrina ética gerais, mas em relação a

1. Poema épico de mais de 100 mil *ślokas*, que tem como tema central o conflito entre os Pandavas e os Kauravas. Escrito sobretudo pelo sábio Vyasa. A palavra quer dizer também "Grande Índia". (N. da T.)

uma crise prática na aplicação da ética e da espiritualidade na vida humana. O que representa essa crise, qual o significado da batalha de Kurukshetra[2] e seu efeito sobre o ser interior de Arjuna é o que teremos primeiro de determinar, se quisermos entender a intenção central das ideias da Gītā.

É bastante óbvio que o corpo do mais profundo ensinamento não poderia ser construído em torno de uma ocorrência comum que por trás de seu aspecto exterior e superficial não possuísse abismos de sugestões profundas e dificuldades perigosas – e para o qual bastasse facilmente a aplicação de normas comuns habituais do pensamento e da ação. Existem de fato três coisas na Gītā que são significantes espiritualmente, quase simbólicas, típicas das relações e dos problemas mais profundos da vida espiritual e da existência humana em suas raízes; elas são: a personalidade divina do Instrutor, suas relações características com seu discípulo e a ocasião de seu ensinamento. O Instrutor é Deus Ele-mesmo, que desceu na humanidade; o discípulo é, para usar a linguagem moderna, o indivíduo mais representativo do seu tempo, o amigo mais próximo do Avatar e o instrumento escolhido por ele, seu protagonista em uma obra e um combate imensos, cujo propósito secreto, ignorado pelos atores que participam, é conhecido apenas pela Divindade encarnada que guia tudo isso por trás do véu de sua mente de conhecimento insondável; a ocasião é a crise violenta dessa obra e dessa luta, no momento em que a angústia, a dificuldade moral e a violência cega de seus movimentos aparentes se impõem, com o choque de uma revelação visível, na mente de seu indivíduo representativo e levanta toda a questão do significado de Deus no mundo e o objetivo, o rumo e o sentido da vida e conduta humanas.

A Índia, desde os tempos antigos, manteve fortemente a fé na realidade do Avatar, a descida na forma, a revelação da Divindade na humanidade. Na verdade, no Ocidente essa fé nunca marcou a mente com seu selo, porque lhe foi apresentada pelo cristianismo exotérico como um dogma teológico sem raízes na razão, na consciência geral e na atitude em relação à vida. Mas na Índia essa fé cresceu e persistiu, como um resultado lógico da visão vedântica da vida e criou firmes raízes na consciência do povo indiano. Toda existência é uma manifestação de Deus, porque Ele é a única existência e nada pode ser que não seja uma figura real ou uma imagem dessa única realidade. Portanto, cada ser consciente é em parte, ou de certa maneira, uma descida do Infinito

2. O campo de batalha onde se travou a guerra do Mahabharata; o campo das ações humanas. (N. da T.)

no finito aparente do nome e da forma. Mas essa é uma manifestação velada e há uma gradação entre o ser supremo[3] do Divino e, no finito, a consciência obscurecida em parte ou de todo, pela ignorância do self. A alma consciente encarnada[4] é uma centelha do Fogo divino e essa alma no ser humano se abre ao autoconhecimento à medida que, ao sair da ignorância do self, ela se desenvolve em um ser-de-self. O Divino também, ao derramar-se nas formas da existência cósmica, em geral revela-se em um crescimento de seus poderes, em energias e magnitudes de seu conhecimento, de seu amor, de sua alegria, de sua força de ser desenvolvida[5] em graus e aspectos de sua divindade. Mas, quando o Divino, em sua Consciência e Poder, assume a forma humana e o modo de ação humano e possui essa forma não só por poderes e magnitudes, por graus e aspectos de sua divindade, mas também por seu eterno autoconhecimento, quando o Não nascido se conhece e age no molde do ser mental e sob a aparência do nascimento, esse é o cume da manifestação condicionada; é a descida completa e consciente da Divindade, esse é o Avatar.

A forma vaishnava do vedantismo, aquela que mais acentuou esse conceito, exprime essa relação entre Deus no Homem e o Homem em Deus pela imagem dupla de Nara-Narayana, associada historicamente à origem de uma escola religiosa muito similar em suas doutrinas ao ensinamento da Gītā. Nara é a alma humana, que, eterna companheira do Divino, só encontra a si mesma quando desperta a essa relação e começa, como diria a Gītā, a viver em Deus. Narayana é a alma divina sempre presente em nossa humanidade, o guia, amigo e sustento secretos do ser humano, o "Senhor que habita no coração das criaturas", da Gītā; quando dentro de nós o véu desse santuário secreto é retirado e o indivíduo fala a Deus face a face, ouve a voz divina, recebe a luz divina, age pelo poder divino, então se torna possível a suprema elevação do ser consciente humano encarnado, entrar no não nascimento e no Eterno. Ele se torna capaz de viver em Deus e abandonar n'Ele toda a sua consciência, o que a Gītā considera o melhor e o mais elevado segredo das coisas, *uttamam rahasyam*. Quando essa Consciência divina eterna, sempre presente em cada ser humano, esse Deus no homem, toma posse de maneira parcial[6] ou completa da consciência humana e se torna, sob uma forma

3. *parā bhāva*.
4. *dehī*.
5. *vibhūti*.
6. Diz-se que Chaitanya, o Avatar de Nadiya, foi, de maneira parcial ou ocasional, habitado pela Consciência e pelo Poder divinos.

visível, o guia, o Instrutor e o líder do mundo, não como aqueles que vivem sua humanidade e percebem ainda assim algo do poder, da luz e do amor da Gnose divina que os anima e os conduz, mas como aquele que age a partir dessa própria Gnose divina, diretamente da força e da plenitude centrais dela, então temos o Avatar manifestado. A Divindade interior é o eterno Avatar no ser humano; a manifestação humana é o sinal e o desenvolvimento dele no mundo exterior.

Quando compreendemos assim o conceito do Avatar, vemos que, seja para o ensinamento fundamental da Gītā, nosso tema presente, seja para a vida espiritual em geral, o aspecto externo tem apenas uma importância secundária. Controvérsias, tais como uma que fez furor na Europa sobre a historicidade de Cristo, pareceria, para um indiano voltado para a espiritualidade, mais uma perda de tempo; ele concederia a isso uma importância histórica considerável, mas bem pouca importância religiosa, pois, no final, que importa se um certo Jesus, filho do carpinteiro José, nasceu de fato em Nazaré ou em Belém, se viveu, ensinou e foi condenado à morte sob acusação – fundada ou infundada – de sedição, contanto que possamos conhecer pela experiência espiritual o Cristo interior, viver enaltecidos na luz de seu ensinamento e escapar ao jugo da Lei natural por essa reconciliação do ser humano com Deus, da qual a crucificação é o símbolo? Se o Cristo, Deus feito homem, vive no interior de nosso ser espiritual parece de menor importância que um filho de Maria tenha vivido fisicamente, tenha sofrido e morrido na Judeia. Do mesmo modo, o Krishna que nos importa é a encarnação eterna do Divino e não o Instrutor e líder de homens.

Ao buscar o âmago do pensamento da Gītā, necessitamos, portanto, nos interessar apenas pelo significado espiritual do homem-deus Krishna do Mahabharata, que nos é apresentado como o Instrutor de Arjuna, no campo de batalha de Kurukshetra. O Krishna histórico sem dúvida existiu. Encontramos o nome pela primeira vez no *Chhandogya Upanishad*, onde tudo o que podemos reunir sobre ele é que era bem conhecido na tradição espiritual como um conhecedor do Brahman; de fato, ele era tão famoso em sua personalidade e nas circunstâncias de sua vida, que era suficiente se referir a ele pelo nome de sua mãe: Krishna, filho de Devaki, para que todos soubessem de quem se tratava. No mesmo Upanishad encontramos menção ao rei Dhritarashtra,[7]

7. Dhritarashtra – rei dos kurus (clã da mesma família dos Pandavas) e pai dos Kauravas. Pandavas e Kauravas lutaram como inimigos na guerra do Mahabharata. (N. da T.)

filho de Vichitravirya e, visto que a tradição associou esses dois tão de perto que ambos são personagens líderes na ação do Mahabharata, poderemos concluir com honestidade que eles foram, de fato, contemporâneos, e que o épico, em grande medida, lida com personagens históricos e, na guerra de Kurukshetra, com uma ocorrência histórica firmemente impressa na memória da raça. Sabemos também que Krishna e Arjuna foram objetos de um culto religioso nos séculos pré-cristãos; e há alguma razão para supor que eles estavam assim em conexão com uma tradição religiosa e filosófica da qual a Gītā poderia ter reunido muitos de seus elementos e mesmo o fundamento de sua síntese entre conhecimento, devoção e ação. E talvez o Krishna humano tenha sido fundador, restaurador ou ao menos um dos primeiros mestres dessa escola. A Gītā pode muito bem representar, apesar de sua composição mais tardia, o resultado do ensinamento de Krishna no pensamento indiano, e a conexão desse ensinamento com o Krishna histórico, com Arjuna e com a guerra de Kurukshetra pode ser algo mais do que uma ficção dramática. No Mahabharata, Krishna é apresentado ao mesmo tempo como personagem histórico e como Avatar; o culto que lhe faziam e sua natureza de Avatar, portanto, devem ter sido bem estabelecidos desde o tempo – aparentemente entre os séculos V e I a.C. – em que a antiga história e poema, ou a tradição épica dos Bharatas,[8] tomou sua forma atual. Há também no poema uma alusão à história ou à lenda da infância do Avatar em Vrindavan, que, desenvolvida pelos Puranas em um símbolo espiritual intenso e poderoso, exerceu uma influência tão profunda na mente religiosa da Índia. Possuímos também no Harivansha um relato da vida de Krishna, muito evidentemente cheio de lendas, que talvez tenha formado a base dos relatos dos Puranas.

Mas tudo isso, embora de considerável importância histórica, não tem nenhuma para nosso propósito atual. Nós nos interessamos apenas pela figura do Instrutor divino como ele nos é apresentado na Gītā e pelo Poder que aí representa na iluminação espiritual do ser humano. A Gītā aceita a noção do Avatar humano, pois o Senhor fala da manifestação repetida, constante,[9] do Divino na humanidade, quando Ele, o eterno Não nascido, pela Sua Maia, pelo poder de Sua Consciência infinita, se reveste da aparência de formas finitas e assume as condições do vir a ser, que chamamos nascimento. Mas não é nisso que a Gītā insiste, mas no Divino transcendente, cósmico e interior, na Fonte

8. *bharata* – nome da Índia. (N. da T.)
9. *bahūni me vyatītāni janmāni ... sambhavāmi yuge yuge.*

de todas as coisas, no Mestre de tudo e na Divindade secreta no ser humano. É dessa divindade interna que a Gītā fala ao referir-se àqueles que, durante suas asceses, se entregam a violentas austeridades asúricas que perturbam o Deus interior, ou quando menciona os erros daqueles que desprezam o Divino alojado no corpo humano ou, ainda, quando fala da Divindade que destrói nossa ignorância pela lâmpada resplandecente do conhecimento. É então o eterno Avatar, o Deus no Homem, a Consciência divina, sempre presente no ser humano que, manifestado em uma forma visível, fala na Gītā à alma humana, ilumina o significado da vida e o segredo da ação divina e dá à alma a luz do conhecimento e da direção divinos e a palavra do Mestre da existência, que assegura e fortifica na hora em que a alma se encontra face a face com o doloroso mistério do mundo. É isso que a consciência religiosa indiana busca tornar próximo de si mesma sob qualquer forma, seja na imagem humana simbólica, elevada nos altares de seus templos, seja na adoração de seus Avatares, seja na devoção ao guru humano, por meio do qual a voz do único Instrutor universal é ouvida. Por meio disso, ela se esforça para despertar a essa voz interior, para desvelar essa forma do Sem-forma e se colocar face a face com o Divino manifestado, em Seu Poder, Seu Amor e Seu Conhecimento.

Em segundo lugar, encontramos na Gītā o significado típico, quase simbólico, do Krishna humano que está por trás da grande ação do Mahabharata, não como seu herói, mas como centro secreto e guia escondido. Essa ação é a ação de todo um mundo de indivíduos e de nações; alguns deles vieram para unir-se a um esforço cujo resultado não lhes trará pessoalmente benefício algum e, para esses, ele é um líder; outros vieram como oponentes e para esses ele é um oponente, aquele que desafia seus propósitos e os destrói e, para alguns dentre esses, ele parece mesmo um instigador de todo mal, destruidor da antiga ordem, de seu mundo familiar e das convenções seguras da virtude e do bem; alguns são representativos daquilo que deve se cumprir e, para esses, ele é conselheiro, ajuda, amigo. Onde a ação prossegue seu curso natural ou os agentes da ação devem sofrer nas mãos de seus inimigos ou serem submetidos às provas que os prepara à mestria, o Avatar é invisível, ou aparece só ocasionalmente para dar ajuda e conforto, mas em cada crise sua mão se faz sentir, de tal modo, no entanto, que todos se imaginam serem eles mesmos os protagonistas e mesmo Arjuna, seu amigo mais próximo e instrumento principal, não percebe que é um instrumento e tem que confessar, afinal, que durante todo o tempo ele, na verdade, não conhecia seu Amigo divino. Ele recebeu o conselho de sua sabedoria, sua ajuda e seu poder, ele o amou e foi amado, o adorou mesmo, sem compreender sua natureza divina; mas ele foi guiado, como todos os outros, por meio de seu próprio egoísmo e o conselho, a ajuda e a direção lhe foram dados na linguagem da Ignorância e foram recebidos por ele pelos pensamentos da Ignorância. Até o momento em que tudo foi impelido ao terrível desfecho, o combate no campo de Kurukshetra, onde o Avatar, por fim, posiciona-se, não ainda como combatente, mas como condutor do carro de guerra, que carrega o destino da luta; até esse momento ele não se revelou, mesmo àqueles que ele havia escolhido.

Assim, a figura de Krishna torna-se, por assim dizer, o símbolo do modo pelo qual o Divino age com a humanidade. Por nosso egoísmo e nossa ignorância somos movidos e pensamos que somos os autores da obra, vangloriando-nos de ser a verdadeira causa do resultado; e aquilo que nos move o vemos apenas ocasionalmente, como uma fonte vaga ou mesmo humana e terrestre, de conhecimento, aspiração, força, algum Princípio ou Luz ou Poder que reconhecemos e adoramos sem saber o que é, até surgir a ocasião que nos força a parar, detidos diante do Véu. E a ação na qual se move essa figura divina é toda a vasta ação do ser humano na vida, não só a vida interior, mas todo o curso obscuro do mundo, que só podemos julgar pelo crepúsculo da razão humana, quando projeta sua luz indistinta sobre nosso caminhar inseguro na pequena distância que podemos ver diante de nós. Este é o traço característico da Gītā: é a culminação de uma tal ação que dá origem ao seu ensinamento e confere essa proeminência e evidência audaciosa ao evangelho da ação, que ela anuncia com uma ênfase e uma força que não encontramos em outras escrituras indianas. Não apenas na Gītā, mas em outras passagens do Mahabharata encontramos Krishna a declarar com ênfase a necessidade da ação, mas é aqui que ele revela seu segredo e a divindade por trás de nossas ações.

O companheirismo simbólico entre Arjuna e Krishna, a alma humana e a alma divina, é expresso alhures no pensamento indiano: na viagem ao céu de Indra e Kutsa, sentados no mesmo veículo, na imagem dos dois pássaros na mesma árvore, dos Upanishads, nas figuras gêmeas de Nara e Narayana, os videntes que fazem a *tapasyā* juntos para alcançar o conhecimento. Mas essas três parábolas têm como objetivo trazer a ideia de que é no conhecimento divino que, como diz a Gītā, toda ação culmina; aqui, ao contrário, é a ação que conduz a esse conhecimento e nela o divino Conhecedor se apresenta. Arjuna e Krishna, esse humano e esse divino estão juntos, não como dois videntes em um pacífico eremitério de meditação, mas um, como combatente e o outro, como aquele que segura as rédeas em meio aos clamores, em meio à colisão das armas, no carro de guerra. O Instrutor da Gītā é, então, não apenas o Deus encarnado que se desvela nas palavras do conhecimento, mas também o Deus encarnado que move todo o nosso mundo de ação, por quem e para quem toda nossa humanidade existe, luta e labora, em direção a quem toda vida humana marcha e progride. Ele é o Mestre secreto das obras e do sacrifício e o amigo de todos os povos humanos.

CAPÍTULO III

O DISCÍPULO HUMANO

Este, então, é o Instrutor Divino da Gītā, o eterno Avatar, o Divino que desceu na consciência humana, o Senhor que se aloja no interior do coração de todos os seres, Ele, que guia por trás do véu todos os nossos pensamentos e ações e a aspiração de nosso coração, do mesmo modo como dirige por trás do véu as forças e as tendências visíveis ou sensíveis, a grande ação universal do mundo que Ele manifestou no seu próprio ser. Todo o esforço de nossa busca e de nossas tentativas de elevação encontra sua culminação e cessa na satisfação da realização, quando rasgamos o véu e alcançamos esse verdadeiro Self por trás de nosso self aparente, e podemos realizar todo o nosso ser nesse verdadeiro Senhor de nosso ser, quando podemos renunciar à nossa personalidade pela única e real Pessoa, fundir nossas atividades mentais, sempre dispersas e sempre convergentes, em Sua luz plena, oferecer nossa vontade errante e sempre conflituosa à Sua Vontade, vasta, luminosa e não dividida e, ao mesmo tempo, renunciar e satisfazer nossos desejos e nossas emoções na plenitude de Sua Beatitude autoexistente. Este é o Instrutor do mundo, aquele cujo conhecimento eterno se reflete de modo variado e parcial em todos os ensinamentos mais elevados; esta é a Voz à qual o ouvido de nossa alma deve despertar.

Arjuna, o discípulo que recebe sua iniciação no campo de batalha, é a contraparte dessa concepção. Ele é a típica alma humana em conflito, que ainda não recebeu o conhecimento, mas se tornou apta a recebê-lo pela sua ação no mundo, em uma amizade e aproximação crescentes com o Self superior e divino na humanidade. Há uma maneira de explicar a Gītā segundo a qual não apenas esse episódio, mas todo o Mahabharata seria uma alegoria da vida interior e não teria nada a ver com nossa vida e ação exteriores, mas apenas com as batalhas da alma e os poderes que lutam dentro de nós para nos possuir.

Essa é uma visão que o caráter geral do épico e sua linguagem tal como é não justificam e, se forçada, faria da linguagem filosófica e direta da Gītā uma mistificação constante, laboriosa e um tanto pueril. A linguagem dos Vedas e, ao menos, uma parte dos Puranas, é nitidamente simbólica, cheia de imagens e representações concretas de coisas que se encontram por trás do véu; mas a Gītā é escrita em termos simples e claros e se propõe a resolver as grandes dificuldades éticas e espirituais que a vida humana suscita, e não se pode passar além dessa linguagem e desse pensamento tão simples e os desvirtuar para servir à nossa fantasia. Mas essa maneira de ver tem isto de verdade, que a configuração da doutrina, embora não simbólica, é, com certeza, típica, como de fato deve ser a configuração de um discurso como a Gītā, se este deve ter alguma relação com aquilo que o enquadra. Arjuna, como vimos, é o indivíduo representativo de uma grande batalha mundial e de um movimento divinamente guiado de homens e nações; na Gītā, ele representa a alma humana de ação colocada por esta ação, no momento de sua crise mais alta e mais violenta, face a face com o problema da vida humana e de sua aparente incompatibilidade com o estado espiritual ou mesmo com um ideal puramente ético de perfeição.

Arjuna é o combatente no carro de guerra e tem o divino Krishna como condutor do carro. Nos Vedas também temos essa imagem da alma humana e o divino no mesmo carro de guerra, que atravessam o campo de uma grande batalha para atingir o objetivo de um esforço que visa o alto. Mas essa é uma pura imagem e um símbolo. O Divino aí é Indra, o Mestre do Mundo da Luz e da Imortalidade, o poder do conhecimento divino que desce para ajudar o buscador humano em guerra com os filhos da falsidade, da escuridão, da limitação e da mortalidade; a batalha é com os inimigos espirituais que bloqueiam a via para o mundo superior de nosso ser; e o objetivo é o plano de vasta existência, resplandecente com a luz da Verdade suprema e elevado até a imortalidade consciente da alma aperfeiçoada, plano do qual Indra é o mestre. A alma humana é Kutsa, aquele que, como seu nome indica, busca de modo incessante o conhecimento do vidente, e é filho de Arjuna "o Branco", ou Arjuni, "a Branca", filho de Switra, "a Branca Mãe"; isso quer dizer que ele é a alma sátvica, purificada e cheia de luz, aberta à glória ininterrupta do conhecimento divino. E quando o carro de guerra chega ao fim da viagem, à própria casa de Indra, o humano Kutsa parece-se de tal modo a seu companheiro divino, que só pode ser diferenciado deste por Sashi, a esposa de Indra, porque ela é "consciente da verdade". A parábola, evidentemente, é sobre a vida interior do indivíduo; é uma imagem do humano que cresce à semelhança do eterno divino pela crescente iluminação do Conhecimento. Mas a Gītā começa a partir da ação e Arjuna é o homem de ação e não do conhecimento, ele é o combatente e jamais o vidente ou o pensador.

Desde o começo da Gītā, essa índole característica do discípulo é indicada, e é mantida ao longo da narrativa. Torna-se evidente, primeiro, no modo pelo qual Arjuna desperta para o sentido daquilo que faz, o grande massacre do qual ele deve ser o instrumento principal; é evidente nos pensamentos que de imediato surgem nele, no ponto de vista e nos motivos psicológicos que o fazem recuar diante da terrível catástrofe. Esses não são os pensamentos, o ponto de vista, os motivos de uma mente filosófica ou que reflete com profundidade, nem de uma índole espiritual confrontada com o mesmo problema ou com um problema similar. Esses são os pensamentos, podemos dizer, do homem prático ou pragmático, do indivíduo emotivo e sensorial, moral e inteligente, mas não habituado à reflexão profunda e original nem a sondar as profundezas; habituado, antes, às normas de pensamento e ação elevadas mas fixas, a caminhar com confiança através de todas as vicissitudes e dificuldades e que, nesse momento, descobre que todas as suas normas não lhe servem e toda sua base de confiança, em si e em sua vida, é ceifada de só um golpe. Essa é a natureza da crise que ele atravessa.

Arjuna, na linguagem da Gītā, é um homem sujeito à ação das três gunas[1] ou modos da Natureza-Força e habituado a mover-se nesse campo sem questionar-se, como a generalidade dos seres humanos. Ele só justifica seu nome[2] por ter sido até então puro e sátvico o bastante para ser governado por princípios e impulsos elevados e claros e porque, em geral, controla sua natureza inferior pela lei mais nobre que conhece. Ele não tem uma disposição violenta, asúrica, nem é escravo de suas paixões, mas foi treinado para ter uma calma e um autocontrole superiores; é um homem habituado a cumprir seus deveres sem desviar-se e a obedecer com firmeza aos melhores princípios da época e da sociedade em que vivia e à religião e à ética em que foi criado. Ele é egoísta como outros homens, mas com um egoísmo mais puro ou sátvico, que toma em consideração a lei moral, a sociedade e as reivindicações de outros e não apenas, ou de maneira predominante, seus próprios interesses, desejos e paixões. Ele viveu e se deixou guiar pelo shastra, o código moral

1. *guna* – qualidade, caráter; os três modos da natureza: *sattva, rajas, tamas.* (N. da T.)
2. Arjun: "brilhante, luminoso, branco". (N. da T.)

e social. O pensamento que o preocupa, a norma a que obedece é o darma, essa concepção coletiva indiana da regra de conduta religiosa, social e moral e, sobretudo, as regras da posição e da função às quais ele pertence, ele o Kshatriya, o nobre, mestre de si mesmo, príncipe cavalheiresco, guerreiro e líder de homens arianos. Seguindo sempre essas regras de virtude e de direito que havia vivido até então, ele descobre subitamente que estas o levaram a tornar-se o protagonista de um massacre terrificante e sem paralelo, de uma guerra civil monstruosa, que envolve todas as nações arianas civilizadas, conduzirá à completa destruição a flor da população masculina e ameaça de caos e ruína sua civilização ordenada.

É ainda típico do homem pragmático, que é por meio de suas sensações que ele desperta ao significado de suas ações. Arjuna pediu ao seu amigo, o condutor do carro, para colocá-lo entre os dois exércitos, não a partir de alguma ideia mais profunda, mas com a intenção, ditada pelo orgulho, de observar e olhar face a face aquelas miríades de campeões da injustiça que ele deve encontrar, conquistar e destruir, nessa "festa do combate", a fim de que a justiça prevaleça. É quando os mira atentamente que lhe vem a revelação do significado de uma guerra civil e doméstica, uma guerra em que não apenas os homens da mesma raça, da mesma nação, do mesmo clã, mas da mesma família e do mesmo lar, se encontram em campos opostos. Todos aqueles que o ser humano social considera mais caros e sagrados ele deve enfrentar como inimigos e matar – o mestre e preceptor venerado, o velho amigo, camarada e companheiro de armas, seus parentes pelo sangue ou por aliança, avós, tios, pai, filho ou neto –, todos esses laços sociais devem ser cortados, despedaçados pela espada. Não é que ele ignorava essas coisas antes, mas nunca se havia dado conta do que representavam; obcecado por seus direitos e pelas injustiças sofridas, pelos princípios de sua vida, pela luta pelo que é justo, pelo dever de um kshatriya de proteger a justiça e a lei e de lutar e derrotar a injustiça e a violência desenfreada, ele não chegou a pensar com profundidade sobre isso, nem as sentiu no seu coração, no centro de sua vida. E agora essa visão lhe é mostrada pelo divino condutor, é colocada de modo sensacional diante de seus olhos e essa visão o penetra como um golpe desferido no próprio centro de seu ser sensorial, vital e emocional.

O primeiro resultado é uma violenta crise física e de sensações, que produz um desgosto pela ação e por seus objetivos materiais e pela própria vida. Arjuna rejeita o objetivo vital perseguido pela humanidade egoística: a felicidade e o prazer; ele rejeita o objetivo vital do kshatriya: vitória, autoridade, poder e governo dos homens. O que é, afinal de contas, essa luta pela justiça – quando é reduzida a seus termos práticos – senão apenas a luta por seus próprios interesses, os interesses de seus irmãos e de seu partido, ou pela posse, pelo prazer e pelo poder? Mas a tal preço essas coisas não merecem ser possuídas, pois não têm valor em si, mas são apenas um meio para a preservação justa da vida social e nacional e são esses próprios objetivos que ele vai destruir, ao destruir sua família e sua raça. E então vem o grito das emoções: Eis aqueles pelos quais se deseja a vida e a felicidade, nossa "própria gente". Quem consentiria em destruí-los, mesmo se fosse pela terra inteira, ou mesmo pelo reino dos três mundos? Que prazer poderia haver na vida, qual felicidade, qual satisfação consigo mesmo, depois de um tal feito? Tudo isso é um pecado pavoroso – pois agora o sentido moral desperta para justificar a revolta das sensações e das emoções. Isto é um pecado; não há direito nem justiça na exterminação mútua, sobretudo quando aqueles que devem ser massacrados são os objetos naturais de reverência e amor, aqueles sem os quais a vida não tem sentido, e violar esses sentimentos sagrados não pode ser virtude, não pode ser nada mais do que um crime odioso. É claro que a ofensa, a agressão, o primeiro pecado, os crimes de avidez e paixões egoísticas que forçaram as coisas a esse impasse vieram dos adversários; no entanto, a resistência armada contra o mal seria ela mesma, nessas circunstâncias, um pecado e um crime pior que o deles, porque eles estão cegos pela paixão e inconscientes de sua culpa, enquanto deste lado o pecado seria cometido com uma clara percepção de culpa. E para quê? Para a conservação da moral familiar, da lei social e da lei da nação? Essas são as próprias normas que serão destruídas por essa guerra civil; a própria família seria levada ao ponto de aniquilação e a corrupção da moral e a perda da pureza da raça seriam engendradas, as leis eternas da espécie e a lei moral da família seriam destruídas. A ruína da raça, o colapso de suas altas tradições, a degradação ética e o inferno para os autores de um tal crime são os únicos resultados práticos possíveis dessa monstruosa batalha civil. "Por consequência", exclama Arjuna, jogando no chão o arco divino e a aljava inexaurível que lhes foram dados pelos deuses para essa hora tremenda, "é melhor para mim que os filhos armados de Dhritarashtra me destruam, desarmado e sem resistir. Eu não combaterei".

O caráter dessa crise interior não é, então, a dúvida do pensador; não é um recuo diante das aparências da vida nem o olhar que se volta para dentro em busca da verdade das coisas, do real significado da existência, de uma solução ou de um escape do sombrio enigma do mundo. Essa é a revolta sensorial, moral e emocional do homem que, até aqui, se contentou com a ação e suas normas correntes e é lançado, por essas próprias normas, em um caos hediondo, onde elas estão em conflito umas com as outras e com elas mesmas e não há nenhum ponto de apoio moral, nada a que se segurar e continuar, nenhum darma.[3] Essa crise, para a alma de ação no ser mental, é a pior crise possível, o fracasso e a derrota. A própria revolta é a mais elementar e simples possível; no nível de sensação ela é o sentimento elementar de horror, piedade e desgosto; no nível vital ela é a perda de atração pelos motivos reconhecidos e familiares de ação, pelos objetivos da vida e o desaparecimento de toda a fé neles; no nível emocional é o recuo dos sentimentos habituais do indivíduo social, afeição, reverência, desejo de felicidade e de satisfação para todos – o recuo desses sentimentos diante de um dever austero, que seria ultrajante para todos; no nível moral, o sentido elementar do pecado e do inferno e a rejeição dos "prazeres manchados de sangue"; no nível prático, a destruiria os objetivos práticos da ação. Mas o desfecho completo é essa falência interior geral, que Arjuna exprime quando diz que todo o seu ser consciente está completamente desorientado, não só o pensamento, mas também o coração, os desejos vitais e tudo o mais, e ele não encontra em nenhum lugar o darma, em nenhum lugar uma lei válida de ação. É por essa única razão que, como discípulo, ele se refugia em Krishna; "dá-me", pede praticamente ele, "aquilo que perdi, uma lei verdadeira, uma regra clara de ação, um caminho onde eu possa de novo caminhar com confiança". Ele não pede o segredo da vida ou do mundo, o significado e o propósito disso tudo, mas pede um darma.

Contudo, é precisamente a esse segredo – que ele não pede – ou, ao menos, a um conhecimento desse segredo que seja suficiente para conduzi-lo a uma vida superior, que seu Instrutor divino tem a intenção de conduzi-lo, pois o que o Instrutor quer é que Arjuna renuncie a todos os darmas, exceto aquele único, vasto e amplo, que consiste em viver conscientemente no Divino e agir a partir dessa consciência. Portanto, após pôr à prova a inteireza de sua revolta contra as normas habituais de conduta, Krishna se põe a lhe falar muito sobre coisas que têm a ver com o estado da alma, mas nada em relação à norma externa de ação.

3. *dharma* (darma) literalmente significa aquilo que se pode pegar e que mantém as coisas juntas, a lei, a norma, a regra natural, a regra de conduta da vida.

Ele deve manter uma igualdade na alma, abandonar o desejo pelos frutos do trabalho, elevar-se acima de suas noções intelectuais de pecado e de virtude, viver e agir em Ioga com a mente em samádi, quer dizer, fixada com firmeza somente no Divino. Arjuna não se satisfaz: ele deseja saber como a mudança para esse estado afetará a ação exterior do indivíduo, que efeito terá em sua linguagem, em seus movimentos, em seu estado, que diferença fará nesse ser humano vivo e atuante. Krishna persiste e simplesmente desenvolve as ideias que já mencionou: o estado da alma por trás da ação, não a própria ação. A única coisa necessária é que a inteligência esteja ancorada com firmeza em um estado de igualdade sem desejos. Arjuna lamenta-se com impaciência – pois aqui não há normas de conduta como ele esperava, mas em lugar delas, segundo ele, a negação de toda ação – "Se tu consideras a inteligência superior a toda ação por que então me designas para uma ação tão terrível em sua natureza? Tu confundes minha compreensão com palavras misturadas: dize uma única coisa, de modo decisivo, pela qual eu possa alcançar o que for melhor". É sempre o homem pragmático, que não valoriza o pensamento metafísico ou a vida interior, exceto quando estes podem responder ao seu único pedido: um darma, uma lei de vida no mundo ou, se necessário, uma lei para deixar o mundo, pois isso também é uma ação decisiva que ele pode compreender. Mas viver e agir no mundo e, contudo, se manter acima dele, essas são palavras misturadas e que confundem, cujo sentido ele não tem paciência para alcançar.

As demais perguntas e declarações de Arjuna procedem do mesmo temperamento e do mesmo caráter. Quando lhe é dito que, uma vez o estado da alma assegurado, não há, necessariamente, mudanças visíveis na ação, que ele deve sempre agir pela lei de sua natureza mesmo se o próprio ato possa parecer imperfeito e defeituoso comparado com o ato de uma outra lei que não a sua, Arjuna se perturba. A natureza! Mas que pensar dessa sensação de pecado na ação, com que ele está preocupado? Não é essa mesma natureza que conduz os homens, como se à força e mesmo contra a melhor vontade deles, ao pecado e à culpa? Sua inteligência prática é desconcertada quando Krishna afirma que foi ele mesmo quem, em tempos antigos, revelou a Vivasvan[4] esse Ioga, desde então perdido, que agora, mais uma vez, ele revela a Arjuna e, quando este pede uma explicação, Krishna o provoca com a famosa declaração, citada com frequência, sobre a natureza do Avatar e seu propósito no mundo. Arjuna está de novo perplexo pelas palavras com que

4. *vivasvān* – o brilhante, o Deus-Sol (N. da T.)

Krishna continua a reconciliar a ação e a renúncia à ação, e pede uma vez mais um enunciado decisivo daquilo que é o melhor e o mais elevado, em lugar de palavras "misturadas". Quando se dá conta, por completo, da natureza do Ioga que ele é convidado a abraçar, sua natureza pragmática, acostumada a agir pela vontade, preferência e desejos mentais, está aterrorizada pela dificuldade e ele quer saber qual é o fim da alma que tenta e fracassa – ela perde ao mesmo tempo essa vida humana de atividade, pensamento e emoção que deixou para trás e essa consciência de Brahman à qual aspira e, ao perder ambas, sucumbe como uma nuvem que se dissolve?

Quando suas dúvidas e perplexidades são resolvidas e ele sabe que é o Divino que deve ser sua lei, Arjuna esforça-se de novo e sempre para alcançar um conhecimento claro e decisivo que o possa guiar de maneira prática a essa fonte e a essa norma de sua ação futura. Como distinguir o Divino entre os vários estados de ser que constituem nossa experiência comum? Quais são as grandes manifestações no mundo dessa energia-do-self nas quais ele possa reconhecê-la e realizar pela meditação? Não lhe será possível ver, agora mesmo, a Forma divina cósmica d'Aquele que lhe fala efetivamente através do véu da mente e do corpo humanos? E suas últimas perguntas exigem uma distinção clara entre a renúncia às obras e essa renúncia mais sutil que lhe é pedido de escolher; a real diferença entre Purusha e Prakriti, entre o Campo e o Conhecedor do Campo, distinção tão importante para a prática da ação sem desejos sob a direção da Vontade divina; e, por fim, uma declaração clara das operações e dos resultados práticos dos três modos da Prakriti que ele é solicitado a ultrapassar.

É a um tal discípulo que o Instrutor da Gītā dá seu ensinamento divino. Ele pega esse discípulo em um momento de seu desenvolvimento psicológico por meio da ação egoística, quando todos os valores mentais, morais e emocionais da vida comum egoística e social do indivíduo desmoronam em uma falência completa e inesperada e o Instrutor deve erguê-lo e tirá-lo dessa vida inferior, levá-lo a uma consciência superior – fora do apego ignorante – à ação, para aquilo que ultrapassa a ação; fora do ego até alcançar o Self; fora da vida na mente, no vital e no corpo até alcançar essa natureza superior além da mente, que é o estado do Divino. Ao mesmo tempo, o Instrutor deve dar ao seu discípulo aquilo que ele pede e que seu guia interior o inspira a buscar: uma nova lei de vida e ação bem acima das normas insuficientes da existência humana comum, com seus conflitos e oposições sem fim, perplexidades e certezas ilusórias, uma Lei mais alta pela qual a alma possa ser liberada de todos os laços da ação e mesmo assim agir e conquistar com poder, na vasta liberdade de seu ser divino. Porque a ação deve ser executada, o mundo deve cumprir seus ciclos e a alma do ser humano não deve, pela ignorância, voltar as costas à obra que ele está aqui para cumprir. O curso completo do ensinamento da Gītā é determinado e dirigido, mesmo em seus volteios mais amplos, à realização desses três objetivos.

CAPÍTULO IV

O ÂMAGO DO ENSINAMENTO

Conhecemos o Instrutor divino, vimos o discípulo humano; resta-nos formar uma concepção clara da doutrina. Aqui, uma concepção clara, amarrada à ideia essencial, ao coração central do ensinamento, é, sobretudo, necessária, porque a Gītā, com seu pensamento rico e multifacetado, sua compreensão sintética dos diferentes aspectos da vida espiritual e a fluidez flexível e sinuosa de seu argumento, presta-se, mesmo mais que outras escrituras, a ser deturpada, em um ou outro sentido, por uma intelectualidade sectária. O desvio, inconsciente ou semiconsciente, de fatos, palavras e ideias para adaptar uma noção preconcebida ou doutrinas ou princípios preferidos, é reconhecido pelos especialistas em lógica indianos como uma das fontes mais fecundas de engano; isso é, talvez, o mais difícil a evitar, mesmo para o pensador mais consciencioso. Porque a razão humana é incapaz, a esse respeito, de brincar continuamente de detetive consigo mesma; é próprio de sua natureza apropriar-se de uma conclusão parcial, de uma ideia, de um princípio, tornar-se partidária dela e disso fazer a chave de toda verdade; a razão humana possui uma faculdade infinita de fazer um jogo duplo consigo mesma para evitar descobrir em suas operações essa fraqueza necessária e cuidadosamente mantida. A Gītā presta-se com facilidade a esse tipo de erro porque é fácil, ao se dar uma ênfase particular a um de seus aspectos ou mesmo a algum texto proeminente e significativo, colocar todo o resto dos dezoito capítulos em segundo plano ou, fazendo deles um ensinamento secundário e auxiliar, apresentá-los como integrantes de nossa doutrina ou de nosso dogma.

Assim, há aqueles que fazem com que a Gītā não ensine absolutamente nada sobre a ação, mas sim sobre uma disciplina que prepara para a renúncia da vida e das obras: o desempenho indiferente de ações prescritas ou de qualquer tarefa que se apresente torna-se o meio, a disciplina; o único objetivo verdadeiro seria a renúncia final à vida e às obras. É muito fácil justificar essa percepção por meio de citações tiradas do livro e por uma combinação apropriada da ênfase que é dada às diferentes partes de seu argumento, sobretudo se fecharmos os olhos ao modo peculiar no qual este usa uma palavra, por exemplo, como *sannyāsa* – renúncia; mas é de todo impossível persistir nessa maneira de ver, após uma leitura imparcial, diante dessa afirmação contínua, repetida até o final do livro, que a ação deve ser preferida à inação. Essa superioridade da ação reside na verdadeira renúncia ao desejo, a renúncia interior, pela igualdade da alma e pela entrega das obras ao Purusha supremo.

Outros falam da Gītā como se a doutrina da devoção fosse todo o seu ensinamento, e põem em segundo plano seus elementos monistas e o lugar importante que ela dá à imersão quietista no Self único de todas as coisas. E, sem dúvida, sua ênfase na devoção, sua insistência no aspecto do Divino enquanto Senhor e Purusha e sua doutrina do Purushottama, o Ser Supremo, superior ao Ser mutável e ao Ser imutável e que é isso que, em sua relação com o mundo, conhecemos como Deus, são os mais notáveis em meio aos elementos mais essenciais da Gītā. Sem embargo, esse Senhor é o Self no qual culmina todo conhecimento; ele é o Mestre do sacrifício a quem toda ação é conduzida; ele é também o Senhor do Amor, no ser de quem o coração cheio de devoção penetra. A Gītā mantém um equilíbrio perfeito e igual, e enfatiza tanto o conhecimento quanto as obras e a devoção, mas para o propósito da tendência imediata do pensamento, não para marcar uma preferência absoluta de uma via em relação às outras. Ele, em quem as três vias se encontram e se unem, Ele, é o Ser Supremo, o Purushottama.

Mas nos dias atuais, de fato, visto que a mente moderna começa a reconhecer a Gītā e a lidar com ela, a tendência é subordinar seus elementos de conhecimento e devoção, aproveitar de sua insistência contínua na ação e encontrar nisso a escritura do Carma-Ioga, uma Luz que nos conduza no caminho da ação, um Evangelho das Obras. Sem dúvida, a Gītā é um Evangelho das Obras, mas de obras que culminem no conhecimento, isto é, na realização e na quietude espirituais e de ações motivadas pela devoção, isto é, o abandono consciente e total de si mesmo, primeiro, entre as mãos do Supremo e, depois, no próprio ser d'Ele; não se trata, de modo algum, das obras como são compreendidas pela mente moderna, não uma ação ditada por motivos, princípios ou ideais egoísticos, altruístas, sociais ou humanitários. Contudo, é isso que as interpretações modernas da Gītā buscam fazer. Vozes autorizadas nos dizem continuamente que a Gītā, se opondo à tendência ascética e quietista habitual do pensamento e da espiritualidade indianas, proclama sem equívoco possível o evangelho da ação humana, o ideal do desempenho desinteressado dos deveres sociais e mesmo, ao que parece, o ideal mais moderno de serviço social. A tudo isso eu posso apenas responder que de toda evidência, e mesmo em superfície, a Gītā não ensina nada disso e que isso é uma má interpretação, uma interpretação de um livro antigo por uma mente moderna, uma explicação, pelo intelecto europeu ou europeizado de hoje, de um ensinamento inteiramente antigo, inteiramente oriental e indiano. Isso que a Gītā ensina não é uma ação humana mas divina, não o cumprimento de deveres sociais, mas o abandono de toda norma de deveres ou de conduta por uma realização sem ego da vontade divina que age por meio de nossa natureza; não serviço social, mas a ação dos melhores, dos possuídos por Deus, os Mestre--Homens, a ação efetuada de modo impessoal pelo interesse do mundo e como um sacrifício Àquele que se mantém por trás do ser humano e da Natureza.

Em outras palavras, a Gītā não é um livro sobre a ética prática, mas sobre a vida espiritual. A mente moderna é, pelo momento, a mente europeia, tal como se tornou após ter abandonado não só o idealismo filosófico da mais alta cultura greco-romana de onde começou, mas também a devoção cristã da Idade Média; esses foram substituídos por um idealismo prático e a dedicação ao social, patriótico e filantrópico. A mente moderna desembaraçou-se de Deus ou O mantém apenas para uso aos domingos, e erigiu em Seu lugar o indivíduo como divindade e a sociedade como seu ideal visível. No seu melhor aspecto ela é prática, ética, social, pragmática, altruísta, humanitária. Sem dúvida todas essas coisas são boas, são, sobretudo, necessárias nos dias atuais, são parte da Vontade divina ou não teriam se tornado tão dominantes na humanidade. Tampouco existe uma razão pela qual o indivíduo divino, aquele que vive na consciência brâmine, no Ser divino, não seja todas essas coisas em sua ação. Ele será, se estas forem o ideal mais elevado do seu tempo, o *yugadharma*, e se não houver um ideal ainda mais elevado para ser estabelecido, nenhuma grande mudança a ser efetuada. Porque o indivíduo divino, como o Instrutor indica a seu discípulo, é o melhor, ele deve estabelecer o modelo para outros; e, de fato, Arjuna é solicitado a viver de acordo com os ideais mais elevados de seu tempo e segundo a cultura reinante, mas com conhecimento, com compreensão daquilo que está por trás e não como um homem comum, que segue simplesmente as regras e leis exteriores.

Mas o ponto aqui é que a mente moderna exilou de sua força motriz prática as duas coisas essenciais: Deus (ou o Eterno) e a espiritualidade (ou o estado divino), que são os dois conceitos-mestres da Gītā. O indivíduo moderno vive apenas na humanidade e a Gītā queria que vivêssemos em Deus, embora para o mundo em Deus; ele vive apenas em sua vida, coração e intelecto e a Gītā queria que vivêssemos no espírito; ele vive no Ser mutável que é "todas as criaturas" e a Gītā queria que vivêssemos também no Imutável e no Supremo; ele vive no curso mutável do Tempo e a Gītā queria que vivêssemos no Eterno. Ou, se essas coisas mais elevadas começam a ser vagamente reconhecidas, é apenas para torná-las subservientes ao ser humano e à sociedade; mas Deus e a espiritualidade existem por direito próprio e não como adjuntos. E, na prática, o inferior em nós deve aprender a existir para o superior, a fim de que o superior em nós possa também existir para o inferior, para elevá-lo às suas próprias alturas.

Portanto, é um erro interpretar a Gītā do ponto de vista da mentalidade de hoje e forçá-la a nos ensinar a execução desinteressada do dever como a lei mais alta e suficiente a tudo. Se considerarmos por um instante a situação de que trata a Gītā, perceberemos que essa não pode ser a intenção, pois todo o tema do ensinamento, aquilo de onde surgiu, aquilo que compele o discípulo a buscar o Instrutor, é o conflito inextricável das diferentes concepções relacionadas ao dever, conflito que termina com a derrocada de todo o edifício utilitário, intelectual e moral erigido pela mente humana. Na vida humana, uma espécie de conflito surge com bastante frequência, por exemplo, entre os deveres domésticos e o chamado do país ou de uma causa, ou entre as exigências do país e o bem da humanidade ou algum princípio religioso ou moral mais amplo. Pode surgir mesmo uma situação interior, como no caso do Buda, em que todos os deveres devem ser abandonados, espezinhados, deixados de lado, para seguir o chamado interior do Divino. Não posso pensar que a Gītā teria resolvido uma tal situação interior mandando o Buda de volta para sua mulher, para seu pai e para o governo do Estado Sakya, nem que Ramakrishna fosse enviado à sua cidade natal para se tornar um pandit[1] em uma escola e ensinar às crianças suas lições de maneira desinteressada, ou que impusesse a Vivekananda sustentar sua família e, para isso, seguir Direito, Medicina ou Jornalismo de maneira desapaixonada. A Gītā não ensina o desempenho desinteressado dos deveres, ela ensina a seguir a vida divina, a abandonar todos os darmas, *sarvadharmān*, para refugiar-se unicamente no Supremo, e a atividade divina de um Buda, um Ramakrishna, um Vivekananda é perfeitamente conforme a esse ensinamento. Mais ainda, embora a Gītā prefira a ação à inação, ela não exclui a renúncia às obras, mas aceita isso como uma via para o Divino. Se isso só puder ser alcançado por meio da renúncia às obras, à

1. *paṇḍita* – Erudito. (N. da T.)

vida e a todos os deveres, e se o apelo dentro de nós for forte, então que tudo seja lançado na fogueira; nada mais pode ser feito. O chamado de Deus é imperativo e não pode ser igualado a nenhuma outra consideração.

Porém, aqui a dificuldade aumenta, porque a ação que Arjuna deve cumprir é uma diante da qual seu sentido moral reage. É seu dever combater, você diz? Mas agora esse dever se tornou em sua mente um terrível pecado. Em que isso poderia ajudá-lo, como isso resolveria sua dificuldade, dizer-lhe que deve cumprir seu dever de maneira desinteressada e sem paixão? Arjuna quer saber qual é seu dever e como pode ser seu dever destruir seus próximos, sua espécie e seu país em um massacre sanguinário. Disseram-lhe que ele tem o que é justo do seu lado, mas isso não o satisfaz, não pode satisfazê-lo, porque seu ponto de vista é que a justiça de sua reivindicação não o justifica em sustentar um massacre impiedoso que destruiria o futuro de sua nação. Deveria ele, então, agir sem paixão, no sentido de não se inquietar se isso for um pecado ou quais seriam as consequências, contanto que cumpra seu dever de soldado? Essa poderia ser a doutrina de um Estado, de políticos, de juristas, de casuístas; mas não poderia, jamais, ser o ensinamento de uma grande Escritura religiosa e filosófica que se propõe a resolver o problema da vida e da ação em suas próprias raízes. E se fosse isso que a Gītā tem a dizer sobre esse problema moral e espiritual tão pungente, deveríamos eliminá-la da lista das Escrituras do mundo e então colocá-la, se tivermos que pô-la em algum lugar, em nossa biblioteca de ciências políticas ou de ética casuísta.

Sem dúvida a Gītā, como os Upanishads, ensina a equanimidade, que se eleva acima do pecado e da virtude, mais além do bem e do mal, mas apenas como uma parte da consciência brâmine, para o indivíduo que está no caminho e bastante avançado para cumprir a regra suprema. A Gītā não prega a indiferença ao bem e ao mal na vida comum do ser humano, em que uma tal doutrina teria as consequências mais perniciosas. Ao contrário, ela afirma que aquele que comete o mal não alcançará Deus. Então, se Arjuna busca apenas cumprir da melhor maneira a lei comum da vida humana, a execução desinteressada do que ele sente ser um pecado, uma coisa do inferno, não o ajudará, embora esse pecado seja seu dever como soldado. Ele deve abster-se do que sua consciência abomina, mesmo se mil deveres caíssem em pedaços.

Devemos lembrar que dever é uma ideia que, na prática, repousa em conceitos sociais. Podemos estender o sentido do termo além de sua conotação própria e falar sobre nosso dever em relação a nós mesmos; poderemos, se quisermos, falar de um sentido transcendente, dizer que foi o dever do Buda abandonar tudo, ou mesmo que é o dever do asceta abandonar tudo e se sentar em uma gruta sem mover-se! Porém, obviamente, isso é brincar com as palavras. Dever é um termo relativo e depende de nossa relação com outros. É o dever de um pai, como pai, alimentar e educar seus filhos; de um advogado, fazer o melhor para seu cliente, mesmo se souber que é culpado e sua defesa uma mentira; o dever de um soldado é lutar e obedecer à ordem de atirar mesmo se mata um dos seus ou um compatriota; é o dever de um juiz mandar o culpado para a prisão e enforcar o assassino. E enquanto essas posições forem aceitas, o dever permanece claro; é uma questão prática, claro, mesmo quando não for um ponto de honra ou de afeição, e anula a lei religiosa ou a lei moral absolutas. Porém, o que acontece se a visão interior muda, se o advogado desperta para a culpabilidade absoluta da falsidade, se o juiz adquire a convicção de que a pena capital é um crime contra a humanidade, se o homem chamado ao campo de batalha sente, como o opositor de consciência atual, ou alguém como Tolstoi sentiria, que em nenhuma circunstância é permitido tirar a vida humana, assim como não é permitido comer carne humana? É óbvio que aqui a lei moral, que está acima de todos os deveres relativos, deve prevalecer; e essa lei moral não depende de nenhuma relação social ou concepção de dever, mas da percepção interior desperta do Homem, ser moral.

Existem no mundo, de fato, duas leis diferentes de conduta, cada uma válida em seu próprio plano, uma, que depende sobretudo da situação externa e a outra, independente da situação e de todo dependente do pensamento e da consciência. A Gītā não nos ensina a subordinar o plano superior ao inferior, ela não pede que a consciência moral desperta se suicide sobre o altar do dever, como um sacrifício e uma vítima da lei da condição social; ela nos chama mais alto e não mais baixo; do conflito desses dois planos ela nos convida a ascender até o equilíbrio supremo, acima do plano sobretudo prático e do plano puramente ético, até a consciência brâmane. A Gītā substitui o conceito de dever social por uma obrigação divina. A sujeição à lei externa dá lugar a certo princípio de autodeterminação interna da ação, princípio que, pela liberdade da alma, se desprende do emaranhado das leis da ação. E isso, como veremos – a consciência brâmane, a liberdade da alma em relação às obras e a determinação das obras na Natureza pelo Senhor dentro e acima de nós –, é o cerne do ensinamento da Gītā em relação à ação.

A Gītā só pode ser compreendida, como qualquer outra grande obra desse gênero, se estudada em sua inteireza e como um argumento que se desenvolve. Mas os intérpretes modernos, a começar pelo grande escritor Bankim Chandra Chatterji, que foi o primeiro a dar à Gītā esse novo sentido de um Evangelho do Dever, deram uma ênfase quase exclusiva aos primeiros três ou quatro capítulos e àqueles sobre a ideia de equanimidade, sobre a expressão *kartavyaṁ karma*, o trabalho que deve ser feito, que eles interpretam como dever e na frase "Tu tens direito à ação, mas não aos frutos da ação", que agora é citada popularmente como uma grande palavra, *mahāvākya*, da Gītā. Aos dezoito capítulos restantes, com sua alta filosofia, é dada uma importância secundária, exceto certamente à grande visão no décimo primeiro. Isso é bastante natural para a mente moderna, que é, ou era até ontem, inclinada a ser impaciente diante de sutilezas metafísicas e de buscas espirituais longínquas, ávida para pôr-se ao trabalho e, como o próprio Arjuna, interessada sobretudo em uma regra de ação viável, um darma. Mas essa é a maneira errônea de tratar essa escritura.

A igualdade interior que a Gītā prega não é o desinteresse, pois o grande comando foi dado a Arjuna *depois* que as bases do ensinamento foram estabelecidas e a estrutura construída: "Alça-te, destrói teus inimigos e usufrui de um reino próspero", não soa como um altruísmo intransigente ou uma abnegação imaculada e desapaixonada; esse é um estado de equilíbrio interior e de amplidão, que é o alicerce da liberdade espiritual. Com esse equilíbrio, nessa liberdade, devemos realizar o "trabalho que deve ser feito", uma frase que a Gītā usa no sentido mais vasto e inclui todas as obras, *sarvakarmāṅi*, que excede, e muito, os deveres sociais e as obrigações éticas, embora possa incluí-los. A ação a ser feita não deve ser determinada pela escolha individual; tampouco o direito à ação e a rejeição de pretensão aos seus frutos são a última palavra da Gītā, mas só uma palavra preliminar, que governa o primeiro estado do discípulo quando começa a ascensão do Ioga. Essa regra é praticamente posta de lado em um estágio subsequente, pois a Gītā procede e afirma com ênfase que o indivíduo não é o autor da ação; é a Prakriti, é a Natureza, é a grande Força com seus três modos de ação que age por meio dele e ele deve aprender a ver que *não* é ele quem faz o trabalho. Portanto, "o direito à ação" é uma ideia que só é válida enquanto ainda estamos sob a ilusão de ser aquele que cumpre a ação; isso deve necessariamente desaparecer da mente, assim como a reivindicação dos frutos, desde o instante em que cessamos de ser, para nossa própria consciência, o autor de nossos trabalhos. Todo egoísmo pragmático, seja o egoísmo da pretensão aos frutos, seja o do direito à ação, desaparece então.

Mas o determinismo da Prakriti não é a última palavra da Gītā. A igualdade da vontade e a rejeição dos frutos são apenas meios para entrar com a mente, o coração e a compreensão na consciência divina e aí viver; e a Gītā diz de maneira expressa que esses devem ser empregados como meio, enquanto o discípulo não for capaz de viver assim ou mesmo de buscar pela prática o desenvolvimento gradual desse estado superior. E o que é esse Divino, que Krishna declara ser ele mesmo? Ele é o Purushottama, mais além do Self que não age, mais além da Prakriti que age, fundamento de um, mestre da outra, o Senhor, de quem tudo é a manifestação, aquele que, mesmo em nossa sujeição atual à Maia, se aloja no coração de Suas criaturas e governa os trabalhos da Prakriti; Ele, por quem os exércitos no campo de Kurukshetra foram já destruídos enquanto vivem ainda, e que utiliza Arjuna apenas como instrumento ou como ocasião imediata para esse grande massacre. A Prakriti é apenas Sua força executiva. O discípulo deve elevar-se mais além dessa Força e de seus três modos ou *guṇas*, ele deve se tornar *triguṇātīta*. Não é a ela que ele deve entregar suas ações, às quais ele não tem mais pretensão alguma ou "direito" algum, mas ao ser do Supremo. Repousando n'Ele sua mente e sua compreensão, seu coração e sua vontade, com o conhecimento de si, de Deus e do mundo, com uma perfeita equanimidade, uma perfeita devoção, um dom-de-si absoluto, ele deve cumprir suas obras como uma oferenda ao Mestre de todas as Energias e de todos os sacrifícios, identificado em vontade, consciente com essa consciência; Isso decidirá e iniciará sua ação. Essa é a solução que o Instrutor Divino propõe a seu discípulo.

O que é a grande, a suprema palavra da Gītā, sua *mahāvākya*, não devemos buscar, pois a própria Gītā declara em seu último enunciado: "De todo teu ser toma refúgio no Senhor que se aloja no teu coração; pela Sua graça atingirás a paz suprema e o estado eterno. Eu te expliquei um conhecimento mais secreto do que aquilo que está escondido. Escuta ainda a mais secreta, a palavra suprema que Eu te direi: fixa a tua mente em Mim, devota-te a Mim, oferece-Me o sacrifício e a adoração; infalivelmente, tu virás a Mim, pois Me és caro. Abandona toda regra de conduta e te refugia apenas em Mim. Eu te liberarei de todo pecado; não te aflijas".

O argumento da Gītā evolve em três grandes etapas, pelas quais a ação se eleva do plano humano ao plano divino e deixa a servidão à lei inferior pela liberdade da lei superior. Primeiro, é preciso que, pela renúncia ao desejo e por uma equanimidade perfeita, o indivíduo, enquanto acreditar ser autor das obras, cumpra as ações como um sacrifício, um sacrifício a uma divindade que é o supremo e único Self, embora ele não o tenha realizado ainda em seu próprio ser. Essa é uma etapa inicial. Em seguida, deve-se renunciar não apenas ao desejo pelo fruto, mas à pretensão de ser o autor da ação e reconhecer o Self como o princípio sempre igual, inativo, imutável e todas as obras como apenas operações da Força universal, da alma da Natureza, Prakriti, o poder desigual, ativo, mutável. Por último, o Self supremo deve ser visto como o Purusha supremo que governa sua Prakriti, de quem a alma na Natureza é uma manifestação parcial e por quem todos os trabalhos são guiados, em uma perfeita transcendência, mediante a Natureza. A Ele o amor, a adoração e o sacrifício das obras devem ser oferecidos; o ser inteiro deve abandonar-se a Ele e a consciência inteira deve elevar-se para viver nessa consciência divina, de maneira que a alma humana possa participar da Sua divina transcendência da Natureza e de Suas obras, e agir em uma perfeita liberdade espiritual.

A primeira etapa é Carma-Ioga, o sacrifício das obras feitas sem egoísmo e, aqui, a insistência da Gītā é na ação. A segunda etapa é Jnana-Ioga, a autorrealização e o conhecimento da verdadeira natureza do self e do mundo e, aqui, a insistência é no conhecimento; mas o sacrifício das obras continua e a via das Obras torna-se una com a via do Conhecimento, mas não desaparece nela. A última etapa é Bhakti-Ioga, a adoração e a busca do supremo Self como o Ser Divino e, aqui, a insistência é na devoção; mas o conhecimento não é subordinado a ela, é apenas elevado, vitalizado, consumado, e o sacrifício das obras continua ainda; o duplo caminho torna-se a via tripla, do conhecimento, das obras e da devoção. E o fruto do sacrifício, esse fruto único ainda colocado diante daquele que busca, é alcançado: a união com o Ser Divino e a unidade com a natureza divina suprema.

CAPÍTULO V

KURUKSHETRA

Antes que possamos continuar, seguindo os passos amplos do Instrutor da Gītā, a observar seu traçado da via tripla do homem – o caminho que é o da sua vontade, do seu coração, do seu pensamento, que se elevam ao Mais-Alto e entram no Ser que é o objeto supremo de toda ação, de todo amor, de todo conhecimento – devemos considerar uma vez mais a situação em que surge a Gītā; mas a consideraremos agora em seu significado mais amplo, como um tipo de vida humana e mesmo de toda existência cósmica. Pois, embora o próprio Arjuna se preocupe apenas com sua própria situação, com sua luta interior e a regra de ação que deve seguir, mesmo assim, como vimos, a questão particular que ele coloca, da maneira como a coloca, de fato traz à tona toda a questão da vida e ação humanas, o que é o mundo e por que ele é, e como, sendo o que é, a vida aqui no mundo pode ser reconciliada com a vida no Espírito. E o Instrutor insiste em resolver essa questão profunda e difícil, pois esta é a própria base de seu mandamento: uma ação que deve proceder a partir de um novo equilíbrio do ser e pela luz de um conhecimento libertador.

Mas qual seria, então, a natureza da dificuldade para aquele que deve tomar o mundo assim como é e nele agir, e ainda assim viver, dentro de si, a vida espiritual? Qual é esse aspecto da existência que aterroriza sua mente desperta e provoca o que o primeiro capítulo da Gītā chama, de maneira expressiva, o Ioga do desânimo de Arjuna, o desânimo e o desencorajamento sentidos pelo indivíduo quando é forçado a encarar o espetáculo do Universo como é na realidade, quando o véu da ilusão ética, a ilusão da própria virtude, é rasgado, e antes que uma reconciliação mais alta consigo mesmo seja efetuada? É esse aspecto que é figurado exteriormente na carnificina e no massacre de Kurukshetra e espiritualmente pela visão do Senhor de todas as coisas enquanto Tempo, que surge para devorar e destruir suas próprias criaturas. Essa visão é a do Senhor de toda a existência como Criador universal, mas também como Destruidor universal, sobre quem a antiga Escritura pode dizer em uma imagem cruel: "Os sábios e os heróis são seu alimento e a morte é o condimento desse banquete". É uma única e mesma verdade vista, primeiro, de maneira indireta e obscura nos fatos da vida e em seguida direta e claramente pela alma em uma visão do que se manifesta na vida. O aspecto exterior é o da existência do mundo e da existência humana, que procedem pela luta e pelo massacre; o aspecto interior é o de um Ser universal que se cumpre em uma vasta criação e vasta destruição. A vida como batalha e campo de morte, isto é Kurukshetra; Deus, o Terrível, esta é a visão que aparece a Arjuna nesse campo de massacre.

A guerra, diz Heráclito, é o pai de todas as coisas, a guerra é o soberano de tudo; essa afirmação, como a maioria das máximas do pensador grego, sugere uma verdade profunda. Parece, de fato, que de uma colisão de forças materiais ou outras, nasceram todas as coisas neste mundo, se não o próprio mundo: ele parece prosseguir por meio de uma luta de forças, de tendências, de princípios, de seres, sempre a criar coisas novas, sempre a destruir as antigas, a avançar não se sabe muito bem para onde – para uma autodestruição final, dizem alguns; em uma série sem fim de ciclos vãos, dizem outros; em ciclos progressivos (é a conclusão mais otimista) – através de toda a agitação e aparente confusão e por uma aproximação cada vez mais alta a algum apocalipse divino. De qualquer modo, uma coisa é certa: não apenas aqui não há construção sem destruição, não há harmonia se não for por um equilíbrio de forças conflitantes vencido depois de muitas discórdias reais e potenciais, mas também não haverá uma existência contínua da vida, a não ser pela constante necessidade de alimentar-se e de devorar outras vidas. Nossa própria vida corporal é uma morte e um renascer constantes, o próprio corpo é como se fosse uma cidade sitiada, atacada por forças agressoras, protegida por forças defensivas cuja função é devorar-se umas às outras: e isso é apenas um tipo de toda nossa existência. O comando parece ter sido dado desde o início: "Tu só conquistarás por meio do combate contra teus semelhantes e teu meio; tu nem mesmo viverás, exceto pela batalha e pela luta e pela absorção em ti de outras vidas. A primeira lei desse mundo que eu fiz é: criação e preservação pela destruição".

O pensamento antigo aceitou esse ponto de partida na medida em que pôde ver isso ao observar o Universo. Os antigos Upanishads o viram com muita clareza e o frasearam com uma meticulosidade inflexível, que nada tem a ver com vernizes adocicados ou fugas otimistas da verdade. Fome que é Morte, eles dizem, é o criador e o mestre deste mundo; e eles representaram a existência vital pela imagem do Cavalo do sacrifício. A Matéria eles descreveram com um nome que em geral significa alimento, e disseram "nós a chamamos alimento, porque ela é devorada e devora as criaturas. Aquele que come, ao comer, é comido", essa é a fórmula do mundo material, assim como os darwinianos a redescobriram quando expuseram que a batalha pela vida é a lei da existência evolutiva. A ciência moderna apenas reformulou as antigas verdades que haviam sido expressas em formas muito mais vigorosas, vastas e precisas, pela máxima de Heráclito e pelas imagens usadas nos Upanishads.

Nietzsche insistiu no aspecto da vida que é a guerra e no homem ideal como guerreiro – ele pode começar como o homem-camelo e mais tarde o homem--criança, mas deve se tornar o homem-leão entre essas duas etapas, se quiser alcançar sua perfeição. Por mais que possamos diferir de muitas das conclusões morais e práticas que Nietzsche tirou delas, essas teorias, hoje muito depreciadas, são inegavelmente justificadas e nos fazem relembrar uma verdade que gostaríamos de dissimular. É bom que nos recordemos dela; primeiro, porque ver isso tem um efeito tônico para toda alma forte, o que nos salva da moleza e do relaxamento encorajados por um sentimentalismo demasiado melífluo – filosófico, religioso ou ético, que ama ver a Natureza como amor, vida, beleza e bem, mas volta as costas à sua máscara impiedosa de morte – que adora Deus como Shiva, mas se recusa a adorá-lo como Rudra;[1] segundo, porque, a menos que tenhamos a honestidade e a coragem de olhar a existência face a face, não chegaremos nunca a uma solução efetiva de suas discórdias e de suas oposições. Devemos ver primeiro o que a vida e o mundo são. Em seguida, poderemos buscar muito melhor a maneira certa de transformá-los naquilo que devem ser. Se esse aspecto repulsivo da existência possui em si algum segredo da harmonia final, se ignorarmos ou diminuirmos sua importância, deixaremos escapar esse segredo, e todos os nossos esforços para encontrar uma solução falharão, por causa de nossa ignorância indulgente dos verdadeiros elementos do problema. Se, por outro lado, esse aspecto da existência for um inimigo que deve ser abatido, calcado aos pés, extirpado, eliminado, ainda assim nada ganharemos, se subestimarmos seu poder e seu domínio sobre a vida ou se nos recusarmos a ver como ele está enraizado com firmeza no passado efetivo e nos princípios realmente operativos da existência.

1. Rudra: "Ardente, violento"; nos Vedas: o Divino como mestre de nossa evolução pela violência e pela batalha, o deus ou divindade ascendendo no cosmos; nos Puranas: o Terrível, o Deus de força e de ira, membro da Trindade divina, que expressa o processo de destruição no cosmos. (definição encontrada no *Glossary of terms in Sri Aurobindo's writings*)

Guerra e destruição são não apenas um princípio universal de nossa vida aqui, em seus aspectos puramente materiais, mas também de nossa existência mental e moral. É evidente que na vida real do indivíduo, seja ela intelectual, social, política e moral, não podemos, de fato, avançar um passo sem luta, sem batalha entre o que existe e vive e aquilo que busca viver e existir, e entre tudo que se mantém detrás dos dois. É impossível, ao menos como os seres humanos e como as coisas estão, avançar, vencer, cumprir e, ao mesmo tempo, obedecer de maneira real e completa o princípio de não fazer mal, princípio que é colocado diante de nós como a lei de conduta melhor e mais alta. Usaremos apenas a força-da-alma e nunca destruiremos pela guerra ou pelo emprego, mesmo defensivo, de violência física? Está bem, embora, até que a força-da-alma seja efetiva, a força asúrica nos homens e nas nações pisoteia, rompe, massacra, incendeia, polui, como a vemos fazer hoje, mas então à vontade e sem obstáculo, e talvez você tenha causado tanta destruição da vida pela sua abstinência quanto outros que recorreram à violência; mesmo assim você se colocou um ideal que poderá algum dia conduzir – e deverá mesmo conduzir – a coisas melhores. Mas mesmo a força-da-alma, quando é efetiva, destrói. Só aqueles que a usaram com olhos abertos sabem quão mais terrível e destruidora ela é do que a espada e o canhão; e só aqueles cuja visão não se limita ao ato e aos seus resultados imediatos podem ver quão tremendos são seus efeitos posteriores, quanta coisa é destruída no final e, com isso, toda a vida que dependia e se alimentava dessas coisas. O mal não pode perecer sem a destruição do muito que vive pelo mal e a destruição não é menor mesmo se pessoalmente estejamos salvos da sensação dolorosa de um ato de violência.

Ademais, cada vez que usamos a força-da-alma produzimos uma grande força de Carma contra nosso adversário, e não temos o poder de controlar os movimentos subsequentes. Vasishtha usa a força-da-alma contra a violência militar de Vishvamitra, e o exército dos Huns, Shakas e Pallavas se arremessaram contra o agressor.[2] A própria quietude, a passividade do indivíduo espiritual vítima da violência e da agressão, desperta as tremendas forças do mundo a um ato de retribuição; e pode até ser mais misericordioso opor-se, mesmo pela força, àqueles que representam o mal, do que lhes permitir pisar em tudo até que atraiam

2. O rei Vishvamitra, com todo o seu exército, não pôde se apoderar da vaca maravilhosa do Rishi Vasishta, a qual produzia tudo o que ele necessitava, inclusive soldados para defendê-lo. Ao ver que a força espiritual do brâmane ultrapassava a força guerreira do kshatria que ele era, Vishvamitra começou uma longa ascese para ser admitido na classe dos brâmanes e alcançar, ele também, o nível de brahmarshi – a classe mais alta dos Rishis. Após muitos anos e várias dificuldades, por fim ele conseguiu ser reconhecido pelo próprio Rishi Vasishta, um dos mais antigos e reverenciados sábios védicos. (N. da T.)

sobre si uma destruição pior do que aquela que nunca pensaríamos lhes infligir. Não basta que nossas mãos permaneçam limpas e nossa alma imaculada para que a lei da luta e da destruição deixe de existir no mundo; aquilo que é sua raiz deve primeiro desaparecer da humanidade. Menos ainda, a simples imobilidade e a inércia daqueles que não querem ou não podem opor resistência alguma ao mal anularão essa lei, pois a inércia – *tamas* – na verdade prejudica mais do que o princípio rajásico da luta, que ao menos cria mais do que destrói. Por isso, no que diz respeito ao problema da ação do indivíduo, sua abstenção da luta e da destruição concomitante inevitável sob suas formas físicas mais grosseiras pode ajudar seu próprio ser moral, mas deixa intacto o Destruidor das criaturas.

Quanto ao resto, toda a história da humanidade presta testemunho à inexorável vitalidade, ao persistente predomínio desse princípio no mundo. Como paliativo, é natural que tentemos acentuar outros aspectos. Luta e destruição não são tudo; há o princípio salvador de associação e de ajuda mútua, assim como a força de dissociação e de luta mútua; há um poder de amor e um poder de reivindicação egoística; um impulso para nos sacrificar por outros assim como o impulso para sacrificar outros a nós mesmos. Mas quando vemos como, de fato, esses princípios operaram, não somos tentados a dissimular ou a ignorar o poder de seus opostos. A associação foi criada não apenas para a ajuda mútua, mas também para a defesa, e a agressão, para nos fortalecer contra tudo que ataca ou resiste na luta pela vida. A associação foi mesmo uma servente da guerra, do egoísmo, da autoafirmação da vida contra a vida. O próprio amor foi constantemente um poder de morte. Sobretudo o amor do bem e o amor de Deus, assim como os abraçou o ego humano, são responsáveis por muitas lutas, massacre e destruição. O autossacrifício é grande e nobre, mas no seu ponto mais alto é um reconhecimento da lei da Vida pela morte e um tornar-se a oferenda de si mesmo no altar de algum Poder que exige uma vítima, a fim de que a obra desejada possa se cumprir. A mãe pássaro que enfrenta o predador em defesa de seus pequenos, o patriota que morre pela liberdade de seu país, o mártir religioso ou o mártir de uma ideia são, na escala inferior e na escala superior da vida animal, os mais elevados exemplos de autossacrifício; e é evidente de que eles são testemunhas.

Se olharmos os resultados subsequentes, um otimismo fácil torna-se ainda menos possível. Vejamos o patriota que morre para que seu país possa ser livre e consideremos esse país algumas décadas depois que o Senhor do Carma pagou o preço de sangue versado e dos sofrimentos infligidos; você verá esse país se tornar, por sua vez, um opressor, um aproveitador e conquistador de colônias e de dependências, a devorar outros a fim de que ele mesmo possa viver e vencer agressivamente na vida. Milhares de mártires cristãos pereceram por oporem sua força-de-alma à força do império, para que o Cristo vença e o cristianismo prevaleça. A força-de-alma triunfa, o cristianismo prevalece, mas não o Cristo; a religião vitoriosa torna-se uma Igreja militante e dominadora e um poder mais fanaticamente perseguidor do que a crença e o império que ela substituiu. As próprias religiões se organizaram como poderes de lutas recíprocas e lutaram entre si com ferocidade, para viver, para crescer, para possuir o mundo.

Tudo isso parece mostrar que há um elemento na existência, talvez o elemento inicial, que não sabemos como conquistar; seja porque isso não pode ser conquistado, seja porque não o encaramos ainda com um olhar forte e imparcial para reconhecê-lo com calma e lealdade e saber o que ele é. Devemos olhar a existência de frente, se nosso objetivo é chegar à solução justa, qualquer que ela seja. E olhar a existência de frente é olhar Deus de frente, porque os dois não podem ser separados, nem a responsabilidade pelas leis da existência cósmica pode ser retirada d'Ele que as criou ou d'Aquele que constituiu o mundo. Ainda assim, aqui também, nós gostamos de mitigar e tergiversar. Erigimos um Deus de Amor e Misericórdia, um Deus do Bem, um Deus justo, honrado e virtuoso segundo nossas próprias concepções morais de justiça, honradez e virtude e tudo o mais, dizemos, não é Ele, ou não é Sua obra, ou é a obra de algum Poder diabólico ao qual Ele permitiu, por uma razão qualquer, elaborar sua vontade malvada – ou é a obra de algum obscuro Ahriman, contrabalançando nosso gracioso Ormuzd – ou foi até mesmo culpa do ser humano egoísta e pecador, que corrompeu o que na origem foi feito de maneira perfeita por Deus. Como se o ser humano houvesse criado a lei da morte no mundo animal e a necessidade de devorar-se, ou esse tremendo processo pelo qual a Natureza deveras cria e preserva, porém, ao mesmo tempo, e pela mesma razão inextricável, destrói e mata. Apenas algumas religiões, como as da Índia, tiveram a coragem de dizer sem reserva que esse enigmático Poder cósmico é uma Divindade, uma Trindade, e elevaram a imagem da Força que age no mundo, não apenas como a benéfica Durga, mas também como a terrível Kali em sua dança sanguinária de destruição, e disseram: "Isto também é a Mãe, saibas que Isto também é Deus; isto também, se tens a força, adora". E é significativo que a religião que teve essa honestidade inabalável e essa tremenda coragem, conseguiu criar uma espiritualidade tão profunda e tão extensa que nenhuma outra pode igualar, pois a verdade é o alicerce da real espiritualidade e a coragem é a sua alma. *Tasyai satyam āyatanam.*

Tudo isso não quer dizer que a luta e a destruição sejam o alfa e o ômega da existência, que a harmonia não seja superior à guerra, que o amor não manifesta mais o Divino do que a morte, ou que não devemos tentar substituir a força física pela força-de-alma, substituir a guerra pela paz, o conflito pela união, o instinto devorador pelo amor, o egoísmo pela universalidade, a morte pela vida imortal. Deus não é só o Destruidor, ele é também o Amigo das criaturas; não é apenas a Trindade cósmica, Ele é também o Transcendente; a terrível Kali é também a Mãe amorosa e generosa; o Senhor de Kurukshetra é o divino camarada e o condutor do carro, o sedutor dos seres, Krishna encarnado. Aonde quer que Ele nos conduza, através da luta, do conflito e da confusão, não importa para qual objetivo, ou para qual divindade Ele possa nos atrair, é, sem dúvida, para alguma transcendência de todos esses aspectos nos quais nos obstinamos com tanta firmeza. Mas onde, como, com que tipo de transcendência, sob quais condições – isso temos que descobrir; e para descobri-lo a primeira necessidade é ver o mundo como é, observar e avaliar corretamente sua ação como se mostra no início e agora; depois, o percurso e o objetivo se revelarão melhor. Devemos reconhecer Kurukshetra; devemos nos submeter à lei da Vida pela Morte antes de encontrarmos nosso caminho para a vida imortal; devemos abrir nossos olhos, com um olhar menos aterrorizado que o de Arjuna, para a visão de nosso Senhor do Tempo e da Morte e parar de negar, de odiar o Destruidor universal, ou de recuar diante dele.

CAPÍTULO VI

O SER HUMANO E A BATALHA DA VIDA

Assim, para apreciar em sua universalidade o ensinamento da Gītā, devemos aceitar intelectualmente o seu ponto de vista e sua maneira corajosa de encarar a natureza manifestada e o processo do Universo. O divino condutor do carro de Kurukshetra revela-se, de um lado, como o Senhor de todos os mundos, o Amigo e Guia onisciente de todas as criaturas e, do outro lado, como Tempo, o Destruidor, "que surge para a destruição desses povos". A Gītā, nisso seguindo o espírito da abrangente religião hindu, afirma esse aspecto também como Deus; ela não tenta evitar o enigma e escapar dele por uma porta lateral. De fato, se não considerarmos a existência apenas como a ação mecânica de uma Força material brutal e ignorante, nem, por outro lado, como um jogo igualmente mecânico de ideias e energias que surgem de uma Não Existência original ou que se refletem na Alma passiva ou, ainda, como a evolução de um sonho ou de um pesadelo na consciência de superfície de uma Transcendência indiferente e imutável que não é afetada pelo sonho nem tem parte real nele – se aceitarmos de algum modo, como o faz a Gītā, a existência de Deus, isto é, do Ser onipresente, onisciente, onipotente, mas sempre transcendente, que manifesta o mundo e a Si-mesmo no mundo, que não é o escravo mas o Senhor de Sua Consciência, de Sua Natureza ou de Sua Força criadoras (Maia, Prakriti ou Shakti), que não ficaria frustrado ou contrariado, em Sua concepção ou em Seus desígnios cósmicos, com Suas criaturas humanas ou diabólicas, que não necessita Se justificar por transferir a responsabilidade de qualquer parte de Sua criação ou de Sua manifestação àquilo que é o criado ou o manifestado, então o ser humano deve começar a partir de um grande, difícil, ato de fé. Ao encontrar-se em um mundo que, em aparência, é um caos de poderes em luta, um conflito de forças vastas e obscuras, uma vida que só subsiste pela mudança constante e pela morte, ameaçado de todos os lados pela dor, pelo sofrimento, pelo mal e pela destruição, ele deve ver a Divindade onipresente em tudo e, consciente que esse enigma deve ter uma solução e que, para além dessa Ignorância na qual vive, deve haver um Conhecimento que reconcilia, ele deve apoiar-se nessa fé: "Embora me faças perecer, mesmo assim confio em Ti". Toda ideia ou toda fé humana, se é ativa e afirmativa, quer seja teísta, panteísta ou ateísta, de fato envolve mais ou menos explícita e completamente uma tal atitude. Ela admite e crê: admite as discórdias do mundo, acredita em algum princípio superior – Deus, Ser universal ou Natureza – que nos tornará capazes de transcender, superar ou harmonizar essas discórdias, talvez mesmo de fazer os três ao mesmo tempo, isto é, harmonizar pela superação e a transcendência.

Então, quanto às realidades da vida humana, temos que aceitar seu aspecto de luta e batalha, que se amplifica até chegar a crises supremas, como essa de Kurukshetra. A Gītā, como vimos, tem como moldura um desses períodos de transição e crise tal como a humanidade experimenta periodicamente em sua história, em que grandes forças se entrechocam para imensas destruições e reconstruções de ordem intelectual, social, moral, religiosa, política; crises semelhantes, no estágio atual da evolução psicológica e social humana, em geral culminam em uma violenta convulsão física – discórdia, guerra ou revolução. A Gītā parte da aceitação da necessidade na Natureza de crises violentas semelhantes e aceita, não só o aspecto moral, a luta entre justiça e injustiça, entre a lei do Bem que afirma a si mesmo e as forças que se opõem a seu progresso, mas também seu aspecto físico, a guerra concreta pelas armas, ou outros furiosos combates entre os humanos que representam os poderes antagonistas. Devemos lembrar que a Gītā foi redigida em um tempo em que a guerra era ainda, mais que agora, uma parte necessária da atividade humana e a ideia de sua eliminação do esquema da vida teria sido uma absoluta quimera. O evangelho de paz universal e de boa vontade entre os seres humanos – pois sem boa vontade mútua, universal e inteira, não pode haver uma paz real e permanente – nunca conseguiu, nem por um instante, tomar posse da vida humana durante os ciclos históricos de nosso desenvolvimento, porque moral, social e espiritualmente a espécie não estava preparada, e o equilíbrio da Natureza em sua evolução não teria admitido prepará-la de imediato para uma tal transcendência. Mesmo agora, na verdade, nós não progredimos além da possibilidade de um sistema de ajuste entre interesses em conflito que possa reduzir a recorrência das formas piores de luta. E, para aproximar-se desse fim ideal, o método, a abordagem que a humanidade, pela sua própria natureza, foi obrigada a adotar, é um massacre monstruoso, sem paralelo na história; uma guerra universal, cheia de amargura e de ódio implacável, é o caminho mais direto e o meio mais triunfante que o homem moderno encontrou para estabelecer a paz universal! Esta consumação, baseada não em alguma mudança fundamental na natureza humana, mas em noções intelectuais, em conveniências econômicas, em um recuo vital e sentimental diante das perdas de vida humana, aflições e horrores da guerra, essa paz, efetuada por nada melhor do que ajustes políticos, também não oferece promessas seguras de uma base firme e duradoura. Um dia pode vir, um dia deve seguramente vir, diremos, em que a humanidade estará pronta de maneira espiritual, moral e social para o reino da paz universal; nesse meio-tempo, a batalha como aspecto da vida, a natureza e a função do indivíduo como guerreiro devem ser aceitas e tomadas em consideração por toda filosofia prática e toda religião. A Gītā, ao tomar a vida como é e não apenas como poderá ser em algum futuro distante, levanta a questão: como esse aspecto e essa função da vida que é, na verdade, um aspecto e uma função da atividade humana em geral, poderão ser harmonizados com a existência espiritual?

Por conseguinte, a Gītā é dirigida a um combatente, a um homem de ação, cujo dever na vida é fazer a guerra e proteger, a guerra enquanto uma função de governo para a proteção daqueles que são isentos desse dever, que não podem se proteger e, por essa razão, estão à mercê dos fortes e dos violentos, a guerra que deve, em segundo lugar e por uma extensão moral dessa ideia, proteger os fracos e os oprimidos e conservar o direito e a justiça no mundo. Por todas essas ideias – a social e a prática – o conceito moral e cavalheiresco entra na concepção indiana do Kshatriya, o homem que é guerreiro e chefe por função, e cavaleiro e rei por natureza. Embora as ideias mais gerais e universais da Gītā sejam as mais importantes para nós, não devemos excluir por completo de nossa consideração a nuance e a tendência que receberam da cultura indiana e do sistema social peculiar no meio dos quais elas surgiram. Em sua concepção, esse sistema diferia do sistema moderno. Para a humanidade moderna, o homem é um pensador, um trabalhador ou produtor e um combatente, tudo em um, e a tendência do sistema social é de não diferençar todas essas atividades e exigir de cada indivíduo sua contribuição à vida e às necessidades intelectuais, econômicas e militares da comunidade sem dar importância às exigências da natureza e da índole de cada um. A antiga civilização indiana dava uma importância peculiar à natureza individual, à sua tendência e ao seu temperamento, e buscava por meio destes determinar o tipo ético, a função e o lugar na sociedade. Ademais, ela não considerava o ser humano como um ser originalmente social, nem a plenitude de sua existência social como o ideal mais elevado; a antiga civilização indiana o considerava, antes, um ser espiritual em processo de formação e desenvolvimento e sua vida social, sua lei ética, o jogo de seu temperamento e o exercício de sua função como meios e estágios de formação espiritual. Pensamento e conhecimento, guerra e governança, produção e distribuição, trabalho e serviço eram funções sociais diferenciadas com cuidado, cada uma atribuída àqueles que eram naturalmente chamados e proviam o meio justo pelo qual cada um, como indivíduo, podia avançar em seu desenvolvimento espiritual e em sua autoperfeição.

A ideia moderna de uma obrigação comum em todas as principais esferas da atividade humana tem suas vantagens: favorece uma solidariedade, uma unidade e uma completeza maiores na vida da comunidade e um desenvolvimento maior, em todas as direções, do indivíduo completo, em oposição à divisão sem fim e à superespecialização, à estreiteza e à limitação artificial da vida do indivíduo, às quais o sistema indiano no final conduziu. Porém, a ideia moderna tem também os seus inconvenientes e, em alguns de seus desenvolvimentos, uma aplicação demasiado lógica levou a absurdos grotescos e desastrosos. Isso é bastante evidente no caráter da guerra moderna. Partindo da ideia de uma obrigação militar comum, que impõe a cada indivíduo defender e lutar para a comunidade pela qual ele vive e da qual se beneficia, nasceu o sistema pelo qual todo homem da nação é lançado na trincheira sangrenta para matar ou ser morto; pensadores, artistas, filósofos, sacerdotes, mercadores, artesãos, todos arrancados de sua função natural, toda a vida da comunidade desorganizada, a razão e a consciência postas de lado, mesmo o ministro da religião pago pelo Estado, ou chamado pela sua função a pregar o evangelho da paz e do amor, é forçado a negar sua crença e a se tornar o carniceiro de seus semelhantes! Não só a consciência e a natureza são violadas pelo *fiat* arbitrário do Estado militar, mas a defesa nacional, levada a um extremo insano, tenta fazer o melhor para tornar-se um suicídio nacional.

A civilização indiana, ao contrário, fez do fato de minimizar a incidência e os desastres da guerra seu objetivo maior. Para esse propósito, limitou a obrigação militar à classe pouco numerosa que, por seu nascimento, sua natureza e suas tradições era destinada a essa função e encontrava nela seus meios naturais de desenvolvimento pelo florescer da alma nas qualidades de coragem, força disciplinada, forte prestimosidade e nobreza cavalheiresca, às quais a vida de soldado, sob a tensão de um alto ideal, oferecia um campo e oportunidades. Os demais membros da comunidade eram, em todos os sentidos, protegidos contra o massacre e o ultraje; a interferência na vida e nas ocupações da comunidade era a mínima possível, e um campo mínimo era deixado às tendências combativas e destrutivas da natureza humana, confinadas em uma espécie de liça, de modo a causar o mínimo dano à vida geral da raça, enquanto ao mesmo tempo, a função da guerra – sujeita a ideais éticos elevados e a toda norma possível de humanidade e cavalheirismo – era ajudar a enobrecer e a elevar, em lugar de brutalizar, aqueles que a exerciam. Deve ser lembrado que é uma guerra desse tipo, e sob essas condições, que a Gītā tem em vista: a guerra considerada uma parte inevitável da vida humana, mas restrita e limitada, de modo a servir, assim como outras atividades, ao desenvolvimento ético e espiritual que era então visto como todo o objetivo da vida – uma guerra destrutiva, dentro de certos limites cuidadosamente fixados da vida corporal do homem individual, mas construtiva de sua vida interior e da elevação moral da raça. Que no passado a guerra tenha ajudado, quando estava sujeita a um ideal, a essa elevação – como no desenvolvimento da dignidade do cavaleiro e do cavalheirismo – no ideal indiano do Kshatriya, no ideal japonês do Samurai, só pode ser negado pelos fanáticos do pacifismo. Sua função cumprida, a guerra pode então desaparecer, pois, se tentar sobreviver à sua utilidade, ela se mostrará uma pura brutalidade, uma violência destituída de seu ideal e de seu aspecto construtivo e será rejeitada pela mente humana em progresso; mas seus serviços passados prestados à espécie devem ser admitidos, em uma visão racional de nossa evolução.

O fato físico da guerra, no entanto, é apenas uma manifestação particular e externa de um princípio geral da vida, e o Kshatriya é apenas a manifestação exterior e o tipo de uma característica geral necessária à completude da perfeição humana. A guerra representa e encarna fisicamente o aspecto de batalha e luta que pertence a toda vida, nossa vida interior e exterior ao mesmo tempo, em um mundo cujo método é o choque e o combate de forças; por uma destruição mútua, essas forças progridem em direção a um ajuste que muda de maneira contínua, expressando uma harmonização progressiva e visando uma perfeita harmonia baseada em alguma potencialidade da unidade ainda não compreendida. O Kshatriya é o tipo e a encarnação humana do combatente, que aceita esse princípio na vida e faz face a isso como um guerreiro, se esforça para alcançar a mestria e não recua diante da destruição de corpos e de formas, mas cujo objetivo, por meio disso tudo, é realizar certos princípios de direito, de justiça e de lei, que será a base da harmonia em direção à qual a luta tende. A Gītā aceita esse aspecto da energia universal e o fato físico que ele encarna: a guerra, que é a contradição extrema da alta aspiração da alma pela paz interior e da não violência[1] exterior. Ela se dirige ao indivíduo de ação, ao lutador e combatente, o Kshatriya – necessariamente imerso em um tumulto de combates e de ações que parece a própria contradição do alto ideal da alma, de calma mestria e de autocontrole –, e a Gītā busca uma saída para a contradição, um ponto no qual os dois termos se encontrem, e um equilíbrio que será a base primeira e essencial de harmonia e transcendência.

O homem enfrenta a batalha da vida da maneira mais conforme à qualidade dominante de sua natureza. Segundo a filosofia do Sankhya, aceita pela Gītā nesse ponto, existem três qualidades essenciais ou modos da energia universal e, portanto, também da natureza humana. Esses modos são *sattva*, o modo do equilíbrio, do conhecimento e da alegria; *rajas*, o modo da paixão, da ação e da emoção que luta; *tamas*, o modo da ignorância e da inércia. O indivíduo dominado por *tamas* responde menos à violência e ao choque das energias do mundo que giram em torno dele e convergem para ele; ele é mais subjugado e sujeito a elas, atormentado por elas; ou, no máximo, ajudado pelas outras qualidades, o indivíduo tamásico busca apenas sobreviver de alguma maneira, subsistir o tanto que puder, abrigar-se na fortaleza de uma rotina estabelecida de pensamento e ação na qual se sente, até certo ponto, protegido da batalha, capaz de rejeitar a demanda que sua natureza superior lhe faz e dispensado da necessidade de novas lutas e de um ideal de mestria e esforços crescentes. Aquele dominado por *rajas* se lança na batalha e tenta usar a batalha de forças para seu próprio benefício egoísta, para matar, conquistar, dominar, fruir; ou, ajudado em certa medida pela qualidade sátvica, o indivíduo rajásico faz da própria batalha um meio de aumentar sua mestria interior, sua alegria, seu poder e sua posse. A batalha da vida torna-se seu deleite e sua paixão, em parte por ela mesma, pelo prazer da atividade e a sensação de poder, em parte como meio para seu crescimento e desenvolvimento naturais. O indivíduo dominado por *sattva* busca no meio da luta um princípio de lei, de direito, de equilíbrio, de harmonia, de paz, de satisfação. Aquele puramente sátvico, em geral por uma espécie de desapego interior ou por uma repulsão exterior diante do conflito e dos tumultos da energia ativa do mundo, tende a buscar aquele princípio dentro de si, só para si mesmo ou com um impulso para comunicá-lo, uma vez adquirido, a outras mentes humanas; mas se a mente sátvica aceita, em parte, o impulso rajásico, ela busca sobretudo impor esse equilíbrio e essa harmonia às batalhas e ao caos aparente, para reclamar

1. *ahiṁsā*.

uma vitória da paz, do amor e da harmonia sobre o princípio de guerra, discórdia e luta. Todas as atitudes adotadas pela mente humana em relação ao problema da vida derivam da dominação de uma ou de outra dessas qualidades ou, então, de uma tentativa de equilíbrio e harmonia entre elas.

Mas chega também um estágio em que a mente recua de todo o problema e, insatisfeita com as soluções dadas pelo triplo modo da Natureza, *traiguṇya*, busca uma solução mais elevada, fora da Natureza ou acima dela. Ela busca uma saída, seja em algo externo e vazio de todas as qualidades e, portanto, de toda atividade, seja em algo superior às três qualidades e mestre delas e, portanto, capaz de ação, mas sem ser afetado ou dominado por essa ação: o *nirguṇa* ou o *triguṇātīta*. A mente aspira à paz absoluta e à existência incondicionada ou à calma dominante de uma existência superior. O movimento natural da primeira atitude tende à renúncia do mundo, *sannyāsa*, o da segunda, tende a uma superioridade diante das exigências da natureza inferior e de seu turbilhão de ações e reações, e seu princípio é a equanimidade e a renúncia interior às paixões e aos desejos. A primeira é o impulso inicial de Arjuna, seu recuo diante da culminação calamitosa de todas as suas atividades heroicas no grande cataclismo da batalha e do massacre, Kurukshetra; diante da perda completa do princípio de ação que ele seguia, a única saída lhe parece ser a inação e a rejeição da vida e de suas exigências. Mas é para um estado de superioridade interior e não para a renúncia física à vida e à ação, que a voz do Instrutor divino o chama.

Arjuna é o Kshatriya, o homem rajásico, que governa sua ação rajásica por um alto ideal sátvico. Ele avança para essa luta gigantesca, para esse Kurukshetra, com a aceitação completa da alegria da batalha, como para "uma festa do combate", mas com uma orgulhosa confiança na justeza de sua causa; ele avança em seu carro rápido e rasga o coração de seus inimigos com o clamor vitorioso de sua concha de guerra; ele deseja lançar um olhar a todos esses Reis de homens, que ali vieram para defender contra ele a causa da injustiça e estabelecer como regra de vida o desprezo pela lei, pela justiça e pela verdade, que gostariam de substituir por normas de um egoísmo arrogante e interesseiro. Quando essa confiança se despedaça dentro dele, quando ele é precipitado do alto de sua atitude habitual e da base mental de sua vida, é devido ao aparecimento súbito no homem rajásico da qualidade tamásica, que o induz a um recuo feito de pasmo, dor, horror, consternação, desânimo, perplexidade da mente e a guerra da razão contra si mesma, uma queda no princípio da ignorância e da inércia. Como resultado, ele se volta para a renúncia. É melhor a vida do mendigo que vive de esmolas do que esse darma do Kshatriya, do que essa batalha e essa ação que culminam em um massacre indiscriminado, do que esse princípio de mestria, glória e poder que só pode ser adquirido pela destruição e pelo derramamento de sangue, do que essa conquista de satisfação manchada de sangue e essa defesa da justiça e do direito por meios que contradizem toda justiça, e essa afirmação da lei social por uma guerra que destrói, por seus processos e seus resultados, tudo o que constitui a sociedade.

Sannyāsa é a renúncia à vida, à ação e ao triplo modo da Natureza; mas esse estado só pode ser abordado por uma ou outra das três qualidades. A disposição pode ser tamásica, um sentimento de impotência, medo, aversão, desgosto, horror do mundo e da vida; ou pode ser para a qualidade rajásica com propensão ao *tamas*: uma tendência à lassidão pela luta, pela dor, pela desilusão, uma recusa em aceitar por mais tempo essa tormenta vã de atividades, com suas penas e sua eterna insatisfação. Ou a disposição pode ser para *rajas* com propensão à *sattva*, o impulso para chegar a algo superior a tudo o que a vida pode dar, para conquistar um estado superior, para calcar sob os pés a própria vida pela ação de uma força interior que busca romper todos os laços e transcender todos os limites. Ou pode ser a disposição sátvica, uma percepção intelectual da futilidade da vida e da ausência de qualquer objetivo ou justificativa para esse eterno círculo da existência do mundo ou, então, uma percepção espiritual do Atemporal, do Infinito, do Silencioso, da Paz sem nome e sem forma que está além. O recuo de Arjuna é o recuo tamásico do homem sátvico-rajásico diante da ação. O Instrutor poderia encorajar esse movimento em sua orientação e utilizá-lo como uma passagem sombria para a pureza e a paz da vida ascética; ou poderia purificá-lo em seguida e elevá-lo às raras altitudes da tendência sátvica à renúncia. De fato, ele não faz nem uma coisa nem outra. Ele desencoraja o recuo tamásico e a tendência à renúncia e ordena continuar a ação – e precisamente essa ação violenta e terrível –, mas orienta o discípulo em direção a outra renúncia, mais íntima, que é a verdadeira saída para essa crise e o caminho para a superioridade da alma sobre a Natureza universal e, também, para a ação da alma, calma e mestra de si mesma, no mundo. O ensino da Gītā não é um ascetismo físico, mas uma ascese interior.

CAPÍTULO VII

O CREDO DO GUERREIRO ARIANO[1]

A resposta do Instrutor divino à primeira torrente do exame de consciência apaixonado de Arjuna, à sua repugnância ao massacre, ao seu sentimento de tristeza e de pecado, à sua aflição diante de uma vida vazia e desolada e à sua previsão dos maus resultados de uma ação má, é uma reprimenda severa. Tudo isso, responde o Instrutor, é uma confusão da mente e um engano, uma fraqueza do coração, uma falta de bravura, uma queda da virilidade do guerreiro e do herói. Isso não é apropriado ao filho de Pritha,[2] jamais assim o campeão e a principal esperança de uma causa justa deveriam abandoná-la na hora da crise e do perigo, nem tolerar o súbito assombro de seu coração e de seus sentidos; o obscurecimento de sua razão e o colapso de sua vontade o traem, até fazê-lo depor suas armas divinas e recusar a obra que lhe foi confiada por Deus. Essa não é a via alimentada e seguida pelo homem ariano; esse humor não vem do céu nem pode conduzir ao céu e, sobre a terra, ele é a perda da glória que é reservada à coragem, ao heroísmo e às ações nobres. Que ele se livre dessa piedade fraca e autoindulgente, que se erga e esmague seus inimigos!

Essa é a resposta de um herói a um herói, mas não a que poderíamos esperar de um Instrutor divino, de quem demandamos sobretudo que encoraje sempre a gentileza, a santidade, a abnegação e o recuo diante dos objetivos mundanos e dos caminhos do mundo. A Gītā diz expressamente que, dessa forma, Arjuna caiu em uma fraqueza não heroica, "seus olhos cheios de angústia e de lágrimas, seu coração vencido pela depressão e pelo desânimo", porque é invadido pela

1. Gītā, II. 1-38.

2. Com frequência, como parece ter sido uso na época, Krishna se dirige a Arjuna usando diferentes nomes, em geral como "filho de" e o nome do pai ou da mãe, ou então do clã ou da nação. Muitas vezes, entre os vários nomes dos heróis, muitos se referiam também a um feito heroico. (N. da T.)

piedade, *kṛpayāviṣṭam*. Não é isso, então, uma fraqueza divina? A piedade não é uma emoção divina que não deveria ser desencorajada por uma reprovação tão dura? Ou estamos diante de um mero evangelho de guerra e ações heroicas, um credo nietzschiano de poder e força arrogantes, de dureza hebraica ou teutônica que considera a piedade uma fraqueza e pensa como o herói norueguês que agradece a Deus por haver-lhe dado um coração duro? Mas o ensinamento da Gītā nasce de uma crença indiana e, para a mente indiana, a compaixão foi sempre considerada um dos elementos maiores da natureza divina. O próprio Instrutor, ao enumerar em um capítulo posterior as qualidades daquilo que parece divino na natureza humana, coloca entre elas a compaixão pelas criaturas, a brandura, ser livre da cólera e da vontade de matar e de fazer o mal, assim como a intrepidez, a vivacidade e a energia. A brutalidade, a dureza, a crueldade e a satisfação em destruir seus inimigos e de acumular riquezas e satisfações injustas são qualidades asúricas; elas provêm de uma natureza titânica violenta, que nega o Divino no mundo e o Divino no ser humano e adora apenas o Desejo como divindade. Não é, portanto, de tal ponto de vista que a fraqueza de Arjuna merece reprovação.

"De onde te vem esse desânimo, essa mancha, essa obscuridade da alma na hora da dificuldade e do perigo?", pergunta Krishna a Arjuna. A pergunta indica a real natureza daquilo que faz Arjuna se desviar de suas qualidades heroicas. Há uma compaixão divina que desce em nós do alto e, para aquele cuja natureza não a possui e não se formou nesse modelo, pretender que ele é o homem superior, o mestre-homem ou o super-homem é uma loucura, uma insolência, porque só aquele que manifesta melhor a natureza superior do Divino na humanidade é o super-homem. Essa compaixão observa, com um olhar de amor, sabedoria e força calma, a batalha e a luta, a força e a fraqueza do ser humano, suas virtudes e pecados, suas alegrias e seus sofrimentos, seu conhecimento e sua ignorância, seu saber e sua loucura, sua aspiração e suas faltas, e ela entra em tudo isso para ajudar e curar. No santo e no filantropo ela pode tomar a forma da plenitude do amor ou da caridade; no pensador e no herói ela assume a amplidão e a força de uma sabedoria e de uma força úteis. No guerreiro ariano[3] é essa compaixão, a alma de seu cavalheirismo, que se recusa a romper o junco machucado, mas ajuda e protege o fraco e o oprimido, o ferido e o vencido. Mas é também a compaixão divina que derruba o tirano forte e o opressor presunçoso, não em

3. a*rya* (Aryan) – o homem bom e nobre; o guerreiro; aquele que se esforça e supera tudo que se coloca em oposição ao progresso humano, no seu interior e no mundo exterior; aquele que cumpre as obras do sacrifício, encontra a palavra sagrada da iluminação, [...] ele é o guerreiro da luz e viaja em direção à Verdade. (N. da T.)

cólera ou com ódio – porque essas não são as altas qualidades divinas e a cólera de Deus contra o pecador, o rancor de Deus pelos malvados, são fábulas de crenças semiesclarecidas tanto quanto as fábulas da eterna tortura dos Infernos que essas crenças inventaram –, porém, como a antiga espiritualidade indiana viu com clareza, com o tanto de amor e compaixão pelo titã poderoso que erra por sua força e é morto por seus pecados, quanto pelo sofredor e oprimido, que devem ser salvos da violência e da injustiça do titã.

Mas não é essa a compaixão que impele Arjuna a rejeitar sua ação e sua missão. Isso não é compaixão, mas é uma impotência cheia de autopiedade débil, um recuo diante do sofrimento mental que seu ato deve lhe causar – "Eu não vejo o que me liberará dessa tristeza que seca meus sentidos" – e, entre todas as coisas, a autopiedade está entre os estados de ânimo mais ignóbeis e menos dignos de um ariano. Sua piedade por outros é também uma forma de autoindulgência; é o horror físico dos nervos ao ato de matar, o recuo emocional e egoísta do coração diante da destruição dos dhritarashtrianos[44] porque estes são "seus próximos" e sem eles a vida será vazia. Essa piedade é uma fraqueza da mente e dos sentidos, uma fraqueza que pode muito bem ser benéfica para aqueles com um grau de desenvolvimento menor, que se não fossem fracos seriam duros e cruéis; pois eles devem curar as formas mais rudes do egoísmo sensorial com as mais gentis, devem invocar *tamas*, o princípio débil, para ajudar *sattva*, o princípio de luz, a reduzir a força e o excesso de suas paixões rajásicas. Mas esse caminho não é para o ariano desenvolvido, que deve crescer não pela fraqueza, mas por uma contínua ascensão de força em força. Arjuna é o homem divino, o mestre-homem em formação e, como tal, foi escolhido pelos deuses. Uma obra lhe foi dada, ele tem Deus em seu carro de guerra, em suas mãos o arco divino, Gandiva, diante de si ele tem os campeões da iniquidade, aqueles que se opõem a que o Divino conduza o mundo. Não é ele que tem o direito de determinar o que deve ou o que não deve ser feito, segundo suas emoções e suas paixões, ou de recuar diante da destruição necessária, seguindo as demandas de seu coração e sua razão egoístas, nem recusar o trabalho porque esse trará dor e vazio à sua vida ou porque o resultado terrestre, com a ausência dos milhares que devem perecer, é sem valor para ele. Tudo isso é uma fraqueza, uma queda de sua natureza mais elevada. Ele deve ver apenas o trabalho que deve ser feito, *kartavyaṃ karma*, ouvir apenas o comando divino murmurado

4. Conhecidos como os Kauravas, filhos de Dritarashtra, rei dos Kurus. Os Pandavas (filhos de Pandu, irmão de Dhritarashtra) e os Kauravas formavam dois clãs da mesma família, cuja disputa pela sucessão conduziu à guerra do Mahabharata, no campo de Kurukshetra. (N. da T.)

em sua natureza guerreira, sentir apenas o mundo e o destino da humanidade, que o chama como o homem enviado pelos deuses para ajudá-lo em sua marcha e limpar seu caminho dos exércitos sombrios que o assaltam.

Em sua resposta a Krishna, Arjuna aceita a reprimenda, ao mesmo tempo que protesta contra a ordem e a recusa. Ele é consciente de sua fraqueza e, contudo, sujeita-se a ela. Admite que é a pobreza de espírito que o distanciou de sua natureza verdadeira e heroica; toda a sua consciência está confusa em sua visão de certo e errado e ele aceita o Amigo divino como seu instrutor; mas os apoios emocionais e intelectuais com os quais ele sustentava seu sentido de justiça foram completamente destruídos e ele não pode aceitar um comando que parece fazer apelo apenas ao seu antigo ponto de vista e não lhe oferece uma nova base de ação. Ele tenta ainda justificar sua recusa a agir e dá como desculpa as demandas de seu ser nervoso e físico, que recua diante do massacre e seu efeito de fruições sangrentas, as demandas de seu coração, que recua diante da tristeza e do vazio da vida que resultariam de sua ação, a reivindicação de suas noções morais costumeiras aterrorizadas pela necessidade de matar seus gurus, Bhishma e Drona, as demandas de sua razão, que vê apenas os maus resultados, sem nenhum aspecto positivo, da ação terrível e violenta que lhe foi designada. Ele decidiu que, em sua antiga base de pensamentos e motivos, ele não combaterá e espera em silêncio a resposta às objeções, que lhe parecem sem resposta. São essas demandas do ser egoísta de Arjuna que Krishna se põe a destruir primeiro, a fim de dar lugar à lei superior, que transcenderá todos os motivos egoísticos de ação.

A resposta do Instrutor segue duas linhas diferentes; primeiro, uma resposta breve, fundamentada nas ideias mais elevadas da cultura ariana na qual Arjuna foi educado e, depois, outra resposta, mais vasta, fundamentada em um conhecimento mais íntimo e que abre acesso às verdades mais profundas de nosso ser; essa resposta é o verdadeiro ponto de partida do ensinamento da Gītā. A primeira resposta apoia-se nas concepções filosóficas e morais do Vedanta e nas ideias sociais do dever e da honra, que formam a base ética da sociedade ariana. Arjuna buscou justificar sua recusa por meio de razões éticas e racionais, mas apenas encobriu com palavras de aparente racionalidade a revolta de suas emoções ignorantes e indisciplinadas. Ele falou da vida física e da morte do corpo como se essas fossem realidades primeiras, mas elas não têm esse valor essencial para o sábio e para o pensador. A tristeza pela morte corporal de seus amigos e parentes é uma aflição que a sabedoria e o verdadeiro conhecimento da vida não sancionam. O indivíduo esclarecido não sente pesar nem pelos vivos nem pelos mortos, pois sabe que sofrimento e morte são meros incidentes na história da alma. A alma, não o corpo, é a realidade. Todos esses reis dos homens, cuja morte próxima ele chora, viveram antes, viverão ainda em um corpo humano, pois assim como a alma passa, fisicamente, pela infância, pela juventude e pela maturidade, do mesmo modo ela passa de um corpo a outro. A mente calma e sábia, *dhīra*, o pensador, que olha a vida de modo firme e não se deixa perturbar ou cegar por suas sensações e emoções, não se engana pelas aparências materiais, não permite que o clamor de seu sangue, de seus nervos e de seu coração obscureça seu julgamento ou contradiga seu conhecimento. Ele olha para além dos fatos aparentes da vida do corpo e dos sentidos em direção ao fato real de seu ser; ele se eleva acima dos desejos emocionais e físicos da natureza ignorante, em direção ao único e verdadeiro objetivo da existência humana.

O que é esse fato real, esse objetivo mais elevado? Isto, que a vida e a morte dos homens, repetidas ao longo das eras nos grandes ciclos do mundo, são apenas um longo percurso pelo qual o ser humano se prepara e se torna apto para a imortalidade. E como deve preparar-se? Qual é o indivíduo que está apto? É aquele que se eleva acima da noção de si mesmo como vida e corpo, que não aceita as experiências materiais e sensoriais do mundo em seus próprios valores ou nos valores que o homem físico lhes atribui; aquele que conhece a si mesmo e aos outros como almas, aquele que aprende a viver em sua alma e não em seu corpo, e lida com os demais também como almas e não como meros seres físicos. Pois, por imortalidade deve-se entender não a sobrevivência à morte – isso já é dado a toda criatura nascida com uma mente –, mas uma transcendência da vida e da morte. Isso significa aquela ascensão pela qual o homem cessa de viver enquanto corpo animado pela mente, para viver enfim como um espírito e no Espírito. Quem quer que esteja sujeito à dor e à aflição, que seja um escravo das sensações e emoções, absorvido pelo contato das coisas transientes, não pode se tornar apto para a imortalidade. Essas coisas devem ser toleradas até serem conquistadas, até que não provoquem mais dor no indivíduo liberado, até que ele seja capaz de receber todos os eventos materiais do mundo, quer sejam alegres, quer sejam tristes, com uma igualdade calma e sábia, assim como as recebe o Espírito eterno tranquilo, secreto, dentro de nós. Ser perturbado pela aflição e pelo horror como foi Arjuna, ser desviado do caminho que deve ser percorrido, ser vencido pela autopiedade, pela incapacidade de suportar a dor e recuar diante da inevitável e trivial circunstância da morte do corpo, isso é uma ignorância não ariana. Não é desse modo que o ariano ascende, com uma energia calma, em direção à vida imortal.

Não existe a morte, pois é o corpo que morre e o corpo não é o homem. Aquilo que realmente é não pode sair da existência, embora possa mudar de forma e de aparência aos nossos olhos, do mesmo modo que o que é inexistente não pode vir a ser. A alma é e não pode deixar de ser. Essa oposição entre o que é e o que não é, esse equilíbrio entre o ser e o vir a ser, que constituem a visão mental da existência, resolvem-se, enfim, na realização pela alma do self único e imperecível, por quem todo este universo foi desenvolvido. Corpos finitos têm um fim, mas Isto que os possui e os utiliza é infinito, ilimitável, eterno, indestrutível. Isto abandona o antigo corpo e assume novos, do mesmo modo que uma pessoa troca uma roupa usada por uma nova; o que existe nisso para afligir, angustiar e dar medo? Isto não nasce nem morre, nem é uma coisa que chega a existir uma vez, desaparece e nunca mais retorna à existência. Isto é não nascido, antigo, sempiterno; não morre com a destruição do corpo. Quem pode matar o espírito imortal? Armas não podem matá-lo nem o fogo queimá-lo nem a água molhá-lo nem o vento secá-lo. Eternamente estável, imóvel, ele tudo permeia, ele é para sempre e sempre. Não manifestado como o corpo, mas maior que toda manifestação, ele não pode ser analisado pelo pensamento, mas é maior que toda mente; não sujeito à mudança e às modificações como a vida e seus órgãos e seus objetos, mas para além das mudanças da mente, da vida e do corpo ele é, contudo, a Realidade que tudo o mais se esforça para representar.

Mesmo se a verdade de nosso ser fosse uma coisa menos sublime, menos vasta, menos intangível pela vida e pela morte, mesmo se o self estivesse constantemente sujeito ao nascimento e à morte, ainda assim a morte de seres não deveria ser causa para a tristeza, pois é uma circunstância inevitável da automanifestação da alma. O nascimento da alma é um aparecimento a partir de um estado em que ela não é inexistente, mas apenas não manifestada a nossos sentidos mortais; sua morte é um retorno a esse mundo ou a esse estado não manifestado de onde ela aparecerá de novo na manifestação física. O barulho feito pela mente física e pelos sentidos diante da morte e do horror à morte, seja na enfermidade, seja no campo de batalha, é a mais ignorante das reações nervosas. Sofrer pelos mortos é uma aflição ignorante por aqueles por quem não há motivo de pesar, visto que eles não saíram da existência nem sofreram nenhuma mudança de condições dolorosa e terrível e que, após a morte, eles não estão nem menos vivos nem em circunstâncias mais dolorosas do que na vida. Mas, na realidade, a verdade mais elevada é a única verdadeira. Tudo é este

Self, este Um, este Divino que contemplamos, do qual falamos e ouvimos falar como a maravilha mais além de nossa compreensão, porém, mesmo depois de toda nossa busca e declarações de conhecimento e de aprender daqueles que têm conhecimento, nenhuma mente humana jamais conheceu este Absoluto. É Isto, que aqui está velado pelo mundo, o mestre do corpo; toda vida é apenas sua sombra; a vinda da alma na manifestação física e nossa saída dela pela morte é apenas um de seus movimentos menores. Quando nos conhecemos como Isto, falar de nós mesmos como aquele que mata e aquele que é morto é um absurdo. Uma só coisa é a verdade na qual devemos viver: o Eterno, que se manifesta como a alma do ser humano no grande ciclo de sua peregrinação, com o nascimento e a morte como marco miliário, com mundos além como lugares de repouso, com todas as circunstâncias da vida, felizes ou infelizes, como meios para nosso progresso, como campo de batalha e de vitória e com a imortalidade como a morada para a qual a alma viaja.

"Portanto", diz o Instrutor, "joga fora essa aflição e recusa vãs e combate, ó filho de Bharata!" Mas por que uma tal conclusão? Esse conhecimento elevado e vasto, essa autodisciplina tenaz da mente e da alma – pelas quais devemos nos elevar mais além do clamor das emoções e do engano dos sentidos e nos dirigir ao verdadeiro autoconhecimento –, podem, na verdade, nos liberar da tristeza e da ilusão; podem, na verdade, nos curar do medo da morte e da dor pelos mortos; podem nos fazer ver que aqueles de quem falamos como mortos não estão mortos de modo algum e não têm que ser lamentados, visto que apenas foram para o outro lado; podem muito bem nos ensinar a ver, sem que nos perturbemos, as mais terríveis agressões da vida e a morte do corpo, como bagatelas; podem nos elevar até a poder conceber todas as circunstâncias da vida como manifestações do Um e como meios para nossas almas de se elevarem acima das aparências, por uma evolução ascendente, até que conheçamos a nós mesmos como o Espírito imortal. Porém, como isso justifica a ação exigida de Arjuna e o massacre de Kurukshetra? A resposta é que essa é a ação que se requer de Arjuna no caminho que ele deve percorrer; essa ação se mostra inevitável no cumprimento da função exigida dele por seu *svadharma*, seu dever social, a lei de sua vida e a lei de seu ser. Este mundo, esta manifestação do Self no mundo material não é só um ciclo de desenvolvimento interior, mas também um terreno no qual circunstâncias externas da vida devem ser aceitas enquanto ambiente e ocasião para esse desenvolvimento. Este é um mundo de ajuda mútua e de luta; o progresso que ele nos permite não é um deslizar sereno e pacífico através de alegrias fáceis, mas cada passo deve ser ganho por um esforço heroico e através de conflitos entre forças opostas. Aqueles que aceitam o combate interior e exterior, mesmo no conflito físico maior de todos, o da guerra, são os Kshatriyas, os homens fortes; guerra, força, nobreza, coragem são sua natureza; a defesa do direito e uma aceitação inabalável do desafio da batalha é sua virtude e seu dever. Visto que existe, continuamente, uma luta entre o bem e o mal, entre o justo e o injusto, entre as forças que protegem e as forças que violentam e oprimem e, uma vez que o resultado final disso é a batalha física, o campeão e o porta-bandeira do Direito não deve tremer e hesitar diante da natureza violenta e terrível da obra que deve cumprir; não deve abandonar aqueles que o seguem ou que combatem ao seu lado, trair sua causa e deixar a bandeira do Direito e da Justiça arrastar-se na poeira e ser pisoteada pelos pés sangrentos do opressor, por causa de uma piedade frouxa pelos violentos e cruéis e de um horror físico à imensidão da destruição decretada. Sua virtude e seu dever se encontram na batalha e não na abstenção dela; não é matar, mas a recusa a matar que, nesse caso, seria seu pecado.

Por um momento o Instrutor deixa de lado esse ponto para dar outra resposta ao lamento de Arjuna, de que a morte de seus próximos o privaria de toda razão de viver. Qual é o verdadeiro objetivo da vida do Kshatriya e sua verdadeira felicidade? Não seu próprio prazer, a felicidade doméstica e uma vida de conforto e alegria pacíficos com amigos e parentes, mas seu verdadeiro objetivo e sua felicidade maior é lutar pelo direito e encontrar uma causa pela qual pode dar sua vida ou, pela vitória, ganhar a coroa e a glória do herói. "Não há bem maior para o Kshatriya do que uma batalha justa e, quando uma tal batalha se apresenta diante dele, como se as portas do céu se abrissem, felizes então são os Kshatriyas. Se não fizeres esta batalha pelo que é direito, então haverás abandonado teu dever, tua virtude e tua glória e o pecado será tua porção." Por uma tal recusa ele incorrerá em desgraça, receberá a acusação de medo e fraqueza e perderá sua honra de Kshatriya. E qual é a infelicidade maior para um Kshatriya? É a perda de sua honra, de sua fama, de sua condição nobre entre os poderosos, entre os homens de coragem e de poder; isso para ele é muito pior do que a morte. A batalha, a coragem, o poder, o comando, a honra dos bravos, o céu daqueles que caem com nobreza, esse é o ideal do guerreiro. Rebaixar esse ideal, permitir que essa honra seja manchada, dar o exemplo de ser um herói glorioso em meio a heróis, mas cuja ação é exposta à reprovação como covardia e fraqueza e, assim, abaixar as normas morais da humanidade, é ser falso consigo mesmo e com aquilo que o mundo exige de seus líderes e de seus reis. "Morto, ganharás o céu, vitorioso, fruirás da terra; ergue-te então, ó filho de Kunti, decidido pela batalha."

Esse apelo heroico pode parecer de um nível inferior ao da espiritualidade estoica que precede e da espiritualidade mais profunda que vem depois; de fato, nos próximos versos, o Instrutor o convida a considerar aflição e felicidade, perda e ganho, vitória e derrota como iguais em sua alma e então voltar-se para a batalha – o real ensinamento da Gītā. Mas a ética indiana sempre viu a necessidade prática de ideais graduais para o desenvolvimento da vida espiritual e moral do indivíduo. O ideal do Kshatriya, o ideal das quatro ordens, é colocado aqui em seu aspecto social e não em seu significado espiritual, como será em seguida. Essa, diz Krishna de fato, é a minha resposta, se você insiste em considerar a alegria e a dor e os resultados de suas ações como seus motivos para a ação. Eu lhe mostrei em qual direção o mais elevado conhecimento de si e do mundo o guia; agora eu acabo de lhe mostrar em qual via seu dever social e as normas éticas de sua ordem o dirigem, *svadharmam api cāvekṣya*. Qualquer uma que você considere, o resultado é o mesmo. Mas se você não estiver satisfeito com seu dever social e com a virtude própria de sua ordem, se pensar que estes o conduzirão à dor e ao pecado, eu o convido a elevar-se a um ideal mais elevado e não a se afundar em um ideal inferior. Ponha de lado todo egoísmo, ignore a alegria e a dor, desconsidere perdas e ganhos e todo resultado mundano; considere somente a causa à qual deve servir e a obra que deve cumprir sob o comando divino; "assim não incorrerás em pecado". Desse modo, os argumentos de Arjuna em relação ao seu pesar, ao seu recuo diante do massacre, ao sentido de pecado, aos resultados infelizes de sua ação, são respondidos segundo o conhecimento e o ideal ético mais elevados que sua espécie e seu tempo alcançaram.

Este é o credo do guerreiro ariano. "Conhece Deus", ele diz, "conhece a ti mesmo, ajuda os demais; protege o Direito, faz tua obra de combatente neste mundo, sem medo, fraqueza ou hesitação. És o Espírito eterno e imperecível; tua alma está aqui, no seu caminho ascendente em direção à imortalidade; a vida e a morte são nada, tristezas, feridas e sofrimentos são nada, pois tudo isso deve ser conquistado e superado. Não vê teu próprio prazer, teu ganho e teu lucro, mas olha mais alto e ao redor de ti; mais alto, olha os cumes luminosos em direção aos quais tu sobes e, ao redor, olha este mundo de batalhas e provas no qual o bem e o mal, o progresso e a regressão estão entrelaçados em um conflito inflexível. Os homens chamam a ti, seu homem forte, seu herói, para socorrê-los; ajuda-os então, e combate. Destrói, quando pela destruição o mundo deve avançar, mas não odeia aquilo que destróis nem lamenta por todos aqueles que devem perecer. Reconhece em tudo o Self único, sabe que todos são almas imortais e que o corpo não é mais que poeira. Faz tua obra com um espírito calmo, forte e igual; combate e tomba com nobreza, ou conquista poderosamente, pois esta é a obra que Deus e tua natureza te deram para cumprir."

CAPÍTULO VIII

SANKHYA E IOGA

No momento em que se afasta dessa primeira e sumária resposta às dificuldades de Arjuna, e nas primeiras palavras que soam a nota tônica de uma solução espiritual, o Instrutor faz de imediato uma distinção que é da mais extrema importância para a compreensão da Gītā – a distinção entre Sankhya e Ioga. "Tal é a inteligência (o conhecimento inteligente das coisas e da vontade) que te foi declarada no Sa nkhya, escuta agora isto no Ioga, pois se tu estás no Ioga por essa inteligência, ó filho de Pritha, tu rejeitarás a servidão às obras." Essa é a tradução literal das palavras pelas quais a Gītā anuncia a distinção que tenciona fazer.

A Gītā é, em seu fundamento, uma obra vedântica; ela é uma das três autoridades reconhecidas para o ensinamento vedântico e, embora não seja descrita como uma escritura revelada, embora seja, em outras palavras, em grande parte intelectual, discursiva, filosófica em seu método, fundamentada certamente na Verdade, mas não na Palavra inspirada de modo direto que é a revelação da Verdade recebida pelas faculdades superiores do vidente, a Gītā é, no entanto, tão altamente apreciada que é considerada quase como um décimo terceiro Upanishad. Ainda assim, suas ideias vedânticas são, do princípio ao fim, e inteiramente, coloridas pelas ideias do Sankhya e da maneira de pensar própria ao Ioga, e ela tira dessa coloração o caráter sintético particular de sua filosofia. De fato, é antes de tudo um sistema prático de Ioga que ela ensina e só introduz aí ideias metafísicas enquanto explanações de seu sistema prático, nem expõe apenas o sistema vedântico, mas baseia conhecimento e devoção nas obras, ao mesmo tempo que eleva as obras ao conhecimento – que é seu ponto culminante – e as imbui da devoção, que é seu próprio coração e a essência de seu espírito. Por sua vez, o Ioga da Gītā é baseado na filosofia analítica dos sankhyas, toma-a como ponto de partida e a conserva sempre como um elemento importante de seu método e de sua doutrina; mas ainda assim dirige-se mais além, recusa mesmo algumas de suas tendências características e encontra um meio de reconciliar o conhecimento analítico inferior do Sankhya com a verdade sintética e vedântica superior.

O que são então, o Sankhya e o Ioga de que fala a Gītā? Certamente não são os sistemas que nos foram transmitidos sob esses nomes e como são enunciados respectivamente no Sankhya Karika ou no Ishvara Krishna e nos aforismos de Patanjali sobre o Ioga. Esse Sankhya não é o sistema dos Karikas – ao menos como é entendido em geral, pois a Gītā em nenhum lugar e em nenhum momento admite a multiplicidade de Purushas como uma verdade primordial do ser, e afirma com ênfase o que o Sankhya recusa energeticamente, isto é, que o Um é o Self e o Purusha, e ainda que este Um é o Senhor, Ishvara ou Purushottama e Ishvara é a causa do Universo. O Sankhya tradicional, para empregar nossas diferenciações modernas, é ateu; o Sankhya da Gītā admite e concilia de maneira sutil as visões teístas, panteístas e monistas do Universo.

Este Ioga tampouco é o sistema de Ioga de Patanjali, pois esse é um método puramente subjetivo de Raja-Ioga, uma disciplina interna, limitada, talhada de maneira rígida, graduada de modo severo e científico, pela qual a mente é progressivamente aquietada e conduzida ao estado de samádi, de maneira que possamos obter resultados temporais e resultados eternos dessa autossuperação: os resultados temporais em uma vasta expansão do conhecimento e dos poderes da alma, os resultados eternos na união divina. Mas o Ioga da Gītā é um sistema amplo, flexível, com múltiplas facetas, com elementos variados, todos harmonizados de uma maneira feliz por uma espécie de assimilação natural e viva, e o Raja-Ioga é apenas um desses elementos, nem o mais importante nem o mais vital. O Ioga da Gītā não adota nenhuma gradação rigorosa e científica, mas é um processo de desenvolvimento natural da alma; pela adoção de alguns princípios de equilíbrio e ação subjetivos ele busca produzir uma renovação da alma e uma espécie de mudança, de ascensão ou de novo nascimento, que a faz sair da natureza inferior para entrar na natureza divina. Portanto, sua ideia de samádi é bem diferente da noção comum do transe ióguico; e enquanto Patanjali dá às obras apenas uma importância inicial para a purificação moral e a concentração religiosa, a Gītā vai bem mais longe e chega a fazer delas a característica distintiva do Ioga. A ação, para Patanjali, é apenas preliminar; na Gītā, é um fundamento permanente; no Raja-Ioga, praticamente, é necessário pôr de lado a ação uma vez que o resultado foi atingido ou de todo modo ela cessa bem rápido de ser um meio para o Ioga; para a Gītā, a ação é um meio para a ascensão mais alta, e continua mesmo depois da completa liberação da alma.

Isso deve ser dito a fim de evitar toda confusão do pensamento – confusão que pode ser criada pelo uso de palavras familiares em uma conotação mais vasta do que o sentido técnico que nos é familiar no presente. Ainda assim, tudo o que é essencial nos sistemas do Sankhya e do Ioga, tudo neles que é amplo, abrangente e universalmente verdadeiro a Gītā o admite, mesmo que não se limite por isso, como as escolas contrárias. Seu Sankhya é o Sankhya abrangente e vedântico, assim como o encontramos em seus primeiros elementos e princípios na grande síntese vedântica dos Upanishads e mais tarde nos desenvolvimentos dos Puranas. Sua ideia do Ioga é esta vasta ideia de uma prática e de uma mudança interior sobretudo subjetivas, necessárias à descoberta do *Self* ou à união com Deus, da qual o Raja-Ioga é apenas uma aplicação particular. A Gītā insiste que o Sankhya e o Ioga não são dois sistemas diferentes, incompatíveis e discordantes, mas que são um em seus princípios e em seus objetivos; eles diferenciam apenas em seus métodos e em seus pontos de partida. O Sankhya também é um Ioga, mas procede pelo conhecimento; em outras palavras, ele começa pela discriminação e análise intelectuais dos princípios de nosso ser e alcança seu objetivo por meio da visão e da posse da Verdade. O Ioga, por outro lado, procede por meio das obras; em seu primeiro princípio ele é Carma-Ioga; mas é evidente, a partir de todo o ensinamento da Gītā e suas definições ulteriores, que a palavra *karma* é usada em um sentido muito vasto e que por Ioga se entende uma consagração desinteressada de todas as atividades, interiores e exteriores, como um sacrifício ao Senhor de todas as obras, oferecido ao Eterno enquanto Mestre de todas as energias e austeridades da alma. Ioga é a prática da Verdade, cujo conhecimento dá a visão, e essa prática tem como força motriz um espírito de devoção iluminada, de calma ou fervorosa consagração àquilo que o conhecimento vê como o Mais Elevado.

Mas quais são as verdades do Sankhya? A filosofia tomou esse nome a partir de seu processo analítico. Sankhya é a análise, a enumeração, a exposição separadora e discriminadora dos princípios de nosso ser, dos quais a mente comum vê apenas as combinações e seus resultados. Ela não busca de modo algum sintetizar. Seu ponto de vista original é, de fato, dualista, não esse dualismo muito relativo das escolas vedânticas, que se dão este nome, *Dvaita*,[1] mas de maneira muito absoluta e incisiva, pois explica a existência não por um princípio original, mas

1. Dualismo; o vedanta dualístico. (N. da T.)

por dois, cuja inter-relação é a causa do Universo – Purusha, o inativo, Prakriti, o ativo. Purusha é a alma, não no sentido comum ou popular da palavra, mas no sentido do puro Ser consciente, imóvel, imutável e autoluminoso. Prakriti é a Energia e seu processo. O Purusha não faz nada, mas reflete a ação da Energia e seus processos; a Prakriti é mecânica, mas por ser refletida no Purusha assume a aparência da consciência em suas atividades, e assim se criam esses fenômenos de criação, conservação, dissolução, nascimento, vida e morte, consciência e inconsciência, conhecimento sensorial e conhecimento intelectual e ignorância, ação e inação, felicidade e sofrimento que o Purusha, sob a influência da Prakriti, atribui a si mesmo, se bem que não lhe pertençam de modo algum, mas só à ação ou ao movimento da Prakriti.

Pois a Prakriti é constituída de três *guṇas* ou modos essenciais de energia: *sattva*, a semente da inteligência, preserva os trabalhos da energia; *rajas*, a semente da força e da ação, cria os trabalhos da energia; *tamas*, a semente da inércia e da não inteligência, negação de *sattva* e de *rajas*, dissolve o que um cria e o outro preserva. Quando esses três poderes da energia da Prakriti estão em estado de equilíbrio tudo está em repouso, não há movimento, ação ou criação e, portanto, nada há a refletir no ser imutável e luminoso da Alma consciente. Mas quando o equilíbrio se rompe, então as três gunas caem em um estado de desigualdade em que lutam umas contra as outras, e tem início todo o inextricável processo de criação, conservação e destruição, desdobrando o fenômeno do cosmos. Isso continuará enquanto o Purusha consentir em refletir a desordem que obscurece sua natureza eterna e atribuir a esta a natureza da Prakriti; mas, quando ele retira seu consentimento, as gunas reencontram o equilíbrio e a alma retorna à sua imobilidade eterna e imutável: é liberada dos fenômenos. Esse poder de refletir e o poder de dar ou retirar sua permissão parecem ser os únicos poderes do Purusha; ele é a testemunha da Natureza pelo fato de que ele reflete e é o ser que autoriza, *sākṣī* e *anumantā* da Gītā, mas não é ativamente o Ishvara. Mesmo seu consentimento é passivo e a retirada do seu consentimento é apenas outra forma de passividade. Toda ação subjetiva ou objetiva é estrangeira à Alma; ela não tem vontade ativa nem inteligência ativa. Ela não pode, então, ser a única causa do cosmos, e a afirmação de uma segunda causa torna-se necessária. A Alma, por sua natureza de conhecimento, vontade e deleite conscientes, não pode ser a causa única do Universo, mas a Alma e a Natureza são a causa dual, uma Consciência passiva e uma Energia ativa. Assim o Sankhya explica a existência do cosmos.

Mas de onde vêm então essa inteligência e essa vontade conscientes que percebemos como uma parte tão importante de nosso ser e que em geral e de maneira instintiva atribuímos não à Prakriti, mas ao Purusha? Segundo o Sankhya, essa inteligência e essa vontade fazem inteiramente parte da energia mecânica da Natureza e não são propriedades da alma; elas são os princípios de buddhi, um dos 24 *tattvas*, os 24 princípios cósmicos. Na evolução do mundo a Prakriti está na base com suas três gunas, substância original das coisas, material não manifestado, inconsciente, a partir do qual evoluem sucessivamente cinco condições basilares de energia ou matéria – pois Matéria e Força são a mesma coisa na filosofia Sankhya. Estas cinco condições são chamadas pelos nomes dos cinco elementos concretos do pensamento antigo, Éter, Ar, Fogo, Água e Terra; porém, deve ser lembrado que esses não são elementos no sentido científico moderno, mas condições sutis de energia material e não podem ser encontrados em estado puro em lugar algum no mundo material bruto. Todos os objetos são criados pela combinação dessas cinco condições sutis ou elementos. Aliás, cada um desses cinco é a base de uma das cinco propriedades sutis de energia ou matéria, som, tato, forma, gosto e odor, que constituem o modo no qual o sentido-mente percebe objetos. Assim, por esses cinco elementos de Matéria emanados da energia primordial, e por essas cinco relações sensoriais mediante as quais a Matéria é conhecida, evoluiu o que chamaríamos, na linguagem moderna, o aspecto objetivo da existência cósmica.

Treze outros princípios constituem o aspecto subjetivo da Energia cósmica – Buddhi ou Mahat, Ahankara, Manas e suas dez funções sensoriais, cinco de conhecimento, cinco de ação. Manas, a mente, é o sentido original, que percebe todos os objetos e reage a partir deles, pois tem uma atividade ao mesmo tempo de recepção e de emissão, recebe pela percepção aquilo que a Gītā chama contatos externos das coisas, *bāhya sparśa*, e forma assim suas ideias do mundo e exercita suas reações de vitalidade ativa. Mas a mente especializa suas funções receptivas mais comuns com a ajuda dos cinco sentidos de percepção, a audição, o tato, a visão, o paladar e o olfato, que fazem das cinco propriedades das coisas seu objeto respectivo, e ela especializa certas funções vitais necessárias de reação com a ajuda dos cinco sentidos ativos que operam pela fala, pela locomoção, pela apreensão de coisas, a expulsão e a geração. Buddhi, o princípio de discriminação é, ao mesmo tempo, inteligência e vontade; ele é esse poder na Natureza que discrimina e coordena. Ahankara, o sentido de ego é, na buddhi, o princípio subjetivo pelo qual o Purusha é levado a identificar-se com a Prakriti e com as atividades dela. Mas esses princípios subjetivos são eles mesmos tão mecânicos e tão parte da energia inconsciente quanto aqueles que constituem suas operações objetivas. Se acharmos difícil conceber como a inteligência e a vontade podem ser propriedades do Inconsciente mecânico e elas próprias mecânicas (*jaḍa*), basta lembrar que a própria ciência moderna foi levada a essa mesma conclusão. Mesmo na ação mecânica do átomo há um poder que só podemos denominar vontade inconsciente, e em todas as obras da Natureza essa vontade que impregna tudo cumpre, de maneira inconsciente, as operações da inteligência. O que chamamos inteligência mental é precisamente a mesma coisa em sua essência que aquilo que, em todas as atividades do universo material, discrimina e coordena de maneira subconsciente – e a própria Mente consciente, como a Ciência tentou demonstrar, é apenas um resultado e uma transcrição da ação mecânica do inconsciente. Mas o Sankhya explica o que a ciência moderna deixa na obscuridade: o processo pelo qual aquilo que é mecânico e inconsciente toma a aparência de consciência. É porque a Prakriti se reflete no Purusha; a luz da consciência da Alma é atribuída às operações da energia mecânica e é desse modo que o Purusha, ao observar a Natureza como testemunha e ao esquecer de si mesmo, é iludido pela ideia, gerada na Natureza, de que é ele quem pensa, sente, quer, age, enquanto o tempo todo a operação de pensar, sentir, querer, agir é, na realidade, conduzida por ela e seus três modos e de nenhuma maneira por ele. Desembaraçar-se dessa ilusão é o primeiro passo em direção à liberação da alma, a partir da Natureza e de suas obras.

Há, com certeza, uma abundância de coisas em nossa existência que o Sankhya não explica de modo algum, ou não explica de maneira satisfatória, mas, se tudo o que necessitarmos for uma explicação racional dos processos cósmicos em seus princípios, como uma base para o grande objetivo comum das filosofias antigas – a liberação da alma da obsessão da Natureza cósmica –, então a explicação do mundo pelo Sankhya e a via de liberação do Sankhya parecem tão boas e eficazes como qualquer outra. O que não apreendemos no começo é porque é necessário introduzir um elemento de pluralismo nesse dualismo e afirmar uma única Prakriti, mas múltiplos Purushas. Pareceria que a existência de um Purusha e de uma Prakriti fosse suficiente para explicar a criação e o processo do Universo. Mas o Sankhya foi obrigado a desenvolver o pluralismo por causa de sua observação rigidamente analítica dos princípios das coisas. Primeiro, constatamos que, na realidade, existem muitos seres conscientes no mundo e cada um considera o mesmo mundo ao seu modo e cada um tem sua experiência independente das coisas subjetivas e objetivas desse mundo, suas relações distintas com os mesmos processos de percepção e reação. Se houvesse apenas um Purusha não existiria essa independência nem essa separatividade centrais, mas todos veriam o mundo de maneira idêntica e com uma subjetividade e objetividade comuns. Porque a Prakriti é uma, todos seriam testemunhas do mesmo mundo; porque os princípios dela são em todo lugar os mesmos, os princípios gerais que constituem a experiência externa e interna seriam os mesmos para todos; mas a diferença infinita de visão, de perspectiva e de atitude, de ação e de experiência e de fuga da experiência – diferença não nas operações naturais que são as mesmas, mas na consciência-testemunha – é de todo inexplicável, a menos que suponhamos que exista uma multiplicidade de testemunhas, múltiplos Purushas. O sentido do ego separador, podemos dizer, seria uma explicação suficiente? Mas o sentido do ego é um princípio comum da Natureza e não necessita variar; por si mesmo, de fato, ele apenas induz o Purusha a identificar-se com a Prakriti e se houvesse um só Purusha todos os seres seriam um, unidos e semelhantes em sua consciência egoística; por mais diferentes que pudessem ser em detalhe as simples formas e combinações de suas partes da Natureza, não haveria diferença alguma, nem na perspectiva nem na experiência da alma. As variações da Natureza não poderiam criar toda essa diferença central, essa multiplicidade de perspectivas e, do começo ao fim, essa divisão da experiência em uma Testemunha única, um único Purusha. Por consequência, o pluralismo de almas é uma necessidade lógica para um sistema Sankhya puro, divorciado dos elementos vedânticos do antigo conhecimento que lhe deram seu primeiro nascimento. O cosmos e seu processo podem ser explicados pelo comércio de uma Prakriti única com um único Purusha, mas não a multiplicidade de seres conscientes no cosmos.

Há outra dificuldade, ela também formidável. A liberação é o objetivo a que, como outros, se propõe essa filosofia. Essa liberação se efetua, como dissemos, pelo fato de que o Purusha retira seu consentimento das atividades da Prakriti, que ela conduz só para o prazer dele; mas, em resumo, isso é só uma maneira de falar. O Purusha é passivo e o ato de dar ou retirar o consentimento não poderia, de fato, lhe pertencer, mas deveria ser um movimento na própria Prakriti. Tudo bem considerado, veremos que, na medida em que se trata de uma operação, esse é um movimento de inversão ou de recuo no princípio de buddhi, a vontade discriminadora. A buddhi prestou-se, ao longo do tempo, às percepções da mente sensorial; ocupou-se em discriminar e coordenar as operações da energia cósmica e, com a ajuda do sentido de ego, em identificar a Testemunha com as suas próprias obras de pensamento, de sentido e de ação. Pelo processo de discriminação das coisas a buddhi chega à percepção ácida e dissolvente, de que essa identidade é um engano; ela distingue, por fim, o Purusha da Prakriti e percebe que tudo não é mais que uma perturbação do equilíbrio das gunas; a buddhi, ao mesmo tempo inteligência e vontade, recua diante da falsidade que sustentou e o Purusha, cessando de estar ligado, não se associa mais ao interesse da mente pelo jogo cósmico. O resultado último seria que a Prakriti perderia seu poder de se refletir no Purusha, pois o efeito do ego sensorial foi destruído e a vontade inteligente, ao tornar-se indiferente, cessou de ser o meio de sua sanção: necessariamente, suas gunas deverão, então, cair em um estado de equilíbrio, o jogo cósmico deverá cessar, o Purusha deverá retornar ao seu repouso imóvel. Mas se só o Purusha único existisse e acontecesse esse recuo do princípio determinante diante de seus enganos, todo o cosmos cessaria. Assim como é, vemos que nada disso acontece. Alguns seres, entre inumeráveis milhões, alcançam a liberação ou se movem em direção a ela; os demais não são afetados de nenhum modo, nem a Natureza cósmica, em seu jogo com eles, é minimamente afetada por essa rejeição sumária, que poderia ser o fim de todo o seu processo. Somente pela teoria dos múltiplos Purushas independentes poder-se-ia explicar esse fato. A única explicação um pouco lógica, do ponto de vista do monismo vedântico, é a do Mayavada; mas aí tudo se torna um sonho, servidão e liberação seriam ambas circunstâncias da irrealidade, os empíricos desatinos da Maia; na realidade, ninguém seria liberado, ninguém seria acorrentado. Mais realista, a visão das coisas do Sankhya não admite essa ideia fantasmagórica da existência e, portanto, não pode adotar essa solução. Aqui também vemos que a multiplicidade de almas é uma conclusão inevitável a partir dos dados da análise sankhya da existência.

A Gītā parte dessa análise e mesmo em sua exposição do Ioga parece, primeiro, aceitá-la quase em sua totalidade. Ela aceita a Prakriti e suas três gunas e seus 24 princípios; aceita a atribuição de toda ação à Prakriti, e aceita a passividade do Purusha; aceita a multiplicidade de seres conscientes no cosmos; aceita a dissolução do sentido do ego identificador, a ação discriminadora da vontade inteligente e a transcendência da ação dos três modos da energia como o meio de liberação. O Ioga que é pedido a Arjuna de praticar desde o início é o Ioga por meio de buddhi, a vontade inteligente. Mas há uma divergência de importância capital – o Purusha é visto como único, não múltiplo, pois o Self livre, imaterial, imóvel, eterno, imutável, da Gītā, à parte um detalhe, é uma descrição vedântica do Purusha dos sankhyas. Mas a diferença capital é que existe Um e não múltiplos. Isso traz toda a dificuldade que a multiplicidade do Sankhya evita e necessita uma solução bem diferente. A Gītā a provê, ao introduzir em seu Sankhya vedântico as ideias e os princípios do Ioga vedântico.

O primeiro elemento novo e importante que encontramos é a própria concepção do Purusha. A Prakriti conduz suas atividades para o prazer do Purusha; mas como esse prazer é determinado? Na rigorosa análise do Sankhya isso só pode ser por meio de um consentimento passivo da Testemunha silenciosa. De maneira passiva, a Testemunha consente na ação da vontade inteligente e do sentido de ego, de maneira passiva, ela consente ao recuo dessa vontade diante do sentido de ego. Ela é Testemunha, fonte do consentimento, sustento do trabalho da Natureza, *sākṣī anumantā bhartā*, pelo fato de que ela o reflete, mas nada mais. Porém, o Purusha da Gītā é também o Senhor da Natureza; ele é Ishvara. Se a ação da vontade inteligente pertence à Natureza, a origem e o poder da vontade procedem da Alma consciente, que é o Senhor da Natureza. Se o ato de inteligência da Vontade é um ato da Prakriti, a fonte e a luz da inteligência são a contribuição ativa do Purusha; ele não é apenas a testemunha, mas o Senhor e o Conhecedor, mestre do conhecimento e da vontade, *jñātā īśvaraḥ*. Ele é a suprema causa da ação da Prakriti, a suprema causa de sua retirada da ação. Na análise do Sankhya, Purusha e Prakriti, em seu dualismo, são a causa do cosmos; nesse Sankhya sintético o Purusha, pela *sua* Prakriti, é a causa do cosmos. Vemos de imediato quanto nos distanciamos do purismo rígido da análise tradicional.

Mas o que acontece com o self único imutável, imóvel, eternamente livre, com o qual a Gītā começou? Ele é livre de toda mudança ou de todo envolvimento em mudanças, *avikārya*, não nascido, não manifestado, o Brahman e, contudo, ele é isso "por quem tudo isso é expandido". Então pareceria que o princípio do Ishvara esteja no seu ser; se ele é imóvel, ainda assim é causa e senhor de toda ação e de toda mobilidade. Mas como? E o que acontece com a multiplicidade de seres conscientes no cosmos? Eles não parecem ser o Senhor, mas parecem bem mais ser o não Senhor, *anīśa*, pois estão sujeitos à ação das três gunas e ao engano do ego sensorial e se, como parece dizer a Gītā, eles são todos o self único, como surgiram essa involução, essa sujeição e esse engano, ou como os explicar senão pela pura passividade do Purusha? E de onde vem a multiplicidade? E como é que o self único alcança, em um corpo e em uma mente, a liberação, enquanto em outros ele permanece na ilusão e na servidão? Essas são as dificuldades que não podem ser encontradas sem que busquemos uma solução.

A Gītā lhes responde em seus últimos capítulos com uma análise do Purusha e da Prakriti que introduz novos elementos bastante próprios a um Ioga vedântico, mas alheios ao Sankhya tradicional. Ela fala de três Purushas, ou melhor, de um triplo modo do Purusha. Os Upanishads, ao lidarem com as verdades do Sankhya parecem, algumas vezes, referir-se apenas a dois Purushas. Existe um não nascido de três cores, diz um texto, o eterno princípio feminino da Prakriti com suas três gunas, que sempre cria; existem dois não nascidos, dois Purushas, dos quais um se apega a ela e frui dela, e o outro a abandona porque fruiu de toda a fruição dela. Em outro verso eles são descritos como dois pássaros sobre uma árvore, companheiros eternamente emparelhados, um dos quais come os frutos da árvore – o Purusha na Natureza, fruindo o seu cosmos – o outro que não come, mas observa seu companheiro – a Testemunha silenciosa, afastada do desfrute; quando o primeiro vê o segundo e sabe que tudo é sua grandeza, então ele é liberado de toda aflição. O ponto de vista nos dois versos é diferente, mas eles têm uma implicação comum. Um dos pássaros é o Self ou Purusha eternamente silencioso, livre, por quem tudo isso é expandido e olha o cosmos que ele expandiu, mas se mantém à parte dele; o outro é o Purusha envolvido na Prakriti. O primeiro verso indica que os dois são o mesmo, representam diferentes estados, sujeitado e liberado, do mesmo ser consciente – pois o segundo Não nascido desceu na fruição da Natureza e se retirou dela; o outro verso traz à luz o que não deduziríamos do primeiro, isto é, que em seu estado mais elevado de unidade o self é para sempre livre, inativo, desapegado, embora em seu ser inferior ele desça na multiplicidade das criaturas da Prakriti e se retire dela pelo retorno, em qualquer criatura individual, ao estado superior. Essa teoria do estado duplo da alma consciente única abre uma porta; mas o processo da multiplicidade do Um é ainda obscuro.

A esses dois Purushas a Gītā, desenvolvendo o pensamento de outras passagens dos Upanishads,[2] acrescenta ainda um outro, o supremo, o Purushottama, o mais elevado Purusha, cuja grandiosidade é toda essa criação. Assim, existem três: Kshara, Akshara, Uttama. Kshara, o móvel, o mutável, é a Natureza, *svabhāva*, ele é os vários devires da alma; aqui, o Purusha é a

2. *Puruṣaḥ... akṣarāt parataḥ paraḥ* – embora o Akshara seja supremo, existe um supremo Purusha mais elevado do que ele, diz o Upanishad.

multiplicidade do Ser divino; ele é o Purusha múltiplo não separado da Prakriti, mas nela. Akshara, o imóvel, o imutável, é o self silencioso inativo, livre da Prakriti e de suas ações. O Uttama é o Senhor, o Brahman supremo, o Self supremo, que possui, seja a unidade imutável, seja a multiplicidade móvel. É mediante uma grande mobilidade e uma grande ação de Sua natureza, de Sua energia, de Sua vontade e poder que Ele se manifesta no mundo e é por uma tranquilidade, uma imobilidade ainda maiores de Seu ser que Ele se mantém a distância; contudo, como Purushottama, Ele está acima dos dois: do distanciamento da Natureza e do apego à Natureza. Essa ideia do Purushottama, embora continuamente implícita nos Upanishads, foi liberada e trazida à luz de modo definitivo pela Gītā e exerceu uma influência poderosa sobre os desenvolvimentos ulteriores da consciência religiosa indiana. Esse é o fundamento da mais alta Bhakti-Ioga, que pretende ir além das definições rígidas da filosofia monista; ela está por trás da filosofia devocional dos Puranas.

A Gītā tampouco se contenta em permanecer dentro da análise da Prakriti feita pelo Sankhya, pois esta dá lugar apenas ao sentido do ego e não ao Purusha múltiplo, que nesse caso não faria parte da Prakriti, mas seria separado dela. A Gītā afirma, ao contrário, que o Senhor, por Sua natureza, se torna o Jiva. Como isso é possível se existem só 24 princípios da Energia cósmica e não outros? Sim, diz o Instrutor divino, de fato essa é uma explicação perfeitamente válida para as operações aparentes da Prakriti cósmica com suas três gunas, e a relação atribuída aí ao Purusha e à Prakriti é também de todo válida e de grande utilidade para os propósitos práticos da involução e do afastamento. Mas essa é só a Prakriti inferior dos três modos, a inconsciente, a aparente; existe uma Natureza consciente e divina, uma Natureza superior e suprema, e é esta que se tornou a alma individual, o Jiva. Na natureza inferior cada ser aparece como o ego; na natureza superior ele é o Purusha individual. Em outras palavras, a multiplicidade é parte da natureza espiritual do Um. Essa alma individual é eu-mesmo; na criação ela é uma manifestação parcial de mim-mesmo, *mamaiva aṃśaḥ*, e possui todos os meus poderes; ela é testemunha, ela sanciona, sustenta, conhece, ela é o Senhor. Ela desce na natureza inferior e se crê acorrentada pela ação de modo a fruir do ser inferior: ela pode retirar-se e se conhecer como o Purusha passivo, livre de toda ação. Ela pode elevar-se acima das três gunas e, liberada da escravidão da ação, ainda assim possuir a ação, assim como eu mesmo o faço e, pela adoração do Purushottama e a união com ele, ela pode fruir inteiramente de sua Natureza divina.

Tal é a análise pela qual, não se limitando ao processo cósmico aparente, mas entrando nos segredos ocultos da Natureza supraconsciente, *uttamaṁ rahasyam*, a Gītā baseia sua síntese do Vedanta, do Sankhya e do Ioga e sua síntese do conhecimento, das obras e da devoção. Combinar as obras e a devoção pelo puro Sankhya é contraditório e impossível. Buscar, apenas pelo monismo puro, as obras de modo permanente como uma parte do Ioga, e a indulgência da devoção depois que o conhecimento e a liberação foram alcançados, torna-se impossível ou ao menos irracional e ocioso. O conhecimento sankhya da Gītā dissipa todos esses obstáculos, e o sistema da Gītā triunfa sobre todos eles.

CAPÍTULO IX

SANKHYA, IOGA E VEDANTA

Todo o objetivo dos seis primeiros capítulos da Gītā foi sintetizar em um vasto quadro de verdade vedântica os dois métodos, o dos sankhyas e o dos iogues, que, em geral, se supõe serem diferentes e mesmo opostos. O Sankhya é tomado como ponto de partida e como base; porém, desde o começo e com uma ênfase que aumenta progressivamente, ele foi impregnado com ideias e métodos do Ioga e remodelado em seu espírito. A diferença prática, como parece ter se apresentado às mentes religiosas da época, era que, primeiro, o Sankhya prosseguiu pelo conhecimento e pelo Ioga da inteligência, enquanto o Ioga prossegue pelas obras e a transformação da consciência ativa e, em segundo lugar – corolário dessa primeira distinção –, o Sankhya conduzia a uma completa passividade e à renúncia às obras, *sannyāsa*, enquanto o Ioga considerava de todo suficiente a renúncia interior ao desejo, a purificação do princípio subjetivo que conduz à ação e a orientação das obras em direção a Deus, em direção à existência divina e em direção à liberação. No entanto, os dois métodos tinham o mesmo objetivo: a transcendência do nascimento e desta existência terrestre e a união da alma humana com o Mais Alto. Essa é, ao menos, a diferença como nos é apresentada pela Gītā.

A dificuldade sentida por Arjuna em compreender qualquer síntese possível dessas oposições é uma indicação da linha rígida que foi traçada entre esses dois sistemas nas ideias correntes da época. O Instrutor começa por reconciliar as obras e o Ioga da inteligência: este último, diz ele, é incomparavelmente superior às simples obras; é pelo Ioga de buddhi, pelo conhecimento que eleva o ser humano e o faz sair da mente humana comum e de seus desejos, até a pureza e a igualdade da condição brâmine livre de todo desejo, que as obras podem se tornar aceitáveis. Contudo, as obras são um meio de salvação, mas apenas as obras assim purificadas pelo conhecimento. Cheio das noções da cultura que então prevalecia, desorientado pela ênfase que o Instrutor dá às ideias próprias ao Sankhya vedântico: conquista dos sentidos, retiro da mente no Self, ascensão à condição brâmine, extinção de nossa personalidade exterior no Nirvana da impessoalidade – pois as ideias próprias ao Ioga estão ainda subordinadas e, em grande parte, retidas –, Arjuna, perplexo, pergunta: "Se tu consideras a inteligência como maior que as obras, por que me designas então para uma obra terrível? Tu pareces desorientar minha inteligência com um discurso confuso e misturado; diz-me então, de maneira decisiva, aquela única coisa pela qual eu possa atingir o bem-estar de minha alma".

Em resposta, Krishna afirma que o Sankhya se regula pelo conhecimento e pela renúncia, o Ioga regula-se pelas obras; mas a real renúncia é impossível sem Ioga, sem ações feitas como um sacrifício, feitas com igualdade e sem desejo pelos frutos, com a percepção de que é a Natureza que age e não a alma; mas logo depois ele declara que o sacrifício do conhecimento é o mais elevado, que todas as obras encontram sua consumação no conhecimento, que pelo fogo do conhecimento toda ação é reduzida a cinzas; portanto, pelo Ioga se renuncia às obras e a escravidão a elas é superada por aquele que está em posse de seu Self. Arjuna está de novo perplexo; eis as obras sem desejo – o princípio do Ioga – e a renúncia às obras – o princípio do Sankhya – postas lado a lado como se fossem partes de um só método e, contudo, não há entre elas uma reconciliação evidente. Pois o tipo de reconciliação que o Instrutor já deu – ver na inação externa a ação que ainda persiste e na ação aparente ver uma inação real, visto que a alma renunciou à sua ilusão de ser o artífice e entregou as obras nas mãos do Mestre do sacrifício – é, para a mente prática de Arjuna, muito tênue, muito sutil e expressa por termos quase enigmáticos; ele não captou seu sentido ou, ao menos, não penetrou em seu espírito e sua realidade. Portanto, ele pergunta mais uma vez: "Tu me anuncias a renúncia às obras, Ó Krishna e, por outro lado, me anuncias o Ioga; qual dessas vias é a melhor, isso diz-me, com clareza decisiva".

A resposta é importante, pois coloca toda a distinção de maneira muito clara e indica, embora sem desenvolvê-la de todo, a linha de reconciliação. "A renúncia e o Ioga das obras, ambos conduzem à salvação da alma, mas, dos dois, o Ioga das obras mostra-se superior à renúncia às obras. Deve-se sempre ver como um sannyasin (mesmo quando age) aquele que não tem aversão nem desejo, pois, livre das dualidades, ele é facilmente e de modo afortunado, liberado da servidão. Crianças se referem ao Sankhya e ao Ioga como separados um do outro, mas os sábios não; se um indivíduo se aplica de maneira integral a um, ele recebe os frutos dos dois", porque em sua integralidade cada um contém o outro. "O estado que se alcança por meio do Sankhya os indivíduos do Ioga alcançam também; aquele que vê o Sankhya e o Ioga como um, este, vê. Porém, é difícil alcançar a renúncia sem o Ioga; o sábio que possui o Ioga alcança logo o Brahman; seu self se torna o self de todas as existências (de todas as coisas que se tornaram) e, mesmo quando executa as obras, ele não está envolvido nelas." Ele sabe que as ações não são suas, mas da Natureza e, por esse conhecimento, ele é livre; renunciou às obras, não cumpre ações, embora ações se cumpram por meio dele; ele se torna o Self, o Brahman, *brahmabhūta*, ele vê todas as existências como devires (*bhūtāni*) desse Ser autoexistente, sua própria existência apenas uma entre elas, todas as suas ações apenas como desenvolvimento da Natureza cósmica, agindo por meio da natureza individual dessas existências e suas próprias ações também como uma parte da mesma atividade cósmica. Esse não é todo o ensinamento da Gītā, pois até agora há apenas a ideia do Self ou Purusha imutável, o Akshara Brahman, e da Natureza, Prakriti, como aquilo que é responsável pelo cosmos e não ainda a ideia, claramente expressa, do Ishvara, do Purushottama; até agora apenas a síntese das obras e do conhecimento e não ainda, apesar de certas alusões, a introdução do supremo elemento da devoção, que se torna tão importante em seguida; até agora somente o Purusha único inativo e a Prakriti inferior e não ainda a distinção do triplo Purusha e da Prakriti dupla. É verdade que se fala do Ishvara, mas sua relação com o Self e a natureza não está ainda definida. Os seis primeiros capítulos contêm apenas a síntese, até onde pode ser levada sem a expressão clara e a entrada decisiva dessas verdades extremamente importantes que, quando intervêm, devem necessariamente alargar e modificar, embora sem abolir, essas primeiras reconciliações.

Dupla, diz Krishna, é a prática pela qual a alma entra na condição brâmine: "a dos sankhyas pelo Ioga do conhecimento, a dos iogues pelo Ioga das obras". Essa identificação do Sankhya com o Jnana-Ioga e do Ioga com o caminho das obras é interessante, pois mostra que naquela época prevalecia uma ordem de ideias bem diferente daquela que possuímos agora, como resultado do grande desenvolvimento vedântico do pensamento indiano, evidentemente subsequente à composição da Gītā, pelo qual as outras filosofias védicas caíram em desuso como métodos práticos de liberação. Para justificar a linguagem da Gītā, devemos supor que naquela época o método do Sankhya era, em geral, adotado por aqueles que seguiam o caminho do conhecimento.[1] Mais tarde, com a expansão do budismo, o método de conhecimento do Sankhya deve ter sido muito ofuscado pelo método budista. O budismo, como o Sankhya, não teísta e antimonista, insistia na impermanência dos resultados da energia cósmica, que apresentava não como Prakriti, mas como Carma, porque os budistas não admitiam nem o Brahman vedântico nem a Alma inativa dos sankhyas, e o budismo fez do reconhecimento dessa impermanência pela mente discriminadora, seu meio de liberação. Quando se produziu a reação contra o budismo ela não retomou a antiga noção do Sankhya, mas a forma vedântica popularizada por Shankara, que substituiu a impermanência budista pela ideia vedântica análoga de ilusão, Maia, e a ideia budista do Não Ser, do Nirvana indefinível, de um Absoluto negativo, pela ideia vedântica oposta e, no entanto, análoga, do Ser indefinível, Brahman, Absoluto inefavelmente positivo no qual toda feição, e toda ação e toda energia cessam porque, n'Isto, com efeito, nunca existiram e são simples ilusões da mente. É ao método de Shankara baseado nesses conceitos de sua filosofia, é à renúncia à vida vista como uma ilusão que em geral pensamos quando falamos agora do Ioga do conhecimento. Porém, na época da Gīitā, Maia, evidentemente, não era ainda de maneira completa a palavra-mestra da filosofia vedântica, nem tinha, ao menos com clareza definida, a conotação que Shankara realçou com uma força e precisão luminosas; pois, na Gītā, fala-se pouco da Maia e muito da Prakriti, e ainda a primeira palavra é utilizada apenas como pouco mais que um equivalente da segunda, mas apenas em seu modo inferior; é a Prakriti inferior das três gunas, *traiguṇyamayī māyā*. Prakriti, não a Maia ilusória, é, no ensino da Gītā, a causa efetiva da existência cósmica.

Contudo, quaisquer que sejam as distinções precisas de suas ideias metafísicas, a diferença prática entre o Sankhya e o Ioga, assim como é apresentado pela Gītā, é a mesma que aquela que existe agora entre o Ioga vedântico e o Ioga das obras, e os resultados práticos da diferença são também os mesmos. Como o Ioga vedântico do conhecimento, o Sankhya procedeu pela buddhi, pela inteligência discriminadora; pelo pensamento reflexivo, *vicāra*, ele chegou à discriminação justa, *viveka*, da verdadeira natureza da alma e da imposição sobre ela das ações da Prakriti, pelo apego e a identificação. O método vedântico chega pelos mesmos meios à discriminação justa da verdadeira natureza do Self e a ver a imposição sobre ele de aparências cósmicas pela ilusão mental, a qual conduz à identificação

1. Os sistemas dos Puranas e dos Tantras são cheios das ideias do Sankhya, embora subordinados à ideia vedântica e misturados a muitos outros.

e ao apego egoísticos. No método vedântico a Maia cessa para a alma, pelo retorno desta a seu estado verdadeiro e eterno como o Self único, o Brahman, e a ação cósmica desaparece; no método Sankhya, o modo de funcionar das *guṇas* entra em repouso pelo retorno da alma a seu estado verdadeiro e eterno como Purusha inativo e a ação cósmica acaba. O Brahman dos *mayavadins* é silencioso, imutável e inativo; assim também é o Purusha do Sankhya; em consequência, para ambos a renúncia ascética à vida e às obras é um meio necessário para a liberação. Mas para o Ioga da Gītā, assim como para o Ioga vedântico das obras, a ação não é só uma preparação, mas ela mesma é o meio para a liberação; é a justiça dessa visão que a Gītā busca trazer à luz, com uma força e uma insistência incessantes – insistência que, infelizmente, não pôde prevalecer na Índia contra a tremenda onda do budismo[2] e se perdeu em seguida na intensidade do ilusionismo ascético e no fervor dos santos e devotos que fugiam do mundo, e só hoje começa a exercer sua influência verdadeira e benéfica sobre a mente indiana. A renúncia é indispensável, mas a verdadeira renúncia é a rejeição interior do desejo e do egoísmo; sem isso, o abandono físico exterior das obras é uma coisa irreal e ineficaz, com isso, ela deixa mesmo de ser necessária, embora não seja proibida. O conhecimento é essencial, não há uma força superior para a liberação, mas as obras com o conhecimento são também necessárias; pela união do conhecimento e das obras a alma reside inteiramente no estado brâmine, não apenas no repouso e na calma inativa, mas no próprio centro da ação, no esforço e arrebatamento próprios da ação. A devoção é de suma importância, mas ações com devoção são também importantes; pela união do conhecimento, da devoção e das obras a alma é elevada ao estado mais elevado do Ishvara para aí viver no Purushottama, que, ao mesmo tempo, é o mestre da calma espiritual eterna e da eterna atividade cósmica. Essa é a síntese da Gītā.

Porém, além da distinção entre a via do conhecimento do Sankhya e a via das obras do Ioga, havia outra oposição, e similar, no próprio Vedanta, com a qual a Gītā teve que lidar também, corrigi-la e fundi-la em sua exposição vasta e nova da cultura espiritual ariana. Essa era a distinção entre Karmakanda e Jnanakanda, entre o pensamento original que levou à filosofia do Purva

---

2. Ao mesmo tempo, a Gītā parece ter influenciado em grande parte o budismo do Mahayana e textos inteiros são extraídos dela e aparecem nas Escrituras budistas. Ela pode, então, ter ajudado em grande parte a transformar o budismo, em sua origem uma escola de ascetas quietistas e iluminados, naquela religião de devoção meditativa e ação compassiva que influenciou de maneira tão poderosa a cultura asiática.

Mimansa, o Vedavada,[3] e aquela que conduziu à filosofia do Uttara Mimansa,[4] o Brahmavada, entre aqueles que viveram na tradição dos hinos e sacrifícios védicos e aqueles que os puseram de lado como um conhecimento inferior e enfatizaram o alto conhecimento metafísico que emerge dos Upanishads. Para a mente pragmática dos vedavadins, a religião ariana dos Rishis significava a execução estrita dos sacrifícios védicos e o uso dos mantras védicos sagrados, a fim de possuir tudo o que o indivíduo deseja neste mundo, a riqueza, a progênie, a vitória, todo tipo de boa fortuna e as alegrias da imortalidade no Paraíso além. Para o idealismo dos brahmavadins isso era só uma preparação preliminar e o real objetivo do indivíduo, o *puruṣārtha* verdadeiro, começava quando ele se voltava para o conhecimento do Brahman, que deveria lhe dar a verdadeira imortalidade de uma beatitude espiritual inefável, muito além das alegrias inferiores deste mundo ou de qualquer céu inferior. Qualquer que tenha sido o sentido verdadeiro e original do Veda, essa foi a distinção que há muito tempo se estabeleceu e de que, por conseguinte, a Gītā deve se ocupar.

A primeira palavra, quase, da síntese entre as obras e o conhecimento é uma censura e um repúdio fortes, quase violentos, ao Vedavada, "essa palavra florida, declarada por aqueles que não têm um discernimento claro e se dedicam à crença dos Vedas, cujo credo é que não existe nada mais, almas de desejo, buscadores do Paraíso – essa palavra dá os frutos das obras do nascimento, é multíplice em ritos especiais, tem como objetivo o prazer e a autoridade". A Gītā parece continuar a atacar até mesmo o Veda que, embora tenha sido praticamente posto de lado, ainda é, para o modo de sentir indiano, intangível, inviolável, a origem e a autoridade sagradas de toda sua filosofia e de sua religião. "A ação das três gunas é o tema do Veda; porém tu, libera-te da guna tripla, Ó Arjuna." Os Vedas, nos termos mais amplos, "todos os Vedas" – que poderiam muito bem incluir os Upanishads também e parece incluí-los, pois o termo geral *śruti* é utilizado mais tarde – são declarados desnecessários para aquele que sabe. "O tanto de uso que existe em um poço quando, em uma enchente, as águas afluem de todos os lados é o tanto de uso que existe em todos os Vedas para o brâmane que tem o conhecimento." Mais ainda, as Escrituras são mesmo um obstáculo, pois a letra da Palavra – talvez por causa de seus textos em conflito e de suas interpretações

3. *vedavāda*: o evangelho do Veda ritualístico, em oposição ao *brahmavāda*, o evangelho do Brahman, a filosofia vedântica. (N. da T.)

4. A ideia de libertação de Jaimini é o eterno Brahmaloka, em que a alma que veio a conhecer o Brahman ainda possui um corpo divino e prazeres divinos. Para a Gītā, o Brahmaloka não é libertação; a alma deve passar além, para o estado supracósmico.

variadas e contraditórias – desconcerta a compreensão, que só pode encontrar certeza e concentração pela luz interior. "Quando tua inteligência terá ido além do torvelinho da ilusão, então tu te tornarás indiferente à Escritura que tenhas ouvido ou àquela que ainda deverás ouvir, *gantāsi nirvedaṃ śrotavyasya srutasya ca.* Quando tua inteligência, que a śruti desconcerta, *śrutivipratipannā*, se manterá imóvel e estável em samádi, então tu alcançarás o Ioga." Tudo isso é tão ofensivo para o modo de sentir religioso convencional, que tentativas naturalmente são feitas, pela faculdade humana, cômoda e indispensável, de deformar os textos, para dar um sentido diferente a alguns desses versos, mas o significado é claro e se mantém do início ao fim. Esse é confirmado e enfatizado por uma passagem subsequente, na qual o conhecimento do conhecedor é descrito como um conhecimento que ultrapassa o alcance do Veda e do Upanishad, *śabdabrahmātivartate.*

Vejamos, contudo, o que tudo isso significa, pois podemos estar seguros de que um sistema sintético e universal como o da Gītā não tratará partes tão importantes da cultura ariana em um espírito de mera negação e repúdio. A Gītā deve fazer a síntese entre a doutrina, segundo o Ioga, da liberação por meio das obras e a doutrina, segundo o Sankhya, da liberação por meio do conhecimento; ela deve fundir *karma* com *jñāna*. Deve, ao mesmo tempo, fazer a síntese entre a ideia de Purusha e Prakriti, que é comum ao Sankhya e ao Ioga, e o Brahmavada do Vedanta corrente, em que o Purusha, Deva, Ishvara – a Alma suprema, Deus, o Senhor – dos Upanishads, são todos fundidos no conceito único, que tudo absorve, do Brahman imutável; e ela deve trazer à luz a ideia, própria do Ioga, do Senhor ou Ishvara, ideia obscurecida por esse conceito, que, no entanto, ela não deve negar em nada. Ela tem também seu próprio pensamento luminoso a acrescentar, a coroa de seu sistema sintético, a doutrina do Purushottama e do triplo Purusha para a qual, se bem que a ideia esteja aí presente, nenhuma autoridade precisa e indiscutível pode ser facilmente encontrada nos Upanishads e que, de fato, à primeira vista parece estar em contradição com esse texto da *śruti* onde apenas dois Purushas são reconhecidos. Ademais, ao fazer a síntese entre as obras e o conhecimento, essa doutrina deve considerar não apenas a oposição entre Ioga e Sankhya, mas a oposição entre obras e conhecimento no próprio Vedanta, onde a conotação das duas palavras e, portanto, o ponto de conflito delas, não é exatamente o mesmo que na oposição Sankhya-Ioga. Não é em nada surpreendente e se pode observar de passagem que, com o conflito entre tantas escolas filosóficas, todas baseadas nos textos do Veda e dos Upanishads, a Gītā descreva o entendimento como perplexo e confuso, guiado em diferentes direções pela *śruti*, *śrutivipratipannā*. Que batalhas são travadas ainda hoje por pandits e metafísicos indianos sobre o significado de antigos textos e a que conclusões diferentes eles chegam! A compreensão pode muito bem se tornar desgostosa e indiferente, *gantāsi nirvedam*, não querer ouvir mais textos novos ou antigos, *śrotavyasya śrutasya ca*, e penetrar em si mesma para descobrir a verdade, à luz de uma experiência interior mais profunda e direta.

Nos seis primeiros capítulos a Gītā estabelece um amplo alicerce para sua síntese entre as obras e o conhecimento, sua síntese entre Sankhya, Ioga e Vedanta. Mas, primeiro, ela constata que carma, as obras, tem um sentido particular na linguagem dos vedantins; a palavra designa os sacrifícios e as cerimônias védicas ou, no máximo, isso e a organização da vida em acordo com os *Grihyasutras*,[5] nos quais esses ritos são a parte mais importante, o âmago religioso da vida. Por obras, os vedantins entendiam aquelas obras religiosas, o sistema sacrifical, *yajña*, cheio de uma ordem cuidadosa, *vidhi*, de ritos precisos e complicados, *kriyā-viśeṣa-bahulām*. Mas no Ioga a palavra "obras" tinha um significado muito mais amplo. A Gītā insiste nesse significado mais amplo; em nossa concepção da atividade espiritual todas as obras devem ser incluídas, *sarva-karmāṇi*. Ao mesmo tempo ela não rejeita, como o budismo, a ideia do sacrifício, ela prefere elevá-la e alargá-la. Sim, diz, de fato, a Gītā, não apenas o sacrifício, *yajña* é a parte mais importante da vida, mas toda a vida, toda ação deveriam ser vistas como um sacrifício; elas são *yajña*, embora pelo ignorante elas sejam executadas sem o conhecimento superior e pelo mais ignorante em uma ordem que não é a verdadeira, *avidhi-pūrvakam*. O sacrifício é a própria condição da vida; dando-lhes o sacrifício como eterno companheiro o Pai das criaturas criou os povos. Mas os sacrifícios dos vedavadins são oferendas de desejo voltadas para uma retribuição material, desejo ávido pelo resultado das obras, desejo que busca uma satisfação maior no Paraíso, sob forma de imortalidade e de salvação suprema. Isso, o sistema da Gītā não pode admitir, pois seu próprio início começa com a renúncia ao desejo, sua rejeição e destruição como inimigo da alma. A Gītā não nega a validez própria às obras sacrificais védicas; ela as admite, admite que por esses meios se possa obter satisfação aqui e no Paraíso além; sou Eu-mesmo, diz o Instrutor divino, quem aceita esses sacrifícios e a quem eles são oferecidos, sou eu que, sob a forma de deuses, dou esses frutos, visto que os indivíduos escolhem aproximar-se de Mim assim. Mas essa não é a verdadeira estrada e a satisfação do Paraíso tampouco é a liberação ou a realização que o indivíduo deve buscar.

5. *gṛhyasūtras* – obras rituais, que contêm direções para os ritos e cerimônias domésticas. (N. da T.)

São os ignorantes que adoram os deuses, sem saber a quem adoram, de maneira ignorante, nessas formas divinas, pois adoram, embora na ignorância, o Um, o Senhor, o único Deva e é ele quem aceita as oferendas. A esse Senhor deve ser oferecido o sacrifício, o verdadeiro sacrifício de todas as energias e atividades da vida, com devoção, sem desejo, pelo amor d'Ele e pelo bem dos povos. É porque o Vedavada obscurece essa verdade e com o emaranhado de seu ritual amarra o ser humano à ação das três gunas, que ele deve ser censurado de maneira tão severa e posto brutalmente de lado; mas sua ideia central não é destruída: transfigurada e elevada, ela se torna uma parte muito importante da verdadeira experiência espiritual e do método de liberação.

A ideia vedântica do conhecimento não apresenta as mesmas dificuldades. A Gītā toma-a de imediato e de maneira completa e, ao longo dos seis capítulos, substitui com tranquilidade o Brahman imóvel e imutável dos vedantins, o Um sem segundo imanente em todo o cosmos, pelo Purusha imóvel e imutável mas múltiplo, do Sankhya. Ela aceita, ao longo desses capítulos, o conhecimento e a realização do Brahman como o meio mais importante, indispensável, da liberação, mesmo quando insiste nas obras sem desejo como uma parte essencial do conhecimento. Do mesmo modo, a Gītā aceita o nirvana do ego na igualdade infinita do imutável Brahman impessoal como essencial à liberação; na prática, ela identifica essa extinção no Sankhya com o retorno sobre si-mesmo do Purusha inativo e imutável, quando ele se extrai da identificação com as ações da Prakriti; a Gītā combina e funde a linguagem do Vedanta com a linguagem do Sankhya, como de fato já havia sido feito por alguns dos Upanishads.[6] Mas há um defeito na posição vedântica que deve ser superado. Podemos, talvez, conjecturar que naquele tempo o Vedanta não havia ainda renovado as tendências teístas desenvolvidas mais tarde, que nos Upanishads já estão presentes como elementos, mas não tão proeminentes como nas filosofias vaishinavas dos vedantins, mais recentes, onde de fato elas se tornam não só proeminentes, mas supremas. Podemos supor que o Vedanta ortodoxo, pelo menos em suas tendências principais, era panteísta na base, monista no cume[7]. Ele conhecia o Brahman, um sem segundo; conhecia os deuses, Vishnu, Shiva, Brahma e os outros, que todos se anulam no Brahman; mas o único e supremo Brahman, enquanto único Ishvara, Purusha, Deva (palavras que lhe são com frequência aplicadas nos Upanishads e que, até

6. Sobretudo o Svetasvatara.
7. A fórmula panteísta é que Deus e o Todo são um, a fórmula monista acrescenta que só Deus ou Brahman existe e o cosmos é apenas uma aparência ilusória ou então uma manifestação real, mas parcial.

certo ponto, justificam tudo, indo além do Sankhya e dos conceitos teístas) era uma ideia que havia caído de sua posição eminente;[8] os nomes somente podiam ser aplicados em um Brahmavada estritamente lógico às fases subordinadas ou inferiores da ideia do Brahman. A Gītā propõe não apenas restaurar a igualdade original desses nomes e, portanto, os conceitos que eles indicam, mas dar um passo a mais. O Brahman, em seu aspecto supremo e não em qualquer aspecto inferior, deve ser apresentado como o Purusha, com a Prakriti inferior como sua Maia, a fim de sintetizar perfeitamente o Vedanta e o Sankhya e como Ishvara, a fim de sintetizar ambos perfeitamente com o Ioga; mas a Gītā vai representar o Ishvara, o Purushottama, como mais alto mesmo que o Brahman imóvel e imutável, e a perda do ego no impessoal intervém no começo apenas como um grande passo inicial e necessário em direção à união com o Purushottama, pois o Purushottama é o supremo Brahman. A Gītā ultrapassa então, com coragem, o Veda e os Upanishads, assim como eram ensinados pelos seus melhores expoentes autorizados, e afirma um ensinamento que lhe é próprio e que ela desenvolveu a partir deles, mas que pode não se ajustar no interior dos quatro ângulos do significado interpretado, em geral, pelos Vedantins.[9] De fato, sem essas relações livres e sintéticas com a letra da Escritura, uma obra de vasta síntese teria sido impossível no estado de conflito que reinava então entre numerosas escolas, impossível, se fossem seguidos os métodos correntes de exegese védica.

Nos capítulos subsequentes a Gītā exalta o Veda e os Upanishads. Eles são Escrituras divinas. Eles são a Palavra. O Senhor ele-mesmo é o conhecedor do Veda e o autor do Vedanta, *vedavid vedāntakṛt*; o Senhor é o único objeto de conhecimento em todos os Vedas, *sarvair vedair aham eva vediaḥ*, uma linguagem que implica que a palavra Veda significa o livro do conhecimento e que essas Escrituras merecem essa denominação. O Purushottama, de sua alta supremacia, acima do Imutável e do mutável, estendeu-se no mundo e no Veda. Ainda assim, a letra da Escritura amarra e confunde, como diz o apóstolo cristão quando adverte seus discípulos que a letra mata e é o espírito que salva; e há um ponto além do qual a própria Escritura perde sua utilidade. A fonte real do conhecimento é o Senhor no coração; "Eu estou estabelecido no coração de cada criatura e o

8. Isso é um pouco duvidoso, mas pelo menos podemos dizer que houve uma forte tendência nessa direção, da qual a filosofia de Shankara foi a última culminância.

9. Na realidade, a ideia do Purushottama já é anunciada nos Upanishads, embora de forma mais dispersa do que na Gītā e, como na Gītā, o Supremo Brahman ou Supremo Purusha é constantemente descrito como contendo em si a oposição entre o Brahman com qualidades e o Brahman sem qualidades, *nirguṇo guṇī*. Ele não é uma dessas coisas à exclusão da outra, que para nosso intelecto parece ser seu contrário.

conhecimento vem de Mim", diz a Gītā; a Escritura é apenas uma forma verbal desse Veda interior, dessa Realidade luminosa em si, ela é *śabdabrahma*: o mantra, diz o Veda, elevou-se do coração, do lugar secreto que é a sede da verdade, *sadanād ṛtasya, guhāyām*. Essa origem o sanciona; contudo, a Verdade infinita é maior do que a palavra. Você não deve dizer, de nenhuma Escritura, que só ela é suficiente a tudo e que nenhuma outra verdade pode ser admitida, como os vedantins disseram do Veda, *nānyad astīti vādinaḥ*. Essa é uma palavra que salva e libera, é preciso aplicá-la a todas as Escrituras do mundo. Tome todas as Escrituras que existem ou existiram, a Bíblia e o Alcorão e os livros dos Chineses, o Veda e os Upanishads e os Puranas e o Tantra e o Shastra e a própria Gītā, e os dizeres dos pensadores e dos sábios, profetas e avatares, ainda assim você não deve dizer que não há mais nada, nem que a verdade que seu intelecto não pode encontrar nelas não é verdadeira porque você não pôde encontrá-la nelas. Esse é o pensamento limitado do sectário ou o pensamento heterogêneo do fanático eclético, não a busca sem entraves da mente livre iluminada e da alma que tem a experiência de Deus. Ouvida ou não ouvida antes, essa é sempre a verdade – o que é visto pelo coração do homem em suas profundezas iluminadas ou o que é ouvido interiormente do Mestre de todo conhecimento, o conhecedor do Veda eterno.

CAPÍTULO X

O IOGA DA VONTADE INTELIGENTE

Tive que me desviar nos dois últimos capítulos e arrastar comigo o leitor nas extensões áridas do dogma metafísico – embora de maneira rápida e em um tratamento muito insuficiente e superficial – de modo que possamos compreender por que a Gītā segue a linha peculiar de desenvolvimento que adotou, ao elaborar primeiro uma verdade parcial apenas com alusões moderadas sobre seu significado mais profundo, depois, ao retornar às suas indicações e ao expressar o sentido delas até o momento de elevar-se à sua última grande sugestão, seu supremo mistério, que ela não elabora de modo algum mas o deixa ser vivido, como os últimos períodos da espiritualidade indiana o tentaram, em grandes ondas de amor, de entrega, de êxtase. Ela tem sempre em vista sua síntese e todos os seus temas são a preparação gradual da mente à sua elevada nota de conclusão.

Eu lhe mostrei, segundo o Sankhya, o equilíbrio de uma inteligência que se libera, diz o Instrutor divino a Arjuna. Mostrar-lhe-ei agora outro equilíbrio, segundo o Ioga. Você recua diante dos resultados de suas obras, deseja outros resultados e volta as costas ao seu justo caminho na vida porque esse não lhe conduz àqueles. Mas essa ideia das ações e seus resultados, o desejo do resultado como motivo, a obra como meio de satisfazer o desejo, essa é a escravidão do ignorante que não sabe o que são as obras, nem a verdadeira fonte delas, nem seu modo real de funcionar, nem sua alta utilidade. Meu Ioga o liberará de toda escravidão da alma às suas ações, *karma-bandhaṁ prahāsyasi*. Você tem medo de muitas coisas, medo do pecado, medo do sofrimento, medo do inferno e da punição, medo de Deus, medo deste mundo, medo do depois, medo de si mesmo. De que você não tem medo neste momento, você, o combatente ariano, o grande herói do mundo? Mas esse é o grande medo que assedia a humanidade, seu temor do pecado e do sofrimento agora e, no futuro, seu medo – em um mundo cuja verdadeira natureza ela ignora – de um Deus cujo ser verdadeiro ela não viu e cujo propósito cósmico não compreende. Meu Ioga o liberará do grande medo e mesmo só um pouco desse Ioga lhe trará a liberação. Uma vez que tenha tomado esse caminho você verá que nenhum passo é perdido; o menor movimento será um progresso; não encontrará nele obstáculo algum que possa se opor ao seu avanço. Uma promessa arrojada e absoluta, mas à qual a mente medrosa e hesitante, acossada e trôpega em todos os caminhos, não pode facilmente conceder uma confiança firme; e uma promessa, cuja grande e plena verdade não é aparente, a menos que com essas primeiras palavras da mensagem da Gītā leiamos também as últimas: "Abandone todas as leis de conduta e tome refúgio só em Mim; Eu o liberarei de todo pecado e de todo mal; não se aflija".

Mas não é com essa palavra, profunda e comovedora, de Deus ao homem, mas, antes, com os primeiros e necessários raios de luz no caminho, dirigidos não à alma como essa palavra, mas ao intelecto, que começa a exposição. E não é o Amigo e o Amante que fala primeiro, mas o Guia e Instrutor, que deve suprimir no indivíduo sua ignorância sobre seu self verdadeiro, sobre a natureza do mundo e sobre as causas de sua ação; porque age na ignorância, com uma inteligência equivocada e, portanto, uma vontade equivocada nessas questões, esse indivíduo está, ou parece estar, atado por suas ações; quanto ao mais, as obras não são uma escravidão para a alma livre. É por causa dessa inteligência equivocada que ele tem esperança e medo, cólera e pesar e a alegria efêmera; de outro modo, as obras são possíveis em uma serenidade e liberdade perfeitas. Então, é o Ioga da buddhi, a inteligência, que é prescrito primeiro a Arjuna. Agir com uma inteligência justa e, portanto, uma vontade justa, estar fixo no Um, consciente do self único em tudo o que age a partir de sua serenidade igual, não correr em diferentes direções sob os milhares de impulsos de nosso self mental superficial: este é o Ioga da vontade inteligente.

Existem, diz a Gītā, dois tipos de inteligência no ser humano. A primeira é concentrada, equilibrada, una, homogênea, dirigida unicamente para a Verdade; a unidade é sua característica, a fixidez concentrada é o seu próprio ser. Na outra, não há vontade única, não há inteligência unificada, mas apenas um número infinito de ideias com ramificações múltiplas a correr de um lado a outro, isto é, nessa ou naquela direção em perseguição dos desejos que lhe são oferecidos pela vida e pelo meio. Buddhi, a palavra empregada, significa, propriamente dito, o poder mental de compreensão, mas é, de toda evidência, usada pela Gītā em um vasto sentido filosófico para toda a ação da mente discriminadora e de decisão, que determina a direção e o uso de nossos pensamentos e a direção e o uso de nossos atos; pensamento, inteligência, julgamento, escolha perceptiva e objetivos estão todos incluídos em seu modo de funcionar, pois a característica da inteligência unificada não é apenas a concentração da mente que conhece, mas sobretudo a concentração da mente que decide e persiste na sua decisão, *vyavasāya*, enquanto a marca da inteligência dispersa não é tanto nem mesmo o aspecto errante das ideias e percepções mas os objetivos e os desejos errantes e, por conseguinte, da vontade. A vontade, então, e o conhecimento, são as duas funções da buddhi. A vontade inteligente unificada é fixada na alma esclarecida, é concentrada no autoconhecimento interior; a vontade inteligente com múltiplos ramos e variada, ocupada com muitas coisas, descuidada da única coisa necessária está, ao contrário, sujeita à ação infatigável e errante da mente, dispersa na vida e ação exteriores e em seus frutos. "Ações são bem mais inferiores", diz o Instrutor, "do que o Ioga da inteligência; deseja, antes, o refúgio da inteligência; pobres e miseráveis almas são aquelas que fazem do fruto de suas obras o objeto de seus pensamentos e de suas atividades."

Devemos lembrar a ordem psicológica do Sankhya aceita pela Gītā. De um lado, há o Purusha, a alma calma, inativa, imutável, una, não evolutiva; do outro lado há a Prakriti ou Natureza-força, inerte sem a Alma consciente, ativa mas somente por justaposição a essa consciência, pelo contato com ela, diríamos, não tanto una no início, mas indeterminada, tripla em suas qualidades, capaz de evolução e de involução. O contato da alma com a natureza gera o jogo da subjetividade e objetividade, que é nossa experiência da existência; o que para nós é subjetivo evolui primeiro, porque a alma-consciência é a causa primeira, a Natureza-força inconsciente apenas a causa segunda e dependente; porém, ainda assim, é a Natureza e não a Alma, que fornece os instrumentos de nossa subjetividade. Primeiro na ordem vem a buddhi, o poder discriminador ou determinativo que evolui a partir da Natureza-força e, subordinado à buddhi, o poder do ego autodiscriminador. Então, evolução secundária, surge desses poderes aquele que apreende a discriminação dos objetos, a mente sensorial ou Manas – devemos conservar na memória os nomes indianos, porque as palavras que lhes correspondem em nossa língua não são realmente equivalentes. Como uma terceira evolução, a partir da mente sensorial temos os sentidos orgânicos especializados, dez em número, cinco de percepção, cinco de ação; em seguida, os poderes de cada sentido de percepção, o som, a forma, o odor etc. que, para a mente, dão o valor aos objetos e fazem das coisas o que elas são para nossa subjetividade – e, enquanto sua base substancial, fazem delas as condições primárias dos objetos dos sentidos, os cinco elementos da antiga filosofia, ou melhor, as cinco condições basilares da Natureza, *pañca bhūta* que, por suas combinações diversas, constituem os objetos.

Refletidos na pura consciência do Purusha, esses graus e poderes da Natureza--força se tornam o material de nossa subjetividade impura, impura porque sua ação depende das percepções do mundo objetivo e de suas reações subjetivas. Buddhi, que é simplesmente o poder determinante que determina tudo de maneira inerte a partir da Força inconsciente indeterminada, para nós toma a forma da inteligência e da vontade. Manas, a força inconsciente que apreende as discriminações da Natureza pela ação e reação objetivas e se apodera delas pela atração, torna-se percepção sensorial e desejo, os dois termos grosseiros, as duas degradações da inteligência e da vontade – torna-se a mente sensorial de sensação, de emoção, de volição no sentido inferior de desejo, esperança, anseio, paixão, impulsos vitais, todas as deformações (*vikāra*) da vontade. Os sentidos tornam-se os instrumentos da mente sensorial, os cinco sentidos de percepção de nosso conhecimento sensorial, os cinco sentidos de ação de nossas impulsões e de nossos hábitos vitais, mediadores entre o subjetivo e o objetivo; o resto é constituído pelos objetos de nossa consciência, *viṣayas*, dos sentidos.

Essa ordem de evolução parece contrária àquela que percebemos como a ordem da evolução material; mas, se lembrarmos que mesmo buddhi é, em si, uma ação inerte da Natureza inconsciente e que há certamente, nesse sentido, uma vontade e uma inteligência inconscientes, uma força discriminadora e determinativa mesmo no átomo, se observarmos o cru material inconsciente da sensação, da emoção, da memória, do impulso na planta e nas formas subconscientes da existência, se olharmos esses poderes da Natureza-força assumindo as formas de nossa subjetividade na consciência em evolução do animal e do ser humano, veremos que o sistema do Sankhya se enquadra bastante bem em tudo o que a investigação moderna trouxe à tona pela sua observação da Natureza material. Na evolução da alma que da Prakriti retorna ao Purusha, deve-se tomar a ordem inversa daquela da evolução original da Natureza, e é assim que os Upanishads e a Gītā, que segue e quase cita os Upanishads, expõem a ordem ascendente de nossos poderes subjetivos. "Supremos", dizem eles, para além de seus objetos, "são os sentidos, suprema sobre os sentidos a mente, suprema sobre a mente a vontade inteligente: aquilo que é supremo à vontade inteligente é Ele" – é o self consciente, o Purusha. Portanto, diz a Gītā, é este Purusha, esta causa suprema de nossa vida subjetiva que devemos entender e dele nos tornar conscientes pela inteligência; nisso, devemos fixar nossa vontade. Ao manter assim em um firme equilíbrio nosso self subjetivo inferior na Natureza, ao tranquilizá-lo assim pelo Self maior e deveras consciente, poderemos destruir o inimigo agitado, sempre ativo, de nossa paz e de nossa mestria de nós-mesmos: os desejos da mente.

Existem então, evidentemente, duas possibilidades de ação da vontade inteligente. Ela pode se dirigir ao baixo e ao exterior, no sentido de uma ação errante das percepções da vontade no triplo jogo da Prakriti ou pode se orientar para o alto e para o interior, no sentido de uma paz e igualdade, na calma e na pureza imutável da alma consciente e luminosa, não mais sujeita às distrações da Natureza. Na primeira alternativa o ser subjetivo está à mercê dos objetos dos sentidos, vive no contato exterior das coisas. Essa vida é a vida de desejos. Pois os sentidos, excitados por seus objetos, criam uma perturbação incessante ou, com frequência, violenta, um movimento forte ou mesmo impetuoso para o exterior, para capturar esses objetos e fruir deles, e eles são arrebatados pela mente sensorial "como os ventos arrebatam um navio no mar"; a mente sujeita às emoções, paixões, ânsias, impulsões despertadas por esse movimento dos sentidos para o exterior, arrebata de modo similar a vontade inteligente, que perde então seu poder de calma discriminação e de mestria. A submissão da alma ao jogo confuso das três *gunas* da Prakriti na eterna tortuosidade de seu entrelace e de suas lutas, a ignorância, uma vida falsa, sensual, objetiva, da alma, escravidão ao pesar e à cólera, ao apego e à paixão são os resultados da tendência em direção ao baixo, da buddhi – é a vida perturbada do ser humano comum, sem luz, sem disciplina. Aqueles que, como os vedavadins, fazem do prazer dos sentidos o objeto da ação e a obtenção desse prazer o objetivo mais elevado da alma, são guias que desencaminham. O deleite em si, o deleite interior e subjetivo, independente de objetos, é nosso objetivo verdadeiro e a postura alta e vasta de nossa paz e de nossa liberação.

Por conseguinte, é a orientação ascendente e interior da vontade inteligente que devemos resolutamente escolher com uma concentração e uma perseverança seguras, *vyavasāya*; devemos fixá-la com firmeza no calmo conhecimento-de-si do Purusha. O primeiro movimento deve ser, obviamente, liberarmo-nos do desejo, que é toda a raiz do mal e do sofrimento; e a fim de liberarmo-nos do desejo devemos pôr fim à causa do desejo, à precipitação dos sentidos para apoderar-se e fruir de seus objetos. Devemos trazê-los de volta quando eles tendem a lançar-se para fora, separá-los de seus objetos: assim como a tartaruga recolhe seus membros dentro do casco, do mesmo modo esses se recolhem em sua fonte, quiescentes na mente, a mente quiescente na inteligência, a inteligência quiescente na alma e seu autoconhecimento, a observar a ação da Natureza, mas não sujeita a ela, sem nada desejar daquilo que a vida objetiva pode dar.

Não é um ascetismo exterior, a renúncia física aos objetos dos sentidos que Eu estou ensinando, sugere Krishna de imediato, para evitar uma incompreensão que é provável surgirá logo. Não é a renúncia dos sankhyas ou as austeridades do asceta inflexível, com seus jejuns, mortificações do corpo, sua tentativa de abster-se até mesmo de alimento; essas não são a autodisplina ou a abstinência que proponho, pois falo de um retiro interior, uma renúncia ao desejo. A alma encarnada, que tem um corpo, deve sustentá-lo de maneira normal, por meio do alimento, para sua ação física normal; ao se abster do alimento ela só faz remover de si o contato físico com o objeto dos sentidos, mas não se libera da relação interior que torna esse contato doloroso. Ela retém o prazer sensorial no objeto, *rasa*, o gosto e o desgosto – pois *rasa* tem dois lados; a alma deve, ao contrário, ser capaz de resistir ao contato físico sem sofrer interiormente essa reação dos sentidos. Senão, há *nivṛtti*, cessação do objeto, *viṣayā vinivartante*, mas não cessação subjetiva, não *nivṛtti* da mente; mas os sentidos são da mente, são subjetivos e a cessação subjetiva de *rasa* é o único sinal real de mestria. Mas como esse contato sem desejo com objetos, esse uso não sensual dos sentidos, é possível? Ele é possível, *paraṁ dṛṣṭvā*, pela visão do supremo – *param*, a Alma, o Purusha – e se vivermos no Ioga, em união, ou na unidade de todo o ser subjetivo com Isto mediante o Ioga da inteligência; pois a Alma única é calma, satisfeita em seu próprio deleite e, uma vez que virmos essa coisa suprema em nós e fixarmos aí nossa mente e nossa vontade, esse deleite, livre da dualidade, poderá tomar o lugar dos prazeres sensoriais apegados aos objetos assim como das repulsões da mente. Esse é o verdadeiro caminho da liberação.

Certamente, a autodisciplina, o autocontrole, nunca são fáceis. Todos os seres humanos inteligentes sabem que devem exercer algum controle sobre si mesmos (e nada é mais comum do que esse conselho para controlar os sentidos); porém, em geral, esse conselho é dado e seguido somente de maneira imperfeita, do modo mais limitado e insuficiente. Contudo, mesmo o sábio, o indivíduo que possui a alma clara, criteriosa e discriminadora, que de fato se esforça para adquirir uma completa mestria de si, encontra-se estimulado e arrebatado pelos sentidos. Isso é porque a mente naturalmente se adapta aos sentidos; ela observa os objetos dos sentidos com um interesse central, instala-se neles e faz deles o objeto de um pensamento absorvente para a inteligência e de forte interesse para a vontade. Daí vem o apego, do apego o desejo, do desejo a ansiedade e a paixão e a cólera quando o desejo não é satisfeito ou é frustrado ou encontra uma oposição; e pela paixão a alma é obscurecida, a inteligência e a vontade esquecem de ver e de tomar assento na alma calma que observa; há uma queda que nos distancia da memória do verdadeiro self e, por esse deslize, a vontade inteligente é também obscurecida, até mesmo destruída. Pelo momento, de fato, ela não existe mais para a memória que temos de nós mesmos, ela desaparece em uma nuvem de paixão; tornamo-nos paixão, cólera, pesar e deixamos de ser o self e a inteligência e a vontade. Isso então deve ser evitado e todos os sentidos colocados inteiramente sob controle, porque somente por um controle absoluto dos sentidos pode a inteligência sábia e calma ser estabelecida com firmeza em seu justo lugar.

Isso não pode ser feito de maneira perfeita pela ação da inteligência, por uma autodisciplina apenas mental; isso só pode ser feito pelo Ioga, por algo que seja superior à inteligência e ao qual a calma e a mestria de si sejam inerentes. E esse Ioga só pode ter sucesso se dedicarmos, consagrarmos, abandonarmos todo o self ao Divino, "a Mim", diz Krishna, pois o Libertador está em nós, mas ele não está em nossa mente, nem em nossa inteligência, nem em nossa vontade pessoal – estas são apenas instrumentos. É no Senhor, nos é dito no final, em quem devemos nos refugiar inteiramente. E, para isso, é preciso, primeiro, fazer dele o objeto de todo o nosso ser e manter mediante nossa alma o contato com Ele. Esse é o sentido da frase "ele deve ser estabelecido firmemente no Ioga, inteiramente entregue a Mim"; mas até agora essa é a mais simples das sugestões incidentais, no modo da Gītā, três palavras apenas, que contêm em semente a essência completa do segredo mais elevado que deve ainda ser revelado, *yukta āsīta matparaḥ*.

Se isso for feito, então se tornará possível movermo-nos entre os objetos dos sentidos, em contato com eles e agir sobre eles, mas com os sentidos inteiramente sob o controle do self subjetivo – não à mercê dos objetos, do contato com eles e das reações que provocam –, e esse self, ele mesmo deve ser obediente ao Self mais elevado, o Purusha. Então, livres de reações, os sentidos serão liberados dos efeitos da simpatia e da antipatia, escaparão da dualidade do desejo positivo e negativo e uma calma, uma paz, uma clareza, uma tranquilidade feliz, *ātmaprasāda*, se estabelecerão no indivíduo. Essa tranquilidade clara é a fonte da felicidade da alma; toda dor começa a perder seu poder de tocar a alma tranquila;

a inteligência é rapidamente estabelecida na paz do self; o sofrimento é destruído. É a essa fixidez calma, sem desejo nem pesar, da buddhi em seu autoequilíbrio e autoconhecimento, que a Gītā dá o nome de "samádi".

O sinal do indivíduo em samádi não é sua perda de consciência dos objetos e do seu meio, de seu self mental e físico e o fato de que ele não pode ser chamado de volta a eles nem se seu corpo fosse queimado ou torturado (essa é a ideia comum que se tem sobre a questão); o transe é uma intensidade particular, não o sinal essencial. É a expulsão de todos os desejos, é a incapacidade deles de chegar à mente que é o teste, e é do estado interior que surge essa liberdade, a felicidade da alma reunida em si mesma, com a mente igual e quieta em um equilíbrio acima das atrações e repulsões, das alternâncias entre a luz do sol, a tempestade e a tensão da vida exterior. A alma está recolhida no interior, mesmo quando age no exterior; está concentrada em si, mesmo quando no exterior olha as coisas com intensidade; ela está inteiramente voltada para o Divino, mesmo quando, para a visão externa dos outros, está ocupada e absorta por coisas do mundo. Arjuna, ao dar voz à mente humana comum, pede um sinal exterior, físico, discernível na prática, desse grande Samádi: como um tal homem fala, como se senta, como caminha? Nenhum desses sinais pode ser dado, nem o Instrutor tenta fornecê-los, pois a única prova possível de que os possuímos é interior, e há muitas forças psicológicas hostis que se apresentam. A igualdade é a marca maior da alma liberada e, dessa igualdade, mesmo os sinais mais discerníveis são ainda subjetivos. "Aquele cuja mente não é perturbada pela mágoa, que não tem mais desejo pelos prazeres, de quem a simpatia, a cólera e o medo se distanciaram, tal é o sábio cuja compreensão fundou-se na estabilidade." Ele é "sem a ação tripla das qualidades da Prakriti, sem as dualidades, sempre firmado em seu ser verdadeiro, sem que nada que obtenha ou possua, possua seu ser". O que é que a alma livre tem de fato a obter ou a possuir? Uma vez que possuímos o Self, estamos em posse de todas as coisas.

E, contudo, ele não cessa de trabalhar e de agir. Nisso reside a originalidade e o poder da Gītā: depois de ter afirmado para a alma liberada essa condição estática, essa superioridade sobre a natureza, esse vazio de tudo o que, em geral, constitui a ação da Natureza, ela é ainda capaz de reivindicar direitos para a alma, de impôr-lhe mesmo continuar a trabalhar e, assim, evitar o grande defeito das filosofias meramente quietistas e ascéticas – o defeito do qual as vemos hoje tentar escapar. "Tens direito à ação, mas à ação apenas, jamais aos seus frutos; não deixes os frutos de tuas obras serem os motivos delas, nem deixes haver em ti nenhum apego à inatividade." Portanto, não são as obras executadas com desejo pelos vedavadins, não é a exigência que a mente enérgica e sem sossego seja satisfeita por uma atividade constante – exigência feita pelo indivíduo prático ou cinético – que é prescrita aqui. "Fixo no Ioga, cumpre tuas ações, tendo abandonado o apego, tendo te tornado igual na derrota e no sucesso, pois essa é a igualdade que se entende por Ioga." Estaria a ação em perigo pela escolha entre um bem e um mal relativos, o medo do pecado e o esforço difícil em direção à virtude? Mas o indivíduo liberto, que uniu ao Divino sua razão e sua vontade rejeita de si, aqui mesmo, neste mundo de dualidades, as boas e as más ações, pois ele se eleva a uma lei superior – para além do bem e do mal – baseada na liberdade do autoconhecimento. Essa ação sem desejo, poderia ela não ser determinante, não ser eficaz, poderia não ter nenhuma eficácia nem poder criador grande e vigoroso? Não é assim; a ação realizada no Ioga não é só a mais elevada, mas é também a mais sábia, potente e eficaz, mesmo para as atividades do mundo, pois está imbuída do conhecimento e da vontade do Mestre das obras: "Ioga é habilidade nas obras". Mas toda ação voltada para a vida não distancia o objetivo universal do iogue, que seria, se admite de modo geral, escapar à servidão desse nascimento humano angustiado e sofredor? Também não; os sábios, que cumprem as obras sem desejo pelos frutos e em Ioga com o Divino, são libertos da escravidão do nascimento e alcançam esse outro estado, perfeito, no qual não há nenhuma das enfermidades que afligem a mente e a vida de uma humanidade sofredora.

O estado alcançado pelo iogue é a condição brâmine; ele chega a uma estabilidade firme no Brahman, *brāhmī sthitih*. É uma inversão completa do raio de visão, da experiência, do conhecimento, dos valores, da percepção que têm as criaturas presas à terra. Essa vida de dualidades, que é para elas seu dia, sua vigília, sua consciência, sua brilhante condição de atividade e conhecimento é, para o iogue, uma noite, um sono agitado e trevas da alma; esse estado superior que para eles é uma noite, um sono em que todo conhecimento e toda vontade cessam é, para o sábio mestre de si, seu estado desperto, seu dia luminoso de existência, de conhecimento e de poder verdadeiros. As criaturas são águas agitadas e turvas, que se disturbam pela menor irrupção de desejo; o sábio é um oceano de vasta existência e vasta consciência, que sempre se enche e, no entanto, permanece sempre imóvel no grande equilíbrio de sua alma; todos os desejos do mundo penetram nele, assim como as águas no mar, e, no entanto, ele não tem desejos nem perturbações. Pois, enquanto as criaturas estão cheias do sentido de ego perturbador, do "meu" e "teu", ele é uno em tudo com o Self único, e não tem nem "eu" nem "meu". Ele age como os demais, mas abandonou todos os desejos e seus apetites. Ele alcançou a grande paz e não é desconcertado pela aparência das coisas; ele extinguiu seu ego individual no Um, vive nessa unidade e, no seu momento final, estabelecido nesse estado de ser, pode alcançar a extinção no Brahman, no Nirvana – não a autoaniquilação negativa dos budistas, mas a grande imersão do self pessoal separado, na vasta realidade da Existência impessoal infinita e única.

A unificação sutil de Sankhya, Ioga e Vedanta – essa é a primeira base do ensinamento da Gītā. Está longe de ser tudo, mas é a primeira unidade prática, indispensável, entre o conhecimento e as obras, já com uma indicação do terceiro elemento da plenitude da alma, o mais intenso e que a coroa: o amor divino e a devoção.

CAPÍTULO XI

OBRAS E SACRIFÍCIO

O Ioga da vontade inteligente e sua culminação no estado brâmine, que ocupa todo o final do segundo capítulo, contêm a semente de uma grande parte do ensinamento da Gītā – sua doutrina das obras sem desejo, da igualdade, da rejeição à renúncia exterior, da devoção ao Divino; mas, por agora, tudo isso é insignificante e obscuro. Aquilo que até agora é enfatizado com mais força é o afastamento da vontade como motivo comum das atividades humanas – o desejo –, retirá-la da índole normal do ser humano, constituída de um pensamento e de uma vontade que, com suas paixões e sua ignorância, buscam os sentidos e se inclinam por hábito às ideias e aos desejos turbulentos e com ramificações múltiplas, a fim de ganhar a calma unidade sem desejo e a serenidade sem paixão do equilíbrio brâmine. Isso, ao menos, Arjuna compreendeu. Nada disso lhe é estranho; é, em substância, o ensino corrente, que dirige o indivíduo para o caminho do conhecimento e para a renúncia à vida e às obras como via para sua perfeição. A inteligência que se retira dos sentidos, do desejo e da ação humana e se volta em direção ao Mais Alto, em direção ao Um, em direção ao Purusha inativo, ao Brahman imóvel e sem traços, essa é, com certeza, a semente eterna do conhecimento. Não há lugar aqui para as obras, visto que as obras pertencem à Ignorância; ação é o próprio oposto de conhecimento; sua semente é o desejo e o fruto, a escravidão. Essa é a doutrina filosófica ortodoxa e Krishna parece bem admiti-la, quando diz que as obras são muito inferiores ao Ioga da inteligência. E, ainda assim, as obras são indicadas com insistência como parte do Ioga; de modo que parece haver nesse ensinamento uma inconsistência radical. Não só isso, pois algum tipo de trabalho pode, sem dúvida, persistir por algum tempo, o mínimo, o mais inofensivo; porém, aqui se trata de um trabalho incompatível com o conhecimento, com a serenidade e a paz imóvel da alma que se deleita em si mesma – um trabalho terrível, mesmo monstruoso, um combate sangrento, uma batalha desapiedada, um massacre gigante. Mesmo assim, é isso que é ordenado, isso que se busca justificar pelo ensino da paz interior e da igualdade sem desejo e posição no Brahman. Eis aí então uma contradição irreconciliável. Arjuna queixa-se de que lhe foi dada uma doutrina contraditória e desconcertante e não a rota clara, tenazmente una, pela qual a inteligência humana pode ir direto e de maneira vigorosa, ao bem supremo. É em resposta a essa objeção que a Gītā começa, em seguida, a desenvolver com mais clareza sua doutrina das Obras, positiva e imperiosa.

Primeiro, o Instrutor faz uma distinção entre os dois meios de salvação nos quais, neste mundo, os indivíduos podem concentrar-se de maneira independente, o Ioga do conhecimento e o Ioga das obras; um, em geral se supõe, implica a renúncia às obras, vistas como um obstáculo à salvação, o outro, aceita as obras como meio de salvação. O Instrutor ainda não insiste com força em nenhuma fusão dos dois, em nenhuma reconciliação do pensamento que os divide, mas começa mostrando que a renúncia dos sankhyas, a renúncia física, Sannyasa, não é nem a única via, nem de modo algum a melhor. *Naiṣkarmya*, uma calma ausência de ações é, sem dúvida, aquilo que a alma, o Purusha, deve alcançar, pois é a Prakriti que executa as obras e a alma deve elevar-se acima do envolvimento nas atividades do ser e alcançar uma estabilidade livre e serena: observar as operações da Prakriti, mas não ser afetada por elas. É isso, e não a cessação das obras da Prakriti, o que na realidade significa *naiṣkarmya* da alma. Portanto, é um erro pensar que por não se envolver em nenhum tipo de ação se possa ter acesso a esse estado inativo da alma e fruir dele. A mera renúncia às obras não é um meio suficiente para a salvação, nem mesmo um meio, de algum modo, adequado. "Não é pela abstenção às obras que um homem frui da inação, tampouco pela simples renúncia a elas ele alcança sua perfeição" – *siddhi* – a consumação dos objetivos de sua autodisciplina pelo Ioga.

Mas esse deveria ser, ao menos, um meio necessário, indispensável, imperativo? Do contrário como, se as obras da Prakriti continuam, a alma poderia evitar envolver-se nelas? Como eu poderia lutar e ainda assim, em minha alma, não pensar ou sentir que eu, o indivíduo, combato, como poderia não desejar a vitória, nem ser interiormente tocado pela derrota? O ensinamento dos sankhyas é que a inteligência daquele que se engaja nas atividades da Natureza está enredada na teia do egoísmo, da ignorância e do desejo e, portanto, é atraída para a ação; mas, ao contrário, se a inteligência se retira, então a ação deve cessar com a cessação do desejo e da ignorância. O abandono da vida e das obras é então uma parte necessária, uma circunstância inevitável e um meio último e indispensável do movimento para a libertação. Essa objeção, de uma lógica corrente – Arjuna não a exprime, mas pensa assim, como o demonstram suas declarações subsequentes –, o Instrutor, de imediato antecipa. Não, ele diz, esse tipo de renúncia, longe de ser indispensável, nem mesmo é possível. "Porque ninguém, nem por um instante, pode ficar sem fazer algum trabalho; todos são feitos para agir, inevitavelmente, pelos modos da Prakriti." A forte percepção da grande ação cósmica, da atividade e do poder eternos da energia cósmica, que foram tão enfatizados em seguida pelo ensinamento dos shaktas tântricos, para quem a Prakriti ou a Shakti era mesmo superior ao Purusha, é um aspecto notável da Gītā. Embora aqui apenas sugerido, isso é, no entanto, bastante forte, acompanhado do que podemos chamar os elementos teístas e devocionais de seu pensamento, para introduzir esse ativismo que modifica de maneira tão forte, no esquema de seu Ioga, as tendências quietistas do antigo Vedanta metafísico. O ser humano encarnado no mundo natural não pode, nem por um instante, nem por um segundo, deixar de agir; sua própria existência aqui é uma ação; o Universo inteiro é um ato de Deus, mesmo o mero ato de viver é o movimento d'Ele.

Nossa vida física, sua manutenção, sua continuação, é uma viagem, uma peregrinação do corpo, *śarīra-yātrā*, e isso não pode ser efetuado sem ação. Porém, mesmo se alguém pudesse deixar seu corpo sem manutenção, ocioso, se pudesse ficar sempre imóvel como uma árvore ou manter-se inerte como uma pedra, *tiṣṭhati*, essa imobilidade vegetal ou material não o salvaria das mãos da Natureza; ele não seria liberado das atividades dela, pois não são apenas os nossos movimentos e as nossas atividades que consideramos obras, como *karma*; nossa existência mental também é uma grande ação complexa, ela é mesmo a parte maior e mais importante das obras da energia instável – causa subjetiva e determinante do físico. Nada ganhamos se reprimirmos o efeito e retivermos a atividade da causa subjetiva. Os objetos dos sentidos são apenas uma ocasião para nossa servidão, a insistência da mente neles é o meio, a causa instrumental. Um indivíduo pode controlar seus órgãos de ação e recusar a lhes dar seu jogo natural, mas nada ganha se sua mente continuar a se lembrar dos órgãos dos sentidos e a fixar neles sua atenção. Ele engana a si mesmo com falsas noções de autodisciplina; não compreendeu nem o objetivo nem a verdade dela, nem os primeiros princípios de sua própria existência subjetiva; por conseguinte, todos os seus métodos de autodisciplina são falsos e nulos.[1] As ações do corpo, mesmo as ações da mente, nada são em si mesmas, nem uma servidão nem a primeira causa da servidão. O que é vital é a potente energia da

1. Não posso pensar que *mithyācāra* signifique um hipócrita. Como alguém pode ser um hipócrita, aquele que inflige a si mesmo uma privação tão severa e tão completa? Ele se engana e está iludido, *vimūḍhātmā* e seu *ācāra*, seu método de autodisciplina, regulado de maneira formal é um método falso e vão – isso, seguramente, é tudo o que a Gītā quer dizer.

Natureza, que seguirá sua ideia e seu jogo no vasto campo da mente, da vida e do corpo; o que é perigoso nela é o poder de suas três *guṇas*, modos ou qualidades, de perturbar e confundir a inteligência e, dessa maneira, obscurecer a alma. Isso, como veremos mais tarde, é o ponto crucial da ação e da liberação para a Gītā. Seja livre da obscuridade e da confusão causadas pelas três *guṇas* e a ação pode continuar, como deve continuar, fosse ela a mais ampla, a mais rica e a mais enorme e violenta; isso não importa, pois nada toca então o Purusha, a alma possui o *naiṣkarmya.*

Porém, no momento, a Gītā não se dirige para esse ponto mais amplo. Visto que a mente é a causa instrumental, visto que a inação é impossível, o que é racional, necessário, o caminho justo é uma ação controlada do organismo subjetivo e objetivo. A mente deve ter os sentidos sob seu controle, como instrumentos da vontade inteligente, e os órgãos da ação devem então ser utilizados para sua justa função, para a ação, mas a ação feita como Ioga. Mas o que é a essência desse autocontrole, o que significa ação feita como Ioga, Carma--Ioga? É o não apego, é executar as obras sem se agarrar com a mente aos objetos dos sentidos e aos frutos das obras. Isso não é a completa inação, que é um erro, uma confusão, um autoengano, uma impossibilidade, mas a ação plena, livre, feita sem sujeição aos sentidos e à paixão, as obras sem desejo nem apego, que são o primeiro segredo da perfeição. Assim, mestre de ti mesmo, cumpre a ação, diz Krishna, *niyataṁkuru karma tvam*: eu disse que o conhecimento, a inteligência, é maior do que as obras, *jyāyasī karmaṇo buddhiḥ*, mas não quis dizer que a inação é maior do que a ação; o contrário é a verdade, *karma jyāyo akarmaṇaḥ*. Conhecimento, de fato, não significa renúncia às obras, isso quer dizer igualdade e não apego ao desejo e aos objetos dos sentidos; e isso significa o equilíbrio da vontade inteligente na Alma livre e elevada bem acima da instrumentação inferior da Prakriti e controlando as operações da mente, dos sentidos e do corpo no poder do autoconhecimento e do deleite de si, deleite puro e sem objeto, da realização espiritual, *niyataṁkarma.*[2] O *buddhiyoga* cumpre-se pelo *karmayoga*; o Ioga da vontade inteligente autoliberadora encontra todo seu significado pelo

2. Aqui tampouco posso aceitar a interpretação corrente de *niyataṁ karma* como se significasse obras fixas e de pura forma e fosse o equivalente do *nityakarma* védico, as obras regulares do sacrifício, do ceremonial e da regra quotidiana da vida védica. Seguramente *niyata* apenas retoma o *niyamya* do último verso. Krishna declara: "aquele que, pelo controle dos sentidos por meio da mente, se engaja com os órgãos da ação no Ioga da ação, este excede", *manasā niyamya ārabhate karmayogam*, e continua logo, tirando dessa declaração uma injunção que a resume e a converte em uma regra. "Cumpras uma ação controlada, *niyataṁkuru karma tvam*; *niyatam*, retoma o *niyamya*, *kuru karma,* retoma o *ārabhate karmayogam.*" O ensinamento da Gītā não consiste em obras de pura forma fixas por uma regra exterior, mas nas obras sem desejo, controladas pela buddhi liberada.

Ioga das obras sem desejo. Assim, a Gītā fundamenta seu ensino da necessidade de obras sem desejo, *niṣkāma karma*, e une a prática subjetiva dos sankhyas – rejeitando sua regra meramente física – com a prática do Ioga.

Contudo, há ainda uma dificuldade essencial não resolvida. O desejo é o motivo comum a todas as ações humanas e, se a alma for livre de desejos, então a ação não tem mais razão de ser. Podemos ser obrigados a fazer certos trabalhos para manter o corpo, mas mesmo isso é uma sujeição ao desejo do corpo, do qual temos que nos desembaraçar se quisermos atingir a perfeição. Se admitirmos que isso não pode ser feito, o único modo será fixar uma norma para a ação, externa a nós mesmos, não ditada por algo em nossa subjetividade, o *nityakarma* da norma védica, a rotina do sacrifício cerimonial, da conduta quotidiana e do dever social, que aquele que busca a liberação pode seguir apenas porque lhe é prescrita, sem nenhum propósito pessoal ou interesse subjetivo em fazê-lo e o faz com uma indiferença absoluta, não porque é levado por sua natureza, mas porque foi prescrito pelo Shastra. Porém, se o princípio da ação deve ser não exterior à natureza, mas subjetivo, se mesmo as ações do indivíduo liberado e do sábio devessem ser controladas e determinadas por sua natureza, *svabhāva niyatam*, então, o único princípio subjetivo da ação é o desejo, de qualquer tipo: a luxúria ou a emoção do coração ou objetivos baixos ou nobres, da mente, mas todos sujeitos às *guṇas* da Prakriti. Interpretemos, então, o *niyata karma* da Gītā como o *nityakarma* da norma védica, seu *kartavya karma*, ou trabalho que deve ser feito no sentido da norma ariana do dever social, e consideremos também que seu trabalho feito como um sacrifício quer dizer simplesmente esses sacrifícios védicos e esse dever social fixo executado de maneira desinteressada e sem objetivo pessoal. É desse modo que, com frequência, se interpreta a doutrina da Gītā das obras sem desejo. Mas me parece que o ensinamento da Gītā não é tão grosseiro nem tão simples, não é tão limitado no espaço e no tempo, nem tão estreito assim. Ele é vasto, livre, sutil e profundo; vale para todas as épocas e para todas as pessoas, não para uma época e um país particulares. Sobretudo, ele se evade sempre das formas exteriores, dos detalhes, das noções dogmáticas e retorna aos princípios e aos grandes fatos de nossa natureza e de nosso ser. É uma obra de vasta verdade filosófica e de vasta praticidade espiritual, não de fórmulas religiosas e filosóficas forçadas e dogmas estereotipados.

A dificuldade é essa: visto que nossa natureza é o que é e o desejo é o princípio comum de sua ação, como é possível instituir uma ação, de fato, sem desejos? Porque aquilo que em geral chamamos ação desinteressada não é, na verdade, sem desejo; ela é apenas uma substituição de certos interesses pessoais menores por outros desejos maiores, que têm apenas a aparência de serem impessoais: a virtude, a pátria, a humanidade. Toda ação, contudo, como Krishna insiste, é feita pelas *guṇ as* da Prakriti, por nossa natureza; mesmo ao agir segundo o Shastra, ainda assim agimos segundo nossa natureza – mesmo se essa ação shástrica não for, como em geral, uma mera cobertura para nossos desejos, preconceitos, paixões, egoísmos, nossas vaidades, preferências e sentimentos sectários, pessoais e nacionais; mas mesmo de outro modo, mesmo no caso mais puro, obedecemos ainda a uma escolha de nossa natureza e, se nossa natureza fosse diferente e as *guṇas* agissem sobre nossa inteligência e nossa vontade em alguma outra combinação, não aceitaríamos o Shastra, mas viveríamos de acordo com nosso prazer ou nossas noções intelectuais ou nos evadiríamos da lei social para viver a vida do solitário ou do asceta. Não podemos nos tornar impessoais por obediência a algo fora de nós, pois não é assim que poderemos sair de nós mesmos; é somente pela elevação àquilo que é o mais alto em nós, até alcançarmos nossa Alma livre, nosso Self livre que, único, é o mesmo em todos e, portanto, não tem nenhum interesse pessoal, até ao Divino em nosso ser, que possui a Si-mesmo em Sua transcendência do cosmos e não é, portanto, ligado por Suas obras cósmicas nem por Sua ação individual. Isso é o que a Gītā ensina e a ausência de desejo é só um meio para este fim, não um objetivo em si. Sim, mas como chegar a isso? Cumprindo todas as obras com o sacrifício como único objetivo, é a resposta do Instrutor divino. "Ao cumprir as obras de outro modo que para o sacrifício, esse mundo dos homens é escravo das obras; para o sacrifício cumpre tuas obras, ó filho de Kunti, e torna-te livre de todo apego." É evidente que todas as obras, e não só o sacrifício e os deveres sociais, podem ser feitas nesse espírito; toda a ação pode ser feita, seja a partir do sentido do ego estreito ou alargado, seja para o Divino. Todo ser e toda ação da Prakriti existem só para o Divino; disso eles procedem, por isso eles perseveram, para isso eles se dirigem. Mas, enquanto estivermos dominados pelo sentido do ego, não poderemos perceber essa verdade ou agir no seu espírito, mas agiremos para a satisfação do ego e no espírito do ego, de maneira diferente que para o sacrifício. Egoísmo é o nó da servidão. Ao agir voltados para Deus, sem nenhum pensamento de ego, desatamos esse nó e alcançamos, por fim, a liberdade.

Contudo, no começo, a Gītā retoma o enunciado védico da ideia do sacrifício e formula a lei do sacrifício em seus termos correntes. Isso é feito com um objetivo preciso. Vimos que a disputa entre a renúncia e as obras tem duas formas: a oposição entre Sankhya e Ioga que, em princípio, já está resolvida, e a oposição entre vedismo e vedantismo, que o Instrutor deve ainda reconciliar. O primeiro é um enunciado mais extenso da oposição, no qual a ideia das obras é geral e vasta. O Sankhya parte da noção do estado divino enquanto Purusha imutável e inativo que cada alma é em realidade, e faz uma oposição entre a inatividade do Purusha e a atividade da Prakriti; assim, sua culminação lógica é a cessação de toda obra. O Ioga parte da noção do Divino como Ishvara, senhor das operações da Prakriti e, portanto, superior a elas e sua culminação lógica não é a cessação das obras, mas a superioridade da alma a todas as obras e sua liberdade, mesmo quando ela as executa. Na oposição entre vedismo e vedantismo as obras, *karma*, são restritas às obras védicas e algumas vezes mesmo ao sacrifício védico e às obras ritualizadas; tudo o mais é excluído, considerado inútil para a salvação. O vedismo dos *mīmāṁsakas*[3] as apresenta com insistência como o meio, o vedantismo, apoiando-se nos Upanishads, as viu apenas como preliminares pertencentes ao estado de ignorância, para serem ultrapassadas e rejeitadas no final, um obstáculo para aquele que busca a liberação. O vedismo adorava os devas, os deuses, por meio do sacrifício, e os considerava como os poderes que ajudam nossa salvação. O vedantismo era inclinado a vê-los como poderes do mundo mental e material opostos à nossa salvação (os homens, diz o Upanishad, são o rebanho dos deuses, que não desejam que o homem conheça e seja livre); ele via o Divino como Brahman imutável, que deve ser alcançado não pelas obras sacrificais e de culto, mas pelo conhecimento. As obras só conduzem a resultados materiais e a um Paraíso inferior; por conseguinte, deve-se renunciar a elas.

A Gītā resolve essa oposição ao reiterar que os devas são apenas formas do Deva único, o Ishvara, o Senhor de todo Ioga e de toda adoração, de todo sacrifício e de toda austeridade e, se é verdade que o sacrifício oferecido aos devas conduz apenas aos resultados materiais e ao Paraíso, é também verdade que o sacrifício oferecido ao Ishvara conduz para além dos devas, à grande liberação. O Senhor e o Brahman imutável não são, então, dois seres diferentes, mas um só e mesmo Ser, e todo aquele que se esforça em direção a um ou ao outro se esforça em direção a essa Existência única divina. Todas as obras, em sua totalidade, encontram sua culminação e sua plenitude no conhecimento do Divino, *sarvaṁ karmākhilaṁ pārtha jñāne parisamāpyate*. Elas não são um obstáculo, mas o caminho para o supremo conhecimento. Assim, essa oposição também é reconciliada com a ajuda de uma grande elucidação sobre o significado do sacrifício. De fato, seu conflito é

3. Aquele que segue a filosofia do *purva-mimamsa;* o exame da primeira porção, ou mantra, do Veda; preocupa-se sobretudo com o ritual védico; o *vedavāda.* (N. da T.)

só uma forma restrita de uma oposição maior entre Ioga e Sankhya. O vedismo é uma forma especializada e estreita do Ioga; o princípio dos vedantistas é idêntico ao dos sankhyas, pois para ambos o movimento de salvação consiste no recuo da inteligência, buddhi, diante dos poderes diferenciadores da Natureza, diante do ego, da mente, dos sentidos, diante do subjetivo e do objetivo e seu retorno ao indiferenciado e ao imutável. É com esse objeto de reconciliação em mente que o Instrutor aborda, no começo, sua exposição da doutrina do sacrifício; mas do início ao fim, desde o começo mesmo, ele mantém sua atenção não no sentido védico restrito do sacrifício e das obras, mas na sua aplicação mais vasta e universal – e alarga noções estreitas e formais para admitir as grandes verdades gerais que elas limitam indevidamente, pois esse é sempre o método da Gītā.

CAPÍTULO XII

O SIGNIFICADO DO SACRIFÍCIO

A teoria do sacrifício segundo a Gītā é exposta em duas passagens separadas; uma se encontra no terceiro capítulo, a outra, no quarto; a primeira a expõe em uma linguagem que poderia, por si só, dar a impressão de evocar apenas o sacrifício cerimonial; a segunda passagem, se interpretada no sentido de um vasto simbolismo filosófico, transforma de imediato todo seu significado e a eleva a um plano de alta verdade psicológica e espiritual. "Com o sacrifício, o Senhor das criaturas criou outrora as criaturas e disse: com isso vocês produzirão (frutos ou uma progênie), que isso seja a vaca que nutre seus desejos. Com isso, nutram os deuses e deixem os deuses nutri-los; ao nutrir-se mutuamente vocês alcançarão o bem supremo. Nutridos pelos sacrifícios, os deuses lhes darão os prazeres desejados. Aquele que frui das alegrias que os deuses proporcionam e não lhes faz dons, este é um ladrão. Os bons que comem as sobras do sacrifício são liberados de todo pecado; mas são maus e usufruem do pecado aqueles que cozinham (o alimento) para si mesmos. Do alimento nascem as criaturas, da chuva nascem os alimentos, do sacrifício nasce a chuva, o sacrifício nasce do trabalho; o trabalho, saiba que nasce do Brahman, o Brahman nasce do Imutável; por consequência, é o Brahman, que tudo penetra, que é estabelecido no sacrifício. Aquele que, aqui, não segue a roda posta assim em movimento, seu ser é mau, é sensual seu prazer; em vão, ó Partha, vive esse homem." Tendo desse modo exposto a necessidade do sacrifício – veremos em seguida em qual sentido podemos entender uma passagem que, à primeira vista, parece transmitir apenas uma teoria tradicional de ritualismo e a necessidade da oferenda cerimonial – Krishna passa à superioridade da pessoa espiritual em relação às obras: "Mas para aquele cujo deleite é o Self e que encontra seu contentamento na fruição do Self e no Self está satisfeito, para este não existe trabalho algum que necessite ser feito. Ele não tem objetivo aqui a ganhar pela ação realizada, nem objetivo algum a ganhar pela ação não realizada; ele não depende de todas essas existências, se não tem objetivo algum a ganhar.

Estão aí então os dois ideais, védico e vedântico, que se apresentam, por assim dizer, em tudo que, à origem, os separa e os opõe de maneira acentuada: de um lado, o ideal ativo que consiste em adquirir prazeres aqui e o bem supremo além, pelo sacrifício e pela dependência mútua entre o ser humano e os poderes divinos; e, do outro lado, em face a ele, o ideal mais austero do indivíduo liberado que, independente no Espírito, nada tem a fazer com os prazeres ou com as obras, tampouco com os mundos humano ou divino, mas existe unicamente na paz do Self supremo, alegra-se somente na calma alegria do Brahman. Os versos seguintes criam um terreno para a reconciliação entre os dois extremos; o segredo não é a inação a partir do instante em que a pessoa se volta em direção à verdade superior, mas a ação sem desejo, antes e depois do acesso a essa verdade superior. O indivíduo liberado nada tem a ganhar pela ação, mas também nada a ganhar pela inação e não é, de nenhum modo, por algum objetivo pessoal que ele faz sua escolha. "Portanto, sem apego, cumpre sempre a obra que deve ser feita (feita para o mundo, *lokasaṇgraha*, como é mostrado com clareza logo depois); ao cumprir as obras sem apego, então o indivíduo alcança o mais alto, pois foi mesmo pelas obras que Janaka e os outros alcançaram a perfeição." É verdade que as obras e o sacrifício são meios para alcançar o bem supremo, *śreyah param avāpsyatha*; mas há três tipos de obras: aquela feita sem sacrifício, para o prazer pessoal, é de todo egoísta e interesseira e deixa de lado a lei verdadeira, o objetivo verdadeiro, a verdadeira utilidade da vida, *mogham̐ pārtha sa jīvati*; aquela que é feita com desejo, mas como um sacrifício, e o prazer apenas como resultado do sacrifício, e é então consagrada e santificada nessa medida; e aquela que é feita sem desejo ou apego de nenhum tipo. É a última que conduz a alma do homem ao supremo, *param āpnoti pūruṣaḥ*.

Todo o sentido e todo o teor desse ensinamento giram em torno da interpretação que vamos dar às palavras importantes *yajña*, *karma*, *brahma*, sacrifício, obra, Brahman. Se o sacrifício for apenas o sacrifício védico, se a obra da qual ele nasce for a regra védica das obras e se o Brahman do qual a própria obra nasce for *śabdabrahman* no sentido, unicamente, da letra do Veda, então todas as posições do dogma védico são concedidas e não há nada mais. O sacrifício cerimonial seria o meio justo para obter filhos, riqueza, satisfações; pelo sacrifício formal se faria cair a chuva do céu e a prosperidade e a perpetuação da espécie seriam asseguradas; a vida seria um contínuo acordo entre os deuses e os seres humanos, em que o indivíduo oferece aos deuses presentes cerimoniais tomados dos dons que esses lhe outorgaram e, em retorno, ele enriquece, é protegido e alimentado. Portanto, toda obra humana deveria acompanhar-se de um sacramento, tornar-se um sacramento pelo sacrifício cerimonial e o culto ritualista; a obra que não fosse consagrada dessa maneira seria amaldiçoada, o bem-estar obtido sem prévio sacrifício cerimonial nem consagração ritual seria um pecado. Mesmo a salvação, mesmo o bem mais alto deveriam ser ganhos pelo sacrifício cerimonial. Esse nunca deveria ser abandonado. Mesmo o buscador da liberação deveria continuar a cumprir o sacrifício cerimonial, embora sem apego; pelo sacrifício cerimonial e obras ritualísticas feitas sem apego, homens como Janaka atingiram a perfeição espiritual e a liberação.

É óbvio que esse não pode ser o significado da Gītā, pois estaria em contradição com todo o resto do livro. Mesmo na própria passagem, sem a interpretação esclarecedora que lhe é dada em seguida, no capítulo quarto, temos já uma indicação de um sentido mais amplo, onde é dito que o sacrifício nasce do trabalho, o trabalho nasce do Brahman, o Brahman do Akshara e, portanto, o Brahman que tudo penetra, *sarvagataṁ brahma*, está estabelecido no sacrifício. A lógica que conecta o "portanto" e a repetição da palavra *brahmā*[1] são significativas, pois indicam com clareza que o Brahman do qual nasce toda obra deve ser compreendido tendo em vista não tanto o ensinamento védico corrente em que isso quer dizer o Veda, mas o sentido simbólico em que a Palavra criadora é idêntica ao Brahman que penetra tudo, ao Eterno, ao único Self presente em todas as existências, *sarvabhūteṣu*, e presente em todos os modos de funcionar da existência. O Veda é o conhecimento do Divino, do Eterno – "Eu sou Aquele que deve ser conhecido em todos os livros do Conhecimento", *vedaiś ca vedyaḥ*, Krishna dirá em um capítulo subsequente; mas é o conhecimento do que ele é nas operações da Prakriti, nas operações das três *guṇas*, primeiras qualidades ou modos da Natureza, *traiguṇyaviṣayā vedāḥ*. Esse Brahman ou Divino nas operações da Natureza nasce, podemos dizer, do Akshara, o Purusha imutável, o Self que se mantém acima de todos os modos ou qualidades ou operações da Natureza, *nistraiguṇya*. O Brahman é um, mas se revela em dois aspectos, o Ser imutável e o criador, origem das obras no devir mutável, *ātman*, *sarvabhūtāni*; ele é a Alma onipresente, imóvel, das coisas e é o princípio espiritual do modo

1. *brahmā* – o poder do Divino que cria os mundos pela palavra; mais tarde se tornou um dos deuses da Trindade: Brahman, Vishnu e Shiva. Brahmā é o nominativo (a forma inflexiva da palavra é brahman). (N. da T.)

de funcionar móvel das coisas, o Purusha estabelecido em si mesmo e o Purusha ativo na Prakriti; ele é o *akṣara* e o *kṣara*. Em ambos aspectos o Ser Divino, o Purushottama, manifesta-se no Universo; o imutável acima de toda qualidade é seu aspecto de paz, de posse de si, de igualdade, *samaṁ brahma*; desse aspecto procede Sua manifestação nas qualidades de Prakriti e suas operações universais; do Purusha na Prakriti, desse Brahman com qualidades procedem todas as obras[2] da energia universal, Carma, no ser humano e em todas as existências; dessas obras procede o princípio do sacrifício. Até mesmo o intercâmbio material entre os deuses e os humanos apoia-se nesse princípio, como exemplo, a chuva e o alimento que ela produz dependem desse modo de funcionar e dos dois depende o nascimento físico das criaturas. Toda a obra da Prakriti é, pois, em sua natureza verdadeira, um sacrifício, *yajña*, e o Ser Divino é aquele que frui de todos os "energismos",[3] de todas as obras e do sacrifício, e é o grande Senhor de todas as existências, *bhoktāraṃ yajñatapasāṃ sarvaloka-maheśvaram*. Conhecer esse Divino que penetra tudo e é estabelecido no sacrifício, *sarvagataṃ yajñe pratiṣṭhitam*, é o verdadeiro conhecimento, o conhecimento védico.

Mas podemos conhecê-lo em uma ação inferior mediante os *devas*, os deuses, os poderes da Alma divina na Natureza e na eterna interação desses poderes com a alma humana, ao dar e ao receber mutuamente, ajudando-se, aumentando, elevando mutuamente suas obras e sua satisfação, um comércio no qual o ser humano se alça para uma aptidão crescente ao bem supremo. Ele reconhece que sua vida é uma parte dessa ação divina na Natureza e não uma coisa separada que deve ser mantida e continuada para seu próprio benefício. Ele considera seus prazeres e a satisfação de seus desejos como fruto do sacrifício e o dom dos deuses em suas divinas operações universais, e deixa de persegui-los no espírito falso e ruim do egoísmo pessoal e pecador, como se fossem um bem que ele deve tomar da vida apenas com sua força, sem retribuição e sem gratidão. À medida que esse espírito cresce nele, ele subordina seus desejos, se satisfaz com o sacrifício

2. Que essa seja a interpretação justa resulta também da abertura do oitavo capítulo, no qual são enumerados os princípios universais: *akṣara (brahman), svabhāva, karma, kṣara, bhāva, puruṣa, adhiyajña*. O Akshara é o Brahman imutável, espírito ou self, Atman; o *svabhāva* é o princípio do self, *adhyātma*, que opera como natureza original do ser, "própria maneira de devenir", e procede do self, o Akshara; o carma procede disso e é o movimento criador, *visarga*, que traz para a existência todos os seres naturais e as formas mutantes do ser, subjetivas e objetivas; o resultado do carma, portanto, é todo esse devenir mutável, as mudanças da natureza desenvolvidas a partir da natureza essencial original, *kṣara bhāva* a partir do *svabhāva*; o Purusha é a alma, o elemento divino no devenir, *adhidaivata*, por cuja presença as operações do carma se tornam um sacrifício, *yajña*, ao Divino interior; o *adhiyajña* é o Divino secreto que recebe o sacrifício.

3. Sri Aurobindo forja a palavra "energism", que evoca a energia posta em ação. (N. da T.)

como a lei da vida e das obras, contenta-se com as sobras do sacrifício e abandona livremente todo o resto como uma oferenda no vasto e benéfico intercâmbio entre sua vida e a vida universal. Todo aquele que é contrário a essa lei de ação e persegue as obras e os prazeres para seu próprio interesse pessoal isolado, vive em vão; deixa escapar o verdadeiro sentido, o verdadeiro objetivo e a verdadeira utilidade da vida e o crescimento ascendente da alma; ele não está no caminho que conduz ao bem supremo. Porém, o bem supremo vem somente quando o sacrifício é não mais ofertado aos deuses mas ao único Divino que tudo permeia e está estabelecido no sacrifício, do qual os deuses são formas e poderes inferiores e, quando o indivíduo rejeita o self inferior que deseja e frui e abandona seu sentido pessoal de ser o operário para ser o verdadeiro executor de todas as obras, Prakriti, e sua impressão pessoal de ser aquele que frui do Divino Purusha, o Self superior e universal que é aquele que, na verdade, frui das obras da Prakriti. Nesse Self, e não em qualquer prazer pessoal, ele encontra agora sua única satisfação, sua completa alegria, seu puro deleite; ele não tem nada a ganhar pela ação ou pela inação, não depende nem dos deuses nem dos homens para nada, não busca vantagens por meio de ninguém, pois o deleite em si lhe é todo-suficiente, mas cumpre as obras apenas para o Divino, como um puro sacrifício, sem apego nem desejo. Assim, adquire a igualdade e se torna livre dos modos da Natureza, *nistraiguṇya*; sua alma se estabelece não na insegurança da Prakriti, mas na paz do Brahman imutável, mesmo enquanto suas ações continuam no movimento da Prakriti. Assim, o sacrifício é para ele o meio de alcançar o Supremo.

Esse é o sentido do trecho, que se torna claro no que segue, pela afirmação de *lokasaṅgraha* como o objeto das obras, da Prakriti como única executante das obras e do divino Purusha como sustento equânime das obras, a quem as obras devem ser oferecidas no instante mesmo em que são feitas (esse modo de retirar-se interiormente das obras enquanto as cumprimos fisicamente é a culminação do sacrifício) e pela afirmação segundo a qual esse sacrifício ativo, feito com uma mente igual e sem desejo, tem como resultado a libertação da escravidão às obras. "Aquele que se satisfaz com qualquer ganho que recebe e é igual no fracasso e no sucesso, não está preso, mesmo quando age. Quando um indivíduo desprendido, livre do apego, age para o sacrifício, toda sua ação é dissolvida"; em outras palavras, essa ação não deixa nenhum resultado em forma de sujeição ou impressões subsequentes sobre sua alma livre, pura, perfeita e igual. Temos de retornar a esses trechos. Eles são seguidos de uma interpretação perfeitamente explícita e detalhada do significado de *yajña* na linguagem da Gītā, que não deixa dúvida alguma sobre o uso simbólico das palavras e o caráter simbólico do sacrifício prescrito por esse ensinamento. No antigo sistema védico havia sempre um sentido duplo, físico e psicológico, exterior e simbólico, a forma externa do sacrifício e o significado interior de todas as suas circunstâncias. Mas o simbolismo secreto dos antigos místicos védicos, exato, cuidadoso, poético, psicológico, já havia sido esquecido há muito nesse período e é agora substituído por um outro, vasto, geral e filosófico no espírito do Vedanta e de um Ioga tardio. O fogo do sacrifício, *agni*, não é uma chama material, mas *brahmāgni*, o fogo do Brahman ou, então, é a energia voltada para Brahman, o Agni interior, sacerdote do sacrifício, em que a oferenda é derramada; o fogo é o controle de si ou é uma ação sensorial purificada ou é a energia vital nessa disciplina do controle do ser vital pelo controle da respiração, que o Raja-Ioga e o Hatha-Ioga têm em comum, ou é o fogo do autoconhecimento, a chama do supremo sacrifício. É explicado que o alimento consumido, quando provém das sobras do sacrifício, é o néctar da imortalidade, *amṛita*, as sobras da oferenda; e aqui encontramos algo do antigo simbolismo védico, no qual o vinho de Soma era o símbolo físico de *amṛita*, o deleite imortalizador do êxtase divino, ganho pelo sacrifício, oferecido aos deuses e bebido pelos homens. A própria oferenda consiste em toda obra da energia física ou psicológica do indivíduo, que é consagrada por ele na ação do corpo ou na ação da mente, aos deuses ou a Deus, ao Self ou aos poderes universais, a seu próprio Self superior ou ao Self na humanidade e em todas as existências.

Essa explicação elaborada do *yajña* se inicia com uma definição vasta e abrangente, em que é declarado que o ato, a energia e os materiais do sacrifício, aquele que oferece e aquele que recebe o sacrifício, a meta e o objeto do sacrifício são, todos, o Brahman único. "O Brahman é a ação de dar, o Brahman é a oferenda do alimento, pelo Brahman ele é oferecido no fogo que é o Brahman, o Brahman é isso que deve ser alcançado pelo samádi na ação que é o Brahman." Esse, então, é o conhecimento a partir do qual o indivíduo liberto deve cumprir as obras do sacrifício. Esse é o conhecimento declarado antigamente nos grandes enunciados védicos, "Eu sou Ele", "Tudo isso, na verdade, é o Brahman, o Brahman é esse Self". Esse é o conhecimento da inteira unidade; é o Um manifestado como aquele que faz, aquilo que é feito e o objeto das obras, o conhecedor, o conhecimento e o objeto do conhecimento. A energia universal na qual a ação é derramada é o Divino; a energia consagrada do dom é o Divino; tudo o que é oferecido é só uma forma do Divino; aquele que faz a oferenda é o próprio Divino no ser humano; a ação, a obra, o sacrifício são eles mesmos o Divino em movimento, em atividade;

o objetivo a ser alcançado pelo sacrifício é o Divino. Para aquele que possui esse conhecimento e vive e age nele, não pode haver obras subjugantes, nem ação pessoal da qual ele se aproprie de maneira egoística; há apenas o Purusha divino que age por meio da Prakriti divina em Seu próprio ser, oferecendo tudo no fogo de Sua energia cósmica autoconsciente, enquanto o conhecimento e a posse de Sua existência e de Sua consciência divinas pela alma unificada com Ele, são o objetivo de todo esse movimento e de toda essa atividade dirigida a Deus. Conhecer isso, viver e agir nessa consciência unificadora, é ser livre.

Mas nem todos os iogues alcançaram esse conhecimento. "Certos iogues seguem o sacrifício que é dos deuses; outros, oferecem o sacrifício pelo sacrifício mesmo, no fogo que é o Brahman." Os primeiros concebem o Divino sob várias formas e diversos poderes e O buscam por diversos meios, regras, darmas, leis ou, poderíamos dizer, por meio de ritos estabelecidos pela ação, pela autodisciplina, pelas obras consagradas; para os outros, aqueles que já sabem, o simples fato do sacrifício, o fato de oferecer qualquer obra que seja ao Divino, de dirigir todas as suas atividades para a consciência e a energia divinas unificadas, é seu único meio, seu único darma. Os meios do sacrifício são variados; as oferendas são de muitos tipos. Há o sacrifício psicológico do autocontrole e da autodisciplina, que conduz à posse de si e ao autoconhecimento superiores. "Alguns oferecem seus sentidos nas chamas do controle, outros oferecem os objetos dos sentidos nas chamas dos sentidos e outros oferecem todas as ações dos sentidos e todas as ações da força vital no fogo do Ioga do autocontrole, aceso pelo conhecimento." Em outras palavras, há a disciplina que recebe os objetos da percepção sensorial sem permitir que a mente seja perturbada ou afetada por suas atividades sensoriais, em que os próprios sentidos se tornam as chamas puras do sacrifício; há a disciplina que tranquiliza os sentidos, para que a alma em sua pureza possa aparecer calma e quieta por trás do véu da ação mental; há a disciplina pela qual, quando o self é conhecido, toda a ação das percepções sensoriais e toda a ação do ser vital são recebidas nessa alma una, quieta e tranquila. A oferenda daquele que se esforça pela perfeição pode ser material e física, *dravya-yajña*, como a que o devoto consagra à sua divindade em seu culto, ou a oferenda pode ser a austeridade de sua autodisciplina e a energia de sua alma dirigidas a um objetivo elevado, *tapo-yajña*, ou pode ser uma forma de Ioga como o Pranayama dos raja--iogues e hatha-iogues, ou qualquer outra *yoga-yajña*. Todas essas oferendas visam à purificação do ser; todo sacrifício é um meio para o conhecimento do supremo.

A única coisa necessária, o princípio salvador constante em todas essas variações, é subordinar as atividades inferiores, diminuir a dominação do desejo e substituir este por uma energia superior, abandonar o prazer puramente egoísta por essa alegria mais divina que vem do sacrifício, da consagração de si, da mestria de si, do dom de si, do abandono dos impulsos inferiores por um objetivo maior e mais elevado. "Aqueles que saboreiam o néctar da imortalidade que sobra do sacrifício, alcançam o Brahman eterno." O sacrifício é a lei do mundo e nada pode ser ganho sem ele, nem a mestria aqui, nem a posse dos céus além, nem a suprema posse de tudo; "este mundo não é para aquele que não cumpre o sacrifício, como então algum outro mundo lhe pertenceria?". Portanto, todas essas formas do sacrifício, e muitas outras, foram "prolongadas na boca do Brahman", a boca desse Fogo que recebe todas as oferendas; todas elas são meios e formas da única grande Existência em atividade, meios pelos quais a ação do ser humano pode ser oferecida a Isto do qual sua existência exterior é uma parte e com o qual seu self mais profundo é uno. Elas são "todas nascidas da obra"; todas procedentes da energia do Divino, única e vasta, pela qual são ordenadas e que se manifesta no *karma* universal e faz de toda atividade cósmica uma oferenda progressiva ao único Self e Senhor, e do qual o último estágio para o indivíduo é o autoconhecimento e a posse da consciência divina ou brâmine. "Tendo esse conhecimento, tornar-te-ás livre."

Mas existem gradações na extensão dessas diversas formas do sacrifício, a oferenda física é a mais baixa e o sacrifício do conhecimento é o mais alto. O conhecimento é isso em que toda ação culmina, não qualquer conhecimento inferior, mas o mais alto, o conhecimento de si e o conhecimento de Deus, esse que podemos receber daqueles que conhecem os verdadeiros princípios da existência, esse pela posse do qual não recairemos na confusão da ignorância da mente e em sua submissão ao mero conhecimento sensorial e à atividade inferior dos desejos e das paixões. O conhecimento no qual tudo culmina é esse pelo qual "tu verás todas as existências (os devires, *bhūtāni*) sem exceção, no Self, depois, em Mim". O Self é, então, essa realidade una, imutável, que impregna tudo, contém tudo, autoexistente, esse Brahman escondido por trás de nosso ser mental no qual nossa consciência se expande quando é liberada do ego; chegamos a ver todos os seres como devires, *bhūtāni*, nessa única autoexistência.

Mas esse Self ou Brahman imutável vemos também que é, para nossa consciência psicológica essencial, a autorrepresentação de um Ser supremo que é a fonte de nossa existência e do qual tudo que é mutável ou imutável é a manifestação. Ele é Deus, o Divino, o Purushottama. A Ele oferecemos todas as coisas como um sacrifício; em Suas mãos abandonamos nossas ações. Em Sua existência vivemos e nos movemos; unificados com Ele em nossa natureza e n'Ele com toda a existência, tornamo-nos uma só alma e um só poder de ser com Ele e com todos os seres; à Sua realidade suprema nos identificamos e unimos nosso ser essencial. Pelas obras feitas para o sacrifício, pela eliminação do desejo, chegamos ao conhecimento e à posse da alma por ela mesma; pelas obras feitas no autoconhecimento e no conhecimento de Deus, somos liberados na unidade, na paz e na alegria da existência divina.

CAPÍTULO XIII

O SENHOR DO SACRIFÍCIO

Antes de poder ir mais longe temos que resumir em seus princípios essenciais tudo o que foi dito. O todo do Evangelho das Obras da Gītā repousa sobre sua ideia do sacrifício e contém de fato a eterna verdade que conecta Deus, o mundo e as obras. Em geral, a mente humana apreende apenas noções e pontos de vista fragmentários de uma eterna verdade de existência multilateral, constrói sobre eles suas várias teorias da vida, da ética, da religião e enfatiza esse ou aquele sinal, essa ou aquela aparência; porém, para certa inteireza dessa verdade, a mente deve sempre visar a redespertar cada vez que em uma época de grande luz ela retorna a uma relação completa e sintética de seu conhecimento do mundo com seu conhecimento de Deus e seu conhecimento de si. O evangelho da Gītā repousa sobre essa verdade vedântica fundamental, isto é, que todo ser é o Brahman único e toda existência é a roda do Brahman, um movimento divino que se expande a partir de Deus e retorna a Ele. Tudo é a atividade expressiva da Natureza e a Natureza é um poder do Divino que elabora a consciência e a vontade da Alma divina, que é mestra das obras da Natureza e habita em suas formas. É para a satisfação do Divino que a Natureza desce e se absorve na forma das coisas e das obras da vida e da mente e retorna, por meio da mente e do autoconhecimento, à posse consciente da Alma que habita no seu interior. Primeiro, há uma involução do self e de tudo o que ele é ou significa em uma evolução de fenômenos; em seguida, há uma evolução do self, uma revelação de tudo o que ele é e significa, tudo que está escondido e, no entanto, sugerido pela criação fenomênica. Esse ciclo da Natureza não poderia ser o que é se o Purusha não assumisse e mantivesse de maneira simultânea três estados eternos, cada um deles necessário à totalidade dessa ação. Ele deve manifestar-se no mutável e aí o vemos como o finito, o múltiplo, todas as existências, *sarvabhūtāni*. Ele nos aparece como a personalidade finita desses milhões de criaturas com suas diversidades infinitas e suas relações variadas e, por trás delas, ele nos aparece como a alma e a força da ação dos deuses – isto é, os poderes e as qualidades cósmicas do Divino, que presidem as operações da vida do Universo e constituem, para nossa percepção, diferentes formas universais da única Existência ou, talvez, diversas expressões de si da personalidade da Pessoa suprema única. Então, secreto por trás e no interior de todas as formas e de todas as existências, percebemos também um único e invariável espírito de existência, imutável, infinito, atemporal, impessoal, um indivisível Self de tudo o que é, no qual todos esses milhões se percebem ser, na realidade, um único ser. Por consequência, ao retornar a isso, a personalidade ativa finita do ser individual descobre que pode se soltar em uma silenciosa vastidão universal e na paz e no equilíbrio de uma unidade imutável e desapegada com tudo o que procede desse Infinito indivisível e é sustentado por ele. Nisso, o indivíduo pode até mesmo escapar à existência individual. Mas o segredo mais elevado de todos, *uttamaṁrahasyam*, é o Purushottama. Esse é o Divino supremo, Deus, que possui ambos, o infinito e o finito e em quem o pessoal e o impessoal, o Self único e as múltiplas existências, o ser e o tornar-se, a ação universal e a paz supracósmica, *pravṛtti* e *nivṛtti*, encontram-se, unem-se, são possuídos juntos e um no outro. Em Deus, todas as coisas encontram sua verdade secreta e sua reconciliação absoluta.

Toda verdade das obras deve depender da verdade do ser. Toda existência ativa deve ser, em sua realidade mais profunda, um sacrifício das obras oferecido pela Prakriti ao Purusha. A Natureza que oferece à Alma suprema e infinita o desejo da Alma finita múltipla que está nela. A vida é um altar para onde ela traz suas obras e os frutos de suas obras, e os coloca diante daquele aspecto da Divindade que a consciência nela alcançou, para qualquer resultado do sacrifício que o desejo da alma viva possa apreender como o seu bem imediato ou o mais alto. Segundo o grau de consciência e de ser que a alma alcançou na Natureza, será a Divindade que ela adora, o deleite que ela busca e a esperança em nome da qual ela cumpre o sacrifício. E no movimento do Purusha mutável na Natureza tudo é, e deve ser, intercâmbio, pois a existência é uma e suas divisões devem ter como base alguma lei de dependência mútua, cada uma crescendo graças a cada uma e cada uma vivendo para todas. Onde o sacrifício não é feito de bom grado, a Natureza o exige pela força, ela satisfaz sua lei de vida. Dar e receber mutuamente é a lei da Vida, sem a qual ela não pode durar nem por um instante; este fato é o selo da Vontade divina criadora no mundo que ela manifestou em seu ser, a prova que, ao lhes dar o sacrifício como eterno companheiro, o Senhor das criaturas criou todas essas existências. A lei universal do sacrifício é o sinal de que o mundo é de Deus e pertence a Deus, e que a vida é Seu território e a casa de Seu culto e não um campo para a autossatisfação do ego independente; a experiência da vida deve conduzir não à plenitude do ego (isso é só nosso começo grosseiro e obscuro), mas à descoberta de Deus, ao culto e à busca do Divino e do Infinito por meio de um sacrifício cada vez mais vasto, que culmine em um perfeito dom de si baseado em um perfeito autoconhecimento.

Mas o ser individual começa com a ignorância e persiste por muito tempo na ignorância. Consciente de si de maneira aguda, ele vê o ego como a causa e todo o significado da vida, e não o Divino. Ele vê a si mesmo como aquele que cumpre as obras e não vê que todas as operações da existência, incluindo suas próprias atividades interiores e exteriores, são as operações de uma única Natureza universal e nada mais. Ele vê a si mesmo como aquele que frui das obras e imagina que tudo existe para ele e que a Natureza deve satisfazê-lo e obedecer à sua vontade pessoal; ele não vê que ela não se ocupa de nenhum modo em satisfazê-lo, nem se preocupa com a vontade dele, mas obedece a uma vontade universal superior e busca satisfazer uma Divindade que a transcende, a ela mesma, às suas obras e às suas criações; o ser finito, a vontade e as satisfações do indivíduo pertencem a essa Natureza e não a ele mesmo; ela as oferece a todo instante como um sacrifício ao Divino, cujo propósito nela faz com que ela faça de tudo isso a instrumentação secreta. Por causa dessa ignorância cujo selo é o egoísmo, a criatura ignora a lei do sacrifício e busca tomar tudo o que pode para si mesma, e dá apenas o que, por uma pressão interior e exterior, a Natureza a obriga a dar. Na realidade ela não pode tomar nada, exceto o que a Natureza lhe permite receber como sua porção, o que os Poderes divinos na Natureza concedem a seu desejo. A alma egoísta, em um mundo de sacrifício, é como um ladrão ou um salteador, que toma o que esses Poderes lhe trazem e não pensa em dar nada em troca. Ela não percebe o verdadeiro sentido da vida e, visto que não se serve da vida e das obras para alargar e elevar seu ser por meio do sacrifício, ela vive em vão.

Quando o ser individual começa a perceber e a reconhecer em suas ações o valor do self nos outros assim como o poder e as necessidades de seu próprio ego, quando ele começa a perceber, por trás de suas próprias operações, a Natureza universal e que, através das divindades cósmicas, ele tem um vislumbre do Um e do Infinito, somente então ele está no caminho para transcender a limitação imposta pelo ego e para descobrir sua alma. Ele começa a descobrir uma lei diferente da lei dos seus desejos, à qual seus desejos devem cada vez mais subordinar-se e sujeitar-se; ele muda o ser puramente egoísta no ser ético compreensivo, começa a dar mais valor aos direitos do self nos outros e menos às reivindicações do seu ego; ele reconhece o conflito entre egoísmo e altruísmo e, pelo aumento de suas tendências altruístas, prepara a ampliação de sua própria consciência e de seu ser. Ele começa a perceber a Natureza e os Poderes divinos na Natureza aos quais ele deve sacrifício, adoração, obediência, porque é por eles e por sua lei que os modos de funcionar do mundo mental e do mundo material são controlados e aprende que, ao aumentar a presença e a grandeza deles em seu pensamento, em sua vontade e em sua vida, ele mesmo pode aumentar seus poderes, seu conhecimento, sua ação justa e as satisfações que essas coisas lhe trazem. Assim, ele acrescenta o sentido religioso e suprafísico ao sentido material e egoísta da vida e se prepara para elevar-se, por meio do finito, ao Infinito.

Mas isso é apenas uma longa etapa intermediária. Está ainda sujeita à lei do desejo, ao aspecto de centralidade que envolve todas as coisas nos conceitos e nas necessidades do próprio ego, ao controle do ser e das obras do indivíduo pela Natureza, embora seja um desejo regulado e governado, um ego aclarado e uma Natureza mais e mais sutilizada e iluminada pelo princípio sátvico, o princípio natural mais alto. Tudo isso está ainda no domínio, embora muito mais alargado, do mutável, do finito e do pessoal. O autoconhecimento verdadeiro e, portanto, a justa via das obras encontram-se mais além, pois o sacrifício feito com conhecimento é o sacrifício mais alto e só ele traz consigo uma perfeita maneira de trabalhar. Isso só pode acontecer quando o indivíduo percebe que o self nele e o self nos demais são um único ser e esse self é algo superior ao ego, uma existência universal, infinita, impessoal, na qual todos se movem e têm seu ser; quando ele percebe que todos os seres cósmicos aos quais ele oferece seu sacrifício são formas da Divindade una e infinita e quando, ao deixar todas as suas concepções sobre essa Divindade única – concepções limitadas e limitadoras –, ele percebe que essa é a Deidade suprema e inefável que é, ao mesmo tempo, o finito e o infinito, o self único e o múltiplo, mais além da Natureza embora se manifeste por meio da Natureza, mais além da limitação pelas qualidades, embora formule o poder de seu ser por meio da qualidade infinita. Esse é o Purushottama a quem o sacrifício deve ser oferecido, não para obter das obras algum fruto pessoal e transitório, mas para que a alma possua Deus e a fim de viver em harmonia e em união com o Divino.

Em outras palavras, para o indivíduo o caminho da liberação e da perfeição ocorre por meio de uma crescente impessoalidade. Essa é sua experiência antiga e constante, que, quanto mais ele se abre ao impessoal e infinito, àquilo que é puro e elevado, um e comum a todas as coisas e a todos os seres, ao impessoal e infinito na Natureza, ao impessoal e ao infinito na vida, ao impessoal e ao infinito em sua própria subjetividade, menos ele é limitado por seu ego e pelo círculo do finito, mais ele percebe um sentido de vastidão, de paz, de pura felicidade. O prazer, a alegria, a satisfação que o finito por si mesmo pode dar, ou que o ego, em seu pleno direito, pode alcançar, são transitórios, insignificantes e inseguros. Viver inteiramente no sentido do ego e em suas concepções, seus poderes, suas satisfações finitas, é achar este mundo para sempre cheio de transitoriedade e de sofrimento, *anityam asukham*; a vida finita é sempre perturbada por certo sentido de futilidade por essa razão fundamental, de que o finito não é toda nem a mais alta verdade da vida; a vida não é de todo real até que não se abra ao sentido do infinito. É por isso que a Gītā, no início do seu evangelho das obras, insiste na consciência brâmine, na vida impessoal, esse grande objeto da disciplina dos antigos sábios. Pois o impessoal, o infinito, o Um no qual toda atividade impermanente, mutável, múltipla do mundo encontra, acima de si mesma, a base de sua permanência, de sua segurança e de sua paz, é o Self imóvel, o Akshara, o Brahman. Se virmos isso, veremos que a primeira necessidade espiritual é elevar sua consciência e a posição de seu ser para fora da personalidade limitada, até esse Brahman infinito e impessoal. Ver todos os seres nesse Self único é o conhecimento que eleva a alma e a faz sair da ignorância egoísta, de suas obras e de seus resultados; viver nesse conhecimento é adquirir paz e uma firme base espiritual.

Para efetuar essa grande transformação segue-se um caminho duplo, pois há o caminho do conhecimento e há o caminho das obras e a Gītā os combina em uma síntese firme. O caminho do conhecimento consiste em fazer a compreensão, a vontade inteligente, voltar-se de sua descendente absorção nas operações da mente e dos sentidos e se dirigir para o alto, para o Self, o Purusha ou Brahman; consiste em fazê-la viver sempre na única ideia do Self único e não nas concepções multiplamente ramificadas da mente ou nas múltiplas correntes dos impulsos dos desejos. Em si, esse caminho pareceria conduzir à completa renúncia às obras, a uma passividade imóvel e à ruptura entre a alma e a Natureza. Porém, na realidade, uma tal renúncia, passividade e ruptura tão absolutas são impossíveis. Purusha e Prakriti são princípios gêmeos do ser que não podem ser separados e, enquanto permanecermos na Natureza, nossas operações na Natureza devem continuar, ainda que possam tomar uma forma diferente, ou melhor, um sentido diferente daqueles da alma não aclarada. A verdadeira renúncia – pois deve haver aí uma renúncia, *sannyāsa* – não é se evadir das obras, mas matar o ego e o desejo. O meio é abandonar o apego ao fruto das obras, mesmo enquanto as realizamos, e o meio é reconhecer a Natureza como o agente, deixá-la realizar suas obras e viver na alma como testemunha e apoio, a observá-la e a sustentá-la, mas não apegado às ações dela ou aos seus frutos. O ego, a personalidade inquieta e limitada, é, então, aquietado e imerso na consciência do Self único impessoal, enquanto as obras da Natureza continuam, para nossa visão, a operar por meio de todos esses "devires" ou existências que agora vemos viver e agir e se mover inteiramente sob a impulsão da Natureza, nesse Ser infinito único; nossa própria existência finita é vista e sentida como se fosse apenas uma dessas existências, e suas operações são vistas e sentidas como se fossem aquelas da Natureza, não as de nosso self real, que é a unidade silenciosa e impessoal. O ego as reivindicava como suas ações próprias e, portanto, pensávamos que elas fossem nossas; mas o ego agora está morto e doravante elas não são mais nossas, mas da Natureza. Ao matar o ego nós realizamos a impessoalidade em nosso ser e em nossa consciência; pela renúncia ao desejo realizamos a impessoalidade nas obras de nossa natureza. Somos livres não só na inação, mas na ação; nossa liberdade não depende de uma imobilidade nem ociosidade do físico ou do temperamento, nem nos privamos de nossa liberdade quando agimos. Mesmo em plena corrente de ação natural, a alma impessoal em nós permanece calma, imóvel e livre.

A libertação dada por essa impessoalidade perfeita é real, é completa, é indispensável; mas seria essa a última palavra, o fim de todo o assunto? Toda a vida, toda a existência universal, dissemos, é o sacrifício oferecido pela Natureza ao Purusha, a alma una e secreta na Natureza e, nessa alma, acontecem todas as operações da Natureza; mas em nós seu sentido verdadeiro é obscurecido pelo ego, pelo desejo, por nossa personalidade limitada, ativa e múltipla. Elevamo-nos e saímos do ego, do desejo e da personalidade limitada e, pela impessoalidade, que é o grande corretivo dessa personalidade, encontramos a Divindade impessoal; identificamos nosso ser com o self, com a alma única em que tudo existe. O sacrifício das obras continua, conduzido não mais por nós mesmos, mas pela Natureza – a Natureza que atua por meio da parte finita de nosso ser: a mente, os sentidos, o corpo, mas em nosso ser infinito. Mas a quem então esse sacrifício é oferecido e com qual objetivo? Porque o Impessoal não tem atividades nem desejos, nem objetivos a ganhar, nem depende, de nenhum modo, de todo esse mundo de criaturas; ele existe por si, em seu autodeleite, em seu próprio ser imutável e eterno. Pode ser que tenhamos de executar as obras sem desejo, como um meio para alcançar essa autoexistência e esse deleite de si impessoais, porém, esse movimento, uma vez executado, o objeto das obras acaba; o sacrifício não é mais necessário. Pode ser mesmo que as obras continuem, porque a Natureza continua, ela e suas atividades; mas não haveria mais nenhum outro objetivo nessas obras. A única razão para que continuemos a agir após a libertação é puramente negativa; é a compulsão da Natureza sobre nossas partes finitas, que são a mente e o corpo. Mas, se isso for tudo, então, primeiro, as obras poderiam muito bem ser diminuídas e reduzidas a um mínimo, poderiam ser limitadas ao que a compulsão da Natureza fatalmente obteria de nosso corpo; em segundo lugar, mesmo se não houvesse redução a um mínimo – visto que a ação não teria importância e a inação também não seria mais um objetivo –, então, a natureza das obras também não teria importância. Arjuna, uma vez alcançado o conhecimento, poderia continuar a combater na batalha de Kurukshetra seguindo sua antiga natureza de Kshatriya ou poderia abandoná-la e viver a vida do sannyasin, seguindo seu novo impulso quietista. Qual dessas coisas cumprir tornar-se-ia sem importância; ou, antes, a segunda é a via melhor, visto que desencorajaria mais rápido os impulsos da Natureza que tivessem ainda um domínio sobre sua vontade devido a uma tendência criada pelo passado e, quando seu corpo o abandonasse, ele partiria em toda segurança para entrar no Infinito e Impessoal, sem necessidade de retornar ainda à confusão e à loucura da vida neste mundo transiente e sofrido, *anityam asukham imaṁlokam.*

Se isso tivesse sido assim, a Gītā perderia todo seu significado, pois seu objetivo primeiro e central seria invalidado. Mas a Gītā insiste que a natureza da ação conta, sim, e que há uma sanção positiva para que as obras sejam continuadas e não apenas essa razão completamente negativa e mecânica, a compulsão sem objetivo da Natureza. Há ainda, uma vez que o ego foi conquistado, um Senhor divino e que frui do sacrifício, *bhoktāraṁ yajñatapasām*, e há ainda um objetivo no sacrifício. O Brahman impessoal não é a palavra última absoluta, nem todo o segredo supremo de nosso ser, pois impessoal e pessoal, finito e infinito, revelam-se como apenas dois aspectos opostos e, no entanto, concomitantes, de um Ser divino não limitado por essas distinções, que são ambas as coisas ao mesmo tempo. Deus é um Infinito para sempre não manifestado, que para sempre se impele a manifestar-se no finito; ele é a grande Pessoa impessoal de quem todas as personalidades são aparências parciais; ele é o Divino que revela a si mesmo no ser humano, o Senhor, que reside no coração de todos os seres. O conhecimento nos ensina a ver todos os seres no self impessoal único – pois assim somos libertados do sentido do ego separador –, e, então, graças a essa impessoalidade libertadora, a vê-los nesse Deus, *ātmani atho mayi*, "no Self e, então, em Mim". Nosso ego, nossas personalidades limitantes, criam obstáculos ao nosso reconhecimento do Divino que está em todos e no qual todos têm seu ser; pois, submetidos à personalidade, só vemos d'Ele aqueles aspectos fragmentários que as aparências finitas das coisas nos permitem apreender. Temos que chegar até Ele não por meio de nossa personalidade inferior, mas por meio da parte superior de nosso ser, infinita e impessoal, que encontramos quando nos tornamos esse self único em todos e cuja existência contém o mundo inteiro. Esse infinito, que contém todas as aparências finitas e não as exclui, esse impessoal, que admite todas as individualidades e todas as personalidades e não as rejeita, esse imóvel, que sustenta, impregna, contém todo o movimento da Natureza e não se coloca à parte, é o claro espelho no qual o Divino revelará Seu ser. Portanto, é o Impessoal que devemos alcançar primeiro; só por meio das divindades cósmicas, só por meio dos aspectos do finito, o perfeito conhecimento de Deus não pode ser obtido em sua totalidade. Mas tampouco a imobilidade silenciosa do Self impessoal, concebida como fechada em si mesma e divorciada de tudo o que a sustenta, contém e impregna, é toda a verdade do Divino, reveladora de tudo e em tudo satisfatória. Para ver isso, nosso olhar deve atravessar esse silêncio e ir até o Purushottama, que, em sua grandeza divina, possui o Akshara e o Kshara, ambos; ele está estabelecido na imobilidade, mas se manifesta no movimento e em toda a ação da Natureza cósmica; é a Ele que, mesmo depois da libertação, o sacrifício das obras na Natureza continua a ser oferecido.

O real objetivo do Ioga é, então, uma união viva em que o self se completa com o divino Purushottama, e não apenas uma imersão, em que o self se extingue, no Ser impessoal. Elevar toda a nossa existência ao Ser Divino, habitar nele (*mayyeva nivasiṣyasi*), ser uno com ele, unificar nossa consciência com a dele, tornar nossa natureza fragmentária um reflexo de sua natureza perfeita, ser inspirado inteiramente em nosso pensamento e em nossa sensibilidade pelo conhecimento divino, ser movido sem erro e por completo na vontade e na ação pela vontade divina, perder o desejo e imergir em seu amor e em seu deleite é a perfeição do ser humano; é isso que a Gītā descreve como o segredo supremo. Esse é o verdadeiro objetivo e significado último da vida humana e a etapa mais alta em nosso progressivo sacrifício das obras, pois o Ser Divino permanece até o final o mestre das obras e a alma do sacrifício.

CAPÍTULO XIV

O PRINCÍPIO DAS OBRAS DIVINAS

Esse então é o sentido da doutrina do sacrifício da Gītā. Seu completo significado é ligado à ideia do Purushottama, que até agora não foi desenvolvida – a encontraremos exposta com clareza só bem mais adiante ao longo dos dezoito capítulos – por conseguinte, tivemos que antecipar esse ensinamento central ao custo de alguma infidelidade ao método progressivo da exposição da Gītā. Por ora, o Instrutor apenas dá uma indicação, apenas esboça essa suprema presença do Purushottama e sua relação com o Self imóvel no qual nossa primeira tarefa, nossa necessidade espiritual urgente, é encontrar nosso estado de paz e de igualdade perfeitas ao alcançar a condição brâmine. Até agora ele não fala, de nenhum modo, do Purushottama em termos precisos, mas de si mesmo – "Eu", Krishna, Narayana, o Avatar, o Deus no ser humano, que é também o Senhor no Universo, encarnado na imagem do divino condutor do carro de guerra de Kurukshetra. "No Self, depois em Mim", é a fórmula que ele dá e implica que transcender a personalidade individual, vendo-a como um "devir" no Ser impessoal autoexistente é apenas um meio de chegar àquela Personalidade impessoal grande e secreta que, por isso mesmo, é silenciosa, calma e elevada acima da Natureza no Ser impessoal, mas também presente e ativa na Natureza em todas essas miríades de devires. Ao perder nossa personalidade inferior individual no Impessoal chegamos, no final, à união com essa suprema Personalidade, que não é separada e individual, porém, mesmo assim, assume todas as individualidades. Ao transcender a natureza inferior definida pelas três gunas e estabelecer a alma no Purusha imóvel para além das três gunas, poderemos, por fim, ascender à natureza superior da Divindade infinita, que não está ligada pelas três gunas, mesmo quando age por meio da Natureza. Ao alcançar a ausência interior de ação do Purusha silencioso, *naiṇkarmya*, e ao deixar a Prakriti fazer suas obras, poderemos alcançar supremamente além a condição da Mestria divina que pode cumprir todas as obras sem, contudo, estar ligada a nenhuma. A ideia do Purushottama, visto aqui como Narayana encarnado, Krishna, é, então, a chave. Sem ela, afastar-se da natureza inferior para alcançar a condição brâmine conduz necessariamente à inação do indivíduo liberto, à sua indiferença diante das obras do mundo; com ela, o mesmo afastamento torna-se um passo pelo qual as obras do mundo são retomadas no espírito, com a natureza do Divino e em Sua liberdade. Veja o Brahman silencioso como o objetivo e o mundo com todas as suas atividades terá que ser abandonado; veja Deus, o Divino, o Purushottama como o objetivo superior à ação e ao mesmo tempo como sua causa interior espiritual e objeto e vontade original e o mundo, com todas as suas atividades, será conquistado e possuído em uma divina transcendência do mundo. Este pode se tornar, em vez de uma prisão, um reino de opulência, *rājyaṁ samṛddham*, o qual foi por nós conquistado para a vida espiritual, ao destruirmos a limitação do ego tirano, ao triunfar da sujeição ao nosso carcereiro, os desejos, e ao romper a prisão de nossas posses e de nossos prazeres individualistas. O espírito liberto universalizado torna-se *svarāṭ samrāṭ*, um soberano de si mesmo e um imperador.

As obras sacrificais são, assim, justificadas como meio de libertação e de absoluta perfeição espiritual, *saṁsiddhi*. Assim, Janaka e outros grandes carma-iogues do poderoso Ioga de outrora, alcançaram a perfeição pelas obras equânimes e sem desejo, feitas como um sacrifício, sem o menor objetivo nem o menor apego egoísta – *karmaṇaiva hi saṁsiddhim āsthitā janakādayaḥ*. Assim também e com a mesma ausência de desejo, uma vez alcançadas a libertação e a perfeição, as obras podem e devem ser continuadas por nós em um vasto espírito divino, com a natureza calma elevada de uma realeza espiritual. "Tu deves cumprir as obras em vista da coesão dos povos, *lokasaṇgraham evāpi sampaśyan kartum arhasi*. Tudo o que o Melhor faz, é isso que o gênero humano inferior põe em prática; a norma que ele cria o povo segue. Ó filho de Pritha, Eu não tenho uma obra que Me seja necessário cumprir nos três mundos, não há nada que Eu já não tenha ganho e deva ainda ganhar e, na verdade, Eu permaneço na via da ação", *varta eva ca karmaṇi* – *eva* aqui quer dizer: eu permaneço nela e não a deixo, como o sannyasin que se crê obrigado a abandonar as obras. "Porque, se Eu não permanecesse, sem repouso, no caminho da ação – os homens seguem Meu caminho de todos os modos possíveis –, esses povos se afundariam na destruição se Eu não agisse e Eu seria o criador da desordem e o destruidor dessas criaturas. Como aqueles que não sabem agem apegando-se à ação, aquele que sabe deve agir sem apego, tendo como motivo a coesão dos povos. Ele não deve criar divisão na compreensão dos ignorantes que são apegados às suas obras; ele deve associá-los a todas as ações, cumpri-las ele mesmo com o conhecimento e no Ioga." Poucas passagens na Gītā são mais importantes do que estes sete versos admiráveis.

Mas compreendamos claramente que eles não devem ser interpretados, como a tendência pragmática moderna, muito mais interessada pelas questões atuais do mundo do que por alguma possibilidade espiritual elevada e longínqua, busca interpretá-los como uma mera justificativa filosófica e religiosa do serviço social, do esforço patriótico, cosmopolita e humanitário e do apego aos cem projetos e sonhos sociais pressurosos que atraem o intelecto moderno. Não é o papel de um amplo altruísmo moral e intelectual que é anunciado aqui, mas o de uma unidade espiritual com Deus e com este mundo de seres que habitam nele e nos quais Ele habita. É uma injunção feita não para subordinar o indivíduo à sociedade e à humanidade ou para imolar o egoísmo sobre o altar da coletividade humana, mas para cumprir o indivíduo em Deus e para sacrificar o ego sobre o único altar verdadeiro da Divindade que abraça tudo. A Gītā move-se em um plano de ideias e experiências mais altas que as da mente moderna que, de fato, está no estágio de uma luta para livrar-se dos anéis do egoísmo, mas é ainda mundana em sua perspectiva e intelectual e moral antes que espiritual, em seu caráter. O patriotismo, o cosmopolitismo, o serviço para a sociedade, o coletivismo, o humanitarismo, o ideal ou a religião da humanidade são ajudas admiráveis em relação à nossa fuga da condição primeira do egoísmo individual, familiar, social, nacional, para um estágio secundário, em que o indivíduo realiza a unidade de sua existência com a existência de outros seres, até onde seja possível, no nível intelectual, moral e emocional – nesse nível, ele não pode fazer isso inteiramente do modo justo e perfeito, segundo a verdade integral de seu ser. Mas o pensamento da Gītā vai além e alcança uma terceira condição de nossa autoconsciência em desenvolvimento, no caminho da qual a condição secundária é apenas uma etapa parcial do progresso.

A tendência social indiana foi a de subordinar o indivíduo às exigências da sociedade, mas o pensamento religioso indiano e a busca espiritual da Índia foram sempre de um individualismo altivo em seus objetivos. Um sistema indiano de pensamento como o da Gītā não pode deixar de pôr em primeiro lugar o desenvolvimento do indivíduo, a mais alta necessidade do indivíduo, seu direito a descobrir e a exercer sua liberdade, sua grandeza, seu esplendor, sua realeza: seu objetivo, que é de fazer crescer em si o vidente iluminado, o rei iluminado no sentido espiritual da visão e da realeza, que foi a primeira grande carta da humanidade ideal promulgada pelos antigos sábios védicos. Exceder a si mesmo era o objetivo desses sábios para o indivíduo, não pela perda de todos os seus objetivos pessoais nos objetivos de uma sociedade humana organizada, mas por sua ampliação, seu desenvolvimento, seu crescimento na consciência da Divindade. A regra dada aqui pela Gītā é a regra do mestre-homem, o supra-homem, o ser humano divinizado, o Melhor, não no sentido de alguma super-humanidade nietzschiana, unilateral e defeituosa, olímpica, apolínea ou dionisíaca, angelical ou demoníaca, mas no sentido do indivíduo cuja inteira personalidade foi entregue ao ser, à natureza e à consciência da Divindade una, transcendente e universal e que, pela perda de seu self menor, encontrou seu self maior, foi divinizada.

Exaltar-se e sair da Prakriti inferior imperfeita, *traiguṇyamayī māyā*, e alcançar a unidade com o ser divino, com a consciência e a natureza divinas,[1] *madbhāvam āgatāḥ*, é o objetivo do Ioga. Mas quando esse objetivo é realizado, quando o indivíduo se encontra no estado brâmine e não mais vê o mundo e a si mesmo segundo a visão egoísta e falsa, mas vê todos os seres no Self, em Deus e o Self em todos os seres, Deus em todos os seres, qual será a ação – pois ainda há a ação – que resultará dessa visão e qual será o motivo cósmico ou individual de todas as suas obras? Essa é a pergunta de Arjuna,[2] mas a resposta é dada a partir de um ponto de vista diferente daquele do qual parte a pergunta de Arjuna. O motivo não pode ser o desejo pessoal no nível intelectual, moral, emocional, pois isso foi abandonado – mesmo o motivo moral foi abandonado, visto que o indivíduo liberto passou além da distinção inferior de pecado e de virtude e vive em uma pureza glorificada, para além do bem e do mal. Isso não pode ser o chamado espiritual para seu perfeito autodesenvolvimento por meio de obras desinteressadas, pois o chamado já recebeu sua resposta, o desenvolvimento cumpriu-se e é perfeito. O motivo de sua ação só pode ser a coesão dos povos, *cikīrṣur lokasaṇgraham*. Essa grande marcha dos povos em direção a um distante ideal divino deve ser mantida na coesão, é preciso impedi-la de cair no extravio, na confusão e no completo desacordo da compreensão, o que conduziria à dissolução e à destruição e às quais o mundo, que avança na noite ou no sombrio crepúsculo da ignorância, seria bem facilmente inclinado se não fosse mantido na coesão, guiado, ligado às grandes linhas da sua disciplina pela iluminação, pela força e pelo exemplo, pela norma visível e pela influência invisível dos Melhores.

1. *Sāyujya, sālokya* e *sādṛśya* ou *sādharmya*. *Sādharmya* é tornar-se um na lei de ser e de ação do Divino.
2. *kiṁ prabhāṣeta kim āsīta vrajeta kim.*

Os melhores, os indivíduos que estão à frente da linha geral e acima do nível da coletividade, são os líderes naturais da humanidade, pois são eles que, de fato, podem indicar à espécie o caminho que deve seguir e a norma ou ideia que lhe for necessário preservar ou alcançar. Mas, se o indivíduo divinizado é o Melhor, não é em nenhum sentido comum do termo e sua influência, seu exemplo, deve ter um poder que nenhuma pessoa normalmente superior pode exercer. Que exemplo então deve ele dar? Qual regra, qual norma ele sustentará?

A fim de indicar de maneira mais perfeita o que ele quer dizer, o Instrutor divino, o Avatar, dá seu próprio exemplo, sua própria norma a Arjuna. "Eu vivo na via da ação", ele parece dizer, "a via que todos os humanos seguem; tu também deves viver na ação. Do modo em que eu ajo, desse mesmo modo tu deves agir. Estou acima da necessidade das obras, pois não tenho nada a ganhar com elas; Sou o Divino que possui todas as coisas e todos os seres do mundo e estou, Eu-mesmo, mais além do mundo e no mundo e não dependo de nada nem de ninguém em todos os três mundos, para nenhum propósito; e, no entanto, Eu ajo. Essa, também, deve ser tua maneira de trabalhar e o espírito no qual trabalhar. Eu, o Divino, sou a regra e a norma; sou Eu quem traça o caminho que os homens percorrem; sou o caminho e o objetivo. Mas faço tudo isso de maneira ampla, universal, em parte visivelmente, mas muito mais de maneira invisível; e os seres humanos não conhecem, na verdade, o modo como Eu trabalho. Tu, quando souberes e veres, quando te tornares o homem divinizado, deverás ser o poder individual de Deus, o exemplo humano e contudo, divino, o mesmo que Eu sou nos meus Avatares. A maioria dos homens vive na ignorância, aquele que vê Deus vive no conhecimento, mas que ele não confunda a mente dos demais pelo uso de um exemplo perigoso, rejeitando, em sua superioridade, as obras do mundo; que não rompa o fio da ação antes que seja tecido, que não desoriente nem falsifique as etapas e as gradações dos caminhos que eu talhei. Toda a extensão da ação humana foi decretada por mim, para que o ser humano progrida da natureza inferior à natureza superior, do não divino aparente ao Divino consciente. O inteiro campo das ações humanas deve ser aquele no qual se move o conhecedor de Deus. Toda ação individual, toda ação social, toda obra do intelecto, do coração e do corpo são ainda dele – não mais de maneira isolada, para seu benefício, mas para Deus no mundo, Deus em todos os seres, e de maneira que todos esses seres possam avançar, como ele mesmo avançou, pelo caminho das obras em direção à descoberta do Divino neles mesmos. Vistas do exterior, as ações do conhecedor de Deus podem parecer indistinguíveis em essência das deles; a batalha e o governo, assim como o ensinamento e o pensamento, todo o comércio variado do homem com o homem pode cair em seu âmbito; mas o espírito no qual ele os faz deve ser muito diferente e esse espírito, por sua influência, deverá ser a grande atração que eleva os homens a seu nível a ele, a grande alavanca que ergue a massa dos seres humanos em sua própria ascensão.

Dar o exemplo de Deus Ele-mesmo ao homem liberto é profundamente significativo, pois revela toda a base da filosofia das obras divinas segundo a Gītā. O indivíduo liberto é aquele que se alçou até a natureza divina e suas ações devem ser conformes a essa natureza divina. Mas o que é a natureza divina? Não é toda e unicamente a do Akshara, o *self* imóvel, inativo, impessoal, pois, em si, isso apenas conduziria o indivíduo liberto à imobilidade sem ação. Não é, caracteristicamente, a natureza do Kshara, o múltiplo, o pessoal, o Purusha que se submete à Prakriti, pois, em si, isso conduziria o indivíduo a submeter-se de novo à sua personalidade e à sua natureza inferior e aos seus atributos. É a natureza do Purushottama, que mantém juntas ambas naturezas e, pela sua suprema divindade, as reconcilia em uma reconciliação divina, que é o mais alto segredo de seu ser, *rahasyaṃ hyetad uttaman*. Ele não é o autor das obras no sentido pessoal de nossa ação envolvida na Prakriti, pois Deus trabalha por meio de Seu poder, de Sua natureza consciente, de Sua força efetiva – Shakti, Maia, Prakriti – no entanto, situa-se acima, sem se envolver nelas, sem ser submetido a elas. Ele pode se elevar acima das leis, das operações, dos hábitos de ação que ela cria, Ele não é afetado por elas nem ligado a elas. Ele não é incapaz, como nós, de distinguir-se das operações da vida, da mente e do corpo. Ele é o autor das obras, mas não age, *kartāram akartāram*. "Conhece-me", diz Krishna, "como o executante (a lei quádrupla das operações humanas), Eu que, no entanto, sou o não executor imperecível. As obras não se fixam em Mim (*na limpanti*), nem tenho desejo pelos frutos da ação." Mas Ele tampouco é a Testemunha inativa, impassível, impotente e nada mais, pois é Ele quem age nos passos e nas medidas de seu poder; cada movimento desses, cada partícula do mundo de seres que Ele forma é animada pela presença de Deus, cheia de Sua consciência, impelida pela Sua vontade, moldada pelo Seu conhecimento.

Ele é, além do mais, o Supremo sem qualidades, que possui todas as qualidades, *nirguṇo guṇī*.[3] Ele não está ligado por nenhum modo da natureza ou da ação, nem consiste, como nossa personalidade, de uma soma de qualidades, de modos da natureza, de operações características do ser mental, moral, emocional, vital, físico; mas Ele é a fonte de todos os modos e qualidades, capaz de expandir um ou a outra à vontade, não importa de qual modo e a qualquer grau que queira; Ele é o ser infinito do qual modos e qualidades são as maneiras de devenir, Ele é a quantidade imensurável e o inefável não ligado do qual eles são medidas, números e figuras que parecem ritmar e pôr em forma aritmética segundo as normas do Universo. Contudo, Ele tampouco é apenas um indeterminado impessoal, nem um simples material de existência consciente, de onde todas as determinações e todas as personalizações possam extrair seus elementos materiais; Ele é um Ser supremo, o Existente único, original e consciente, a Personalidade perfeita capaz de todas as relações, mesmo as mais humanas, as mais concretas e as mais íntimas, pois Ele é o amigo, o camarada, o amante, o companheiro de jogos, o guia, o instrutor, o mestre, o ministro do conhecimento ou o da alegria e, no entanto, não atado por nenhuma relação, livre e absoluto. Isso também o indivíduo divinizado se torna na medida de sua realização, impessoal em sua personalidade, não ligado pela qualidade ou pela ação, mesmo quando mantém as relações mais pessoais e íntimas com os indivíduos, não ligado por nenhum darma mesmo quando em aparência ele segue esse ou aquele darma. Nem o dinamismo do indivíduo cinético nem a luz sem ação do asceta ou do quietista, nem a personalidade veemente da pessoa de ação nem a impessoalidade indiferente do sábio filósofo são o ideal divino completo. Essas são as duas normas opostas entre o indivíduo desse mundo e o asceta ou o filósofo quietista, um, imerso na ação do Kshara, o outro, esforçando-se para viver inteiramente na paz do Akshara; mas o ideal divino completo procede da natureza do Purushottama, que transcende esse conflito e reconcilia todas as possibilidades divinas.

O indivíduo cinético não se satisfaz com ideal algum que não dependa da consumação dessa natureza cósmica, do jogo das três qualidades dessa natureza, da atividade humana da mente, do coração e do corpo. A realização mais alta dessa atividade, ele pode dizer, é minha ideia da perfeição humana, da possibilidade divina no ser humano; somente algum ideal que satisfaça o intelecto, o coração, o ser moral, somente um ideal de nossa natureza humana em sua ação pode satisfazer o ser humano; ele deve ter alguma coisa que possa buscar nas operações de sua mente, de sua vida e de seu corpo, pois essa é sua natureza, seu darma, e como poderá ele cumprir-se em algo fora de sua natureza? Cada ser, de fato, está ligado à sua natureza e deve buscar nela sua perfeição. De acordo com nossa natureza humana deve ser nossa perfeição humana; e cada ser humano deve esforçar-se para alcançá-la segundo a linha de sua personalidade, seu *svadharma*, mas na vida, na ação, não fora da vida e da ação. Sim, responde a Gītā, há nisso uma verdade; a consumação de Deus no ser humano, o jogo do Divino na vida é parte da perfeição ideal. Mas, se você busca isso só no exterior, na vida, no princípio da ação, jamais o encontrará, pois então não só você agirá conforme sua natureza, o que em si é uma regra de perfeição, mas estará – e esta é uma regra de imperfeição – para sempre sujeito aos modos dela, às suas dualidades de gostar e rejeitar, de dor e prazer e, sobretudo, ao modo rajásico, com seu princípio de desejo e sua cilada, que são a cólera, a aflição e os anelos ardentes, o princípio do desejo, incessante, que tudo devora, o fogo insaciável que assedia sua ação no mundo, o eterno inimigo do conhecimento e que o recobre aqui, em sua natureza, como um fogo é recoberto pela fumaça ou como um espelho pela poeira, e que você deve matar, a fim de viver na calma, clara, luminosa verdade do espírito. Os sentidos, a mente e o intelecto são a sede dessa eterna causa de imperfeição e, no entanto, é no interior desses sentidos, dessa mente e desse intelecto, desse jogo da natureza inferior, que você gostaria de limitar sua busca de perfeição! O esforço é vão. O lado cinético de sua natureza deve, primeiro, buscar acrescentar a si mesmo o lado quietista; você deve elevar-se acima dessa natureza inferior, até aquela que está acima das três gunas, que é fundamentada no princípio mais alto, na alma. Somente quando tiver alcançado a paz da alma você se tornará capaz de uma ação livre e divina.

Por outro lado, o asceta, o quietista, não pode ver possibilidades de perfeição nas quais entrem a vida e a ação. Não seriam essas a sede mesmo da escravidão e da imperfeição? Toda ação não é ela imperfeita em sua natureza como um fogo que tem de produzir fumaça, não é o princípio da ação em si mesmo rajásico, o pai do desejo, uma causa que fatalmente tem como efeito obscurecer o conhecimento, que tem seu círculo de apetites, de sucessos e fracassos, suas oscilações entre a alegria e a tristeza, sua dualidade de virtude e pecado? Deus pode estar no mundo, mas Ele não é desse mundo; Ele é um Deus de renúncia e não o Mestre ou a causa de nossas obras; o mestre de nossas obras é o desejo e a causa de nossa obras é a ignorância. Se o mundo, o Kshara, for, em certo sentido, uma manifestação ou uma *līlā* do Divino, esse seria um jogo imperfeito com a ignorância da Natureza, um obscurecimento, antes que uma manifestação. Isso, com certeza, é evidente desde nosso primeiro vislumbre da natureza do mundo, e a mais completa experiência do mundo não nos ensina sempre a mesma verdade? Não seria isso uma roda da ignorância que encadeia a alma a um nascimento contínuo pelo impulso do desejo e da ação, até que, por fim, esse impulso se esgote ou seja rejeitado? Não apenas o desejo, mas a ação também deve ser rejeitada; estabelecida no self silencioso, a alma então passará ao Brahman imóvel, inativo, imperturbável, absoluto. A Gītā responde, com mais cuidado ainda, a essa objeção feita pelo quietista da impessoalização do que àquela objeção feita pelo homem do mundo, o indivíduo cinético. Pois esse quietismo, por dispor de uma verdade mais alta e mais poderosa – mas que não é ainda a verdade inteira e suprema – sua difusão como ideal universal, completo, supremo, da vida humana, risca de trazer mais confusão e ser desastrosa para o progresso da espécie humana em direção a seu objetivo do que o erro de um "cinetismo"[3] exclusivo. Uma forte verdade unilateral, quando exposta como a inteira verdade, cria uma luz forte mas também uma forte confusão, pois a própria força desse elemento da verdade aumenta a força de seu elemento de erro. O erro do ideal cinético só pode prolongar a ignorância e atrasar o avanço da humanidade, lançando-a em busca da perfeição lá onde a perfeição não pode ser encontrada; mas o erro do ideal quietista contém em si mesmo o próprio princípio da destruição do mundo. Se tivesse que agir a partir desse ideal, diz Krishna, Eu destruiria os povos e seria o autor da confusão; e embora o erro do indivíduo humano, mesmo se ele fosse quase divino, não possa destruir toda a espécie, isso poderia produzir uma vasta confusão que, em sua natureza, poderia ser destrutiva para o princípio da vida humana e perturbar a linha traçada para o seu progresso.

Portanto, a tendência quietista no indivíduo deve ser obrigada a reconhecer sua própria incompletude e admitir em pé de igualdade consigo mesma a verdade que se encontra por trás da tendência cinética – a realização de Deus no homem e a presença do Divino em toda ação da espécie humana. Deus está aí, não só no silêncio, mas na ação; o quietismo da alma impassível não afetada pela Natureza e o "cinetismo" da alma que se dá à Natureza a fim de que o grande sacrifício universal, o Purusha-yajna, possa ser efetuado, não são uma realidade e uma mentira em uma luta perpétua uma contra a outra, nem tampouco duas realidades hostis, uma superior, a outra inferior, fatais uma à outra; elas são o duplo termo da manifestação divina. O Akshara sozinho não é a chave completa da consumação delas, nem o segredo último e mais alto. A dupla realização, a reconciliação, é para ser buscada no Purushottama representado aqui por Krishna, ao mesmo tempo Ser supremo, Senhor dos mundos e Avatar. O indivíduo divinizado, uma vez revestido de sua natureza divina, agirá como age agora; ele não se abandonará à inação. O Divino trabalha no indivíduo na ignorância e no indivíduo no

3. *Kinetism* no original. Tudo indica que essa é uma expressão cunhada por Sri Aurobindo. (N. da T.)

conhecimento. Conhecê-Lo é a mais alta felicidade de nossa alma e a condição de sua perfeição, mas conhecê-Lo e realizá-Lo como paz e silêncio transcendentes não é tudo; o segredo que deve ser aprendido é, ao mesmo tempo, o segredo do Divino eterno e não nascido e o segredo do nascimento divino e das obras divinas, *janma karma ca me divyam*. A ação que procede desse conhecimento será livre de toda servidão; "aquele que me conhece assim", diz o Instrutor, "não está atado pelas obras". Se o escape da obrigação das obras e do desejo e da roda do renascimento deve ser o objetivo e o ideal, então esse conhecimento deve ser considerado como o verdadeiro, o amplo meio de escape, pois, diz a Gītā, "aquele que conhece em seus justos princípios Meu nascimento divino e Minhas obras divinas, quando deixa seu corpo ele não renasce, mas vem a Mim, ó Arjuna". Pelo conhecimento e pela posse do nascimento divino, ele vem ao Divino não nascido e imperecível, que é o self de todos os seres, *ajo avyaya ātmā*; pelo conhecimento e pela execução das obras divinas, ele vem ao Mestre das obras, ao Senhor de todos os seres, *bhūtānām īśvara*. Ele vive nesse ser não nascido; suas obras são aquelas dessa Mestria universal.

CAPÍTULO XV

O AVATAR: POSSIBILIDADE E PROPÓSITO DE SUA ENCARNAÇÃO

Ao falar deste Ioga – no qual ação e conhecimento se tornam uma só coisa, o Ioga do sacrifício das obras acompanhadas do conhecimento e no qual as obras são consumadas no conhecimento, em que o conhecimento sustenta, muda e esclarece as obras e ambos são oferecidos ao Purushottama, a Divindade suprema que se torna manifesta dentro de nós como Narayana, Senhor de todo nosso ser e de toda nossa ação, estabelecido para sempre em segredo em nosso coração e, mesmo, manifesta-se em forma humana como o Avatar, o nascimento divino tomando posse de nossa humanidade – Krishna declarou de maneira breve que este era o Ioga antigo e original que ele deu a Vivasvan, o Deus-Sol, e Vivasvan o deu a Manu, o pai dos homens, Manu o deu a Ikshvaku, chefe da linha solar e, desse modo, este Ioga passou de sábio real a sábio real até ser perdido no grande lapso do Tempo e é agora renovado para Arjuna, porque Arjuna é aquele que ama e é devoto, é o amigo e o camarada do Avatar. Pois este Ioga é o supremo segredo, diz Krishna – que reivindica assim para este Ioga uma superioridade sobre todas as outras formas de Ioga, porque essas outras formas conduzem ao Brahman impessoal ou a uma Divindade pessoal, a uma libertação no conhecimento sem ação ou a uma libertação em uma beatitude absorta, mas este Ioga dá o supremo segredo e o completo segredo; ele nos conduz à paz divina e às obras divinas, ao conhecimento, à ação e ao êxtase divinos unificados em uma liberdade perfeita; ele une em si todos os caminhos ióguicos, assim como o ser mais elevado do Divino reconcilia e faz que em si mesmo todos os poderes e todos os princípios diferentes seja um, e mesmo contrários, de Seu ser manifestado. Portanto, o Ioga da Gītā não é, como alguns afirmam, apenas o Carma-Ioga, um dos três caminhos e, segundo eles, o mais baixo, mas é um supremo Ioga sintético e integral que dirige a Deus todos os poderes de nosso ser.

Arjuna toma a declaração sobre a transmissão do Ioga em seu sentido mais físico – podemos tomá-la em outro sentido – e pergunta como o Deus-Sol, um dos primeiros nascidos entre os seres, antepassado da dinastia Solar, pode ter recebido o Ioga do homem Krishna que nasceu no mundo apenas agora. Krishna não responde, como poderíamos esperar que tivesse feito, que foi enquanto o Divino, fonte de todo conhecimento, que ele deu a Palavra ao Deva que é sua forma de conhecimento, aquele que dá toda luz interior e exterior – *bhargaḥ savitur devasya yo no dhiyaḥ pracodayāt*; em vez disso, ele aceita a oportunidade que Arjuna lhe oferece para declarar sua Divindade escondida, declaração para a qual ele havia se preparado quando deu a si mesmo como o exemplo divino do obreiro não ligado por suas obras, mas que ainda não havia feito de maneira explícita. Agora ele se apresenta abertamente como o Divino encarnado, o Avatar.

Já tivemos a ocasião, ao falar do Instrutor divino, de expor de maneira breve a doutrina da existência do Avatar assim como nos aparece à luz do Vedanta, a luz sob a qual a Gītā nos a apresenta. Devemos olhar agora um pouco mais de perto essa ideia do Avatar e o significado do Nascimento divino do qual ela é a expressão exterior, pois esse é um elo de importância considerável no ensinamento integral da Gītā. E podemos começar por traduzir as palavras do próprio Instrutor, nas quais a natureza e o propósito da encarnação do Avatar são apresentados de modo sumário e nos recordam também de outras passagens ou outras referências que sustentam a mesma coisa. "Muitas foram as minhas vidas que passaram e as tuas também, ó Arjuna; todas elas Eu conheço, mas tu não as conheces, ó flagelo do inimigo. Embora Eu seja o não nascido, embora seja imperecível em Minha autoexistência, embora seja o Senhor de todas as existências, ainda assim Eu me apoio na Minha Natureza e tomo nascimento pela Minha Maia, pois a cada vez que o Darma declina e a injustiça se eleva, Eu Me dou nascimento. Para a libertação dos bons, para a destruição dos que fazem o mal, para a coroação da Justiça, Eu nasço de era em era. Aquele que, em seus justos princípios, conhece assim Meu nascimento divino e Minha obra divina, quando abandona seu corpo não renasce, ele vem para Mim, ó Arjuna. Libertos da atração, do medo e da cólera, cheios de Mim, tomando refúgio em Mim, muitos, purificados pela austeridade do conhecimento, chegaram à natureza do Meu ser (*madbhāvam*, a natureza divina do Purushottama). Do modo como os homens se aproximam de Mim, assim Eu os aceito em Meu amor (*bhajāmi*); de qualquer modo que seja, é Meu caminho que os homens seguem, ó filho de Pritha."

Porém, a maioria dos homens, continua a Gītā, por desejarem a execução de suas obras, sacrificam aos deuses, às várias formas e personalidades da única

Divindade, porque a realização (*siddhi*) que nasce das obras – das obras sem conhecimento – é muito rápida e fácil no mundo humano; de fato, ela pertence unicamente a esse mundo. A outra, a divina autorrealização no indivíduo pelo sacrifício acompanhado do conhecimento e ofertado à Divindade suprema, é muito mais difícil; seus resultados pertencem a um plano mais elevado da existência e menos facilmente apreendidos. Os homens então devem seguir a lei quádrupla de sua natureza e das obras e, sobre esse plano da ação mundana, eles buscam a Divindade mediante suas várias qualidades. Mas, diz Krishna, embora Eu seja aquele que cumpre as obras quádruplas e o criador de sua lei quádrupla, ainda assim devo ser conhecido também como aquele que não age, o imperecível, o imutável Self. "Ações não me afetam, tampouco tenho desejos pelos frutos das ações"; pois Deus é o impessoal para além dessa personalidade egoísta e desse conflito dos modos da Natureza e, enquanto o Purushottama também, enquanto Personalidade impessoal, ele possui essa suprema liberdade mesmo nas obras. Portanto, ele é aquele que executa as obras divinas; mesmo enquanto segue a lei quádrupla ele deve conhecer isso e viver nisso que está além, no Self impessoal e, assim, na suprema Divindade. "Aquele que assim Me conhece não é atado por suas obras. Segundo esse conhecimento a obra era cumprida pelos homens de outrora, que buscavam a libertação; então, tu também, cumpre a obra dessa ordem mais antiga, cumprida pelos antigos homens."

A segunda parte dessas passagens, dadas aqui em substância, explica a natureza das obras divinas, *divyaṁ karma*, o princípio com o qual tivemos de lidar no último capítulo; a primeira parte, que foi traduzida por inteiro, explica o "como" do nascimento divino, *divyaṁ janma*, a natureza do Avatar. Porém, devemos observar de maneira cuidadosa que sustentar o Darma no mundo não é o único objetivo da descida do Avatar, esse grande mistério do Divino manifestado na humanidade; sustentar o darma não é, em si, um objetivo suficiente a tudo, nem o supremo objetivo possível para a manifestação de um Cristo, de um Krishna, de um Buda, mas é apenas a condição geral de um objetivo mais elevado e de uma utilidade mais suprema e divina. O nascimento divino possui, de fato, dois aspectos: um, é uma descida, o nascimento de Deus na humanidade, o Divino manifestando-se na forma e na natureza humanas, o eterno Avatar; o outro aspecto é uma ascensão, o nascimento do ser humano no Divino, o indivíduo que se eleva à natureza e à consciência divinas, *madbhāvam āgataḥ*; é o ser que nasce de novo, em um segundo nascimento, o da alma. É a esse novo nascimento que a existência do Avatar e o suporte do darma têm por propósito servir. Esse duplo aspecto da existência do Avatar na doutrina da Gītā, o leitor apressado tem tendência a não perceber; ele se satisfaz, como a maioria, com uma visão superficial de seus profundos ensinamentos; e o comentador formal, petrificado pela rigidez das escolas, tampouco o percebe. No entanto é, sem dúvida, necessário percebê-lo, para todo o significado da doutrina. Do contrário, a ideia do Avatar seria apenas um dogma, uma superstição popular ou uma deificação – nascida da imaginação ou da mística – de super-homens históricos ou lendários, não isso de que a Gītā faz todo seu ensinamento: uma profunda verdade filosófica e religiosa e uma parte essencial do mistério supremo entre todos, *rahasyam uttamam*, ou uma etapa no caminho que conduz a ele.

Se não houvesse essa elevação do ser humano até o Divino, a qual é ajudada pela descida de Deus na humanidade, a existência do Avatar por causa do darma seria um fenômeno ocioso, porque a onipotência divina pode sempre sustentar a simples Retidão, a simples justiça ou normas de virtude pelos meios comuns, pelos grandes indivíduos ou grandes movimentos, pela vida e a obra de sábios, de reis e de instrutores religiosos, sem nenhuma encarnação de fato. O Avatar vem manifestar a natureza divina na natureza humana, revelar sua qualidade de Cristo, de Krishna, de Buda, de modo que a natureza humana possa se transfigurar em natureza divina, modelando seus princípios, pensamentos, sentimentos, seus atos, seu ser segundo as linhas da qualidade de Cristo, de Krishna, de Buda. A lei, o darma que o Avatar estabelece é dado sobretudo com esse propósito; o Cristo, Krishna, o Buda se mantêm em seu centro como se fossem a porta: eles fazem passar através deles o caminho que os homens devem seguir. Essa é a razão pela qual cada Encarnação se oferece aos seres humanos como exemplo e declara que o Filho do Homem e o Pai no alto, de onde ele desceu, são um, que Krishna no corpo humano, *mānuṣīṁtanum āśritam*, e o supremo Senhor e Amigo de todas as criaturas, não são mais que duas revelações do mesmo divino Purushottama – lá, revelado em seu próprio ser, aqui, revelado no tipo da humanidade.

Que a Gītā contém como âmago esse segundo e verdadeiro objetivo da encarnação do Avatar é evidente, mesmo nessa única passagem se a estudarmos de maneira correta; mas isso se torna muito mais claro se, em lugar de a tomarmos em separado – sempre o modo errado de lidar com os textos da Gītā –, a tomarmos em sua relação justa e íntima com outras passagens e com o todo do ensinamento. Devemos nos lembrar e unir sua doutrina do Self único em tudo, da Divindade estabelecida no coração de cada criatura, seu ensinamento sobre as relações entre o Criador e sua criatura, sua ideia fortemente enfatizada do *vibhūti*

– e notar também a linguagem na qual o Instrutor dá seu próprio exemplo divino para as obras desinteressadas, exemplo que se aplica do mesmo modo ao Krishna humano e ao divino Senhor dos mundos e dá seu justo peso a passagens como esta, no capítulo nove: "As mentes iludidas Me desprezam alojado no corpo humano porque não conhecem a natureza suprema do Meu ser, Senhor de todas as existências"; e é sob a luz dessas ideias que devemos ler essa passagem que encontramos diante de nós e onde é declarado que, pelo conhecimento de Seu nascimento divino e de Suas obras divinas, os seres humanos chegam ao Divino e, ao preencher-se d'Ele, se tornam como Ele e, ao tomar refúgio n'Ele, alcançam Sua natureza e Seu estado de ser, *madbhāvam*. Então, compreenderemos o nascimento divino e seu objetivo não como um fenômeno isolado e miraculoso, mas em seu justo lugar no inteiro plano da manifestação universal; sem isso, não poderemos chegar ao seu divino mistério, o desdenharemos por completo ou o aceitaremos de modo ignorante e, talvez, supersticioso ou, ainda, poderemos cair nas ideias mesquinhas e superficiais que a mente moderna tem sobre isso, que o fazem perder todo seu salutar significado interior.

Porque, para a mente moderna, o conceito do Avatar é um dos mais difíceis de aceitar ou de compreender entre todas as ideias que afluem do Oriente e se infiltram na consciência humana racionalizada. No melhor dos casos, a mente está pronta a tomar esse conceito como uma simples representação de alguma alta manifestação de poder, de caráter, de gênio humano, de grande obra cumprida para o mundo ou no mundo e, no pior dos casos, a considerá-lo uma superstição – para os pagãos, uma tolice e para os gregos, um obstáculo. O materialista, necessariamente, não pode sequer olhar para isso, visto que não acredita em Deus; para o racionalista ou o deísta isso é uma loucura e um objeto de escárnio; para o dualista radical, que vê um abismo intransponível entre a natureza humana e a natureza divina, isso soa como uma blasfêmia. O racionalista objeta que Deus, se existe, é extracósmico e supracósmico e não intervém nos assuntos do mundo, mas permite que esse seja governado por um mecanismo fixo de leis – Deus, de fato, seria uma espécie de distante monarca constitucional ou de rei Log[1] espiritual, no melhor dos casos um Espírito inativo e indiferente por trás da atividade da Natureza, como algum Purusha testemunha, generalizado ou abstrato ao modo sankhya; ele seria puro Espírito e não poderia vestir um corpo; infinito e não poderia ser finito como o ser humano é finito; ele seria o criador para sempre não nascido e não poderia ser a criatura nascida no mundo

1. Sri Aurobindo refere-se a uma fábula de Esopo, "Os sapos que queriam um rei". (N. da T)

– essas coisas são impossíveis, mesmo para Sua onipotência absoluta. A essas objeções o dualista radical acrescenta que Deus é, em Sua pessoa, em Seu papel e em Sua natureza, diferente e separado do ser humano; o perfeito não pode vestir a imperfeição humana; o Deus pessoal e não nascido não pode nascer como personalidade humana; o Governante dos mundos não pode estar limitado em uma ação humana amarrada à natureza e em um corpo humano perecível. Essas objeções, à primeira vista tão formidáveis para a razão, parecem ter estado presentes à mente do Instrutor da Gītā quando ele diz que, embora o Divino seja não nascido, imperecível em sua autoexistência, o Senhor de todos os seres, ainda assim Ele assume o nascimento por um supremo recurso à ação de Sua natureza e pela força de Sua Maia; que aquele que é desprezado pelos iludidos porque está alojado em um corpo humano é, na verdade, em seu supremo ser, o Senhor de tudo; que ele é na ação da consciência divina o criador da Lei quádrupla e o autor das obras do mundo e, ao mesmo tempo, no silêncio da consciência divina, a testemunha imparcial das obras de Sua própria natureza – pois Ele é sempre, para além do silêncio e da ação, o supremo Purushottama. E a Gītā é capaz de reunir todas essas oposições e reconciliar todos esses contrários, porque ela parte da visão védica da existência, de Deus e do Universo.

De fato, na visão vedântica das coisas, todas essas objeções em aparência formidáveis são, desde o começo, de todo nulas. Na verdade, a ideia do Avatar não é indispensável a seu esquema, mas aparece nele de maneira natural, como um conceito perfeitamente racional e lógico. Tudo aqui é Deus, é o Espírito ou Autoexistência, é Brahman, *ekamevādvitīyam* – não há outra coisa, nada que seja diferente d'Ele, nem pode haver outra coisa que seja diferente d'Ele; a Natureza é, e não pode ser outra coisa senão um poder da consciência divina; todos os seres são e não podem ser outra coisa, senão formas de alma e formas corporais interiores e exteriores, subjetivas e objetivas do ser divino, que existem no poder de sua consciência ou resultam dela. O Infinito, longe de ser incapaz de assumir a finitude, o Universo inteiro não é outra coisa senão Isso; de qualquer maneira que o olhemos não podemos ver, absolutamente, outra coisa em todo o vasto mundo onde habitamos. O Espírito, longe de ser incapaz de uma forma ou de desdenhar conectar-se a uma forma material ou a uma mente e de assumir uma natureza limitada em um corpo, tudo aqui é unicamente Isso, o mundo só existe por essa conexão, por essa aceitação. O mundo, longe de ser um mecanismo de leis sem alma nem espírito que intervêm no movimento de suas forças ou na ação de suas mentes e de seus corpos – apenas com um Espírito original indiferente, que existe passivamente em algum lugar fora ou acima dele – o mundo inteiro e cada partícula dele, não são mais que a força divina em ação, e essa força divina determina e governa cada um de seus movimentos, habita em cada uma de suas formas, possui aqui cada alma e cada mente; tudo está em Deus e n'Ele se move e tem seu ser, em tudo Ele é, age e revela Seu ser; cada criatura é Narayana disfarçado.

Há bem poucas possibilidades de que o ser não nascido seja incapaz de nascer – todos os seres, mesmo em sua individualidade, são espíritos não nascidos, eternos, sem início nem fim e, em sua existência essencial e em sua universalidade, todos são o Espírito único não nascido, para quem nascimento e morte são apenas um fenômeno ligado à tomada de posse das formas e à mudança delas. O perfeito reveste a imperfeição: esse é todo o fenômeno místico do Universo; mas a imperfeição aparece na forma e na ação da mente e do corpo que foram revestidos, ela subsiste no fenômeno – nisso que os reveste não há mais imperfeição do que no Sol que ilumina todas as coisas, em que não há falta de luz ou de visão, que existem só nas capacidades do órgão individual da visão. E Deus não governa o mundo a partir de algum céu remoto, Ele o governa pela Sua íntima onipresença; cada operação finita de força é um ato da Força infinita e não de uma energia limitada, separada e autoexistente que trabalharia segundo sua própria força inerente; em cada operação finita de vontade e de conhecimento podemos descobrir, a sustentá-la, um ato da toda-vontade e do todo-conhecimento infinitos. O governo de Deus não é um governo ausente, estrangeiro e externo; Ele governa tudo porque ultrapassa tudo, mas também porque habita no interior de todos os movimentos e é a alma e o espírito absolutos deles. Portanto, nenhuma das objeções levantadas por nossa razão à possibilidade de que exista o Avatar pode manter-se de pé em seu princípio, pois o princípio é uma divisão vã, feita pela razão intelectual, que todo fenômeno e toda realidade do mundo se ocupam a cada instante em contradizer e desaprovar.

Porém, além da possibilidade, existe a questão de saber como o Divino de fato age – de saber se, de fato, a consciência divina aparece e, saindo de detrás do véu, passa ao primeiro plano a fim de agir, mesmo por um momento, diretamente no fenomênico e no material, no limitado, no imperfeito. O finito, de fato, não é mais do que uma definição, um valor nominal das autorrepresentações do Infinito para suas próprias variações de consciência; o valor real de cada fenômeno finito é um valor infinito – é, de fato, o próprio Infinito. Cada ser é infinito em sua autoexistência, não importa o que ele seja na ação de sua natureza fenomênica, de sua autorrepresentação temporal. Quando olhamos de perto, o ser humano não é apenas ele mesmo, não é apenas um indivíduo autoexistente e rigidamente separado, mas é a humanidade em um corpo e uma mente saídos dela; e a humanidade, do mesmo modo, não é uma espécie ou gênero existente em si e rigidamente separada, ela é a Toda-Existência, a Divindade universal representando-se no tipo da humanidade; Ela elabora aí certas possibilidades, desenvolve, expande, como se diz hoje, certos poderes de Suas manifestações. O que Ela expande é Ela-mesma, é o Espírito.

O que entendemos por Espírito, então, é o ser autoexistente com um poder de consciência infinito e um deleite incondicional em seu ser; é isso ou nada, ou, ao menos, nada que tenha a ver com o ser humano e o mundo ou com o qual, portanto, o ser humano e o mundo tenham a ver. A Matéria, o corpo, é apenas uma moção de um acúmulo de força do ser consciente, utilizada como ponto de partida para as relações variáveis da consciência que age através de seu poder sensorial; com efeito, nem a Matéria é, em nenhuma parte, vazia de consciência, pois mesmo no átomo, mesmo na célula, existe – como a ciência moderna, apesar de si mesma, tornou abundantemente claro – um poder de vontade, uma inteligência em ação; mas esse poder é o poder da vontade e da inteligência do Self, do Espírito ou Divindade interior; isso não é a vontade e a ideia separadas, autoderivadas, da célula ou do átomo mecânicos. Involuídas, essa vontade e essa inteligência universais desenvolvem seus poderes de forma em forma e, ao menos sobre a terra, é no ser humano que elas se aproximam mais daquilo que é plenamente divino e é nele que, pela primeira vez, elas se tornam, mesmo na inteligência exterior da forma, obscuramente conscientes de sua divindade. Porém, mesmo aí também há uma limitação, há essa imperfeição da manifestação que impede as formas inferiores de terem o autoconhecimento de sua identidade com o Divino, pois em cada ser limitado a limitação da ação fenomênica é acompanhada de uma limitação também da consciência fenomênica que define a natureza do ser e faz a diferença interior entre o criador e a criatura. O Divino, de fato, age por trás e governa sua manifestação especial por meio dessa consciência e dessa vontade exteriores e imperfeitas, mas Ele próprio está secretamente na caverna, *guhāyām*, como diz o Veda ou como o exprime a Gītā: "no coração de todas as existências reside o Senhor, que faz girar pela Maia todas as existências como se estivessem montadas sobre uma máquina". Esse trabalho secreto do Senhor, que, no coração, se esconde da consciência natural egoísta por meio da qual Ele age, é o método universal de Deus com as criaturas. Por que então devemos supor que, sob uma forma qualquer, Ele venha ao primeiro plano na consciência frontal e fenomênica para uma ação mais direta e conscientemente divina? É óbvio que, se o faz, mesmo um pouco, é então para romper o véu que existe entre Ele e a humanidade e que o ser humano, limitado em sua própria natureza, não poderia jamais erguer.

A Gītā explica a ação comum imperfeita da criatura pela sua submissão ao mecanismo da Prakriti, e sua limitação pelas autorrepresentações da Maia. Esses dois termos são só aspectos complementares de uma única e mesma força efetiva da consciência divina. Maia não é, em essência, ilusão – o elemento ou a aparência de ilusão só interfere por causa da ignorância da Prakriti inferior, a Maia dos três modos da Natureza – essa é a consciência divina em seu poder de autorrepresentação de seu ser, enquanto Prakriti é a força efetiva dessa consciência que trabalha para elaborar cada autorrepresentação segundo sua lei própria, sua própria ideia fundamental, *svabhāva* e *svadharma*, em sua própria qualidade e sua própria força de ação particular, *guṇa-karma*. "Apoiando – pressionando – Minha natureza (Prakriti), Eu crio (projeto nos seres variados) toda essa multitude de existências, todas submetidas, impotentes, ao controle da Natureza." Aqueles que não conhecem o Divino alojado no corpo humano não sabem disso, porque estão grosseiramente sujeitos ao mecanismo da Prakriti, sujeitos de maneira irremediável às limitações mentais dela e consentindo a elas, e eles vivem em uma natureza asúrica que se serve do desejo para iludir e do egoísmo para confundir a vontade e a inteligência, *mohinīṁ prakṛtiṁ śritāḥ*, pois o Purushottama no interior não se manifesta facilmente a todo mundo e a qualquer um; Ele se esconde em uma espessa nuvem de trevas ou em uma brilhante nuvem de luz, Ele se cobre e se reveste por completo em sua Yogamaya.[2] "Este mundo inteiro", diz a Gītā, "porque está desorientado pelos três estados de ser determinados pelos três modos da Natureza, deixa de reconhecer-Me, porque é difícil ir mais além de Minha divina Maia dos modos da Natureza; aqueles que se acercam de Mim passam para além dela, mas aqueles que habitam na natureza de ser asúrica, seu conhecimento lhes é retirado pela Maia." Em outras palavras, existe a consciência inerente do Divino em tudo, porque em tudo o Divino habita; mas Ele aí habita recoberto por Sua Maia e o conhecimento de si essencial é retirado dos seres e mudado em erro de egoísmo pela ação da Maia, a ação do mecanismo da Prakriti. Contudo, abandonando o mecanismo da Natureza e se voltando para o Mestre interior e secreto dessa Natureza, o indivíduo pode tomar consciência da Divindade que habita no interior.

2. *nāhaṁ prakāśaḥ sarvasya yogamāyā-samāvṛtaḥ.*

Ora, é digno de nota que com uma leve, mas importante variação de linguagem, a Gītā descreve do mesmo modo as ações do Divino, seja quando Ele provoca o nascimento comum das criaturas, seja Sua ação em Seu nascimento como Avatar. "Apoiando-Me em Minha própria Natureza, *prakṛtiṁ svām avaṣṭabhya*", dirá a Gītā mais tarde, "Eu projeto diversamente, *visṛjāmi*, essa multidão de criaturas sujeitas impotentemente ao controle da Prakriti, *avaśaṁ prakṛter vaśāt*. "Sustentado pela Minha própria Natureza", diz ela aqui, "Eu nasço pela Maia do Meu ser, *prakṛtiṁ svām adhiṣṭhāya...ātmamāyayā*, Eu me projeto, *ātmānaṁ sṛjāmi*." A ação implicada na palavra *avaṣṭabhya* é uma pressão vigorosa para baixo, pela qual o objeto controlado é vencido, oprimido, bloqueado ou limitado em seu movimento ou em seu modo de funcionar e se torna sujeito, impotentemente, ao poder controlador, *avaśaṁ vaśāt*; a Natureza em sua ação se torna mecânica e sua multidão de criaturas é mantida, impotente, no mecanismo, elas não são mestras de sua própria ação. A ação implicada na palavra *adhiṣṭhāya*, ao contrário, é a de viver na Natureza, mas também de manter-se na Natureza e acima dela, um controle e um governo conscientes pela Divindade inerente, *adhiṣṭhātrī devatā*, em que o Purusha não é movido impotentemente pela Prakriti por causa da ignorância, mas, antes, a Prakriti é cheia da luz e da vontade do Purusha. Portanto, o que é projetado – criado, como nós dizemos – no nascimento normal, é a multidão de criaturas ou devires, *bhūtagrāmam*; no nascimento divino o que é projetado, autocriado, é o ser autoexistente, autoconsciente, *ātmānam*, pois a distinção vedântica entre *ātmā* e *bhūtāni* é a que é feita na filosofia europeia entre o Ser e os seus devires. Em ambos os casos Maia é o meio da criação ou manifestação, porém, no nascimento divino, é pela Maia do Self, *ātmamāyayā*, não pela involução na Maia inferior da ignorância, mas pela ação consciente da Divindade autoexistente em Sua autorrepresentação fenomênica, que é consciente de Suas ações e de Seus propósitos – o que a Gītā, em outro lugar, chama Yogamaya. No nascimento comum a Yogamaya é utilizada pelo Divino para cobrir-se e esconder-se da consciência inferior e, assim, ela se torna para nós o meio da ignorância, *avidyā-māyā*; mas é pela mesma Yogamaya que igualmente o autoconhecimento se torna manifesto no retorno de nossa consciência ao Divino, ela é então o meio do conhecimento, *vidyā-māyā* e, no nascimento divino, é assim que ela opera – enquanto conhecimento, a controlar e a aclarar as obras que, em geral, são cumpridas na Ignorância.

A linguagem da Gītā mostra, então, que o nascimento divino é o nascimento da Divindade consciente em nossa humanidade e em essência o oposto do nascimento comum, mesmo se os mesmos meios são usados, porque não é o nascimento na Ignorância, mas o nascimento do conhecimento, não um fenômeno físico, mas um nascimento da alma. É a vinda ao mundo da Alma enquanto o Ser autoexistente em controle consciente de seu devir, em lugar de estar perdido para o conhecimento de si, na nuvem da ignorância. A alma nascida no corpo enquanto Senhor da Natureza posiciona-se acima dela e aí opera de maneira livre por sua própria vontade, não enredada no mecanismo e levada a girar em círculos, impotente, pois essa Alma age no conhecimento e não, como a maioria, na ignorância. Ela é a Alma secreta em todos que, da sua posição mestra não revelada por trás do véu, passa ao primeiro plano, a fim de possuir inteiramente, em um tipo humano mas enquanto o Divino, o nascimento que, em geral, ela só possui por trás do véu como o Ishvara, enquanto a consciência exterior na frente do véu é possuída, mais que possuidora, porque nesse caso ela é um ser parcialmente consciente, o Jiva perdido para o conhecimento de si e preso às suas obras por uma submissão fenomênica à Natureza. Pelo poder de Krishna, a Alma Divina, o Avatar,[3] é, portanto, uma manifestação direta na humanidade dessa condição divina do ser à qual Arjuna, a alma humana, o ser humano-tipo mais elevado, um Vibhuti, é chamado pelo Instrutor a elevar-se e à qual ele só poderá se elevar saindo da ignorância e da limitação de sua humanidade comum. É a manifestação a partir do alto daquilo que, do baixo, devemos desenvolver; é à descida de Deus nesse divino nascimento do ser humano, no qual nós, criaturas mortais, devemos nos alçar; é o atraente exemplo divino dado por Deus ao homem no próprio tipo e na própria forma e no modelo, levado à perfeição, de nossa existência humana.

3. A palavra Avatar significa descida; é uma descida do Divino abaixo da linha que separa o mundo ou estado divino, do mundo, ou estado, humano.

CAPÍTULO XVI

COMO O AVATAR VEM AO MUNDO

Vemos que o mistério da Encarnação divina no ser humano, o fato de que a Divindade assume o tipo humano e a natureza humana, é, na visão da Gītā, apenas o outro lado do eterno mistério do próprio nascimento humano que, em sua essência, embora não em sua aparência fenomênica, segue sempre esse mesmo processo miraculoso. O Self eterno e universal de cada ser humano é Deus; mesmo o seu self pessoal é uma parte da Divindade, *mamaivāṁśaḥ* – com certeza não uma fração ou fragmento, pois não podemos conceber Deus reduzido a pequenos pedaços, mas uma consciência parcial da Consciência única, um poder parcial do Poder único, uma alegria parcial do ser do mundo vivida pelo único e universal Deleite de ser e, portanto, na manifestação ou, como dizemos, na Natureza, um ser limitado e finito do Ser único, infinito e ilimitável. A marca dessa limitação é uma ignorância pela qual ele esquece não só a Divindade da qual veio, mas a Divindade que está sempre no seu interior, que vive no coração secreto de sua natureza e aí arde como um Fogo velado sobre o altar interior, na casa-templo que aloja sua consciência humana.

Ele é ignorante porque, sobre os olhos de sua alma e de todos os seus órgãos, estão pousadas as marcas dessa Natureza, Prakriti, Maia, pela qual ele foi lançado na manifestação, saído do ser eterno de Deus; ela o fabricou como uma moeda, no precioso metal da substância divina, mas recoberto com uma forte camada da mistura de suas qualidades fenomênicas, o marcou com sua própria marca e com o distintivo da humanidade animal e, embora o sinal secreto da Divindade aí esteja, ele é, no começo, indistinguível e dificilmente decifrável, para ser descoberto somente por essa iniciação ao mistério de nosso ser, que diferencia uma humanidade voltada para a Divindade e uma humanidade voltada para o mundo. No Avatar, o Homem de nascimento divino, a substância real brilha através do revestimento; o distintivo da marca está aí só pela forma, a visão é a da Divindade secreta, o poder da vida é o da Divindade secreta, e esta se manifesta rompendo as marcas da natureza humana adotada; o sinal da Divindade, um sinal interior da alma, não exterior, não físico, se destaca legível para todos aqueles que se interessam em ver ou que podem ver, pois a natureza asúrica é sempre cega a essas coisas, ela vê o corpo e não a alma, o ser externo e não o interno, a máscara e não a Pessoa. No nascimento humano comum o aspecto-Natureza do Divino universal revestindo-se da humanidade prevalece; na encarnação, o aspecto-Deus do mesmo fenômeno o substitui. Em um, ele deixa a natureza humana tomar posse de seu ser parcial e dominá-lo; no outro, ele toma posse de seu tipo parcial de ser e de sua natureza e os domina de maneira divina. Não por uma evolução ou ascensão como o homem comum, parece nos dizer a Gītā, não por crescer até o nascimento divino, mas por uma descida direta na substância da humanidade e por revestir suas formas.

Mas é para ajudar essa ascensão, essa evolução, que a descida acontece ou que é aceita; isso, a Gītā deixa muito claro. Ela tem por objetivo, podemos dizer, ilustrar a possibilidade de que o Divino se manifeste no ser humano para que o indivíduo possa ver do que se trata e tenha coragem para crescer nessa direção. É também para deixar a influência dessa manifestação vibrar na natureza terrestre e a alma dessa manifestação presidir ao esforço de ascensão da natureza terrestre. É para dar um molde espiritual de humanidade divina no qual a alma humana que busca possa moldar-se. É para dar um darma, uma religião – não um simples credo, mas um método de vida interior e exterior – uma maneira, uma regra e uma lei para modelar a si mesmo, pelas quais o indivíduo possa crescer em direção à Divindade. E visto que esse crescimento, essa ascensão, não é um simples fenômeno isolado e individual, mas, como todas as coisas nas atividades divinas do Universo, é uma questão coletiva, um trabalho, e mesmo um trabalho para a espécie, essa manifestação tem também por objetivo sustentar a marcha humana, preservar sua coesão em suas grandes crises, romper as forças da gravitação descendente quando se tornam demasiado insistentes, conservar ou restaurar na natureza humana o grande darma da lei que orienta em direção a Deus e mesmo preparar, por mais distante que ele seja, o reino de Deus, a vitória daqueles que buscam a luz e a perfeição, *sādhūnām*, e a derrubada daqueles que combatem para que o mal e a obscuridade continuem. Todos esses são os objetivos reconhecidos da descida do Avatar e, em geral, é por seu trabalho que a massa dos seres humanos busca reconhecê-lo e é por seu trabalho que ela está pronta a adorá-lo. Somente o indivíduo espiritual vê que essa natureza exterior do Avatar é um sinal, no símbolo da vida humana, da eterna Divindade interior, que se torna manifesta no campo de sua mentalidade e de sua corporeidade humanas de modo que possam crescer em unidade com isso e serem possuídas por isso. A manifestação divina de um Cristo, de um Krishna, de um Buda na humanidade exterior tem por verdade interior a mesma manifestação do eterno Avatar interno em nossa própria humanidade interior. O que foi feito na vida humana exterior da terra pode repetir-se na vida interior de todos os seres humanos.

Esse é o objetivo da encarnação, mas qual é o método? Primeiro, temos a visão racional e redutora da natureza do Avatar, que vê nisso apenas uma manifestação extraordinária das qualidades morais, intelectuais e dinâmicas mais divinas, pelas quais a humanidade comum é ultrapassada. Nessa ideia há certa verdade. O Avatar é, ao mesmo tempo, o Vibhuti. Esse Krishna que, em seu ser divino interior, é a Divindade em uma forma humana é, em seu ser humano exterior, o líder de sua época, o grande homem dos Vrishnis.[1] Isso é do ponto de vista da Natureza, não da alma. O Divino manifesta-se mediante qualidades infinitas de Sua natureza e a intensidade da manifestação é medida pelo poder delas e pelo que elas realizam. O *vibhūti* do Divino é, então, no plano impessoal, o poder manifesto de Sua qualidade, é Seu transbordamento, sob qualquer forma que seja, de Conhecimento, Energia, Amor, Força e o resto; no plano pessoal é na forma mental e no ser animado que se cumpre esse poder e que ele executa suas grandes obras. Uma preeminência nessa realização interior e exterior, um poder maior de qualidade divina, uma energia efetiva é sempre o sinal. O *vibhūti* humano é o herói do combate da espécie pela realização divina, o herói no sentido que Carlyle deu ao heroísmo, um poder de Deus no homem. "Eu sou Vasudeva (Krishna) entre os Vrishnis", diz o Senhor na Gītā, "Dhananjaya (Arjuna) entre os Pandavas, Vyasa entre os sábios, o poeta-vidente Ushanas entre os poetas-videntes", o primeiro em cada categoria, o maior de cada grupo, o mais poderoso representante das qualidades e das obras nas quais se manifesta o poder de alma característico desse grupo ou dessa categoria. Esse elemento dos poderes do ser é uma etapa muito necessária no progresso da manifestação divina. Cada grande ser que se eleva acima de nosso nível médio, por esse fato mesmo eleva nossa humanidade comum; ele é uma garantia viva de nossas divinas possibilidades, uma promessa da Divindade, um fulgor da Luz divina e um sopro do Poder divino.

1. *vrsni* – o nome da tribo da qual Krishna descendia. (N. da T.)

É essa verdade que se encontra por trás da tendência natural humana a deificar os grandes espíritos e os personagens heroicos; ela surge com bastante clareza nos hábitos da mente indiana, que vê facilmente um Avatar parcial (*aṁśa*) nos grandes santos, nos grandes instrutores, nos grandes fundadores ou, de modo mais significativo, na crença dos vaishinavas[2] do sul de que alguns de seus santos eram encarnações das vivas armas simbólicas de Vishnu – porque é isso que são todos os grandes espíritos: poderes vivos e armas vivas do Divino na marcha ascendente e na batalha. Essa ideia é inata e inevitável em qualquer visão mística ou espiritual da vida, que não desenha uma linha inexorável entre o ser e a natureza do Divino e entre o ser e a natureza de nossa humanidade. Esse é o sentido do Divino na humanidade. Porém, ainda assim, o Vibhuti não é o Avatar. Senão Arjuna, Vyasa, Ushanas seriam Avatares tanto quanto Krishna, mesmo se em um grau menor de poder da natureza do Avatar. A qualidade divina não é o bastante; deve haver aí também a consciência interior do Senhor e do Self governando a natureza humana pela sua divina presença. A elevação do poder das qualidades é parte do tornar-se, *bhūtagrāma*, uma ascensão, na manifestação comum; no Avatar há a manifestação especial, o nascimento divino do alto: a Divindade eterna universal desceu em uma forma de humanidade individual, *ātmānaṁ sṛjāmi*, e consciente não só por trás do véu, mas na natureza exterior.

Existe uma ideia intermediária, uma visão mais mística da natureza do Avatar, a qual supõe que a alma humana chama essa descida em si mesma e é possuída pela consciência divina ou se torna um reflexo ou um canal efetivo dela. Essa visão repousa em certas verdades da experiência espiritual. O nascimento divino no ser humano, sua ascensão é, em si, um crescimento da consciência humana para a consciência divina, em que seu self separado se perde quando esse crescimento está na sua culminância mais intensa. A alma imerge sua individualidade em um ser infinito e universal ou a perde nas alturas de um ser transcendente; ela se torna una com o Self, o Brahman, o Divino ou, como é dito algumas vezes de maneira absoluta, se torna o Self único, o Brahman, o Divino. A própria Gītā fala da alma que se torna o Brahman, *brahmabhūta*, e, assim, reside no Senhor, em Krishna; mas deve-se notar que a Gītā não diz que a alma se torna o Senhor ou o Purushottama, se bem que declare que o próprio Jiva é sempre o Ishvara, o ser parcial do Senhor, *mamaivāṁ śaḥ*. Pois essa união maior, esse devir mais alto, é ainda parte da ascensão; enquanto é ao nascimento divino que cada Jiva acede, não é à descida da Divindade, não é à qualidade do Avatar, mas no máximo à qualidade do Buda, segundo a doutrina

2. *vaiṣṇava* – em relação, ou que pertence, a Vishnu; um adorador de Vishnu. (N. da T.)

dos budistas: a alma sai de sua presente individualidade mundana e desperta para uma supraconsciência infinita. Isso não tem necessidade de ser acompanhado da consciência interior nem da ação característica do Avatar.

Por outro lado, essa entrada na consciência divina pode ser acompanhada por uma ação reflexa do Divino, que entra nas partes humanas do nosso ser ou passa ao primeiro plano, derramando-se na natureza, na atividade, na mentalidade e, mesmo, na corporeidade do ser humano; e isso pode pelo menos ser um estado parcial do Avatar. O Senhor está no coração, diz a Gītā – o que quer dizer, é claro, o coração do ser sutil, o nó das emoções, sensações, da consciência mental, onde o Purusha individual habita também – mas ele aí está velado, coberto pela Sua Maia. Porém, acima, em um plano que está em nós mas, no presente é supraconsciente para nós, chamado céu pelos místicos antigos, o Senhor e o Jiva estão juntos, revelados como sendo, em ser, de uma essência única, o Pai e o Filho de certos simbolismos, o Ser Divino e o Homem divino que saiu d'Ele, nascido da divina Natureza superior,[3] a virgem Mãe, *parā prakṛti*, *parā māyā*, na natureza inferior humana. Esta parece ser a doutrina interior cristã da encarnação: na Trindade que ela representa o Pai está acima, nesse Céu interior; o Filho ou suprema Prakriti torna-se o Jiva da Gītā, que desce enquanto homem divino sobre a terra, no corpo mortal; o Espírito Santo, o Self puro, a consciência brâmine, é isso que faz com que eles sejam um e também isso em que eles comunicam; pois nos falam do Espírito Santo que desce sobre Jesus e é a mesma descida que traz para baixo os poderes da consciência superior na humanidade simples dos Apóstolos.

Mas a consciência divina superior do Purushottama pode, ela própria, também descer na humanidade e a do Jiva desaparecer nela. É isso que, dito por seus contemporâneos, acontecia nas transfigurações ocasionais de Chaitanya quando ele, que em sua consciência normal era apenas o amante e o devoto do Senhor e rejeitava toda deificação, se tornava, nesses momentos anormais, o Senhor Ele-mesmo e, como tal, falava e agia com todo o transbordamento de luz, amor e poder da Presença divina. Supondo que essa seja a condição normal, que o receptáculo humano não seja nada mais que um vaso dessa Presença divina e dessa Consciência divina, teríamos o Avatar segundo essa ideia intermediária da encarnação. Isso se recomenda facilmente às nossas noções humanas como uma possibilidade, pois, se o ser humano pode elevar sua natureza de modo a

3. Na lenda budista, o nome da mãe do Buda torna o simbolismo claro; na lenda cristã, o símbolo parece ter sido agregado, por um processo corrente na criação de mitos, à verdadeira mãe humana de Jesus de Nazaré.

sentir uma unidade com o ser do Divino e a si próprio como um mero canal dessa consciência, dessa luz, desse poder, desse amor, e que sua vontade e sua personalidade se perdem nessa vontade e nesse ser – e esse é um estado espiritual reconhecido –, então, não há mais impossibilidade inerente para que a ação reflexa dessa Vontade, desse Ser, desse Poder, desse Amor, dessa Luz, dessa Consciência, ocupe a inteira personalidade do Jiva humano. E isso não seria apenas uma ascensão da nossa humanidade ao nascimento divino e à natureza divina, mas uma descida do divino Purusha na humanidade, um Avatar.

A Gītā, no entanto, vai muito mais longe. Ela fala com clareza do nascimento do próprio Senhor; Krishna fala de seus inúmeros nascimentos que são passados e torna claro pela sua linguagem que não é apenas em relação ao ser humano receptivo, mas em relação ao Divino, que ele faz esta afirmação, porque ele usa a própria linguagem do Criador, a mesma linguagem que ele empregará quando deverá descrever sua criação do mundo. "Embora Eu seja o Senhor não nascido das criaturas, Eu crio (projeto) Meu self pela Minha Maia", presidindo às ações da Minha Prakriti. Aqui não se trata do Senhor e do Jiva humano ou do Pai e do Filho, o Homem divino, mas apenas do Senhor e de Sua Prakriti. O Divino, por meio de Sua Prakriti, desce e nasce na forma e no tipo humanos e, embora consinta, embora queira agir na forma, no tipo e no molde da humanidade, ele introduz nela a Consciência divina e o Poder divino e enquanto alma que reside dentro e acima, *adhiṣṭhāya*, ele governa no corpo as ações da Prakriti. Do alto, ele governa sempre, de fato, porque assim ele governa também toda a natureza, incluindo a humana; do interior também, ele governa sempre toda a natureza, mas escondido; a diferença aqui é que ele está manifestado, que a natureza é consciente da Presença divina como Senhor, como Habitante e não por sua secreta vontade do alto, "a vontade do Pai que está no céu", mas é por sua vontade bem direta e evidente que ele move sua natureza. E aqui parece não haver lugar para o intermediário humano, porque é ao recorrer à sua própria natureza, *prakṛtiṁ svām*, e não à natureza especial do Jiva, que o Senhor de toda existência assume assim o nascimento humano.

Para a razão humana essa doutrina é um enunciado duro, uma coisa difícil de ser aceita; e isso por um motivo óbvio: por causa da humanidade evidente do Avatar. O Avatar é sempre um fenômeno dual de divindade e humanidade; o Divino toma em si mesmo a natureza humana, com todas as suas limitações exteriores e faz delas as circunstâncias, os meios, os instrumentos da consciência divina e do poder divino, um receptáculo para o nascimento divino e as obras divinas. Mas isso deve com certeza ser assim, porque de outro modo o objetivo da descida do Avatar não se cumpre; pois esse objetivo visa precisamente mostrar que do nascimento humano, com todas as suas limitações, pode ser feito esse meio e esse instrumento do nascimento divino e das obras divinas, precisamente para mostrar que o tipo humano de consciência pode ser compatível com a essência divina da consciência tornada manifesta, pode ser convertido no receptáculo dela, tornar-se conforme a ela de maneira mais íntima por uma mudança de molde e uma elevação de seus poderes de luz, de amor, de força e de pureza; e para mostrar também como isso pode ser feito. Se o Avatar tivesse que agir de maneira de todo supranormal, esse objetivo não seria realizado. Um Avatar meramente supranormal ou miraculoso seria um absurdo sem sentido; não que seja necessária uma completa ausência do uso de poderes supranormais, como nas chamadas curas miraculosas do Cristo, pois o emprego de poderes supranormais é de todo possível à natureza humana, mas isso não é de modo algum necessário, nem é, de modo algum, a raiz do problema; aliás, isso não traria nenhum avanço, se a vida do Avatar fosse apenas uma demonstração de fogos de artifícios supranormais. O Avatar não vem como um mago taumaturgo, mas como o divino líder da humanidade e o modelo de uma humanidade divina. Ele deve assumir até mesmo a aflição humana e os sofrimentos físicos e usá-los para mostrar, primeiro, como esse sofrimento pode ser um meio de redenção – como o fez o Cristo –, segundo, para mostrar como esse sofrimento, ao ter sido assumido pela alma divina na natureza humana, pode também ser vencido nessa mesma natureza – como o fez o Buda. O racionalista, que teria gritado ao Cristo "se tu és o filho de Deus, desce da cruz", ou quem indica com ponderação que o Avatar não era divino porque morreu e, além do mais, morreu de doença – como morre um cão – não sabe o que diz: não percebe a raiz de todo o problema. O Avatar da aflição e do sofrimento deve mesmo vir antes que possa haver o Avatar da alegria divina; é preciso assumir a limitação humana para que seja mostrado como pode ser vencida; e o modo e a extensão da vitória, quer seja apenas interna, quer seja externa também, depende do estado do avanço humano; isso não deve ser feito por um milagre não humano.

A pergunta surge, então, e essa é a única dificuldade real, pois aqui o intelecto vacila e tropeça em seus próprios limites: como se assume essa mente e esse corpo humanos? De fato, eles não foram criados de maneira súbita e de uma única peça, mas por uma espécie de evolução física ou espiritual, ou ambas. Não há dúvidas de que a descida do Avatar, assim como o nascimento divino que provém do outro lado é, em essência, um fenômeno espiritual, como é mostrado pelo *ātmānaṁ sṛjāmi* da Gītā, é um nascimento da alma; mas, ainda assim, há aqui um nascimento físico resultante. Como essa mente e esse corpo humanos do Avatar foram então criados? Se supormos que o corpo é sempre criado pela evolução hereditária, pela Natureza inconsciente e, imanente nela, pelo seu espírito de Vida, sem a intervenção da alma individual, a questão se torna simples. Um corpo físico e mental é preparado para a encarnação divina por uma pura ou uma grande hereditariedade e a divindade que desce toma posse dele. Mas a Gītā, nessa mesma passagem, aplica a doutrina da reencarnação com bastante audácia ao próprio Avatar. Na teoria habitual da reencarnação a alma que se reencarna, por sua evolução espiritual e psicológica passada, determina ela mesma e, de certo modo prepara, seu próprio corpo mental e físico. A alma prepara seu próprio corpo, o corpo não é preparado para ela sem nenhuma referência à alma. Teremos que supor, então, um Avatar eterno ou contínuo, ele próprio a evoluir, poderíamos dizer, seu próprio corpo mental e físico de acordo com as necessidades e o curso da evolução humana e assim aparecendo de era em era, *yuge, yuge*? Há aqueles que interpretariam nesse espírito as dez encarnações de Vishnu, primeiro, sob formas animais, depois no homem animal, depois na alma do homem-anão, Vamana, no homem violento e asúrico, Rama do machado, no homem à natureza divina, um Rama maior, no homem espiritual desperto, o Buda e, a precedê-lo no tempo, mas colocado no final, a divina humanidade completa, Krishna – pois o último Avatar, Kalki, só cumpre a obra começada por Krishna – ele cumpre em poder a grande batalha que os Avatares precedentes prepararam em todas as suas potencialidades. Isso é, para nossa mentalidade moderna, uma coisa difícil a admitir, mas a linguagem da Gītā parece exigi-lo. Ora, visto que a Gītā não resolve o problema expressamente, podemos resolvê-lo nós mesmos de outra maneira, dizendo que o corpo é preparado pelo Jiva mas assumido desde o nascimento pela Divindade, ou que o corpo é preparado por um dos quatro Manus, *catvāro manavaḥ*, da Gītā, os Pais espirituais de cada mente e de cada corpo humanos. Isso é ir longe no domínio místico, ao qual a razão moderna é ainda avessa; porém, uma vez que admitimos a realidade do Avatar, nós já penetramos nesse domínio e, uma vez que entramos, podemos caminhar nele com passos firmes.

Nisso reside a doutrina da encarnação do Avatar segundo a Gītā. Tivemos que nos referir por extenso a esse aspecto de seu método, como fizemos para a questão da possibilidade da encarnação, porque é necessário considerá-lo e enfrentar as dificuldades que a mente racional humana é capaz de oferecer a essa doutrina.

É verdade que o caráter físico do Avatar não ocupa um grande espaço na Gītā, mas de todo modo isso ocupa um lugar preciso na cadeia dos ensinamentos e está implícito no todo do esquema, articulando-se em torno da ideia de que o Avatar conduz o indivíduo que ascendeu às alturas maiores da simples humanidade, o *Vibhūti*, ao divino nascimento e às obras divinas. Não há dúvida também de que a descida interior da Divindade para elevar a alma humana a Si mesma é a coisa principal – é o Cristo interior, é o Krishna ou o Buda interior que conta. Porém, assim como a vida exterior é de uma imensa importância para o desenvolvimento interior, a encarnação exterior do Avatar não é de menor importância para essa grande manifestação espiritual. A consumação no símbolo mental e físico ajuda o crescimento da realidade interior; em seguida, a realidade interior se expressa com um poder maior, em uma simbolização mais perfeita de si mesma por meio da vida exterior. Entre as duas, a realidade espiritual e a expressão mental e física, que não cessam de influenciar uma à outra, a manifestação do Divino na humanidade escolheu mover-se sempre nos ciclos de sua ocultação e de sua revelação.

CAPÍTULO XVII

O NASCIMENTO DIVINO E AS OBRAS DIVINAS

O trabalho para o qual o Avatar desce tem, assim como seu nascimento, um duplo sentido e uma dupla forma. Ele tem um aspecto exterior em que a força divina age sobre o mundo exterior, a fim de manter e remodelar a lei divina pela qual a humanidade, em seu esforço em direção à Divindade, é preservada de um retrocesso decisivo e é, em vez disso, levada adiante de forma decisiva, apesar da lei de ação e de reação, do ritmo de progressão e de regressão pelos quais a Natureza prossegue. Ele tem um aspecto interior, em que a força divina da consciência voltada para a Divindade age sobre a alma do indivíduo e a alma da espécie, de maneira que elas possam receber novas formas de revelação do Divino no ser humano e possam ser sustentadas, renovadas e enriquecidas em seu poder de autoexpansão ascendente. O Avatar não desce apenas para uma grande ação exterior, como o sentido pragmático na humanidade é tentado a supor com demasiada frequência. A ação e o evento não têm valor em si mesmos, mas tomam seu valor da força que representam e da ideia que simbolizam e que a força está aí para servir.

A crise na qual aparece o Avatar, embora pareça ao olhar exterior apenas uma crise de eventos e de grandes mudanças materiais, é sempre, na sua fonte e no seu significado real, uma crise na consciência da humanidade, quando esta deve passar por uma grande modificação e efetuar algum novo desenvolvimento. Para essa ação, para essa mudança, uma força divina é necessária; mas a força varia sempre, segundo o poder de consciência que ela encarna; daí a necessidade de uma consciência divina manifestando-se na mente e na alma da humanidade. De fato, lá onde a mudança é sobretudo intelectual e prática, a intervenção do Avatar não é necessária; há uma grande elevação da consciência, uma grande manifestação de poder na qual os seres humanos, por um tempo, são exaltados acima de seu self normal, e as crestas dessa onda de consciência e de poder encontram-se em certos indivíduos excepcionais – *vibhūtis* – cuja ação, que guia a ação geral, é suficiente para a mudança prevista. A Reforma na Europa e a Revolução Francesa foram crises desse gênero; elas não foram grandes eventos espirituais, mas mudanças intelectuais práticas, uma, no plano das ideias, das formas e dos motivos religiosos, a outra, no plano das ideias, das formas e dos motivos sociais e políticos, e a mudança de consciência geral que resultou disso foi uma mudança mental e dinâmica, mas não espiritual. Mas quando a crise tem uma semente ou uma intenção espiritual, então uma manifestação completa ou parcial da consciência de Deus em uma mente e alma humanas vem iniciá-la e guiá-la. Isto é o Avatar.

A ação exterior do Avatar é descrita na Gītā como a restauração do Darma; quando, de era em era, o Darma empalidece, enlanguesce, perde força e, poderoso e opressivo, seu contrário se ergue, então o Avatar vem e o alça de novo ao poder; e como essas coisas, no plano das ideias, são sempre representadas por coisas em ação e por seres humanos que obedecem ao impulso delas, sua missão é, nos termos mais humanos e mais exteriores, aliviar aqueles que buscam o Darma e são oprimidos pelo reino das trevas que não quer o progresso, e destruir aqueles que fazem o mal e buscam manter a negação do Darma. Mas pode-se facilmente dar à linguagem usada uma conotação pobre e insuficiente, que privaria a existência do Avatar de toda a sua profundidade espiritual. Darma é uma palavra que tem um significado ético e prático, natural e filosófico, religioso e espiritual e pode ser usada em qualquer um desses sentidos à exclusão dos outros, em um sentido puramente ético, puramente filosófico ou puramente religioso. Em seu sentido ético, Darma quer dizer a lei do que é justo, a lei moral de conduta ou, em um sentido ainda mais exterior e prático, a justiça social e política, ou mesmo simplesmente a observação da lei social. Se a palavra é usada nesse sentido, deveremos compreender que, quando a iniquidade, a injustiça e a opressão prevalecem, o Avatar desce para liberar os bons e destruir os maus, romper com a injustiça e a opressão e restaurar o equilíbrio ético da humanidade.

Assim, a explicação popular e mítica de Krishna, o Avatar, é que a injustiça dos Kurus, como a personificavam Duryodhana e seus irmãos, tornou-se um fardo tão grande para a terra que esta teve que invocar Deus para descer e aliviá-la de sua carga; em consequência, Vishnu encarnou-se como Krishna, liberou os Pandavas oprimidos e destruiu os injustos Kauravas. Uma explicação similar é dada sobre a descida dos precedentes Avatares de Vishnu: de Rama, para destruir a opressão injusta de Ravana; de Parashurama, para destruir a permissividade injusta da casta militar e principesca (os kshatriyas); do anão Vamana, para destruir o governo do titã Bali. Mas é óbvio que a missão puramente prática, ética ou social e política do Avatar, à qual é dada assim uma forma popular e mítica, não dá uma explicação exata do fenômeno da existência do Avatar. Ela não cobre seu sentido espiritual e, se essa utilidade exterior fosse tudo, teríamos que excluir o Buda e o Cristo, cuja missão não foi, de nenhum modo, destruir os maus e liberar os bons, mas trazer a toda a humanidade uma nova mensagem espiritual e uma nova lei de crescimento divino e de realização espiritual. Por outro lado, se dermos à palavra darma apenas seu sentido religioso, segundo o qual darma significa uma lei de vida religiosa espiritual, chegaremos de fato ao âmago do assunto, mas arriscaremos de excluir uma parte muito importante da obra feita pelo Avatar. Na história das encarnações divinas sempre vemos o duplo aspecto da obra e, inevitavelmente – por que o Avatar assume as operações de Deus na vida humana –, o caminho da Vontade e da Sabedoria divinas no mundo; e essa obra se cumpre externa e internamente, por um progresso interior na alma e por uma mudança exterior na vida.

O Avatar pode descer como um grande instrutor espiritual e salvador – o Cristo, o Buda –, mas, uma vez terminada sua manifestação terrestre, sua ação conduz sempre a uma mudança profunda e poderosa, não apenas na vida ética, mas também na vida social e exterior e nos ideais da espécie. Por outro lado, o Avatar pode descer como uma encarnação da vida divina, da personalidade e do poder divinos em sua ação característica para uma missão ostensivamente social, ética e política, como é representada na história de Rama ou de Krishna; mas essa descida torna-se, então, na alma da espécie, um poder permanente para a vida interior e o renascimento espiritual. É, de fato, curioso notar que o efeito permanente, vital, universal do budismo e do cristianismo foi a força de seus ideais éticos, sociais e práticos e a influência desses ideais mesmo sobre os homens e as épocas que rejeitaram suas crenças, formas e disciplinas religiosas e espirituais; o hinduísmo, que rejeitou o Buda, seu *saṅgha* e seu *dharma*, mais tarde apresenta a marca indelével da influência social e ética do budismo e seu efeito sobre as ideias e a vida da espécie, enquanto, na Europa moderna, que é cristã só de nome, o humanitarismo – na esfera ética e social – e a aspiração à liberdade, à igualdade e à fraternidade – na esfera social e política – traduzem as verdades espirituais do cristianismo, a segunda efetuada sobretudo por aqueles que rejeitaram de maneira agressiva a religião cristã e a disciplina espiritual e por uma época que, em seu esforço intelectual pela emancipação, tentou desembaraçar-se do cristianismo como credo. Por outro lado, a vida de Rama e a de Krishna pertencem ao passado pré-histórico, que chegou aos nossos dias apenas como poesia e como lenda, e podem ser mesmo vistas como mitos; mas que as vejamos como mitos ou como fatos históricos é sem grande importância, porque sua verdade e seu valor permanentes estão em sua persistência como formas, presenças, influências espirituais na consciência interior da espécie e na vida da alma humana. A existência do Avatar é um fato da vida e da consciência divinas que pode se realizar em uma ação externa mas deve persistir, quando esta ação termina e seu trabalho é realizado, em uma influência espiritual; ou pode realizar-se em uma influência e ensinamento espirituais, mas, mesmo quando a nova religião ou a nova disciplina estiverem exauridas, deve haver seu efeito permanente no pensamento, no caráter e na vida exterior da humanidade.

Devemos então, a fim de compreender a descrição que nos dá a Gītā da obra do Avatar, tomar a ideia do Darma em seu conceito mais completo, mais profundo e mais vasto, considerar o Darma como a lei interior e exterior pela qual a Vontade e a Sabedoria divinas elaboram a evolução espiritual da humanidade assim como suas circunstâncias e seus resultados na vida da espécie. Darma, na concepção indiana, não é apenas o bem, o certo, a moralidade, a justiça, a ética: é a total governança de todas as relações do ser humano com os outros seres, com a Natureza, com Deus, considerada de um ponto de vista de um princípio divino que se elabora em formas e leis de ação, formas da vida interior e exterior, arranjos de todos os tipos de relações no mundo. Darma[1] é, ao mesmo tempo, aquilo que seguramos e aquilo que segura a coesão de nossas atividades interiores e exteriores. Em seu sentido primário quer dizer uma lei fundamental de nossa natureza, que secretamente condiciona todas as nossas atividades e, nesse sentido, cada ser, cada tipo, cada espécie, cada indivíduo, cada grupo tem seu darma. Em segundo lugar há a natureza divina que deve se desenvolver e se manifestar em nós e, nesse sentido, darma é a lei das operações interiores pelas quais essa natureza cresce em nosso ser. Em terceiro lugar há a lei pela qual governamos a emissão de nosso pensamento e de nossa ação assim como nossas relações com cada um a fim de ajudar do melhor modo possível, ao mesmo tempo, nosso próprio crescimento e o da espécie humana em direção ao ideal divino.

1. A palavra significa a ação de segurar, da raiz *dhṛ*, segurar.

Em geral, fala-se do darma como de algo eterno e inalterável e isso é assim em seu princípio fundamental, no ideal, mas em suas formas ele muda e evolui de maneira contínua, porque o ser humano não possui ainda o ideal ou vive nele, mas aspira a ele de maneira mais ou menos perfeita, cresce em direção ao conhecimento e à prática desse ideal. E nesse crescimento o darma é tudo aquilo que nos ajuda a crescer em pureza, amplidão, luz, liberdade, poder, força, alegria, amor, bondade, unidade e beleza divinos. Opõe-se a isso sua sombra e sua negação, tudo aquilo que resiste a seu crescimento e não foi submetido à sua lei, tudo aquilo que não revelou ou não quer revelar o segredo de seus valores divinos mas apresenta uma face de deturpação e contradição, de impureza, estreiteza, servidão, obscuridade, fraqueza, vilania, discórdia, sofrimento e divisão, o horrendo e o grosseiro; tudo aquilo que o homem, em seu progresso, deve deixar atrás. Este é o *adharma*, o não darma, que luta contra o darma e busca vencê-lo, busca puxar as coisas para trás e para baixo – a força reacionária que trabalha para o mal, para a ignorância e a obscuridade. Entre os dois há uma batalha e um combate perpétuos, oscilação entre vitória e derrota na qual prevalecem, de modo alternado, algumas vezes as forças dirigidas ao alto e algumas vezes as forças dirigidas ao baixo. Isso foi representado na imagem védica da luta entre os poderes divinos e os poderes titânicos, os filhos da Luz e da Infinidade não dividida e as crianças das Trevas e da Divisão, no zoroastrismo Ahuramazda e Ahriman e, nas religiões ulteriores, no conflito entre Deus e seus anjos e Satã ou Iblis[2] e seus demônios, pela posse da vida e da alma humanas.

São essas coisas que condicionam e determinam o trabalho do Avatar. Na fórmula budista o discípulo toma refúgio contra tudo o que se opõe à sua libertação, em três poderes, o *dharma*, o *saṅgha*, o Buda. Do mesmo modo, no cristianismo temos a lei da vida cristã, a Igreja e o Cristo. Essas três coisas são sempre os elementos necessários da obra do Avatar. Ele dá um darma, uma lei de autodisciplina com a qual ultrapassar a vida inferior e entrar na vida superior, que inclui necessariamente uma regra de ação e de relações com nossos semelhantes e outros seres, um esforço no óctuplo sendeiro, ou a lei da fé, do amor e da pureza, ou qualquer outra revelação análoga da natureza do divino na vida. Então, porque cada tendência no ser humano tem seu aspecto coletivo e seu aspecto individual, porque aqueles que seguem uma via são naturalmente reunidos em um companheirismo e uma unidade espiritual, ele estabelece o *saṅgha*, a comunidade e a união daqueles a quem sua personalidade e seu ensinamento

2. No Islã, o nome pessoal do demônio. Corresponde a Satã no cristianismo. (N. da T.)

unem. No vaishnavismo há o mesmo trio, *bhāgavata*, *bhakta*, *bhagavān* – o *bhāgavata*, que é a lei vaishnava de adoração e de amor, o *bhakta*, que representa a comunidade daqueles em quem essa lei é manifestada, o *bhagavān*, o Amante e o Bem-Amado divino, em cujo ser e natureza a divina lei de amor é fundada e se cumpre. O Avatar representa esse terceiro elemento, a personalidade divina, o ser divino que é a alma do darma e do *saṇgha*, que os impregna de si mesmo, os mantém vivos e atrai os indivíduos em direção à felicidade e à libertação.

No ensinamento da Gītā, que é mais universal e complexo do que outros ensinamentos e disciplinas especializados, essas coisas assumem um significado mais vasto, pois a unidade aqui é a unidade vedântica, que abarca tudo e pela qual a alma vê tudo em si mesma, vê a si mesma em tudo e se faz una com todos os seres. O darma consiste então em alçar todas as relações humanas a um significado divino mais alto; ele parte da regra ética, social e religiosa estabelecida, que liga toda a comunidade onde vive o buscador de Deus e a eleva, impregnando-a da consciência brâmine; a lei que ele dá é a lei da unidade, da igualdade, da ação liberada, sem desejo, governada por Deus, do conhecimento de Deus e de si, que esclarece e atrai a ela toda a natureza e toda a ação, atraindo-as ao ser divino e à consciência divina, e a lei do amor de Deus enquanto poder supremo e coroa do conhecimento e da ação. A ideia de comunidade e de ajuda mútua no amor de Deus e na busca de Deus, que é a base da ideia do *saṇgha* ou comunidade divina, é introduzida quando a Gītā fala da busca de Deus pelo amor e pela adoração, mas o *saṇgha* verdadeiro desse ensinamento é toda a humanidade. O mundo inteiro move-se em direção a esse darma, cada ser humano segundo sua capacidade – "É meu caminho que, de todo modo, todos seguem" – e aquele que busca Deus, fazendo-se um com todos os seres humanos, fazendo suas a alegria e a tristeza e toda a vida deles, o indivíduo liberto, que já se fez um só ser com todos os seres, vive na vida da humanidade, vive para o Self único na humanidade, para Deus em todos os seres, age para o *lokasaṇgraha*, para a conservação de todos os seus darmas e no Darma, para manter o crescimento deles em todos os estágios e em todos os caminhos em direção ao Divino. Aqui, então, o Avatar, embora se manifeste sob o nome e a forma de Krishna, não insiste de maneira exclusiva nessa forma única de seu nascimento humano, mas naquilo que ela representa, o Divino, o Purushottama, do qual todos os Avatares são os nascimentos humanos, do qual todas as formas e todos os nomes da Divindade adorada pelos homens são as representações. A via que Krishna faz conhecer aqui é, de fato, anunciada como a via pela qual o indivíduo pode alcançar o verdadeiro conhecimento e a verdadeira libertação, mas essa é uma via que inclui todos os caminhos, não é exclusiva, pois o Divino retoma em sua universalidade todos os Avatares e todos os ensinamentos e todos os darmas.

A Gītā põe a ênfase no combate do qual o mundo é o teatro e que tem dois aspectos, a luta interior e a batalha exterior. Na luta interior os inimigos estão dentro, no indíviduo, e a vitória é obtida pela morte dos desejos, da ignorância, do egoísmo. Mas há um combate exterior entre os poderes do Darma e os do *adharma* na coletividade humana. A primeira é sustentada pela natureza divina, a natureza à imagem de Deus no ser humano e por aqueles que a representam ou se esforçam para realizá-la na vida humana; a segunda é sustentada pela natureza titânica ou demoníaca, a natureza asúrica e rakshásica, cujo traço principal é um egoísmo violento, e por aqueles que a representam e se esforçam para satisfazê--la. Essa é a guerra dos deuses e dos titãs, cujo símbolo enche a antiga literatura indiana; a luta do Mahabharata, da qual Krishna é a figura central, é, com frequência, representada na seguinte imagem: os Pandavas, que combatem para estabelecer o reino do Darma, são filhos de deuses, poderes deles sob a forma humana; seus adversários são encarnações de poderes titânicos, eles são Asuras. O Avatar vem também para ajudar nesse combate exterior; direta ou indiretamente ele vem destruir o reino dos asuras, aqueles que fazem o mal; neles, abater o poder que representam e restaurar os ideais oprimidos do Darma. Ele vem para aproximar, na coletividade, o reino do céu na terra e edificar o reino dos céus interiores na alma humana individual.

O fruto interior da vinda do Avatar é obtido por aqueles que aprendem com isso a verdadeira natureza do nascimento divino e das obras divinas e que – sua consciência preenchendo-se dele e com todo seu ser tomando refúgio nele, *manmayā mām upāśritāḥ*, purificados pela força realizadora de seu conhecimento e libertos da natureza inferior – alcançam o Ser divino e a natureza divina, *madbhāvam*. O Avatar vem para revelar a divina natureza no ser humano acima dessa natureza inferior e mostrar o que são as obras divinas, livres, sem egoísmo, desinteressadas, impessoais, universais, cheias da luz divina, do poder e do amor divinos. Ele vem enquanto personalidade divina que deve preencher a consciência dos indivíduos e substituir a personalidade egoísta limitada, de modo que, liberada do ego, ela entre na infinidade e na universalidade e que, liberada do nascimento, entre na imortalidade. Ele vem enquanto poder divino, enquanto amor divino, que chama a si os seres humanos para que possam tomar refúgio nele e não mais na inconsciência de suas vontades humanas e na luta de seus medos humanos, de suas cóleras e de suas paixões humanas e, liberados de toda essa inquietude e desse sofrimento, possam viver na calma e na beatitude do Divino.[3] E, em essência, pouco importa a forma e o nome sob os quais ele vem, nem o aspecto do Divino que ele põe no primeiro plano, pois de todo modo, com as variações de sua natureza, os indivíduos seguem a via traçada para eles pelo Divino que, no final, os conduzirá a Ele e o aspecto d'Ele que convém à natureza deles é aquele que podem seguir melhor, quando Ele vem para guiá--los; assim como os homens aceitam Deus e o amam e se rejubilam n'Ele, é dessa maneira que Deus aceita e ama o ser humano e nele se rejubila. *Ye yathā māṁ prapadyante tāṁs tathaiva bhajāmyaham.*

3. *janma karma ca me divyam evaṁ yo vetti tattvataḥ,*
tyaktvā dehaṁ punarjanma naiti mām eti so'rjuna.
vītarāgabhayakrodhā manmayā mām upāśritāḥ,
bahavo jñānatapasā pūtā madbhāvam āgatāḥ.

CAPÍTULO XVIII

O OBREIRO DIVINO

Alcançar o nascimento divino – um nascimento novo divinizador da alma em uma consciência superior – e cumprir as obras divinas como um meio em direção a isto antes que seja alcançado e como uma expressão disso depois de alcançá-lo é, então, todo o Carma-Ioga da Gītā. A Gītā não tenta definir as obras por algum sinal exterior pelo qual elas possam ser reconhecidas por um olhar exterior, medidas pela crítica mundana; deliberadamente, ela renuncia mesmo às distinções éticas comuns pelas quais os homens buscam se guiar à luz da razão humana. Os sinais pelos quais ela distingue as obras divinas são todos profundamente íntimos e subjetivos; a marca que os torna reconhecíveis é invisível, espiritual, supraética.

Eles podem ser reconhecidos apenas pela luz da alma, de onde eles provêm. De fato, diz a Gītā, "o que é a ação e o que é a inação – quanto a isso, mesmo os sábios se sentem perplexos e iludidos" porque, a julgar pelas normas práticas, sociais, éticas, intelectuais, sua discriminação se baseia em fatos ocasionais e não vai à raiz do problema; "Eu te farei conhecer essa ação cujo conhecimento te libertará de todo mal. Devemos possuir a compreensão da ação, a compreensão da ação errada e a da inação; espessa e emaranhada é a via das obras". A ação no mundo assemelha-se a uma floresta profunda, *gahana*, através da qual o ser humano avança o melhor que pode, tropeçando, à luz das ideias do seu tempo, das normas de sua personalidade, de seu meio ou, antes, de suas inúmeras épocas, inúmeras personalidades, camadas de pensamento e de ética vindas de muitas etapas sociais, todas inextricavelmente misturadas, temporais e convencionais em meio à toda sua pretensão ao absoluto e à verdade imutável, empíricas e irracionais apesar de sua imitação desajeitada da razão justa. E, por fim, o sábio que busca em meio disso tudo um fundamento supremo de uma lei fixa e uma verdade original, encontra-se obrigado a levantar a última suprema questão, saber se toda ação e a própria vida não são um engano e uma cilada e se a cessação da ação, *akarma*, não é o último recurso da alma humana, cansada e desiludida. Porém, diz Krishna, nesse assunto, mesmo os sábios ficam perplexos e iludidos, pois é pela ação, pelas obras e não pela inação, que vêm o conhecimento e a liberação.

Qual seria, então, a solução? Qual seria esse gênero de obras que nos liberaria dos males da vida, dessa dúvida, desse erro, dessa pena, desse resultado misturado, impuro e desconcertante de nossos atos, mesmo os mais puros e bem-intencionados, desses milhões de formas de pecado e de sofrimento? Não é necessário fazer distinções exteriores, é a resposta; nenhum trabalho que o mundo necessita deve ser evitado; não pôr limites ou barreiras em torno de nossas atividades humanas, ao contrário, todas as ações devem ser feitas, mas a partir de uma alma em Ioga com o Divino, *yuktaḥ kṛtsna-karma-kṛt*. *Akarma*, a cessação da ação, não é o caminho; aquele que alcançou o discernimento da razão mais elevada percebe que uma tal inação é, em si mesma, uma ação constante, um estado sujeito às operações da Natureza e de suas qualidades. A mente que busca refúgio na inatividade física está ainda sob a ilusão de que é ela, e não a Natureza, que cumpre as ações; ela confunde a inércia com a libertação; não vê que, mesmo no que parece uma inércia absoluta, maior do que a da pedra ou a de um torrão de terra, a Natureza está trabalhando, ela mantém, inalterado, seu domínio. Ao contrário, no pleno dilúvio da ação a alma está livre de suas obras, não é aquela que age, nem é ligada por aquilo que é feito, e só aquele que vive na liberdade da alma, não escravo dos modos da Natureza, está livre das obras. Isso é o que a Gītā claramente quer dizer quando declara que aquele que na ação pode ver a inação e que, na cessação das obras, pode ver a ação continuar, é o homem entre os homens, que tem a razão e o discernimento verdadeiros. Essa declaração tem como núcleo a distinção do Sankhya entre Purusha e Prakriti, entre a alma livre inativa, eternamente calma, pura e impassível em meio às obras e a Natureza sempre ativa, que age tanto na inércia e na cessação quanto no tumulto visível da pressa de seu labor. Esse é o conhecimento que nos dá o mais alto esforço da razão discriminadora, *buddhi*, e, portanto, qualquer um que o possua é o verdadeiro indivíduo racional e de discernimento, *sa buddhimān manuṣyeṣu* – não o pensador perplexo que julga a vida e as obras a partir das distinções exteriores, incertas e impermanentes da razão inferior. Portanto, o indivíduo liberto não teme a ação, ele é um executante vasto e universal de todas as obras, *kṛtsna-karma-kṛt*; não como outros as cumprem, em sujeição à Natureza, mas estabelecido na calma silenciosa da alma, tranquilamente em Ioga com o Divino. O Divino é o Senhor das obras dele, que é apenas o canal graças à instrumentação de sua natureza, a qual é consciente do Senhor e submissa a Ele. Pela intensidade e pureza ardentes desse conhecimento, todas as suas obras são incendiadas como em um fogo, sem deixar nenhuma mancha ou marca que desfigure sua mente, que permanece calma, silenciosa, imperturbável, branca, clara e pura. Fazer tudo nesse conhecimento libertador, sem o egoísmo pessoal do executante, é o primeiro sinal do obreiro divino.

O segundo sinal é que ele é livre do desejo, pois, onde não há mais o egoísmo pessoal do executante, o desejo torna-se impossível; passa fome, enfraquece por falta de sustento e morre de inanição. Exteriormente, o indivíduo liberto parece empreender obras de todo tipo, como os demais indivíduos, em uma escala mais ampla talvez, com uma vontade e uma força motora mais poderosa, pois o poder da vontade divina age em sua natureza ativa; mas o conceito inferior e a vontade inferior do desejo são inteiramente banidos de todas as suas iniciativas e de seus projetos, *sarve samārambhāḥ kāmasaṇkalpavarjitāḥ*. Ele abandonou todo apego ao fruto de suas obras e aí onde não se trabalha pelo fruto, mas apenas como instrumento impessoal do Mestre das obras, o desejo não pode encontrar lugar – nem mesmo o desejo de servir de maneira bem-sucedida, porque o fruto pertence ao Senhor e é determinado por Ele e não pela vontade e pelo esforço pessoais, nem pelo desejo de servir de maneira honorável e para a satisfação do Mestre, pois o verdadeiro obreiro é o próprio Senhor e toda glória pertence a uma forma de sua Shakti, delegada na natureza, e não à personalidade humana limitada. A mente e alma humanas do indivíduo liberto não fazem nada, na *kiñcit karoti*; mesmo se por meio de sua natureza ele se põe a agir é a Natureza, a Shakti executiva, é a deusa consciente governada pelo Habitante divino, que faz o trabalho.

Não se deve concluir disso que o trabalho não deva ser feito de maneira perfeita, com sucesso, com uma justa adaptação dos meios aos fins: ao contrário, um perfeito modo de funcionar é mais fácil para a ação feita com tranquilidade no Ioga do que a ação feita na cegueira das esperanças e dos medos, estropiada pelo julgamento da razão tropeçante, a correr para lá e para cá em meio às ávidas trepidações da vontade humana impetuosa; Ioga, diz a Gītā em outra passagem, é a verdadeira habilidade nas obras, *yogaḥ karmasu kauśalam*. Mas tudo isso é feito de maneira impessoal pela ação de uma grande luz e de um grande poder universais que operam por meio da natureza individual. O carma-iogue sabe que o poder que lhe é dado será adaptado ao fruto decretado, o pensamento divino por trás da obra igualado à obra que ele deve cumprir, a vontade nele – que não será anseios ou desejo, mas um impulso impessoal do poder consciente dirigido a um objetivo que não é o seu – sutilmente regulada em sua energia e em sua orientação pela sabedoria divina. O resultado pode ser um sucesso, como o entende a mente comum, ou pode ser uma derrota e um fracasso para essa mesma mente; mas para o carma-iogue é sempre o sucesso esperado, não por ele, mas para o todo-sábio que maneja a ação e o resultado, porque ele não busca vitória, busca apenas cumprir a vontade e a sabedoria divinas, que alcançarão seus fins pelo aparente fracasso e, muitas vezes, com mais força do que pelo aparente triunfo. Arjuna, que recebeu a ordem para combater, está seguro da vitória; porém, mesmo se uma derrota certa estivesse diante dele, ele deveria mesmo assim combater, porque essa é a obra que lhe é designada como sua parte imediata na grande soma de energias, pelas quais se cumpre, de modo seguro, a vontade divina.

O indivíduo liberto não tem esperanças pessoais; ele não se apropria das coisas como seus bens pessoais, ele recebe o que a Vontade divina lhe traz, não cobiça nada, não tem inveja de ninguém: o que vem a ele, ele o toma sem repulsa nem apego; aquilo que o deixa, ele permite que se vá no turbilhão das coisas, sem queixa ou pesar ou sensação de perda. Seu coração e seu self estão sob perfeito controle; livres de reação e de paixão eles respondem sem turbulências ao contato das coisas exteriores. A ação dele é, de fato, uma ação puramente física, *śārīraṁ kevalaṁ karma*, pois todo o resto vem do alto, não é gerado no plano humano, é apenas um reflexo da vontade, do conhecimento, da alegria do divino Purushottama. Portanto, ao não insistir sobre a ação e seus objetos, ele não provoca em sua mente e em seu coração nenhuma dessas reações que chamamos paixão e pecado, pois o pecado não consiste de modo algum no ato exterior, mas em uma reação impura da vontade pessoal, da mente e do coração, reação que acompanha o ato ou o provoca; o impessoal, o espiritual é sempre puro, *apāpaviddham*, e dá a tudo o que faz sua própria pureza inalienável. Essa impessoalidade espiritual é um terceiro sinal do obreiro divino; todas as almas humanas, de fato, que alcançaram certa grandeza e certa vastidão são conscientes de uma Força ou de um Amor impessoais ou de uma Vontade e de um Conhecimento impessoais que agem por meio delas, mas elas não são livres de reações egoístas – algumas bastante violentas – de sua personalidade humana. Mas essa liberdade a alma liberta alcançou, pois o indivíduo fundiu sua personalidade no impessoal, onde ela não é mais sua, mas é assumida pela Pessoa divina, o Purushottama, que usa de maneira infinita e livre todas as qualidades finitas e nenhuma o encadeia. O indivíduo liberto tornou-se uma alma e cessou de ser uma soma de qualidades naturais; e a aparência de personalidade que permanece para as operações da Natureza é algo não amarrado, é algo vasto, flexível, universal; é um molde livre para o Infinito, é uma máscara viva do Purushottama.

O resultado desse conhecimento, dessa ausência de desejo e dessa impessoalidade é uma igualdade perfeita na alma e na natureza. A igualdade é o quarto sinal do obreiro divino. Ele ultrapassou as dualidades, diz a Gītā; ele é *dvandvātīta*. Vimos que ele vê com olhar igual, sem que seus sentimentos sejam perturbados, o fracasso e o sucesso, a vitória e a derrota; mas não só essas: nele, todas as dualidades são ultrapassadas e reconciliadas. As distinções exteriores, pelas quais os indivíduos determinam sua atitude psicológica em relação aos eventos do mundo, têm para ele apenas um significado subordinado e instrumental. Ele não ignora as distinções, mas está acima delas. O que acontece de bom ou de mau, tão importante para a alma humana sujeita ao desejo é, para a alma divina e sem desejos, bem-vindo, pois as formas do bem eterno que se desenvolvem são elaboradas pelo entrelaço do bem e do mal. O obreiro divino não pode ser vencido, visto que para ele tudo se move em direção à vitória divina no Kurukshetra da Natureza, *dharmakṣetre kurukṣetre*, o campo dos atos que é o campo do Darma em evolução, e cada circunstância do conflito foi designada e determinada pelo olhar visionário do Mestre da batalha, Senhor das obras e Guia do darma. A honra e a desonra que vêm dos homens não o emocionam, tampouco seus louvores ou suas acusações, pois ele possui um juiz maior e mais lúcido e uma outra norma para sua ação e seu motivo não admite dependência de nenhuma recompensa mundana. Arjuna, o Kshatriya, aprecia naturalmente a honra e a reputação e está certo em fugir da desgraça e do nome de covarde como coisas piores que a morte, pois respeitar a questão da honra e manter a norma da coragem no mundo é parte do seu darma: mas Arjuna, a alma liberada, não necessita se preocupar com essas coisas, ele deve conhecer somente o *kartavyaṁkarma*, a obra que o supremo Self requer dele, cumpri-la e deixar ao Senhor o resultado de suas ações. Ele ultrapassou mesmo essa distinção entre pecado e virtude, que é tão importante para a alma humana quando luta para minimizar o domínio do seu egoísmo e tornar mais leve o jugo violento e pesado de suas paixões – o liberado elevou-se acima dessas lutas e está estabelecido com firmeza na pureza da alma-testemunha esclarecida. Nele, o pecado se foi e essa não é uma virtude adquirida e aumentada pelas boas ações nem danificada ou perdida pelas ações más, mas é a inalienável e inalterável pureza de uma natureza divina e sem egoísmo, que é o pico onde ele se alçou e o assento de sua fundação. Nesse lugar, o sentido de pecado e o sentido de virtude não têm ponto de partida ou aplicação.

Arjuna, ainda na ignorância, pode sentir em seu coração o chamado do direito e da justiça e argumentar em sua mente que se abster da batalha seria um pecado e o tornaria responsável por todo o sofrimento que a injustiça, a opressão e o mau Carma do triunfo do mal atrai sobre as pessoas e as nações, ou ele pode sentir no seu coração o recuo diante da violência e do massacre e argumentar em sua mente que todo derramamento de sangue é um pecado que nada pode justificar. Ambas atitudes poderiam fazer apelo, com igual direito, à virtude e à razão e dependeria do indivíduo, das circunstâncias e da época para saber qual delas prevaleceria em sua mente ou aos olhos do mundo. Ou ele poderia apenas se sentir obrigado, pelo seu coração e pela sua honra, a apoiar seus amigos contra seus inimigos, a causa dos bons e dos justos contra a causa dos maus e dos opressores. A alma liberta olha para além dessas normas incompatíveis; vê apenas o que o Self supremo requer dela como necessário para manter ou para trazer ao primeiro plano, o Darma que evolui. Ela não tem fins pessoais a alcançar, nem amores e ódios pessoais a satisfazer, nem norma de ação rigidamente fixa que oponha sua linha dura ao flexível progresso humano ou que se erga desafiadora contra o chamado do Infinito. Não tem inimigos pessoais a serem conquistados ou destruídos, mas vê apenas seres humanos que as circunstâncias e a vontade nas coisas levantaram contra ela, para ajudar, mediante a oposição, a marcha do destino. Contra eles a alma liberada não pode ter cólera nem ódio, pois a cólera e o ódio são estrangeiros à natureza divina. O desejo do Asura de romper e de matar aquilo que se opõe a ele, o apetite feroz do rakshasa pela carnificina são impossíveis para a calma e a paz da alma liberada, para sua simpatia e sua compreensão, que abrangem tudo. Ela não tem vontade de ferir, ao contrário, tem uma amizade e uma compaixão universais *maitraḥ karuṇa eva ca*: mas essa compaixão é a de uma alma divina estabelecida acima dos seres humanos, que contém em si mesma todas as outras almas, não o encolhimento do coração, dos nervos e da carne que é a forma humana comum de piedade; ela tampouco dá uma suprema importância à vida do corpo, mas olha além, para a vida da alma, e dá à outra apenas um valor instrumental; ela não se apressará para o massacre e a luta, mas se as ondas do Darma trouxerem uma guerra, a aceitará com uma vasta igualdade, uma compreensão e uma simpatia perfeitas por aqueles cujo poder e o prazer de dominar ela deve quebrar e cuja alegria de uma vida triunfante ela deve destruir.

Pois em todos a alma liberada vê duas coisas, o Divino que habita de igual modo em cada ser, a manifestação variável que é desigual apenas em circunstâncias temporárias. No animal e no ser humano, no cão, no pária sujo e no brâmane erudito e virtuoso, no santo e no pecador, no indiferente, no amigável e no hostil, naqueles que a amam e fazem o bem e naqueles que a odeiam e causam aflição, ela vê a si mesma, vê Deus e, em seu coração, tem a bondade igual para todos, a mesma divina afeição. As circunstâncias podem determinar o abraço exterior ou o conflito exterior, mas jamais afetar a igualdade do seu olhar, a abertura do seu coração, seu abraço interior a todos. Em todas as suas ações haverá o mesmo princípio de alma, uma perfeita igualdade e o mesmo princípio de trabalho, a vontade do Divino nela, ativa para as necessidades da espécie em seu avanço gradual em direção à Divindade.

Além disso, o sinal do obreiro divino é aquilo que é central à própria consciência divina, uma alegria e uma paz interiores perfeitas, cuja origem e continuação não dependem de nada no mundo; elas são inatas, são a própria substância da consciência da alma, são a própria natureza do ser divino. O indivíduo comum depende de coisas exteriores para ser feliz; portanto, tem desejos; portanto, tem cólera e paixão, prazer e dor, alegria e tristeza; portanto, ele mede todas as coisas na balança da boa e da má fortuna. Nenhuma dessas coisas pode afetar a alma divina; ela está sempre satisfeita, sem nenhum tipo de dependência, *nitya-tṛpto nirāśrayaḥ*, pois seu deleite, seu bem-estar, sua alegria, sua luz feliz são eternos no interior, arraigados nela, *ātma-ratiḥ*, *antaḥ-sukho 'ntar-ārāmas tathāntar-jyotir eva yaḥ*. A alegria que ela sente pelas coisas externas não é pelo interesse nelas, nem por coisas que busca nelas e pode não obter, mas pelo self nelas, pela expressão do Divino nelas, por aquilo que, nelas, é eterno e que a alma divina não pode omitir. Ela é sem apego ao contato externo delas, mas encontra em todo lugar a mesma alegria que encontra em si mesma, porque seu self é o delas, tornou-se um self único com o self de todos os seres, porque ela é unida ao Brahman igual e único nelas, através de todas as suas diferenças, *brahmayoga-yuktātmā sarvabhūtātma-bhūtātmā*. Ela não se alegra com os contatos agradáveis nem sente angústia nos contatos desagradáveis; tampouco a ferida provocada pelas coisas, ou pelos amigos, ou pelos inimigos pode perturbar a firmeza de sua mente que contempla o exterior ou confundir seu coração que recebe; essa alma é, em sua natureza, *avraṇam*, como diz o Upanishad: sem ferida ou cicatriz. Em todas as coisas ela possui a mesma Ananda imperecível, *sukham akṣayam aśnute*.

Essa igualdade, essa impessoalidade, essa paz, essa alegria, essa liberdade não dependem de uma coisa tão exterior como o fato de cumprir ou não as obras. A Gītā insiste repetidamente na diferença entre a renúncia interior e a renúncia exterior, *tyāga* e *sannyāsa*. A última, ela diz, é sem valor sem a precedente, dificilmente possível de ser alcançada sem esta e desnecessária quando há a liberdade interior. De fato, a própria *tyāga* é o *sannyāsa* verdadeiro e suficiente. "Ele deve ser conhecido como o eterno sannyasin, aquele que não deseja nem odeia; livre de dualidades, ele é liberto de toda servidão, de um modo feliz e fácil." O penoso processo do sannyasa exterior, *dukḥam āptum*, é um processo desnecessário. É perfeitamente verdade que todas as ações, assim como o fruto da ação, devem ser abandonados, renunciados, mas interiormente, não exteriormente, não abandonados à inércia da Natureza, mas oferecidos em sacrifício ao Senhor na calma e na alegria do Impessoal, de quem toda ação procede sem que sua paz seja perturbada. O verdadeiro sannyasa da ação consiste em fazer repousar todas as obras no Brahman. "Aquele que, ao ter abandonado o apego, age pondo (ou fundando) suas obras no Brahman, *brahmaṇyādhāya karmāṇi*, não é manchado pelo pecado, do mesmo modo como a água não adere à folha do lótus." Então os iogues, primeiro "cumprem as obras com o corpo, com a mente, com a compreensão, ou meramente com os órgãos da ação e abandonam o apego à autopurificação, *saṇgaṁ tyaktvātmaśuddhaye*. Ao abandonar o apego aos frutos das obras, a alma em união com o Brahman alcança a paz de uma embevecida fundação no Brahman, mas a alma que não está em união é apegada ao fruto e ligada pela ação do desejo". A fundação, a pureza, a paz uma vez alcançadas, a alma encarnada, tendo o perfeito controle de sua natureza, renunciado a todas as suas ações pela mente, interiormente e não exteriormente, "assenta-se na cidade das nove portas sem cumprir obras e sem suscitá-las", pois essa alma é a Alma única e impessoal em todos, o Senhor que permeia tudo, *prabhu*, *vibhu*, que, enquanto o impessoal, nem cria as obras do mundo nem cria a ideia da mente de ser o executante, *na kartṛ tvaṁ na karmāṇi*, nem a associação entre as obras e os seus frutos, a cadeia de causa e efeito. Tudo isso é elaborado pela Natureza no ser humano, *svabhāva*, o princípio de seu devenir, o que a palavra literalmente significa. O Impessoal que permeia tudo não aceita pecado ou virtude de ninguém: essas são coisas criadas pela ignorância na criatura, pelo seu egoísmo de executante, pela sua ignorância sobre seu self mais alto, pela sua involução nas operações da Natureza e, quando no ser humano o autoconhecimento é desprendido de seu invólucro obscuro, esse conhecimento, como um sol, ilumina o self verdadeiro no seu interior; ele sabe, então, que ele é a alma suprema acima dos instrumentos da Natureza. Puro, infinito, inviolável, imutável, nada mais o afeta; ele não mais se imagina modificado pelos modos de funcionar da Natureza. Pela completa identificação com o Impessoal, ele pode também liberar-se da necessidade de renascer e de retornar ao movimento da Natureza.

E, portanto, essa liberação em nada o impede de agir. Só que ele sabe que não é ele mesmo que é ativo, mas os modos, as qualidades da Natureza, suas *guṇas* triplas: "aquele que conhece os princípios das coisas pensa, sua mente no Ioga (com o Impessoal inativo), 'eu não faço nada'; quando ele vê, ouve, toca, cheira, come, se move, dorme, respira, fala, toma, elimina, abre os olhos ou os fecha, ele considera que são apenas os sentidos agindo sobre os objetos dos sentidos". Ele mesmo, protegido na alma imutável, não modificada, está além do domínio das três gunas, *triguṇātīta*; nem é sátvico, nem rajásico, nem tamásico; em suas ações ele vê, com um espírito claro e imperturbado, as alternâncias dos modos e das qualidades da Natureza, o jogo rítmico de luz e felicidade, de atividade e força, de repouso e inércia. Essa superioridade da alma calma, que observa sua ação mas não está envolvida nela, essa *traiguṇātītya* é também um alto sinal do obreiro divino. Em si, a ideia poderia conduzir a uma doutrina do determinismo mecânico da Natureza e da perfeita indiferença e irresponsabilidade da alma; mas a Gītā, eficazmente, evita esse erro de um pensamento insuficiente por meio de sua iluminante ideia superteísta do Purushottama. Ela mostra com clareza que, no final, não é a Natureza que determina de modo mecânico sua própria ação; é a Vontade do Supremo que a inspira. Aquele que já matou os dhritarashtrianos,[1] aquele de quem Arjuna é só o instrumento humano, aquele que é a Alma universal, Divindade transcendente, este é Ele, o mestre do labor da Natureza. Fazer repousar as obras sobre o Impessoal é um meio de desembaraçar-se do egoísmo pessoal do executante, mas o objetivo é abandonar todas as nossas ações ao soberano Senhor de tudo, *sarva-loka-maheśvara*. "Com a consciência identificada ao Self, renunciando em Mim a todas as ações, *mayi sarvāṇi*

1. Filhos do rei dos Kurus, Dhritarashtra, ou aqueles que se associaram a ele durante a guerra de Kurukshetra. Ver nota na página 66. (N. da T.)

karmāṇi sannyasyādhyātmacetasā, livre das esperanças e dos desejos pessoais, do pensamento 'Eu' e 'Meu', livre da febre da alma, combate", cumpre minha vontade no mundo. O Divino motiva, inspira, determina toda a ação; a alma humana impessoal no Brahman é o canal puro e silencioso do Seu poder; esse poder na Natureza executa o movimento divino. A alma liberta não tem outras obras que não sejam essas, *muktasya karma*, pois jamais sua ação tem uma origem pessoal; tais são as ações do carma-iogue realizado. Elas surgem de um espírito livre e desaparecem sem modificá-lo, como ondas que se elevam e desaparecem à superfície de profundezas conscientes imutáveis. *Gata-saṅgasya muktasya jñānāvasthita-cetasaḥ, yajñāyācarataḥ karma samagraṃ pravilīyate.*

CAPÍTULO XIX

IGUALDADE

Visto que o conhecimento, a ausência do desejo, a impessoalidade, a igualdade, visto que a paz e a beatitude interiores e autoexistentes, a liberdade ou, ao menos, a superioridade sobre o inextricável entrelace dos três modos da Natureza são os sinais da alma liberta, eles devem acompanhá-la em todas as suas atividades. Eles são as condições dessa calma inalterável que essa alma preserva em todo o movimento, todo o choque, todo o conflito de forças que a circundam no mundo. Essa calma reflete a imutabilidade invariável do Brahman em meio a todas as mutações e pertence à Unidade indivisível e imparcial que é para sempre imanente em todas as multiplicidades do Universo. Um espírito igual e que iguala tudo é então essa Unidade em meio aos milhões de diferenças e de desigualdades do mundo; e a igualdade do espírito é a única igualdade real. Pois em tudo o mais na existência só pode haver similaridade, adaptação e equilíbrio; mas mesmo nas maiores similaridades do mundo encontramos diferença de desigualdade e diferença de dessemelhança, e os equilíbrios do mundo só podem ser adaptados por um ajustamento e uma combinação de pesos desiguais.

Daí a imensa importância que a Gītā, em seus elementos de Carma-Ioga, atribui à igualdade; esse é o nó das relações livres do espírito livre com o mundo. O autoconhecimento, a ausência de desejo, a impessoalidade, a beatitude, a liberdade em relação aos modos da Natureza quando se retiram em si mesmos, absorvidos em si mesmos, inativos, não têm necessidade de igualdade, pois não tomam conhecimento das coisas nas quais surge a oposição entre igualdade e desigualdade. Porém, do momento em que o espírito toma conhecimento e se ocupa das multiplicidades, personalidades, diferenças, desigualdades da ação da Natureza, ele tem que realizar esses outros sinais de seu livre estado por meio desse único sinal que torna as coisas evidentes: a igualdade. O conhecimento é a consciência da unidade com o Um; e em relação com os múltiplos seres diferentes, as múltiplas existências diferentes do Universo, ele deve se mostrar de uma unidade igual com todos. A impessoalidade é a superioridade que tem o espírito único e imutável sobre as variações de sua múltipla personalidade no mundo; ao tratar com as personalidades do Universo ele deve mostrar o espírito igual e imparcial de sua ação em relação a todos, por mais variada que a ação possa se tornar pela variedade das relações nas quais é moldada ou das condições nas quais deve acontecer. Assim Krishna, na Gītā, diz que ninguém lhe é caro, ninguém é odiado por ele, que para todos ele é igual em seu espírito; e, contudo, o amante de Deus é o receptáculo especial de sua graça, porque a relação que ele criou é diferente e que, mesmo assim, o Senhor de todos, único e imparcial, encontra cada alma segundo o modo que essa tem de aproximar-se d'Ele. A ausência de desejo é a superioridade do Espírito ilimitado em relação à atração limitadora dos objetos de desejo separados que estão no mundo; quando tem de entrar em relação com esses objetos, ele deve mostrar essa ausência de desejo, seja por uma indiferença igual e imparcial pela posse deles, seja por um deleite igual e imparcial sem apego em tudo e um amor por tudo – deleite e amor que, autoexistentes, não dependem da posse ou da não posse, mas são, em sua essência, imperturbáveis e imutáveis. Porque a beatitude do espírito está no próprio espírito e se essa beatitude deve entrar em relação com coisas e criaturas, é só dessa maneira que ela pode mostrar sua espiritualidade livre. *Traiguṇātītya*, a transcendência das gunas, é a superioridade imperturbável que o espírito tem sobre esse fluxo de ação dos modos da Natureza, que tem como constância em seu caráter ser perturbado e não igual; se o espírito deve entrar em relação com as atividades discordantes e não iguais da Natureza, se a alma livre deve, por pouco que seja, permitir a ação à sua natureza, ela deve mostrar sua superioridade por uma igualdade imparcial em relação a todas as atividades, a todos os resultados, a todos os acontecimentos.

A igualdade é o sinal, porém, para o aspirante, também o teste. Onde existe a desigualdade na alma, aí existe em evidência algum jogo não igual dos modos da Natureza, movimento de desejo, jogo da vontade pessoal, do sentimento e da ação, atividade da alegria ou da tristeza ou aquele deleite perturbado e perturbador que não é uma beatitude espiritual verdadeira mas uma satisfação mental que traz inevitavelmente em seu séquito uma contrapartida ou um recuo de insatisfação mental. Onde há desigualdade de alma aí existe um desvio do conhecimento, perda da sólida permanência na unidade todo abrangente e todo reconciliadora do Brahman e da unidade das coisas. Por sua igualdade, o carma-iogue sabe, em meio à sua ação, que ele é livre.

É a natureza espiritual da igualdade prescrita, alta e universal em seu caráter e em sua abrangência, que dá sua nota distintiva ao ensinamento da Gītā nessa matéria. Do contrário, o simples ensinamento da igualdade em si, como o estado mais desejado da mente, dos sentimentos e da índole, no qual nos alçamos e dominamos a fraqueza humana, não é, de modo algum, peculiar à Gītā. A igualdade sempre foi vista com admiração como o ideal filosófico e a índole característicos dos sábios. A Gītā, de fato, retoma esse ideal, mas o leva bem mais longe, a uma região superior em que nos encontramos a respirar um ar mais vasto e mais puro. O equilíbrio estoico, o equilíbrio filosófico da alma são só a primeira e a segunda etapas em uma ascensão que parte do turbilhão das paixões e das agitações do desejo e alcança uma serenidade e uma beatitude, não dos deuses, mas do Divino Ele-mesmo, em sua suprema mestria de si. A igualdade estoica, que faz do caráter seu pivô, baseia-se na mestria de si por meio de uma austera persistência; a igualdade filosófica, mais feliz e mais serena, prefere a mestria de si por meio do conhecimento, do desapego, de uma alta indiferença intelectual estabelecida acima das perturbações às quais nossa natureza é propensa, *udāsīnavad āsīnaḥ*, como o exprime a Gītā; há também a igualdade religiosa ou cristã, que é uma perpétua genuflexão ou uma resignação e submissão prostradas diante da vontade de Deus. Essas são as três etapas, os três recursos para alcançar a paz divina, a persistência heroica, a sábia indiferença, a resignação pia, *titikṣā udāsīnatā*, *namas* ou *nati*. A Gītā as toma todas, em sua vasta maneira sintética, e as entrelaça ao movimento ascendente da alma, mas a cada uma ela dá uma raiz profunda, uma perspectiva mais ampla, um significado mais universal e transcendente, pois dá a cada uma os valores do espírito, o poder do ser espiritual para além do difícil equilíbrio da compreensão, para além da tensão das emoções.

A alma humana comum tem prazer nas agitações costumeiras da sua vida natural; é porque ela tem esse prazer e, tendo-o, ela sanciona o jogo confuso da natureza inferior, que o jogo continua perpetuamente, pois a Prakriti não faz nada que não seja para o prazer e com a sanção daquele que a ama e nela encontra sua alegria, o Purusha. Não reconhecemos essa verdade porque, sob o choque real das perturbações adversas, golpeada pela tristeza, pela dor, pelo desconforto, infortúnio, derrota, frustração, culpa, desonra, a mente recua diante do golpe, enquanto salta com avidez para abraçar as agitações opostas prazerosas, a alegria, o prazer, as satisfações de todo tipo, a prosperidade, o sucesso, a vitória, a glória, os elogios; mas isso não altera a verdade do prazer da alma na vida, que permanece constante por trás das dualidades da mente. O guerreiro não sente prazer físico em ser ferido ou satisfação mental com as derrotas; mas encontra uma alegria completa na divindade da batalha, que lhe traz a derrota e as feridas, assim como a alegria da vitória, e aceita os riscos da primeira e a esperança da segunda como parte da trama mesclada da guerra, a coisa que a alegria nele persegue. Mesmo as feridas lhe trazem, em retrospecto, alegria e orgulho, completos quando a dor delas já passou, mas com frequência esses estão presentes mesmo quando a dor ainda existe, a qual, na realidade, os nutre. A derrota conserva para ele a alegria e o orgulho da resistência indomável a um adversário superior ou, se ele for de um tipo mais indigno, as paixões do ódio e da vingança, que têm também seus prazeres mais obscuros e mais cruéis. Assim é com os prazeres da alma no jogo normal de nossa vida.

Pela dor e pela aversão a mente recua diante dos golpes adversos da vida; esse é o estratagema da Natureza para impor um princípio de autoproteção, *jugupsā*, de modo que as partes nervosas e corporais vulneráveis em nós não possam, indevidamente, lançar-se sobre a autodestruição para abraçá-la: a mente alegra-se com os toques favoráveis da vida; esse é o engodo do prazer rajásico oferecido pela Natureza, de modo que a força na criatura possa vencer as tendências tamásicas à inercia e à inatividade e ser impelida completamente à ação, ao desejo, à luta, ao sucesso e, pelo apego a essas coisas, possa executar os objetivos da Natureza. Nossa alma secreta sente um prazer nesse conflito e nesse esforço, mesmo na adversidade e no sofrimento, prazer que pode ser bastante completo na lembrança e em retrospecto, mas que no momento está presente também por trás e muitas vezes se eleva mesmo à superfície da mente aflita, para sustentá-la em sua paixão; mas o que, de fato, atrai a alma é a trama mesclada da coisa que chamamos vida, com todo seu tumulto de combate e busca, suas atrações e repulsões, suas ofertas e suas ameaças, suas variedades de todo tipo. Para a alma rajásica de desejo em nós, um prazer monótono, um sucesso sem luta, uma alegria sem sombra devem, depois de certo tempo, tornar-se cansativos, insípidos, tediosos; ela necessita um fundo de cena de obscuridade para dar valor pleno à sua fruição da luz: porque a felicidade que ela busca e frui é dessa própria natureza, é, em sua própria essência, relativa e dependente da percepção e da experiência do seu contrário. A alegria da alma nas dualidades é o segredo do prazer da mente em viver.

Peça à alma de desejo para alçar-se e sair de todo esse tumulto para alcançar a alegria da pura alma-de-beatitude que, todo o tempo, sustenta secretamente sua força na luta e torna possível a continuidade de sua própria existência – ela recuará de imediato diante do chamado. Ela não acredita em uma tal existência; ou crê que isso não seria vida, que de nenhum modo seria essa existência variada do mundo em torno dela, onde ela está habituada a sentir prazer; isso seria algo sem aroma e sem sabor. Ou sente que o esforço seria muito difícil para ela; ou ela recua diante da luta pela ascensão, embora na realidade a mudança espiritual não seja, de modo algum, mais difícil do que a realização dos sonhos que a alma-de-desejo persegue, nem acarreta mais luta e mais labor do que o tremendo esforço que ela faz em sua caça apaixonada aos objetos transientes de prazer e desejo. A verdadeira causa de sua relutância é que lhe é pedido para elevar-se acima de sua própria atmosfera e respirar um ar de vida mais raro e mais puro, cuja beatitude e cujo poder ela não pode perceber e mesmo dificilmente conceber como real, enquanto a alegria dessa natureza inferior turva é para ela a única coisa familiar e palpável. Tampouco essa satisfação inferior é, em si, uma coisa ruim e inaproveitável; ela é, antes, a condição para a evolução ascendente de nossa natureza humana para sair da ignorância e da inércia tamásicas às quais seu ser material está extremamente sujeito; esse é o estágio rajásico da ascensão gradual do ser humano em direção ao supremo autoconhecimento, em direção ao poder e à beatitude supremos. Mas, se ficarmos eternamente nesse plano, o *madhyamā gatiḥ* da Gītā, nossa ascensão permanecerá inacabada, a evolução da alma, incompleta. Passando pelo ser e pela natureza sátvicos, voltado para isso que está para além das três gunas, estende-se o caminho da alma para a sua perfeição.

O movimento que nos guiará para fora das agitações da natureza inferior deve ser, necessariamente, um movimento em direção à igualdade na mente, na índole emocional, na alma. Mas deve ser notado que, embora no final devamos chegar a uma superioridade sobre as três gunas da natureza inferior, é, no entanto, no começo, recorrendo a uma ou outra das três que o movimento deve começar. No início, a igualdade deve ser sátvica, rajásica ou tamásica; pois na natureza humana há uma possibilidade de igualdade tamásica. Ela pode ser puramente tamásica: a pesada uniformidade de uma índole vital que se torna inerte e incapaz de responder aos choques da existência por causa de uma insensibilidade obtusa e uma falta de desejo pelas alegrias da vida. Ou pode resultar de um cansaço das emoções e dos desejos, cansaço acumulado pelos excessos ou por uma saciedade dos prazeres ou, então, ao contrário, uma decepção, um desgosto e um recuo diante da dor de viver, uma lassitude, um temor, um horror e uma aversão pelo mundo; isso é, então, em sua natureza, um movimento misturado, raja-tamásico, mas a qualidade inferior predomina. Ou, ao aproximar-se do princípio sátvico, a natureza humana pode ajudar-se por meio da percepção intelectual de que os desejos da vida não podem ser satisfeitos, de que a alma é demasiado fraca para dominar a vida, de que a coisa toda não é nada mais do que tristeza e esforços transientes e nela não há nenhuma verdade real, nenhuma sanidade, luz ou felicidade; esse é o princípio sátvico-tamásico da igualdade, que não é tanto igualdade, embora possa conduzir a isso, mas indiferença ou recusa tranquila. Em essência, o movimento da igualdade tamásica é uma generalização do princípio de *jugupsā*, ou recuo autoprotetivo, que se encontra na Natureza e se estende desde a fuga diante de certos efeitos dolorosos até a fuga, diante de toda a vida da própria Natureza, disso que, no final, conduz à aflição e ao infortúnio e não ao deleite que a alma exige.

A igualdade tamásica, em si, não apresenta liberação real, mas pode-se fazer dela um ponto de partida poderoso se, como no ascetismo indiano, ela se tornar igualdade sátvica pela percepção da existência maior, do poder verdadeiro, do deleite superior do Self imutável acima da Natureza. Contudo, a virada natural de um tal movimento é para *sannyāsa* – a renúncia à vida e às obras – antes que em direção à união entre a renúncia interior ao desejo e à atividade no mundo da Natureza, que a Gītā pleiteia. A Gītā, contudo, admite esse movimento e lhe dá espaço. Ela permite que no início haja um recuo, devido à percepção dos defeitos da existência universal – nascimento e doença e morte e velhice e aflição –, ponto de partida histórico do Buda, *janma-mṛtyu-jarā-vyādhi-duḥkḥa doṣānudarśanam*, e ela aceita o esforço daqueles cuja autodisciplina é motivada por um desejo de liberação, mesmo se só em espírito, da maldição da idade e da morte, *jarā-maraṇa-mokṣāya mām āśritya yatanti ye*. Porém, se deve ser de algum proveito, essa percepção deve ser acompanhada da percepção sátvica de um estado superior e, ao mesmo tempo, encontrar seu deleite e seu refúgio na existência do Divino, *mām āśritya*. Então a alma, pelo recuo, chega a uma condição de ser maior, alçada para além das três gunas e livre do nascimento e da morte, da velhice e da aflição e frui da imortalidade de sua autoexistência, *janma-mṛtyu-jarā-duḥkhair-vimuktom̓ṛtam aśnute*. A má vontade tamásica em aceitar a dor e o esforço da vida é, de fato, uma coisa que enfraquece e degrada e nisso está o perigo de pregar para todos de igual maneira o evangelho do ascetismo e do desgosto pelo mundo, isso é pôr o selo de uma fraqueza e de um recuo tamásicos sobre almas não preparadas, confundir sua compreensão, *buddhibhedaṁ janayet*, diminuir a aspiração sustentada, a confiança na vida, o poder do esforço que a alma humana precisa para seu combate rajásico, salutar e necessário, para dominar seu meio, sem, de fato, descerrar para ele – pois ele não é ainda capaz – um objetivo mais elevado, uma tentativa maior, uma vitória mais poderosa. Mas para almas que estão preparadas esse recuo tamásico pode servir como um propósito espiritual útil, matando sua atração rajásica, sua preocupação ávida com a vida inferior, que impedem o despertar sátvico a uma possibilidade mais alta. Ao buscar, então, refúgio no vazio que criaram, essas almas serão capazes de ouvir o chamado divino, "Ó alma que te encontras nesse mundo transiente, volta-te para Mim e põe em Mim teu deleite", *anityam asukhaṁ lokam imaṁ prāpya bhajasva mām.*

No entanto, nesse movimento, a igualdade consiste apenas em um recuo igual diante de tudo que constitui o mundo; ela chega à indiferença e à alheação, mas não inclui o poder de aceitar com igualdade, sem apego ou agitação, todos os contatos prazerosos ou dolorosos do mundo, e que é um elemento necessário na disciplina da Gītā. Portanto, mesmo se começarmos com o recuo tamásico – o que não é de modo algum necessário –, isso poderá ser apenas uma primeira incitação a um esforço maior, não um pessimismo permanente. A verdadeira disciplina começa com o movimento de dominar todas essas coisas, das quais no início nos inclinamos simplesmente a fugir. É aqui que intervém a possibilidade de um tipo de igualdade rajásica que é, em seu nível mais baixo, o forte orgulho da natureza que se domina, mestra de si mesma, superior à paixão e à fraqueza; mas o ideal estoico pega esse ponto de partida e faz dele a chave de uma completa libertação para a alma de sua sujeição a todas as fraquezas de sua natureza inferior. Assim como o recuo interior tamásico é uma generalização do princípio da Natureza de autoproteção em relação ao sofrimento, *jugupsā*, do mesmo modo o movimento ascendente rajásico é uma generalização de outro princípio da Natureza, o de aceitação da luta e do esforço e do impulso inato da vida para a mestria e a vitória; mas ele transfere a batalha para o único campo no qual uma completa vitória é possível. Em lugar de uma luta por objetivos exteriores dispersos e sucessos transitórios, ele propõe nada menos que a conquista da Natureza e do próprio mundo por meio de uma luta espiritual e uma vitória interior. O recuo tamásico repele ao mesmo tempo as dores e os prazeres do mundo para fugir deles; o movimento rajásico volta-se para eles para sustentá-los, dominá-los e se tornar superior a eles. A autodisciplina estoica convida o desejo e a paixão para seu abraço de lutadora e os esmaga entre seus braços, como fez o velho Dhritarashtra, na epopeia, com a imagem em ferro de Bhima. Ela resiste ao choque daquilo que é doloroso e daquilo que é prazeroso, as causas das propensões físicas e mentais da natureza e rompe em pedaços seus efeitos; ela é completa quando a alma pode suportar todos os contatos sem sentir dor ou atração, sem agitação ou perturbação. Ela busca fazer do ser humano o conquistador e o rei de sua natureza.

A Gītā faz apelo à natureza guerreira de Arjuna e começa com esse movimento heroico. Ela o chama para que ele afronte o grande inimigo, o desejo, e o destrua. Sua primeira descrição de igualdade é a do filósofo estoico. "Aquele cuja mente não se perturba em meio às dores e aos prazeres é livre de desejo; aquele de quem a preferência, o medo e a ira se foram é o sábio de firme compreensão. Aquele que em todas as coisas é sem emoção, embora visitado por esse bem ou por esse mal e não odeia nem se rejubila, sua inteligência é solidamente edificada na sabedoria." Se alguém se abstém de alimento, diz a Gītā dando um exemplo físico, o objeto sensorial cessa de afetar, mas a própria disposição sensorial, *rasa*, permanece; só quando a alma, mesmo seus sentidos estando ativos, pode se abster de perseguir seu objetivo sensual no objeto, *artha*, e abandona a atração, o desejo pelo prazer do gosto, é que ela alcança seu nível mais alto. É ao aplicar os órgãos mentais sobre os objetos, ao "percorrê-los com os sentidos", *viṣayān indriyaiś caran*, mas com os sentidos submissos ao self, livres do gosto e do desgosto, que se pode ter acesso a uma clareza de alma e de temperamento vasta e doce, na qual paixão e aflição não têm lugar. Todos os desejos devem penetrar na alma, como as águas no mar e, ainda assim, a alma deve permanecer imutável, cheia mas não perturbada: desse modo, no final todos os desejos podem ser abandonados. Ser liberado da cólera e da paixão, do medo e da atração, é enfatizado repetidamente como uma condição necessária ao estado de liberdade e, para isso, devemos aprender a suportar os choques, o que não pode ser feito sem que nos exponhamos àquilo que os causa. "Aquele que pode, aqui no corpo, suportar a rapidez da ira e do desejo é o iogue, o indivíduo feliz." *Titikṣā*, a vontade e o poder de perseverar, é o meio. "Os contatos materiais que causam o calor e o frio, a felicidade e a dor, coisas transientes que vêm e que vão, aprende a suportá-los. Pois aquele a quem eles não perturbam nem afligem, o indivíduo forte e sábio, que é igual no prazer e no sofrimento, torna-se apto para a imortalidade." O equânime deve suportar o sofrimento e não odiar, deve receber prazer e não regozijar. Mesmo as disposições físicas devem ser dominadas pela persistência e isso também é parte da disciplina estoica. A idade, a morte, o sofrimento, a dor não são para ser evitados, mas aceitos e vencidos por uma alta indiferença.[1] O verdadeiro instinto da natureza forte, *puruṣarṣabha*, da alma leonina entre os homens, não é de fugir apavorada da Natureza em suas máscaras inferiores, mas é de afrontá-la e conquistá-la. Assim impelida, ela joga fora sua máscara e revela ao indivíduo sua natureza verdadeira: ele é a alma livre, não mais súdita dela, mas seu rei e seu senhor, *svarāṭ*, *samrāṭ*.

Mas a Gītā aceita essa disciplina estoica, essa filosofia heroica, nas mesmas condições em que aceitou o recuo tamásico -- ela deve ter acima dela a visão sátvica do conhecimento, em sua raiz visar a autorrealização e em seus passos a ascensão à Natureza divina. Uma disciplina estoica que simplesmente esmagasse as afeições comuns de nossa natureza humana – embora menos perigosa que uma lassidão tamásica da vida, um pessimismo infrutífero e uma inércia estéril, porque ao menos aumentaria o poder e a mestria da alma – não seria, contudo, um bem sem mistura, visto que poderia conduzir à insensibilidade e a um isolamento inumano, sem dar a verdadeira liberação espiritual. A igualdade estoica é justificada enquanto um elemento na disciplina da Gītā, porque pode ser associada à realização, e ajudar essa realização, do imutável Self livre no ser humano mutável, *paraṁ dṛṣṭvā*, e ter uma posição nessa nova autoconsciência, *eṣā brāhmī sthitiḥ*. "Despertando pela compreensão ao Supremo que está além mesmo da mente de discernimento, pelo self põe força no self para fazê-lo firme e quieto e destrói este inimigo, que é tão duro de atacar, o Desejo." O recuo tamásico pela fuga e o movimento rajásico de luta e de vitória são, ambos, justificados quando olham para além de si mesmos graças ao princípio sátvico do autoconhecimento, que legitima os dois, o recuo e a luta.

O filósofo puro, o pensador, o sábio de nascimento, não apenas confia no princípio sátvico em si como sua justificação última, mas o usa desde o começo como seu instrumento de mestria de si. Ele começa pela igualdade sátvica. Ele também observa a transitoriedade do mundo material e exterior e vê que esse mundo é incapaz de satisfazer os desejos ou de dar o verdadeiro deleite, mas isso não lhe provoca nem pena, nem medo, nem decepção e ele faz sua escolha sem repulsa nem perplexidade. "Os prazeres nascidos dos contatos com as coisas são causas de aflição, eles têm um começo e um fim; portanto o sábio, o indivíduo da compreensão desperta, *budhaḥ*, não coloca neles seu deleite." "Nele, o self é desapegado do contato com as coisas externas; ele encontra sua felicidade em si

1. *Dhīras tatra na muhyati*, diz a Gītā; a alma forte e sábia não é aturdida, perturbada ou impelida por eles. Porém, ainda assim, eles são aceitos só para serem conquistados, *jarā-maraṇa-mokṣāya yatanti*.

mesmo." Ele vê, como coloca a Gītā, que ele é, ele mesmo, seu próprio inimigo e seu próprio amigo e, portanto, está atento em não se destronar lançando seu ser nas mãos do desejo e da paixão, *nātmānam avasādayet*, mas libera-se dessa prisão pelo seu próprio poder interior, *uddhared ātmanātmānam*, pois quem quer que seja que tenha conquistado seu self interior, encontra em seu self superior seu melhor amigo e aliado. Ele encontra sua satisfação no conhecimento, em ser mestre de seus sentidos, um iogue pela igualdade sátvica – pois igualdade é Ioga, *samatvaṁ yoga ucyate* – considerando iguais a argila, a pedra e o ouro, tranquilo e autoequilibrado no calor e no frio, no sofrimento e na felicidade, na honra e na desgraça. Em sua alma ele é igual em relação ao amigo e ao inimigo, ao neutro e ao indiferente, porque vê que essas relações são transitórias, nascidas das condições mutáveis da vida. Mesmo as pretensões à erudição, à pureza e à virtude e a reivindicação à superioridade que os homens baseiam nessas coisas, não o desviam. Sua alma é igual para todos, para o pecador e o santo, o brâmane erudito, virtuoso e culto e o pária decaído. Todas essas descrições são aquelas que a Gītā dá à igualdade sátvica e elas resumem bastante bem o que o mundo se habituou a ver como a igualdade calma e filosófica do sábio.

Onde está então a diferença entre essa igualdade e aquela mais ampla ensinada pela Gītā? Ela se encontra na diferença entre o discernimento intelectual e filosófico e o discernimento espiritual, o conhecimento vedântico da unidade no qual a Gītā baseia seu ensinamento. O filósofo mantém sua igualdade pelo poder de buddhi, a mente de discernimento; mas mesmo essa, em si, é uma fundação duvidosa, pois, embora mestre de si mesmo no todo, por uma atenção constante ou um hábito mental adquirido, na realidade o filósofo não está livre de sua natureza inferior, a qual se afirma de muitas maneiras e pode a qualquer instante vingar-se de maneira violenta por ter sido rejeitada e reprimida, visto que o jogo da natureza inferior é sempre um jogo triplo e as qualidades rajásica e tamásica estão à espreita do homem sátvico. "Mesmo a mente do indivíduo sábio que labora pela perfeição deixa-se levar pela insistência impetuosa dos sentidos." A segurança perfeita só pode ser obtida ao se recorrer a algo superior à qualidade sátvica, superior à mente de discernimento: ao Self – não ao self inteligente do filósofo, mas ao self espiritual do sábio divino, que está para além das três gunas. Tudo deve se cumprir por um nascimento divino na natureza espiritual superior.

E a igualdade do filósofo é como a do estoico, como a do asceta que foge do mundo, uma liberdade interior e solitária, remota e distante dos seres humanos; mas aquele nascido ao nascimento divino encontrou o Divino não só em si mesmo, mas em todos os seres. Ele realizou sua unidade com todos e sua igualdade é, então, cheia de simpatia e do sentido de ser um. Vê todos como si mesmo e não está intento em sua salvação solitária; ele até mesmo toma sobre si o fardo da felicidade e da aflição dos outros, pelas quais ele mesmo não é afetado nem às quais é sujeito. O perfeito sábio, a Gītā repete mais de uma vez, está sempre empenhado, com uma vasta igualdade, em fazer o bem a todas as criaturas e faz disso sua ocupação e seu deleite, *sarvabhūtahite ratah̤*. O perfeito iogue não é um solitário a meditar sobre o Self em sua torre de marfim de isolamento espiritual, mas *yuktah̤ kṛtsna-karma-kṛt*, um obreiro universal com muitas facetas, a olhar para o bem do mundo, para Deus no mundo, pois ele é um *bhakta*, amante e devoto do Divino e um sábio e um iogue, um amante que ama Deus onde quer que O encontre e O encontra em todo lugar; isso que ele ama ele não desdenha servir, nem a ação o distancia da beatitude da união, porque todos os seus atos procedem do Um nele e para o Um em todos seus atos são dirigidos. A igualdade da Gītā é uma vasta igualdade sintética na qual tudo é alçado à integralidade do ser divino e da natureza divina.

CAPÍTULO XX

IGUALDADE E CONHECIMENTO

Ioga e conhecimento são, nesse começo do ensinamento da Gītā, as duas asas da ascensão da alma. Por Ioga entende-se a união por meio das obras divinas executadas sem desejo, com igualdade de alma em relação a todas as coisas e a todos os seres humanos como um sacrifício ao Supremo, enquanto o conhecimento é isso no qual se baseiam essa ausência de desejos, essa igualdade, esse poder de sacrifício. As duas asas assistem, de fato, o voo uma da outra; agindo juntas, se bem que com uma alternância sutil de ajuda mútua – assim como os dois olhos que, em uma pessoa, veem juntos porque veem de modo alternado – elas se ampliam mutuamente por um intercâmbio de substância. À medida que as obras crescem cada vez mais em ausência de desejo, em equanimidade, mais sacrificais em espírito, o conhecimento cresce; com o aumento do conhecimento a alma se torna mais firme na igualdade sacrifical e sem desejo de suas obras. O sacrifício do conhecimento, diz então a Gītā, é maior do que qualquer sacrifício material. "Mesmo se fosses o maior pecador, que ultrapassasses todos os pecadores, tu passarias através de toda distorção do mal no barco do conhecimento. [...] Não há nada no mundo que iguale em pureza o conhecimento." Pelo conhecimento o desejo, e seu filho primogênito, o pecado, são destruídos. O indivíduo liberado pode cumprir suas obras como um sacrifício porque está liberado do apego, porque sua mente, seu coração e seu espírito estão firmemente alicerçados no autoconhecimento, *gata-saṇ gasya jñānāvasthita-cetasaḥ*. Assim que é feita, toda sua obra desaparece por completo, conhece *laya*, poder-se-ia dizer, no ser do Brahman, *pravilīyate*; ela não tem consequência alguma para a alma do aparente executante. A obra é feita pelo Senhor por meio de sua Natureza, não pertence mais ao instrumento humano. A própria ação torna-se apenas poder da natureza do Brahman e substância de seu ser.

É nesse sentido que a Gītā fala, quando diz que toda a totalidade do trabalho encontra sua inteireza, sua culminação, seu fim, no conhecimento, *sarvaṁ karmākhilaṁjñāne parisamāpyate*. "Assim como um fogo aceso transforma em cinzas seu combustível, assim o fogo do conhecimento transforma todas as obras em cinzas." Isso não quer dizer de modo algum que quando o conhecimento é completo, as obras cessam. O que se entende por isso a Gītā torna claro, quando diz: aquele que destruiu todas as dúvidas pelo conhecimento e, pelo Ioga, abandonou todas as obras e está em posse do Self, esse não está ligado por suas obras, *yoga-sannyasta-karmāṇam ātmavantaṁ na karmāṇi nibadhnanti*, e aquele cujo self tornou-se o self de todas as existências, esse age e ainda assim não é afetado por suas obras, não é pego por elas, não recebe delas nenhuma reação que capture a alma, *kurvann api na lipyate*. Portanto, diz a Gītā, o Ioga das obras é melhor que a renúncia física às obras, porque, enquanto o *sannyasa* é difícil para os seres encarnados que devem cumprir as obras enquanto estiverem em um corpo, o Ioga das obras é de todo suficiente e, de maneira rápida e fácil, leva a alma ao Brahman. Esse Ioga das obras, como vimos, é a oferenda de toda ação ao Senhor, oferenda que induz, em sua culminação, a um abandono das obras, interior e não exterior, espiritual e não físico, no Brahman, no ser do Senhor, *brahmaṇi ādhāya karmāṇi, mayi sannyasya*. Quando, desse modo, as obras "repousam em Brahman", a personalidade do executante instrumental cessa; embora aja, ele nada faz, pois abandonou ao Senhor não apenas os frutos de suas obras, mas as próprias obras e a execução delas. O Divino então toma dele o peso da ação; o Supremo torna-se o executante, o ato e o resultado.

Esse conhecimento do qual a Gītā fala não é uma atividade intelectual da mente; é um crescimento luminoso ao mais alto estado de ser, graças ao resplandecer da luz do divino sol da Verdade, "essa Verdade, o Sol que jaz escondido na escuridão" de nossa ignorância, da qual o Rig Veda fala, *tat satyaṁ sūryaṁ tamasi kṣiyantam*. O Brahman imutável está aí, nos céus do espírito acima dessa perturbada natureza inferior das dualidades; ele não se altera nem por sua virtude, nem por seu pecado, não aceita nosso sentido de pecado nem aquilo que consideramos nossa virtude, inalterado por sua alegria e por sua tristeza, indiferente à nossa alegria no sucesso e à nossa aflição na derrota, mestre de tudo, supremo, permeando tudo, *prabhu vibhu*, calmo, forte, puro, igual em todas as coisas. Fonte da Natureza, não o direto autor de nossas obras, mas a testemunha da Natureza e de suas obras, ele tampouco nos impõe a ilusão de que somos os autores, pois a ilusão resulta da ignorância dessa Natureza inferior. Porém, essa liberdade, essa mestria, essa pureza não podemos ver; estamos desorientados pela ignorância natural que esconde de nós o eterno autoconhecimento do Brahman secreto no interior de nosso ser. Mas o conhecimento vem àquele que o busca com persistência e remove a autoignorância natural; ele resplandece como um sol escondido por muito tempo e, à nossa visão, traz à luz esse ser essencial e supremo mais além das dualidades dessa existência inferior, *ādityavat prakāśayati tat param*. Por um longo esforço fervoroso, dirigindo todo nosso ser consciente em direção a isso, fazendo disso todo nosso objetivo, todo o objetivo de nossa mente de discernimento e, assim, vendo-o não apenas em nós mesmos mas em todo lugar, tornamo-nos um só pensamento e um só self com isso, *tad-buddhayas tad-ātmānaḥ*, somos lavados de toda obscuridade e de todo sofrimento do homem inferior pelas águas do conhecimento[1], *jñāna-nirdhūta-kalmaṣāḥ*.

O resultado, diz a Gītā, é uma perfeita igualdade diante de todas as coisas e de todas as pessoas; é somente então que podemos assentar nossas ações completamente no Brahman, pois o Brahman é igual, *samaṁ brahma*, e é somente quando temos essa perfeita igualdade, *sāmye sthitaṁ manaḥ*, "quando vemos com um olhar igual o brâmane erudito e culto, a vaca, o elefante, o cão, o fora de casta" e conhecemos tudo como um único Brahman, é que podemos ver, ao viver nessa unidade como o faz o Brahman, nossas obras procederem da natureza, livremente, sem nenhum receio de apego, de pecado ou de servidão. O pecado e a mácula não podem, então, existir, pois vencemos essa criação cheia de desejos, assim como suas obras e suas reações, que pertencem à ignorância, *tair jitaḥ sargaḥ*, e ao viver na Natureza suprema e divina não há mais falha ou defeito em nossas obras, pois esses são criados pelas desigualdades da ignorância. O Brahman igual é sem defeito, *nirdoṣaṁhi samaṁ brahma*, mais além da confusão do bem e do mal e, ao viver no Brahman, nós também nos elevamos para além do bem e do mal; agimos nessa pureza, sem mácula, com um propósito igual e único de cumprir o bem de toda existência, *kṣīṇa-kalmaṣāḥ sarvabhūta-hite ratāḥ*. Na ignorância também, o Senhor em nosso coração é a causa de nossas ações, mas o é pela Sua Maia, pelo egoísmo de nossa natureza inferior que cria a rede emaranhada de nossas ações e faz recair sobre nosso egoísmo a repercussão de suas reações emaranhadas, que nos afetam interiormente como pecado e virtude e exteriormente como sofrimento

1. O Rigveda fala assim das correntes da Verdade, das águas que têm conhecimento perfeito, das águas cheias da divina luz solar, *ṛtasya dhārāḥ, āpo vicetasaḥ, svarvatīr apaḥ*. O que são metáforas aqui, no Rigveda são símbolos concretos.

e prazer, má fortuna e boa fortuna – a grande cadeia do carma. Quando somos libertos pelo conhecimento o Senhor, não mais escondido em nosso coração, mas manifestado como nosso self supremo, encarrega-se de nossas obras e nos toma como instrumentos sem defeito, *nimitta-mātram*, para socorrer o mundo. Tal é a união íntima entre o conhecimento e a igualdade; o conhecimento aqui na buddhi se reflete como igualdade no temperamento; acima, em um plano superior de consciência, o conhecimento se reflete como luz do Ser, a igualdade como substância da Natureza.

É sempre nesse sentido de um supremo autoconhecimento que a palavra *jñāna* é usada na filosofia indiana e no Ioga, essa é a luz por meio da qual nos tornamos nosso ser verdadeiro; esse não é o conhecimento pelo qual aumentamos nossa informação e nossa riqueza intelectual; não se trata de um conhecimento científico ou psicológico ou filosófico ou ético ou mundano ou prático. Esses também, sem dúvida, nos ajudam a crescer, mas no vir a ser, não no ser; eles entram na definição do conhecimento ióguico apenas quando os usamos como ajuda para conhecer o Supremo, o Self, o Divino: o conhecimento científico, quando conseguimos passar através do véu dos processos e dos fenômenos e ver por trás a Realidade única, que explica todos eles; o conhecimento psicológico, quando o usamos para conhecer a nós mesmos e para distinguir o inferior do superior, de modo que possamos renunciar ao inferior e crescer no superior; o conhecimento filosófico, quando o dirigimos como uma luz sobre os princípios essenciais da existência, a fim de descobrir o que é eterno e aí viver; o conhecimento ético, quando, por meio dele, distinguimos entre pecado e virtude e eliminamos um e nos elevamos acima da outra, na pura inocência da Natureza divina; o conhecimento estético, quando descobrimos, por meio dele, a beleza do Divino; o conhecimento do mundo, quando vemos, por meio dele, o modo do Senhor com suas criaturas e o empregamos para o serviço do Divino no ser humano. Mesmo assim, isso são apenas ajudas; o conhecimento real é aquele que é um segredo para a mente, do qual a mente obtém apenas reflexos, mas que vive no espírito.

A Gītā, ao descrever o modo como chegamos a esse conhecimento, diz que somos iniciados a ele primeiro pelos *seres* de conhecimento, que viram as verdades essenciais, não por aqueles que as conhecem apenas pelo intelecto; mas sua realidade vem do interior de nós mesmos: "com o tempo, aquele que é aperfeiçoado pelo Ioga encontra o Ioga por si mesmo, no self", isso cresce dentro dele, podemos dizer, e ele cresce nisso à medida que cresce em ausência de desejo, em igualdade, em devoção ao Divino. É somente do conhecimento supremo que isso pode ser dito verdadeiramente; o conhecimento que o intelecto humano acumula é reunido de maneira laboriosa do exterior pelos sentidos e pela razão. Para obter esse outro conhecimento, autoexistente, intuitivo, que se experimenta e se revela por si mesmo, devemos ter conquistado e controlado nossa mente e nossos sentidos, *saṁyatendriyaḥ*, de modo a não estar mais sujeitos às suas ilusões, mas, antes, que a mente e os sentidos tenham se tornado seu espelho puro; devemos ter fixado todo nosso ser consciente na verdade dessa suprema realidade na qual tudo existe, *tat-parāḥ*, de maneira que ela possa revelar em nós sua luminosa autoexistência.

Por fim, devemos ter uma fé que nenhuma dúvida intelectual possa perturbar, *śraddhāvān labhate jñānam*. "O ignorante que não tem fé, a alma de dúvida, vai à perdição; nem este mundo, nem o mundo supremo, nenhuma felicidade é para a alma cheia de dúvidas." De fato, é verdade que sem fé nada decisivo pode se cumprir, seja neste mundo, seja para possuir o mundo acima e que o indivíduo deve, primeiro, possuir uma base segura e um apoio positivo para alcançar certa medida de sucesso terrestre ou celeste, de satisfação e de felicidade; a mente simplesmente cética se perde no vazio. Porém, mesmo assim, no conhecimento inferior a dúvida e o ceticismo têm sua utilidade temporária; no conhecimento superior são empecilhos: lá, de fato, todo o segredo não é um equilíbrio entre a verdade e o erro, mas uma realização em constante progresso da verdade revelada. No conhecimento intelectual há sempre uma mistura de falsidade ou de incompletude, da qual devemos nos desfazer submetendo a própria verdade às dúvidas de uma averiguação; mas no conhecimento superior a falsidade não pode penetrar e a contribuição do intelecto, que se apega a essa ou àquela opinião, não poderá ser desfeita por um simples interrogatório, mas cairá por si mesma, pela persistência na realização. Qualquer imperfeição que exista no conhecimento alcançado deverá ser eliminada, não por questionar as raízes do que já foi realizado, mas porque passa a uma realização mais completa, mediante uma vida mais profunda, mais elevada e mais vasta no Espírito. E o que não está ainda realizado deve preparar-se pela fé, não por um questionamento cético, porque essa é uma verdade que o intelecto não pode fornecer e que, de fato, se opõe muitas vezes por completo às ideias nas quais a mente racional e lógica se enreda: essa não é uma verdade que deve ser provada, mas uma verdade que deve ser vivida interiormente, uma realidade maior para a qual devemos crescer. No final, em si mesma, essa é uma verdade autoexistente e poderia ser autoevidente, se não fossem as feitiçarias da ignorância na qual vivemos; as dúvidas, as perplexidades que nos impedem de aceitá-la e segui-la nascem dessa ignorância, desse coração e dessa mente desorientados pelos sentidos, desorientados pela opinião, vivendo, como fazem, em uma verdade inferior e fenomênica e, portanto, a questionar as realidades mais elevadas, *ajñāna-sambhūtaṁ hṛtsthaṁ saṁśayam*. Elas devem ser cortadas pela espada do conhecimento, diz a Gītā, pelo conhecimento que realiza, recorrendo de maneira constante ao Ioga, isto é, vivendo a união com o Supremo, cuja verdade, uma vez conhecida, tudo é conhecido, *yasmin vijñāte sarvaṁ vijñātam*.

O conhecimento superior que obtemos, então, é aquele que, para o conhecedor do Brahman, é a visão constante das coisas quando ele vive sem interrupção no Brahman, *brahmavid brahmaṇi sthitaḥ*. Isso não é nem uma visão, nem um conhecimento, nem uma consciência do Brahman que exclui todo o resto, mas uma percepção de tudo no Brahman e que tudo é o Self, pois, se diz, o conhecimento pelo qual nos elevamos mais além de toda recaída na confusão de nossa natureza mental é "aquele pelo qual verás todas as existências, sem exceção, no Self e, depois, em Mim". Em outra parte a Gītā diz de maneira mais ampla: "Com a visão igual em todo lugar, ele vê o Self em todas as existências e todas as existências no Self. Aquele que Me vê em todo lugar e, em Mim, vê tudo e cada um, nunca está perdido para Mim, nem Eu para ele. Aquele que alcançou a unidade e Me ama em todos os seres, esse iogue, de qualquer modo que viva e aja, vive e age em Mim. Ó Arjuna, aquele que em todo lugar vê com igualdade que tudo é ele mesmo, seja a felicidade, seja o sofrimento, Eu o considero o supremo iogue". Esse é o antigo conhecimento vedântico dos Upanishads que a Gītā constantemente expõe diante de nós. Porém, a formulação da Gītā é superior a outras formulações posteriores desse conhecimento, pelo fato de que ela o muda de maneira persistente em uma grande filosofia prática da existência divina. A Gītā insiste sempre na relação entre esse conhecimento da unidade e o Carma--Ioga e, portanto, no conhecimento da unidade como a base de uma ação liberada no mundo. Cada vez que fala do conhecimento, ela volta logo a falar sobre a igualdade, que é seu resultado; cada vez que fala da igualdade, ela volta logo a falar também sobre o conhecimento, que é a base da igualdade. A igualdade que ela prescreve não começa nem termina em uma condição estática da alma, útil apenas para a autoliberação; essa igualdade é sempre uma base das obras. A paz do Brahman na alma liberada é a fundação; a vasta ação livre, igual, universal do Senhor na natureza liberada irradia o poder que procede dessa paz; esses dois que se tornam um sintetizam as obras divinas e o conhecimento de Deus.

Nós vemos logo que expansão profunda obtemos aqui para as ideias que, de outro modo, a Gītā tem em comum com outros sistemas filosóficos, éticos ou religiosos, da existência. A persistência, a indiferença filosófica, a resignação são, como dissemos, o alicerce de três tipos de igualdade, mas a verdade que a Gītā dá do conhecimento não apenas reúne todos eles, mas lhes dá um significado de uma profundidade infinita e uma magnífica amplidão. O conhecimento estoico é o do poder que tem a alma de se dominar pela firmeza, por uma igualdade alcançada por meio da luta com sua própria natureza, mantida graças a uma vigilância e a um controle constantes exercidos contra as rebeliões naturais; esse conhecimento confere uma paz nobre, uma felicidade austera, mas não a alegria suprema do self liberado, que vive não conforme a uma regra, mas na pura perfeição fácil e espontânea de seu ser divino, de modo que "quaisquer que sejam seus atos e sua vida ele age e vive no Divino", porque, nesse caso, a perfeição é não só alcançada mas possuída em seu pleno direito e não mais mantida pelo esforço, pois tornou-se a própria natureza do ser da alma. A Gītā aceita a perseverança e a firmeza de nossa luta com a natureza inferior como um movimento preliminar; mas, se certa mestria é obtida pela nossa força individual, a liberdade da mestria obteremos somente pela nossa união com Deus, somente se a personalidade imerge ou habita na Pessoa divina única e se a vontade pessoal se perde na Vontade divina. Existe um Mestre divino da Natureza e de suas obras, acima dela embora resida nela, ele é nosso ser mais alto e nosso self universal; sermos um com ele é tornar-nos divinos. Pela união com Deus entramos em uma suprema liberdade e uma suprema mestria. O ideal do estoico – o sábio que é rei, porque ao governar a si mesmo ele se torna também mestre das condições externas – assemelha-se superficialmente à ideia vedântica do soberano de si e soberano de tudo, *svarāṭ samrāṭ*, mas está em um plano inferior. A soberania estoica é mantida por uma força colocada sobre o self e o meio; a soberania inteiramente liberada do iogue existe de maneira natural pela realeza eterna da natureza divina, uma união com sua universalidade irrestrita; e, por fim, ela reside de maneira espontânea na superioridade dessa natureza divina sobre a natureza instrumental por meio da qual ela age. A mestria do iogue sobre as coisas é porque ele se tornou uma alma com todas as coisas. Para tomar uma imagem das instituições romanas, a liberdade estoica é a do *libertus*, o homem liberto que, na verdade, ainda é dependente do poder que o mantinha escravizado: é uma liberdade permitida pela Natureza porque ele a mereceu. A liberdade da Gītā é a do homem livre, a verdadeira liberdade do nascimento na natureza superior, autoexistente em sua divindade. O que quer que faça e de qualquer modo como viva, a alma livre vive no Divino; ela é a criança privilegiada da mansão, *bālavat*, e não pode errar nem falhar, porque tudo que é e faz é pleno do Perfeito, do Todo-Beatitude, do Todo-Amor, do Todo-Beleza. O reino do qual ela frui, *rājyaṁ samṛiddham*, é um território doce, feliz, do qual se pode dizer, na frase significativa do pensador grego: "o reino é da criança".

O conhecimento do filósofo é aquele da natureza verdadeira da existência mundana, da transitoriedade das coisas externas, da vaidade das diferenças e das distinções do mundo, da superioridade da calma, da paz, da luz, da autonomia interiores. Essa é uma igualdade de indiferença filosófica; ela traz uma calma elevada, mas não a alegria espiritual maior; essa é uma liberdade de isolamento, uma sabedoria semelhante à do sábio de Lucrécia – que se sentia superior no cimo da falésia, de onde olhava os homens que se debatiam nas águas tempestuosas das quais ele escapou – no fim das contas algo de distante e ineficaz. A Gītā admite o motivo filosófico da indiferença como um movimento preliminar; mas a indiferença à qual ela chega no final – se, de fato, essa palavra inadequada pode ser de algum modo aplicada – não tem nada em si do distanciamento filosófico. Esta é, de fato, uma posição parecida a de alguém situado acima, *udāsīnavat*, mas como o Divino está situado acima: sem ter necessidade alguma do mundo; ele cumpre sempre as obras e está presente em todo lugar; ele sustenta, ajuda, guia o labor das criaturas. Essa igualdade é baseada na unidade com todos os seres. Ela traz o que falta à igualdade filosófica; pois sua alma é a alma de paz, mas é também a alma de amor. Ela vê todos os seres, sem exceção, no Divino, ela é um self com o Self de todas as existências e, portanto, está em identidade profunda com todas elas. Sem exceção, *aśeṣeṇa*, não apenas com tudo o que é bom e agradável; nada, nem ninguém, por mais vil, decaído e criminoso, por mais repulsivo que seja em aparência, pode ser excluído dessa identidade universal de toda a alma, nem dessa unidade espiritual. Aqui, não há lugar, não apenas para a raiva, ou a cólera, ou a falta de caridade, mas também para a indiferença, o desdém ou uma noção mesquinha de superioridade. Uma compaixão divina pela ignorância da mente que luta, uma vontade divina de derramar sobre ela toda a luz, todo o poder, toda a felicidade é o que haverá, de fato, para o homem aparente; mas para a Alma divina nele haverá mais, haverá a adoração e o amor. Pois do fundo de todos, do ladrão, da cortesã e do pária, assim como do santo e do sábio, o Bem-Amado nos olha e nos diz em alta voz: "Este sou eu". "Aquele que Me ama em todos os seres" – qual palavra de poder maior, para as intensidades e as profundidades extremas do amor divino e universal, foi pronunciada por uma filosofia ou uma religião?

A resignação é a base de uma espécie de igualdade religiosa, de submissão à vontade divina, uma paciência para carregar sua cruz, uma tolerância submissa. Na Gītā, esse elemento toma a forma mais ampla de uma entrega completa de todo o ser a Deus. Essa não é apenas uma submissão passiva, mas um dom de si ativo; não apenas ver e aceitar a Vontade divina em todas as coisas, mas abandonar sua própria vontade para se tornar o instrumento do Mestre das obras e, isso, não com a ideia menor de ser um servidor de Deus, mas com a ideia ao menos, da possibilidade de abandonar a Ele toda a consciência e todas as obras de maneira tão completa, que nosso ser se torne uno com Seu ser e a Natureza impessoalizada seja apenas um instrumento e nada mais. Todo resultado, bom ou mau, agradável ou desagradável, venturoso ou desastroso, é aceito como pertencente ao Mestre de nossas ações, de modo que, por fim, a tristeza e a aflição serão não somente toleradas, mas banidas; uma igualdade perfeita da mente emocional será estabelecida. Não há, no instrumento, intervenção da vontade pessoal; vê-se que tudo já está elaborado na presciência onisciente e poder onipotente efetivo do Divino universal e que o egoísmo dos homens não pode alterar as operações dessa Vontade. Portanto, a atitude final é aquela prescrita a Arjuna em um capítulo posterior: "Tudo já foi feito por Mim em Minha vontade e previsão divinas; torna-te apenas a ocasião, ó Arjuna", *nimitta-mātraṃ bhava savyasācin*. Essa atitude deve, por fim, levar a uma união absoluta da vontade pessoal com a Vontade Divina e, com o conhecimento que cresce, trazer uma nova resposta irrepreensível do instrumento ao Poder e Conhecimento divinos. Uma igualdade absoluta, perfeita na entrega, a mentalidade mudada em canal passivo da Luz e do Poder divinos, o ser ativo um instrumento poderosamente eficaz para sua obra no mundo – esse será o equilíbrio dessa união suprema entre o Transcendente, o Universal e o individual.

Haverá também a igualdade em relação à ação dos outros em nós. Nada que eles possam fazer alterará a unidade, o amor, a simpatia interior que surgem da percepção do Self único em tudo, o Divino em todos os seres. Porém, uma paciência e submissão resignadas a eles e ao que fazem, uma não resistência passiva, não serão, necessariamente, parte da ação; isso não é possível, visto que uma obediência constante, instrumental, à Vontade divina e universal deve significar, no choque das forças antagônicas que enchem o mundo, um conflito com as vontades pessoais que buscam, antes, sua própria satisfação egoística. Portanto, Arjuna recebe a ordem de resistir, de combater, de conquistar; porém, combater sem ódio ou desejo pessoal, sem inimizade ou antagonismo pessoais, visto que para a alma liberta esses sentimentos são impossíveis. Agir para o *lokasaṇgraha*, de maneira impessoal, para manter e guiar os povos no caminho do objetivo divino, é uma regra que surge, necessariamente, da unidade da alma com o Divino, o Ser universal, visto que esse é todo o sentido e toda a tendência da ação universal. E isso não está em conflito com nossa unidade com todos os seres, mesmo com aqueles que aqui se apresentam como oponentes e inimigos. Pois o objetivo divino é o objetivo deles também, pois é o objetivo secreto de todos, mesmo daqueles cujas mentes exteriores, desencaminhadas pela ignorância e egoísmo, desviam-se do caminho e resistem ao impulso. Resistência e derrota são o melhor serviço exterior que lhes pode ser oferecido. Por essa percepção, a Gītā evita a conclusão limitadora que se poderia tirar de uma doutrina da igualdade que de maneira impraticável desconsiderasse todas as relações e de um amor debilitante sem conhecimento, enquanto mantém preservada a única coisa essencial: para a alma, a unidade com tudo; para o coração, o amor, a simpatia, a compaixão calmos e universais; mas para as mãos, a liberdade de fazer de maneira impessoal o bem, não apenas dessa ou daquela pessoa sem se preocupar com o plano divino ou em seu detrimento, mas para o propósito da criação, do bem-estar progressivo e a salvação dos seres humanos, para o bem total de todas as existências.

A unidade com Deus, a unidade com todos os seres, a realização da eterna realidade divina em toda parte, o impulso para a frente que conduz os seres humanos a essa unidade – essa é a lei da vida que provém dos ensinamentos da Gītā. Não pode haver ensinamento maior, mais vasto, mais profundo. Liberado, viver nessa unidade, ajudar a humanidade no caminho que conduz a essa unidade e, enquanto isso, cumprir todas as obras para Deus e também ajudar o indivíduo a cumprir com alegria e aceitação todas as obras para as quais ele é chamado, *kṛtsna-karma-kṛt, sarvakarmāṇi joṣayan*. Nenhuma regra das obras divinas oferecida pode ser maior ou mais liberal. Essa liberdade e essa unidade são o objetivo secreto de nossa natureza humana e última vontade na existência da espécie. É aquilo para o que essa existência deve voltar-se, para encontrar a felicidade que toda a humanidade busca em vão no presente, quando os seres humanos erguerem seus olhos e seus corações para ver o Divino neles e em torno deles, em tudo e em todo lugar, *sarveṣu*, *sarvatra*, e aprenderem que é n'Ele que eles vivem, enquanto essa natureza inferior da divisão é apenas um muro de prisão que eles devem derrubar ou, no melhor dos casos, uma escola maternal que eles devem ultrapassar, a fim de se tornarem adultos em sua natureza e livres em seu espírito. Fazer-se uno com Deus acima e com Deus nos seres humanos e no mundo é o sentido da liberação.

CAPÍTULO XXI

O DETERMINISMO DA NATUREZA

Quando podemos viver no Self superior graças à unidade entre as obras e o autoconhecimento, tornamo-nos superiores ao método das operações inferiores da Prakriti. Não estamos mais escravizados à Natureza e suas gunas, mas somos uno com o Ishvara, somos os mestres de nossa natureza: podemos utilizá-la sem sujeição à cadeia do Carma, para os propósitos da Vontade Divina em nós; pois isso é o que o Self maior em nós é, ele é o Senhor das obras da Natureza e não é afetado pela pressão agitada das reações dela. A alma ignorante na Natureza, ao contrário, por essa ignorância está escravizada aos modos da Natureza, porque está identificada aí não de maneira venturosa com seu self verdadeiro, não com o Divino que se mantém acima dela, mas, de maneira obtusa e infeliz, com a mente egoísta, que é um fator subordinado em suas operações – apesar da imagem exagerada com que ela se apresenta – um mero nó mental e ponto de referência para o jogo das operações naturais. Romper esse nó, não mais fazer do ego o centro e o beneficiário de nossos trabalhos, mas atribuir tudo à Supra-Alma divina e tudo referir a ela, é o meio de nos tornar superiores a todas as agitações dos modos da Natureza. Pois é viver na consciência suprema, de que a mente egoísta é uma degradação, e agir em uma Vontade e Força imparciais e unificadas e não no jogo imparcial das gunas, que é uma busca e uma luta imperfeitas, uma perturbação, uma Maia inferior.

As passagens em que a Gītā insiste na sujeição da alma-ego à Natureza, foram compreendidas por alguns como o enunciado de um determinismo absoluto e mecânico, que não deixa lugar para nenhum tipo de liberdade no âmbito da existência cósmica. Certamente, a linguagem que ela usa é vigorosa e parece muito absoluta. Mas aqui, como em toda parte, devemos considerar o pensamento da Gītā como um todo e não tomar suas afirmações em sentido isolado, de todo separadas umas das outras – como, de fato, cada verdade, por mais verdadeira que seja em si, tomada à parte das outras, que ao mesmo tempo a limitam e a completam, torna-se uma armadilha para prender o intelecto e um dogma que desencaminha; pois, na realidade, cada uma é um fio em uma trama complexa e nenhum fio deve ser tomado à parte da trama. Tudo na Gītā é entrelaçado dessa maneira e cada coisa deve ser compreendida em sua relação com o todo. A própria Gītā faz uma distinção entre aqueles que não têm conhecimento do todo, *akṛtsnavidaḥ*, e são enganados pelas verdades parciais da existência e o iogue, que tem o conhecimento sintético da totalidade, *kṛtsna-vit*. Ver toda a existência com um olhar firme, ver seu todo e não se deixar desviar por suas verdades conflitantes, é a primeira necessidade para alcançar a sabedoria calma e completa à qual o iogue é chamado a elevar-se. Uma espécie de liberdade absoluta é um aspecto das relações da alma com a Natureza, em um polo de nosso ser complexo; certo determinismo absoluto pela Natureza é o aspecto oposto no outro polo; e há, ainda, um *eidolon*[1] parcial e aparente – portanto, irreal – da liberdade, que a alma recebe através de um reflexo distorcido dessas duas verdades opostas na mentalidade que se desenvolve. É a esse *eidolon* que, em geral, damos o nome, com mais ou menos exatidão, de livre-arbítrio; porém, para a Gītā, nada é liberdade, se não for uma liberação e mestria completas.

Devemos sempre ter em mente as duas grandes doutrinas que se encontram por trás de todos os ensinamentos da Gītā sobre alma e Natureza: a verdade do Sankhya em relação ao Purusha e à Prakriti, corrigida e completada pela verdade vedântica do triplo Purusha e da dupla Prakriti, cuja forma inferior é a Maia das três gunas e a forma superior é a natureza divina e a verdadeira alma-natureza. Essa é a chave que reconcilia e explica aquilo que, de outra maneira, poderíamos ter de deixar como contradições e discordâncias. Existem, de fato, diferentes planos de nossa existência consciente e o que é verdade prática em um plano cessa de ser verdadeiro – porque assume uma aparência de todo diferente – assim que nos elevamos a um nível superior, de onde podemos ver melhor as coisas no todo. Descobertas científicas recentes mostraram que o ser humano, o animal, a planta e mesmo o metal têm, em essência, as mesmas reações vitais e que se cada um tivesse algo que, por falta de palavra melhor, devemos chamar consciência nervosa, eles possuiriam então a mesma base de psicologia mecânica. Contudo, se cada um desses pudesse dar sua própria avaliação mental do que vivencia teríamos quatro declarações bem diferentes e, em grande parte, contraditórias,

1. Palavra de origem grega, que significa imagem, espectro, fantasma. (N. da T.)

sobre as mesmas reações e os mesmos princípios naturais porque, à medida que nos elevamos na escala do ser, esses últimos mudam de sentido e de valor e devem ser julgados segundo uma perspectiva diferente. Assim é com os níveis da alma humana. O que agora chamamos, em nossa mentalidade comum, nosso livre-arbítrio – e temos certa justificação limitada para fazê-lo – aparece, no entanto, ao iogue que subiu mais além e para quem nossa noite é um dia e nosso dia uma noite, não como um livre-arbítrio, absolutamente, mas como uma sujeição aos modos da Natureza. Ele considera os mesmo fatos, mas segundo a perspectiva superior daquele que conhece o todo, *kṛtsna-vit*, enquanto nós os vemos inteiramente a partir da mentalidade mais limitada de nosso conhecimento parcial, *akṛtsnavidaḥ*, que é uma ignorância. Aquilo de que nos vangloriamos como nossa liberdade é para ele servidão.

Nossa ignorância é crer que somos livres, quando o tempo todo estamos aprisionados nas malhas dessa natureza inferior: essa é a perspectiva a que chega a Gītā, em contradição com essa pretensão ignorante, e afirma a sujeição completa, nesse plano, da alma-ego às gunas. "Enquanto as ações forem inteiramente cumpridas pelos modos da Natureza", diz ela, "aquele cujo self está desorientado pelo egoísmo, pensa que é seu 'Eu' que as cumpre. Mas aquele que conhece os verdadeiros princípios das divisões dos modos e dos trabalhos, se dá conta de que são os modos que agem uns sobre os outros e reagem uns aos outros e não se deixa tomar pelo apego. Que aquele que conhece o todo não perturbe os pontos de vista mentais daqueles desorientados pelos modos, apegados aos modos e às suas obras, não conhecedores do todo. Abandonando tuas obras a Mim, livre do desejo e do egoísmo, combate, liberado da febre de tua alma." Aqui, a distinção é clara entre os dois níveis de consciência, dois pontos de vista em relação à ação, o da alma, pega na rede de sua natureza egoística e cumprindo as obras com a ideia, mas não com a realidade do livre-arbítrio, sob o impulso da Natureza, e o da alma liberada de sua identificação com o ego, que observa, sanciona e governa do alto as obras da Natureza.

Falamos da alma enquanto sujeita à Natureza, mas, por outro lado, a Gītā, ao distinguir as propriedades da alma e da Natureza, afirma que a alma é sempre o Senhor, *īśvara*, e a Natureza é executora. A Gītā fala aqui do self desnorteado pelo egoísmo, mas o verdadeiro Self para o vedântico é o divino, eternamente livre e consciente de si. O que é, então, esse self que está desnorteado pela Natureza, essa alma que está sujeita a ela? A resposta é que aqui falamos na linguagem comum de nossa percepção inferior ou mental, das coisas; falamos do self aparente, da alma aparente, não do self real, não do verdadeiro Purusha. Na verdade, é o ego que está sujeito à Natureza, de maneira inevitável, porque ele mesmo é parte da Natureza, um dos modos de funcionar de sua maquinaria; mas, quando a autopercepção na consciência mental se identifica com o ego, ela cria a aparência de um self inferior, um ego-self. E, do mesmo modo, aquilo que em geral pensamos ser a alma é, na realidade, a personalidade natural, não a Pessoa verdadeira, o Purusha, mas a alma de desejo em nós, que é um reflexo da consciência do Purusha nas operações da Prakriti; essa alma de desejo, de fato, é apenas uma ação dos três modos e, portanto, é uma parte da Natureza. Assim, podemos dizer, há duas almas em nós, a alma aparente ou alma de desejo – que muda com as mutações das gunas e é de todo constituída e determinada por elas e o Purusha livre e eterno, não limitado pela Natureza e suas gunas. Nós temos dois selfs, o self aparente, que é apenas o ego, esse centro mental em nós que assume essa ação mutável da Prakriti, essa personalidade mutável e que diz: "Eu sou essa personalidade, eu sou esse ser natural que cumpre essas obras" – mas o ser natural é apenas a Natureza, um compósito das gunas – e o self verdadeiro que é, de fato, o sustento, o possuidor e o senhor da Natureza e é representado nela, mas não é, ele mesmo, a personalidade natural mutante. Para ser livre é preciso, então, liberar-se dos desejos dessa alma de desejo e da falsa noção de si desse ego. "Tendo-te liberado do desejo e do egoísmo", exclama o Instrutor, "combate, já passada toda a febre de tua alma", *narāśīr nirmano bhūtvā*.

Essa noção de nosso ser parte da análise do Sankhya do princípio dual de nossa natureza, Purusha e Prakriti. O Purusha é inativo, *akartā*; Prakriti é ativa, *kartrī*; o Purusha é o ser cheio da luz da consciência, a Prakriti é a Natureza, mecânica, que reflete todas as suas obras na consciência-testemunha, o Purusha. A Prakriti opera por meio da desigualdade de seus três modos, as gunas, que se entrechocam e perpetuamente se misturam e se modificam umas às outras; e, por sua função de ego-mente, a Prakriti faz o Purusha identificar-se com todas essas operações; assim, ela cria a personalidade ativa, mutável, temporal na eternidade silenciosa do Self. A consciência natural impura anuvia a consciência pura da alma; a mente esquece a *Persona* no ego e na personalidade; aceitamos que a inteligência discriminadora seja levada pela mente sensorial e suas funções voltadas para fora e pelo desejo da vida e do corpo. Enquanto o Purusha sancionar essa ação, o ego, o desejo e a ignorância governarão o ser natural.

Porém, se isso fosse tudo, o único remédio seria retirar por completo a sanção, permitir ou compelir toda a nossa natureza, por essa retirada, a cair em um equilíbrio imóvel das três gunas e, assim, cessar toda a ação. Porém, esse é, precisamente, o remédio – embora seja, sem dúvida, um remédio que, podemos dizer, abole o paciente junto com a doença – que a Gītā constantemente desencoraja. Sobretudo, recorrer a uma inação tamásica é justo o que os ignorantes farão, se essa verdade lhes for imposta; a mente discriminadora neles cairá em uma divisão falsa, em uma falsa oposição, *buddhibheda*; sua natureza ativa e sua inteligência serão divididas uma contra a outra e criarão uma perturbação e uma confusão sem razão verdadeira, uma linha de ação falsa e enganadora, *mithyācāra*, ou, então, uma mera inércia tamásica, cessação das obras, diminuição da vontade de viver e de agir e, portanto, não uma liberação, mas, antes, uma sujeição à mais baixa das três gunas, ao *tamas*, o princípio da ignorância e da inércia. Ou, então, eles serão de todo incapazes de compreender, encontrarão falhas nesse ensino superior, afirmarão contra ele sua experiência mental atual, sua ideia ignorante de livre-arbítrio e, confirmados ainda mais pela plausibilidade de sua lógica em sua confusão e enganos do ego e do desejo, perderão sua chance de liberação em uma confirmação mais profunda e obstinada da ignorância.

De fato, essas verdades superiores só podem ser uma ajuda, porque só são verdadeiras para a experiência e só podem ser vividas em um plano de consciência e de ser mais alto e mais vasto. Ver essas verdades de baixo é vê-las mal, compreendê-las e, provavelmente, usá-las mal. É uma verdade superior que a distinção entre o bem e o mal é, deveras, um fato prático e uma lei válida para a vida humana egoística, que é o estágio de transição do animal ao divino, porém, em um plano superior nós nos elevamos além do bem e do mal, estamos acima dessa dualidade, assim como a Divindade está acima dela. Mas a mente imatura, que se agarra a essa verdade sem se elevar da consciência inferior na qual ela não é praticamente válida, fará disso apenas uma desculpa conveniente para ceder às suas tendências asúricas, negar inteiramente a distinção entre o bem e o mal e, por essa indulgência, mergulhar de maneira mais profunda no pântano da perdição, *sarva-jñāna-vimūḍhān naṣṭān acetasaḥ*. O mesmo acontece com essa verdade do determinismo da Natureza; a veremos e a utilizaremos mal, como a utilizam mal aqueles que declaram que um indivíduo é aquilo que sua natureza quis que ele fosse, e não pode agir de outro modo senão como sua natureza o obriga. Isso é verdade em um sentido, mas não no sentido que lhe é associado, tampouco no sentido de que o ego-self possa pretender para si mesmo a falta de responsabilidade e a impunidade em suas obras; pois ele tem uma vontade, tem um desejo e, enquanto agir segundo sua vontade e seu desejo, embora seja sua natureza que o faça, ele deve suportar as reações de seu Carma. Ele está preso em uma rede, se preferirmos, uma cilada que pode parecer desconcertante, ilógica, injusta, terrível para sua experiência presente, para seu autoconhecimento limitado, mas uma cilada que ele mesmo escolheu, uma rede que ele mesmo teceu.

A Gītā diz, de fato: "Todas as existências seguem sua natureza, para que serviria coagi-las?", o que parece, vista em si, uma afirmação irremediavelmente absoluta da onipotência da Natureza sobre a alma; "mesmo aquele que possui o conhecimento age segundo sua natureza". E nisso a Gītā baseia a injunção de seguir fielmente, em nossa ação, a lei de nossa natureza. "Mais vale sua própria lei das obras, *svadharma*, mesmo se, em si, ela for defeituosa, do que uma lei alheia bem elaborada; morrer segundo sua própria lei é melhor, é perigoso seguir uma lei alheia." O que, exatamente, significa *svadharma* devemos, para vê-lo, esperar ter chegado às investigações mais elaboradas sobre o Purusha, a Prakriti e as gunas, nos capítulos finais; mas com certeza isso não significa que devamos seguir todo e qualquer impulso, mesmo ruim, que nos ordena aquilo que chamamos nossa natureza. Pois entre esses dois versos a Gītā lança essa outra injunção: "No objeto desse ou daquele sentido a atração e a repulsão se põem em emboscada; não caias em seu poder, pois são elas que assaltam a alma em seu caminho". E, logo depois, em resposta à objeção de Arjuna que lhe pergunta se, visto que não há mal em seguir nossa natureza, o que devemos dizer então daquilo que em nós conduz um indivíduo a pecar, como à força, mesmo contra sua própria vontade que se defende, o Instrutor responde que isso é o desejo e sua companheira, a cólera, ambos filhos de *rajas*, a segunda guna, o princípio da paixão e esse desejo é o grande inimigo da alma e deve ser destruído. Abster-se de fazer o mal, declara a Gītā, é a primeira condição para a liberação e ela sempre prescreve o autodomínio, o autocontrole, *saṁyama*, controle da mente, dos sentidos, de todo o ser inferior.

Há, então, uma distinção a ser feita entre o que é essencial na natureza, sua ação nativa e inevitável que é de todo inútil reprimir, abafar, forçar e o que é acidental na natureza, suas perambulações, confusões, distorções sobre as quais devemos, certamente, adquirir o controle. Também há uma distinção implícita entre coerção e supressão, *nigraha*, e o controle acompanhado da utilização e guiança justas, *saṁyama*. A primeira é uma violência feita à natureza pela vontade, violência que, no final, debilita os poderes naturais do ser, *ātmānam avasādayet*; a segunda é o controle do self inferior pelo self superior que, com êxito, dá a esses poderes sua ação justa e sua eficiência máxima – *yogaḥ karmasu kauśalam*. Essa natureza de *saṁyama* a Gītā esclarece na abertura do sexto capítulo: "Pelo self tu deves liberar o self, não deves enfraquecer e desencorajar o self (seja por autoindulgência, seja por supressão); pois o self é o amigo do self e o self é o inimigo. O self é um amigo para o indivíduo em quem o self (inferior) foi conquistado pelo self (superior); mas para aquele que não possui seu self (superior), o self (inferior) é como um inimigo e age como inimigo". Quando se conquista seu próprio self e se alcança a calma de uma mestria de si perfeita, de uma posse de si, então o self supremo no indivíduo tem sua fundação estável, mesmo em seu ser humano exteriormente consciente, *samāhita*. Em outras palavras, dominar o self inferior por meio do self superior, o self natural por meio do self espiritual é o caminho da perfeição e da libertação do indivíduo.

Aqui, então, se encontra uma maior qualificação do determinismo da Natureza, uma limitação precisa de seu significado e campo de ação. Para ver melhor como se elabora a passagem da sujeição à mestria, é preciso observar o modo de funcionar das gunas na escala da Natureza do baixo ao alto. Embaixo, estão as existências em que o princípio de *tamas* é supremo, os seres que não alcançaram ainda a luz da autoconsciência e são completamente levados pela corrente da Natureza. Há uma vontade mesmo no átomo, mas vemos com bastante clareza que não é uma vontade livre, porque é mecânica, e o átomo não possui a vontade, mas é possuído por ela. Aqui, *buddhi*, o elemento de inteligência e vontade na Prakriti é, na realidade e com toda evidência, o que o sankhya afirma que ele é, *jaḍa*, um princípio mecânico, mesmo inconsciente, em que a luz da Alma consciente não abriu nenhum caminho para a superfície: o átomo não é consciente de uma vontade inteligente; *tamas*, o princípio da inércia e da ignorância, o tem sob controle, detém *rajas*, esconde *sattva* dentro de si e manifesta a fundo sua soberania, a Natureza obrigando, sem dúvida, essa forma de existência a agir com uma força estupenda, mas enquanto instrumento mecânico, *yantrārūḍhaṁ māyayā*. Em seguida, na planta, o princípio de *rajas* abriu seu caminho para a superfície, com seu poder de vida, com sua capacidade de reações nervosas que, em nós, são reconhecíveis como prazer e dor, mas *sattva* está de todo involuído, ainda não emergiu para despertar a luz de uma vontade consciente e inteligente; tudo é ainda mecânico, subconsciente ou semiconsciente, *tamas* mais forte que *rajas*, ambos carcereiros do *sattva* prisioneiro.

No animal, embora *tamas* seja ainda forte, embora possamos descrevê-lo como pertencente à criação tamásica, *tāmasa sarga*, mesmo assim *rajas* prevalece muito mais sobre *tamas*, traz seu poder desenvolvido de vida, desejo, emoção, paixão, prazer, sofrimento, enquanto *sattva* emergente – mas ainda dependente da ação inferior – contribui para estes com a primeira luz da mente consciente, o sentido mecânico do ego, uma memória consciente, certo tipo de pensamento e, sobretudo, as maravilhas do instinto e da intuição animais. Mas até aí buddhi, a vontade inteligente, não desenvolveu a luz plena da consciência; portanto, não pode ser atribuída ao animal nenhuma responsabilidade por seus atos. O tigre não pode ser acusado por matar e devorar, não mais do que o átomo por seus movimentos cegos, o fogo por queimar e consumir ou a tempestade por suas destruições. Se pudesse responder à pergunta, o tigre diria, assim como o ser humano, que ele tinha seu livre-arbítrio, tinha o egoísmo do executante; ele diria: "Eu mato, eu devoro"; porém, podemos ver com bastante clareza que, na verdade, não é o tigre, mas a Natureza no tigre, que mata, é a Natureza no tigre, que devora e, se ele evita matar ou devorar porque está saciado, com medo ou, então, por indolência, isso vem de outro princípio da Natureza nele, a ação da guna chamada *tamas*. Do mesmo modo que no animal foi a Natureza quem matou, é a Natureza no animal quem se absteve de matar. Qualquer que seja a alma nele, essa alma sanciona de modo passivo a ação da Natureza, ela é tão passiva em sua paixão e atividade quanto em sua indolência e inação. O animal, assim como o átomo, age segundo o mecanismo de sua Natureza e não de outro modo, *sadṛśaṁ ceṣṭate svasyāḥ prakṛteḥ*, como montado em uma máquina, *yantrārūḍho māyayā*.

Que seja. Porém, haveria no ser humano ao menos uma outra ação, uma alma livre, um livre-arbítrio, um sentido de responsabilidade, um executante real, diferente da Natureza, diferente do mecanismo de Maia? Assim parece, pois nele há uma vontade consciente e inteligente; *buddhi* está cheia da luz do Purusha testemunha que, por meio dela, parece observar, compreender, aprovar ou desaprovar, dar ou recusar a sanção; parece, de fato, começar afinal a ser o senhor de sua natureza. O ser humano não é como o tigre, o fogo ou a tempestade; ele não pode matar e dar como justificativa suficiente: "eu ajo conforme minha natureza"; e não pode fazer isso porque ele não tem a natureza e, portanto, não tem a mesma lei de ação, *svadharma*, do tigre, da tempestade ou do fogo. Ele tem uma vontade consciente e inteligente, uma *buddhi*, e a isso deve referir suas ações. Se não o faz, se age de maneira cega segundo seus impulsos e paixões, então a lei de seu ser não está corretamente desenvolvida, *svadharmaḥ su-anuṣṭhitaḥ*, ele não agiu segundo a medida plena de sua humanidade, mas como poderia fazê-lo o animal. É verdade que o princípio de *rajas*, ou o princípio de *tamas*, se apodera de sua *buddhi* e a induz a justificar toda e qualquer ação que ele cumpre ou evita cumprir; ainda assim, deve haver a justificação ou, ao menos, a referência à buddhi antes ou depois que a ação é cometida. E, ademais, no ser humano *sattva* está desperto e age não só como inteligência e vontade inteligente, mas como busca da luz, do conhecimento justo e da ação justa conforme a esse conhecimento, como simpatia, como percepção da existência e dos direitos dos demais, como tentativa para conhecer a lei mais alta de sua própria natureza – que o princípio sátvico cria nele – e para obedecê-la, e como concepção da paz e felicidade maiores que acompanham a virtude, o conhecimento e a simpatia. Ele sabe, de maneira mais ou menos imperfeita, que precisa governar sua natureza rajásica e tamásica com a ajuda de sua natureza sátvica e que para essa direção tende a perfeição de sua humanidade comum.

Porém, a condição da índole com predominância sátvica seria a liberdade? E essa vontade no indivíduo seria uma vontade livre? Isso, do ponto de vista de uma consciência superior em que, só nela, está a verdadeira liberdade, a Gītā nega. A buddhi, ou vontade consciente e inteligente, é ainda um instrumento da Natureza e, quando age, mesmo no sentido mais sátvico, é ainda a Natureza que age e a alma é levada na roda pela Maia. De todo modo, ao menos nove décimos da liberdade de nosso querer são uma ficção palpável; esse querer é criado e determinado não por sua ação autoexistente em um dado momento, mas por nosso passado, nossa hereditariedade, instrução, meio, todo o conjunto formidável e complexo que chamamos Carma que, por trás de nós, é toda a ação passada da Natureza em nós e no mundo, que converge no indivíduo e determina o que ele é, qual será sua vontade em um dado momento e determina, tanto quanto possa ser visto pela análise, até mesmo a ação dessa vontade naquele momento. O ego associa-se sempre com seu Carma e diz: "Eu fiz" e "Eu quero" e "Eu sofro", porém, se olhar em si mesmo e ver como é feito, ele será obrigado a dizer do ser humano como do animal: "A Natureza fez isso em mim, a Natureza quer em mim" e, se ele a qualifica e diz "minha Natureza", isso quer dizer apenas "A Natureza, assim como ela se determina nessa criatura individual". Foi a forte percepção desse aspecto da existência que compeliu os budistas a declararem que tudo é Carma e não há self na existência, que a ideia de self seria apenas uma burla do ego mental. Quando o ego pensa: "Eu escolho e quero essa ação virtuosa e não essa má ação", ele apenas se associa – um pouco como a mosca sobre a roda[2] ou, antes, como um dente da engrenagem ou outra parte do mecanismo se fosse consciente – a uma onda predominante ou a uma corrente formada do princípio sátvico pelo qual a Natureza escolhe, por meio da buddhi, um tipo de ação de preferência a outro. A Natureza forma-se em nós e quer em nós, diria o Sankhya, para o prazer do Purusha testemunha e inativo.

Mas mesmo se essa declaração extrema tivesse que ser modificada, e veremos a seguir em que sentido, a liberdade de nossa vontade individual, se escolhermos dar-lhe esse nome, seria, ainda assim, muito relativa e quase infinitesimal, enquanto estiver misturada a outros elementos determinantes. Seu poder mais forte não equivale à mestria. Não se pode confiar nele para resistir à poderosa onda das circunstâncias ou de uma outra natureza, que a domina ou a modifica ou se mistura a ela ou, no melhor dos casos, a engana ou tira proveito dela. Mesmo a vontade mais sátvica é tão dominada pelas gunas *rajas* e *tamas*, ou está tão misturada a elas, ou tão enganada por elas, que é sátvica só em parte, e disso surge esse forte elemento de autoengano, essa maneira bem involuntária e mesmo inocente, de fingir e se esconder de si mesmo, que o olho impiedoso do psicólogo detecta mesmo na melhor ação humana. Quando pensamos agir com toda liberdade, poderes estão escondidos atrás de nossa ação e escapam à introspecção mais cuidadosa; quando pensamos estar livres do ego, o ego está aí, escondido, tanto na mente do santo quanto na do pecador. Com efeito, quando nossos olhos se abrem à nossa ação e suas fontes, somos obrigados a dizer com a Gītā: "*guṇā guṇeṣu vartante*", "foram os modos da Natureza que agiram sobre os modos".

Por essa razão, mesmo uma alta predominância do princípio sátvico não constitui a liberdade. Pois, como observa a Gītā, *sattva* aprisiona tanto quanto as outras gunas e exatamente da mesma maneira, pelo desejo, pelo ego; um desejo mais nobre, um ego mais puro – mas enquanto esses dois, de qualquer maneira que seja, tiverem poder sobre o ser, não haverá liberdade. O indivíduo de virtude, de conhecimento, tem seu ego de homem virtuoso, seu ego de conhecimento, e é a esse ego sátvico que ele busca satisfazer; é para si mesmo que ele busca virtude e conhecimento. Só quando cessarmos de satisfazer o ego, de pensar e querer a partir do ego, do "Eu" limitado em nós, é que haverá, então, uma liberdade verdadeira. Em outras palavras, a liberdade, a mais alta

2. *A fly on the wheel* – expressão inglesa a partir de uma fábula de Esopo, em que uma mosca, pousada na roda de uma carreta em movimento, diz: "Vejam quanta poeira eu levanto". Alguém que sobre-estima sua própria influência. (N. da T.)

mestria de si começam quando, acima do self natural, vemos e temos o Self supremo, do qual o ego é um véu obstrutor e uma sombra cegante. E isso só poderá ser quando virmos o Self único em nós estabelecido acima da Natureza e nosso ser individual tornar-se uno com ele em ser e em consciência e, em sua natureza individual de ação, simplesmente o instrumento de uma Vontade suprema, a única Vontade que é realmente livre. Para isso, devemos nos elevar acima das três gunas, tornarmo-nos *triguṇātīta*; pois este Self está além mesmo do princípio sátvico. Devemos nos elevar a isso com a ajuda de *sattva*, mas só o alcançaremos ao ultrapassar *sattva*; nos esforçamos para alcançá-lo a partir do ego, mas só o alcançaremos ao deixar o ego. Somos atraídos a isso pelo mais alto, pelo mais apaixonado, o mais estupendo e o mais extático de todos os desejos; mas só poderemos aí viver em toda segurança quando todo desejo se for de nós. Devemos, em certo estágio, nos liberar até mesmo do desejo de nossa liberação.

CAPÍTULO XXII

MAIS ALÉM DOS MODOS DA NATUREZA

Até aí, então, se estende o determinismo da Natureza e isso equivale a dizer que o ego, a partir do qual agimos é, ele próprio, um instrumento da ação da Prakriti e não pode, portanto, estar livre do controle da Prakriti; a vontade do ego é uma vontade determinada pela Prakriti, é uma parte da Natureza assim formada em nós pela soma da ação passada da Prakriti e de sua automodificação; nossa ação presente é também determinada pela natureza assim formada em nós e pela vontade assim formada na natureza. Alguns dizem que a primeira ação, no início, é sempre nossa livre escolha, tão forte que possa determinar tudo o que se segue e, nesse poder de iniciar e em seu impacto sobre nosso futuro, se encontra nossa responsabilidade. Mas onde está essa primeira ação na Natureza que não tenha por trás um passado que a determinou, onde está essa condição presente de nossa natureza que não seja, na soma e nos detalhes, o resultado da ação de nossa natureza passada? Temos a impressão de um ato inicial livre porque vivemos, a cada instante, de nosso presente para nosso futuro e não regressamos constantemente de nosso presente ao nosso passado, de modo que, aquilo que tem uma forte intensidade para nossa mente é o presente e suas consequências, enquanto captamos com muito menos vigor nosso presente como sendo inteiramente a consequência de nosso passado; somos inclinados a considerar este último como se estivesse morto e acabado. Falamos e agimos como se fôssemos perfeitamente livres, no instante puro e virgem, para fazer o que quisermos de nós mesmos usando uma absoluta independência interior de escolha. Mas essa liberdade absoluta não existe, nossa escolha não tem essa independência.

Com certeza, a vontade em nós deve sempre escolher entre certo número de possibilidades, porque é assim que a Natureza sempre age; mesmo nossa passividade, nossa recusa em querer é, em si, uma escolha, um ato da vontade da Natureza em nós; mesmo no átomo há sempre uma vontade que age. Toda a diferença é até que ponto associamos nossa ideia de nós mesmos à ação da vontade na Natureza; quando o fazemos, pensamos que essa vontade é nossa e dizemos que é um livre-arbítrio e que somos nós que agimos. Erro ou não, ilusão ou não, essa ideia de nossa vontade, de nossa ação, não é sem consequência, sem utilidade. Cada coisa na Natureza tem uma consequência e uma utilidade. Essa ideia é, antes, o processo de nosso ser consciente pelo qual a Natureza em nós percebe cada vez mais a presença do Purusha secreto nela e responde cada vez mais a isso e, por esse aumento de conhecimento, se abre a uma possibilidade maior de ação; é com a ajuda da ideia de ego e da vontade pessoal que ela se alça às suas possibilidades mais elevadas, se eleva, sai da passividade absoluta ou, então, predominante, da natureza tamásica, até chegar à paixão e à luta da natureza rajásica, sai da paixão e da luta da natureza rajásica até chegar à luz, felicidade e pureza maiores da natureza sátvica. A relativa mestria de si adquirida pelo indivíduo natural sobre si mesmo é o controle alcançado pelas possibilidades superiores de sua natureza sobre as possibilidades inferiores, e isso é feito nele quando ele associa sua ideia de self à luta da guna superior para conseguir a mestria, a predominância sobre a guna inferior. O sentido de livre-arbítrio – ilusão ou não – é um mecanismo necessário da ação da Natureza, necessário ao ser humano durante seu progresso, e seria desastroso para ele perdê-lo antes de estar pronto para uma verdade superior. Se dissermos, como foi dito, que a Natureza ilude o homem para que ele execute suas ordens e que a ideia de uma vontade individual livre é o mais poderoso desses enganos, então, deve também ser dito que o engano é para seu bem, sem o qual ele não poderia se elevar às suas possibilidades plenas.

Porém, isso não é absolutamente um engano, é apenas um erro de ponto de vista e de posição. O ego pensa que é o real self e age como se fosse o verdadeiro centro da ação e tudo existisse para ele, e aí comete o erro de ponto de vista e de posição. Ele não está errado em pensar que há algo ou alguém em nós, nessa ação de nossa natureza, que é o verdadeiro centro da ação dela e para o qual tudo existe; mas isto não é o ego, isto é o Senhor secreto em nosso coração, o Purusha divino e o Jiva – diferente do ego – que é uma porção do ser do Purusha. A autoafirmação do sentido de ego é a sombra quebrada e distorcida, em nossa mente, da verdade de que há em nós um Self real que é o mestre de tudo, para o qual e sob a ordem do qual, a Natureza prossegue em seus trabalhos. Do mesmo modo, a ideia que o ego tem de um livre-arbítrio é um sentido distorcido e fora de lugar, da Verdade de que existe um Self livre em nós e de que a vontade na Natureza não é mais do que um reflexo parcial e modificado da vontade d'Ele – parcial e modificado porque vive na sucessão dos momentos do Tempo e age por uma série constante de modificações que esquecem grande parte de seus próprios precedentes e são apenas conscientes, de maneira imperfeita, de suas consequências e de seus objetivos. Mas a Vontade dentro de nós, que vai além dos instantes do Tempo, conhece tudo isso, e a ação da Natureza em nós é uma tentativa, podemos dizer, de elaborar, nas condições difíceis de uma ignorância natural e egoística, aquilo que está previsto na plena luz supramental pela Vontade e Conhecimento interiores.

Mas um tempo deve vir em nosso progresso em que estaremos prontos para abrir os olhos à verdade real de nosso ser e o erro de nosso livre-arbítrio egoísta deverá, então, ir-se de nós. A rejeição da ideia desse livre-arbítrio egoísta não implica uma cessação da ação, porque a Natureza é a executora e cumpre sua ação depois que esse mecanismo deixou de ser necessário, assim como ela o fazia antes de pô-lo em uso no curso de sua evolução. No indivíduo que rejeitou essa ideia pode ser até mesmo que a Natureza desenvolva uma ação maior; pois sua mente é mais consciente de tudo o que sua natureza é pela formação do passado, mais consciente dos poderes que circundam sua natureza e trabalham nela a fim de ajudar ou retardar seu crescimento, é mais consciente, também, das possibilidades maiores, latentes, que ela contém em virtude de tudo o que, nela, não foi expresso e, contudo, é capaz de expressão; e essa mente pode ser um canal mais livre para a sanção dada pelo Purusha às possibilidades maiores que ele vê e um instrumento mais livre para a resposta da Natureza, para a tentativa resultante de desenvolvê-los e realizá-los. Mas a rejeição do livre-arbítrio não deve ser um mero fatalismo nem uma ideia de determinismo natural na compreensão, sem nenhuma visão do Self real em nós; pois então o ego permanecerá ainda como nossa única ideia do Self e, como ele é sempre o instrumento da Prakriti, nós continuaremos a agir pelo ego e com nossa vontade como instrumentos da Prakriti; a ideia em nós não traria nenhuma mudança verdadeira, mas apenas uma modificação de nossa atitude intelectual. Teríamos aceitado esta verdade fenomênica: é a Natureza que determina nosso ser e nossa ação egoístas; teríamos visto nossa sujeição, mas não teríamos visto o Self não nascido, dentro de nós, e que está acima da ação das gunas; não teríamos visto onde se encontra a porta de nossa liberdade. A Natureza e o ego não são tudo o que somos; há a alma livre, o Purusha.

Mas em que consiste essa liberdade do Purusha? O Purusha da filosofia Sankhya corrente é livre na essência de seu ser, mas só porque ele é o não executante, *akartā*; e, na medida em que ele permite à Natureza projetar na Alma inativa a sombra que é sua ação, ele está fenomenalmente encadeado pelas ações das gunas e só recupera sua liberdade ao dissociar-se da Natureza e se ela cessar suas atividades. Se um indivíduo rejeitar, então, a ideia de si mesmo como o executante ou de que as obras são suas, se, como prescreve a Gītā, ele se fixar na visão de si mesmo como o não executante inativo, *ātmānam akartāram*, e de que toda ação não é sua mas da Natureza, do jogo de suas gunas, não se seguirá um resultado similar? O Purusha do Sankhya é aquele que sanciona a ação, mas dá apenas uma sanção passiva, *anumati*, a obra é toda da Natureza; em essência, ele é a testemunha e o sustentáculo, não a consciência soberana e ativa da Divindade universal. Ele é a Alma que vê e aceita como um espectador aceita a representação de uma peça teatral que ele assiste, não a Alma que, ao mesmo tempo, dirige e assiste à peça planejada por ela mesma e montada em seu próprio ser. Se, então, ele retirar a sanção, se recusar a reconhecer a ilusão de ser o executante, a ilusão pela qual o jogo continua, ele cessa também de ser o sustentáculo e a ação se interrompe, visto que é apenas para o prazer da Alma-testemunha consciente que a Natureza a executa e somente pelo apoio dele ela poderá mantê-la. Portanto, é evidente que a concepção da Gītā das relações entre Purusha e Prakriti não é a do Sankhya, visto que o mesmo movimento leva a resultados bem diferentes: em um caso, à cessação das obras; no outro, a uma grande ação divina sem ego nem desejo. No Sankhya, a Alma e a Natureza são duas entidades diferentes; na Gītā, são dois aspectos, dois poderes do ser único autoexistente; a Alma não é apenas aquela que dá a sanção, mas ela é o Ishvara, o Senhor da Natureza que, por meio dela, frui do jogo do mundo, por meio dela executa a vontade e a consciência divinas segundo um plano das coisas sustentado por sua sanção e que existem por sua presença imanente, existem em seu ser, governadas pela lei de seu ser e pela vontade consciente nela. Conhecer o ser divino e a natureza divina dessa Alma, responder a eles e viver neles, é o objetivo de retirarmo-nos do ego e sua ação. Elevamo-nos, então, acima da natureza inferior das gunas para alcançar a natureza divina superior.

O movimento que determina essa ascensão resulta do equilíbrio complexo da Alma em suas relações com a Natureza e depende da ideia da Gītā sobre o triplo Purusha. A Alma que inspira de modo direto a ação, as mutações, os devires sucessivos da Natureza é o kshara, aquilo que parece mudar com as mudanças da Natureza, se mover em suas moções, a Pessoa que segue, em sua própria ideia de seu ser, as mudanças de sua personalidade provocadas pela ação contínua do Carma da Natureza. A Natureza é, aqui, kshara, um movimento e uma mudança constantes no Tempo, um constante vir a ser. Mas essa Natureza é apenas o poder executivo da própria Alma. Pois é somente pelo que a Alma é que a Natureza pode se tornar, é somente em acordo com as possibilidades do vir a ser da Alma que ela pode agir; ela elabora o vir a ser do ser da Alma. Seu Carma é determinado pelo *svabhāva*, a natureza própria, a lei do vir a ser espontâneo da Alma, embora, por ser o agente e o executante do vir a ser, a ação pareça, antes, muitas vezes determinar a Natureza. Conforme o que somos, agimos e, por nossa ação, desenvolvemos, elaboramos o que somos. A Natureza é a ação, a mutação, o vir a ser, e é o Poder que executa tudo isso; mas a Alma é o Ser consciente do qual esse Poder procede, de cuja luminosa substância de consciência a Alma recebe a vontade variável, que muda e expressa suas mudanças nas ações dela. E essa Alma é una e múltipla; ela é o único ser de Vida a partir de que toda vida é constituída e é todos esses seres vivos; ela é o Existente cósmico e é toda essa multitude de existências cósmicas, *sarvabhūtāni*, pois elas são todas Uma; todos os múltiplos Purushas são, em seu ser original, o só e único Purusha. Porém, o mecanismo do sentido de ego na Natureza, que faz parte de sua ação, induz a mente a identificar a consciência da alma com o devenir limitado do instante, com a soma da consciência ativa da Natureza em um dado campo de espaço e de tempo, com o resultado, de momento a momento, da soma das ações passadas da Natureza. É possível, em certo sentido, realizar a unidade de todos esses seres na própria Natureza e perceber uma Alma cósmica manifestada em toda a ação da Natureza cósmica: a Natureza que manifesta a Alma, a Alma que constitui a Natureza. Mas isso é perceber apenas o grande Devenir cósmico, que não é falso nem irreal, mas apenas conhecê-lo não nos dá o verdadeiro conhecimento de nosso self, pois nosso self verdadeiro é sempre mais do que isso e algo mais além disso.

Mais além da Alma manifestada na Natureza e ligada à sua ação, há, de fato, um outro estado do Purusha, que é inteiramente um estado de ser e, de nenhum modo, uma ação; esse é o Self silencioso, imutável, que tudo permeia, autoexistente, imóvel, *sarvagatam acalam*, o Ser imutável e não o Devenir, o akshara. No kshara, a alma está envolvida na ação da Natureza, portanto, ela está concentrada, perde-se, por assim dizer, nos momentos do Tempo, nas ondas do Devenir, não de fato, mas apenas em aparência e seguindo a corrente; no akshara a Natureza cai no silêncio e no repouso da Alma e percebe então seu Ser Imutável. O kshara é o Purusha do Sankhya, quando reflete as operações variadas das gunas da Natureza e se conhece como o Saguna, o Pessoal; o akshara é o Purusha do Sankhya, quando essas gunas caíram em um estado de equilíbrio, e conhece a si mesmo como o Nirguna, o Impessoal. Enquanto o kshara, ao associar-se ao trabalho da Prakriti, parece ser o executante das obras, *kartā*, o akshara dissociado de todas as operações das gunas é, então, o não executor inativo, *akartā*, e a testemunha. A alma do indivíduo, quando toma a posição do kshara, se identifica com o jogo da personalidade e sem dificuldade encobre seu autoconhecimento com o sentido de ego da Natureza, de modo que o indivíduo vê a si mesmo como o ego-executante das obras; quando sua alma toma posição no akshara, ela se identifica com o Impessoal e percebe a Natureza como o executante e a si mesma como o Self testemunha inativo, *akartāram*. A mente humana deve tender para uma ou outra dessas posições, e estas são para ela como alternativas: a Natureza a encadeia à ação nas mutações da qualidade e da personalidade ou ela está livre das operações da Natureza na impessoalidade imutável.

Mas esses dois, o estado estático e a imutabilidade da Alma e a ação da Alma e sua mutabilidade na Natureza, de fato coexistem. E isso seria uma anomalia irreconciliável, exceto para alguma teoria, tal como a da Maia ou, então, de um ser duplo e dividido, se não houvesse uma suprema realidade da existência da Alma, da qual esses são os dois aspectos contrários, que não é limitada por nenhum deles. Vimos que a Gītā encontra isso no Purushottama. A Alma suprema é Ishvara, Deus, o Mestre de todos os seres, *sarvaloka-maheśvara*. Ele traz para a frente sua natureza ativa, sua prakriti – *svāṁ prakṛtim*, diz a Gītā – manifestada no Jiva, elaborada pelo *svabhāva*, o "devenir próprio" de cada Jiva, segundo a lei do ser divino nele, da qual cada Jiva deve seguir as grandes linhas, mas elaborada também na natureza egoística pela interação desorientadora das três gunas, *guṇā guṇeṣu vartante*. Essa é a *traiguṇyamayī māyā* – a Maia que é difícil para o ser humano ultrapassar, *duratyayā* –, contudo, é possível ultrapassá-la transcendendo as três gunas. Pois, enquanto o Ishvara cumpre tudo isso no kshara por meio de Seu poder que é a Natureza, no akshara ele não é tocado, é indiferente, considera tudo de modo igual, expandido no interior de tudo e, no entanto, acima de tudo. Nos três, ele é o Senhor: o supremo Ishvara no mais alto dos três; a impessoalidade que preside e impregna tudo, *prabhu* e *vibhu* no akshara; e a Vontade imanente e o Senhor presente e ativo no kshara. Ele está livre em sua impessoalidade mesmo enquanto elabora o jogo de sua personalidade; ele não é apenas impessoal ou pessoal, mas é um só e mesmo ser sob dois aspectos; ele é o impessoal-pessoal, *nirguṇo guṇī*, do Upanishad. Por ele tudo foi decidido mesmo antes de ser executado – como ele diz dos dhritarashtrianos que estão vivos ainda: "Eles já foram mortos por Mim", *mayā nihatāḥ pūrvam eva*, e a execução pela Natureza é apenas o resultado de sua Vontade; no entanto, por virtude de sua impessoalidade por trás, ele não está atado por suas obras, *kartāram akartāram*.

Porém, enquanto self individual e, pelo fato de que, em sua ignorância, ele se identifica com a obra e com o devenir – como se isso fosse toda a sua alma e não um poder de sua alma, um poder que procede dela –, o ser humano está desorientado pelo sentido do ego. Ele pensa ser ele e os outros que fazem tudo; não vê que a Natureza faz tudo e que ele a representa de maneira errônea, desfigurando as obras dela a seus próprios olhos por ignorância e apego. Escravizado pelas gunas, às vezes paralisado no entorpecimento confortável de *tamas*, às vezes elevado pelos ventos fortes de *rajas*, às vezes limitado pelas luzes parciais de *sattva*, sem saber, de nenhum modo, distinguir-se da mente da Natureza que, apenas ela, é assim modificada pelas gunas. Ele é, portanto, dominado pela dor e pelo prazer, felicidade e tristeza, desejo e paixão, apego e aversão: ele não conhece a liberdade.

Para ser livre, ele deve retirar-se da ação da Natureza e retornar ao estado de Akshara; ele será, então, *triguṇātīta*, mais além das gunas. Ao conhecer-se como o Akshara Brahman, o Purusha imutável, ele conhecerá a si mesmo como um self imutável e impessoal, o Atman, que observa com tranquilidade e sustenta a ação com imparcialidade, ele mesmo calmo, indiferente, inalterado, imóvel, puro, uno com todos os seres, no próprio self deles, e não com a Natureza e suas operações. Esse self, embora por sua presença autorize as obras da Natureza, embora por sua existência que permeia tudo ele as sustente e as sancione, esse self, *prabhu vibhu*, por si mesmo não cria as obras nem o estado de executante e, tampouco, liga as obras ao seu fruto, na *kartṛtvaṁ na karmāṇi sṛjati na karma-phala-saṁyogam*, mas apenas observa a Natureza no kshara cumprir essas coisas, *svabhāvas tu pravartate*; ele não aceita como seus nem o pecado nem a virtude das criaturas vivas, nascidas nesta vida, *nādatte kasyacit pāpaṁ na caiva sukṛtam*, ele preserva sua pureza espiritual. É o ego, desorientado pela ignorância, que se atribui essas coisas, porque assume a responsabilidade do executante e escolhe figurar como tal e não como instrumento de um poder maior, que é tudo o que ele é, na realidade, *ajñānenāvṛtaṁ jñānaṁ tena muhyanti jantaraḥ*. Ao voltar ao self impessoal, a alma retorna a um autoconhecimento maior e se libera da servidão às operações da Natureza, não é mais tocada pelas gunas, está livre de suas demonstrações de bem e mal, de sofrimento e felicidade. O ser natural, a mente, o corpo, a vida ainda permanecem, a Natureza trabalha ainda; mas o ser interior não se identifica com eles e, tampouco, enquanto as gunas operam no ser natural, se alegra ou entristece. Ele é o Self imutável, calmo e livre, que observa tudo.

Seria esse o último estado, a possibilidade última, o segredo supremo? Não pode ser, visto que esse é um estado misturado ou dividido e não perfeitamente harmonizado, de um ser duplo e não unificado – liberdade na Alma, imperfeição na Natureza. Isso só pode ser um estágio. O que há, então, além? Uma solução é a do sannyasin, que rejeita inteiramente a natureza e a ação – ao menos na medida em que a ação possa ser rejeitada –, de modo que possa haver uma liberdade sem mistura nem divisão; mas essa solução, embora admitida, não é a preferida pela Gītā. A Gītā também insiste no abandono das ações ao Brahman, *sarva-kamāṇi sannyasya*, mas interiormente. O Brahman no kshara sustenta inteiramente a ação da Prakriti; o Brahman no akshara, mesmo enquanto sustenta a ação dissocia-se dela, preserva sua liberdade; a alma individual, unificada com o Brahman no akshara, é livre e dissociada, enquanto, unificada com o Brahman no kshara, ela sustenta, mas não é afetada. Isso, ela pode fazer ainda melhor quando vê que ambos são aspectos do Purushottama único. O Purushottama, que habita em todas as existências enquanto Ishvara secreto, controla a Natureza e, por sua vontade – agora não mais distorcida e desfigurada pelo sentido de ego – a Natureza executa as ações por meio de *svabhāva*; a alma individual faz do ser natural divinizado um instrumento da Vontade divina, *nimitta-mātram*. Mesmo na ação ela permanece *triguṇātīta*, mais além das gunas, livre das gunas, *nistraiguṇya*; ela cumpre inteiramente, afinal, a injunção inicial da Gītā, *nistraiguṇyo bhavārjuna*. Assim como o Brahman, ela é, de fato, ainda aquela que frui das gunas, embora não limitada por elas, *nirguṇaṁ guṇabhoktṛ ca*; não apegada, ainda assim a sustentar tudo, assim como esse Brahman, *asaktaṁ sarvabhṛt*: mas a ação das gunas na alma individual é bem diferente, ela é alçada acima do caráter egoístico delas e de suas reações. Pois ela unificou todo o seu ser no Purushottama, assumiu o ser divino e a natureza divina superior do devenir, *madbhāva*, unificou mesmo sua mente e sua consciência natural com o Divino, *manmanā maccittaḥ*. Essa mudança é a evolução final da natureza e a consumação do nascimento divino, *rahasyam uttaman*. Quando isso se cumpre, a alma percebe a si mesma como a mestra de sua natureza e, mudada em uma luz da Luz divina e em uma vontade da Vontade divina, ela é capaz de mudar suas operações naturais em uma ação divina.

CAPÍTULO XXIII

O NIRVANA E AS OBRAS NO MUNDO

A união da alma com o Purushottama por meio de um Ioga de todo o ser – e não apenas a união com o Self imutável, como na doutrina mais estreita que segue a via exclusiva do conhecimento – é o Ioga completo da Gītā. É por isso que a Gītā, após ter efetuado a reconciliação entre o conhecimento e as obras, pôde desenvolver em seguida a ideia de amor e devoção unificados com as obras e o conhecimento e apresentá-la como o cume mais alto da via para o segredo supremo. Isso não seria de modo algum possível, de fato, se a união com o Self imutável fosse o único segredo ou o mais alto; pois então, em determinado momento, a base interior de nosso amor e de nossa devoção, não menos que o alicerce interior das nossas obras, se fragmentaria e desmoronaria. A união absoluta e exclusiva com o Self único, imutável, significaria a abolição de todo o ponto de vista do ser mutável, não apenas em sua ação comum e inferior, mas em suas próprias raízes, em tudo o que torna sua existência possível, não só nas obras de sua ignorância, mas nas obras de seu conhecimento. Significaria a abolição de toda essa diferença entre a imobilidade consciente e a atividade consciente – que existe entre a alma humana e o Divino e torna possível o jogo do kshara –, pois a ação do kshara tornar-se-ia então, inteiramente, um jogo da ignorância sem nenhuma raiz, sem nenhuma base de realidade divina nele. Ao contrário, a união pelo Ioga com o Purushottama significa o conhecimento e a fruição de nossa unidade com Ele em nosso ser autoexistente e de certa diferenciação em nosso ser ativo. É a persistência desse último em um jogo de obras divinas impelidas pela força motriz do amor divino e constituídas por uma Natureza divina aperfeiçoada; é a visão do Divino no mundo, harmonizada com uma realização do Divino no self, que tornam a ação e a devoção possíveis ao indivíduo liberado e não apenas possíveis, mas inevitáveis, no modo perfeito de seu ser.

Mas o caminho direto para a união passa pela realização firme do Self imutável, e é a insistência da Gītā nisso como uma primeira necessidade (depois de que somente as obras e a devoção poderão adquirir todo seu sentido divino) que torna possível nosso engano sobre sua orientação. Pois, se considerarmos as passagens em que ela insiste de maneira mais vigorosa nessa necessidade e negligenciarmos observar toda a sequência de pensamento na qual se baseiam, poderemos concluir facilmente que a Gītā ensina, na verdade, a absorção sem ação como o estado último da alma, e que a ação seria apenas um meio preliminar para a imobilidade no Imutável sem movimento. É no final do quinto capítulo e ao longo de todo o sexto que essa insistência é mais forte e mais abrangente. É aí que encontramos a descrição de Ioga que, à primeira vista, pareceria incompatível com as obras, e é aí também que encontramos o uso repetido da palavra "nirvana" para descrever o estado que o iogue alcança.

A marca desse estado é a paz suprema de uma calma extinção de si, *śāntiṁ nirvāṇa-paramām*, e como para tornar bem claro que não é o nirvana dos budistas em uma negação extática do ser, mas a perda vedântica de um ser parcial em um ser perfeito que ela quer dizer, a Gītā usa sempre a expressão *brahma-nirvāṇa*, extinção no Brahman; e, aqui, o Brahman bem parece significar o Imutável, indicar, ao menos no início, o Self interior atemporal retirado da participação ativa – mesmo que ela fosse imanente – da exterioridade da Natureza. Devemos ver, então, qual é, aqui, a tendência da Gītā e, sobretudo, se essa paz é a paz de uma cessação absoluta inativa, se a extinção de si no akshara significa a extirpação absoluta de todo conhecimento e de toda consciência do kshara e de toda ação no kshara. Estamos, de fato, habituados a considerar o nirvana incompatível com qualquer gênero de existência e de ação no mundo e podemos estar inclinados a argumentar que o uso da palavra é, em si, suficiente e decide a questão. Mas, se olharmos de perto o budismo, perguntaremos se a incompatibilidade absoluta de fato existiu, mesmo para os budistas; e se olharmos de perto a Gītā, veremos que essa incompatibilidade não faz parte desse supremo ensinamento védico.

Após ter falado da igualdade perfeita do conhecedor do Brahman que se elevou à consciência do Brahman, *brahmavid brahmaṇi sthitaḥ*, a Gītā desenvolve nos nove versos seguintes sua ideia do Brahma-Ioga e do Nirvana no Brahman. "Quando a alma não está mais apegada aos contatos das coisas externas", ela começa, "então se encontra a felicidade que existe no Self; essa pessoa frui de uma felicidade imperecível, porque seu self está em Ioga, *yukta*, pelo Ioga com o Brahman." O não apego é essencial, ela diz, se quisermos ser livres dos ataques do desejo, da cólera e da paixão, liberdade sem a qual a verdadeira felicidade não é possível. Essa felicidade e essa igualdade o indivíduo deve conquistar inteiramente no corpo: ele não deve tolerar que o menor vestígio de submissão à natureza inferior agitada permaneça, sob forma da ideia de que a liberação perfeita virá pela rejeição do corpo; uma liberdade espiritual perfeita deve ser conquistada aqui na Terra, possuída e fruída na vida humana, *prāk śarīra-vimokṣaṇāt*. A Gītā então continua: "Aquele que possui a felicidade interior, o bem-estar e o repouso interiores e a luz interior, esse iogue se torna o Brahman e alcança a autoextinção no Brahman, *brahma-nirvāṇam*. Aqui, de maneira muito clara, nirvana significa a extinção do ego no Self interior, o Self superior espiritual, aquele que é para sempre atemporal, sem espaço, não atado pela cadeia de causa e efeito nem pelas mudanças da mutação universal, bem-aventurado em si mesmo, autoiluminado, para sempre em paz. O iogue deixa de ser o ego, a pequena pessoa limitada pela mente e pelo corpo: ele se torna o Brahman; está unificado em consciência com a imutável divindade do Self eterno, que é imanente em seu ser natural.

Tratar-se-ia, porém, de entrar em algum sono profundo de samádi distante de toda consciência do mundo, ou seria esse o movimento preparatório para uma dissolução do ser natural e da alma individual em algum Self absoluto que estivesse, de todo e para sempre, mais além da Natureza e de suas obras, *laya*, *mokṣa*? Será esse afastamento necessário antes de podermos entrar em nirvana ou é o nirvana, como parece sugerir o contexto, um estado que pode existir de maneira simultânea com a consciência do mundo e mesmo, a seu modo, incluí-la? Aparentemente, essa última proposição é aquela justa, pois nos versos seguintes a Gītā continua: "Os sábios conquistam o nirvana no Brahman, aqueles em quem as manchas do pecado foram apagadas e o nó da dúvida despedaçado, mestres de seu self, cuja ocupação é fazer o bem a todas as criaturas, *sarvabhūta-hite ratāḥ*". Isso pareceria quase querer dizer que ser assim é estar em nirvana. Mas o próximo verso é bem claro e decisivo: "*Yatis* (aqueles que praticam a mestria de si pelo Ioga e pela austeridade) que são liberados do desejo e da cólera e adquiriram a mestria de si – para estes, o Nirvana no Brahman existe em torno deles, os circunda, eles vivem nele já, porque têm o conhecimento do Self". Em outras palavras, conhecer e possuir o self é existir em nirvana. Esta é claramente uma grande extensão da ideia de nirvana. A liberação de todas as manchas das paixões, a mestria de si da mente equânime na qual se baseia essa liberação, a igualdade em relação a todos os seres, *sarvabhūteṣu*, e o amor benéfico por todos, a destruição final dessa dúvida e dessa obscuridade da ignorância que nos mantêm separados do Divino que é todo-

-unificador e o conhecimento do Self único em nós e em todos, são, é evidente, as condições do nirvana que são estabelecidas nesses versos da Gītā, elas contribuem para a constituição desse nirvana e são sua substância espiritual.

Assim, o nirvana é claramente compatível com a consciência do mundo e com a ação no mundo. Pois os sábios que o possuem são conscientes do Divino no Universo mutável e, pelas obras, estão em relação íntima com Ele. Ocupam-se em fazer o bem a todas as criaturas, *sarvabhūta-hite*. Não renunciaram às experiências do Kshara Purusha, eles as divinizaram; pois o kshara, nos diz a Gītā, é todas as existências, *sarvabhūtāni*, e praticar o bem universal a todos é uma ação divina na mutabilidade da Natureza. Essa ação no mundo não é incompatível com a vida no Brahman, ela é, antes, a condição inevitável e o resultado exterior, porque o Brahman em quem encontramos o nirvana – a consciência espiritual em que perdemos a consciência-ego separadora – não está apenas em nós, mas em todas essas existências, não existe apenas acima e à parte de todos esses eventos universais, mas os impregna, os contém e neles está expandido. Portanto, por nirvana no Brahman devemos entender uma destruição ou extinção da consciência separadora limitada que falsifica e divide e que foi trazida à superfície da existência pela Maia inferior das três gunas; a entrada no Nirvana é uma passagem a essa outra consciência, verdadeira e unificadora, que é o coração da existência e seu continente e é toda a sua verdade original, eterna e final, que contém e sustenta tudo. Quando conquistamos o nirvana, quando entramos nele, ele não está apenas dentro de nós, mas em torno a nós, *abhito vartate*, porque esse nirvana não é só a consciência-Brahman que vive secreta dentro de nós, mas a consciência-Brahman na qual vivemos. É o Self que somos dentro, o Self supremo de nosso ser individual, mas também o Self que somos fora, o Self supremo do Universo, o Self de todas as existências. Ao viver nesse Self vivemos em tudo e não mais apenas em nosso ser egoísta. Pela unidade com esse self uma unidade firme com tudo no Universo se torna a própria natureza de nosso ser e o estado-raiz de nossa consciência ativa, o motivo-raiz de toda nossa ação.

Porém, logo em seguida temos dois versos que parecem nos distanciar dessa conclusão: "Tendo rejeitado todos os contatos externos e concentrado a visão entre as sobrancelhas e equilibrado o *prāṇa* e o *apāna* que circulam nas narinas, tendo controlado os sentidos, a mente e a compreensão, o sábio devotado à liberação, de quem o desejo, a cólera e o medo se foram, está livre para sempre". Temos aqui um processo de Ioga que introduz um elemento que parece bem diferente do Ioga das Obras e mesmo diferente do puro Ioga do Conhecimento pela discriminação e a contemplação; em todas as suas características esse processo pertence ao sistema do Raja-Ioga, do qual ele apresenta a ascese psicofísica. Há a conquista de todos os elementos da mente, *cittavṛtti-nirodha*; há o controle da respiração, pranayama; há a retração dos sentidos e da visão. Todos esses são processos que conduzem ao transe interior do samádi, o objetivo de todos eles é *mokṣa*, e *mokṣa* significa, na linguagem comum, a renúncia, não apenas à consciência-ego separadora, mas a toda consciência ativa, uma dissolução de nosso ser no Brahman supremo. Deveríamos supor que a Gītā oferece esse processo, nesse sentido, como o último movimento de uma liberação pela dissolução, ou apenas como um meio particular e uma forte ajuda para vencer a mente exteriorizada? Seria essa a conclusão, o clímax, a última palavra? Encontraremos razão para ver isso como um meio particular, uma ajuda e, ao menos, uma porta para a partida final, não pela dissolução, mas por uma elevação à existência supracósmica. Pois mesmo aqui, nesta passagem, isso não é a última palavra; a última palavra, a conclusão, o clímax, vêm em um verso que segue e é o último dístico do capítulo. "Quando um indivíduo reconheceu em Mim Aquele que frui do sacrifício e da tapásia (de toda ascese e de toda energização), o poderoso senhor de todos os mundos, o amigo de todas as criaturas, ele obtém a paz." O poder do Carma-Ioga reaparece; o conhecimento do Brahman ativo, da supra-alma cósmica, persiste entre as condições da paz do Nirvana.

Retornamos à grande ideia da Gītā, a ideia do Purushottama – embora esse nome não seja usado até perto do final, é isso que Krishna quer dizer com seu "Eu" e "Mim", o Divino presente como o self único em nosso ser atemporal imutável, presente também no mundo, em todas as existências, em todas as atividades, o mestre do silêncio e da paz, o mestre do poder e da ação, que aqui está encarnado como o auriga divino do estupendo conflito, o Transcendente, o Self, o Tudo, o mestre de cada ser individual. Ele é aquele que frui de todo sacrifício e de toda tapásia, portanto, aquele que busca a liberação cumprirá as obras como um sacrifício e uma tapásia; Ele é o senhor de todos os mundos, manifestado na Natureza e nesses seres, portanto, o indivíduo liberado continuará a cumprir as obras para o justo governo e a guiança dos povos nesses mundos, *lokasaṅgraha*; Ele é o amigo de todas as existências, portanto, o sábio que encontrou o Nirvana em si e em torno de si, ainda e sempre estará ocupado com o bem de todas as criaturas – assim como o Nirvana do Budismo Mahayana tomou como sinal supremo as obras de uma compaixão universal. Portanto, mesmo quando encontrou a unidade com o Divino em seu self atemporal e imutável, o indivíduo liberado é ainda capaz, porque abarca também as relações do jogo da Natureza, de amor divino pelo ser humano e de amor pelo Divino, de bhakti.

Que isso seja o significado contido aqui se torna claro uma vez que sondamos o sentido do sexto capítulo, que é um amplo comentário e o desenvolvimento completo da ideia contida nesses versos que concluem o quinto – o que mostra a importância que lhes dá a Gītā. Examinaremos então, da maneira mais breve possível, a substância desse sexto capítulo. Primeiro, o Instrutor enfatiza – e isso é muito significativo – sua asseveração, muitas vezes repetida, sobre a essência real do sannyasa: essa é uma renúncia interna, não externa. "Quem quer que cumpra a obra que deve ser cumprida sem visar os seus frutos, ele é o sannyasin e o iogue, não aquele que não acende o fogo do sacrifício e não cumpre as obras. Aquilo que foi chamado renúncia (sannyasa) saibas que é, na realidade, Ioga; pois ninguém se torna um iogue se não renunciar à vontade-desejo na mente." É preciso cumprir as obras, mas com qual propósito e em que ordem? É preciso, primeiro, cumpri-las enquanto se ascende a montanha do Ioga, porque então as obras são a causa, *kāraṇam*. A causa de quê? A causa da autoperfeição, da liberação, do nirvana no Brahman; pois, se cumprirmos as obras com uma prática firme da renúncia interior, essa perfeição, liberação, conquista da mente de desejo do self egoísta e da natureza inferior cumprem-se com facilidade.

Mas quando chegarmos ao cume? Então, as obras não serão mais a causa; a calma da mestria de si e da posse de si obtidas pelas obras tornar-se-ão a causa. Aqui, mais uma vez, a causa de quê? Da fixação no Self, na consciência brâmine e da igualdade perfeita em que se cumprem as obras divinas do indivíduo liberado. "Pois quando não nos apegamos aos objetos dos sentidos nem às obras e já renunciamos a toda vontade de desejo na mente, então é dito que foi alcançado o cume do Ioga." Isso, já sabemos, é o espírito no qual o indivíduo liberado cumpre as obras; ele as cumpre sem desejo nem apego, sem a vontade pessoal egoísta nem a busca mental, que são parentes do desejo. Ele conquistou seu self inferior, alcançou a calma perfeita em que seu self superior se manifesta a ele, esse self superior sempre concentrado em seu próprio ser, *samāhita*, em samádi, não apenas no transe da consciência interiorizada, mas sempre: no estado de vigília da mente também, quando ela está exposta às causas do desejo e da perturbação, da aflição e do prazer, do calor e do frio, da honra e da desonra, de todas as dualidades – *śītoṣṇa-sukhaduḥkheṣu tathā mānāpamānayoḥ*. Esse self superior é o Akshara, *kūṭastha*, que se mantém acima das mudanças e das perturbações do ser natural; e se diz que o iogue está em Ioga com o Akshara quando fica igual a ele, *kūṭastha*, quando é superior a todas as aparências e a todas as mutações, quando se satisfaz com o autoconhecimento, quando sua mente é igual em relação a todas as coisas, a todos os eventos e a todas as pessoas.

Porém, afinal, esse Ioga não é algo fácil de ser alcançado, como de fato observa Arjuna logo depois, pois a mente inquieta está sempre sujeita a ser derrubada dessas alturas pelos ataques das coisas externas e recair no controle da tristeza, da paixão e da desigualdade. Portanto, ao que parece, a Gītā passa a nos dar, também, além de seu método geral baseado no conhecimento e nas obras, um processo especial de meditação rajaióguica, um poderoso método de prática, *abhyāsa*, um caminho vigoroso para o controle completo da mente e de todas as suas operações. Nesse processo, o iogue é levado a praticar sem cessar a união com o Self, a fim de que essa se torne sua consciência normal. Ele deve sentar-se separado e só, todo desejo e toda ideia de posse banidos de sua mente, mestre de si em todo o seu ser e em toda a sua consciência. "Ele deve estabelecer, em um espaço puro, de maneira firme, seu lugar, nem muito alto, tampouco muito baixo, recobri-lo com um tecido, com uma pele de cervo, com erva sagrada, e aí sentado, com a mente concentrada, as operações da consciência mental e os sentidos sob controle, deve praticar Ioga para a autopurificação, *ātma-viśuddhaye*." A postura que ele toma deve ser aquela, imóvel e ereta, própria à prática do Raja-Ioga; a visão deve ser voltada para o interior e fixada entre as sobrancelhas "sem olhar as regiões". A mente deve ser mantida calma e livre de medos e observar o voto de brahmacharya;[1] toda a mentalidade controlada deve ser consagrada ao Divino e voltada para Ele, de modo que a ação inferior da consciência seja imersa na paz superior. Pois o objetivo a ser alcançado é a paz imóvel do Nirvana. "Ao pôr-se sempre assim em Ioga pelo controle de sua mente, o iogue alcança a paz suprema do Nirvana, que tem sua fundação em Mim, *śāntiṃ nirvāṇa-paramāṃ matsaṃsthām*."

Essa paz do nirvana é alcançada quando toda a consciência mental está perfeitamente controlada e liberada do desejo e permanece imóvel no Self; quando, sem se mover, como a luz de uma lâmpada em um lugar sem vento, ela cessa sua ação agitada, fecha-se ao seu movimento externo e, pelo silêncio e pela imobilidade da mente, o Self é visto dentro, não desfigurado como na

1. Completa pureza sexual. [...] Pela disciplina de *brahmacharya*, eles (os antigos indianos) colocaram toda a energia de que o sistema corporal era capaz e que podia ser separada das funções corporais, ao serviço do cérebro. [...] Daí esses surpreendentes feitos da memória [...] que na Índia antiga eram comuns e habituais. [...] Nestas duas coisas encontra-se o segredo das conquistas intelectuais ariana: *brahamacharya* e o desenvolvimento da qualidade sátvica criaram o cérebro da Índia; ele foi aperfeiçoado pelo Ioga. (N. da T. a partir do texto de Sri Aurobindo "*The Brain of India*").

mente, mas no Self; não como o traduz de maneira falsa ou parcial, a mente, e que nos é representado por intermédio do ego, mas na percepção própria do Self, *svaprakāśa*. A alma, então, está satisfeita e conhece a verdadeira beatitude que ultrapassa tudo, não essa felicidade inquieta que é parte da mente e dos sentidos, mas uma felicidade interior e serena, em que ela está protegida das perturbações da mente e não desce mais da verdade espiritual de seu ser. Nem mesmo o assalto mais impetuoso da aflição mental pode perturbá-la, pois a aflição mental nos vem de fora, é uma reação aos contatos externos, enquanto essa é a felicidade interior, autoexistente, daqueles que não aceitam mais a sujeição das instáveis reações mentais aos contatos externos. É a rejeição do contato com a dor, o divórcio do matrimônio entre a mente e a aflição, *duḥkha-saṃyoga-viyogam*. A conquista firme dessa beatitude espiritual inalienável é o Ioga, é a união divina; é o maior de todos os ganhos e o tesouro diante do qual todos os outros perdem seu valor. Portanto, esse Ioga deve ser praticado de maneira resoluta, sem ceder a nenhum desencorajamento devido a dificuldades ou a malogros, até a liberação, até que a beatitude do Nirvana seja assegurada como uma posse eterna.

Aqui, a ênfase é dada sobretudo à tranquilização da mente emocional, da mente de desejo e dos sentidos, que são os recipientes dos contatos externos e respondem a eles com as reações emocionais habituais; mas mesmo o pensamento mental deve ser aquietado no silêncio do ser autoexistente. Primeiro, todos os desejos nascidos da vontade de desejo devem ser abandonados por completo, sem nenhuma exceção ou resíduo, e os sentidos refreados pela mente, a fim de que não se precipitem por todos os lados na desordem e agitação que lhes são habituais; mas, em seguida, é preciso que a buddhi se apodere da própria mente e a traga ao interior. Devemos lentamente cessar a ação mental por uma buddhi mantida com firmeza no abraço da fixidez; e tendo fixado a mente no self superior não devemos pensar absolutamente em nada. Cada vez que a mente turbulenta e inquieta se projetar para fora deverá ser controlada e submetida ao Self. Quando a mente estiver de todo aquietada, então será outorgada ao iogue a beatitude suprema, imaculada e sem paixão, da alma que se tornou o Brahman. "Assim liberado das máculas da paixão e se colocando de modo incessante no Ioga, o iogue frui de maneira fácil e alegre do toque de Brahman, que é uma beatitude que excede tudo."

E, portanto, o resultado, enquanto vivermos, não é um Nirvana que afasta toda possibilidade de ação no mundo, toda relação com os seres no mundo. Pareceria, no início, que devesse ser assim. Quando todos os desejos e todas as paixões cessarem, quando não for mais permitido à mente se lançar para fora pelo pensamento, quando a prática desse Ioga, silencioso e solitário, se tornar a norma, que outra ação, ou qual outra relação com o mundo dos contatos externos e aparências mutáveis, será ainda possível? Sem dúvida, o iogue permanece ainda no corpo por algum tempo, mas a caverna, a floresta, o cimo da montanha parecem agora ser o cenário mais apropriado, o único possível para continuar a viver, e o transe constante do samádi sua única alegria e ocupação. Porém, primeiro, enquanto esse Ioga solitário for seguido, a renúncia a toda outra ação não é recomendada pela Gītā. Esse Ioga, ela diz, não é para aquele que abandona o sono, o alimento e o jogo e a ação, tampouco para aqueles que indulgenciam demais com essas coisas da vida e do corpo; mas o sono e a vigília, o alimento, o jogo, o esforço posto nos trabalhos, tudo isso deve ser *yukta*. Em geral, isso é interpretado da seguinte maneira: tudo deve ser moderado, regulado, feito na medida justa e esse pode ser, de fato, o significado. Mas em todo caso, quando o Ioga é alcançado, tudo isso deve ser *yukta* em outro sentido, o sentido comum que a palavra tem em toda parte na Gītā. Em todos os estados, em vigília e ao dormir, ao comer, ao brincar e ao agir, o iogue estará, então, em Ioga com o Divino e tudo será feito nele na consciência do Divino como o self e como o Tudo e como aquilo que sustenta e contém sua vida e sua ação. O desejo e o ego, a vontade pessoal e o pensamento da mente são motivos de ação apenas na natureza inferior; quando o ego foi perdido e o iogue se torna Brahman, quando vive em uma consciência transcendente e universal, a ação provém daí, de maneira espontânea; um conhecimento luminoso superior ao pensamento mental provém daí, um poder diferente e mais poderoso do que a vontade pessoal provém daí, a fim de cumprir suas obras para ele e produzir seus frutos:[2] a ação pessoal cessou, tudo foi tomado no Brahman e assumido pelo Divino, *mayi sannyasya karmāṇi*.

Pois quando a Gītā descreve a natureza dessa autorrealização e o resultado do Ioga que vem pelo nirvana – na consciência brâmine – da mente egoísta separadora e dos motivos de seu pensamento, de seu sentimento e de sua ação, ela inclui o sentido cósmico, embora elevado a uma nova espécie de visão. "Aquele cujo self está no Ioga vê o self em todos os seres e todos os seres no self, ele vê tudo com uma visão igual." Tudo o que vê é para ele o Self, tudo é seu self, tudo é o Divino. Mas não haverá o risco, caso ele permaneça, por pouco que seja, na mutabilidade do kshara, de perder todos os resultados desse Ioga difícil, de perder o Self e recair na mente, não será possível que o Divino o perca e o mundo o recupere – ele não

2. *yoga-kṣemaṁ vahāmyaham.*

arriscará perder o Divino e, em seu lugar, recuperar o ego e a natureza inferior? Não, diz a Gītā; "Aquele que Me vê em todo lugar e vê tudo em Mim, Eu não Me perco para ele e ele tampouco se perde para Mim". Pois essa paz do nirvana, embora seja obtida mediante o akshara, é fundada no ser do Purushottama, *mat-saṁsthām*, e este é expandido; o Divino, o Brahman, é também expandido no mundo dos seres e, embora o transcenda, não está aprisionado em Sua própria transcendência. Devemos ver que todas as coisas são Ele e viver e agir inteiramente nessa visão: esse é o fruto perfeito do Ioga.

Mas por que agir? Não seria mais seguro sentar-se em sua solidão e, se quisesse, olhar o mundo e vê-lo no Brahman, no Divino, mas sem tomar parte nele, sem se mover nele, sem viver nele, sem agir nele, antes, vivendo de maneira comum no samádi interior? Não deveria ser essa a lei, a norma, o darma dessa suprema condição espiritual? Não, mais uma vez; para o iogue liberado não há outra lei, outra norma, outro darma que não seja este: viver no Divino e amar o Divino e ser uno com todos os seres; sua liberdade é uma liberdade absoluta e não contingente, autoexistente e não mais dependente de qualquer norma de conduta, de lei de vida ou de qualquer tipo de limitação. Ele não tem mais nenhuma necessidade de um método de Ioga, porque está agora perpetuamente em Ioga. "O iogue que estabeleceu sua posição na unidade e Me ama em todos os seres, de qualquer maneira que viva e aja ele vive e age em Mim." Espiritualizado, mudado de uma experiência dos sentidos para uma experiência da alma, o amor do mundo é alicerçado no amor de Deus e nesse amor não há perigo nem falhas. O medo do mundo e o desgosto pelo mundo podem muitas vezes ser necessários para o recuo diante da natureza inferior, pois, na realidade, é o medo e o desgosto de nosso ego que se refletem no mundo. Mas ver Deus no mundo é nada temer, é abraçar tudo no ser de Deus; ver tudo como o Divino é não odiar nem sentir repugnância por nada, mas é amar Deus no mundo e o mundo em Deus.

Mas, pelo menos, serão evitadas e temidas as coisas da natureza inferior, as coisas que o iogue trabalhou tanto para ultrapassar? Tampouco é isso; tudo é abarcado na igualdade da visão de si. "Aquele, ó Arjuna, que vê com igualdade todas as coisas à imagem do Self, seja a aflição, seja a felicidade, este eu tenho como o iogue supremo." E isso não significa, de modo algum, que ele próprio cairá de sua beatitude espiritual sem aflição e sentirá de novo a infelicidade mundana, mesmo que seja na dor de outros; mas que, ao ver no outro o jogo das dualidades que ele mesmo deixou e ultrapassou, ele continuará a ver tudo como si mesmo, seu self em tudo, Deus em tudo e, nem perturbado nem desnorteado pelas aparências dessas coisas, apenas movido por elas para ajudar e curar, para ocupar-se do bem de todos os seres, para conduzir os seres humanos à beatitude espiritual, para trabalhar para o progresso do mundo em direção a Deus, ele viverá a vida divina enquanto os dias na Terra forem seu quinhão. O amante de Deus que puder fazer isso, que puder abarcar todas as coisas em Deus, puder olhar calmamente a natureza inferior e as operações da Maia das três gunas e agir nelas e sobre elas sem perturbação, sem se deixar cair, sem transtorno, a partir da altura e do poder da unidade espiritual, livre na vastidão da visão de Deus, doce e grande e luminoso na força da natureza de Deus, este aí, poderemos declarar que é o iogue supremo. Ele conquistou, de fato, a criação, *jitaḥ sargaḥ*.

Aqui, como sempre, a Gītā introduz a bhakti como o cume do Ioga, *sarvabhūtasthitaṁ yo māṁ bhajati ekatvam āsthitaḥ*; isso é o que quase pode ser dito para resumir todo o resultado final do ensino da Gītā – seja quem for que ame Deus em tudo e tenha sua alma alicerçada na unidade divina, de qualquer maneira que viva e aja, ele vive e age em Deus. E para enfatizar isso ainda mais, após uma intervenção de Arjuna e uma resposta à sua dúvida sobre como um Ioga tão difícil possa ser possível, ainda que um pouco, para a mente agitada do ser humano, o Instrutor divino retorna à sua ideia e faz dela sua declaração mais importante: "O iogue é maior do que aqueles que praticam a ascese, maior do que os homens de conhecimento, maior do que os homens de ação; torna-te, então, o iogue, ó Arjuna", o iogue, aquele que – pela ação e o conhecimento e a ascese, ou por qualquer outro meio – não se satisfaz nem mesmo com o conhecimento ou o poder espirituais, nem com coisa alguma por aquilo que é, mas que busca, e encontra, a união com Deus somente; pois nessa união tudo o mais está contido e elevado além de si mesmo a um significado supremamente divino. Mas, mesmo entre iogues, o maior é o bhakta. "De todos os iogues, aquele que entregou a Mim todo seu ser interior, que tem por Mim amor e fé, *śraddhāvān bhajate*, este, eu tenho como o mais unido a Mim no Ioga." Essa é a última palavra, que encerra esses primeiros seis capítulos e contém em si mesma a semente do resto, daquilo que ainda permanece sem formular e não é expresso inteiramente em nenhum lugar; pois isso é sempre, e permanece algo de misterioso e secreto, *rahasyam*, o supremo mistério espiritual e o segredo divino.

CAPÍTULO XXIV

O ÂMAGO DO CARMA-IOGA

Os seis primeiros capítulos da Gītā formam uma espécie de bloco preliminar do ensinamento; todo o resto, todos os outros doze capítulos, são elaborações de certas figuras inacabadas daquele bloco, que aqui são vistas apenas como sugestões por trás da vasta execução dos motivos principais; mas por si mesmas elas têm uma importância capital e são, portanto, reservadas para um tratamento ainda mais amplo dos dois outros aspectos da obra. Se a Gītā não fosse uma grande Escritura que deve ser seguida até seu termo, se fosse, em realidade, o discurso de um instrutor vivo a um discípulo, que pudesse ser retomado à vontade quando o discípulo estivesse pronto para uma nova verdade, poder-se-ia conceber que o instrutor parasse aqui, no final do sexto capítulo, e dissesse: "Trabalhe isso primeiro; você tem muito a fazer para realizá-lo e possui a melhor base possível; à medida que as dificuldades surgirem, elas se resolverão por si mesmas ou eu as resolverei por você. Mas, no presente, viva isso que eu lhe disse, trabalhe nesse espírito". Na verdade, há aqui muitas coisas que não podem ser compreendidas de maneira correta, exceto sob a luz que lhes é lançada pelo que deve vir depois. A fim de clarificar de imediato as dificuldades e prevenir possíveis mal-entendidos, eu mesmo tive que antecipar muito e, por exemplo, introduzir de maneira repetida a ideia do Purushottama, pois sem isso teria sido impossível clarificar certas obscuridades, que a Gītā aceita deliberadamente, sobre o Self e a ação e o Senhor da ação, a fim de que não seja perturbada a firmeza dos primeiros passos, ao se tentar alcançar cedo demais coisas ainda demasiado grandes para a mente do discípulo humano.

O próprio Arjuna, se o Instrutor tivesse que interromper aqui seu discurso, poderia muito bem objetar: "Você falou muito sobre a destruição do desejo e do apego, da igualdade, da conquista dos sentidos e tranquilização da mente, da ação impessoal e sem paixão, do sacrifício das obras, da renúncia interior como preferível à renúncia exterior, e essas coisas eu entendo de maneira intelectual, por mais difíceis que possam me parecer na prática. Mas você disse também que é preciso nos elevar acima das gunas enquanto permanecemos na ação e não me disse como funcionam as gunas e, enquanto eu não souber isso, será difícil para mim detectá-las e me elevar acima delas. Além do mais, você falou de bhakti como o elemento maior no Ioga e, ainda assim, falou muito sobre as obras e sobre o conhecimento, mas muito pouco, ou nada, sobre bhakti. E a quem a bhakti, essa coisa suprema, deve ser oferecida? Não ao Self imóvel e impessoal, mas a você, o Senhor. Diga-me, então, o que você é, você que, assim como a bhakti, é ainda maior do que esse autoconhecimento, maior do que o Self imutável, o qual, contudo, é maior do que a Natureza mutável e o mundo da ação, assim como o conhecimento é maior do que as obras. Qual é a relação entre essas três coisas? Entre as obras, o conhecimento e o amor divino? Entre a alma na Natureza e o Self imutável e aquilo que é, ao mesmo tempo, o Self de tudo, sem mudança, e o Mestre do conhecimento, do amor e das obras, a Divindade suprema que está aqui comigo nesta grande batalha e neste massacre, meu auriga no carro desta ação feroz e terrível?". É para responder a essas perguntas que o resto da Gītā é escrito e, em uma solução intelectual completa, elas devem, de fato, ser abordadas sem demora e resolvidas. Porém, em uma verdadeira *sādhanā*, devemos avançar de etapa em etapa e deixar muitas coisas, de fato as mais importantes, se apresentarem subsequentemente e as resolver de modo pleno à luz do progresso conseguido na experiência espiritual. A Gītā, em certa medida, segue essa curva da experiência e começa por lançar uma espécie de vasta base preliminar das obras e do conhecimento, que contém um elemento que conduz à bhakti e a um conhecimento maior, mas sem chegar a isso completamente. Os seis capítulos nos oferecem essa base.

Podemos, então, fazer uma pausa para considerar até onde eles conduziram a solução do problema original com o qual a Gītā começa. Não é necessário que o problema em si – pode ser útil observar mais uma vez – tenha levado a toda a questão da natureza da existência e da substituição da vida normal pela vida espiritual. Isso poderia ter sido tratado a partir de uma base pragmática ou ética, ou de um ponto de vista intelectual ou ideal, ou considerando todos esses aspectos juntos; esse teria sido, de fato, nosso método moderno de resolver a dificuldade. Em si, o problema suscita, em primeiro lugar, apenas a questão de saber se Arjuna deve ser governado pelo sentido ético de pecado pessoal no massacre ou pela consideração, também ética, de seu dever público e social, a defesa da Justiça, a oposição – que a consciência exige de todas as naturezas nobres – às forças armadas da injustiça e da opressão? Essa questão foi levantada em nosso próprio tempo e na hora presente e podemos resolvê-la, como a resolvemos agora, por essa ou aquela das soluções diversas, mas todas a partir do ponto de vista de nossa vida normal e de nossa mente humana normal. Isso pode ser respondido como a uma questão que fosse colocada entre a consciência pessoal e nosso dever diante da sociedade e do Estado, entre um ideal e uma moral prática, entre a "força da alma" e o reconhecimento do fato incômodo de que a vida não é – pelo menos não ainda – toda a alma, e que, pegar em armas pela Justiça em uma batalha física é, algumas vezes, inevitável. No entanto, todas essas soluções pertencem ao intelecto, à índole, às emoções; dependem do ponto de vista individual e, no melhor dos casos, são nossa maneira pessoal de enfrentar a dificuldade que nos é oferecida, de maneira pessoal porque ela convém à nossa natureza e ao estágio de nossa evolução ética e intelectual, a isso que podemos ver e fazer de melhor com a luz que temos: ela não conduz a nenhuma solução final. E é assim porque essa maneira de ver procede da mente normal, que é sempre um emaranhado de várias tendências de nosso ser e pode chegar apenas a uma escolha ou a um acordo entre elas, entre nossa razão, nosso ser ético, nossas necessidades dinâmicas, nossos instintos de vida, nosso ser emocional e aqueles movimentos mais raros que podemos talvez chamar instintos da alma ou preferências psíquicas. A Gītā reconhece que desse ponto de vista não pode haver solução absoluta, apenas uma solução prática imediata e, depois de ter oferecido a Arjuna, a partir dos mais altos ideais de seu tempo, essa simples solução prática, que ele não está disposto a aceitar e, de fato, é evidente que não pretende aceitar, a Gītā passa a um ponto de vista bem diverso e a outra resposta bem diferente.

A solução da Gītā é que nos elevemos acima de nosso ser natural e de nossa mente normal, acima de nossas perplexidades intelectuais e éticas, para entrar em outra consciência, com outra lei de ser e, portanto, outro ponto de vista para nossa ação, em que nem o desejo pessoal nem as emoções pessoais não a governem mais; em que as dualidades esvanecem; em que a ação não é mais nossa e em que, portanto, o sentido de virtude pessoal e de pecado pessoal é ultrapassado; em que o universal, o impessoal, o espírito divino elaboram por meio de nós seu propósito no mundo; em que somos, nós mesmos, por um nascimento novo e divino, mudados em seres desse Ser, em consciência dessa Consciência, em poder desse Poder, em beatitudes dessa Beatitude e em que, por não vivermos mais em nossa natureza inferior, não teremos mais trabalhos próprios a cumprir, não mais objetivos pessoais a perseguir, mas em que, se tivermos ações a cumprir, mesmo poucas – e esse é o único problema e a única verdadeira dificuldade que resta –, faremos apenas as obras divinas, aquelas das quais nossa natureza exterior é apenas um instrumento passivo e não mais a causa, às quais ela não fornece mais o motivo, pois a força motriz está acima de nós, na vontade do Mestre de nossas obras. E isso nos é apresentado como a verdadeira solução, porque retorna à verdade real de nosso ser e viver segundo a verdade real de nosso ser é, evidentemente, a solução mais alta e a única de todo verdadeira para os problemas de nossa existência. Nossa personalidade mental e vital é uma verdade de nossa existência natural, mas uma verdade da ignorância e tudo que se vincula a isso é também uma verdade dessa ordem: válida em prática para as obras da ignorância, mas não mais válida quando retornamos à verdade real de nosso ser. Mas como, de fato, podemos ter certeza de que essa seja a verdade? Não poderemos, enquanto permanecermos satisfeitos com nossa experiência mental comum; pois nossa experiência mental normal é inteiramente aquela dessa natureza inferior, cheia de ignorância. Só poderemos conhecer essa verdade maior ao vivê-la, isto é, ao passar, mais além da experiência mental, à experiência espiritual, pelo Ioga. Viver a experiência espiritual até que cessemos de ser mentais e nos tornemos espírito, até que, liberados das imperfeições de nossa natureza atual, sejamos capazes de viver inteiramente em nosso ser real e divino – é isso que, afinal, nós entendemos por Ioga.

Essa transferência ascendente do centro de nosso ser e, portanto, a transformação de toda a nossa existência e consciência e, como resultado, uma mudança em todo o espírito e em todo o motivo de nossa ação – a ação que muitas vezes permanece precisamente a mesma em todas as suas aparências exteriores – constitui o ponto principal do Carma-Ioga da Gītā. Mude seu ser, renasça no espírito e, por esse novo nascimento, prossiga na ação que o espírito dentro de você designou – essa é, podemos dizer, o coração de sua mensagem. Ou ainda, dito de outra maneira, com um significado mais profundo e mais espiritual – faça da obra que você deve cumprir aqui o meio de seu renascimento interior espiritual, o nascimento divino e, ao se tornar divino, cumpra ainda as obras divinas como um instrumento do Divino para guiar os povos. Portanto, aqui há duas coisas que devem ser expostas com clareza e com clareza compreendidas: o meio para essa mudança, para essa transferência ascendente, esse novo nascimento divino e a natureza da obra ou, antes, o espírito no qual deve ser feita, visto que não é preciso, de modo algum, que a forma exterior dela mude, embora, na realidade, seu alcance e seu objetivo se tornem bem diferentes. Mas essas duas coisas, na prática, são as mesmas, pois elucidar uma é elucidar a outra. O espírito de nossa ação nasce da natureza de nosso ser e do fundamento interior que ela seguiu, mas, também, essa natureza é ela mesma influenciada pela tendência e pelo efeito espiritual de nossa ação; uma mudança muito grande no espírito de nossas obras muda a natureza de nosso ser e altera o fundamento que ela seguiu; essa mudança altera o centro da força consciente a partir do qual agimos. Se a vida e a ação fossem de todo ilusórias, como alguns gostariam, se o Espírito não tivesse nada a ver com as operações da vida, isso não seria assim; mas a alma em nós se desenvolve pela vida e pelas obras; na verdade, não tanto pela própria ação, mas a maneira como trabalha a força interior de nossa alma é que determina suas relações com o Espírito. Na verdade, é isso que justifica o Carma-Ioga como um meio prático da autorrealização superior.

Partimos dessa base: a presente vida interior do ser humano, quase inteiramente dependente, como ela é, de sua natureza vital e física – elevada além dessa natureza apenas por um jogo limitado de energia mental –, não é o todo de sua existência possível, nem mesmo o todo de sua existência real atual. Há, dentro dele, um Self escondido, do qual sua natureza presente é apenas uma aparência exterior ou um resultado parcial dinâmico. A Gītā parece admitir sua realidade dinâmica do início ao fim e não adotar o ponto de vista mais severo dos vedânticos extremistas, para os quais essa realidade é apenas uma aparência, um ponto de vista que golpeia as próprias raízes de toda obra e de toda ação. A maneira como a Gītā formula esse princípio de seu pensamento filosófico – seria possível fazê-lo de outra maneira – é admitir a distinção do Sankhya entre Alma e Natureza, o poder que conhece, sustenta e anima e o poder que trabalha, age, fornece todas as variações do instrumento, do meio e do processo. Simplesmente, a Gītā toma a Alma livre e imutável dos sankhyas, a denomina, na linguagem vedântica, o Self único ou Brahman imutável e onipresente e a distingue dessa outra alma envolvida na Natureza, que é nosso ser mutável e dinâmico, a alma múltipla das coisas, a base da variação e da personalidade. Mas em que consiste, então, essa ação da Natureza?

Ela consiste em um poder de processo, Prakriti, que é a interação dos três modos basilares de suas operações, das três qualidades, ou gunas. E qual é o meio? É o sistema complexo da existência criada por uma evolução gradual dos instrumentos da Prakriti; à medida que esses instrumentos se refletem aqui, na experiência que a alma tem de suas operações, podemos chamá-los, sucessivamente, a razão e o ego, a mente, os sentidos e os elementos da energia material que estão na base de suas formas. Todos são mecânicos: uma máquina complexa da Natureza, *yantra*; e, a partir do nosso ponto de vista moderno, podemos dizer que estão todos involuídos na energia material e se manifestam nela à medida que a alma na Natureza se torna consciente de si por uma evolução ascendente de cada instrumento, mas na ordem inversa àquela que nós havíamos referido: a matéria primeiro, depois a sensação, a mente, a razão e, no final, a consciência espiritual. A razão, que no começo se preocupa apenas com as operações da Natureza, pode, então, detectar o caráter basilar delas, pode vê-las apenas como um jogo das três gunas no qual a alma está emaranhada, pode fazer a distinção entre a alma e essas operações; a alma, então, tem uma chance de desemaranhar-se e retornar à sua liberdade original e à sua existência imutável. Na linguagem vedântica, ela vê o espírito, o ser; ela deixa de identificar-se com os instrumentos e as operações da Natureza, com seu devenir; identifica-se com seu Self e com seu ser verdadeiros e recobra sua existência imutável. É, então, dessa existência espiritual que, segundo a Gītā, a alma pode sustentar a ação de seu devenir, de maneira livre e como mestra de seu ser, o Ishvara.

Se considerarmos apenas os fatos psicológicos em que se baseiam essas distinções filosóficas – filosofia é apenas uma maneira de formular para nós mesmos, de maneira intelectual, em seu significado essencial, os fatos psicológicos e físicos da existência e as relações deles com toda realidade última que possa existir –, poderíamos dizer que há duas vidas que podemos assumir: a vida da alma absorvida nas operações de sua natureza ativa, identificada com seus instrumentos psicológicos e físicos, limitada por eles, compelida por sua personalidade, sujeita à Natureza; e a vida do Espírito, superior a essas coisas, vasta, impessoal, universal, livre, sem limites, transcendente, a sustentar com uma igualdade infinita seu ser e sua ação naturais, mas excedendo-os por sua liberdade e infinitude. Podemos viver nesse que é, no presente, nosso ser natural e podemos viver em nosso ser maior, nosso ser espiritual. Essa é a primeira grande distinção em que se fundamenta o Carma-Ioga da Gītā.

Toda a questão e todo o método encontram-se, então, na liberação da alma das limitações de nosso ser natural atual. Em nossa vida natural, o primeiro fato dominante é nossa sujeição às formas da Natureza material, aos contatos externos com as coisas. Essas formas e esses contatos apresentam-se à nossa vida mediante os sentidos; e a vida, mediante os sentidos, logo retorna a esses objetos para apoderar-se deles e fazer uso deles: deseja-os, apega-se, busca resultados. A mente, em todas as suas sensações, reações, emoções interiores, em sua maneira habitual de perceber, pensar e sentir, obedece a essa ação dos sentidos; a razão também, levada pela mente, se entrega a essa vida dos sentidos, essa vida em que o ser interior está sujeito à exterioridade das coisas e não pode, por um instante sequer, se elevar realmente acima, nem sair do círculo de sua ação sobre nós mesmos e de seus resultados e reações psicológicas em nós. A mente não pode ultrapassá-los porque há o princípio do ego, pelo qual a razão diferencia a soma da ação da Natureza sobre nossa mente, vontade, sentidos, corpo, da ação da Natureza em outras mentes, vontades, organismos nervosos, outros corpos; e a vida significa para nós apenas a maneira como ela afeta nosso ego e a maneira como nosso ego responde aos contatos dela. Não conhecemos nada mais, parecemos não ser nada mais; a própria alma parece, então, ser apenas uma massa separada de mente, vontade, recepção e reação emocionais e nervosas. Podemos aumentar nosso ego, identificarmo-nos com a família, com o clã, a classe, o país, a nação, mesmo com a humanidade – mas o ego permanece ainda, sob todos esses disfarces, a raiz de nossas ações; simplesmente, ele encontra uma satisfação maior para seu ser separado devido a essas relações mais amplas com as coisas exteriores.

O que age em nós é ainda a vontade do ser natural que se apropria dos contatos do mundo externo para satisfazer as diferentes fases de sua personalidade, e a vontade, nessa apropriação, é sempre uma vontade de desejo, de paixão e de apego às nossas obras e aos seus resultados, a vontade da Natureza em nós; nossa vontade pessoal, dizemos nós, mas nossa personalidade de ego é uma criação da Natureza, ela não é e não pode ser, nosso self livre, nosso ser independente. Tudo isso é a ação dos modos da Natureza. Essa pode ser uma ação tamásica e temos, então, uma personalidade inerte, que está sujeita ao giro mecânico das coisas e encontra aí sua satisfação, incapaz do menor esforço vigoroso em vista de uma ação e mestria mais livres. Ou pode ser a ação rajásica e temos, então, a personalidade ativa e agitada, que se lança sobre a Natureza e tenta pô-la ao serviço de suas necessidades e desejos – mas não vê que seu aparente controle é uma servidão, visto que suas necessidades e desejos são os da Natureza e, enquanto estivermos sujeitos a eles, não poderá haver para nós a liberdade. Ou pode ser uma ação sátvica e temos, então, a personalidade esclarecida, que tenta viver pela razão ou para realizar, segundo sua preferência, algum ideal de bem, de verdade ou de beleza; mas essa razão está ainda sujeita às aparências da Natureza e esses ideais são apenas fases mutáveis de nossa personalidade, nas quais, no fim, não encontramos nenhuma regra segura ou satisfação permanente. Somos levados ainda em uma roda de mutação e, em nossos giros, obedecemos, pelo ego, a algum Poder que está em nós e em tudo isso, mas nós mesmos não somos esse Poder nem estamos em união ou em comunhão com ele. Não há ainda liberdade, não há ainda mestria verdadeira.

No entanto, a liberdade é possível. Para isso, devemos, primeiro, entrar em nós mesmos, para nos distanciar da ação do mundo exterior sobre nossos sentidos; em outras palavras, devemos viver interiormente e ser capazes de impedir a corrida natural dos sentidos na busca de seus objetivos externos. Um domínio dos sentidos, uma capacidade para se liberar de tudo aquilo pelo qual eles tanto suspiram é a primeira condição da vida verdadeira da alma; só assim começaremos a sentir que há em nós uma alma, diferente das mutações da mente na recepção dos contatos das coisas externas, uma alma que em suas profundezas retorna a algo autoexistente, imutável, tranquilo, mestre de si, grandioso, sereno e augusto, soberano de si e não influenciado pelas corridas ansiosas de nossa natureza exterior. Mas isso não poderá ser feito enquanto estivermos sujeitos ao desejo. Pois é o desejo, o princípio de toda a nossa vida de superfície, que se satisfaz com a vida dos sentidos e encontra no jogo das paixões tudo o que lhe é importante. Deveremos, então, desembaraçarmo-nos do desejo e, uma vez destruída essa inclinação de nosso ser natural, as paixões – que são seus resultados emocionais – se aquietarão; pois a alegria e a tristeza pela posse e pela perda, pelo sucesso e pela derrota, pelos contatos agradáveis e desagradáveis que as entretêm se irão de nossa alma. Uma unidade calma será ganha. E visto que devemos ainda viver e agir no mundo e, na ação, nossa natureza nos leva a buscar os frutos de nossas obras, devemos mudar essa natureza e cumprir as obras sem apego aos seus frutos, senão, o desejo e todos os seus resultados permanecerão. Mas como poderemos mudar essa natureza do executante das obras em nós? Dissociando as obras do ego e da personalidade; vendo, por meio da razão, que tudo isso é apenas o jogo das gunas da Natureza e dissociando nossa alma do jogo, fazendo dela, antes de tudo, a observadora das operações da Natureza e deixando essas obras ao Poder que, na realidade, está por trás delas, àquele algo na Natureza que é maior do que nós – não nossa personalidade, mas o Mestre do Universo. A mente, porém, não permitirá tudo isso, sua natureza a faz correr atrás dos sentidos e carregar com ela a razão e a vontade. Então, temos que aprender a aquietar a mente. Devemos alcançar essa paz e imobilidade absolutas em que percebemos o Self em nós, que é calmo, imóvel, cheio de beatitude, para sempre imperturbado e não alterado pelo contato das coisas, que basta a si mesmo e encontra, aí somente, sua eterna satisfação.

Esse Self é nosso ser autoexistente. Ele não é limitado por nossa existência pessoal. É o mesmo em todas as existências, permeia tudo, é igual com todas as coisas, sustenta toda a ação universal com sua infinitude, mas não está limitado por nada que seja finito, não é modificado pelas mudanças da Natureza e da personalidade. Quando esse Self se revela dentro de nós, quando sentimos sua paz e quietude, podemos nos tornar isso. Podemos transportar nossa alma, de sua posição inferior, imersa na Natureza, e a levar de volta ao Self. Podemos fazer isso pela força das coisas que já alcançamos – a calma, igualdade, impessoalidade desapaixonada. Pois, à medida que crescemos nessas coisas, que as conduzimos à sua plenitude, que submetemos a elas toda a nossa natureza, nos tornamos esse Self calmo, igual, sem paixão, impessoal, que permeia tudo. Nossos sentidos caem nessa quietude e recebem com suprema tranquilidade os contatos do mundo que chegam até nós; nossa mente cai nessa quietude e se torna a calma testemunha universal; nosso ego se dissolve nessa existência impessoal. Veremos todas as coisas nesse Self, o qual, em nós mesmos, nos tornamos; e vemos esse Self em tudo; tornamo-nos um ser com todos os seres na base espiritual da existência deles. Ao cumprir as obras na tranquilidade sem ego e nessa impessoalidade, nossas obras cessam de ser nossas, cessam de nos amarrar ou de nos perturbar com suas reações. A Natureza e suas gunas tecem a rede de suas obras, mas sem afetar nossa tranquilidade, que não conhece tristeza e é autoexistente. Tudo é oferecido nesse Brahman – único, igual, universal.

Porém, aqui, há duas dificuldades. Primeiro, parece haver uma antinomia entre esse Self tranquilo e imutável e a ação da Natureza. Como, então, qualquer ação poderia existir ou como poderia continuar, uma vez que entramos na existência imutável do Self? Onde, nisso, está a vontade de cumprir as obras que tornariam possível a ação de nossa natureza? Se dissermos, com o Sankhya, que a vontade está na Natureza e não no Self, ainda assim deveria haver um motivo na Natureza e o poder nela, para atrair a alma em suas operações, pelo interesse, pelo ego e pelo apego – e que, quando essas coisas não se refletirem mais na consciência da alma, o poder da Natureza cessará e o motivo das obras cessará com ele. Mas a Gītā não aceita essa visão, que parece, na verdade, necessitar a existência de numerosos Purushas e não o Purusha universal único – caso contrário, a experiência separada da alma e sua liberação separada, enquanto milhões de outros estão ainda involuídos, não seria compreensível. A Natureza não é um princípio separado, mas o poder do Supremo que se projeta na criação cósmica. Mas se o Supremo for apenas esse Self imutável e o indivíduo for apenas algo que saiu d'Ele e foi lançado no Poder, então, a partir do momento em que ele retornar ao self e retomar sua posição, tudo deverá cessar, exceto a unidade e a calma supremas. Em segundo lugar, mesmo se de maneira misteriosa a ação ainda continuar, ainda assim, visto que o Self é igual para todas as coisas, não deveria importar que as obras sejam realizadas ou, se realizadas, qual trabalho tenha sido realizado não deveria importar. Por que, então, essa insistência na forma de ação mais violenta e desastrosa, esse carro de batalha, essa batalha, esse guerreiro, esse auriga divino?

A Gītā responde apresentando o Supremo como algo maior mesmo do que o Self imutável, mais abrangente, o Um, que é, ao mesmo tempo, esse Self e o Mestre das obras na Natureza. Mas ele dirige as obras da Natureza com a eterna calma, a igualdade, a superioridade nas obras e a personalidade que são próprias ao Imutável. Este, podemos dizer, é o equilíbrio do ser a partir do qual ele dirige suas obras e, ao crescer nisso, nós crescemos em Seu ser e no equilíbrio das obras divinas. A partir daí, ele se lança como Vontade e Poder de Seu ser na Natureza, manifesta-se em todas as existências, nasce como ser humano no mundo, está aí, no coração de todos eles, revela-se como Avatar, o nascimento divino no Homem; e, à medida que o indivíduo cresce em Seu ser, é no nascimento divino que ele cresce. As obras devem ser executadas como um sacrifício a esse Senhor de nossas obras e, ao nos tornar pouco a pouco o Self, devemos realizar nossa unidade com Ele em nosso ser e em nossa personalidade como uma de Suas manifestações parciais na Natureza. Uno no ser com Ele, tornamo-nos uno com todos os seres no universo e cumprimos as obras divinas, não como nossas, mas como as operações que Ele realiza por meio de nós, para o sustento e a guiança dos povos.

Essa é a coisa essencial a ser feita e, uma vez feita, as dificuldades que se apresentam a Arjuna desaparecerão. O problema não é mais um problema que diz respeito à nossa ação pessoal, pois aquilo que faz nossa personalidade torna-se uma coisa temporal e subordinada, a questão concerne, então, apenas às operações da Vontade divina no universo, por meio de nós. Para compreendermos isso, devemos saber o que é esse Ser supremo, em Si mesmo e na Natureza, o que são as operações da Natureza e a que elas conduzem, a relação íntima entre a alma na Natureza e essa Alma suprema, da qual bhakti, com o conhecimento, são o alicerce. A elucidação dessas questões é o objeto do resto da Gītā.

FIM DA PRIMEIRA SÉRIE

ENSAIOS SOBRE A GĪTĀ

SEGUNDA SÉRIE

PARTE I

A SÍNTESE ENTRE AS OBRAS, O AMOR E O CONHECIMENTO

CAPÍTULO I

AS DUAS NATUREZAS[1]

Os primeiros seis capítulos da Gītā foram tratados como um único bloco de ensinamento, base primordial de sua prática e de seu conhecimento; os doze últimos podem ser tratados do mesmo modo, como dois conjuntos intimamente conectados, que desenvolvem o resto da doutrina a partir dessa base primeira. Do sétimo ao décimo primeiro eles expõem uma vasta declaração metafísica sobre a natureza do Ser Divino e, nessa fundação, unem e sintetizam conhecimento e devoção, assim como a primeira parte da Gītā reúne e sintetiza obra e conhecimento. A visão do Purusha universal intervém no décimo primeiro capítulo, dá uma volta dinâmica a essa etapa da síntese e a liga de maneira vívida às obras e à vida. Assim, tudo é levado de maneira poderosa de volta à questão original de Arjuna, em torno da qual toda a exposição gravita e completa seu ciclo. Em seguida, a Gītā passa à diferenciação entre o Purusha e a Prakriti para elaborar suas ideias sobre a ação das gunas, sobre a ascensão para além das gunas e sobre a culminação das obras feitas sem desejo e com o conhecimento – culminação em que coalescem com a bhakti: o conhecimento, as obras e o amor que se tornam uma só coisa –, e daí a Gītā eleva-se em direção ao seu grande final, o segredo do completo dom de si ao Mestre da Existência.

Nesta segunda parte da Gītā chegamos a uma exposição mais concisa e fácil do que aquela que tivemos até agora. Nos primeiros seis capítulos as definições ainda não foram dadas, aquelas que darão a chave da verdade subjacente; dificuldades foram encontradas e resolvidas; o progresso é um pouco trabalhoso e passa por muitas voltas e repetições; muitas coisas são implícitas, cuja direção ainda não está clara. Aqui, parece que alcançamos um terreno mais claro e estabelecemos uma expressão mais compacta e direta. Porém, devido a essa concisão, devemos

1. Gītā, VII. 1-14.

ter sempre cuidado com nossos passos, a fim de evitar erros e não perder o sentido verdadeiro. Pois aqui não estamos mais situados com firmeza no terreno seguro da experiência psicológica e espiritual, mas temos que lidar com declarações intelectuais sobre uma verdade espiritual e, muitas vezes, supracósmica. Uma afirmação metafísica tem sempre algo de incerteza e de perigo, ao tentar definir para nossa mente o que, na realidade, é infinito – uma tentativa que deve ser feita, mas que jamais poderá ser de todo satisfatória e definitiva ou última. A verdade espiritual mais alta pode ser vivida, pode ser vista, mas só pode ser formulada de maneira parcial. O método e a linguagem dos Upanishads, mais profundos, que recorrem livremente à imagem e ao símbolo, a forma intuitiva de sua fala, em que a dura precisão limitativa da expressão intelectual é rompida e é permitido às implicações das palavras estenderem-se em uma onda ilimitável de sugestões, são, nesses domínios, o único método e a única linguagem justos. Mas a Gītā não pode recorrer a essa forma, porque ela é destinada a esclarecer uma dificuldade intelectual, a responder a um estado da mente em que a razão – o árbitro ao qual referir os conflitos de nossos impulsos e sentimentos – está em guerra contra si mesma e é incapaz de chegar a uma conclusão. A razão deve ser conduzida a uma verdade além dela mesma, mas por seus próprios meios e à sua maneira. Se lhe oferecermos uma solução espiritualmente psicológica a partir dos dados dos quais ela não tem a experiência, ela só poderá assegurar-se de sua validade se for convencida por uma declaração intelectual das verdades do ser nas quais a solução repousa.

Até agora, as verdades justificadoras que foram oferecidas à razão são aquelas com as quais ela já está familiarizada e que são suficientes apenas como ponto de partida. Primeiro, há a distinção entre o Self e o ser individual na Natureza. Essa distinção foi usada para indicar que o ser individual na Natureza é, necessariamente – enquanto viver fechado na ação do ego –, sujeito às operações das três gunas que, por serem movimentos instáveis, compõem todo o escopo e todo o método da razão, da mente, da vida e dos sentidos no corpo. E no interior desse círculo não há solução. Portanto, a solução deve ser encontrada em uma ascensão para fora do círculo, acima dessa natureza marcada pelas gunas, até o Self único e imutável e o Espírito silencioso, porque então vamos mais além dessa ação do ego de desejo, raiz de toda a dificuldade. Porém, visto que isso, por si, parece conduzir direto à inação pelo fato de que, além da Natureza, não há instrumento de ação nem causa ou determinante para a ação – pois o Self imutável é inativo, imparcial e igual diante de todas as coisas, de todas as operações e de todos os eventos –, foi introduzida a ideia ióguica do Ishvara, do Divino como mestre das obras e do sacrifício e é sugerido, sem ser declarado expressamente, que esse Divino ultrapassa mesmo o Self imutável e que nele se encontra a chave da existência cósmica. Por conseguinte, ao nos elevar até ele mediante o Self, é possível sermos liberados espiritualmente de nossas obras e, mesmo assim, continuarmos as obras da Natureza. Mas não foi ainda dito quem é esse Supremo encarnado aqui no Instrutor divino, no auriga das ações, nem quais são suas relações com o Self e com o ser individual na Natureza. Tampouco está claro como a Vontade de agir que vem dele pode ser diferente da vontade na Natureza definida pelas três gunas. E se houver apenas essa vontade, então a alma que a obedece não pode deixar de estar sujeita às gunas em sua ação, se não em seu espírito e, caso seja assim, a liberdade prometida torna-se ilusória ou incompleta. A vontade parece ser um aspecto da parte executora da existência, ser um poder e uma força ativa da Natureza, Shakti, Prakriti. Haveria, então, uma Natureza superior àquela das três gunas? Haveria um poder de criação, de vontade, de ação pragmáticas diferente do poder do ego, do desejo, da mente, dos sentidos, da razão e do impulso vital?

Portanto, nessa incerteza, o que deve ser feito agora é dar, da maneira mais completa, o conhecimento em que as obras divinas devem ser fundadas. E isso só pode ser o conhecimento completo, integral, do Divino, que é a fonte das obras e em cujo ser o obreiro torna-se livre pelo conhecimento; pois ele conhece o Espírito livre de onde toda obra procede e participa de sua liberdade. Ademais, esse conhecimento deve trazer uma luz que justifique a afirmação com a qual a primeira parte da Gītā se encerra. Ele deve estabelecer a supremacia da bhakti sobre todos os outros motivos e poderes da consciência e ação espirituais; esse deve ser um conhecimento do Senhor supremo de todas as criaturas; só a Ele a alma pode oferecer-se na entrega perfeita, que é o cume mais alto de todo amor e de toda devoção. É isso que o Instrutor propõe dar, nos versos de abertura do sétimo capítulo, onde se inicia o desenvolvimento que ocupa todas as demais partes do livro. "Ouve", diz ele, "como, pela prática do Ioga, com a mente apegada a Mim e comigo como *āśraya* (toda a base, a morada, o sustento do ser consciente e da ação), tu Me conhecerás sem que subsista nenhuma dúvida, de maneira integral, *samagraṁ mām*. Eu te falarei sem omissão alguma, sem nada reter, *aśeṣataḥ* (de outro modo pode subsistir um terreno para a dúvida), do conhecimento essencial, acompanhado de todo o conhecimento abrangente, aquele que, ao conhecê-lo, não haverá aqui nenhuma outra coisa que valha a pena conhecer." O que essa frase implica é que o Ser Divino é tudo, *vāsudevaḥ sarvam*, e, portanto, se ele é conhecido integralmente, em todos os seus poderes e princípios, então tudo é conhecido, não apenas o puro Self, mas o mundo e a ação e a Natureza. Não há, então, nada mais aqui para ser conhecido porque tudo é essa Existência Divina. É só porque nosso ponto de vista aqui não é integral dessa maneira, porque repousa na mente e na razão divisoras e na ideia separadora do ego, que nossa percepção mental das coisas é uma ignorância. Devemos abandonar essa visão mental e egoística e chegar ao verdadeiro conhecimento unificador; esse conhecimento tem dois aspectos, o conhecimento essencial, *jñāna*, e o conhecimento abrangedor, *vijñāna*, a percepção espiritual direta do Ser supremo e o justo conhecimento íntimo dos princípios de sua existência, Prakriti, Purusha e o resto, pelo qual tudo o que é pode ser conhecido em sua origem divina e na verdade suprema de sua natureza. Esse conhecimento integral, diz a Gītā, é coisa rara e difícil; "entre milhares de seres humanos, um ou outro se esforça para chegar à perfeição; e entre aqueles que se esforçam e alcançam a perfeição, um ou outro Me conhece em todos os princípios da minha existência, *tattvataḥ*".

Para começar, e a fim de fundamentar esse conhecimento integral, a Gītā faz, então, essa distinção profunda e capital que é a base prática de todo o seu Ioga, a distinção entre as duas Naturezas, a Natureza fenomênica e a Natureza espiritual. "Os cinco elementos (condições do ser material), a mente, a razão, o ego, essa é a minha natureza óctupla dividida. Mas conheça minha outra natureza, diferente desta, a suprema, que se torna o Jiva e pela qual o mundo é sustentado." Encontramos aqui a primeira ideia metafísica nova da Gītā, que a ajuda a tomar seu ponto de partida nas noções da filosofia Sankhya e, no entanto, a ultrapassá-las e a dar a seus termos, que ela mantém e amplia, um significado vedântico. Uma Natureza óctupla, constituída de cinco *bhūtas* – elementos, como dizem as tradições, mas, antes, condições elementares ou essenciais do ser material, aos quais foram dados os nomes concretos de terra, água, fogo, ar e éter – da mente, com seus sentidos e órgãos variados, da vontade racional e do ego, é a descrição sankhya da Prakriti. O Sankhya cessa aqui e, por que cessa aqui, deve estabelecer uma divisão intransponível entre Alma e Natureza; deve posicioná-las como duas entidades primordiais de todo distintas. Também a Gītā, se parasse aqui, deveria criar a mesma antinomia incurável entre Self e Natureza cósmica, que seria então apenas a Maia das três gunas, e toda essa existência cósmica seria apenas o resultado dessa Maia; ela não poderia ser nada mais. Porém, há algo mais, há um princípio mais elevado, uma natureza do espírito, *parā prakṛtir me.*

Há uma suprema natureza do Divino que é a fonte real da existência cósmica, sua fonte criadora fundamental e energia efetiva e da qual a outra Natureza, inferior e ignorante, é só um derivado e uma sombra obscura. Nessa suprema *dynamis* Purusha e Prakriti são um. Prakriti aí é apenas a vontade e o poder executivo do Purusha, a atividade de seu ser – não uma entidade separada, mas ele mesmo enquanto Poder.

Essa Prakriti suprema não é simplesmente uma presença do poder do ser espiritual imanente nas atividades cósmicas. Pois nesse caso ela seria apenas a presença inativa do Self que impregna tudo, imanente em todas as coisas ou contendo-as, a compelir, de certo modo, a ação do mundo, mas sem ser ele mesmo ativo. Essa suprema Prakriti tampouco é a *avyakta* dos sankhyas, o estado primordial, não manifestado, de semente da natureza óctupla e ativa, manifestada, das coisas, a única força produtora original da Prakriti, a partir da qual seus numerosos poderes instrumentais e executivos evoluem. Tampouco é suficiente interpretar essa ideia de *avyakta* no sentido vedântico e dizer que essa Natureza suprema é o poder inerente, involuído do Espírito ou Self não manifestado, de onde provém o cosmos e ao qual ele retorna. Ela é isso, mas é muito mais; pois esse é apenas um de seus estados espirituais; é o poder-consciente integral do Ser supremo, *cit-śakti*, que está por trás do self e do cosmos. No Self imutável a suprema Shakti está involuída no Espírito; ela está lá, mas em *nivṛtti* ou retenção da ação. Ela entra em ação no self mutável e no cosmos, *pravṛtti*. Aí, por sua presença dinâmica, ela desenvolve no Espírito todas as existências e aparece nelas como sua natureza espiritual essencial, a verdade persistente por trás do jogo de seus fenômenos subjetivos e objetivos. Ela é a qualidade e a força essenciais, *svabhāva*, o autoprincípio de todo o seu tornar-se, o poder inerente e o poder divino por trás da existência fenomênica delas. O equilíbrio das gunas não é mais do que um jogo quantitativo e completamente derivado, que se desenvolveu a partir desse Princípio supremo. Toda essa atividade de formas, todo esse esforço mental, sensorial e da inteligência da natureza inferior são apenas um fenômeno, que não poderia de modo algum existir sem essa força espiritual e esse poder de ser; ele provém dessa força e desse poder e existe neles e por eles unicamente. Se vivermos apenas na natureza fenomênica e virmos as coisas só a partir das noções com que ela nos impregna, não chegaremos à verdade real de nossa existência ativa. A verdade real é esse poder espiritual, essa divina força do ser, essa qualidade essencial do espírito nas coisas ou, antes, do espírito no qual as coisas estão e de onde elas extraem todos os seus poderes e as sementes de seus movimentos. Alcancemos essa verdade, esse poder, essa qualidade e alcançaremos a lei real de nosso devenir e o princípio divino de nosso ser, sua fonte e sanção no Conhecimento e não somente o seu processo na Ignorância.

Isso é trazer o sentido da Gītā para uma linguagem mais apropriada à nossa maneira moderna de pensar; mas, se olharmos a descrição feita pela Gītā da Para Prakriti, veremos que isso é, praticamente, o que ela diz. Pois, primeiro, essa outra Prakriti, essa Prakriti superior é, diz Krishna: "Minha natureza suprema, *prakṛtiṁ me parām*". Aqui, esse "Eu" é o Purushottama, o Ser supremo, a Alma suprema, o Espírito transcendente e universal. A natureza original e eterna do Espírito e sua Shakti transcendente e originadora, esse é o significado de Para Prakriti. Pois, ao falar primeiro da origem do mundo do ponto de vista do poder ativo de sua Natureza, Krishna assevera: "Essa é a origem de todos os seres", *etad-yonīni bhūtāni*. E no próximo verso da estrofe, ao expor de novo o mesmo fato do ponto de vista da Alma geradora, ele prossegue: "Eu sou o nascimento do mundo inteiro e também sua dissolução; não há nada de supremo para além de Mim". Aqui, a Alma suprema, Purushottama, e a Natureza suprema, Para Prakriti, são identificadas: são apresentadas como duas maneiras de considerar a mesma e única realidade. Pois, quando Krishna declara ser ele o nascimento do mundo e sua dissolução, é evidente que é essa Para Prakriti, essa suprema Natureza de seu ser, que é ambas essas coisas. O Espírito é o Ser supremo em sua consciência infinita e a Natureza suprema é a infinitude de poder ou de vontade de ser do Espírito – é sua consciência infinita em sua energia divina inerente e em sua ação divina supernal. O nascimento é o movimento de evolução dessa Energia consciente a partir do Espírito, *parā prakṛtir jīvabhūtā*, sua atividade no universo mutável; a dissolução é a retirada dessa atividade pela involução da Energia na existência imutável e no poder reunido em si mesmo do Espírito. É, então, isso que, no início, se entende por Natureza suprema.

A Natureza suprema, *parā prakṛtiḥ*, é, então, o poder consciente, infinito e atemporal, do Ser autoexistente, a partir do qual todas as existências no cosmos são manifestadas e passam da atemporalidade ao Tempo. Porém, a fim de fornecer uma base espiritual a esse devenir, múltiplo e universal, no cosmos, a Natureza suprema formula-se como o Jiva. Em outras palavras, a alma múltipla eterna do Purushottama aparece como existência individual e espiritual em todas as formas do cosmos. Todas as existências são animadas pela vida do Espírito único indivisível; todas são sustentadas em sua personalidade, em suas ações e em suas formas pela multiplicidade eterna do Purusha único. Porém, devemos evitar cuidadosamente o erro de pensar que essa Natureza suprema seja idêntica ao Jiva manifestado no Tempo, no sentido de que não haveria nada mais, ou de que ela seria apenas a natureza do devenir e de modo algum a natureza do ser: essa não poderia ser, então, a Natureza suprema do Espírito. Mesmo no Tempo ela é algo mais; pois senão sua única verdade no cosmos seria a natureza da multiplicidade e não haveria a natureza da unidade no mundo. Isso não é o que diz a Gītā; ela não diz que a Prakriti suprema é, em sua essência, o Jiva, *jīvātmikām*, mas que ela se tornou o Jiva, *jīvabhūtām*; e está implícito nessa expressão que, por trás de sua manifestação aqui enquanto Jiva, ela é, em sua origem, outra coisa e mais elevada, ela é a natureza do Espírito supremo único. O Jiva, como nos é dito mais adiante, é o Senhor, *īśvara*, mas em sua manifestação parcial, *mamaivāṁśaḥ*; mesmo toda a multiplicidade de seres no universo ou nos universos inumeráveis, não poderia ser, em seu devenir, o Divino integral, mas apenas uma manifestação parcial do Um infinito. Nela, reside o Brahman, a existência una e indivisível como se estivesse dividida, *avibhaktaṁ ca bhūteṣu vibhaktam iva ca sthitam*. Unidade é a verdade maior, multiplicidade é a verdade menor, embora ambas sejam verdades e nenhuma delas seja uma ilusão.

É pela unidade dessa natureza espiritual que o mundo é sustentado, *yayedaṁ dhāryate jagat* e, do mesmo modo, é dessa natureza espiritual que ele nasce com todos os seus devires, *etad-yonīni bhūtāni sarvāṇi*, e é ela também que recolhe o mundo inteiro e suas existências em si mesma na hora da dissolução, *ahaṁ kṛtsnasya jagatḥ prabhavaḥ pralayas tathā*. Porém, na manifestação que é, assim, emitida no Espírito, sustentada em sua ação, retirada em sua cessação periódica de atividade, o Jiva é a base da existência múltipla; ele é a alma múltipla, se podemos chamá-lo assim ou, se preferirmos, a alma da multiplicidade, que vivenciamos aqui. Ele é sempre uno com o Divino em seu ser, difere dele apenas no poder de seu ser – difere não no sentido de que não é o mesmo poder, mas no sentido de que ele sustenta somente o poder único em uma ação parcial e multiplamente individualizada. Portanto, todas as coisas são, em sua origem, em definitivo e também no princípio de sua continuidade, o Espírito. A natureza fundamental de tudo é a natureza do Espírito, e é só em seus fenômenos diferenciais inferiores que as coisas parecem diferentes, parecem ser a natureza do corpo, da vida, da mente, da razão, do ego e dos sentidos. Mas esses são fenômenos derivados, não são a verdade essencial de nossa natureza e de nossa existência.

A natureza suprema do ser espiritual nos dá, então, uma verdade original e um poder de existência mais além do cosmos e uma primeira base de verdade espiritual para a manifestação no cosmos. Mas onde está a ligação entre essa natureza e a natureza fenomênica inferior? Em Mim, diz Krishna, tudo isso, tudo o que está aqui – *sarvam idam*, a expressão habitual nos Upanishads para a totalidade dos fenômenos na mobilidade do universo – está alinhado, como pérolas em um fio. Mas essa é só uma imagem que não podemos levar muito longe; pois as pérolas são mantidas em contato uma com a outra pelo fio e não têm outra unidade ou relação com o colar senão a dependência dele para essa conexão mútua. Passemos então da imagem àquilo que ela representa. Essa é a natureza suprema do Espírito, o infinito poder consciente de seu ser, autoconsciente, todo-consciente, todo--sábio, que mantém essas existências fenomênicas em relação uma com a outra, as penetra, habita nelas e as sustenta e as entrelaça no sistema de sua manifestação. Esse poder supremo único manifesta-se não apenas enquanto Um, mas em cada um enquanto Jiva, a presença espiritual individual; manifesta-se também como a essência de toda qualidade da Natureza. Esses são, então, os poderes espirituais escondidos por trás de todos os fenômenos. Essa qualidade superior não é o modo de funcionar das três gunas, o qual é um fenômeno de qualidade e não sua essência espiritual. Essa qualidade suprema é, antes, o poder interior inerente, único e, no entanto, variável, de todas essas variações de superfície. É uma verdade fundamental do Devenir, uma verdade que sustenta e dá um significado espiritual e divino a todas as suas aparências. As operações das gunas não são mais do que os devires superficiais e instáveis da razão, da mente, dos sentidos, do ego, da vida e da matéria, *sāttvikā bhāvā rājasās tāmasāś ca*; mas esse é, antes, o poder íntimo essencial, estável e original do devenir, *svabhāva*. É isso que determina a lei primordial de todos os devires e de cada Jiva; isso constitui a essência e desenvolve o movimento da natureza. É um princípio em cada criatura que deriva do divino Devenir transcendente, aquele do Ishvara, *madbhāvah*, e é diretamente ligado a ele. Nessas relações do *bhāva* divino com o *svabhāva* e do *svabhāva* com o *bhāvaḥ* superficial, da Natureza divina com a natureza essencial individual e da natureza essencial em sua pura qualidade original com a natureza fenomênica em todo seu jogo, misturado e confuso, de qualidades, encontramos a ligação entre essa existência suprema e essa existência inferior. Os poderes e os valores degradados da Prakriti inferior derivam dos poderes e valores absolutos da Shakti suprema e devem retornar a eles para encontrar sua própria fonte, sua verdade e a lei essencial de suas operações e de seu movimento. Do mesmo modo a alma, ou Jiva, involuída aqui no jogo entravado, pobre e inferior das qualidades fenomênicas, se quiser escapar disso e ser divina e perfeita, deve recorrer à ação pura da qualidade essencial de seu *svabhāva*, retornar a essa lei superior de seu ser, em que pode descobrir a vontade, o poder, o princípio dinâmico, o supremo modo de funcionar de sua natureza divina.

Isso fica claro a partir da passagem que vem logo depois, em que a Gītā dá uma série de exemplos para mostrar como o Divino, no poder de Sua natureza suprema, manifesta-se e age nas existências animadas e nas assim chamadas inanimadas, do Universo. Podemos desenredá-los da ordem solta e livre que a exigência da forma poética impõe e colocá-los na ordem filosófica que lhes é própria. Primeiro, o Poder e a Presença divinos trabalham nas cinco condições elementares da Matéria: "Eu sou o sabor nas águas, o som no éter, o perfume na terra, a energia da luz no fogo" e, para sermos mais completos, podemos acrescentar: o toque ou o contato, no ar. Em outras palavras, o próprio Divino, em Sua Para Prakriti, é a energia que está na base das diversas relações sensoriais, das quais, segundo o antigo sistema sankhyano, as condições etérea, radiante, elétrica, gasosa, líquida e as demais condições basilares da matéria, são o agente físico. As cinco condições basilares da matéria são o elemento quantitativo ou material na natureza inferior e formam a base das formas materiais. Os cinco *tanmātrās* – paladar, tato, olfato e os outros – são elementos qualitativos. Esses *tanmātrās* são as energias sutis cuja ação põe a consciência sensorial em relação com as formas grosseiras da Matéria – eles são a base de todo conhecimento fenomênico. Do ponto de vista material, a matéria é a realidade e as relações sensoriais são derivativas; porém, do ponto de vista espiritual, a verdade é o contrário. A Matéria e os agentes materiais são eles mesmos poderes derivados e, no fundo, são apenas meios concretos ou então condições concretas em que as operações da qualidade da Natureza nas coisas se manifestam na consciência sensorial do Jiva. O fato único e eterno é a energia da Natureza, o poder e a qualidade do ser que assim se manifestam à alma por meio dos sentidos. E o que é essencial nos sentidos, o que é mais espiritual, mais sutil é, em si, a substância dessa qualidade e desse poder eternos. Mas a energia ou o poder de ser na Natureza é o próprio Divino em Sua Prakriti; cada sentido em seu estado puro é, portanto, essa Prakriti, cada sentido é o Divino em Sua força consciente dinâmica.

Isso, deduzimos melhor dos outros termos da série. "Eu sou a luz do sol e da lua, a virilidade no homem, a inteligência do inteligente, a energia do enérgico, a força do forte, a força ascética daqueles que praticam a ascese, *tapasyā*." "Eu sou a vida em todas as existências." Em cada caso, é a energia da qualidade essencial de que cada um desses devires depende para aquilo que ele se tornou, isso que é dado como o sinal característico que indica a presença do Poder divino em sua natureza. E também: "Eu sou *praṇava* em todos os Vedas", isto é, a sílaba básica OM, que é o fundamento de todos os poderosos sons criadores da palavra revelada; OM é a formulação única e universal da energia do som e da fala, aquilo que contém e resume, sintetiza e libera todo o poder espiritual e toda a potencialidade de vak e de shabda[2] e do qual se supõe que os outros sons – na substância dos quais as palavras da linguagem são tecidas – sejam desenvolvimentos evolutivos. Isso torna as coisas inteiramente claras. Não são os desenvolvimentos fenomênicos dos sentidos ou da vida ou da luz, da inteligência, da energia, da força, da virilidade, da força ascética que são próprios à Prakriti suprema. É a qualidade essencial em seu poder espiritual que constitui o *svabhāva*. É a força do espírito que se manifesta assim, a luz de sua consciência e o poder de sua energia nas coisas reveladas em um puro sinal original, que é a natureza essencial. Essa força, luz, poder são a semente eterna da qual todas as outras coisas são desenvolvimentos, derivativos, variabilidades e circunstâncias plásticas. Portanto, a Gītā acrescenta, e é a declaração mais geral da série: "Sabe que Eu sou a semente eterna de toda existência, ó filho de Pritha". Essa semente eterna é o poder do ser espiritual, a vontade consciente no ser, a semente que, assim como é dito em outra parte, o Divino lança no grande Brahman, na vastidão supramental e disso todos nascem na existência fenomênica. É essa semente do espírito que se manifesta como qualidade essencial em todos os devires e constitui seu *svabhāva*.

A distinção prática entre esse poder original de qualidade essencial e as derivações fenomênicas da natureza inferior, entre a própria coisa em sua pureza e a coisa em suas aparências inferiores, é indicada bem claramente no final da série. "Eu sou a força do forte, destituído de desejo e de atração", despojado de todo apego ao prazer fenomênico das coisas. "Eu sou nos seres o desejo que não é contrário ao seu darma." E quanto aos devires subjetivos secundários da Natureza, *bhāvāḥ* (estados da mente, afeições de desejo, movimentos de paixão, reações dos sentidos, o jogo dual e limitado da razão, os volteios do sentimento e do sentido moral), que são sátvicos, rajásicos e tamásicos, quanto às operações das três gunas, elas mesmas não são, diz a Gītā, a ação pura da suprema natureza espiritual, mas são derivações dela; elas são, na verdade, de Mim", *matta eva*, elas não têm outra origem, "mas eu não estou nelas, são elas que estão em Mim." Eis aqui uma distinção forte e contudo sutil: "Eu sou", diz o Divino, "a luz, a força, o

2. *vac* ou *vak* – fala, palavra; a deusa da fala, da palavra; *śabda* – som, vibração, palavra. (N. da T.)

desejo, o poder, a inteligência essenciais, mas em Minha essência Eu não sou seus derivados, tampouco estou neles, contudo todos são de Mim e estão todos em Meu ser". É, então, com base nessas declarações que devemos ver a transição das coisas, da natureza superior à natureza inferior e, no sentido inverso, da natureza inferior à natureza superior.

A primeira declaração não oferece dificuldade alguma. O indivíduo forte, apesar da natureza divina do princípio de força nele, cai na escravidão do desejo e do apego, tropeça no pecado, esforça-se para chegar à virtude. Mas isso é porque, em toda sua ação derivada, ele desce e se põe sob o domínio das três gunas e não governa essa ação do alto, a partir de sua natureza divina essencial. A natureza divina de sua força não é afetada por esses derivados, ela permanece a mesma em sua essência, malgrado cada obscurecimento e cada lapso. O Divino está aí, nessa natureza; ele sustenta o ser humano, graças à sua força, através das confusões de sua existência inferior, até que ele seja capaz de recuperar a luz, de iluminar inteiramente sua vida com o verdadeiro sol de seu ser e de governar sua vontade e seus atos pelo puro poder da vontade divina em sua natureza superior. Mas como pode o Divino ser desejo, *kāma*? Pois esse desejo, esse *kāma*, foi declarado ser nosso único grande inimigo, aquele que deve ser morto. Mas esse desejo era o desejo da natureza inferior das gunas e tem seu ponto nativo, sua origem, no ser rajásico, *rajoguṇa-samudbhavaḥ*; pois isso é o que, em geral, queremos dizer quando falamos de desejo. Esse outro desejo, o espiritual, é uma vontade que não é contrária ao darma.

Quer isso dizer que o *kāma* espiritual seria um desejo virtuoso, ético em sua natureza, um desejo sátvico – pois a virtude é sempre sátvica em sua origem e em sua força-motriz? Mas então haveria aqui uma contradição óbvia – visto que na linha que segue é declarado que todas as afeições sátvicas são, não o Divino, mas apenas derivações inferiores. Não há dúvida que o pecado deve ser abandonado se quisermos nos aproximar, mesmo se um pouco, da Divindade; porém, do mesmo modo, a virtude também deve ser ultrapassada se quisermos entrar no Ser Divino. A natureza sátvica deve ser alcançada, mas para ser ultrapassada em seguida. A ação ética é apenas um meio de purificação pelo qual podemos nos elevar à natureza divina, mas essa natureza é, ela mesma, elevada além das dualidades – e, de fato, de outra maneira não poderia haver uma pura presença divina nem força divina no indivíduo forte que está sujeito às paixões rajásicas. Darma, no sentido espiritual, não é moralidade nem ética. Darma, diz a Gītā em algum momento, é a ação governada pelo *svabhāva* e lei essencial de nossa natureza. E esse *svabhāva*, em seu âmago, é a qualidade pura do espírito em seu poder inerente de vontade consciente e em sua força de ação característica. O desejo de que falamos aqui é, portanto, a vontade propositada do Divino em nós que busca e descobre não o prazer da Prakriti inferior, mas a Ananda de Seu próprio jogo e de sua autocompletude; é o desejo do Deleite divino da existência desdobrando sua força consciente de ação de acordo com a lei do *svabhāva*.

Porém, mais uma vez, o que se entende quando é dito que o Divino não está nos devires, nas formas nem nas afeições da natureza inferior, mesmo naquelas sátvicas, embora elas estejam todas em seu ser? Em um sentido, Ele deve, evidentemente, estar nelas, senão elas não poderiam existir. Mas o que isso significa é que a verdadeira, a suprema natureza espiritual do Divino não está aprisionada aí; esses são apenas fenômenos em Seu ser e criados a partir de Seu ser pela ação do ego e da ignorância. A ignorância nos apresenta tudo em uma versão invertida e, pelo menos, em uma experiência em parte falsificada. Imaginamos que a alma esteja no corpo, quase como um resultado e uma derivação do corpo; chegamos mesmo a sentir isso, porém, é o corpo que está na alma e é um resultado e derivação da alma. Pensamos que o espírito seja uma pequena parte de nós – o Purusha, não maior do que o polegar[3] – nessa grande massa de fenômenos materiais e mentais; na realidade, essa massa, apesar de toda sua aparência imponente, é uma coisa bem pequena na infinidade do ser do Espírito. A mesma coisa aqui: mais ou menos no mesmo sentido, essas coisas estão no Divino e não o Divino nessas coisas. Essa natureza inferior das três gunas, que cria uma visão tão falsa das coisas e lhes atribui um caráter inferior, é uma Maia, um poder de ilusão, o que não significa que ela não exista de modo algum, ou que lida com irrealidades, mas ela desorienta nosso conhecimento, cria valores falsos, envolve-nos no ego, na mentalidade, nos sentidos, na fisicalidade, na inteligência limitada e, lá, esconde de nós a verdade suprema de nossa existência. Esta Maia de ilusão esconde de nós o Divino que somos, o espírito infinito e imperecível. "Por esses três tipos de devir que são da natureza das gunas o mundo inteiro está desorientado e não Me reconhece, supremo para além deles e imperecível." Se pudéssemos ver que o Divino é a verdade real de nossa existência, tudo o mais também mudaria para nossa visão, assumiria seu caráter verdadeiro, e nossa vida e ação adquiririam os valores divinos e se moveriam na lei da natureza divina.

---

3. "O Purusha, que está alojado no interior, não é maior do que o dedo de um homem; Ele é como um fogo resplandecente que não tem fumaça, Ele é o senhor de Seu passado e de Seu futuro. Só Ele é hoje e só Ele será amanhã. Isto é aquilo que buscas". *Katha Upanishad* (N. da T.)

Mas então, visto que o Divino está aí apesar de tudo e a natureza divina está na própria raiz dessas derivações desconcertantes, se somos o Jiva e o Jiva é isso, por que essa Maia é tão difícil de ser vencida, *māyā duratyayā*? Porque ela é ainda a Maia do Divino, *daivī hyeṣā guṇamayī mama māyā*; "essa é minha divina Maia das gunas". Ela mesma é divina e se desenvolve a partir da natureza do Divino, mas o Divino na natureza dos deuses; ela é *daivī*, das deidades ou, se quisermos, da Divindade, mas da Divindade em seus aspectos cósmicos divididos, subjetivos e inferiores, sátvico, rajásico e tamásico. É um véu cósmico que a Divindade teceu em torno de nossa compreensão; Brahma, Vishnu e Rudra teceram seus fios complexos; a Shakti, a Natureza Suprema, está na base desse véu e escondida em cada uma de suas fibras. Devemos elaborar essa rede em nós mesmos pouco a pouco e, depois, voltar-lhe as costas e a deixar atrás de nós quando não for mais útil, abandonar os deuses para voltarmo-nos para o Divino, original e supremo, em quem descobriremos, ao mesmo tempo, o sentido último dos deuses e de suas obras e as verdades espirituais mais profundas de nossa existência imperecível. "Somente aqueles que se voltam para Mim e vêm a Mim atravessam essa Maia e vão além."

CAPÍTULO II

A SÍNTESE ENTRE DEVOÇÃO E CONHECIMENTO[1]

A Gītā não é um tratado de filosofia metafísica, apesar da grande massa de ideias metafísicas que surgem de maneira incidental em suas páginas, pois nela nenhuma verdade metafísica é expressa apenas por si mesma. A Gītā busca a verdade mais alta para a mais alta utilidade prática, não para uma satisfação intelectual, nem mesmo espiritual, mas como a verdade que salva, e ela abre para nós a passagem, de nossa presente imperfeição mortal, a uma perfeição imortal. Portanto, após nos ter dado, nos quatorze primeiros versos deste capítulo, uma verdade filosófica condutora de que temos necessidade, ela se apressa, nos próximos dezesseis versos, a aplicá-la de imediato. Ela faz disso um primeiro ponto de partida para a unificação das obras, do conhecimento e da devoção, pois a síntese preliminar entre obras e conhecimento já foi consumada.

Temos diante de nós três poderes, o Purushottama, enquanto verdade suprema daquilo que devemos nos tornar, o Self e o Jiva. Ou, podemos dizer, há o Supremo, há o espírito impessoal e há a alma múltipla, a base atemporal de nossa personalidade espiritual, o indivíduo verdadeiro e eterno, *mamaivāṁśaḥ sanātanaḥ*. Todos três são divinos, todos três são o Divino. A suprema natureza espiritual do ser, Para Prakriti, livre de todas as limitações da Ignorância condicionadora, é a natureza do Purushottama. No Self impessoal há a mesma natureza divina, mas, aqui, em estado de repouso, de equilíbrio, de inatividade eternos, *nivṛitti*. Por fim, para a atividade, para *pravṛitti*, a Para Prakriti torna-se a personalidade espiritual múltipla, o Jiva. Mas a atividade intrínseca dessa Natureza suprema é sempre um modo de funcionar espiritual

1. Gītā, VII. 15-28.

e divino. Ela é a força dessa Natureza divina suprema, é a vontade consciente do ser do Supremo que se precipita no Jiva em diversificado poder essencial e espiritual de qualidade: esse poder essencial é o *svabhāva* do Jiva. Todo ato e todo devir que procedem diretamente dessa força espiritual são um devir divino e uma ação pura e espiritual. Por conseguinte, na ação, o esforço do indivíduo humano deve ser de retornar para sua verdadeira personalidade espiritual e fazer todas as suas obras fluírem do poder da Shakti supernal dessa personalidade, de desenvolver a ação por meio da alma e do ser intrínseco mais profundo – e não mediante a ideia mental e o desejo vital – e fazer de todos os seus atos um puro fluir da vontade do Supremo, de toda a sua vida um símbolo dinâmico da Natureza divina.

Porém, há também essa natureza inferior das três gunas, cujo caráter é o caráter da ignorância e cuja ação é a ação da ignorância: misturada, confusa, distorcida; é a ação da personalidade inferior, do ego, do indivíduo natural e não do indivíduo espiritual. É para que possamos nos retirar dessa falsa personalidade que devemos recorrer ao Self impessoal e nos tornar uno com ele. Então, assim liberados da personalidade do ego, poderemos encontrar aquilo que une o indivíduo verdadeiro ao Purushottama. O indivíduo é uno com Ele em ser, embora, enquanto individualidade, seja necessariamente parcial e determinativo na ação e na manifestação temporal da natureza. Liberados também da natureza inferior, poderemos realizar a natureza superior, o divino, o espiritual. Portanto, agir a partir da alma não significa agir a partir da alma de desejo; pois ela não é o ser intrínseco elevado, mas apenas a aparência inferior natural e superficial. Agir segundo a natureza intrínseca, o *svabhāva*, não significa agir a partir das paixões do ego, aprovar com indiferença ou com desejo o pecado e a virtude segundo os impulsos naturais e o jogo instável das gunas. Ceder à paixão, abandonar-se ao pecado de maneira ativa ou por inércia não conduz nem ao quietismo espiritual da impessoalidade suprema, nem à atividade espiritual do indivíduo divino, que deve ser um canal para a vontade da Pessoa suprema, um poder direto e um devenir visível do Purushottama.

A Gītā, desde o começo, estipulou que a primeiríssima pre condição para o nascimento divino, para a existência superior, é a destruição do desejo rajásico e de seus descendentes, e isso significa a exclusão do pecado. Pecado é aquilo que a natureza inferior executa para satisfazer de maneira grosseira as suas tendências rajásicas e tamásicas ignorantes, insípidas ou violentas, em revolta contra todo e qualquer autocontrole e mestria superiores da natureza, pelo espírito. E a fim de desembaraçarmo-nos dessa coerção grosseira do ser pela Prakriti inferior em seus modos inferiores, devemos recorrer ao modo mais elevado dessa Prakriti, o sátvico, aquele que busca sempre uma luz harmoniosa de conhecimento e uma norma justa de ação. O Purusha, a alma em nós que, na Natureza, consente ao impulso variado das gunas, deve dar sua sanção a esse impulso sátvico, a essa vontade e índole sátvicas em nosso ser que buscam tal regra. A vontade sátvica em nossa natureza deve nos governar e não a vontade rajásica e tamásica. Esse é o significado de toda alta razão na ação, como de toda cultura ética verdadeira; é a lei da Natureza em nós que se esforça para evoluir de sua ação inferior e desordenada para sua ação superior e ordenada, sua lei é agir não na paixão e na ignorância, que tem como resultado a aflição e a inquietude, mas no conhecimento e na vontade aclarada, que tem como resultado a felicidade, o equilíbrio e a paz. Não poderemos ir além das três gunas se não começarmos a desenvolver em nós o governo da guna mais alta, *sattva*.

"Aqueles que fazem o mal não chegam a Mim", diz o Purushottama, "almas extraviadas, no baixo da escala humana; pois a Maia lhes priva do conhecimento e eles recorrem à natureza de ser do Asura." Esse extravio vem do fato de que a alma na Natureza é manchada pelo ego enganador. Aquele que faz o mal não pode alcançar o Supremo porque ele tenta satisfazer eternamente o ídolo-ego no plano mais inferior da natureza humana; seu verdadeiro deus é esse ego. Sua mente e sua vontade, precipitadas nas atividades da Maia das três gunas, não são instrumentos do espírito, mas escravas voluntárias ou ferramentas – autoenganadas – de seus desejos. Ele vê apenas essa natureza inferior e não seu self supremo e seu ser superior, nem o Divino nele mesmo e no mundo: à sua vontade, ele explica toda a existência em termos do ego e do desejo e serve apenas ao seu ego e ao seu desejo. Servir ao ego e ao desejo, sem aspiração a uma natureza superior e a uma lei mais alta, é ter a mente e o temperamento do Asura. Uma primeira etapa necessária, ascendente, é aspirar a uma natureza e a uma lei superiores, obedecer a uma regra melhor que a do desejo, perceber e adorar uma divindade mais nobre do que o ego ou qualquer imagem ampliada do ego, tornar-se um indivíduo que pensa justo e age com justiça. Em si, isso também não é bastante; pois mesmo a pessoa sátvica está sujeita à desorientação das gunas, porque ainda é governada pelas suas vontades e antipatias, *icchā-dveṣa*. Ela se move no interior do círculo das formas da Natureza e não tem o conhecimento supremo, não tem o conhecimento transcendente e integral. No entanto, pelo constante aspirar a elevar seu objetivo ético, no final ela se libera da obscuridade do pecado, que é a obscuridade do desejo e da paixão rajásicos, e adquire uma natureza purificada capaz de liberar-se do domínio da Maia tripla. Somente pela virtude o ser humano não pode alcançar aquilo que é mais alto, mas pela virtude[2] ele pode desenvolver uma primeira capacidade para consegui-lo, *adhikāra*. Pois o grosseiro ego rajásico ou o obtuso ego tamásico são difíceis de serem eliminados ou dominados; o ego sátvico é menos difícil e, no final, quando se sutiliza e se aclara o suficiente, torna-se mesmo fácil transcendê-lo, transmutá-lo ou aniquilá-lo.

O ser humano, portanto, deve antes de tudo tornar-se ético, *sukṛtī*, e então elevar-se às alturas mais além de toda regra de vida meramente ética, em direção à luz, à amplidão e ao poder da natureza espiritual, onde se libera do domínio das dualidades e de seus enganos, *dvandva-moha*. Lá, ele não busca mais seu bem ou seu prazer pessoais, pois essas coisas não o afetam mais, e ele tampouco diz: "Eu sou virtuoso" ou "Eu sou um pecador", mas age em sua alta natureza espiritual para a vontade do Divino e para o bem universal. Já vimos que para esse fim o autoconhecimento, a igualdade, a impessoalidade são as primeiras necessidades e que esse é o meio de reconciliar o conhecimento e as obras, a espiritualidade e a atividade no mundo, o quietismo sempre imóvel do self atemporal e o jogo eterno da energia pragmática da Natureza. Mas a Gītā agora estipula outra necessidade, e maior, para o carma-iogue que unificou seu Ioga das obras com o Ioga do conhecimento. Não se espera dele apenas o conhecimento e as obras, mas também a *bhakti*, a devoção ao Divino, o amor e a adoração e o desejo da alma pelo Supremo. Essa exigência, que até aqui não foi ainda expressa, havia sido preparada quando o Instrutor especificou que a virada necessária do seu Ioga era a conversão de todas as obras em um sacrifício ao Senhor de nosso ser e fixou como sua culminação a entrega de todas as obras, não apenas em nosso Self impessoal mas, pela impessoalidade, no Ser de quem toda nossa vontade e poder se originam. Aquilo que estava subentendido é agora revelado e começamos a ver de maneira mais completa o propósito da Gītā.

2. Obviamente, pelo verdadeiro *puṇya* interior, uma claridade sátvica no pensamento, no sentimento, na índole, nas motivações e na conduta e não uma virtude apenas social ou convencional.

Colocamos agora diante de nós três movimentos interdependentes de nossa liberação da natureza normal e de nosso crescimento no ser divino e espiritual. "Pela ilusão das dualidades, que nasce do desejo e da aversão, todas as existências na criação são levadas à confusão", diz a Gītā. É a ignorância, é o egoísmo que não pode ver o Divino em toda parte e em toda parte possuí-Lo, porque vê apenas as dualidades da Natureza e está constantemente ocupado com sua própria personalidade separada, suas solicitações e seus recuos. Para escapar desse círculo, a primeira necessidade em nossas obras é remover o pecado do ego vital, o fogo da paixão, o tumulto do desejo da natureza rajásica, e isso deve ser feito pelo impulso sátvico estabilizador do ser ético. Quando isso é feito, *yeṣāṁ tvantagataṁpāpaṁ janānāṁ puṇyakarmaṇām*, ou, antes, na medida em que isso acontece – pois passado certo tempo todo progresso na natureza sátvica traz uma capacidade crescente para uma quietude, igualdade e transcendência elevadas –, é necessário alçarmo-nos acima das dualidades e tornarmo-nos impessoais, equânimes, uno com o Imutável e uno com todas as existências. Esse processo de crescer no espírito completa nossa purificação. Porém, enquanto isso acontece, enquanto a alma se amplia no autoconhecimento, deve também crescer em devoção. Pois ela deve não só agir em um vasto espírito de igualdade, mas oferecer sacrifícios ao Senhor, a esse Divino em todos os seres, que ela ainda não conhece perfeitamente, mas que assim será capaz de conhecer, integralmente, *samagraṁ mām*, quando tiver a visão firme do self único em toda parte e em todas as existências. Uma vez perfeitamente adquiridas, a igualdade e a visão da unidade, *te dvandva-moha-nirmuktāḥ*, uma bhakti suprema, uma devoção todo-abrangente pelo Divino tornar-se-á a lei inteira e única do ser. Toda outra lei de conduta funde-se nessa entrega, *sarva-dharmān parityajya*. A alma, então, torna-se firme nessa bhakti e no voto de autoconsagração de todo o seu ser, no conhecimento, nas obras; pois agora ela tem como base segura, como base absoluta da existência e da ação, o conhecimento perfeito, integral, unificador, do Divino que é a origem de tudo, *te bhajante māṁ dṛḍha-vratāḥ*.

Do ponto de vista comum toda volta em direção à bhakti, ou a continuação das atividades do coração, depois que foram adquiridos o conhecimento e a impessoalidade, poderia parecer uma recaída. Pois na bhakti há sempre o elemento, mesmo o fundamento da personalidade, visto que seu poder motor é o amor e a adoração da alma individual, o Jiva, voltados para o ser supremo e universal. Porém, do ponto de vista da Gītā, em que o objetivo não é a inação e a imersão no eterno Impessoal, mas uma união com o Purushottama mediante a integralidade de nosso ser, essa objeção não pode mais intervir. Nesse Ioga a alma, de fato, escapa da sua personalidade inferior pelo sentido de seu ser essencial impessoal e imutável; mas ela ainda age e toda ação pertence à alma múltipla na mutabilidade da Natureza. Se não introduzirmos como corretivo a um quietismo excessivo a ideia do sacrifício ao Mais-Alto, deveremos considerar esse elemento da ação como algo que não é nós mesmos de modo algum, como algum vestígio do jogo das gunas sem nenhuma realidade divina por trás, uma última forma do ego, do sentido do "eu", já em dissolução, um ímpeto prolongado da natureza inferior, pelo qual não somos responsáveis, visto que nosso conhecimento o rejeita e almeja escapar disso na pura inação. Porém, ao combinarmos a impessoalidade tranquila do self único com a necessidade das obras da Natureza cumpridas como um sacrifício ao Senhor nós escapamos, graças a essa chave dupla, da personalidade egoística inferior e crescemos na pureza de nossa pessoa espiritual verdadeira. Então, não seremos mais o ego amarrado e ignorante na Natureza inferior, mas o Jiva, livre, na Natureza suprema. Então, não viveremos mais no conhecimento em que o self único imutável e impessoal e essa Natureza mutável e múltipla são duas entidades contrárias, mas nos elevaremos até o próprio abraço do Purushottama, descoberto de maneira simultânea por meio desses dois poderes de nosso ser. Todos três são o espírito e os dois contrários aparentes demonstram ser não mais que as faces opostas do terceiro, que é o mais alto. "Há o ser espiritual imutável e impessoal (Purusha)", diz Krishna mais adiante, "e há o ser espiritual e pessoal. Mas há também um outro Mais-Alto (*uttama puruṣa*), chamado o self supremo, Paramatman, aquele que entrou nesse mundo inteiro e o sustenta, o Senhor, o Imperecível. Eu sou esse Purushottama, estou mais além do mutável e sou maior e superior ao próprio imutável. Aquele que tem o conhecimento de Mim como o Purushottama, Me adora (tem por Mim a bhakti, *bhajati*) e possui todo o conhecimento segundo todas as vias de seu ser natural." E é essa bhakti de um conhecimento integral e de uma entrega de si integral, que a Gītā começa agora a desenvolver.

Deve-se notar, então, que é a bhakti com conhecimento que a Gītā espera do discípulo e que ela considera todas as outras formas de devoção como boas em si, porém, ainda assim, inferiores; elas podem ser úteis no caminho, mas não são a coisa que ela visa na culminação da alma. Em meio àqueles que eliminaram o pecado do egoísmo rajásico e se movem em direção ao Divino, a Gītā distingue quatro tipos de *bhaktas*. Há aqueles que se voltam para Ele como um refúgio contra a tristeza e o sofrimento no mundo, *ārta*. Há aqueles que O buscam como o dispensador do bem no mundo, *arthārthī*. Há aqueles que vêm a Ele pelo desejo de adquirir conhecimento, *jigñāsu*. E, por fim, há aqueles que O adoram com o conhecimento, *jñānī*. Todos são aprovados pela Gītā, mas é só no último que ela põe o selo de sua sanção completa. Todos esses movimentos, sem exceção, são elevados e bons, *udārāḥ sarva evaite*, mas a bhakti com o conhecimento ultrapassa todos os outros, *viśiṣyate*. Podemos dizer que essas formas são, sucessivamente, a bhakti da natureza vital-emocional e afetiva,[3] aquela da natureza prática e dinâmica, aquela da natureza racional e intelectual e aquela do ser intuitivo mais alto, que abraça todo o resto da natureza na unidade com o Divino. Na prática, contudo, as outras podem ser vistas como movimentos preparatórios. Pois a própria Gītā diz aqui que é somente no final de muitas existências, depois da posse do conhecimento integral e depois de tê-lo elaborado em si mesmo ao longo de muitas vidas, que se pode, enfim, alcançar o Transcendente. O conhecimento de que o Divino é todas as coisas é um conhecimento difícil de alcançar, e raras na Terra são as grandes almas, *mahātmā*, capazes de vê-Lo assim de maneira plena e de entrar n'Ele com todo seu ser, em todas as vias de sua natureza, pelo vasto poder desse conhecimento todo-abrangente, *sarvavit sarvabhāvena*.

Podemos perguntar agora: será essa devoção elevada e nobre, *udāra*, se busca Deus apenas pelos benefícios mundanos que ele pode oferecer ou como um refúgio na aflição e no sofrimento e não pelo próprio Divino? O egoísmo, a fraqueza, o desejo não reinam em uma tal forma de adoração e ela não pertence à natureza inferior? Ademais, onde não há conhecimento, o devoto não se aproxima do Divino em Sua verdade integral todo-abrangente, *vāsudevaḥ sarvam iti*, mas constrói nomes e imagens imperfeitos da Divindade – que são apenas reflexos de sua própria necessidade, de sua índole e de sua natureza – e os adora, para ajudar ou apaziguar seus apetites naturais. Ele constrói para a Divindade o nome e a forma de Indra ou de Agni ou de Vishnu ou de Shiva, de um Cristo ou de um Buda divinizados ou, então, um conjunto de qualidades naturais, um deus indulgente de amor e compaixão, ou um deus severo de retidão ou de justiça, ou um deus intimidador, de cólera e terror e de punições

3. A bhakti mais tardia, a do amor extático é, em sua raiz, de natureza psíquica; ela é vital--emocional apenas em suas formas inferiores ou em algumas de suas manifestações mais exteriorizadas.

flamejantes, ou algum amálgama de qualquer um desses, e constrói para eles seus altares fora e em seu coração e em sua mente e se prostra diante dessa divindade para demandar o bem e a alegria do mundo ou a cura de suas feridas ou uma sanção sectária para um conhecimento errôneo, dogmático, intelectual e intolerante. Tudo isso, até certo ponto, é bastante verdadeiro. Muito rara é a grande alma que sabe que Vasudeva, o ser onipresente, é tudo aquilo que é, *vāsudevaḥ sarvam iti sa mahātmā sudurlabhaḥ*. Os seres humanos são desviados por desejos exteriores variados, que os distraem da maneira de funcionar do conhecimento interior, *kāmais tais tair hṛtajñānāḥ*. Ignorantes, eles recorrem a outras divindades, formas imperfeitas da divindade, que correspondem aos seus desejos, *prapadyante `nyadevatāḥ*. Limitados, eles estabelecem essa regra ou esse culto, *taṁ taṁ niyamam āsthāya*, que satisfazem a necessidade de sua natureza. E, em tudo isso, é uma determinação pessoal que compele, é essa estreita necessidade de sua natureza que eles seguem e tomam pela verdade suprema – ainda incapazes do infinito e de sua amplidão. O Divino nessas formas lhes dá o que desejam, se sua fé for total, mas esses frutos e essas gratificações são temporários, é uma inteligência insignificante e uma razão informe que faz da busca por eles seu princípio de religião e de vida. Na medida em que, dessa maneira, há uma conquista espiritual, é apenas em relação aos deuses; é apenas o Divino, nas formações da natureza mutável e como aquele que dá os resultados dessa natureza, que é realizado. Mas aqueles que adoram o Divino transcendente e integral abrangem tudo isso e o transformam, exalçam os deuses ao seu mais alto, a Natureza aos seus cumes e vão mais além para chegar ao Divino, realizam e alcançam o Transcendente. *Devān deva-yajo yānti mad-bhaktā yānti mām api.*

Todavia, o Divino supremo não rejeita de nenhum modo esses devotos por terem uma visão imperfeita. Pois o Divino em Seu ser supremo transcendente, não nascido, irreduzível e superior a todas essas manifestações parciais, não pode ser conhecido facilmente por nenhuma criatura viva. Ele está autoenvolvido nesse imenso manto de Maia, essa Maia de Seu Ioga, pela qual Ele é uno com o mundo e, contudo, está mais além do mundo, imanente mas escondido, alojado em todos os corações mas sem ser revelado a todos, nem a cada um. O homem na Natureza pensa que essas manifestações na Natureza são todas o Divino, quando elas são apenas as obras, os poderes e os véus d'Ele. O Divino conhece todas as existências passadas, presentes e futuras, mas Ele, ninguém O conhece ainda. Então, se após tê-los desorientado assim com seus modos de funcionar na Natureza, Ele não tivesse que os encontrar de modo algum, não haveria nenhuma esperança divina para o ser humano nem para nenhuma alma na Maia. Portanto, segundo sua natureza, do modo como os homens se aproximam d'Ele, Ele aceita sua bhakti e responde a ela pelo amor e compaixão divinos. Essas formas, afinal, são certa espécie de manifestação pela qual a inteligência humana imperfeita pode entrar em contato com Ele, esses desejos são os primeiros meios pelos quais nossa alma se volta para Ele: não há devoção sem valor nem eficácia, quaisquer que sejam suas limitações. Cada um responde à única grande necessidade, a fé. "Qualquer forma de Mim que um devoto deseje adorar com fé, eu torno sua fé robusta e resoluta". Pela força dessa fé em seu culto e adoração seu desejo se cumpre, assim como a realização espiritual para a qual ele é capaz nesse momento. Ao tentar obter do Divino todo o seu bem, ele acabará por buscar todo o seu bem no Divino. Ao depender do Divino para suas alegrias, ele aprenderá a estabelecer toda a sua alegria no Divino. Ao conhecer o Divino em Suas formas e qualidades, ele chegará a conhecê-lo como o Todo e como o Transcendente, que é a fonte de todas as coisas.[4]

Assim, pelo desenvolvimento espiritual, a devoção se torna una com o conhecimento. O Jiva acaba por encontrar seu deleite no Divino único – no Divino conhecido como todo o ser, toda a consciência e todo o deleite e como todas as coisas, todos os seres e todos os eventos, conhecido na Natureza, conhecido no self, conhecido como aquilo que vai além do self e da Natureza. O Jiva está para sempre em constante união com Ele, *nityayukta*; toda a sua vida e todo o seu ser estão em um Ioga eterno com o Transcendente ao qual nada é superior, com o Universal, fora do qual não há nada nem ninguém. Toda sua bhakti se concentra n'Ele, *eakabhaktiḥ*, não em alguma divindade parcial, alguma regra ou algum culto. Essa devoção única é toda a sua lei de vida e ele está além de todas as doutrinas de crenças religiosas, de normas de conduta, de todos os objetivos pessoais da vida. Ele não tem aflição para ser curada, pois está em posse do Todo-Beatitude. Ele não tem desejos que o devorem, pois possui o Supremo e o Todo e está próximo do Todo-Poder, que provê toda plenitude. Ele não tem mais dúvidas ou buscas confusas, porque todo o conhecimento se derrama sobre ele, da Luz em que ele vive. Ele ama o Divino

4. Há lugar também para as três buscas menores, mesmo depois das mais altas conquistas, mas elas serão transformadas, não serão mais estreitamente pessoais – pois pode haver ainda uma sede de abolir a aflição, o mal e a ignorância e ver evoluir cada vez mais e manifestar-se integralmente o bem, o poder, a alegria e o conhecimento supremos nessa Natureza fenomênica.

de maneira perfeita e é Seu bem-amado, pois, assim como ele tem alegria no Divino, também o Divino tem alegria nele. Este é o Amante-de-Deus, que possui o conhecimento, *jñānī bhakta*. Esse conhecedor, diz o Divino na Gītā, é meu self; os demais apreendem apenas motivos e aspectos na Natureza, mas ele apreende o ser essencial e universal próprio ao Purushottama, com o qual está em união. Seu nascimento é o nascimento divino na Natureza suprema, integral em ser, completo em sua vontade, absoluto em amor, aperfeiçoado no conhecimento. Nele, a existência cósmica do Jiva é justificada, porque ultrapassou a si mesma e, assim, encontrou sua inteira e suprema verdade de ser.

CAPÍTULO III

O DIVINO SUPREMO[1]

O que já foi dito no sétimo capítulo nos dá o ponto de partida de nossa posição nova, mais completa, e a estabelece com bastante precisão. Em substância, trata-se do seguinte: devemos nos transferir interiormente para uma consciência maior e uma existência suprema, não por uma exclusão total de nossa natureza cósmica, mas por uma consumação espiritual superior de tudo o que agora somos em essência. É preciso que haja, somente, uma mudança de nossa imperfeição mortal em uma perfeição divina do ser. A primeira ideia em que essa possibilidade se fundamenta é a concepção de que a alma individual no ser humano é, em sua essência, eterna e, em seu poder original, um raio da Alma suprema, do Divino – do qual ela é, aqui, uma manifestação velada – um ser de Seu ser, consciência de Sua consciência, natureza de Sua natureza, mas que, na obscuridade de sua existência mental e física, esquece sua fonte, sua realidade, seu caráter verdadeiro. A segunda ideia é a da natureza dupla da Alma na manifestação – a natureza original, em que ela é una com seu verdadeiro ser espiritual e sua natureza derivada, em que está sujeita às confusões do egoísmo e da ignorância. Essa última natureza deve ser rejeitada e a natureza espiritual recobrada interiormente, consumada, tornada dinâmica e ativa. Por uma autoconsumação interior, pela abertura a um novo estado, por nosso nascimento a um novo poder, nós retornamos à natureza do Espírito e nos tornamos mais uma vez uma porção da Divindade, da qual descemos para essa representação mortal do ser.

De imediato, há aqui uma distância da linha geral do pensamento indiano contemporâneo, uma atitude menos negativa, uma afirmação maior. Em lugar de sua ideia obsessiva da Natureza que anula a si mesma, podemos vislumbrar uma solução mais ampla, o princípio de uma autoconsumação na Natureza

1. Gītā, VII. 29-30, VIII.

divina. Há mesmo pelo menos um presságio dos desenvolvimentos ulteriores das religiões de bhakti. Nossa primeira experiência daquilo que está mais além de nosso estado normal, escondido por trás do ser egoísta no qual vivemos é ainda, para a Gītā, a calma de um vasto self impessoal e imutável, em cuja igualdade e unidade perdemos nossa pequena personalidade egoísta e em cuja profunda pureza rejeitamos todos os nossos motivos estreitos de desejo e paixão. Porém, mais completa, nossa segunda visão nos revela um Infinito vivo, um Ser divino imensurável do qual procede tudo isso que somos e a quem pertence tudo isso que somos, self e natureza, mundo e espírito. Quando somos uno com Ele no self e no espírito, não nos perdemos, mas, antes, recobramos n'Ele nosso verdadeiro self, estabelecido na supremacia desse Infinito. E isso é feito em um mesmo e único tempo, por três movimentos simultâneos: uma autodescoberta integral por meio das obras fundamentadas em sua natureza espiritual e na nossa, um autotornar-se integral pelo conhecimento do Ser divino em quem tudo existe e que é tudo e – o movimento mais soberano e decisivo de todos – um dom de si integral a esse Todo e a esse Supremo, pelo amor e pela devoção de todo o nosso ser atraído para o Mestre de nossas obras, para o Habitante de nosso coração, para o continente de toda a nossa existência consciente. A Ele, que é a fonte de tudo o que somos, damos tudo o que somos. Nossa consagração persistente muda em conhecimento d'Ele tudo o que conhecemos e em luz de Seu poder toda a nossa ação. A paixão do amor em nosso dom de nós mesmos alça-nos a Ele e nos abre o mistério do mais profundo de seu ser. O amor completa a tripla corda do sacrifício, aperfeiçoa a chave tri-una do segredo supremo, *uttamaṁ rahasyam*.

Um conhecimento integral em nosso dom de nós mesmos é a primeira condição de sua força efetiva. Portanto, devemos, em primeiro lugar, conhecer esse Purusha em todos os poderes e princípios de sua existência divina, *tattvataḥ*, em toda a sua harmonia, em sua essência eterna e em seu processo vivo. Mas para o pensamento antigo, todo o valor desse conhecimento, *tattvajñāna*, está em seu poder de nos liberar de nosso nascimento mortal e nos fazer passar à imortalidade de uma existência suprema. Portanto, a Gītā continua a mostrar como essa liberação também, no grau mais elevado, é um resultado final de seu próprio movimento de autoconsumação espiritual. O conhecimento do Purushottama, diz ela, de fato é o conhecimento perfeito do Brahman. Aqueles que Me tomam como refúgio, *mām āśritya*, como luz divina, como libertador, como aquele que recebe e abriga suas almas – aqueles que se voltam para Mim em seu esforço espiritual para liberar-se da idade e da morte, do ser mortal e suas limitações, diz Krishna, chegam a conhecer esse Brahman e toda a integralidade da natureza espiritual e a totalidade do Karma. E porque Me conhecem e conhecem ao mesmo tempo a natureza material e divina do ser e a verdade do Mestre do sacrifício, eles conservam também o conhecimento de Mim no instante crítico em que deixam a existência física e, naquele instante, toda a sua consciência está unida a Mim. Portanto, eles chegam a Mim. Não mais atados à existência mortal, eles alcançam o estado supremo do Divino de maneira tão efetiva quanto aqueles que perdem sua personalidade separada no Brahmam impessoal e imutável. Assim, a Gītā conclui esse importante e decisivo sétimo capítulo.

Temos aqui certas expressões que, em seu resumo breve, nos dão as principais verdades essenciais da manifestação do Divino supremo no cosmos. Todos os aspectos de origem e de realidade dessa manifestação estão aí, tudo o que diz respeito à alma em seu retorno ao autoconhecimento integral. Primeiro, há esse Brahman, *tad brahma*; em segundo lugar, *adhyātma*, o princípio do self na Natureza; depois, *adhibhūta* e *adhidaiva*, o fenômeno objetivo e o fenômeno subjetivo do ser; por último, *adhiyajña*, o segredo do princípio cósmico das obras e do sacrifício. Eu, o Purushottama (*mām viduḥ*), diz, de fato, Krishna, Eu, que estou acima de todas essas coisas devo, no entanto, ser procurado e conhecido por todas essas coisas juntas e por meio de suas relações – essa é a única via completa para a consciência humana que busca seu caminho de volta a Mim. Porém, em si mesmos, esses termos não são muito claros no início ou, ao menos, se prestam a diferentes interpretações; é necessário precisá-los em suas conotações e Arjuna, o discípulo, pede logo que eles sejam elucidados. Krishna responde de maneira muito breve – em nenhuma parte a Gītā se demora em uma explicação puramente metafísica; ela dá apenas o que é necessário e de tal maneira que possa tornar apreensível a verdade desses termos e que a alma passe à experiência. Por "este Brahman", uma expressão que nos Upanishads é utilizada mais de uma vez para designar o ser autoexistente por oposição ao ser fenomênico, a Gītā quer dizer, parece, a autoexistência imutável que é a mais alta autoexpressão do Divino e em cuja eternidade inalterável todo o resto se baseia, tudo o que se move e evolui, *akṣaraṁ paramam*. Por *adhyātma*, a Gītā quer dizer *svabhāva*, a via e a lei de ser espirituais da alma na Natureza suprema. Carma, diz ela, é o nome dado ao impulso e à energia criadores, *visargaḥ*, que libera as coisas desse primeiro vir a ser essencial, esse *svabhāva*, e efetua, cria, elabora sob sua influência o devenir cósmico de existências na Prakriti. Por *adhibhūta* deve-se compreender todo o resultado do devenir mutável, *kṣaro bhāvaḥ*. Por *adhidaiva* entende-se o

Purusha, a alma na Natureza, o ser subjetivo que observa e frui, como objeto de sua consciência, tudo o que é esse devenir mutável de sua existência essencial elaborado aqui pelo carma na Natureza. Por *adhiyajña*, o Senhor das obras e do sacrifício, diz Krishna, eu quero dizer: Eu mesmo, o Divino, a Divindade, o Purushottama aqui, secreto no corpo de todas essas existências encarnadas. Portanto, tudo o que é corresponde a essa fórmula.

Dessa breve afirmação a Gītā logo procede à elaboração da ideia da liberação final pelo conhecimento – que foi sugerida nos últimos versos do capítulo precedente. Na verdade, ela retornará ao seu pensamento depois, a fim de oferecer a luz suplementar que é necessária para a ação e a realização interior, e podemos esperar até lá um conhecimento mais completo de tudo o que esses termos indicam. Porém, antes de prosseguirmos, é necessário, na medida em que somos justificados por nossa compreensão, tirar dessa própria passagem e daquela que a precede, toda a ligação que existe entre essas coisas. Pois aqui está indicada a ideia da Gītā sobre o processo do cosmos. Primeiro, há o Brahman, o ser supremo imutável autoexistente que todas as existências são por trás do jogo da Natureza cósmica no espaço, no tempo e na causalidade, *deśa-kāla-nimitta*. Pois é só por essa autoexistência que tempo, espaço e causalidade podem existir e, sem esse sustento inalterável, onipresente contudo indivisível, eles não poderiam continuar com suas divisões. Mas por si mesmo o Brahman imutável nada faz, nada causa, nada determina; ele é imparcial, igual, sustenta tudo, mas não escolhe nem origina. O que é, então, que origina, o que é que determina, o que é que dá a impulsão divina do Supremo? O que é que governa o Carma e desdobra ativamente o devenir cósmico no Tempo a partir do Ser eterno? É a Natureza enquanto *svabhāva*. O Supremo, a Divindade, o Purushottama está aí e sua imutabilidade eterna sustenta a ação de Sua Shakti espiritual superior. Ele revela o Ser divino, a Consciência, a Vontade ou o Poder divinos, *yayedaṁ dhāryate jagat*: isso é a Para Prakriti. A autoconsciência do Espírito nessa suprema Natureza percebe, na luz do autoconhecimento, a ideia dinâmica, a verdade autêntica de tudo o que ele separa em seu ser e o expressa no *svabhāva*, a natureza espiritual do Jiva. A verdade e o princípio inerentes do self de cada Jiva, aquilo que se elabora na manifestação, a natureza divina essencial em tudo o que permanece constante por trás de todas as conversões, deturpações, reversões, isso é o *svabhāva*. Tudo o que está no *svabhāva* é deixado livre na Natureza cósmica, para que ela faça com isso o que quiser, sob o olhar interior do Purushottama. A partir do *svabhāva* constante, a partir da natureza essencial e do princípio essencial do ser de cada devenir, ela cria as mutações variadas pelas quais ela se esforça para expressá-lo, desdobra todas as suas mudanças no nome e na forma, no tempo e no espaço e nessas sucessões de condições desenvolvidas uma a partir da outra e que chamamos causalidade, *nimitta*.

Todo esse desenvolvimento, toda essa contínua mudança de um estado a outro é Carma, é a ação da Natureza, é a energia da Prakriti, a operária, a deusa do processo. É, primeiro, uma liberação do *svabhāva* em sua ação criadora, *visargaḥ*. A criação é uma criação de existências no vir a ser, *bhūta-karaḥ*, e de tudo o que elas, de maneira subjetiva ou de outra maneira, se tornam, *bhāva-karaḥ*. Tudo considerado, esse é um constante nascimento das coisas no Tempo, *udbhava*, do qual a energia criadora do Carma é o princípio. Todo esse vir a ser mutável emerge por uma combinação dos poderes e das energias da Natureza, *adhibhūta*, que constitui o mundo e é o objeto da consciência da alma. Nisso tudo, a alma é a Divindade que na Natureza frui e observa; os poderes divinos da mente e da vontade e dos sentidos, todos os poderes de seu ser consciente pelos quais ela reflete essa operação da Prakriti, são suas divindades, *adhidaiva*. Essa alma na Natureza é, portanto, o *kṣara puruṣa*, é a alma mutável, a eterna atividade do Divino. A mesma alma no Brahman, retirada da Natureza, é o *akṣara puruṣa*, o self imutável, o silêncio eterno do Divino. Mas na forma e no corpo do ser mutável habita a Divindade suprema. Possuindo ao mesmo tempo a calma da existência imutável e o prazer da ação mutável, aí habita, no ser humano, o Purushottama. Ele não está somente distante de nós em algum estado supremo mais além, mas está aqui também, no corpo de cada ser, no coração do ser humano e na Natureza. Aí ele recebe em sacrifício as obras da Natureza e espera o dom-de-si consciente da alma humana: mas sempre, mesmo na ignorância e no egoísmo da criatura humana, Ele é o Senhor de seu *svabhāva* e o Mestre de todas as suas obras, aquele que preside à lei da Prakriti e do Carma. Originada d'Ele, a alma entrou no jogo das mutações da Natureza; a alma, passando pela autoexistência imutável, retorna a Ele, o estado supremo do Divino, *paraṁ dhāma*.

Nascido no mundo, o ser humano dá voltas entre mundo e mundo, na ação da Prakriti e do Carma. O Purusha na Prakriti é a sua fórmula: o que a alma nele pensa, considera e faz, isso ele se torna, sempre. Tudo o que ele foi determinou seu nascimento atual. E tudo o que ele é, pensa, faz nessa vida até o instante de sua morte, determina o que ele será nos mundos além e nas vidas que estão por vir. Se o nascimento é um devenir, a morte também é um devenir e, de modo algum, uma cessação. O corpo é abandonado, mas a alma segue seu caminho, *tyaktvā kalevaram*. Muito depende daquilo que ele é no instante crítico de sua partida. Pois, sob qualquer forma de devenir em que sua consciência tenha se fixado no momento da morte, e tenha estado sempre cheia disso, em sua mente e em seu pensamento antes da morte, ele deve alcançar essa forma, visto que a Prakriti, pelo Carma, elabora os pensamentos e as energias da alma e que, na realidade, isso é todo o seu trabalho. Portanto, se a alma no indivíduo deseja alcançar o estado do Purushottama, há duas necessidades, duas condições que devem ser satisfeitas antes que isso seja possível. Ela deve ter moldado no sentido desse ideal, toda sua vida interior durante sua existência terrestre; e deve ser fiel à sua aspiração e à sua vontade no momento de partir. "Qualquer um que deixa seu corpo e se vai", diz Krishna, "lembrando-se de Mim em seu momento final, alcança Meu *bhāva*" – aquele do Purushottama, o estado do Meu ser. Está unido ao ser original do Divino e esse é o devenir último da alma, paro *bhāvaḥ*, o último resultado do Carma em seu retorno sobre si mesmo e em direção à sua fonte. A alma que seguiu o jogo da evolução cósmica que, aqui, vela sua natureza espiritual essencial, sua forma original de devenir, *svabhāva*, e passou por todas essas outras formas de devenir de sua consciência – as quais são apenas seus fenômenos, *taṁ taṁ bhāvam* – retorna a essa natureza essencial e, ao encontrar por esse retorno seu verdadeiro self e espírito, alcança o estado original do ser, que, do ponto de vista do retorno, é um devenir supremo, *mad-bhāvam*. Em certo sentido, podemos dizer que a alma se torna Deus, visto que se une à natureza do Divino em uma última transformação de sua natureza e existência fenomênicas.

Aqui, a Gītā enfatiza com força o pensamento e o estado da mente na hora da morte, ênfase que será dificilmente compreendida se não reconhecermos o que se pode chamar o poder autocriativo da consciência. Aquilo em que o pensamento, o olhar interior, a fé, *śraddhā*, se fixam com uma insistência completa e precisa – nisso, nosso ser interior tende a se tornar. Essa tendência se torna uma força decisiva quando passamos àquelas experiências espirituais e espontâneas superiores, que dependem menos de coisas externas do que nossa psicologia comum, escravizada como está à Natureza exterior. Podemos então ver a nós mesmos tornando-nos com firmeza aquilo em que nossa mente se manteve apegada e a que aspiramos constantemente. Aí, portanto, todo lapso do pensamento, toda infidelidade da memória significam sempre um atraso na mudança, uma queda em seu processo e um retorno para aquilo que éramos antes – ao menos enquanto não tivermos, de maneira substancial e irrevocável, estabelecido nosso novo devenir. Quando tivermos feito isso, quando tivermos feito disso uma coisa normal para nossa experiência, a memória disso permanecerá de maneira autoexistente, porque esta será, então, a forma natural de nossa consciência. No instante crítico de deixar o plano mortal da existência, a importância, então, de nosso estado de consciência torna-se evidente. Mas não é uma lembrança no leito de morte em contradição com toda a orientação de nossa vida e de nossa subjetividade passada, ou insuficientemente preparada por essa orientação, que pode ter esse poder de salvar. Aqui, o pensamento da Gītā difere das indulgências e facilidades da religião popular; a Gītā nada tem em comum com as fantasias grosseiras, que fazem da absolvição e da extrema-unção do padre uma morte "cristã" edificante depois de uma vida profana pouco edificante, ou da precaução ou do acidente que fazem de uma morte na Benares santa ou no Ganges sagrado um mecanismo suficiente para a salvação. É preciso que o devenir subjetivo divino, no qual a mente deve estar apegada com firmeza no momento da morte física, *yaṃ smaram bhāvaṃ tyajati ante kalevaram*, tenha sido algo em que a alma cresceu interiormente a cada instante durante sua vida física, *sadā tad-bhāva-bhāvitaḥ*. "Portanto", diz o Instrutor divino, "recorda-te de Mim a todo instante e combate; pois se tua mente e tua compreensão estiverem sempre fixos em Mim e entregues a Mim, *mayi arpita-mano-buddhiḥ*, seguramente tu virás a Mim. Pois é pensando sempre nele, com uma consciência unida a Ele em um Ioga sem desvio e praticado com constância, que alcançamos o divino e supremo Purusha."

Chegamos aqui à primeira descrição desse supremo Purusha – a Divindade que é mesmo mais e maior que o Imutável – e a quem a Gītā dá, em seguida, o nome de Purushottama. Ele também, em Sua eternidade atemporal, é imutável e muito além de toda essa manifestação; e aqui, no Tempo, alvorecem em nós apenas fracos vislumbres de Seu ser, que são transmitidos por meio de símbolos e disfarces variados, *avyakto akṣaraḥ*. Ainda assim, Ele não é apenas uma existência sem feições ou indiscernível, *anirdeśyam*; ou, se for indiscernível, é só porque ele é mais sutil do que a última sutilidade que a mente percebe e porque a forma do Divino ultrapassa nosso pensamento, *aṇor aṇīyāṁsam acintya-rūpam*. Essa alma, esse Self supremo é o Vidente, o Ancião dos Dias e, em sua eterna visão de si e em Sua eterna sabedoria, o Mestre e Governante de toda a existência, que põe em seu lugar no seu próprio ser todas as coisas que são, *kaviṁ purāṁam anuśāsitāraṁ sarvasya dhātāram*. Essa Alma suprema é o Brahman imutável, autoexistente, de quem os conhecedores do Veda falam, e é Aquele no qual todos aqueles que praticam ascese entram, quando foram além das propensões da mente de mortalidade e pelo desejo do qual eles praticam o controle das paixões corporais.[2] Essa eterna realidade é o degrau, o lugar, o apoio (*padam*), supremos do ser; portanto, esse é o objetivo mais elevado do movimento da alma no Tempo, essa realidade que não é, ela mesma, um movimento, mas um estado original, sempiterno e supremo, *paraṁ sthānam ādyam*.

A Gītā descreve o último estado da mente do iogue, em que, pela morte, ele passa da vida a essa existência suprema e divina. Uma mente imóvel, uma alma armada com a força do Ioga, uma união com Deus na bhakti – a união pelo amor, aqui, não é posta de lado pela unificação sem feições mediante o conhecimento: ela permanece, até o final, uma parte da força suprema do Ioga – e a força de vida é inteiramente puxada para o alto e estabelecida entre as sobrancelhas, na sede da visão mística. Todas as portas dos sentidos estão fechadas, a mente está encerrada no coração, a força de vida é tirada de seu movimento difuso e enviada à cabeça, a inteligência concentrada na expressão da sílaba sagrada OM e o seu pensamento conceptivo na lembrança da Divindade suprema, *mām anusmaran*. Essa é a maneira ióguica estabelecida de ir-se, última oferenda de todo o ser ao Eterno, ao transcendente. Porém, mesmo assim, isso é apenas um processo; a condição essencial é a lembrança constante e inalterável do Divino na vida, mesmo na ação e na batalha – *mām anusmara yudhya ca* – e mesmo na metamorfose de todo o ato de viver em um Ioga ininterrupto, *nitya-yoga*. Qualquer um que faça isso descobre que é fácil alcançar-Me, diz o Divino, essa é a grande alma que alcança a perfeição suprema.

O estado ao qual a alma chega quando deixa a vida assim, é supracósmico. Os céus mais altos do plano cósmico estão sujeitos a um retorno ao renascimento; mas não há renascimento imposto à alma que parte para unir-se ao Purushottama. Portanto, qualquer fruto que se possa ter da aspiração ao conhecimento do Brahman indefinível pode ser adquirido também por essa outra aspiração abrangente – por meio do conhecimento, das obras e do amor – ao Divino autoxistente, que é o Mestre das obras e o Amigo da humanidade e de todos os seres. Conhecê-lo assim e assim buscá-lo, não vincula ao renascimento nem à cadeia do Carma; a alma pode satisfazer seu desejo de escapar de maneira permanente da condição transiente e dolorosa de nosso ser mortal. E aqui a Gītā, para tornar mais preciso para a mente esse

2. Aqui, a linguagem é inteiramente tomada dos Upanishads.

círculo de nascimentos e o meio de escapar a isso, adota a antiga teoria dos ciclos cósmicos, que se tornaram um elemento fixo das noções cosmológicas indianas. Há um ciclo eterno de períodos alternados de manifestação e não manifestação cósmica, cada período chamado, respectivamente, um dia e uma noite do criador Brahma, cada um de duração igual no Tempo, o longo éon de seus trabalhos, que dura mil eras, o longo éon de seu sono de mil outras eras silenciosas. Quando chega o Dia, todas as manifestações nascem do não manifestado; na chegada da Noite, todas desvanecem ou são dissolvidas nele. Assim, todas essas existências se alternam, impotentes, no ciclo do devenir e do não devenir; elas retornam ainda e ainda no devenir, *bhūtvā bhūtvā*, e retornam constantemente ao não manifestado. Mas esse não manifestado não é a divindade original do Ser; há outro estado de sua existência, *bhāvo 'nyo*, um não manifestado supracósmico, mais além dessa não manifestação cósmica, que está sempre estabelecido em si, que não é um contrário do estado cósmico de manifestação, mas situa-se bem acima e é diferente dele, é imutável, é eterno, não obrigado a perecer quando todas essas existências perecem. "O chamam o não manifestado imutável e se fala dele como da alma suprema e do estado supremo, e aqueles que o alcançam não retornam; este é o lugar supremo do Meu ser, *paramaṁ dhāma.*" Pois a alma que aí chegou escapou do ciclo da manifestação e da não manifestação cósmicas.

Quer retenhamos essa noção cosmológica, quer a rejeitemos – o que depende do valor que estamos inclinados a atribuir ao conhecimento dos "conhecedores do dia e da noite" – , o importante é a virada que a Gītā lhe dá. Poderíamos facilmente imaginar que esse Ser eternamente não manifestado, cujo estado parece não ter nada a ver com a manifestação ou a não manifestação, deve ser o Absoluto para sempre indefinido e indefinível, e que o meio justo para alcançá-lo seria nos desfazer de tudo o que nos tornamos na manifestação e não de elevarmos a ele toda a nossa consciência interior, em uma concentração combinada do conhecimento da mente, do amor do coração, da vontade ióguica, da força de vida vital. A bhakti, sobretudo, parece inaplicável ao Absoluto, que é vazio de toda relação, *avyavahārya*. "Porém", insiste a Gītā – embora essa condição seja supracósmica e embora seja eternamente não manifestada – ainda assim, "esse Purusha supremo deve ser ganho por uma bhakti voltada apenas para Ele, em quem todos os seres existem e por quem todo este universo foi expandido no espaço." Em outras palavras, o Purusha supremo não é um Absoluto inteiramente sem relação, distante de nossas ilusões, mas Ele é o Vidente, o Criador, Aquele que governa os mundos, *kavim anuśāsitāram*, *dhātāram*, e é conhecendo-o e amando-o como o Um e como o Todo, *vāsudevaḥ sarvam iti*, por uma união com Ele de todo nosso ser consciente em todas as coisas, em todas as energias, em todas as ações, que devemos buscar a consumação suprema, a perfeição perfeita, a liberação absoluta.

Vem, então, um pensamento mais curioso, que a Gītā adotou dos místicos do Vedanta do início. Ele dá diferentes momentos em que o iogue deve deixar seu corpo, conforme queira buscar o renascimento ou evitá-lo. O fogo e a luz e a fumaça ou a bruma, o dia e a noite, a quinzena brilhante do mês lunar e a quinzena escura, o solstício do norte e o solstício do Sul, esses são os opostos. Pelo primeiro de cada par os conhecedores do Brahman vão ao Brahman, mas, pelo segundo, o iogue alcança a "luz lunar" e, mais tarde, retorna ao nascimento humano. Estes são o sendeiro brilhante e o sendeiro obscuro, chamados o caminho dos deuses e o caminho dos pais nos Upanishads e o iogue que os conhece não é extraviado por nenhum erro. Qualquer fato psicofísico, ou qualquer simbolismo que possa haver por trás dessa noção[3] – ela nos vem da era dos místicos, que viam em cada coisa física um símbolo efetivo da coisa psicológica e encontravam em toda parte uma interação e uma espécie de identidade do exterior com o interior, da luz com o conhecimento, do princípio ígneo com a energia espiritual – necessitamos observar apenas a maneira em que a Gītā conclui a passagem: "Portanto, esteja a todo momento em Ioga".

Pois isso, afinal, é o essencial: tornar o ser inteiro um com o Divino, de todas as maneiras e tão completamente, que ele esteja, natural e constantemente, fixo na união e que toda a existência, não apenas o pensamento e a meditação, mas a ação, o labor, a batalha, sejam uma lembrança de Deus. "Lembra-te de Mim e combate" significa não perder um só instante o pensamento sempre presente do Eterno no conflito das coisas temporais, que, em geral, absorve nossa mente, e isso parece bastante difícil, quase impossível. Na verdade, só é de todo possível se as outras condições forem preenchidas. Se, em nossa consciência, nos tornarmos um self com tudo, um self que para nosso pensamento é sempre o Divino e se mesmo nossos olhos e nossos sentidos virem e sentirem o Ser Divino em toda parte, de tal maneira que seja impossível para nós sentir

3. A experiência ióguica mostra que, de fato, há uma verdade psicofísica real, embora não seja absoluta em sua aplicação, por trás dessa ideia, a saber, que na luta interior entre os poderes da Luz e os poderes da Obscuridade, os primeiros tendem naturalmente a dominar durante os períodos brilhantes do dia ou do ano, os últimos durante os períodos sombrios, e esse equilíbrio pode durar até que a vitória fundamental seja ganha.

algo, ou pensar em algo em algum momento (como percebem simplesmente os sentidos não esclarecidos), que não seja a Divindade, ao mesmo tempo escondida e manifestada nessa forma e, se nossa vontade for una com a vontade suprema, se sentirmos que cada ato da vontade, da mente, do corpo se origina nela, é o movimento dela, animado por ela ou idêntico a ela, então o que a Gītā demanda poderá ser feito integralmente. A lembrança do Ser Divino tornar-se-á não mais um ato intermitente da mente, mas a condição natural de nossas atividades e, de certa maneira, a própria substância da consciência. O Jiva tomou posse de suas relações justas e naturais, de suas relações espirituais com o Purushottama e toda nossa vida é um Ioga, uma unidade consumada e que, ainda assim, não cessa de cumprir-se eternamente.

CAPÍTULO IV

O SEGREDO DOS SEGREDOS

Toda a verdade que se desenvolveu com essa minúcia, passo a passo, cada passo pondo em relevo um novo aspecto do conhecimento integral e fundamentando nisso algum resultado da condição e da ação espirituais deve, agora, dar uma virada de grande importância. O Instrutor, portanto, tem o cuidado de, primeiro, chamar a atenção sobre o caráter decisivo daquilo que está para dizer, de maneira que a mente de Arjuna possa estar desperta e atenta. Pois ele vai abrir sua mente ao conhecimento e à percepção da Divindade integral e conduzi-lo à visão do undécimo livro, pela qual o guerreiro de Kurukshetra se tornará consciente do autor e sustentáculo de seu ser, de sua ação e de sua missão: o Divino no ser humano e no mundo, a quem nada, nem no ser humano nem no mundo, limita ou amarra, porque tudo se origina n'Ele, tudo é um movimento em Seu ser infinito, tudo continua e é sustentado por Sua vontade, é justificado por Seu autoconhecimento divino, tem sempre Ele como origem, substância e fim. Arjuna deve tomar consciência de si mesmo e de que ele existe somente em Deus e age somente pelo poder que está nele, de que seus trabalhos são apenas uma instrumentação da ação divina e sua consciência egoística é apenas um véu e, por sua ignorância, apenas uma representação errônea do ser real nele, fagulha e parte imortais do Divino supremo.

Essa visão deve remover qualquer dúvida que possa permanecer ainda em sua mente; ela deve torná-lo forte para a ação de que ele se esquiva, mas para a qual recebe a ordem irrevogável e da qual não pode mais recuar – pois recuar seria a negação e a recusa da vontade e da sanção divinas nele, que, já expressas em sua consciência individual, devem logo assumir a aparência da sanção cósmica maior. Pois, no presente, o Ser do mundo apresenta-se a ele enquanto corpo de Deus, cuja alma é o espírito eterno do Tempo e que, com sua voz majestosa e estarrecedora, o envia ao choque da batalha. Arjuna é chamado por ele para liberar seu espírito, para cumprir sua ação no mistério cósmico e as duas – liberação e ação – devem constituir um movimento único. Suas dúvidas intelectuais desaparecem à medida que se desdobram diante dele uma luz maior do conhecimento de si e do conhecimento de Deus e da Natureza. Mas a claridade intelectual não basta. Ele deve ver com a visão interior a iluminar sua cega visão humana exteriorizada, de maneira a poder agir com a permissão de todo o seu ser, com uma fé perfeita em todos os seus membros, *śraddhā*, com uma perfeita devoção ao Self de seu self e ao Mestre de seu ser e ao mesmo Self do mundo e ao mesmo Mestre de todo ser no Universo.

Tudo o que precedeu colocou o alicerce do conhecimento ou preparou os primeiros materiais necessários ou os andaimes para obtê-lo, mas agora é preciso pôr diante de seus olhos desselados a inteira armação da estrutura. Tudo o que deve vir depois terá uma grande importância, porque será uma análise das partes dessa estrutura, mostrará em que consiste esse ou aquele de seus componentes; mas em substância, o conhecimento integral do Ser que lhe fala deve ser agora desvelado a seus olhos, de maneira que ele possa não escolher, mas ver. O que precedeu lhe mostrou que ele não está fatalmente atado pelo nó da ignorância e da ação egoística na qual permaneceu satisfeito até que as soluções parciais delas não satisfizeram mais sua mente, confusa pelo conflito das aparências opostas que constituem a ação do mundo, e seu coração, perturbado pelo emaranhado de suas obras, de que ele não se sente capaz de escapar exceto pela renúncia à vida e às obras. Foi-lhe mostrado que existem duas maneiras opostas de trabalhar e de viver, uma, na ignorância do ego, a outra, no claro autoconhecimento de um ser divino. Ele pode agir com desejo, com paixão, um ego conduzido pelas qualidades da Natureza inferior, submisso ao equilíbrio entre a virtude e o pecado, a alegria e a tristeza, preocupado com os frutos e os resultados de suas obras, com o sucesso e o fracasso, o bom e o mau resultado, sujeito à máquina do mundo, pego em um grande emaranhado de ação, inação e ação deturpada que confundem o coração, a mente e a alma do ser humano com suas aparências e suas máscaras variáveis e contrárias. Porém, ele não está inteiramente atado às obras da ignorância; se quiser, ele poderá executar as obras do conhecimento. Ele pode agir aqui como o pensador superior, o conhecedor, o iogue, aquele que busca primeiro a liberdade, depois, o espírito liberado. Perceber essa grande possibilidade e manter sua vontade e sua inteligência fixas no conhecimento e na visão de si que a realizarão e a tornarão efetiva é, para ele, o caminho para escapar da tristeza e da confusão, o meio para sair do enigma humano.

Há um espírito em nós: calmo, superior às obras, equânime, que não está sujeito a essa confusão externa, que a observa enquanto seu sustento, sua fonte, sua testemunha imanente, mas não envolvido com ela. Infinito, contendo tudo, self único em tudo, ele observa com imparcialidade a ação inferior da natureza e vê que é apenas a ação da Natureza, não sua própria ação. Ele vê que o ego e sua vontade e sua inteligência são um mecanismo da Natureza e que todas as suas atividades são determinadas pela complexidade dos modos triplos e das qualidades dessa Natureza. O espírito eterno é livre dessas coisas. É livre delas porque sabe; ele sabe que a Natureza e o ego e o ser pessoal de todas essas criaturas não são o todo da existência. Porque a existência não é apenas o panorama glorioso ou vão, maravilhoso ou funesto de uma mutação constante do devenir. Há algo eterno, imutável, imperecível, uma autoexistência atemporal; isso não é tocado pelas mutações da Natureza. Isso é a testemunha imparcial delas, que não aflige nem é afligido, que não influencia nem é influenciado, não é virtuoso nem pecador, mas é sempre puro, completo, grande e inatingível. Não se lamenta de tudo o que aflige e atrai o ser egoísta nem se rejubila, não é o amigo de ninguém, o inimigo de ninguém, mas o self igual e único em todos. O ser humano, no momento, não é consciente desse self porque está envolvido em sua mente exteriorizada, porque não quer aprender ou ainda não aprendeu a viver dentro; ele não se desapega, não se retira de sua ação e não a observa como o trabalho da Natureza. O ego é o obstáculo, o contrapino da roda da ilusão; a perda do ego no self da alma é a primeira condição para a liberdade. Tornar-se o espírito, não mais ser apenas uma mente e um ego, é a palavra de abertura dessa mensagem de liberação.

Arjuna foi, então, chamado a abandonar todo desejo pelos frutos de suas obras e a se tornar apenas o executante, sem desejos e imparcial, de tudo o que deve ser feito – deixando o fruto ao mestre das operações cósmicas, qualquer poder que esse possa ser. Pois ele não é, evidentemente, o mestre; não é para a satisfação de seu ego pessoal que a Natureza foi posta em moção, nem para a satisfação de seus desejos e preferências que se vive a Vida universal, nem para a gratificação de suas opiniões, de seus julgamentos e de suas normas intelectuais que a Mente universal funciona, tampouco para esse tribunal insignificante a que a Mente deve referir seus objetivos cósmicos ou seu método e propósitos terrestres. Essas pretensões só as almas ignorantes podem ter – que vivem em sua personalidade e veem tudo segundo esse ponto de vista pobre e estreito. Ele deve, primeiro, desistir de sua exigência egoísta em relação ao mundo e apenas trabalhar como um em meio a milhões, um que contribui com sua parte de esforço e de labuta para um resultado determinado não por ele, mas pela ação e pelo propósito universais. Mas ele deve fazer ainda mais, deve abandonar a ideia de que ele é o executante e, liberado de toda personalidade, ver que são a inteligência, a vontade, a mente, a vida universais que operam nele e em todos os outros. A Natureza é a operária universal; os trabalhos dele são os trabalhos dela, assim como os frutos das obras da Natureza nele fazem parte da grande soma do resultado guiado por um poder maior do que seu poder humano. Se ele puder fazer essas duas coisas espiritualmente, então, o emaranhado e a servidão de seus trabalhos tombarão longe dele, pois todo o nó dessa servidão se encontra em sua exigência e participação egoístas. A paixão e o pecado, a alegria e a dor pessoais desvanecerão de sua alma, que viverá agora dentro, pura, vasta, calma, igual diante de todos os seres e de todas as coisas. A ação não produzirá nenhuma reação subjetiva e não deixará nenhuma mancha nem marca na pureza e na paz de seu espírito. Ele terá a alegria interior, o repouso e o bem-estar interiores e a beatitude inalienável de um ser livre a quem nada afeta. Nem dentro nem fora ele terá a antiga pequena personalidade, porque sentirá de maneira consciente que ele é um self único e um único espírito com tudo; do mesmo modo, sua natureza exterior terá se tornado para sua consciência uma parte inseparável da mente, da vida e da vontade universais. Sua personalidade egoísta separativa terá sido retomada e será extinta na impessoalidade do ser espiritual; sua natureza egoísta separadora será unificada à ação da Natureza cósmica.

Mas essa liberação depende de duas percepções simultâneas, mas não ainda reconciliadas: a clara visão do Espírito e a clara visão da Natureza. Esse não é o desapego científico e inteligente que é bem possível mesmo ao filósofo materialista que tem alguma visão clara da Natureza somente, mas não tem a percepção de sua própria alma e de seu ser essencial. Tampouco é o desapego intelectual do sábio idealista, que escapa das formas mais limitadoras e perturbadoras de seu ego por um uso luminoso da razão. Esse é um desapego espiritual mais vasto, mais vivo, mais perfeito, que vem de uma visão do Supremo, que é mais que a Natureza e maior que a mente e a razão. Porém, mesmo esse desapego é apenas o segredo inicial da liberdade e da visão clara do conhecimento, não é a chave completa do mistério divino – pois, em si, ele deixaria a Natureza sem explicação e a parte natural e ativa do ser isolada da autoexistência espiritual e quiescente. O desapego divino deve ser o alicerce de uma participação divina na Natureza, que substituirá a antiga participação egoísta; a quietude divina deve sustentar um ativismo e uma energia cinética divinos. Essa verdade, que o Instrutor tinha em vista todo o tempo, e portanto insistiu sobre o sacrifício das obras, sobre o reconhecimento do Supremo como mestre de nossas obras e sobre a doutrina do Avatar e o nascimento divino, no início foi mantida subordinada à necessidade primária de uma liberação quietista. Somente as verdades que conduzem à calma espiritual, ao desapego, à igualdade e à unidade espiritual, em uma palavra, à percepção do Self imutável e ao modo de tornar-se Ele, foram desenvolvidas de maneira plena e lhes foi dada a maior amplitude de poder e significado. A outra grande e necessária verdade, seu complemento, foi deixada em certa obscuridade de uma luz menor ou relativa; ela foi insinuada constantemente, mas não ainda desenvolvida. Nos capítulos que seguem ela será agora expressa rapidamente.

Do início ao fim Krishna, o Avatar, o Instrutor, o auriga da alma humana na ação do mundo, prepara a revelação do segredo d'Ele mesmo, o mais profundo segredo da Natureza. Ele manteve sempre uma nota ressoando, ao longo de sua melodia preparatória, insistentemente, como uma advertência e um prelúdio à última e mais vasta harmonia de Sua verdade integral. Essa nota era a ideia de um Divino supremo que habita no ser humano e na Natureza, mas é maior do que o ser humano e a Natureza, que encontramos graças a impessoalidade do self, mas cujo self impessoal não é todo o significado. Vemos agora o significado dessa forte insistência recorrente. Era esse Divino único, o mesmo no self universal e no ser humano e na Natureza, que, pela voz do Instrutor no carro de guerra, preparava o terreno para reclamar seu direito absoluto de ser inteiramente o vidente desperto das coisas e o autor das obras. "Eu, que estou em ti", disse ele, "Eu, que estou aqui neste corpo humano, Eu, para quem tudo existe, age, luta, sou, ao mesmo tempo, o segredo do espírito autoexistente e da ação cósmica. Esse 'Eu' é o eu maior, de quem a personalidade humana mais vasta não é mais do que uma manifestação parcial e fragmentária e a própria Natureza apenas uma operação inferior. Mestre da alma, mestre de todas as obras do cosmos, Eu sou a Luz única, o Poder sem-par, o Ser único. Essa Divindade dentro de ti é o Instrutor, o Sol, aquele que eleva a chama clara do conhecimento em que te tornas consciente da diferença entre teu ser imutável e tua natureza mutável. Porém, mais além dessa luz mesma, olha-a em sua fonte; então, conhecerás a Alma suprema em que é readquirida a verdade espiritual da personalidade e da Natureza. Vê, então, o self único em todos os seres, a fim de que possas ver a Mim em todos os seres; vê todos os seres em um único self espiritual, em uma única realidade espiritual, pois esse é o meio de ver todos os seres em Mim;

conhece um Brahman único em todos, a fim de ver Deus, que é o Brahman supremo. Conhece-te a ti mesmo, sê tu mesmo, a fim de poder estar unido a Mim, de quem esse self atemporal é a luz clara ou a cortina transparente. Eu, o Divino, sou a verdade mais alta do self e do espírito."

Arjuna deve ver que o mesmo divino é também a verdade superior, não apenas do self e do espírito, mas da Natureza e de sua própria personalidade, o segredo, ao mesmo tempo, do indivíduo e do universo. Essa foi a Vontade em toda parte na Natureza, maior do que os atos da Natureza que procedem dele, a Vontade à qual pertencem as ações da Natureza e as ações dos indivíduos, assim como seus frutos. Portanto, ele deve executar suas obras como um sacrifício, porque essa é a verdade das suas obras e de todas as obras. É a Natureza quem trabalha e não o ego, mas a Natureza não é mais do que um poder do Ser, que é o único mestre de todos os trabalhos e de todos os energismos da Natureza e de todos os éons do sacrifício cósmico. Portanto, visto que suas obras são as obras do Ser, ele deve abandonar todas as suas ações ao Divino que está nele e no mundo e para quem elas se cumprem, no mistério divino da Natureza. Essa é a condição dupla do nascimento divino da alma, de sua liberação da mortalidade do ego e do corpo, para entrar no espiritual e no eterno – conhecimento, primeiro de nosso ser imutável e atemporal e, por meio disso, a união com o Divino atemporal, mas conhecimento também daquilo que vive por trás do enigma do cosmos, do Divino em todas as existências e o modo de funcionar dessas existências. Só assim poderemos aspirar, pela oferenda de todo o nosso ser e de toda a nossa natureza, a uma união viva com o Um que, no Tempo e no Espaço, se tornou tudo o que é. Esse é o lugar da bhakti no esquema do Ioga de uma autolibertação integral. É uma adoração e uma aspiração àquilo que é maior do que o self imperecível e a Natureza mutável. Todo conhecimento se torna, então, uma adoração e uma aspiração, mas todas as obras, também, se tornam uma adoração e uma aspiração. As obras da Natureza e a liberdade da alma são unificadas nessa adoração e se tornam uma única elevação do self ao Divino único. A liberação final, ou morte da natureza inferior e a passagem para a fonte do vir a ser espiritual superior, não é uma extinção da alma – somente sua forma de ego se extingue –, mas um afastamento de todo nosso self de conhecimento, de vontade e de amor para que ele resida não mais em sua realidade universal, mas em sua realidade supracósmica; essa é uma consumação, não uma anulação.

Necessariamente, para tornar esse conhecimento claro para a mente de Arjuna, o Instrutor divino começa pela eliminação da fonte das duas dificuldades que ainda permanecem: a antinomia entre o self impessoal e a personalidade humana e a antinomia entre o self e a Natureza. Enquanto essas duas dificuldades persistirem, o Divino na Natureza e no ser humano permanecerá como algo obscuro, irracional e inacreditável. A Natureza tem sido representada como a escrava mecânica das gunas, a alma como o ser egoísta sujeito a essa escravidão. Mas se isso fosse toda a verdade da alma e da Natureza elas não seriam nem poderiam ser, divinas. A Natureza, ignorante e mecânica, não poderia ser um poder de Deus, pois um Poder divino deve ser livre em suas operações, espiritual em sua origem, espiritual em sua grandeza. A alma acorrentada e egoísta na Natureza, a alma apenas mental, vital, física não pode ser uma porção do Divino nem ela mesma um ser divino; pois um ser divino deve ser ele mesmo da natureza própria do Divino, livre, espiritual, autoexistente, desenvolver-se espontaneamente, superior à mente, à vida e ao corpo. Essas duas dificuldades e as obscuridades que elas trazem são removidas por um único raio iluminador da verdade. A Natureza mecânica é apenas uma verdade inferior, é a fórmula de uma ação fenomênica inferior. Há uma superior, que é a Natureza espiritual, e essa é a natureza de nossa personalidade, nossa pessoa verdadeira. Deus é, ao mesmo tempo, impessoal e pessoal. Sua impessoalidade é, para nossa realização psicológica, um infinito de existência, consciência, beatitude de ser atemporais; sua personalidade representa-se aqui sob o aspecto de um poder consciente de ser, de um centro consciente de conhecimento e vontade e da alegria de uma múltipla automanifestação. Somos essa impessoalidade única na essência estática de nosso ser; cada um de nós, em sua pessoa espiritual, é a multitude desse poder essencial. Mas a distinção é apenas para as necessidades da automanifestação; a impessoalidade divina, quando vamos por trás, é, ao mesmo tempo, um Ele infinito, uma alma e um espírito supremos. É o grande "Eu" – *so aham*, eu sou Ele – de onde procedem toda personalidade e toda natureza, que se entretêm aqui de maneira multiforme, sob a aparência de um mundo impessoal. Brahman é tudo aquilo que é, diz o Upanishad, pois o Brahman é o self único que vê a si mesmo em quatro posições sucessivas de consciência. Vasudeva, o Ser eterno, é tudo, diz a Gītā. Ele é o Brahman, sustenta tudo e gera tudo conscientemente a partir de sua natureza espiritual superior, torna-se conscientemente aqui todas as coisas em uma natureza de inteligência, de mente, de vida, de sentido e de fenômeno objetivo de existência material. O Jiva é ele nessa natureza espiritual do Eterno, sua eterna multiplicidade, sua visão de si a partir de múltiplos centros de poder essencial consciente. Deus, a Natureza e o Jiva são os três termos da existência, e esses três são um único ser.

Como esse ser se manifesta no cosmos? Primeiro, como o self imutável e atemporal onipresente, que sustenta tudo, que em sua eternidade é ser e não vir a ser. Depois, encerrado nesse ser, há um poder essencial ou um princípio espiritual de autotornar-se, *svabhāva*, por meio do qual, pela visão espiritual de si mesmo, ele determina e expressa, cria pela liberação, tudo o que está latente ou contido em sua própria existência. O poder ou a energia desse autotornar-se projeta na ação universal, Carma, tudo o que é assim determinado no espírito. Toda criação é essa ação, é essa operação da natureza essencial, é Carma. Mas ela é desenvolvida aqui em uma Natureza mutável de inteligência, de mente, de vida, de sentido e de objetividade formal de fenômenos materiais, e essa Natureza é, de fato, apartada da luz absoluta e limitada pela Ignorância. Todas as suas operações se tornam, aqui, um sacrifício da alma na Natureza à Alma suprema secreta dentro dela e, portanto, o Divino supremo habita em todos como Mestre de seu sacrifício, cuja presença e poder governam esses sacrifícios e cujo autoconhecimento e deleite de ser os recebem. Saber isso é ter o conhecimento justo do universo e a visão de Deus no cosmos, e é encontrar a porta por onde escapar à Ignorância. Pois esse conhecimento, que se tornou efetivo para o ser humano pela oferenda de suas obras e de toda sua consciência ao Divino em tudo, lhe permite retornar à sua existência espiritual e, por meio dela, à Realidade supracósmica eterna e luminosa acima dessa Natureza mutável.

Essa verdade é o segredo do ser, que a Gītā agora vai aplicar, na amplidão de seu resultado, à nossa vida interior e às nossas obras exteriores. O que ela vai dizer é a coisa mais secreta de todas. É o conhecimento da inteira Divindade, *samagraṁ mām*, que o Mestre de seu ser prometeu a Arjuna, esse conhecimento essencial acompanhado do conhecimento completo do Divino em todos os Seus princípios, que não deixará nada mais para ser conhecido. O nó da ignorância, que desorientou sua mente humana e fez sua vontade recuar diante da obra designada divinamente, terá sido cortado inteiramente. Essa é a sabedoria de todas as sabedorias. O segredo de todos os segredos, o conhecimento e o segredo soberanos. É uma luz pura e suprema que podemos verificar pela experiência espiritual direta e ver em nós mesmos como a verdade: é o conhecimento justo e correto, a própria lei do ser. É fácil praticá-la, uma vez que a apreendemos, que a vemos, que tentamos viver nela fielmente.

Mas a fé é necessária; se a fé estiver ausente, se confiarmos na inteligência crítica, que é guiada pelos fatos externos e invejosamente questiona o conhecimento revelador – porque este não se enquadra com as divisões e as imperfeições da natureza aparente, que ele parece superar, e porque ele parece constatar algo que nos leva mais além dos primeiros fatos práticos de nossa existência atual, mais além de sua aflição, de sua dor, seu mal, seu defeito, seu erro não divino e seus tropeços, *aśubham* – então não haverá possibilidade alguma de viver esse conhecimento maior. A alma que não pode ter fé na verdade e na lei superiores deve retornar ao caminho da vida mortal comum, sujeita à morte, ao erro e ao mal; ela não pode crescer na Divindade que ela nega. Pois essa é uma verdade que deve ser vivida – e vivida na luz crescente da alma, não para ser discutida na obscuridade da mente. Devemos crescer nela, nos tornar ela – esse é o único meio de verificá-la. Somente quando ultrapassamos o self inferior é que podemos nos tornar o self divino real e viver a verdade de nossa existência espiritual. Todas as verdades aparentes que possamos opor a isso são aparências da Natureza inferior. A liberação – o abandono do mal e dos defeitos da Natureza inferior, *aśubham* – só poderá acontecer se aceitarmos um conhecimento superior no qual esteja provado que todo este mal aparente é, no fundo, irreal, e mostrado que ele é uma criação de nossa obscuridade. Porém, para crescer assim na liberdade da Natureza divina, devemos aceitar a Divindade secreta no interior de nossa natureza atual limitada, devemos acreditar nela. Pois a razão pela qual a prática desse Ioga se torna possível e fácil é que, ao segui-la, nós entregamos o inteiro modo de funcionar de tudo o que somos naturalmente nas mãos desse Purusha divino interior. A Divindade elabora em nós o nascimento divino, de maneira progressiva, simples e infalível, tomando nosso ser no Seu e enchendo-o de Seu próprio conhecimento e de Seu próprio poder, *jñānadīpena bhāsvatā*; Ela se apodera de nossa natureza obscura ignorante e a transforma em Sua luz e vastidão. Aquilo em que acreditamos com uma fé total e sem egoísmo, aquilo que, impelidos por Ela, queremos ser, o Deus interior cumprirá seguramente. Mas a mente e a vida egoístas que em aparência somos agora devem, primeiro, entregar-se para a transmutação nas mãos dessa Divindade secreta dentro de nós.

CAPÍTULO V

A VERDADE E A VIA DIVINAS

A Gītā, então, continua a revelar o segredo supremo e integral, o único pensamento, a única verdade, em que aquele que busca a perfeição e a liberação deve aprender a viver e a única lei de perfeição de seus componentes espirituais e de todos os seus movimentos. Esse segredo supremo é o mistério do Divino transcendente, que é tudo e está em toda parte e, no entanto, é tão maior que o universo e todas as suas formas e tão diferente, que nada, aqui, O contém nem O expressa realmente, e nenhuma linguagem tomada emprestada das aparências das coisas do espaço e do tempo e suas relações, pode sugerir a verdade de Seu ser inimaginável. Por conseguinte, a lei de nossa perfeição é uma adoração por toda a nossa natureza e sua entrega à sua fonte divina e ao seu divino possuidor. O único meio fundamental de que dispomos é mudar nossa existência inteira no mundo – e não apenas essa ou aquela parte de nossa existência – em um movimento único voltado para o Eterno. Pelo poder e mistério de um Ioga divino nós passamos de Suas inexprimíveis habitações secretas a essa natureza limitada das coisas fenomênicas. Por um movimento inverso do mesmo Ioga, devemos transcender os limites da natureza fenomênica e reaver a consciência maior pela qual podemos viver no Divino e no Eterno.

O ser supremo do Divino situa-se mais além da manifestação: sua verdadeira imagem sempiterna não é revelada na matéria, tampouco é captada pela vida, nem cognoscível pela mente, *acintya-rūpa*, *avyaktamūrti*. O que vemos não é mais do que uma forma, *rūpa*, autocriada, não a forma eterna, *svarūpa*, da Divindade. Há alguém, ou há algo, que é outro, que não é o universo: inexprimível, inimaginável, um Divino inefavelmente infinito para além de tudo o que nossas mais vastas ou mais sutis concepções da infinidade podem projetar. Toda essa trama de coisas a que damos o nome de universo, toda essa imensa soma de moções à qual não podemos fixar limites e da qual buscamos em vão, em suas formas e em seus movimentos, alguma realidade estável, algum estado, nível e algum ponto de onde manejar uma alavanca cósmica, foi tecida, modelada, expandida por esse Infinito supremo, fundamentada em seu inefável Mistério supracósmico. Ela é baseada em uma formulação essencial que é, ela mesma, não manifestada e impensável. Toda essa massa de devires sempre mudando, sempre em moção, todas essas criaturas, essas existências, essas coisas, todas essas formas que respiram e vivem não podem contê-lo, nem em sua soma nem em sua existência separada. Ele não está nelas; não é nelas, nem por elas, que ele vive, se move ou tem seu ser – Deus não é o Devenir. São elas que estão nele, são elas que vivem e se movem nele e obtêm dele a verdade delas; elas são seus devires, ele é o ser delas.[1] Na impensável infinidade atemporal e sem espaço de sua existência, ele expandiu esse fenômeno menor de um universo sem limites em um espaço e tempo sem fim.

E mesmo dizer sobre ele que tudo existe nele não é toda a verdade do assunto, não é a relação inteiramente real, pois seria falar dele com a ideia de espaço e o Divino é sem espaço e atemporal. O espaço e o tempo, a imanência e a difusão, o extraordinário, são todos termos e imagens de sua consciência. Há um Ioga do Poder divino, *me yoga aiśvaraḥ*, pelo qual o Supremo cria fenômenos de si mesmo em uma automanifestação espiritual, e não material, de sua infinidade expandida, extensão cuja manifestação material é apenas uma imagem. Ele se vê uno com ela, está identificado com ela e com tudo o que ela abriga. Nessa visão de si infinita, que não é toda a sua visão – a identidade panteísta de Deus e do universo é uma visão ainda mais limitada –, ele é uno com tudo o que é, ao mesmo tempo ultrapassa tudo o que é; mas ele é outro também, diferente desse self ou dessa infinidade expandida do ser espiritual que contém e ultrapassa o universo. Tudo existe aqui, em seu infinito consciente do universo, mas este, por sua vez, é sustentado como um conceito de si da realidade supracósmica do Divino que ultrapassa todos os nossos termos de universo, de ser e de consciência. Este é o mistério de seu ser: ele é supracósmico e, contudo, não é extracósmico em nenhum sentido exclusivo. Pois impregna todo o universo enquanto self de tudo; há uma presença luminosa, não involuída, do ser essencial de Deus, *mama ātmā*, que está em relação constante com o devenir e causa a manifestação de todas as suas existências por sua simples presença.[2] Por isso temos esses termos de Ser e de vir a ser, de existência em si, *ātman*, e de existências que dependem

1. *matsthāni sarvabhūtāni na cāhaṁ teṣvavasthitaḥ.*
2. *bhūtabhṛn na ca bhūtastho mamātmā bhūtabhāvanaḥ.*

dessa existência, *bhūtāni*, de seres mutáveis e do ser imutável. Porém, a verdade mais alta dessas duas relações e a solução de sua antinomia deve ser encontrada naquilo que a excede; é a Divindade suprema que, pelo poder de sua consciência espiritual, *yogamāyā*, manifesta ao mesmo tempo o self que contém e Seus fenômenos aí contidos. E é somente pela união com Ele em nossa consciência espiritual que poderemos chegar a nossas relações verdadeiras com Seu ser.

Formulada de maneira metafísica, essa é a intenção desses versos da Gītā que, no entanto, não repousam em nenhuma especulação intelectual, mas em experiência espiritual; eles representam uma síntese, porque surgem globalmente de certas verdades da consciência espiritual. Quando tentamos nos pôr em relação consciente com qualquer Ser supremo ou universal que exista, escondido ou manifestado no mundo, chegamos a uma experiência muito diversa, e um ou outro termo variante dessa experiência é mudado pelas diferentes concepções intelectuais em sua ideia fundamental da existência. Temos, para começar, a experiência tosca de um Divino que é algo bem diferente de nós e bem maior do que nós, bem diferente do universo em que vivemos e bem maior do que esse universo; e isso é assim e nada mais, enquanto vivermos apenas em nosso self fenomênico e virmos em torno de nós apenas a face fenomênica do mundo. Pois a verdade mais alta do Supremo é supracósmica e tudo o que é fenomênico parece ser uma coisa diferente da infinidade do espírito subconsciente, parece ser uma imagem de uma verdade menor, se não uma ilusão. Quando nos fixamos nessa única diferença, consideramos o Divino como extracósmico. Isso Ele é somente no sentido em que, supracósmico, Ele não está contido no cosmos e suas criações, mas não no sentido em que o cosmos e suas criações estariam fora de Seu ser – porque nada está fora do único Eterno e Real. Nós efetivamos essa primeira verdade do Divino espiritualmente quando temos a experiência de que vivemos, nos movemos e temos nosso ser n'Ele somente, que por mais diferentes d'Ele que possamos ser, dependemos d'Ele para nossa existência e o próprio universo é apenas um fenômeno e um movimento no Espírito.

Porém, por outro lado, temos a experiência mais avançada e mais transcendente, em que nossa existência essencial é una com a d'Ele. Percebemos um self único para tudo e disso temos a consciência e a visão; não podemos mais dizer ou pensar que somos de todo diferentes d'Ele: há o self e há o fenômeno do autoexistente; tudo é um no self, mas tudo é variação no fenomênico. Por uma exclusiva intensidade de união com o self podemos mesmo chegar a vivenciar o fenômeno como uma coisa onírica e irreal. Mas, além disso, por uma intensidade dupla, podemos ter também a dupla experiência de uma união suprema, autoexistente, com Ele e, ainda assim, vivermos com Ele e termos numerosas relações com Ele em uma forma persistente, derivação genuína de Seu ser. O universo e nossa existência no universo tornam-se para nós uma forma constante e real da existência autoconsciente do Divino. Nessa verdade menor, temos nossas relações de diferença entre nós e Ele e todos esses outros poderes vivos ou inanimados do Eterno e nossos vínculos com Seu ser cósmico na natureza do universo. Essas relações são diferentes da verdade supracósmica, elas são criações derivadas de certo poder da consciência do espírito e, porque são diferentes, porque são criações, aqueles que buscam com exclusividade o Absoluto supracósmico as consideram uma irrealidade relativa ou completa. Contudo, é do Absoluto que elas provêm, são formas que existem e derivam de Seu ser, não ficções criadas do nada. Pois é sempre Ele mesmo e imagens d'Ele mesmo e não coisas que diferem totalmente d'Ele, que o Espírito vê em toda parte. Tampouco podemos dizer que não há absolutamente nada no supracósmico que corresponda a essas relações. Não podemos dizer que sejam derivações da consciência originadas dessa fonte, mas, ainda assim, sem nada que, na fonte, as sustente ou justifique de algum modo, nada que seja a realidade eterna e o princípio supernal dessas formas de seu ser.

Ademais, se acentuarmos de outra maneira ainda a diferença entre o self e as formas do self, poderemos chegar a considerar que o Self as contém e é imanente nelas, poderemos admitir a verdade do espírito onipresente; mas as formas do espírito, os moldes que dão forma à sua presença poderão, no entanto, nos afetar não apenas como algo que é diferente d'Ele, algo não apenas transiente, mas como imagens irreais. Temos a experiência do Espírito, do Ser divino imutável, que contém para sempre em sua visão as mutabilidades do universo; temos também a experiência separada, simultânea ou concomitante do Divino imanente em nós mesmos e em todas as criaturas. E, ainda assim, o Universo pode ser para nós apenas uma forma empírica de Sua consciência e da nossa, ou apenas uma imagem ou um símbolo da existência pelos quais devemos construir nossas relações significativas com Ele e, pouco a pouco, nos tornar conscientes d'Ele. Por outro lado, temos outra experiência espiritual reveladora em que somos forçados a ver como todas as coisas – não somente esse Espírito que habita, imutável, no universo e em suas incontáveis criaturas, mas todo esse devenir interior e exterior – são o próprio Divino. Tudo é então, para nós, uma Realidade divina que O manifesta em nós e no cosmos. Se essa experiência for exclusiva, teremos a identidade panteísta, o Um que é tudo; mas a visão panteísta é apenas uma maneira parcial de ver as coisas. Esse universo expandido não é tudo o que o Espírito é; existe um Eterno que é maior, e é por ele somente que a existência do universo é possível. O cosmos não é o Divino em Sua realidade total e completa, mas apenas uma autoexpressão, uma moção real, porém menor, de Seu ser. Todas essas experiências espirituais, por mais diferentes ou opostas que sejam à primeira vista, são, no entanto, reconciliáveis, se deixarmos de insistir em uma ou outra com exclusividade e se virmos esta simples verdade: a Realidade divina é algo maior do que a existência universal, mas todas as coisas universais e particulares são, contudo, esse Divino e nada mais – elas O expressam, podemos dizer, mas não são inteiramente Isto em nenhuma parte, em nenhuma soma de aparência delas e, contudo, elas não poderiam expressá-lo se fossem outra coisa, se não fossem um termo e substância da existência divina. Isto é o Real; mas elas são suas realidades expressivas.[3]

Isso é o que se entende pela expressão *vāsudevaḥ sarvaṁ iti*; o Divino é tudo o que o universo é e tudo o que está no universo e tudo o que é mais do que o universo. A Gītā enfatiza, primeiro, Sua existência supracósmica, pois do contrário a mente perderia seu objetivo mais alto e permaneceria voltada apenas para o cósmico ou, então, apegada a alguma experiência parcial do Divino no cosmos. Em seguida, a Gītā enfatiza Sua existência universal na qual tudo se move e age, pois essa é a justificação do esforço cósmico e essa é a vasta autopercepção espiritual em que o Divino, que se vê enquanto Espírito-Tempo, cumpre Suas obras universais. Em seguida – com certa ênfase austera –, a Gītā insiste na aceitação da Divindade como habitante divino do corpo humano. Pois Ele é o imanente em todas as existências e, se o habitante divino não for reconhecido, não apenas o significado divino da existência individual não se cumprirá, não apenas o ímpeto para cumprir nossas supremas possibilidades espirituais será privado de sua força maior, mas as relações de alma com alma na humanidade serão triviais, limitadas e egoístas. Por fim, a Gītā insiste longamente na manifestação divina em todas as coisas no Universo, e afirma que tudo o que é deriva da natureza, do poder e da luz do Divino único, pois essa visão também é essencial ao conhecimento de Deus; nela se baseia a disposição integral de todo o ser e de toda a natureza para se voltar para Deus, a aceitação pelo homem dos trabalhos

3. Mesmo se na mente as sentimos como comparativamente irreais em relação ao absolutamente Real. O Mayavada de Shankara, à parte seu andaime lógico, quando reduzido aos termos da experiência espiritual, converte-se em nada mais do que uma expressão exagerada dessa irrealidade relativa. Para além da mente a dificuldade desaparece, pois lá ela nunca existiu. As experiências separadas que se encontram por trás das diferenças entre as seitas religiosas e as escolas de filosofia ou de Ioga, uma vez transmutadas, perdem sua lógica mental divergente, são harmonizadas e, exaltadas à sua intensidade comum mais alta, são unificadas no infinito supramental.

do Poder divino no mundo e a possibilidade de remodelar sua personalidade mental e sua vontade segundo as linhas da ação de Deus, transcendente em seu início, cósmico em seu motivo, transmitido pelo indivíduo, o Jiva.

A Divindade suprema, o Self imutável por trás da consciência cósmica, a Divindade individual no ser humano e o Divino secretamente consciente ou parcialmente manifestado na Natureza cósmica e em todas as suas obras e criaturas são, então, uma única realidade, um único Divino. Porém, as verdades que podemos salientar com mais segurança sobre um dos estados do Ser único mudam em seu contrário ou têm seu sentido modificado, quando tentamos aplicá-las a outros. Assim, o Divino é sempre o Senhor, o Ishvara; mas não podemos, por isso, aplicar de maneira tosca a ideia de Sua soberania e de Sua mestria essenciais exatamente da mesma maneira, sem mudança, nos quatro domínios. Enquanto Divino manifestado na Natureza cósmica Ele age em perfeita identidade com a Natureza. Ele mesmo é, então, a Natureza, por assim dizer, mas com um espírito nas obras dela que prevê e predetermina, compreende e impõe, força à ação, controla o resultado. Enquanto self silencioso e único de tudo Ele é o não executante e somente a Natureza executa. Ele deixa a ela a execução de todas as suas obras segundo a lei de nosso ser, *svabhāvas tu pravartate*, e, contudo, Ele é ainda o Senhor, *prabhu vibhu*, porque vê e sustenta nossa ação e, com Sua sanção silenciosa, permite à Natureza trabalhar. Por Sua imobilidade Ele transmite o poder da Divindade suprema pela força de Sua Presença que, sem se mover, permeia tudo e sustenta suas operações pelo olhar equânime de Seu Self testemunha em todas as coisas. Enquanto supremo Divino supracósmico Ele é a origem de tudo, mas está acima de tudo; força tudo a se manifestar, mas não se perde naquilo que cria, nem se apega às obras de Sua Natureza. Ele é a Vontade de ser, livre e conducente, que precede todas as necessidades da ação natural. No indivíduo Ele é, no tempo da ignorância, a Divindade secreta em nós que compele tudo a girar na máquina da Natureza, na qual o ego dá voltas como uma parte do mecanismo, ao mesmo tempo empecilho e conveniência. Mas, visto que todo o Divino está em cada ser, podemos nos elevar acima dessa relação ao transcender a ignorância, pois podemos nos identificar com o Self único, sustento de todas as coisas, e nos tornar a testemunha e o não executante. Ou, então, podemos colocar nosso ser individual nas justas relações entre a alma humana e o Divino supremo em nós e fazer disso, em suas partes naturais, a causa direta e o instrumento, *nimitta*, e, em seu self e em sua pessoa espirituais, um alto participante da mestria suprema, livre e desapegada, desse Nume interior.

Essa é uma coisa que devemos ver claramente na Gītā; devemos reconhecer essa variação de sentido da mesma verdade segundo o problema das relações em que ela se torna operacional. De outro modo, veremos sempre mera contradição e inconsistência onde não há nenhuma e ficaremos desconcertados, como Arjuna, com aquilo que nos parece declarações enigmáticas.

Assim, a Gītā começa afirmando que o Senhor contém todas as coisas n'Ele mesmo, mas não está em nenhuma, *matsthāni sarva-bhūtāni*, "todas estão situadas em Mim, não Eu nelas", e, ainda assim, ele logo prossegue dizendo: "e todavia, todas as existências não estão situadas em Mim, Meu ser carrega em si todas as existências e não está situado nas existências", e, mais uma vez ele insiste, em uma aparente contradição, que o Divino está alojado no corpo humano, o tomou como habitação, *mānuṣīṁ tanum āśritam*, e é necessário reconhecer essa verdade para liberar a alma pela via integral das obras, do amor e do conhecimento. Essas declarações são incompatíveis apenas em aparência. É enquanto Divindade supracósmica que Ele não está nas existências e, tampouco, elas estão n'Ele, pois a distinção que fazemos entre Ser e devenir aplica-se apenas à manifestação no universo fenomênico. Na existência supracósmica tudo é o ser eterno e, se nela houver qualquer multiplicidade, todos são seres eternos; a ideia espacial de imanência não pode intervir, visto que um ser absoluto e supracósmico não é influenciado pelos conceitos de tempo e de espaço que são criados aqui pelo Iogamaia do Senhor. Lá, o que deve ser o fundamento é uma coexistência espiritual e não espacial ou temporal, uma identidade e convergência espirituais. Porém, na manifestação cósmica, há uma expansão do Universo no espaço e no tempo pelo Ser supremo não manifestado e supracósmico e, nessa expansão, Ele aparece, primeiro, como um self que sustenta todas as existências, *bhūta-bhṛt*, Ele as leva consigo em sua autoexistência que permeia tudo. E podemos mesmo dizer que mediante esse self onipresente o Self supremo também, o Paramatman, sustenta o universo; ele é esse alicerce espiritual invisível e é a causa espiritual escondida do vir a ser de todas as existências. Ele sustenta o universo como o espírito secreto em nós sustenta nossos pensamentos, nossas obras, nossos movimentos. Ele parece permear e conter a mente, a vida e o corpo, sustentá-los por Sua presença; mas essa impregnação, em si mesma, é um ato de consciência, não é material; o próprio corpo não é mais do que um ato constante da consciência do espírito.

Esse Self divino contém todas as existências; todas estão situadas nele, não materialmente em essência, mas nessa vasta concepção espiritual do ser em si do qual nossa noção demasiado rígida de um espaço material e etéreo é apenas uma representação nos termos da mente física e dos sentidos. Na realidade tudo, mesmo aqui, é coexistência, identidade e convergência espirituais; mas essa é uma verdade basilar que não poderemos aplicar enquanto não retornarmos à consciência suprema. Até lá, uma tal ideia seria apenas um conceito intelectual ao qual nada corresponde em nossa experiência prática. Devemos dizer, então, servindo-nos desses termos de relações no espaço e no tempo, que o universo e todos os seus seres existem no divino Autoexistente, como tudo o mais existe no primeiro estado espacial – o éter. "Assim como o grande princípio, o princípio do ar que impregna tudo, reside no etéreo, do mesmo modo, em Mim todas as existências residem, é assim que tu deves concebê-lo", diz aqui o Instrutor a Arjuna. A existência universal permeia tudo, ela é infinita, e o Autoexistente também permeia tudo e é infinito, mas a infinidade autoexistente é estável, estática, imutável; o universal é um movimento que permeia tudo, *sarvatragaḥ*. O Self é uno, não múltiplo; mas o universal expressa-se enquanto toda existência e é, como aí parece, a soma de todas as existências. O Um é Ser; o outro é Poder de Ser, que se move e cria e age na existência do Espírito fundamental que sustenta e é imutável. O Self não habita em todas essas existências ou em qualquer uma delas; isso quer dizer que nenhuma o contém, assim como o éter não está contido aqui em nenhuma forma, embora as formas sejam, fundamentalmente, derivadas do éter. E todas existências juntas tampouco o contêm nem o constituem – assim como o éter não está contido na extensão móvel do princípio do ar, nem é constituído pela soma de suas formas ou de suas forças. Todavia, o Divino está também no movimento; Ele está na multiplicidade como Senhor de cada ser. Nele, ambas relações são verdadeiras ao mesmo tempo. Uma é autoexistência em relação ao movimento universal; a outra, a imanência, é a existência universal em relação às suas próprias formas. Uma é uma verdade de ser em sua imutabilidade que tudo contém, autoexistente; a outra é uma verdade de Poder do mesmo ser manifestado no governo e no conhecimento dos movimentos em que Ele se vela e se revela.

Do alto da existência cósmica, o Supremo, diz-se aqui, inclina-se sobre sua Natureza ou faz pressão sobre ela para que expresse, em uma eterna recorrência cíclica, tudo o que ela contém, tudo o que foi manifestado outrora e se tornou latente. Todas as existências agem no universo submetidas a esse movimento propulsor e às leis do ser manifestado, pelo qual é traduzido em harmonias cósmicas o fenômeno da Toda-Existência divina. O Jiva segue o ciclo de seu devenir na ação dessa Natureza divina, *prakṛtiṁ māmikām*, *svāṁ prakṛtim*, a "natureza própria" do Divino. Nos volteios da progressão dela ele se torna uma ou outra personalidade; ele segue sempre a curva de sua própria lei de ser enquanto manifestação da Natureza divina: quer no movimento superior e direto dela, quer no seu movimento inferior e derivado; quer na ignorância, quer no conhecimento; ele sai da ação da Natureza e retorna à imobilidade e ao silêncio dela quando termina o ciclo. Ignorante, ele está sujeito ao turbilhão cíclico da Natureza, não mestre de si mesmo, mas dominado por ela, *avaśaḥ prakṛter vaśāt*; somente ao retornar à consciência divina é que ele poderá alcançar a mestria e a liberdade. O Divino também segue o ciclo, não sujeito a ele, mas, enquanto Espírito que anima e guia, não com todo o Seu ser envolvido nele, mas com Seu poder de ser a acompanhá-lo e a modelá-lo. Ele controla a ação de Sua Natureza e a preside, *adhyakṣa* – não um espírito nascido nela, mas o espírito criador que a impele a produzir tudo o que aparece na manifestação. Se, em Seu poder, Ele a acompanha e é a causa de tudo o que ela faz, Ele está também fora dela, como alguém estabelecido acima da ação universal da Natureza na mestria supracósmica, não apegado a ela por desejo algum que comprometa e domine; portanto, Ele não está atado ao que ela faz, pois excede infinitamente as obras que ela executa e as precede – Ele é o mesmo, antes, durante e depois do cortejo delas nos ciclos do Tempo. Todas as suas mutações não fazem diferença em Seu ser imutável. O self silencioso que permeia e sustenta o cosmos não é afetado pelas mudanças do cosmos, porque, embora seja o sustento, ele não participa delas. Esse Self maior, esse Self supracósmico supremo tampouco é afetado, porque as excede e as transcende eternamente.

Mas também, visto que essa ação é a ação da Natureza divina, *svā prakṛtiḥ*, e que a Natureza divina não pode nunca estar separada do Divino, em cada coisa que ela cria a Divindade deve estar imanente. Essa é uma relação que não é toda a verdade do ser divino, mas tampouco é uma verdade que possamos, de forma alguma, nos permitir ignorar. Ele está alojado no corpo humano. Aqueles que ignoram Sua presença, que desprezam, devido às suas máscaras, a divindade sob a forma humana, estão desorientados e ludibriados pelas aparências da Natureza e não podem perceber que há a Divindade secreta dentro, quer consciente na humanidade – assim como no Avatar – quer velada por sua Maia. Aqueles que possuem uma grande alma, que não estão fechados em sua ideia de ego, que se abrem ao divino habitante em seu interior, sabem que o espírito secreto no ser humano, que aqui parece preso pela natureza humana limitada, é o mesmo esplendor inefável que adoramos mais além como Divindade suprema. Eles começam a perceber seu estado mais alto, no qual ele é mestre e senhor de todas as existências e, no entanto, eles veem que, em cada existência, ele é ainda a Deidade suprema e o Divino imanente. Tudo o mais é uma autolimitação para manifestar as variações da Natureza no cosmos. Eles veem também que, como é a Natureza do divino que se tornou tudo o que existe no Universo, tudo aqui, em sua realidade interior, nada mais é que o Divino único, tudo é Vasudeva, e eles o adoram não apenas como a Divindade suprema mais além, mas aqui no mundo, em Sua unidade e em cada ser separado. Eles veem essa verdade e, nessa verdade, vivem e agem; eles O adoram, O vivem, O servem como o Transcendente em relação às coisas e, ao mesmo tempo, como Deus no mundo e como o Divino em tudo o que é; eles O servem pelas obras sacrificais, O buscam pelo conhecimento, não veem nada mais senão Ele e elevam todo o seu ser a Ele, ao mesmo tempo em Seu self e em toda Sua natureza interior e exterior. Eles sabem que essa é a grande e perfeita via, pois é a via da verdade completa do única Divindade suprema, universal e individual.[4]

4. Gītā, IX. 4-11, 13-15, 34.

CAPÍTULO VI

OBRAS, DEVOÇÃO E CONHECIMENTO

Essa, então, é a verdade integral, o conhecimento mais alto e mais vasto. O Divino é supracósmico, ele é o eterno Parabrahman, que com sua existência sem tempo e sem espaço sustenta toda essa manifestação cósmica de seu ser e de sua natureza no Espaço e no Tempo. Ele é o espírito supremo que dá alma às formas e aos movimentos do universo, Paramatman. Ele é a Pessoa supernal de quem toda a natureza, todo ser e todo devenir neste, ou em qualquer outro universo, são a concepção e a dinamização espontâneas: o Purushottama. Ele é o Senhor inefável de toda a existência que, pelo controle espiritual na Natureza de seu próprio Poder manifestado, desdobra os ciclos do mundo e a evolução natural das criaturas nos ciclos, Parameshvara. Saído d'Ele, o Jiva, espírito individual, alma na Natureza, existente por Seu ser, consciente pela luz de Sua consciência, dotado do poder de conhecimento, vontade e ação por Sua vontade e Seu poder, fruindo da existência por Sua divina fruição do cosmos, desceu aqui, nos círculos cósmicos.

A alma interior no ser humano é, aqui, uma automanifestação parcial do Divino, autolimitada pelas obras de Sua Natureza no universo, *prakṛtir jīva-bhūta*. Em sua essência espiritual o indivíduo é uno com o Divino. Nas obras da Prakriti divina o indivíduo é uno com Ele e, contudo, há uma diferença operativa e muitas relações profundas com Deus na Natureza e com Deus acima da Natureza cósmica. Nas obras da Prakriti em sua manifestação inferior ele parece, por uma ignorância e uma separação egoística, ser totalmente diferente do Um e pensar, querer, agir, fruir, nessa consciência separadora para o prazer e o propósito egoísticos de sua existência pessoal no universo e para suas relações superficiais com outras mentes e vidas encarnadas. Porém, de fato, todo o seu ser, toda a sua maneira de pensar, todo o seu querer, toda a sua ação e todo o seu prazer não são mais do que um reflexo – egoísta e deturpado enquanto ele estiver na ignorância – do ser do Divino, do pensamento, da vontade, da ação do Divino e do prazer que o Divino encontra na Natureza. Retornar a essa verdade de seu ser é, para o indivíduo, o meio direto de salvação, a porta maior e mais próxima para escapar da sujeição à Ignorância. Visto que ele é um espírito, uma alma que, por natureza, possui uma mente e uma razão, uma vontade e uma ação dinâmica, emoções e sensações, e uma vida que busca o deleite da existência, é ao dirigir todos esses poderes em direção a Deus, que o retorno à verdade mais alta de seu ser pode se tornar de todo possível. Ele deve conhecer com o conhecimento do Self e do Brahman supremos; deve dirigir seu amor e sua adoração para a Pessoa suprema; deve submeter sua vontade e suas obras ao Senhor supremo do cosmos. Então, ele passa da Natureza inferior à Natureza divina; rejeita o pensamento, a vontade e as obras da Ignorância e pensa, quer e atua em sua identidade divina enquanto alma dessa Alma, poder e luz desse Espírito; ele frui todo o infinito interior do Divino e não mais apenas esses toques, essas máscaras e aparências exteriores. Ao viver assim, de maneira divina, ao dirigir assim todo o seu ser, toda a sua alma e toda a sua vontade para Deus, ele será absorvido na verdade mais verdadeira do Brahman supremo.

Conhecer Vasudeva como tudo e viver nesse conhecimento é o segredo. O indivíduo sabe que Ele é o Self, imutável, que contém tudo e é imanente em todas as coisas também. Ele se retira do turbilhão confuso e agitado da natureza inferior a fim de habitar na calma e na luz imóveis e inalienáveis do espírito autoexistente. Lá, ele realiza uma unidade constante com esse self do Divino que está presente em todas as existências e sustenta todo o movimento, toda a ação e todo o fenômeno cósmicos. Dessa hipóstase espiritual eterna e invariável do universo mutável, ele olha para o alto, para o Eterno maior, o supracósmico, o Real. Sabe que Ele é o Habitante divino em todas as coisas que são, o Senhor no coração do ser humano, o Ishvara secreto e remove o véu entre o seu ser natural e esse Mestre espiritual interior de seu ser. Ele unifica no conhecimento sua vontade, seu pensamento e suas obras com as do Ishvara, afinadas, por uma realização sempre presente, com o sentido da Divindade que vive nele; ele vê o Ishvara e o adora em tudo e muda toda a ação humana na mais alta significação da natureza divina. Sabe que Ele é a fonte e a substância de tudo que o circunda no Universo. Todas as coisas que são, ele as vê ao mesmo tempo em sua aparência, como véus e, em sua orientação secreta, como os meios e os sinais da automanifestação dessa única e impensável Realidade – e em todo lugar descobre essa unidade, o Brahman, o Purusha, o Atman, Vasudeva, o Ser que se tornou todas essas criaturas. Por conseguinte, toda sua existência interior também se põe em uníssono e em harmonia com o Infinito que se revelou agora em tudo o que vive ou que está nele ou em torno dele, e toda sua existência exterior muda em uma instrumentação exata do propósito cósmico. Por intermédio do self ele olha para o alto, para o Parabrahman que, lá e aqui, é a só e única existência. Por intermédio do Habitante Divino em tudo, ele olha para o alto, para essa Pessoa supernal que, em seu estado supremo, está mais além de toda morada. Por intermédio do Senhor manifestado no Universo, ele olha para o alto, para o Supremo que excede toda a sua manifestação e a governa. Assim, ele se eleva, por um desdobrar-se ilimitado de conhecimento e uma visão e aspiração ascendentes, até isso para o qual ele se voltou com uma irresistível integralidade, *sarvabhāvena*.

Essa orientação integral da alma que se volta para Deus é uma base régia que a Gītā oferece para a síntese entre o conhecimento, as obras e a devoção. Conhecer Deus assim integralmente é conhecê-Lo enquanto Um no self e em toda a manifestação e para além de toda a manifestação – e tudo isso de maneira unificada e imediata. E contudo, mesmo conhecê-Lo assim não é bastante, a menos que esse conhecimento seja acompanhado de uma intensa elevação do coração e da alma em direção a Deus, a menos que acenda um amor, uma adoração, uma aspiração que sejam concentrados em um único ponto e ao mesmo tempo abarquem tudo. De fato, o conhecimento que não é acompanhado de uma aspiração e vivificado por uma elevação não é um conhecimento verdadeiro, pois não pode ser mais do que uma maneira intelectual de ver e um esforço cognitivo estéril. A visão de Deus traz consigo, de maneira infalível, a adoração e a busca apaixonada pelo Divino – uma paixão pelo Divino em Seu ser autoexistente, mas também pelo Divino em nós mesmos e pelo Divino em tudo o que é. Saber com o intelecto é somente compreender e pode ser um ponto de partida eficaz – ou, também, não ser e não será, se não houver sinceridade no conhecimento, se não houver ardor na vontade para a realização interior, um poder de ação na alma, um chamado no espírito: pois isso significaria que o cérebro compreendeu exteriormente, mas interiormente a alma nada viu. O verdadeiro conhecimento consiste em saber com o ser interior e quando o ser interior é tocado pela luz, então se alça para abraçar aquilo que viu, tem o desejo ardente de possuí-lo, luta para dar forma àquilo em si mesmo e a si mesmo segundo aquilo, labora para tornar-se uno com a glória de sua visão. Nesse sentido, o conhecimento é um despertar para a identidade e, visto que o ser interior se realiza pela consciência e pelo deleite, pelo amor, pela posse e pela unidade com tudo o que ele viu de si mesmo, o conhecimento, uma vez desperto, deve trazer um impulso irreprimível em direção a essa realização verdadeira e a única perfeita. Aqui, o que é conhecido não é um objeto exteriorizado, mas o divino Purusha, self e senhor de tudo o que somos. Nele, um deleite todo-abrangente; por ele, um amor e uma adoração profundos e enternecidos – esse deve ser o resultado inevitável e essa é a própria alma desse conhecimento. E essa adoração não é a busca isolada do coração, mas a oferenda de toda a existência. Por conseguinte, ela deve tomar também a forma de um sacrifício; há o dom de todas as nossas obras ao Ishvara, há uma entrega ao Divino de nossa adoração, de toda a nossa natureza ativa, interior e exterior, em cada um de seus movimentos subjetivos e objetivos. Todas as nossas operações subjetivas têm n'Ele seu movimento e buscam n'Ele o Senhor e o self, como a fonte e o objetivo de seu poder e de seu esforço. Todas as nossas operações objetivas se movem em Sua direção no mundo e fazem d'Ele seu objetivo, iniciam um serviço de Deus no mundo, cujo poder de controle é a Divindade em nós, Divindade na qual somos um único self com o universo e suas criaturas. Pois o mundo e o self, a Natureza e a alma nela, são ambos aclarados pela consciência do Um, são corpos interiores e exteriores do Purushottama transcendente. Assim, cria-se uma síntese entre a mente, o coração e a vontade no único self e espírito e, com ela, a síntese entre o conhecimento, o amor e as obras nessa união integral, nessa realização abrangente de Deus, esse Ioga divino.

Porém, para a natureza presa ao ego, é difícil chegar a esse movimento, por pouco que seja. E chegar à sua integralidade vitoriosa e harmoniosa não é fácil, mesmo quando, enfim e para sempre, pusemos nossos pés no caminho. A mente mortal é desnorteada pela sua confiança ignorante nos véus e nas aparências; ela vê apenas o corpo humano e a mente humana exteriores, a maneira humana de viver e não capta nenhum vislumbre liberador da Divindade que está alojada na criatura. Ela ignora a Divindade em seu interior e não a pode ver nos outros seres humanos e, mesmo se o Divino se manifesta na humanidade como Avatar e Vibhuti, ela continua cega e ignora ou despreza a Divindade velada, *avajānanti māṁ muḍhā mānuṣīṁ tanum āśritam*. E se a ignora na criatura viva, pode vê-la ainda menos no mundo objetivo, que ela olha a partir da prisão de seu ego separador, através das janelas gradeadas da mente finita. A mente mortal não vê Deus no universo; ela nada sabe da Divindade suprema, que é mestra e habitante desses planos cheios de existências variadas; ela está cega à visão pela qual tudo, no mundo, se torna divino e pela qual a própria alma desperta para sua divindade inerente e se torna coisa do Divino: divina. O que ela vê facilmente – e a isso se apega com paixão – é apenas a vida do ego a perseguir as coisas finitas por elas mesmas e para satisfazer o apetite terrestre do intelecto, do corpo e dos sentidos. Aqueles que se abandonam inteiramente a esse impulso externo da mentalidade caem nas mãos da natureza inferior, agarram-se a ela e fazem dela seu fundamento. Tornam-se presa da natureza do rakshasa no ser humano, que sacrifica tudo por uma satisfação violenta e imoderada de seu ego vital separado, do qual ele faz a divindade obscura de sua vontade, de seu pensamento, de sua ação e de seu prazer. Ou se lançam em um ciclo infrutífero devido à obstinação arrogante do pensamento autossuficiente, da ação egocêntrica do apetite pelo prazer – esse apetite intelectualizado, autossatisfeito e contudo sempre insatisfeito –, todas essas coisas próprias da natureza asúrica. Mas persistir em viver nessa consciência separativa do ego e fazer dela o centro de todas as nossas atividades é ignorar por completo a verdadeira consciência de si. O encanto que ela lança nos instrumentos enganosos do espírito é um sortilégio que encadeia a vida a um circuito estéril. Toda a sua esperança, toda a sua ação, todo o seu conhecimento são coisas vãs quando julgadas pela norma divina e eterna, pois ela impede a grande esperança, exclui a ação libertadora, bane o conhecimento iluminador. Esse é um conhecimento falso que vê o fenômeno mas perde a verdade do fenômeno, uma esperança cega que persegue o efêmero, mas perde o eterno, uma ação estéril da qual cada ganho é anulado por uma perda e equivale a um perene trabalho de Sísifo.[1]

As grandes almas que se abrem à luz e à amplidão da natureza mais divina de que o ser humano é capaz são as únicas no sendeiro que, estreito no início, inexprimivelmente largo no final, conduz à liberação e à perfeição. O crescimento do deus no homem é a ocupação própria do homem; a transformação constante dessa natureza inferior asúrica e rajásica na natureza divina é o sentido, cuidadosamente escondido, da vida humana. À medida que esse conhecimento aumenta, o véu cai e a alma começa a ver o sentido maior da ação e da verdade real da existência. O olhar se abre à Divindade no ser humano, à Divindade no mundo; ele vê interiormente e acaba por conhecer exteriormente o Espírito

1. Sísifo – lendário rei de Corinto, condenado a empurrar eternamente para o alto uma rocha pesada, somente para vê-la rolar de volta para baixo ao aproximar-se do cume. (N. da T.)

infinito, o Imperecível, do qual todas as existências se originam e que existe em todas e pelo qual e no qual todas existem sempre. Por conseguinte, quando essa visão, quando esse conhecimento se apodera da alma, toda a aspiração da vida dela se torna amor superior e adoração insondável pelo Divino e Infinito. A mente apega-se unicamente ao eterno, ao espiritual, ao vivo, ao universal, ao Real; ela avalia as coisas somente em relação a isso, deleita-se somente no Purusha todo-beatífico. Toda palavra e todo pensamento se tornam um hino à grandeza universal, à Luz, à beleza, ao poder e à verdade que, em sua glória, se revelaram ao espírito humano e uma adoração à Alma suprema única e à Pessoa infinita. Toda a longa tensão do self interior para vir para fora torna-se agora uma forma de esforço espiritual e de aspiração para possuir o Divino na alma e realizar o Divino na natureza. Toda a vida se torna um Ioga constante e uma unificação constante desse Divino e desse espírito humano. Essa é a maneira da devoção integral; ela cria uma elevação única de todo o nosso ser e de toda a nossa natureza pelo sacrifício que o coração consagrado oferece ao eterno Purushottama.[2]

Aqueles que insistem sobretudo no conhecimento chegam ao mesmo ponto por um poder sempre crescente, absorvente, imperativo da visão do Divino sobre a alma e a natureza. Seu sacrifício é o do conhecimento e, por um êxtase inefável de conhecimento, eles chegam à adoração do Purushottama, *jñāna-yajñena yajanto mām upāsate*. Essa é uma compreensão cheia de bhakti, porque é integral em seus instrumentos, integral em seu objetivo. Não é uma procura do Supremo somente enquanto unidade abstrata ou enquanto Absoluto indeterminável. É um profundo desejo do coração, é uma busca e uma captura do Supremo e do Universal; é uma procura do Infinito em sua infinitude e do Infinito em tudo que é finito; uma visão e uma abrangência do Um em sua unidade e do Um em todos os seus diversos princípios, seus rostos, suas forças, suas formas inumeráveis, aqui, ali, em todo lugar, fora do tempo e no tempo, de maneira múltipla e na multitude, nos aspectos sem fim de sua Divindade, nos seres sem número, todos os seus milhões de rostos universais que nos fazem face no mundo e suas criaturas, *ekatvena pṛthaktvena bahudhā viśvatomukham*. Esse conhecimento se torna facilmente uma adoração, uma ampla devoção, um vasto dom de si, uma oferenda integral de si, porque é o conhecimento de um Espírito, o contato de um Ser, o abraço de uma Alma suprema e universal que exige tudo o que somos e do mesmo modo nos prodigaliza, quando nos acercamos, todos os tesouros de seu infinito deleite de ser.[3]

2. IX. 13-14.
3. IX. 15.

A via das obras também se torna uma adoração e uma elevação do dom de si, porque é um sacrifício completo de toda a nossa vontade e suas atividades ao Purushottama único. O rito védico exterior é um símbolo poderoso, eficaz para um propósito menos importante, mas ainda voltado para o céu; o sacrifício real, no entanto, é essa oblação interior em que o Divino Todo torna-se ele próprio a ação ritual, o sacrifício e cada uma das circunstâncias do sacrifício. Todas as operações e todas as formas desse rito interior são a ordenança e a expressão espontâneas de seu poder em nós, que, por nossa aspiração, se eleva à fonte de suas energias. O Habitante Divino torna-se, ele mesmo, a flama e a oferenda, porque a flama é a vontade voltada para Deus e essa vontade é Deus Ele mesmo em nós. E a oferenda também é a forma e a força da Divindade constitutiva em nossa natureza e em nosso ser; tudo o que foi recebido d'Ele é abandonado ao serviço e ao culto de Sua Realidade, de Sua Verdade e de Sua Origem supremas. O Pensador Divino torna-se ele mesmo o mantra sagrado; é a Luz de seu ser que se expressa no pensamento dirigido à Divindade e que age na palavra reveladora do esplendor em que se abriga o segredo do pensamento e no ritmo em que, para o ser humano, se repetem os ritmos do Eterno. O Divino iluminado é, Ele mesmo, o Veda e aquilo que o Veda torna conhecido. Ele é os dois, o conhecimento e o objeto do conhecimento. O Rik, o Yajur, o Sama[4] – a palavra de iluminação que aclara a mente com os raios do conhecimento, a palavra de poder para a justa ordenação da ação, a palavra da consumação calma e harmoniosa para suscitar o desejo divino do espírito – são, eles mesmos, o Brahman, a Divindade. O mantra da Consciência divina traz sua luz de revelação, o mantra do Poder divino sua vontade de realização, o mantra da Ananda divina sua igual consumação do deleite espiritual da existência. Toda palavra e todo pensamento são uma florescência do grande OM – OM, a Palavra, o Eterno. Manifestado nas formas dos objetos sensíveis, manifestado nesse jogo consciente de autoconcepção criadora e cujas formas e objetos são as representações, manifestado por trás, nesse recolhimento do poder supraconsciente do Infinito, OM é a fonte soberana, a semente, a matriz da coisa e da ideia, da forma e do nome – ele próprio é, integralmente, o supremo Intangível, a Unidade original, o Mistério atemporal autoexistente,

4. Rik *(ṛk)* – a palavra de iluminação, que ilumina a mente com os raios do conhecimento; Yajur *(yajus)* – o mantra do Poder divino, a palavra de poder para a consagração justa da ação; a palavra que guia a ação do sacrifício em acordo com o Rik; Sama *(sāman)* – o mantra da *ānanda* divina, a palavra de consecução calma e harmoniosa para trazer o desejo divino do espírito. (N. da T.)

acima de toda manifestação, no ser supernal.[5] Esse sacrifício é, portanto, ao mesmo tempo obras, adoração e conhecimento.[6]

Para a alma que, desse modo, conhece, adora, oferece todas as suas obras em uma grande autoentrega de seu ser ao Eterno, Deus é tudo e tudo é a Divindade. Ela conhece Deus como o Pai desse mundo e que nutre e acalenta suas crianças e as protege. Ela conhece Deus como a Mãe divina que nos mantém em seu seio, que derrama prodigamente em nós a doçura de seu amor e enche o universo com suas formas de beleza. Ela o conhece como o Criador primeiro, do qual se originou tudo o que é gerado e que cria no espaço, no tempo e na relação. Ela o conhece como o Mestre e como aquele que prescreve todos os decretos universais e cada decreto individual. O mundo e o destino e a incerteza da eventualidade não podem aterrorizar aquele que se entregou ao Eterno, nem o aspecto de sofrimento e de mal, desnorteá-lo. Para a alma que vê, Deus é a via e Deus é o objetivo de sua viagem; uma via em que não nos perdemos e um objetivo em direção ao qual os passos guiados com sabedoria se dirigem a cada instante, com segurança. O ser humano conhece a Divindade como o mestre de seu ser e de todos os seres, o sustento de sua natureza, a testemunha interior de todos os seus pensamentos e de todas as suas ações, o esposo da alma da natureza e seu amado que a abriga. Deus é sua casa e seu país, o refúgio de suas buscas e de seus desejos, o amigo sábio, próximo e benévolo de todos os seres. Todo nascimento, todo estado de ser e toda destruição das existências aparentes são, para sua visão e sua experiência, o Um que conduz adiante, mantém e retira sua automanifestação temporal em seu sistema de perpétuas recorrências. Somente ele é a semente e a origem imperecível de tudo que parece nascer e perecer e seu eterno lugar de repouso quando nada está manifestado. É ele que queima no calor do sol e da flama; é ele que é a abundância da chuva e sua ausência; ele é toda essa Natureza física e suas operações. A morte é sua máscara e a imortalidade sua autorrevelação. Tudo que podemos chamar existente é ele e tudo que podemos considerar não existente está, no entanto, lá, secreto no Infinito e faz parte do ser misterioso do Inefável.[7]

---

5. AUM: A, o espírito daquilo que é denso, exterior, Virat; U, o espírito daquilo que é sutil, interior, Taijasa; M, o espírito da onipotência supraconsciente secreta, Prajna; OM, o Absoluto, Turya. *Mandukya Upanishad.*
6. IX. 16-17.
7. IX. 17-19.

Nada, exceto o conhecimento e a adoração superiores, nenhum outro meio senão um inteiro dom de si e uma total entrega ao Mais-Alto que é tudo, nos levará ao Supremo. Uma outra religião, um outro culto, um outro conhecimento, uma outra busca, têm sempre seus frutos, mas eles são transientes e limitados à satisfação proporcionada por aparências e símbolos divinos. Sempre abertos para que possamos segui-los segundo o equilíbrio de nossa mentalidade, há um conhecimento exterior e um conhecimento recôndito, uma busca exterior e uma busca no mais recôndito. A religião exterior é o culto de uma deidade externa e a procura de uma beatitude exterior: seus adeptos purificam sua conduta de pecado e alcançam uma retidão ética ativa, a fim de satisfazer a lei estabelecida, o Shastra, a isenção exterior; eles executam a cerimônia simbólica de sua comunhão externa. Mas seu objetivo é assegurar, após o prazer e a dor dos mortais durante a vida terrestre, a beatitude dos mundos celestiais, uma felicidade maior do que aquela que a terra pode propiciar, mas, ainda assim, uma fruição pessoal e mundana embora em um mundo mais vasto do que o campo dessa natureza terrestre sofrida e limitada. E isso a que aspiram eles alcançam pela fé e pelo esforço justo; pois a existência material e as atividades terrestres não são toda a extensão de nosso devenir pessoal nem toda a fórmula do cosmos. Outros mundos existem em que a felicidade é maior, *svargalokaṁ viśālam*. Assim, o ritualista védico dos tempos antigos aprendia o sentido exotérico do triplo Veda, purificava-se do pecado, bebia o vinho da comunhão com os deuses e buscava, pelo sacrifício e as boas ações, as recompensas do céu. Essa crença firme em um Além e essa busca de um mundo mais divino asseguram à alma que se vai a força para alcançar as alegrias do céu, nas quais sua fé e sua busca estavam centradas; mas o retorno à existência mortal se impõe, porque o verdadeiro objetivo dessa existência não foi encontrado nem realizado. É aqui e não algures, que a Divindade suprema deve ser encontrada, que a natureza divina da alma deve desenvolver-se a partir da natureza física humana imperfeita e que, pela unidade com o Divino, com o ser humano e com o universo devemos descobrir, viver e tornar visivelmente maravilhosa toda a ampla verdade de ser. Isso completa o longo ciclo de nosso devenir e somos admitidos a um resultado supremo; essa é a oportunidade que é dada à alma pelo nascimento humano e, enquanto isso não for realizado, isso não poderá cessar. O amante de Deus avança constantemente em direção a essa necessidade última de nosso nascimento no cosmos por meio de um amor e de uma adoração concentrados, pelos quais ele faz do Divino supremo e universal – e não da satisfação terrestre egoística nem dos mundos celestiais – todo o objetivo de sua vida, de seu pensamento e de sua visão. Ver nada mais que o Divino, estar a cada instante em união com ele, amá-Lo em todas as criaturas, ter o deleite do Divino em todas as coisas é toda a condição de sua existência espiritual. Sua visão de Deus não o divorcia da vida e nada lhe falta da plenitude da vida; pois Deus Ele mesmo torna-se para ele aquele que, de maneira espontânea, lhe traz tudo o que é bom e tudo o que, interior ou exteriormente, ele adquire e possui, *yoga-kṣemaṁ vahāmyaham*. A alegria do céu e a alegria da terra não são mais do que uma pequena sombra de suas posses; pois, na medida em que ele cresce no Divino, o Divino também flui para ele, com toda a luz, poder e alegria de uma existência infinita.[8]

Em geral, a religião é um sacrifício a divindades parciais diferentes da Divindade integral. A Gītā toma seus exemplos diretos da antiga religião védica em seu aspecto exotérico assim como havia então se desenvolvido; ela descreve esse culto externo como um sacrifício a outras divindades, *anya-devatāḥ*, aos deuses ou aos antepassados divinizados ou aos poderes e espíritos elementares, *devān, pitṛn, bhūtāni*. Em geral, os seres humanos consagram sua vida e suas obras aos poderes ou aos aspectos parciais da Existência divina, como eles os veem ou os concebem – na maioria das vezes poderes e aspectos que, para eles, dão alma a coisas proeminentes na Natureza e no ser humano ou, então, que refletem aos seus olhos sua própria humanidade em um símbolo divino que a excede. Se fazem isso com fé, então sua fé é justificada, pois o Divino aceita todo símbolo, toda forma ou concepção de Si mesmo que se apresente à mente do adorador, *yāṁ yāṁ tanuṁ śraddhayā arcati*, como é dito em outra parte – e Ele o acolhe segundo a fé que está nele. Toda crença e toda prática religiosas sinceras são, na realidade, uma busca do Divino supremo universal e único, pois ele é o único mestre do sacrifício e da ascese dos indivíduos e aquele que, infinito, frui de seu esforço e de sua aspiração. Por pequena e baixa que seja a forma de adoração, por limitada que seja a ideia da divindade, por restritos que sejam o dom, a fé, o esforço para ir por trás do véu do culto ao ego e da limitação imposta pela Natureza material, mesmo assim isso forma um fio de conexão entre a alma humana e a Todo-Alma e há uma resposta. No entanto, a resposta, fruto da adoração e da oferenda, é função do conhecimento, da fé e das obras e não pode ultrapassar suas limitações; e, portanto, do ponto de vista do conhecimento maior de Deus, que, só esse, dá a inteira verdade do ser e do devenir, essa oferenda inferior não é dada conforme a lei verdadeira e mais

8. IX. 20-22.

alta do sacrifício. Ela não está baseada em um conhecimento da Divindade suprema em Sua existência integral e nos verdadeiros princípios de Sua automanifestação, mas se apega às aparências exteriores e parciais – *na mām abhijānanti tattvena*. Por conseguinte, seu sacrifício também é limitado em seu objetivo, grandemente egoísta em seu motivo, parcial e errôneo em sua ação e em seu dom, *yajanti avidhi-pūrvakam*. Uma visão inteira do Divino é a condição de uma autoentrega inteira e consciente; o resto alcança as coisas incompletas e parciais e deve recuar delas, deve retornar para ampliar-se em uma busca maior e uma mais vasta experiência de Deus. Mas seguir apenas e por completo a Divindade suprema e universal é alcançar todo o conhecimento e todo o resultado que outros caminhos obtêm, mas aí não estamos limitados por nenhum aspecto e encontramos, portanto, a verdade do Divino em todos os aspectos. Esse movimento abarca todas as formas do ser divino em seu caminho em direção ao supremo Purushottama.[9]

Esse dom de si absoluto, essa entrega concentrada em um único ponto é a devoção, de que a Gītā faz a coroa de sua síntese. Toda ação e todo esforço se tornam, por meio dessa devoção, uma oferenda à Divindade suprema e universal. "O que quer que faças, o que quer que fruas, o que quer que sacrifiques, que dês, qualquer energia de tapasya, da vontade ou do esforço da alma que emitas, faz disso uma oferenda a Mim." Aqui, a menor, a mais leve circunstância da vida, o dom mais insignificante daquilo que somos ou daquilo que possuímos, a menor ação, assumem um sentido divino e se tornam uma oferenda aceitável à Divindade, que faz dela um meio para possuir a alma e a vida do amante de Deus. As distinções feitas pelo desejo e pelo ego desaparecem então. Como não há tensão para obter o bom resultado da ação, como não fugimos do resultado infeliz, mas toda ação e todo resultado são oferecidos ao Supremo a quem todas as obras e todo fruto no mundo pertencem para sempre, não há mais escravidão. Pois por um dom de si absoluto todo desejo egoísta desaparece do coração e há uma perfeita união entre o Divino e a alma individual, mediante uma renúncia interior à existência separada. Toda vontade, toda ação, todo resultado se tornam aqueles da Divindade, trabalham divinamente mediante a natureza purificada e iluminada e não pertencem mais ao ego pessoal limitado. A natureza finita, assim entregue, torna-se um canal livre do Infinito; a alma em seu ser espiritual, elevada, fora da ignorância e da limitação, retorna à sua

9. IX. 23.25.

unidade com o Eterno. O Eterno Divino é o habitante de todas as existências; Ele é igual em tudo e o igual amigo, pai, mãe, criador, amante, sustento de todas as criaturas. Ele não é o inimigo de ninguém, nem o amante parcial de ninguém; Ele não rejeitou ninguém, nem condenou alguém eternamente, nem favoreceu ninguém pelo despotismo de um capricho arbitrário: todos, igualmente, no final chegam a Ele, ao cumprirem seus círculos na ignorância. Mas é essa perfeita adoração que, só ela, pode fazer dessa imanência de Deus no homem e do homem em Deus uma coisa consciente e uma união absorvente e perfeita. O amor pelo Supremo e uma total entrega de si são o caminho direto e rápido dessa unidade divina.[10]

A Presença Divina, igual em todos nós, não põe nenhuma outra condição preliminar, uma vez que esse dom de si integral foi feito com fé e sinceridade e com uma plenitude fundamental. Todos têm acesso a essa porta, todos podem entrar nesse templo: nossas distinções mundanas desaparecem na mansão do Bem-Amado. Lá, o indivíduo virtuoso não é o preferido, nem o pecador é excluído da Presença; juntos nesse caminho, o brâmane da vida pura e que observa com exatidão a lei e o proscrito, nascido do ventre de pecado e infortúnio e rejeitado pelos demais, podem viajar e encontrar um acesso aberto, que lhes dá igualmente a liberação suprema e a morada mais alta no Eterno. Homem e mulher têm direitos iguais diante de Deus, pois o Espírito divino não é influenciado por pessoas ou por distinções e restrições sociais: todos podem ir diretamente a Ele, sem intermediário e sem empecilhos. "Mesmo aquele cuja conduta é muito má", diz o Instrutor divino, "se ele se volta para Mim com um amor único e inteiro, deve ser visto como um santo, pois nele a vontade firme no esforço é uma vontade justa e completa. Ele se torna rapidamente uma alma de retidão e obtém a paz eterna." Em outras palavras, uma vontade de completo dom de si abre largamente todas as portas do espírito e, em resposta, traz uma descida completa e um completo dom de si da Divindade ao ser humano, e isso, de imediato, remodela e assimila tudo em nós à lei da existência divina, por uma transformação rápida da natureza inferior em natureza espiritual. A vontade de dar-se, por sua força, aparta o véu que há entre Deus e o ser humano; ela anula todos os erros e aniquila todos os obstáculos. Aqueles que, em sua força humana, aspiram mediante o esforço do conhecimento ou mediante o esforço da virtude ou mediante o esforço de uma autodisciplina laboriosa, esses crescem com muitas dificuldades e inquietudes

10. IX. 26-29.

em direção ao Eterno; porém, quando a alma oferece ao Divino seu ego e seu trabalho, Deus Ele-mesmo vem até nós e toma nosso fardo. Ao ignorante, ele traz a luz do conhecimento divino, ao fraco, o poder da vontade divina, ao pecador, a liberação da pureza divina, ao sofredor, a alegria espiritual e a Ananda infinitas. Suas fraquezas e os tropeços de sua força humana não fazem diferença. "Assim se expressa minha promessa", exclama a voz da Divindade a Arjuna, "aquele que me ama não perecerá." O esforço e a preparação anteriores, a pureza e a santidade do brâmane, a força iluminada do rei-sábio, grande pelas obras e pelo conhecimento, têm seu valor, porque tornam mais fácil para a criatura humana imperfeita chegar a essa visão vasta e a essa entrega; mas mesmo sem essa preparação, todos aqueles que tomam refúgio no Amante divino do ser humano, o vaisya que, no passado, se preocupara estreitamente em acumular bens e com a labuta para produzir; o sudra, impedido por mil restrições duras; a mulher, fechada e impedida de desenvolver-se pelo círculo estreito que a sociedade traçou em torno de sua autoexpansão, e também aqueles, *pāpa-yonayaḥ*, aos quais seu carma passado impôs mesmo o pior dos nascimentos, o fora de casta, o pária, o chandala, encontram, de imediato, as portas de Deus que se abrem diante deles. Na vida espiritual todas as distinções externas às quais os seres humanos dão tanta importância porque, com uma força opressiva, elas seduzem a mente exterior, cessam diante da igualdade da Luz divina e da vasta onipotência de um Poder imparcial.[11]

O mundo terrestre, absorvido pelas dualidades e encadeado às relações imediatas e transientes da hora e do instante é, para o ser humano – enquanto aí vive, enquanto está apegado a essas coisas e aceita a lei que elas lhe impõem como a lei de sua vida –, um mundo de luta, de sofrimento de tristeza. A via da liberação consiste em passar do exterior ao interior, da aparência criada pela vida material – que impõe seu fardo à mente e a aprisiona na trilha habitual da vida e do corpo – à Realidade divina que espera, para se manifestar, pela liberdade do espírito. O amor pelo mundo, a máscara, deve mudar em amor por Deus, a Verdade. Uma vez que essa Divindade secreta interior é conhecida e alcançada, todo o ser e toda a vida serão elevados de maneira soberana e passarão por uma maravilhosa transmutação. Em lugar da ignorância da natureza inferior absorvida em suas obras e aparências exteriores, o olhar abrir-se-á à visão de Deus em toda parte, à unidade e à universalidade do espírito. A tristeza e a dor do mundo desaparecerão na

11. IX. 30-32.

bem-aventurança do Todo-Beatitude; nossa fraqueza e erro e pecado serão mudados na força, verdade e pureza do Eterno, que abarcam e transformam tudo. Fazer com que a mente seja una com a consciência divina, fazer de toda a nossa natureza emocional um único amor de Deus em toda parte, fazer de todas as nossas obras um sacrifício ao senhor dos mundos e de nosso culto, de nossa aspiração, uma adoração do Senhor e uma autoentrega, voltar todo o self em direção à Divindade em uma união inteira, esse é o meio de nos elevar, de deixar a existência mundana e entrar em uma existência divina. Isso é o que a Gītā ensina sobre o amor divino e a devoção, ensino em que o conhecimento, as obras e a sede ardente do coração se tornam uma coisa única em uma unificação suprema, em uma absorção de todas as suas divergências em um entrelace de todos os seus fios, em uma alta fusão, em um vasto movimento de identificação.[12]

12. IX. 33-34.

CAPÍTULO VII

A PALAVRA SUPREMA DA GĪTĀ

Chegamos agora ao âmago do Ioga da Gītā, em pleno centro – e tudo aí vive e respira – de seu ensinamento. Podemos ver agora com bastante clareza que a ascensão da alma humana limitada, quando se afasta do ego e da natureza inferior e passa ao Self imutável, calmo, silencioso e estável, foi apenas uma primeira etapa, uma mudança inicial. E também podemos ver agora porque, desde o começo, a Gītā insistiu no Ishvara, o Divino sob forma humana, que sempre fala de si mesmo *aham, mām*, como de algum grande Ser secreto e onipresente, senhor de todos os mundos e mestre da alma humana, maior mesmo que a autoexistência imutável, que é imóvel e impassível para sempre e permanece para sempre inalterado pelas aparências subjetivas e objetivas do universo natural.

Todo Ioga é uma busca do Divino, uma virada em direção à união com o Eterno. A maneira de buscá-Lo, a profundidade e a plenitude da união, a integralidade da realização dependerão da medida justa de nossa percepção do Divino e do Eterno. O homem, o ser mental, aproxima-se do Infinito por meio de sua mente finita e deve abrir para esse Infinito alguma porta próxima pertencente a esse finito. Ele busca uma concepção que sua mente seja capaz de apreender, escolher um poder de sua natureza que, pela força de uma intensificação, possa alcançar, tocar, a Verdade infinita, que, em si mesma, está além de sua compreensão mental. Ele tenta ver certa face dessa Verdade infinita – porque, como é infinita, possui inumeráveis faces, inumeráveis palavras para se definir, inumeráveis autossugestões – de modo que, se apegando a isso, possa chegar, pela experiência direta, à realidade imensurável que essa face representa. Por mais estreita que seja a porta, ele se satisfaz se essa lhe oferece alguma perspectiva da vastidão que o atrai, se o põe no caminho da profundeza insondável e nos cumes inacessíveis daquilo que ele chama seu espírito. E da maneira como ele se aproxima dessa face, dessa maneira ela o recebe, *ye yathā māṁ prapadyante*.

A mente filosófica tenta alcançar o Eterno por um conhecimento abstrativo. O propósito do conhecimento seria compreender e para o intelecto finito isso quer dizer definir e determinar. Mas o único meio de determinar o indeterminável é por uma espécie de negação universal, *neti neti*. Portanto, a mente continuaria a excluir do conceito de eterno tudo que se oferecer como limitável pelos sentidos, pelo coração e pela compreensão. Uma oposição completa é feita entre o Self e o não self, entre uma autoexistência eterna, imutável, indefinível e todas as formas de existência – entre Brahman e Maia, entre a Realidade inefável e tudo que intenta expressar o Inefável mas não consegue – entre Carma e Nirvana, entre a ação e a concepção sempre contínua, mas sempre impermanente, da Energia universal e alguma suprema Negação absoluta e inefável de sua ação e de sua concepção, que é vazia de toda vida, de toda qualidade mental e de todo significado dinâmico. Esse forte impulso do conhecimento em direção ao Eterno nos distancia de tudo o que é transiente. Ele nega a vida a fim de retornar à fonte da vida, suprime de nós tudo o que parecemos ser, a fim de que, deixando isso, possamos ter acesso à realidade impessoal e sem nome de nosso ser. Os desejos do coração, as obras da vontade e as concepções da mente são rejeitados; mesmo o conhecimento, no final será negado e abolido no Idêntico e Incognoscível. Por meio de uma quietude crescente, que termina em uma passividade absoluta, a alma criada por Maia ou o feixe de associações que chamamos nós-mesmos, entra na aniquilação de sua ideia de personalidade, põe um fim à mentira de viver, desaparece no Nirvana.

Mas esse método abstrativo difícil que é a autonegação, embora possa atrair para si certas naturezas excepcionais, não pode satisfazer universalmente a alma encarnada no ser humano, porque não dá vazão a todo o empenho de sua natureza complexa que se estende em direção ao perfeito Eterno. Não é apenas seu intelecto contemplativo e abstrativo que lança seu esforço em direção ao Eterno e Infinito e busca aí sua Fonte divina e a justificação de seu ser e de sua natureza; há também seu coração que anseia, sua vontade ativa, sua mente positiva que buscam alguma Verdade para a qual sua existência e a existência do mundo são uma chave múltipla. Dessa necessidade surgem as religiões do amor e das obras, cuja força reside no fato de que elas satisfazem os poderes mais ativos e os mais desenvolvidos de nossa humanidade e os conduzem em direção a Deus – pois é somente se partirmos deles que o conhecimento poderá ser eficaz. Mesmo o budismo, com sua negação austera e intransigente do self subjetivo e das coisas objetivas teve, todavia, que se basear, no início, em uma divina disciplina das obras e admitir, como substituto da bhakti, um sentimentalismo espiritualizado de um amor e compaixão universais, visto que somente assim poderia se tornar um caminho eficaz para a humanidade, uma religião verdadeiramente liberadora. Mesmo o Mayavada[1] ilusionista, ultralógico em sua intolerância com a ação e as criações da mentalidade, teve que admitir uma realidade temporária e prática para o ser humano e o universo e para Deus no mundo, a fim de ter uma primeira base e um ponto de partida possível; ele teve que afirmar aquilo que negava, a fim de dar alguma realidade à escravidão do ser humano e ao seu esforço para se libertar.

Mas a fraqueza das religiões emotivas e cinéticas é que estão demasiado absorvidas em alguma Personalidade divina e nos valores divinos do finito. E mesmo quando têm uma concepção da Divindade infinita, elas não nos dão a satisfação plena do conhecimento, porque não a seguem até o final, em suas tendências mais supremas e mais altas. O que falta a essas religiões é uma completa absorção no Eterno e a perfeita união por identidade – e, no entanto, o espírito que está no ser humano deve, de uma maneira ou de outra, se não for pela abstração, chegar um dia a essa identidade, visto que toda unidade tem aí sua base. Por outro lado, a fraqueza de uma espiritualidade quietista e contemplativa é que ela chega a esse resultado por uma abstração demasiado absoluta e, no final, transforma em um nada ou em uma ficção a alma humana, cuja aspiração fora, contudo, constantemente, toda a razão dessa tentativa de união; pois sem a alma e sua aspiração a liberação e a união não teriam sentido. O pouco que essa maneira de pensar reconhece dos demais poderes de existência da alma, ela o relega a uma ação preliminar inferior que nunca alcança uma realização plena ou satisfatória no Eterno e Infinito. No entanto, essas coisas também, que ela restringe indevidamente – a vontade poderosa, o forte anseio de amar, a intuição que abrange tudo e a luz positiva do ser mental consciente vêm do Divino, representam poderes essenciais do Divino e devem ter alguma justificação em sua Fonte e algum meio dinâmico de cumprir-se n'Ele. Nenhum conhecimento de Deus pode ser integral, perfeito ou universalmente satisfatório se deixar irrealizado o direito absoluto desses representantes; nenhuma sabedoria é inteiramente sábia se, no ascetismo intolerante de sua busca, nega ou, no orgulho de seu puro conhecimento, menospreza, a realidade espiritual por trás dessas vias da Divindade.

---

1. A doutrina que sustenta que o mundo é *māyā*, isto é, uma ilusão. (N. da T.)

A grandeza do pensamento central da Gītā, aquele em que todos os fios são agregados e unidos, consiste no valor sintético de uma concepção que reconhece toda a natureza da alma humana no universo e, por uma unificação ampla e sábia, ratifica sua necessidade multifacetada da Verdade, do Poder, do Amor, do Ser, supremos e infinitos, em direção aos quais nossa humanidade se volta em sua busca de perfeição e imortalidade e de alguma alegria, algum poder, alguma paz sublimes. Há um vasto e vigoroso empenho no sentido de uma visão espiritual abrangente de Deus, do ser humano e da existência universal. Certamente, não é que tudo, sem nenhuma exceção, seja apreendido nesses dezoito capítulos, que não haja mais nenhum problema espiritual a resolver; mas o que é exposto é um esquema tão vasto que devemos apenas preencher, desenvolver, modificar, acentuar, seguir os pontos, elaborar o que está sugerido, iluminar o que está obscurecido, a fim de encontrar uma chave para tudo o que, mais tarde, nossa inteligência poderá reivindicar ou nosso espírito necessitar. A própria Gītā não formula nenhuma solução de todo nova a partir de seus próprios questionamentos. Para chegar à abrangência que ela visa, ela remonta aos grandes sistemas filosóficos para chegar ao Vedanta original dos Upanishads; pois lá temos a visão sintética mais vasta e mais profunda que existe do espírito, do ser humano, e do cosmos. Porém, aquilo que, nos Upanishads, não está elaborado para a inteligência porque está envolto em um centro luminoso de visão intuitiva e de formulação simbólica, a Gītā o expõe à luz de um pensamento intelectual e de uma experiência distintiva ulteriores.

No quadro de sua síntese, ela admite a busca dos pensadores abstratos pelo Indefinível, *anirdeśyam*, o Imutável, para sempre não manifestado, *avyaktam akṣaram*. Aqueles que se consagram a essa busca encontram, eles também, o Purushottama, a Pessoa Divina suprema, *mām*, o Espírito, a Alma suprema e o Senhor supremo das coisas. Pois sua mais extrema maneira de ser autoexistente é, na realidade, um positivo impensável, *acintyarūpam*, inimaginável, uma quintessência absoluta de todos os absolutos, muito além da determinação da inteligência. O método da passividade e da quietude negativas, da renúncia à vida e às obras, pelo qual os seres humanos buscam sentir esse Absoluto intangível, é admitido e ratificado na filosofia da Gītā, mas recebe apenas um consentimento menor. Esse conhecimento negador se aproxima do Eterno apenas por um lado da verdade, e esse lado é o mais difícil a alcançar e a seguir para a alma encarnada na Natureza, *duḥkhaṁ dehavadbhir avāpyate*; o caminho até ele é altamente especializado e mesmo desnecessariamente árduo, "tão estreito e difícil a trilhar quanto o fio de uma navalha". Não é negando todas as relações, mas por meio de todas elas, que o indivíduo pode se aproximar naturalmente do Infinito Divino e O apreender da maneira mais fácil, mais vasta, mais íntima. Essa maneira de ver que insiste que o Supremo não tem relação alguma com a existência mental, vital, física do ser humano no universo, *avyavahāryam*, não é, afinal, a verdade mais verdadeira nem a mais vasta. Tampouco o que é descrito como a verdade empírica das coisas, a verdade das relações, *vyavahāra*, é inteiramente o oposto da mais alta verdade espiritual, *paramārtha*. Ao contrário, existem mil relações pelas quais o Eterno supremo está secretamente em contato com nossa existência humana e unido a ela; e por todos os meios essenciais de nossa natureza e da natureza do mundo, *sarva-bhāvena*, esse contato pode se tornar sensível e essa união se tornar real para nossa alma, nosso coração, nossa vontade, inteligência, espírito. Portanto, esse outro caminho é natural e fácil para o ser humano, *sukham āptum*. Deus não se faz difícil para nós, uma coisa apenas é necessária, uma única demanda nos é feita: a vontade indomável e única de abrir o caminho através do véu de nossa ignorância e a busca persistente e inteira pela mente, pelo coração e pela vida daquilo que está todo o tempo perto deles, neles, a própria alma de seu ser, sua essência espiritual e o segredo de sua personalidade e de sua impessoalidade, de seu self e de sua natureza. Essa é nossa única dificuldade; o Mestre de nossa existência ocupar-se-á ele mesmo do resto e o cumprirá, *ahaṁ tvāṁ mokṣayiṣyāmi mā śucaḥ*.

Na própria parte de seu ensino em que a síntese da Gītā se inclina mais para o conhecimento puro, nós vimos que ela se prepara constantemente para essa verdade mais plena e essa experiência mais fecunda. Na verdade, isso está implícito na própria forma que a Gītā dá à realização do Imutável autoexistente. Esse Self imutável de todas as existências, de fato, parece manter-se por trás de qualquer intervenção ativa nas operações da Natureza; mas ele não está absolutamente vazio de toda relação, nem distante de toda conexão. Ele é nossa testemunha e nosso sustento; ele dá uma sanção silenciosa e impessoal; ele chega mesmo a sentir uma satisfação impassível. A ação multiforme da Natureza é ainda possível mesmo quando a alma se posiciona nessa calma autoexistência: pois a alma testemunha é o Purusha imutável e o Purusha tem sempre alguma relação com a Prakriti. Mas, no presente, a razão desse aspecto duplo de silêncio e atividade é revelada em seu inteiro significado – porque o Self silencioso que impregna tudo é apenas um lado da verdade do ser divino. Aquele que impregna o mundo enquanto self único e imutável, sustento de todas as mutações, é igualmente a Divindade no ser humano, o Senhor no coração de todas as criaturas, Causa consciente e Mestre de todo nosso devenir subjetivo e de toda nossa ação objetivada, que nos conduz ao interior e vai ao exterior. O Ishvara dos iogues é uno com o Brahman daqueles que buscam o conhecimento, um único Espírito supremo e universal, uma única Divindade suprema e universal.

Essa Divindade não é o Deus pessoal limitado de tantas religiões exotéricas, pois esses deuses são apenas formações parciais e exteriores desse outro, desse aspecto criador e diretor, esse lado pessoal da completa verdade de Sua existência. Esse Divino é a Pessoa, a Alma, o Ser, o Purusha único e supremo do qual todas as divindades são aspectos, toda personalidade individual é um desenvolvimento limitado na Natureza cósmica. Esse Divino não tem um nome e uma forma particularizados da Divindade, *iṣṭa-devatā*, construídos pela inteligência e que dão corpo à aspiração específica do adorador. Todos esses nomes e formas não são mais do que poderes e faces do único Deva que é o senhor universal de todos os adoradores e de todas as religiões, mas é ele mesmo essa Deidade universal, *deva-deva*. Esse Ishvara não é um reflexo do Brahman impessoal e indeterminável em uma Maia ilusória: pois, para além de todo cosmos, assim como no cosmos, ele governa e é o Senhor dos mundos e de suas criaturas. Ele é o Parabrahman que é Parameshvara, o Senhor supremo, porque ele é o Self supremo e o Espírito supremo e, de sua existência original suprema, dá origem ao Universo e o governa, não autoiludido, mas com uma onipotência consciente. Tampouco o modo de funcionar da sua Natureza divina no cosmos é uma ilusão da sua consciência ou da nossa. A única Maia enganadora é a ignorância da Prakriti inferior, que não é uma criadora de coisas inexistentes contra o fundo impalpável do Um e Absoluto, mas porque seu modo de funcionar cego, atrapalhado e limitado dá à mente humana – pela imagem do ego e de outras imagens inadequadas da mente, da vida e da matéria – uma imagem errônea do sentido maior, das realidades mais profundas da existência. Há uma Natureza suprema e divina que é a verdadeira criadora do universo. Todas as criaturas e todos os objetos são devires do único Ser divino; toda vida é uma operação do poder do único Senhor; toda natureza uma manifestação do único Infinito. Ele é a Divindade no ser humano; o Jiva é o espírito de seu Espírito. Ele é a Divindade no universo; esse mundo no Espaço e no Tempo é sua autoexpansão no fenomênico.

Na expansão dessa visão abrangente da existência e da supraexistência, o Ioga da Gītā encontra sua significação unificada e sua amplidão sem precedentes. Essa Divindade suprema é o Self único imutável e imperecível em tudo o que é; portanto, cada indivíduo deve despertar para o sentido espiritual desse Self imutável e imperecível e unificá-Lo a seu ser interior impessoal. Ele é a Divindade no ser humano, que dá origem e dirige todas as operações humanas; portanto, ele deve despertar à divindade em seu interior, conhecer esse ser divino do qual ele é a moradia, elevar-se para além de tudo que o cobre e obscurece e se unir a esse Self mais profundo de seu self, a essa consciência maior do que sua consciência, a esse Mestre escondido de toda a sua vontade e de todas as suas obras, a esse Ser dentro dele que é a fonte e o objetivo de todo seu devir variado. Ele é a Divindade cuja natureza divina, origem de tudo o que somos, está espessamente velada por essas derivações naturais inferiores; por conseguinte, o ser humano deve retornar de sua existência inferior aparente, imperfeita e mortal, à sua natureza divina essencial de imortalidade e perfeição. Essa Divindade é una em todas as coisas que são, o self que vive em tudo e o self no qual tudo vive e se move; o ser humano deve, então, descobrir sua unidade espiritual com todas as criaturas, ver tudo no self e o self em todos os seres, até mesmo ver que todas as coisas e todos os seres são Ele, *ātmaupamyena sarvatra*, e pensar, sentir e agir de acordo com isso em toda a sua mente, sua vontade e sua existência. Esse Divino é a origem de tudo o que está aqui ou alhures e, por sua Natureza, Ele se tornou todas essas existências inumeráveis, *abhūt sarvāṇi bhūtāni*; portanto, o ser humano deve ver e adorar o Um em todas as coisas animadas e inanimadas, adorar a manifestação no sol, na estrela e na flor, nos humanos e em cada criatura viva, nas formas e nas forças, nas qualidades e nos poderes da Natureza, *vāsudevaḥ sarvam iti*. Pela visão divina e um divino desvelo e, por fim, por uma poderosa identidade interior, ele deve se mudar em uma única universalidade com o Universo. Uma identidade passiva e sem relação exclui o amor e a ação, mas essa unidade mais vasta e mais rica se cumpre pelas obras e por uma emoção pura: ela se torna a fonte e o continente, a substância, o motivo e o propósito divino de todos os nossos atos e sentimentos. *Kasmai devāya haviṣā vidhema*, à qual Divindade daremos toda a nossa vida e todas as nossas atividades como uma oferenda? É Ele essa Divindade, Ele esse Senhor que exige nosso sacrifício. Uma identidade passiva e sem relação exclui a alegria da adoração e da devoção, mas a bhakti é a própria alma, coração e cume dessa união mais rica, mais completa e mais íntima. Essa Divindade é a consumação de todas as relações, pai, mãe, amante, amigo e refúgio da alma de cada criatura. Ele é o Deva único, supremo e universal, o Atman, o Purusha, o Brahman, o Ishvara da sabedoria secreta. Ele manifestou o mundo em Si mesmo de todas essas maneiras pelo seu Ioga divino: as inumeráveis existências do mundo são una n'Ele e Ele é uno nelas, sob múltiplos aspectos. Despertar para Sua revelação em todas essas maneiras juntas é a parte do ser humano no mesmo Ioga divino.

Para mostrar com uma claridade perfeita e indiscutível que essa é a verdade suprema e inteira de seu ensinamento, que esse é o conhecimento integral que ele havia prometido revelar, o Avatar divino declara, em uma breve repetição da conclusão de tudo o que ele disse, que essa palavra, e nenhuma outra, é sua palavra suprema, *paramaṃ vacaḥ*. "Ouve mais uma vez Minha palavra suprema", *bhūya eva śṛṇu me paramaṃ vacaḥ*. Essa palavra suprema da Gītā, nós constatamos, é, primeiro, a declaração explícita e inconfundível, que a mais alta adoração e o mais alto conhecimento do Eterno são o conhecimento e a adoração d'Ele como Origem suprema e divina de tudo o que existe e como o poderoso Senhor do mundo e de seus povos, Senhor de cujo ser todas as coisas são os devires. Essa é, em segundo lugar, a declaração de um conhecimento e de uma bhakti unificados que constituem o Ioga supremo; essa é a via destinada e natural oferecida ao ser humano para alcançar a união com a Divindade eterna. E para tornar mais significativa essa definição da via, para dar um caráter iluminador a essa suprema importância da bhakti alicerçada no conhecimento e que se abre ao conhecimento e se torna a base e a força motriz das obras designadas divinamente, a aceitação disso pelo coração e pela mente do discípulo é colocada como uma condição para continuar o enunciado, pelo qual a ordem final para a ação será enfim dada ao instrumento humano, Arjuna. "Eu te direi esta palavra suprema", diz a Divindade, "da minha vontade que quer o bem da tua alma, agora que teu coração tem seu deleite em Mim", *te prīyamāṇāya vakṣyāmi*. Pois esse deleite do coração no Divino é tudo o que constitui a verdadeira bhakti e toda sua essência, *bhajanti prītipūrvakam*. Apenas revelada a palavra suprema, Arjuna deve declarar que a aceita e pedir uma maneira prática de ver Deus em todas as coisas na Natureza e, dessa questão, de maneira natural e imediata, se desenvolve a visão do Divino como o Espírito do universo e se ergue o comando formidável de agir no mundo.[2]

A ideia do Divino que a Gītā apresenta com insistência como o segredo de todo o mistério da existência, o conhecimento que conduz à liberação, é uma ideia que conecta a oposição entre a marcha cósmica no Tempo e uma eternidade supracósmica sem negar nem uma nem outra, nem nada suprimir da

2. Gītā, X. 1-18.

realidade de ambas. Ela harmoniza os termos panteístas, teístas e supremamente transcendentais de nossa concepção espiritual e de nossa experiência espiritual. O Divino é o Eterno não nascido que não tem origem; não há e não pode haver nada antes d'Ele, de onde Ele proceda, porque Ele é único, atemporal e absoluto. "Nem os deuses, nem os grandes Rishis conhecem nenhum de meus nascimentos. [...] Aquele que me conhece como o não nascido sem origem...", essas são as declarações iniciais dessa palavra suprema em que se encontra a alta promessa de que esse conhecimento, não limitativo, não intelectual, mas puro e espiritual – pois a forma e a natureza desse Ser transcendental, se podemos usar uma tal linguagem, seu *svarūpa*, são necessariamente impensáveis para a mente, *acintyarūpa* – libera o homem mortal de toda a confusão da ignorância e de toda sujeição ao pecado, ao sofrimento e ao mal, *yo vetti asammūḍhaḥ sa martyeṣu sarva-pāpaiḥ pramucyate*. A alma humana que pode habitar na luz desse supremo conhecimento espiritual é elevada, por esse conhecimento, mais além das formulações do universo baseadas nas ideias ou nos sentidos. Ela se eleva e penetra no poder inefável de uma identidade que ultrapassa e, no entanto, cumpre tudo, a mesma além e aqui. Essa experiência espiritual do Infinito transcendental rompe as limitações do conceito panteísta da existência. O infinito de um monismo cósmico para o qual Deus e o universo são um, tenta aprisionar o Divino em Sua manifestação e nos deixa isso como único meio possível de conhecê-Lo; mas essa outra experiência nos libera no Eterno sem tempo e sem espaço. "Nem os deuses, nem os titãs conhecem tua manifestação", exclama Arjuna em sua resposta: todo o universo e mesmo inumeráveis universos não podem manifestá-Lo, não podem conter Sua luz inefável e Sua grandeza infinita. Todo outro conhecimento, todo conhecimento menor de Deus tem sua verdade somente pela dependência na realidade para sempre não manifestada e inefável da Divindade transcendente.

Porém, ao mesmo tempo, a Transcendência divina não é uma negação, tampouco um Absoluto vazio de toda relação com o universo. Esse é um positivo supremo, um absoluto de todos os absolutos. Todas as relações cósmicas derivam desse Supremo; todas as existências cósmicas a ele retornam e nele somente encontram sua verdadeira e imensurável existência. "Pois Eu sou inteiramente e de todas as maneiras possíveis a origem dos deuses e dos grandes Rishis". Os deuses são os grandes Poderes imortais e as Personalidades imortais que, conscientemente, animam, constituem e presidem as forças subjetivas e objetivas do cosmos. Os deuses são as formas espirituais da Deidade eterna e original, que derivam dela e descem nas múltiplas operações dos mundos. Inumeráveis, universais, os deuses tecem, a partir dos princípios primários do ser e de seus milhares de complexidades, a teia completa dessa existência diversificada do Um. Toda a sua existência, sua natureza, seu poder, seu processo, procedem inteiramente, em cada princípio, em cada fio, da verdade do Inefável transcendente. Nada é criado aqui de maneira independente, nada é causado por esses agentes divinos de maneira autossuficiente; tudo encontra sua origem, sua causa, a primeira razão espiritual de seu ser e de sua vontade de ser no Divino absoluto e supremo – *aham ādiḥ sarvaśaḥ*. Nada no universo tem sua causa verdadeira no universo; tudo procede dessa Existência supernal.

Os grandes Rishis, chamados aqui, como nos Vedas, os sete Videntes originais, *maharṣayaḥ sapta pūrve*, os sete Anciãos do mundo, são os poderes-inteligência dessa Sabedoria divina, que tirou todas as coisas de sua própria infinitude autoconsciente, *prajñā purāṇi* – e as desenvolveu segundo a linha descendente dos sete princípios de sua essência. Esses Rishis encarnam os sete Pensamentos do Veda, *sapta dhiyaḥ*, que sustentam, iluminam e manifestam tudo – o Upanishad diz que todas as coisas foram ordenadas em septetos, *sapta sapta*. Simultâneos e em união com esses, são os quatro Manus eternos, pais do ser humano –, pois a natureza ativa da Divindade é quádrupla e a humanidade expressa essa natureza em seu caráter quádruplo. Esses também, como seu nome indica, são seres mentais. Criadores de toda essa vida que dependem, para sua ação, da mente manifestada ou latente; todas essas criaturas que vivem no mundo se originam deles, todas são filhos deles e sua progenitura, *yeṣāṁ loka imāḥ prajāḥ*. E esses grandes Rishis e esses Manus são eles mesmos perpétuos devires mentais da Alma suprema[3] e nascidos, na Natureza cósmica, de Sua transcendência espiritual – eles são os genitores, mas essa Alma é a origem de tudo o que se origina no universo. Espírito de todos os espíritos, Alma de todas as almas, Mente de toda mente, Vida de toda vida, Substância de toda forma, esse Absoluto transcendente não é o completo oposto de tudo o que somos, mas, ao contrário, é o gerador e iluminador Absoluto de todos os princípios e de todos os poderes de nosso ser e de nossa natureza e do ser e da natureza do mundo.

Essa Origem transcendente de nossa existência não está separada de nós por algum abismo intransponível nem rejeita as criaturas que derivam dela, como tampouco as condena a serem apenas as ficções de uma ilusão. Ela é o Ser, todos são seus devires. Ela não cria a partir de um vazio, de um Nada ou de uma insubstancial matriz de sonho. É a partir dela mesma que ela cria, é nela mesma

3. *Mad-bhāvā mānasā jātāḥ.*

que ela se torna; todos estão em seu ser e tudo é de seu ser. Essa verdade admite e ultrapassa a visão panteísta das coisas. Vasudeva é tudo, *vāsudevaḥ sarvam*, mas Vasudeva é tudo o que aparece no cosmos porque ele é também tudo o que não aparece no cosmos, tudo o que não é manifestado jamais. Seu ser não está de nenhum modo limitado por seu devir; ele não está, em nenhum grau, encadeado a esse mundo de relações. Mesmo se tornando tudo, ele é ainda uma Transcendência; mesmo ao assumir formas finitas ele é sempre o Infinito. A Natureza, Prakriti, em sua essência é seu poder espiritual, seu poder essencial, *ātmaśakti*; esse poder espiritual desenvolve infinitas qualidades primordiais de devenir na interioridade das coisas e as muda em uma superfície externa de forma e de ação. Pois na ordem essencial secreta e divina da Natureza a verdade espiritual de todos e de cada um vem primeiro; esse é um fato de suas identidades profundas; sua verdade psicológica de qualidade e de natureza depende da verdade espiritual para tudo o que, nela, é autêntico: essa verdade deriva do espírito; com necessidades mínimas e vindo por último, a verdade objetiva da forma e da ação deriva da qualidade interior da natureza e depende dela para todas essas representações variáveis da existência aqui na ordem externa. Ou, então, em outras palavras, o fato objetivo é apenas uma expressão de uma soma de fatores da alma e esses retornam sempre a uma causa espiritual de seu aparecimento.

Esse devenir finito exterior é um fenômeno que expressa o Infinito divino. A Natureza é, em segundo lugar, a Natureza inferior, um desenvolvimento subordinado variável de algumas combinações seletivas a partir de numerosas possibilidades do Infinito. Originadas da qualidade essencial e psicológica do ser e do devenir, *svabhāva*, essas combinações de forma e de energia, de ação e de movimento, existem para relações bem limitadas e uma experiência mútua na unidade cósmica. E nessa ordem inferior, exterior e aparente das coisas, a Natureza, enquanto poder expressivo da Divindade, é desfigurada pelas deturpações de uma obscura Ignorância cósmica, e seus significados divinos são perdidos no mecanismo materializado, separador e egoísta de nossa experiência mental e vital. Mas aí, também, tudo vem da Divindade suprema, tudo é um nascimento, um vir a ser, uma evolução,[4] um processo de desenvolvimento pela Natureza a partir do transcendente. *Ahaṁ sarvasya prabhavo mattaḥ sarvaṁ pravartate*; "Eu sou o nascimento de cada coisa e, de Mim, tudo se encaminha para o desenvolvimento de sua ação e de seu movimento". Isso é não apenas verdadeiro para tudo o que consideramos bom ou elogiamos e reconhecemos como divino, de tudo o

---

4. *prabhava, bhāva, pravṛtti.*

que é luminoso, sátvico, ético, tudo o que traz paz e dá felicidade espiritual, "a compreensão, o conhecimento e a liberdade em relação à confusão da Ignorância, o perdão, a verdade, a mestria de si e a calma de um controle interior, a recusa em lesar e a igualdade, o contentamento, a austeridade e o dom". Isso é verdade também das oposições que desorientam a mente mortal e trazem a ignorância e sua confusão, "a aflição e o prazer, a chegada na existência e a destruição, o medo e a intrepidez, a glória e a ignomínia" com todo o resto do jogo entre a luz e a obscuridade e entre a obscuridade e a luz, todas as miríades de fios misturados que tremem de maneira tão dolorosa e, contudo, com um estímulo constante através do emaranhado de nossa mente nervosa e suas subjetividades ignorantes. Todos aqui, em suas diversidades separadas, são os devires subjetivos de existências no único grande Devir, e é d'Ele, que os transcende, que eles conseguem seu nascimento. O Transcendente conhece e é a origem dessas coisas, mas não é pego como em uma teia nesse conhecimento diversificado e não é ultrapassado por sua criação. Devemos observar aqui a colocação enfática das três palavras originadas do verbo *bhū*, tornar-se: *bhavanti*, *bhāvāḥ*, *bhūtānām*. Todas as existências são devires do Divino, *bhūtāni*; todos os estados e movimentos subjetivos são Seus, assim como os seus devires psicológicos, *bhāvāḥ*. E mesmo esses últimos, nossas condições subjetivas menos importantes e seus resultados aparentes, não menos que os estados espirituais mais elevados, são todos devires provenientes do Ser supremo,[5] *bhavanti matta eva*. A Gītā reconhece a distinção entre Ser e devenir e a enfatiza, mas não faz disso uma oposição, pois isso seria ab-rogar a unidade universal. O Divino é um em Sua transcendência; Ele é um Self, sustento universal das coisas; Ele é um na unidade de Sua natureza cósmica. Esses três são uma única Divindade; tudo deriva d'Ela, tudo se torna a partir de Seu ser, tudo é uma porção eterna ou expressão temporal do Eterno. Na Transcendência, no Absoluto, se devemos seguir a Gītā, precisamos buscar não uma negação suprema de todas as coisas, mas a chave positiva de seu mistério, o segredo conciliador de sua existência.

Porém, há outra realidade suprema do Infinito que deve também ser reconhecida como um elemento indispensável do conhecimento libertador. Essa realidade é aquela do olhar transcendente dirigido para baixo, assim como da íntima presença imanente da governança divina do universo. O Supremo que se torna toda a criação e, no entanto, a transcende infinitamente, não é uma causa

5. Cf. o Upanishad, *ātmā eva abhūt sarvāṇi bhūtāni*, o Self tornou-se todas as existências – com o significado que contém a escolha das palavras, o Existente-em-Si tornou-se todos esses devires.

sem vontade, distante de sua criação. Não é um gerador involuntário que nega toda responsabilidade por esses resultados de seu Poder universal ou os lança em uma consciência ilusória de todo diferente da sua, ou os abandona a uma Lei mecânica ou a um Demiurgo ou a um conflito maniqueísta de Princípios. Ele não é uma Testemunha distante e indiferente que espera impassível que tudo se extinga ou retorne a seu princípio original imperturbado. Ele é o poderoso senhor dos mundos e dos povos, *loka-maheśvara*, e governa tudo não apenas de dentro mas do alto, de sua suprema transcendência. O cosmos não pode ser regido por um Poder que não transcenda o cosmos. Uma governança divina implica a dominação livre de um Soberano onipotente e não uma força automática ou uma lei mecânica de devires determinadores que limitaria a aparente natureza do cosmos. Essa é a visão teísta do universo, mas não um teísmo diminuído e cauteloso, com medo das contradições do mundo e sim um teísmo que vê Deus como o onisciente e onipotente, o Ser original único que manifesta em si mesmo tudo, seja o que for, bem e mal, dor e prazer, luz e obscuridade, como substância de sua própria existência, e governa em Si mesmo o que em Si mesmo manifestou. Inabalado pelas oposições que aí se encontram, ligado a nada em sua criação, ultrapassando essa Natureza e ao mesmo tempo intimamente relacionado com ela e intimamente uno com as criaturas dela, sendo seu Espírito, seu Self, sua Alma suprema, seu Senhor, seu Amante, seu Amigo, seu Refúgio, sempre Ele as guia do interior delas mesmas e, do alto, por meio das aparências mortais da ignorância e do sofrimento, do pecado e do mal, sempre Ele guia cada um por meio de sua natureza e todos por meio da natureza universal, em direção a uma luz, beatitude, imortalidade, transcendência supremas. Essa é a plenitude do conhecimento libertador. Esse é um conhecimento que vê que o Divino dentro de nós e no mundo é, ao mesmo tempo, um Infinito transcendente. Um Absoluto que se tornou tudo o que é por sua Natureza divina e pelo poder efetivo de seu Espírito, Ele governa tudo a partir de sua transcendência. Ele está intimamente presente em cada criatura e é a causa, o soberano, o diretor de todos os acontecimentos cósmicos e, ainda assim, é demasiado grande, poderoso e infinito para ser limitado por sua criação.

Esse aspecto do conhecimento é enfatizado em três versos distintos, nos quais é feita uma promessa. "Quem quer que seja que me conheça", diz a Divindade, "como o não nascido que é sem origem, poderoso senhor dos mundos e dos povos, vive sem confusão em meio aos mortais e é liberado de todo pecado e de todo mal. [...] Quem quer que seja que conheça em seus justos princípios essa Minha soberania que tudo permeia e esse Meu Ioga (o divino Ioga, *aiśvara yoga*, pelo qual o Transcendente é uno com todas as existências, mesmo sendo maior que todas elas, habita nelas e as contém como os devires de sua própria Natureza), une-se a Mim por um Ioga inabalável. [...] Os sábios Me consideram o nascimento de cada um e de todos, consideram que cada um e todos recebem de Mim sua ação e seu movimento e, por acreditarem nisso, eles Me amam e adoram [...] e Eu lhes dou o Ioga da compreensão pelo qual eles vêm a Mim e destruo para eles a obscuridade que nasce da ignorância." Esses resultados devem surgir de maneira inevitável da própria natureza do conhecimento e da própria natureza do Ioga, que converte esse conhecimento em crescimento espiritual e experiência espiritual. Pois toda a perplexidade da mente e da ação do ser humano, todos os tropeços, insegurança e aflição de sua mente, de sua vontade, de sua tendência ética, os anseios de suas emoções, sensações e de sua vida têm seus antecedentes, que podem ser retraçados na cognição e volição tateantes e desorientadas naturais de sua mente mortal obscurecida pelos sentidos e que está no corpo, *sammoha*. Porém, quando ele vê a Origem divina de todas as coisas, quando seu olhar passa firmemente da aparência cósmica à Realidade transcendente e volta a olhar dessa Realidade a aparência, ele é, então, liberado dessa confusão da mente, da vontade, do coração e dos sentidos e caminha esclarecido e livre, *asammūḍhaḥ martyeṣu*. Ao atribuir a cada coisa seu valor supernal e real e não mais apenas seu valor aparente, ele encontra os elos e as conexões escondidos; ele dirige de maneira consciente toda a vida e todos os atos a seu objetivo elevado e verdadeiro e os governa pela luz e poder que vêm a ele da Divindade em seu interior. Assim, ele escapa da cognição errônea, da reação errônea da mente e da volição, da recepção e impulso errôneos da sensação que, aqui, dão origem ao pecado, ao erro e ao sofrimento, *sarva-pāpaiḥ pramucyate*. Pois, ao viver desse modo no transcendente e no universal, ele vê sua individualidade própria e todas as outras em seus valores maiores, e é liberado da falsidade e da ignorância de sua vontade e de seu conhecimento separativos e egoísticos. Essa é sempre a essência da liberação espiritual.

A sabedoria do indivíduo liberado não é, então, segundo a visão da Gītā, uma consciência impessoal abstrata e sem relações, uma quietude ociosa. Pois a mente e a alma do indivíduo liberado estão firmemente estabelecidas em um sentido constante, um sentimento integral de que o mundo está impregnado da presença motora e diretora do divino Mestre do universo, *etāṁ vibhūtiṁ mama yo vetti*. Ele percebe que seu espírito transcende a ordem cósmica, mas percebe também sua unidade com essa ordem pelo Ioga divino, *yogaṁ ca mama*. E ele vê cada aspecto da existência transcendente, cósmica e individual em suas relações justas com a Verdade suprema e os põe todos em seu justo lugar na unidade do Ioga divino. Ele não mais vê as coisas como separadas umas das outras – não tem mais essa visão separada que deixa tudo inexplicado ou unilateral para a consciência que viencia. Ele tampouco vê tudo confusamente misturado – a visão confusa dada por uma luz errada e uma ação caótica. Seguro na transcendência, ele não é afetado pela pressão cósmica e pelo tumulto do Tempo e das circunstâncias. Imperturbado em meio a toda essa criação e destruição das coisas, seu espírito se mantém fiel a um Ioga firme, impávido, inabalável, um Ioga de união com o eterno e espiritual no Universo. Ele observa através disso toda a divina persistência do Mestre do Ioga e age a partir de uma tranquila universalidade e unidade com todas as coisas e todas as criaturas. Esse contato íntimo com todas as coisas não implica que a alma e a mente involuem em direção à natureza inferior separada, porque a base de sua experiência espiritual não é a forma e o movimento fenomênico inferiores, mas o Todo interior e a Transcendência suprema. Ele se torna semelhante ao Divino em natureza e lei de ser, *sādharmyam āgataḥ*, transcendente mesmo na universalidade do espírito, universal mesmo na individualidade da mente, da vida e do corpo. Por esse Ioga – uma vez aperfeiçoado, inabalável e estabelecido, *avikampena yogena yujiate* – ele poderá adotar qualquer estado da natureza, assumir qualquer condição humana, cumprir qualquer ação no mundo sem nenhum desvio de sua unidade com o Self divino, sem nada perder de sua comunhão constante com o Mestre da existência.[6]

Esse conhecimento, traduzido no plano das afeições, emoções, índole, se torna um amor calmo e uma intensa adoração pelo Divino original e transcendental acima de nós, o Mestre sempre presente de todas as coisas aqui, Deus no ser humano, Deus na Natureza. Isso é, no início, uma sabedoria da inteligência, buddhi; mas que é acompanhada de um estado de emoção espiritualizada da Natureza afetiva,[7] *bhāva*. Essa mudança do coração e da mente é o começo de uma mudança total de toda a natureza. Um novo nascimento e um novo devir interiores nos preparam para a unidade com o objeto supremo de nosso amor e de nossa adoração, *madbhāvāya*. Há um intenso deleite de amor na grandeza, na beleza e na perfeição desse Ser divino que agora vemos em toda parte no mundo e acima do mundo, *prīti*. Esse êxtase mais profundo substitui

6. *sarvathā vartamāno'pi sa yogī mayi vartate.*
7. *budhā bhāva-samanvitāḥ.*

o prazer disperso e exteriorizado que a mente sente na existência ou, antes, ele atrai para ela todo outro deleite e, por uma maravilhosa alquimia, transforma os sentimentos da mente e do coração e todos os movimentos sensoriais. A consciência inteira torna-se cheia da Divindade, repleta de Sua consciência que responde; toda a vida flui em um único mar de experiência beatífica. Toda fala e todos os pensamentos de tais amantes de Deus se tornam uma formulação e compreensão mútuas do Divino. Nessa alegria única estão concentrados todos os contentamentos do ser, todo o jogo e todo o prazer da natureza. Há uma união contínua, de instante a instante, no pensamento e na memória, há uma continuidade ininterrupta da experiência de unidade no espírito. E a partir do momento em que esse estado interior começa, mesmo no estágio de imperfeição, o Divino o confirma pelo Ioga perfeito da vontade e da inteligência. Ele eleva a lâmpada resplandecente do conhecimento em nós, destrói a ignorância da mente e da vontade separadoras, revela-Se no espírito humano. Pelo Ioga da vontade e da inteligência, fundamentado na união iluminada entre as obras e o conhecimento, a transição se faz desde as perturbadas regiões inferiores de nossa mente até a calma imutável da Alma-Testemunha acima da natureza ativa. Mas agora, por esse Ioga maior da buddhi fundamentado na união iluminada entre o amor e a adoração com um conhecimento que abrange tudo, a alma eleva-se, em um vasto êxtase, à inteira verdade transcendental da Divindade absoluta que é a origem de tudo. O Eterno foi realizado no espírito individual e na natureza individual; o espírito individual é exaltado desde o nascimento no tempo até as infinitudes do Eterno.

CAPÍTULO VIII

DEUS EM PODER DE DEVENIR

Uma etapa muito importante foi alcançada, uma declaração decisiva de sua síntese metafísica e psicológica foi acrescentada ao desenvolvimento do evangelho da liberação espiritual e das obras divinas segundo a Gītā. A Divindade foi revelada em pensamento a Arjuna: tornou-se visível à busca da mente e à visão do coração enquanto Ser supremo e universal, a Pessoa superna e universal, o Mestre de nossa existência que habita dentro de nós e ao qual o conhecimento, a vontade e a adoração do ser humano buscavam nas brumas da Ignorância. Agora, falta apenas a visão do Virat Purusha múltiplo para completar a revelação de mais um de seus numerosos aspectos.

A síntese metafísica está completa. O Sankhya foi admitido para a separação entre a alma e a natureza inferior – uma separação que deve ser efetuada pelo autoconhecimento por meio da razão discriminadora e pela transcendência de nossa sujeição às três gunas que constituem essa natureza. Ela foi completada e suas limitações ultrapassadas por uma vasta revelação da unidade entre a Alma suprema e a suprema Natureza, *para puruṣa, parā prakṛti.* O Vedanta dos filósofos foi admitido para apagar a personalidade natural separadora edificada em torno do ego. Esse método foi usado para substituir o pequeno ser pessoal pelo ser impessoal e vasto, para anular, na unidade do Brahman, a ilusão separadora e substituir a visão cega do ego pela visão mais verdadeira de todas as coisas em um Self único e de um Self único em todas as coisas. Sua verdade foi completada pela revelação imparcial do Parabrahman, do qual se origina o móvel e o imóvel, o mutável e o imutável, a ação e o silêncio. Suas possíveis limitações foram transcendidas pela revelação íntima da Alma suprema, do Senhor supremo que tem seu devenir aqui, em toda a Natureza, que se manifesta em todas as personalidades e projeta em toda ação o poder de sua Natureza. O Ioga foi admitido para a entrega da vontade, da mente, do coração, de todo o ser psicológico ao Ishvara, o divino Senhor da Natureza. Isso foi completado pela revelação do Mestre superno da existência como a Divindade original – do qual o Jiva é o ser parcial na Natureza. A visão, pela alma, de que tudo, à luz de uma perfeita unidade espiritual, é o Senhor, ultrapassou os limites possíveis.

Disso resulta uma visão integral do Existente Divino, ao mesmo tempo como Realidade transcendente, origem supracósmica do cosmos, como o Self impessoal de todas as coisas, calmo continente do cosmos e como Divindade imanente em todos os seres, personalidades, objetos, poderes e qualidades, o Imanente que é o self constitutivo, a natureza efetiva, o devenir interior e exterior de todas as existências. O Ioga do conhecimento cumpriu-se de maneira soberana nessa visão e nesse conhecimento integrais do Um. O Ioga das obras foi coroado pela entrega de todas as obras ao seu Mestre – pois o homem natural agora é apenas um instrumento de sua vontade. O Ioga do amor e da adoração foi declarado em suas formas mais amplas. A intensa consumação do conhecimento, das obras e do amor conduz a uma união, que é uma coroação da Alma e da Sobre-Alma em uma nova amplidão suprema. Nessa união, as revelações do conhecimento tornam-se reais para o coração assim como para a inteligência. Nessa união, o difícil sacrifício de si em uma ação instrumental torna-se expressão fácil, livre e beatífica e uma unidade viva. Todo o método da liberação espiritual foi dado; toda a base da ação divina foi edificada.

Arjuna aceita todo o conhecimento que assim lhe deu o Instrutor divino. Sua mente já está liberada de suas dúvidas e de suas buscas; seu coração, agora voltado não mais para o aspecto externo do mundo e sua aparência desconcertante, mas para seu sentido e origem supremos e suas realidades interiores, já está eximido da tristeza e da aflição e é tocado pela felicidade inefável de uma revelação divina. A linguagem que ele é levado a usar para formular sua aceitação é uma que, mais uma vez, enfatiza com insistência a profunda integralidade desse conhecimento, assim como sua finalidade e plenitude todo-abrangentes. Primeiro, ele aceita o Avatar, a Divindade no ser humano, que lhe fala enquanto Brahman supremo, o Todo e o Absoluto supracósmicos da existência, no qual a alma pode residir ao elevar-se e sair dessa manifestação e desse devenir parcial para retornar à sua fonte, *paraṁ brahma, paraṁ dhāma*. Aceita-O enquanto pureza suprema da Existência sempre livre, à qual chegamos ao apagar o ego na impessoalidade imutável para sempre calma e silenciosa do self, *pavitraṁ paramam*. Ele O aceita em seguida como o Permanente único, a Alma eterna, o divino Purusha, *puruṣaṁ śāśvataṁ divyam.* Aclama n'Ele a Divindade original, adora o Não Nascido, mestre imanente de toda a existência, que permeia e se expande, *ādi-devam ajaṁ vibhum.* Aceita-O, portanto, não apenas como o Maravilhoso que está além de toda expressão, pois nada é suficiente para manifestá-Lo – "nem os deuses nem os titãs, Ó Senhor abençoado, conhecem Tua manifestação", *na hi te bhagavan vyaktiṁ vidur devā na dānavāḥ* – mas como o senhor de todas as existências e a única e divina causa eficaz de todo seu devenir, Deus dos deuses, de quem todas as divindades surgiram, mestre do universo que, do alto, manifesta e governa o universo pelo poder de sua Natureza suprema e de sua Natureza universal, *bhūta-bhāvana bhūteśa deva-deva jagat-pate.* E, por fim, Ele o aceita como esse Vasudeva dentro e em torno de nós, que é todas as coisas aqui, pela virtude dos poderes-mestres de seu vir a ser, poderes que impregnam o mundo, residem em tudo e constituem tudo, *vibhūtayaḥ*, "os poderes soberanos do vir a ser, pelos quais, imóvel, tu permeias esses mundos", *yābhir vibhūtibhir lokān imāṁs tvaṁ vyāpya tiṣṭhasi.*[1]

Ele aceitou a verdade com a adoração de seu coração, a submissão de sua vontade e a compreensão de sua inteligência. Ele já está preparado para agir como o instrumento divino nesse conhecimento e com essa autoentrega. Mas o desejo de uma realização espiritual constante e mais profunda foi despertado em seu coração e em sua vontade. Essa é uma verdade que é evidente somente para a Alma suprema em seu autoconhecimento – pois, exclama Arjuna, "Tu somente, Ó Purushottama, conheces a Ti mesmo e por Ti mesmo Te conheces", *ātmanā ātmānaṁ vettha.* Esse é um conhecimento que vem pela identidade espiritual; o coração, a vontade, a inteligência do homem natural não podem alcançar isso sem ajuda e por seus próprios movimentos: eles só podem chegar a reflexos mentais imperfeitos, que revelam menos do que aquilo que escondem e desfiguram. Essa é uma sabedoria secreta que deve ser ouvida da boca dos videntes que viram a face dessa Verdade, ouviram sua palavra e se tornaram unos com ela em self e espírito. "Todos os Rishis dizem isso de Ti, assim como os videntes divinos, Narada, Asita, Devala, Vyasa". Ou, então, deve ser recebida de dentro, pela revelação e inspiração vindas do Divino interior que eleva em nós a lâmpada resplandecente do conhecimento, *svayañcaiva bravīṣi me*, "e Tu mesmo me disseste". Uma vez revelada, ela deve ser aceita com o consentimento da mente, a aprovação da vontade e o deleite e a submissão do coração, os três elementos da completa fé mental, *śraddhā.* Foi assim que Arjuna a aceitou:

1. Gītā, X. 12-15.

"Tudo aquilo que Tu dizes minha mente o tem como a verdade". Ainda assim, permanecerá a necessidade de uma posse mais profunda no próprio self de nosso ser e, de seu centro psíquico mais íntimo, a exigência da alma por essa realização espiritual inexprimível e permanente – da qual a experiência mental não é mais que um preâmbulo ou uma sombra – e sem a qual não pode haver uma união completa com o Eterno.

O meio para chegar a essa realização foi dado agora a Arjuna. E enquanto se tratar dos grandes princípios divinos evidentes em si, sua mente não estará confusa, ela poderá se abrir à ideia da Divindade suprema, à experiência do Self imutável, à percepção direta do Divino imanente, ao contato do Ser consciente universal. Uma vez que a mente se iluminou com essa ideia, poderá facilmente seguir o caminho e, com qualquer esforço difícil prévio que for preciso fazer para ultrapassar as percepções mentais habituais, no final chegar à experiência espontânea dessas verdades essenciais que estão por trás de nossa existência e de todas as outras, *ātmanā ātmānam*. Pode-se fazer isso com essa facilidade porque, uma vez concebidas, essas verdades são, de maneira evidente, realidades divinas; nada há em nossas associações mentais que nos impeça de admitir Deus nesses aspectos elevados. Mas a dificuldade é vê-Lo nas verdades aparentes da existência, detectá-Lo nesse fato que é a Natureza e nesses disfarces que são os fenômenos do devir universal; pois aí tudo se opõe à sublimidade desse conceito unificador. Como podemos consentir em ver o Divino como ser humano, como ser animal e como objeto inanimado, no nobre e no baixo, no gentil e no terrível, no bom e no mau? Se, ao aceitarmos uma ideia de Deus expandido nas coisas do cosmos, nós o virmos na luz ideal do conhecimento, na grandeza do poder, no encanto da beleza, na beneficência do amor e na ampla vastidão do espírito, como evitaremos a ruptura da unidade por seus opostos que, de fato, se agarram a essas coisas elevadas, as envolvem e as obscurecem? E se, apesar das limitações da mente e da natureza humanas, podemos ver Deus no homem de Deus, como vê-Lo naqueles que se opõem a Ele e representam, em ato e em natureza, tudo o que, para nossa concepção, é não divino? Se Narayana é visível sem dificuldade no sábio e no santo, como será facilmente visível para nós no pecador, no criminoso, na prostituta, no pária? Ao buscar em toda parte a pureza e a unidade supremas, o sábio envia a austera exclamação "isso não, isso não", *neti neti*, a todas as diferenças da existência universal. Mesmo se para muitas coisas no mundo damos o consentimento, de bom ou de mau grado, e admitimos o Divino no universo, ainda assim a mente não persiste e impõe na maioria das vezes essa exclamação "isso não, isso não"? Aqui, de maneira constante, o consentimento da compreensão, o consentimento da vontade e a fé do coração se tornam difíceis para uma mentalidade humana sempre ancorada no fenomênico e na aparência. Ao menos algumas indicações irrecusáveis são necessárias, algumas conexões e algumas pontes, alguns esteios para o esforço difícil em direção à unidade.

Embora aceite a revelação que Vasudeva é tudo e embora seu coração esteja cheio do deleite disso – pois ele já percebe que essa revelação o libera da perplexidade e das diferenciações tropeçantes de sua mente, que pedia um fio condutor, uma verdade que pudesse guiá-lo em meio aos problemas desorientadores de um mundo de oposições, e ela seja para seu ouvido o néctar da imortalidade, *amṛtam*, Arjuna sente, ainda assim, a necessidade desses esteios e indícios. Ele os sente como indispensáveis para ultrapassar a dificuldade de chegar a uma realização firme e completa; pois de que outra maneira se pode fazer desse conhecimento uma coisa do coração e da vida? Ele quer indicações que lhe guiem e mesmo pede a Krishna uma enumeração completa e detalhada dos poderes soberanos de seu devenir e deseja que a visão não deixe nada de lado, que nada reste para frustrá-lo. "Tu deves me falar" diz ele, "de Tua automanifestação divina em Teu poder soberano de devenir, *divyā ātma-vibhūtayaḥ*, explicar-me tudo sem exceção, *aśeṣeṇa*, sem nada omitir – Teus vibhutis, por meio dos quais Tu permeias os mundos e os povos. Como Te conhecerei, Ó Iogue, ao pensar em Ti em toda parte e a todo instante e em quais devires preeminentes deverei pensar em Ti?" Este Ioga, pelo qual Tu és uno com tudo e uno em todos e pelo qual todos são devires de Teu ser, todos Teus poderes que permeiam ou são preeminentes ou estão disfarçados de Tua natureza, fala-me disso em seus detalhes e em sua amplidão, exclama ele, e fala-me sempre mais disso; para mim, isso é o néctar da imortalidade e por mais que ouça, não estou saciado. Temos aqui uma indicação na Gītā de algo que a própria Gītā não formula expressamente, mas que aparece com frequência nos Upanishads e foi desenvolvido mais tarde pelo Vaishnavismo e Shaktismo em uma intensidade de visão maior, a alegria do Divino que podemos encontrar na existência cósmica, a Ananda universal, o jogo da Mãe, a doçura e a beleza da Lila de Deus.[2]

O Instrutor divino aquiesce ao pedido do discípulo, mas lembrando-lhe desde o início que uma resposta completa não será possível. Pois Deus

2. Gītā, X. 16-18.

é infinito e sua manifestação é infinita. As formas de sua manifestação são também inumeráveis. Cada forma é o símbolo de um poder divino, *vibhūti*, escondido nela e, para o olho que vê, cada forma finita carrega em si sua própria revelação do infinito. Sim, diz ele, eu te falei dos Meus vibhutis divinos, mas apenas em algumas de Minhas figuras preeminentes, como uma indicação e pelo exemplo de coisas em que tu possas mais facilmente ver o poder da Divindade, *prādhānyataḥ*, *uddeśataḥ*. Pois não há fim para os inumeráveis detalhes da autoexpansão da Divindade no universo, *nāsti anto vistarasya me*. Essa advertência abre a passagem e é repetida no final, de modo a dar-lhe uma ênfase maior e inconfundível. Depois, por toda a continuação do capítulo,[3] nos é dada uma descrição sumária dessas indicações principais, desses sinais preeminentes da força divina presente nas coisas e nas pessoas do universo. No início, parece que são dados misturados, sem ordem alguma, mas há, no entanto, certo princípio na enumeração que, se for desprendido, pode conduzir, por uma guiança proveitosa, ao sentido interior da ideia e de suas consequências. Esse capítulo foi chamado o Vibhuti-Ioga – um ioga indispensável. Pois ao mesmo tempo que devemos nos identificar de maneira imparcial com o Devenir divino universal em todo seu desdobramento, seu bem e seu mal, sua perfeição e sua imperfeição, sua luz e sua obscuridade, devemos dar-nos conta de que há nele um poder evolutivo ascendente, uma intensidade crescente de sua revelação nas coisas, um algo de hierárquico e secreto que, desde as primeiras aparências que encobrem, nos leva em direção às alturas, para a vasta natureza ideal da Divindade universal, passando por formas cada vez mais elevadas.

Essa enumeração sumária começa com uma exposição sobre o princípio primordial subjacente a todo o poder dessa manifestação no universo. Esse princípio é que em cada ser e em cada objeto Deus habita, escondido, mas possível de ser descoberto; ele está alojado como em uma cripta na mente e no coração de cada coisa e de cada criatura, um self interior no âmago de seu devenir subjetivo e objetivo, ser que é o início, o meio e o fim de tudo o que é, foi ou será. Pois é esse divino Self interior escondido da mente e do coração em que habita, esse Habitante luminoso encoberto ao olhar da alma na Natureza, que Ele emitiu na Natureza para representá-lo, é Ele que, constantemente, faz evoluir as mutações de nossa personalidade no Tempo e de nossa existência enquanto seres de sensações no Espaço – Tempo e Espaço,

3. Gītā, X. 19-42.

que são o movimento conceitual e a expansão da Divindade em nós. Tudo é essa Alma que se vê, esse Espírito que se representa. Pois sempre, de dentro de todos os seres, de dentro de todas as existências conscientes e inconscientes esse Todo-consciente desenvolve em qualidade e em poder seu self manifestado, desenvolve-o nas formas dos objetos, nos instrumentos de nossa subjetividade, no conhecimento, na palavra e no pensamento, nas criações da mente e na paixão e nos atos do executante, nas medidas do tempo, nos poderes e nas divindades cósmicas e nas forças da Natureza, na vida vegetal, na vida animal, nos seres humanos e sobre-humanos.

Se olharmos as coisas com esse olhar da visão que não está cegada pelas diferenciações de qualidade e quantidade nem pelas diferenças de valores e oposições da Natureza, veremos que todas as coisas são, de fato – e não podem ser outra coisa senão poderes de sua manifestação –, vibhutis dessa Alma universal, desse Espírito universal, um Ioga desse grande Iogue, autocriações desse maravilhoso autoCriador. Ele é o Não nascido e, impregnando tudo, Ele é o Mestre de seus inumeráveis devires no universo, *ajo vibhuḥ*; todas as coisas são seus poderes e suas consecuções em sua Natureza própria, seus vibhutis. Ele é a origem de tudo que elas são, seu começo; Ele é o sustento delas em seu estado de constante variação, seu meio; Ele é seu fim também, a culminação ou a desintegração de cada coisa criada em sua cessação ou em seu desaparecimento. Ele as origina em sua consciência e nelas está escondido; Ele as leva de volta à sua consciência e, nele, elas ficam escondidas por algum tempo ou para sempre. Aquilo que é aparente para nós é apenas um poder de devenir do Um; aquilo que desaparece para nossos sentidos e nossa visão é efeito desse poder de devenir do Um. Classes, gêneros, espécies, indivíduos são, todos, tais vibhutis. Porém, visto que é pelo poder em seu devenir que ele é aparente para nós, Ele aparece sobretudo em tudo que tem um valor preeminente, ou que parece agir com uma força poderosa e preeminente. E, portanto, em cada espécie de ser podemos vê-lo mais e melhor naqueles em quem o poder próprio à natureza dessa espécie alcança seu máximo, sua manifestação principal e mais eficazmente autorreveladora. Esses são, em um sentido especial, vibhutis. Contudo, o poder e a manifestação mais elevados não são mais do que uma revelação muito parcial do Infinito; mesmo o universo inteiro é animado por apenas um único grau de sua grandeza, iluminado por um único raio de seu esplendor, glorioso com apenas uma tênue sugestão de seu deleite e beleza. Essa é, em resumo, a essência da enumeração, o resultado que nós levamos dela, o coração de seu significado.

Deus é o Tempo imperecível, sem começo nem fim; esse é seu Poder de devenir mais evidente e a essência de todo o movimento universal. *Aham eva akṣayaḥ kālaḥ*. No movimento de Tempo e de Devenir, Deus aparece segundo a concepção ou a experiência que temos dele pela evidência de suas obras, com o Poder divino que determina todas as coisas e as põe em seu lugar no movimento. Em sua forma como Espaço é Ele que se revela em todas as direções, com seus milhões de corpos, com suas miríades de mentalidades, manifestado em cada existência; vemos os seus rostos em todo os lados em torno a nós. *Dhātā 'haṁ viśvato-mukhaḥ*. Pois, simultaneamente, em todos esses milhões de milhões de pessoas e de coisas, *sarva-bhūteṣu*, aí trabalha o mistério de seu self, de seu pensamento e de sua força, de seu gênio divino criador e de sua maravilhosa arte formadora, sua impecável ordenação de relações e possibilidades e consequências inevitáveis. Ele aparece para nós no universo como o espírito de Destruição que parece criar apenas para desfazer suas criações no final – "Eu sou a Morte que arrebata tudo", *ahaṁ mṛtyuḥ sarvaharaḥ*. E, contudo, seu Poder de devenir não interrompe suas obras, pois a força do renascimento e da criação nova acompanha o passo da força da morte e da destruição – "e Eu sou também o nascimento de tudo o que virá ao mundo". O Self divino nas coisas é o Espírito do presente, que sustenta; o Espírito do passado, que se retira; o Espírito do futuro, que cria.

Então, entre todos esses seres vivos, essas divindades cósmicas, essas criaturas sobre-humanas, humanas e sub-humanas e, em meio a todas essas qualidades, poderes e objetos, o chefe, a cabeça, o maior de cada classe em quali-dade, é um poder particular do devenir da Divindade. Eu sou, diz a Divindade, Vishnu entre os adityas, Shiva entre os rudras, Indra entre os deuses, Prahlada entre os titãs, Brihaspati o chefe dos grandes sacerdotes do mundo, Skanda o deus da guerra, líder dos líderes da batalha, Marichi entre os maruts, o senhor da riqueza entre os yakshas e os rakshasas, a serpente Ananta entre os nagas, Agni entre os vasus, Chitraratha entre os gandharvas e Kandarpa, o deus do amor, entre os progenitores e Varuna entre os povos do mar, Aryaman entre os Pais, Narada entre os sábios divinos, Yama senhor da Lei entre aqueles que mantêm a regra e a lei, o deus do Vento entre os povos da tempestade. Na outra extremidade da escala Eu sou o sol radiante entre luzes e esplendores, a lua entre os astros da noite, o oceano entre as águas que fluem, o monte Meru entre os picos do mundo, o Himalaya entre as cadeias de montanhas, o Ganges entre os rios, o raio divino entre as armas. Entre todas as plantas e árvores eu sou a Aswattha, entre os cavalos Uchchaihsravas, o cavalo de Indra, Airavata entre os elefantes, entre os pássaros Garuda, entre as serpentes Vasuki o deus serpente, Kamadhuk a vaca da abundância entre os rebanhos, o aligátor entre os peixes, o leão entre as feras da floresta. Eu sou Margasirsha, o primeiro dos meses; eu sou a primavera, a mais bela das estações.

Nos seres vivos, diz o Divino a Arjuna, Eu sou a consciência pela qual eles têm consciência de si mesmos e daquilo que os cerca. Eu sou a mente entre os sentidos, a mente pela qual eles recebem as impressões dos objetos e reagem a eles. Eu sou as qualidades mentais dos seres humanos, do caráter, do corpo e da ação deles; Eu sou a glória, a palavra e a memória, a inteligência, a firmeza e o perdão, a energia do enérgico e a força do poderoso. Eu sou resolução, a perseverança e a vitória, Eu sou a qualidade sátvica dos bons, Eu sou o risco do jogo do astuto; Eu sou a mestria e o poder de todos aqueles que governam, domam e vencem, e a política de todos aqueles que têm sucesso e conquistam; Eu sou o silêncio das coisas secretas, o conhecimento do conhecedor, a lógica daqueles que debatem. Eu sou a letra A entre as letras, o dual entre os compostos, a sílaba sagrada OM entre as palavras, Gayatri entre os versos, o Sama-Veda entre os Vedas e o grande Sama entre os mantras. Eu sou o Tempo, mestre de todo cálculo para aqueles que calculam e medem. Eu sou o conhecimento espiritual entre as diferentes filosofias, as artes e as ciências. Eu sou todos os poderes do ser humano e todas as energias do universo e de suas criaturas.

Aqueles em quem Meus poderes se elevam às supremas alturas da realização humana são Eu mesmo, sempre, Meus vibhutis especiais. Entre os humanos Eu sou o rei dos homens, o líder, o poderoso, o herói. Sou Rama entre os guerreiros, Krishna entre os Vrishnis, Arjuna entre os Pandavas. O rishi iluminado é Meu vibhuti; Eu sou Bhrigu entre os grandes rishis. O grande vidente, o poeta inspirado que vê e revela a verdade pela luz da ideia e o som da palavra é Eu mesmo, luminoso no mortal. Sou Ushanas entre os poetas visionários. O grande sábio, o grande pensador, o grande filósofo são Meu poder entre os humanos, Minha própria vasta inteligência; Eu sou Vyasa entre os sábios. Mas com qualquer variedade de grau na manifestação, todos os seres são, à sua maneira e natureza próprias, poderes da Divindade. Nada que se move ou é imóvel, nada de animado ou inanimado, no mundo, pode ser sem Mim. Eu sou a semente divina de todas as existências e elas são os ramos e as flores dessa semente. Aquilo que está na semente do self, isso somente elas podem desenvolver na Natureza. Não há números ou limites para Meus divinos vibhutis; o que Eu disse nada mais é que um desenvolvimento sumário e dei apenas a luz de algumas indicações diretrizes e uma forte abertura para as verdades infinitas. Toda criatura bela e gloriosa que vês no mundo, todo ser que, entre os humanos, acima do ser humano e abaixo dele, é poderoso e cheio de força, sabe que ele é, precisamente, um esplendor, uma luz e energia de Mim, e nasceu de uma potente porção e de um intenso poder de Minha existência. Mas qual é a necessidade de uma multitude de detalhes para esse conhecimento? Recebe isso dessa maneira: Estou aqui neste mundo e em toda parte, estou em tudo e constituo tudo: nada mais existe senão Eu mesmo, nada, sem Mim. Sustento esse universo inteiro com um só grau de Meu poder ilimitável e uma porção infinitesimal de Meu espírito insondável; todos esses mundos não são mais que centelhas, sugestões, vislumbres do Eu Sou, eterno e imensurável.

CAPÍTULO IX

A TEORIA DO VIBHUTI

A importância desse capítulo da Gītā é muito maior do que parece à primeira vista ou aos olhos do preconceito, que busca no texto apenas o credo da transcendência última e o desapego, em que a alma humana volta as costas ao mundo em busca de um Absoluto distante. A mensagem da Gītā é o evangelho da Divindade no ser humano que, pela força de uma união crescente, se expande e se libera do véu da Natureza inferior e revela à alma humana seu espírito cósmico, revela suas transcendências absolutas, se revela no ser humano e em todos os seres. O resultado potencial aqui, dessa união, desse Ioga divino – o indivíduo que cresce para a Divindade, a Divindade que se torna manifesta na alma humana e para a visão interior humana –, é nossa libertação do ego limitado e nossa elevação em direção à natureza superior de uma humanidade divina. Pois, vivendo nessa natureza espiritual maior e não nessa trama mortal, no complexo emaranhado das três gunas, o indivíduo, uno com Deus pelo conhecimento, pelo amor e pela vontade e pelo abandono de todo o seu ser na Divindade, pode, de fato, elevar-se à Transcendência absoluta, mas agir também no mundo, não mais na ignorância, mas nas relações justas do indivíduo em relação ao Supremo, na verdade do Espírito, completo em imortalidade, para Deus no mundo e não mais para o ego. Chamar Arjuna para essa ação, torná-lo consciente do ser e do poder que ele é e do Ser e do Poder cuja vontade age por seu intermédio, é o propósito da Divindade encarnada. É com essa finalidade que o divino Krishna é seu auriga; é com essa finalidade que se abateram sobre ele esse grande desencorajamento e essa profunda insatisfação em relação aos motivos humanos, menos importantes, de seu trabalho; para substituí-los pelo motivo espiritual mais vasto essa revelação lhe foi dada no momento supremo da obra para a qual ele foi designado. A visão do Purusha universal e a ordem divina para agir, esse é o ponto culminante ao qual ele foi conduzido. Isso já é eminente; mas sem o conhecimento que agora lhe é dado por meio do Vibhuti-Ioga, o sentido completo não teria sido concedido.

O mistério da existência universal é, em parte, revelado pela Gītā. Em parte, pois quem esgotará as profundidades infinitas, ou qual credo ou filosofia dirão ter esclarecido em um espaço estreito, ou fechado em um sistema breve, todos os significados do milagre cósmico? Mas na medida em que isso for essencial ao propósito da Gītā, esse mistério nos será revelado. Nós temos a maneira pela qual o mundo deriva de Deus sua origem, a imanência do Divino no mundo e do mundo no Divino, a unidade essencial de toda a existência, as relações com a Divindade da alma humana obscurecida na Natureza, seu despertar para a consciência de si, seu nascimento em uma consciência maior, sua ascensão às suas próprias alturas espirituais. Mas, quando essa nova visão de si e essa nova consciência forem adquiridas e substituírem a ignorância original, como o indivíduo liberado verá o mundo ao seu redor, qual será sua atitude em relação à manifestação cósmica, da qual ele possui agora o segredo central? Ele terá, primeiro, o conhecimento da unidade da existência e o olho que vê desse conhecimento. Em tudo ao seu redor ele verá almas, formas e poderes do Ser único divino. Doravante, essa visão será o ponto de partida de todas as operações interiores e exteriores de sua consciência; essa será a visão fundamental, a base espiritual de todas as suas ações. Todas as coisas e cada criatura ele verá viver, mover-se e agir no Um, contidas na Existência divina e eterna. Mas ele verá também esse Um como Aquele que habita em todos, seu Self, o Espírito essencial neles, sem cuja presença secreta em sua natureza consciente eles não poderiam, de nenhum modo, viver, mover-se, agir e sem cuja vontade, poder, sanção ou aquiescência tácita nenhum dos seus movimentos, em nenhum instante, seria possível, por pouco que fosse. Ele verá eles mesmos também – sua alma, sua mente, sua vida e seu molde físico como o simples resultado do poder, da vontade e da força desse Self único, desse único Espírito. Para o indivíduo liberado, todos serão devires desse Ser universal único. Ele verá que a consciência deles deriva inteiramente de Sua consciência, que o poder e a vontade deles provêm de Seu poder e de Sua vontade e disso dependem, que o fenômeno parcial da natureza deles resulta de sua Natureza divina maior – na realidade imediata das coisas, quer isso se apresente à mente como uma manifestação, quer como um disfarce, quer como uma figuração, quer uma desfiguração, da Divindade. Nenhuma aparência desfavorável ou desconcertante das coisas não diminuirá nem um pouco a totalidade dessa visão, nem entrará em conflito com ela. Essa visão é a base essencial da consciência maior na qual ele se elevou, é a luz indispensável que se abriu em torno dele e a única maneira perfeita de ver, a Verdade única que torna todas as outras possíveis.

Mas o mundo é apenas uma manifestação parcial da Divindade, ele mesmo não é essa Divindade. A Divindade é infinitamente maior do que qualquer manifestação natural pode ser. Por sua própria infinitude, pela liberdade dessa infinitude, Ele existe para além de toda possibilidade de formulação integral em qualquer esquema de mundos ou em qualquer extensão da Natureza cósmica, por mais vastos, complexos, infinitamente variados que este mundo e todos os mundos, possam nos parecer – *nāsti anto vistarasya me* – por mais infinitos que pareçam à nossa visão finita. Portanto, para além do cosmos, o olhar do espírito liberado verá a Divindade em Seu grau supremo. Ele verá o cosmos como uma forma esboçada da Divindade que está além de toda forma, como um termo menor constante na existência absoluta. Tudo que é relativo e finito lhe aparecerá como uma forma do Absoluto e Infinito divinos, e ambos mais além de todos os finitos e mediante cada finito ele chegará Àquilo somente, verá sempre Aquilo mais além de cada fenômeno, de cada criatura da Natureza e de cada ação relativa, mais além de todas as qualidades e de todos os eventos; olhando cada uma dessas coisas e além delas, ele encontrará na Divindade o significado espiritual de tudo.

Para sua mente, essas coisas não serão conceitos intelectuais, nem essa atitude em relação ao mundo uma simples maneira de pensar ou um dogma pragmático. Pois, se seu conhecimento for apenas conceitual, será uma filosofia, uma construção intelectual, não um conhecimento e uma visão espirituais, não um estado de consciência espiritual. A visão espiritual de Deus e do mundo não é apenas ideativa, nem mesmo sobretudo, ou originalmente, ideativa. Ela é uma experiência direta e tão real, viva, próxima, constante, efetiva, íntima quanto é para a mente sua visão e percepção sensoriais das imagens, dos objetos e das pessoas. É somente a mente física que pensa que Deus e o espírito são conceitos abstratos que ela não pode visualizar ou representar para si mesma de outro modo que não seja por palavras e nomes, imagens e ficções simbólicas. O espírito vê o espírito, a consciência divinizada vê Deus tão diretamente e mais diretamente, tão intimamente e mais intimamente, do que a consciência corporal vê a matéria. Ela vê, percebe, sente o Divino, pensa n'Ele. Pois para a consciência espiritual toda existência manifestada aparece como um mundo do espírito e não como um mundo da matéria, não como um mundo da vida, nem mesmo como um mundo da mente; para sua visão, essas outras coisas não são mais do que Deus-pensamento, Deus-força, Deus-forma. Isso é o que a Gītā quer dizer com viver e agir em Vasudeva, *mayi vartate*. A consciência espiritual percebe a Divindade por esse íntimo conhecimento por identidade que é tão mais formidavelmente real do que qualquer percepção mental do concebível ou de qualquer experiência sensorial do sensível. Assim, ela percebe mesmo o Absoluto que está por trás e além de toda a existência universal, que a origina e a excede e está para sempre fora de suas vicissitudes. E do mesmo modo essa consciência percebe por identidade, pela unidade desse self com nosso próprio espírito imortal atemporal e inalterável, o self imutável dessa Divindade que permeia e sustenta as mutações do mundo com sua inalterável eternidade. Ainda do mesmo modo, ela percebe a Pessoa divina que conhece a si mesma em todas essas coisas e em todas essas pessoas e se torna, em sua consciência, todas essas coisas e essas pessoas, modela os pensamentos delas e forma e governa suas ações por sua vontade imanente. Ela é intimamente consciente de Deus absoluto, de Deus enquanto self, de Deus enquanto espírito, alma e natureza. Mesmo essa Natureza exterior ela a conhece por identidade e autoexperiência, mas é uma identidade que admite livremente a variação, admite relações, admite graus maiores e menores da ação do poder de existência único. Pois a Natureza é o poder que Deus tem de variar seu ser no devenir, *ātma-vibhūti*.

Mas essa consciência espiritual da existência universal não verá a Natureza no mundo como a mente humana normal a vê na ignorância, ou não a verá somente assim como ela se apresenta nos efeitos da ignorância. Tudo nessa Natureza que afirma a ignorância, tudo que é imperfeito, doloroso, distorcido ou repulsivo não existe como se fosse um absoluto contrário da natureza da Divindade, mas retorna a algo que está detrás de si mesmo, retorna a um poder redentor do espírito, em que pode encontrar seu ser verdadeiro e sua salvação. Há uma Prakriti suprema original e que é a origem; nela, o poder divino e a vontade divina de existir fruem sua qualidade absoluta e sua revelação pura. Aí se encontra a mais alta e perfeita de todas as energias que vemos no universo. É isso que se apresenta a nós como a natureza ideal da Divindade, uma natureza de conhecimento absoluto, de poder e vontade absolutos, de amor e deleite absolutos. E todas as variações infinitas de sua qualidade e de sua energia, *ananta-guṇa*, *agaṇana-śakti* são, aí, autoformulações maravilhosamente diversas, admiravelmente e espontaneamente harmonizadas, dessa sabedoria e vontade, desse poder, deleite e amor absolutos. Tudo aí é unidade de infinidades, multifacetada e sem entraves. Cada energia, cada qualidade na natureza divina ideal, é pura, perfeita, possuidora de si mesma, harmoniosa em sua ação; nada, aí, luta para sua própria consumação separada e limitada; tudo age em uma inexprimível unidade. Aí, todos os darmas, todas as leis do ser – darma, a lei do ser, não é mais do que uma ação característica da energia e da qualidade divinas, *guṇa-karma* – são um único darma livre e plástico. O único e divino Poder de ser[1] opera com uma liberdade imensurável e, sem ser ligado a nenhuma lei exclusiva, limitado por nenhum sistema obrigatório, se alegra no jogo de sua infinidade e jamais vacila na verdade de sua autoexpressão para sempre perfeita.

Porém, no universo em que vivemos, há um princípio separador de seleção e diferenciação. Nele, vemos que cada energia, cada qualidade emitida para expressar algo, labora como se fosse por sua própria conta, tenta expressar-se pessoalmente tanto quanto pode e de todas as maneiras possíveis e, de algum modo, adapta esse esforço da pior ou da melhor maneira ao esforço simultâneo ou rival de outras energias e qualidades que, de seu lado, buscam se expressar. O Espírito, o Divino, habita nessa natureza universal em conflito e lhe impõe certa harmonia pela lei inalienável da unidade interior secreta em que está baseada a ação de todos esses poderes. Mas essa é uma harmonia relativa, que parece resultar de uma divisão original, emergir do choque da divisão e subsistir por meio dele, e não de uma unidade original. Ou, ao menos, a unidade parece reprimida e latente, não encontrar a si mesma, jamais remover seus disfarces desconcertantes. E, de fato, ela não se encontra até que o ser individual, nessa natureza universal, descubra em si mesmo essa Prakriti divina superior da qual esse movimento menor é uma derivação. No entanto, as qualidades e as energias que trabalham no mundo e operam de maneira variada no ser humano, no animal, na planta, na coisa inanimada, são sempre, em qualquer forma que possam assumir, qualidades e energias divinas. Todas as energias e qualidades são poderes da Divindade. Cada uma nasce lá, da Prakriti divina, trabalha para se expressar aqui, na Prakriti inferior, aumenta seu poder de afirmação e seus valores realizados nessas condições inapropriadas e, ao alcançar os cumes do poder essencial, se

1. *tapas, cit-śakti.*

aproxima da expressão visível da Divindade e, se elevando, dirige-se ao seu próprio absoluto no supremo, o ideal, a Natureza divina. Pois cada energia é ser e poder da Divindade e a expansão e a autoexpressão da energia são sempre a expansão e a expressão da Divindade.

Poder-se-ia mesmo dizer que, em certo grau de intensidade, cada força em nós – força de conhecimento, força de vontade, força de amor, força de deleite – pode resultar em uma explosão que rompe a concha da formulação inferior e libera a energia de sua ação separadora para uni-la à liberdade e ao poder infinitos do Ser divino. Uma tensão suprema, orientada para Deus, libera a mente por meio de uma visão absoluta, libera o coração por meio de um amor e de um deleite absolutos, libera toda a existência por meio de uma concentração absoluta da vontade no sentido de uma existência maior. Mas o embate e o choque libertador vêm pelo toque do Divino em nossa natureza real, que desvia a energia de sua ação normal limitada separadora e de seus objetos, a dirige para o Eterno, Universal e Transcendente e a orienta para a Divindade absoluta e infinita. Essa verdade da onipresença dinâmica do divino Poder de ser é o fundamento da teoria do vibhuti.

A Shakti divina infinita está presente em toda parte e sustenta em segredo a formulação inferior, *parā prakṛtir me yayā dhāryate jagat,* mas se mantém por trás, escondida no coração de cada existência natural, *sarvabhūtānāṁ hṛddeśe,* até que o véu do Iogamaia seja rasgado pela luz do conhecimento. O ser espiritual do ser humano, o jiva, possui a Natureza divina. Ele é uma manifestação de Deus nessa Natureza, *parā prakṛtir jīva-bhūtā* e tem, latente em si, todas as energias e qualidades divinas, a luz, a força, o poder de ser da Divindade. Porém, nessa Prakriti inferior em que vivemos, o jiva segue o princípio de seleção e de determinação finita; e aí, qualquer correlação de energia, qualquer qualidade ou qualquer princípio espiritual que ele traga ao nascer ou que emane como semente de sua expressão própria, torna-se uma parte operadora de seu *svabhāva,* a lei de seu devenir e determina seu *svadharma,* sua lei de ação. E se isso fosse tudo, não haveria perplexidade ou dificuldade; a vida de cada um seria um desdobramento luminoso de divindade. Mas essa energia inferior de nosso mundo é uma natureza de ignorância e de egoísmo, uma natureza marcada pelas três gunas. Porque essa é uma natureza de egoísmo, o jiva se concebe como ego separador: ele elabora sua autoexpressão de maneira egoística, como uma vontade de ser que, separadora, está em conflito e também associada com a mesma vontade de ser em outros. Ele tenta possuir o mundo pela luta e não pela unidade e harmonia; ele acentua uma discórdia egocêntrica. Porque essa é uma natureza de ignorância, uma visão cega e uma autoexpressão imperfeita ou parcial, o jiva não se conhece, não conhece sua lei de ser, mas a segue por instinto, sob a compulsão mal entendida da energia universal, com uma luta, com muito conflito interior, com uma grande possibilidade de desvio. Porque essa é uma natureza definida pelas três gunas, essa autoexpressão confusa e ansiosa assume diversas formas de incapacidade, de distorção ou de autodescoberta parcial. Dominado pela guna do *tamas* (o modo de obscuridade e de inércia), o poder de ser age na fraqueza e na confusão, em uma incapacidade maior e uma sujeição, sem aspiração, ao mecanismo cego das forças da ignorância. Dominado pela guna do *rajas* (o modo da ação, do desejo e da posse), há uma luta, um esforço, um aumento de poder e capacidade, mas isso é trôpego, doloroso, veemente, enganado por noções, métodos e ideais errôneos, impelido a mau uso, a corromper e a distorcer as noções, os métodos e os ideais justos e propenso, sobretudo, a uma grande, muitas vezes enorme, exageração do ego. Dominado pela guna do *sattva* (o modo da luz, do equilíbrio e da paz) há uma ação mais harmoniosa, uma relação justa com a natureza, mas justa apenas nos limites de uma luz individual e de uma capacidade incapaz de ultrapassar as formas melhores dessa vontade e desse conhecimento mentais inferiores. Escapar desse emaranhado, elevar-se para além da ignorância, do ego e das gunas, é o primeiro passo real em direção à perfeição divina. Por essa transcendência, o jiva encontra sua natureza divina própria e sua existência verdadeira.

Liberto, o olhar do conhecimento na consciência espiritual quando observa o mundo não vê apenas essa Natureza inferior que luta. Se percebemos apenas o fato exterior aparente de nossa natureza e da natureza de outros, é porque olhamos com o olhar da ignorância e não podemos conhecer Deus de uma maneira igual em todos, na criatura sátvica, na criatura rajásica, na criatura tamásica, no deus e no titã, no santo e no pecador, no sábio e no ignorante, no grande e no pequeno, no ser humano, no animal, na planta e na existência inanimada. A visão liberta vê que três coisas ao mesmo tempo constituem a inteira verdade oculta do ser natural. Primeiro, e antes de tudo, ela vê a Prakriti divina em tudo, secreta, presente, à espera da evolução; ela a vê como o poder real em todas as coisas, aquilo que dá o valor a toda essa ação aparente de qualidades e de forças diversas, e lê o significado desses fenômenos mais recentes não na linguagem deles, de ego e de ignorância, mas à luz da Natureza divina. Por conseguinte e em segundo lugar, ela vê também as diferenças da ação aparente no deva e no rakshasa, no ser humano e na besta, no pássaro e no réptil, no bom e no malvado, no ignorante e no erudito, mas como ação de qualidade e energia divinas nessas condições, sob essas máscaras. Ela não se ilude com a máscara, mas detecta a Divindade por trás de cada máscara. Observa a distorção ou a imperfeição, mas as perfura para chegar à verdade do espírito por trás; ela descobre até mesmo na distorção e na imperfeição essa verdade que se cega, que luta para se encontrar, que tateia através de diversas formas de autoexpressão e de experiência, em direção ao completo autoconhecimento, ao seu próprio infinito e ao seu próprio absoluto. O olhar liberado não enfatiza indevidamente a distorção e a imperfeição, mas é capaz de ver tudo com um completo amor e uma caridade completa no coração, uma compreensão completa na inteligência, uma igualdade completa no espírito. Por fim, ele vê o impulso ascendente dos poderes da Vontade de ser que se esforçam em direção à Divindade; ele respeita, acolhe, encoraja todas as altas manifestações da energia e da qualidade, as línguas flamejantes da Divindade, as grandezas ascendentes da alma, da mente e da vida em suas intensidades que, se elevando desde os níveis da natureza inferior, seguem em direção aos cumes de sabedoria e de conhecimento luminosos, de poder, força, capacidade, coragem, heroísmo poderosos, em direção aos cumes da doçura benigna e do ardor e da grandeza do amor e do dom de si, aos cumes da virtude preeminente, da ação nobre, da beleza e da harmonia cativantes, da bela e divina criação. O olhar do espírito vê com precisão no grande Vibhuti a divindade ascendente do ser humano.

Isso é reconhecer a Divindade enquanto Poder, mas poder no sentido mais amplo, poder não apenas de força, mas de conhecimento, vontade, amor, trabalho, pureza, doçura, beleza. O Divino é existência, consciência, deleite e no mundo tudo se projeta e se reencontra pela energia da existência, energia da consciência e energia do deleite; esse é um mundo das obras da Shakti divina, que se molda aqui em inumeráveis espécies de seres, e cada um deles tem seus poderes característicos próprios originados da força dela. Cada poder é o próprio Divino nessa forma, no leão como na corça, no titã como no deus, no sol inconsciente que flameja através do éter como no ser humano que pensa, aqui na Terra. A deformação causada pelas gunas é o aspecto menor, não realmente o aspecto maior; a coisa essencial é o poder divino que está encontrando sua expressão. É a Divindade que se manifesta no grande pensador, no herói, no líder dos homens, no grande instrutor, no sábio, no profeta, no fundador das grandes religiões, no santo, no amante da humanidade, no grande poeta, no grande artista, no grande sábio, no asceta que vence a si mesmo e no domador das coisas, dos eventos e das forças. O próprio trabalho, o poema elevado, a forma perfeita da beleza, o amor profundo, a ação nobre, a consumação divina são movimentos da Divindade; é o divino em manifestação.

Essa é uma verdade que todas as culturas antigas reconheciam e respeitavam, mas há um lado na mente moderna que tem uma repugnância singular a essa ideia e vê nela um culto apenas da força e do poder, um culto do herói – um culto ignorante ou autodegradante, ou uma doutrina do super-homem asúrico. Certamente, há uma maneira ignorante de considerar essa verdade, como há uma maneira ignorante de considerar todas as verdades; mas ela tem seu lugar próprio, sua função indispensável na economia divina da Natureza. A Gītā a coloca em seu justo lugar e em sua justa perspectiva. Ela deve ser baseada no reconhecimento do self divino em todos os seres humanos e em todas as criaturas; deve ser harmônica, com um coração igual em relação à manifestação, grande ou pequena, eminente ou obscura. Deus deve ser visto e amado no ignorante, no humilde, no fraco, no vil, no pária. No próprio vibhuti não é o indivíduo exterior, exceto enquanto símbolo, que deve ser assim reconhecido e colocado em altura, mas o Divino único que se revela no poder. Porém, isso não ab-roga o fato de que há uma escala ascendente na manifestação, e que a Natureza sobe os degraus de sua autoexpressão e se eleva, desde seus símbolos tateantes, obscuros ou reprimidos, até as primeiras expressões visíveis da Divindade. Cada grande ser, cada grande realização é um sinal de que ela tem o poder de superar-se e a promessa da superação final e suprema. O próprio ser humano representa um grau superior da manifestação natural, em relação à besta e ao réptil, embora em ambos também se encontre o Brahman único e igual. Mas o ser humano não alcançou os cumes mais altos de sua superação de si e, enquanto isso, é preciso reconhecer em cada sinal do grande poder da Vontade de ser que está nele, uma promessa e uma indicação. O respeito pela divindade no ser humano, em todos os seres humanos, não é diminuído mas elevado, e ganha um significado mais rico, ao alçarmos os olhos para os rastros dos grandes Pioneiros que o guiam ou o dirigem por seja qual for a etapa na ascensão à supra-humanidade.

O próprio Arjuna é um vibhuti; é um homem altamente situado na evolução espiritual, uma figura que sobressai na multidão de seus contemporâneos, um instrumento escolhido pelo divino Narayana, a Divindade na humanidade. Em uma passagem, o Instrutor, ao falar enquanto Self supremo e igual de todos, declara que não há ninguém que lhe seja caro ou que Ele odeie; mas em outras passagens Ele diz que Arjuna lhe é caro, que é seu bhakta e, por conseguinte, é guiado, está seguro em suas mãos, escolhido pela visão e pelo conhecimento. Aqui, a contradição é apenas aparente. O Poder, enquanto self do cosmos, é igual para todos, portanto, ele dá a cada ser segundo as operações de sua natureza; mas há também uma relação pessoal do Purushottama com o ser humano, em que ele é particularmente próximo daquele que se aproximou d'Ele. Todos esses heróis, todos esses homens potentes que se reuniram na batalha na planície de Kurukshetra são recipientes da Vontade divina e, por meio de cada um, Ele age segundo sua natureza, mas por trás do véu de seu ego. Arjuna chegou ao ponto em que o véu pode ser rasgado e a Divindade encarnada pode revelar ao Seu vibhuti os mistérios de Suas ações. E é mesmo essencial que essa revelação seja feita. Arjuna é o instrumento de uma grande obra, de uma obra terrível em aparência, mas necessária para um grande passo adiante na marcha da espécie, para um movimento decisivo em sua luta em direção ao reino da Justiça e da Verdade, *dharmarājya*. A história dos ciclos humanos é um progresso na direção do desvelar-se da Divindade na alma e na vida da humanidade; cada grande evento, cada etapa dessa história é uma manifestação divina. Arjuna, o instrumento principal da Vontade escondida, o grande protagonista, deve se tornar o homem divino, capaz de realizar a obra de maneira consciente como a ação do Divino. Somente assim essa ação poderá se tornar psiquicamente viva, assumir sua importância espiritual e receber a luz e o poder de seu significado secreto. Ele é chamado ao autoconhecimento; ele deve ver Deus como o Mestre do Universo e a origem das criaturas e dos eventos do mundo, ver tudo como a autoexpressão da Divindade na Natureza, Deus em tudo, Deus em si mesmo enquanto ser humano e vibhuti, Deus na baixeza do ser e em seus cumes, Deus nos mais altos cumes e o ser humano também, nos cimos como vibhuti e a elevar-se aos cumes últimos na liberação e união supremas. O Tempo, em sua criação e destruição, deve ser visto por ele como a imagem da Divindade que avança passo a passo – passos que cumprem os ciclos do cosmos. Nos ápices desses movimentos do cosmos, o espírito divino no corpo humano eleva-se às transcendências supremas, a realizar como vibhuti a obra do Divino no mundo. Esse conhecimento foi dado. É preciso agora que seja revelado o Divino sob a aparência de Tempo; e dos milhões de bocas dessa imagem, virá a ordem para a ação designada ao vibhuti liberto.

CAPÍTULO X

A VISÃO DO ESPÍRITO UNIVERSAL – TEMPO COMO DESTRUIDOR

A visão do Purusha universal é uma das passagens mais conhecidas e mais poderosamente poéticas da Gītā, mas seu lugar no pensamento não está todo na superfície. Ela está aí evidentemente como símbolo poético e revelador e, antes que possamos captar seu sentido, devemos ver como e para qual propósito ela foi introduzida e descobrir o que indica em seus aspectos significativos. É Arjuna que a provoca, em seu desejo de ver a imagem viva, a grandeza visível do Divino invisível, a própria personificação do Espírito, do Poder que governa o Universo. Ele ouviu o supremo segredo espiritual da existência: tudo vem de Deus, tudo é o Divino e escondido em todas as coisas habita o Divino, que pode se revelar em cada aparência finita. A ilusão que de maneira tão persistente captura a mente e os sentidos das pessoas, a ideia de que todas as coisas existem, mesmo se um pouco, em si mesmas ou por si mesmas, à parte de Deus, ou que nada que esteja sujeito à Natureza possa mover-se ou guiar a si mesmo – essa ilusão o deixou: essa era a causa de suas dúvidas, de sua confusão e de sua recusa a agir. Agora, ele conhece o significado do nascimento e do falecimento das existências. Ele sabe que a grandeza imperecível da Alma divina consciente é o segredo de todas essas aparências. Tudo é um Ioga desse grande Espírito eterno nas coisas, e tudo o que acontece é o resultado e a expressão desse Ioga; toda a Natureza está cheia da Divindade secreta e labora para revelá-la nela. Mas Arjuna gostaria, se isso fosse possível, de ver também a própria forma, o corpo mesmo dessa Divindade. Ele ouviu falar de seus atributos e compreendeu as etapas e os meios pelos quais Ela se revela; mas agora ele espera desse Mestre do Ioga que Ele revele à visão ióguica Seu próprio Self imperecível. Não, é óbvio, o silêncio sem forma de Sua imutabilidade sem ação, mas o Supremo, do qual procedem toda energia e toda ação e do qual as formas são as máscaras, que revela Sua força no vibhuti – o Mestre das obras, o Mestre do conhecimento e da adoração, o Senhor da Natureza e de todas as suas criaturas. Ele está, então, destinado a pedir para ter essa visão suprema e que abrange tudo, porque é assim – do espírito revelado no universo – que ele deve receber a ordem de participar à ação universal.

O que deverás ver, responde o Avatar, o olhar humano não pode apreender – pois o olho humano pode ver apenas as aparências exteriores das coisas ou distingue delas apenas formas simbólicas, separadas, cada uma significando apenas alguns aspectos do eterno Mistério. Porém, há um olhar divino, uma visão muito profunda, com a qual a Divindade suprema em seu Ioga pode ser contemplada, e esse olhar eu o dou a ti agora. Tu verás, diz ele, Minhas centenas e Meus milhares de aparências divinas, de variados tipos, formas e nuances; tu verás os Adityas, os Rudras, os Maruts e os Ashwins; tu verás muita maravilha que ninguém contemplou; tu verás hoje o mundo inteiro ligado e unificado em Meu corpo e tudo o mais que queiras contemplar. Esse é, então, o traço dominante, o significado central. Essa é a visão do Um no Múltiplo, do Múltiplo no Um – e todos são o Um. É essa visão que, para o olhar do Ioga divino, libera, justifica, explica tudo aquilo que é, que foi e que será. Uma vez percebida e mantida ela lança o brilhante machado de Deus na raiz de todas as dúvidas e perplexidades e aniquila todas as negações e todas as oposições. Essa é a visão que reconcilia e unifica. Se a alma puder chegar à unidade com a Divindade nessa visão – Arjuna não chegou ainda a ela e por isso descobrimos que ele tem medo quando vê – tudo, mesmo aquilo que é terrível no mundo, perde seu aspecto de terror. Vemos que isso também é um aspecto da Divindade e, uma vez que aí encontramos Sua intenção, sem considerá-la somente como terror, poderemos aceitar a totalidade da existência com uma alegria todo-abrangente e uma coragem potente, e avançar com passos seguros em direção ao trabalho designado e, para além disso, encontrar a consumação suprema. A alma admitida ao conhecimento divino, que vê todas as coisas com um único olhar, não com uma visão dividida, parcial e, portanto, confusa, poderá fazer uma nova descoberta do mundo e de tudo o mais que ela quiser ver, *yac cānyad draṣṭum icchasi*; ela pode, baseada nessa visão que conecta e unifica tudo, passar de uma revelação a outra que a complete.

A Forma suprema se faz, então, visível. É aquela da Divindade infinita cujas faces estão em toda parte e na qual estão todos os prodígios da existência, que multiplica de maneira interminável todas as numerosas e maravilhosas revelações de Seu ser, uma Divindade vasta como o mundo, que vê com olhos inumeráveis, fala por inumeráveis bocas, armada para a batalha com armas divinas erguidas, incontáveis, gloriosa com divinos ornamentos de beleza, envolta em vestes celestiais de deidade, encantadora com suas guirlandas de flores divinas, fragrante de perfumes divinos. A luz desse corpo de Deus é tal que se diria que mil sóis despontaram ao mesmo tempo no céu. O mundo inteiro inumeravelmente dividido e, contudo, unificado, é visível no corpo do Deus dos deuses. Arjuna o vê, vê Deus magnificente e belo e terrível, o Senhor das almas que, na glória e na grandeza de seu espírito, manifestou este mundo selvagem, monstruoso, ordenado, maravilhoso, doce e terrível. E, subjugado pelo portento, pela alegria e pelo medo, Arjuna prostra-se e, com palavras temerosas, as mãos juntas, ele adora a tremenda visão. "Eu vejo", ele exclama, "todos os deuses em Teu corpo, ó Deus, e diferentes companhias de seres, eu vejo Brahma, o senhor da criação, sentado no lótus e os rishis e a raça das Serpentes divinas. Vejo braços e ventres e olhos e rostos incontáveis, vejo Tuas formas infinitas em todos os lados, mas não vejo Teu fim, nem Teu meio, nem Teu começo, ó Senhor do universo, ó Forma universal. Vejo-Te coroado e armado com Tua maça e Teu disco, mas é difícil distinguir-Te, porque és uma massa de energia luminosa que me circunda, um esplendor que engloba tudo, um Imensurável que brilha como o sol e como o fogo. Tu és o supremo Imutável a quem devemos conhecer, Tu és a alta fundação e a moradia do universo, Tu és o imperecível guardião das leis eternas, Tu és a alma sempiterna da existência."

Porém, na grandeza dessa visão há também a imagem terrificante do Destruidor. Esse imensurável sem fim, sem meio e sem começo é aquele em quem todas as coisas começam e existem e acabam. Essa Divindade, que com Seus braços inumeráveis abraça os mundos e destrói com Seus milhões de mãos, cujos olhos são sóis e luas, tem uma face de fogo ardente e incendeia eternamente o inteiro universo com a chama de Sua energia. Sua forma é feroz e maravilhosa e ela, por si só, preenche todas as regiões e ocupa todo o espaço entre a terra e o céu. As companhias de deuses entram nela, medrosas e em adoração; os Rishis e os Siddhas que exclamam: "que possa haver paz e bem-estar" a exultam com muitos louvores; os olhos de deuses, de titãs e de gigantes estão fixos nela, em assombro. Ela tem enormes olhos flamejantes; bocas que se escancaram para devorar, terríveis com suas múltiplas presas destruidoras; ela tem rostos como as chamas da Morte e do Tempo. Os reis, os capitães e os heróis de ambos os lados da batalha do mundo precipitam-se em suas mandíbulas com suas presas terríveis e alguns podem ser vistos com a cabeça esmagada, sangrenta, pegos entre os dentes de Seu poder; as nações, com rapidez irremediável, arremessam-se à sua própria destruição nas chamas de suas bocas, assim como tantos rios que se apressam em sua corrida em direção ao oceano ou como mariposas que se lançam na chama. Dessas bocas ardentes, a Forma do Pavor consume todas as regiões ao redor; o mundo inteiro está cheio de Suas energias incendiárias e queima na ferocidade de seu fulgor. O mundo e suas nações tremem e se angustiam com o terror da destruição e Arjuna compartilha a perturbação e o pânico que reina em torno dele; dentro dele, sua alma está perturbada e em aflição e ele não encontra nem felicidade nem paz. À terrível Divindade ele suplica: "Declara-me quem Tu és, ó Tu que assumes esta forma feroz. Eu Te saúdo ó grande Deus, inclina Teu coração à graça. Eu gostaria de saber quem Tu és, Tu que és desde o começo, pois eu não conheço a vontade por trás de Tuas operações".

O último brado de Arjuna indica a dupla intenção na visão. Essa é a forma do Ser supremo e universal, o Ancião dos Dias que é para sempre, *sanātanaṃ puruṣaṃ purāṇam*, este é ele, aquele que cria para sempre, pois Brahma, o Criador, é uma das Divindades visíveis em seu corpo, ele que mantém o mundo sempre em existência, pois é o guardião das leis eternas, mas é também aquele que destrói a fim de poder criar de novo, aquele que é o Tempo, que é a Morte, que é Rudra, o dançarino da calma dança assustadora, que é Kali com sua guirlanda de caveiras, pisoteando, desnuda, na batalha e salpicada do sangue dos titãs massacrados, que é o ciclone, o fogo e o terremoto, a dor, a fome, a revolução e a ruína e o oceano devorador. É esse último aspecto que, neste momento, Ele traz para a frente. É um aspecto do qual a mente humana voluntariamente se desvia e, como a avestruz, esconde a cabeça de maneira que, quiçá, por não vê-lo, ela não possa ser vista pelo Terrível. A fraqueza do coração humano quer apenas verdades formosas e reconfortantes ou, em sua ausência, fábulas agradáveis; ele não possuirá a verdade em sua inteireza, porque nela há muito que não é claro, nem agradável, nem confortador, difícil de compreender e ainda mais difícil de suportar. O fanático religioso inculto, o pensador superficial e otimista, o idealista sentimental, o indivíduo à mercê de suas sensações e emoções concordam em se desviar tortuosamente das conclusões mais severas, dos aspectos mais ásperos e mais ferozes da existência universal. A religião indiana foi reprovada de maneira ignorante por não participar desse jogo geral de esconde-esconde, porque ela, ao contrário, edificou e colocou diante de si os símbolos terríveis da Divindade, assim como aqueles doces e belos. Mas é a profundidade e a amplidão de seu antigo pensamento e de sua antiga experiência espiritual que a impedem de sentir-se atraída por esses débeis recuos, ou de aprová-los.

A espiritualidade indiana sabe que Deus é Amor e Paz e calma Eternidade – a Gītā, que nos apresenta essas imagens terríveis, fala do Divino que se encarna nelas como o amante e o amigo de todas as criaturas. Mas há também o aspecto mais rigoroso de seu governo divino do mundo, que encontramos desde o início – o aspecto de destruição – e o ignorar é perder a plena realidade do Amor, da Paz, da Calma e da Eternidade divinos e mesmo projetar nisso um aspecto de parcialidade e ilusão, porque a forma exclusiva e reconfortante em que O colocamos não tem sua origem na natureza do mundo onde vivemos. Esse mundo de nossa batalha e de nosso labor é um mundo feroz e perigoso, destrutivo e devorador, em que a vida existe de maneira precária e a alma e o corpo humanos se movem em meio a enormes perigos, um mundo em que a cada passo adiante, quer o queiramos, quer não, algo é esmagado e quebrado, em que cada sopro de vida é também um sopro de morte. Pôr a responsabilidade de tudo o que nos parece mal ou terrível nos ombros de um Diabo semionipotente, ou então por tudo de lado como se fosse parte da Natureza, criando uma oposição intransponível entre a natureza do mundo e a natureza de Deus, como se a natureza fosse independente de Deus, ou jogar a responsabilidade no ser humano e seus pecados, como se ele tivesse uma voz preponderante na fabricação desse mundo ou pudesse criar alguma coisa contra a vontade de Deus, são estratagemas desajeitadamente confortáveis nos quais o pensamento religioso da Índia nunca se refugiou. Devemos olhar com coragem a realidade em face e ver que é Deus, e nenhum outro, que fez esse mundo em seu ser e que assim ele o fez. Devemos ver que a Natureza que devora seus filhos, o Tempo que engole a vida das criaturas, a Morte universal e inelutável e a violência das forças de Rudra, no ser humano e na Natureza, são também a Divindade suprema em um de Seus aspectos cósmicos. Devemos ver que Deus o Criador magnificente e pródigo, Deus o prestimoso, poderoso e benévolo preservador é também Deus o devorador e destruidor. Os tormentos no leito da dor e do mal em que somos torturados são Seu toque, tanto quanto a felicidade, a doçura e o prazer. E somente quando virmos com os olhos da completa união e sentirmos essa verdade nas profundezas de nosso ser, é que poderemos, por trás dessa máscara também, descobrir inteiramente a face calma e bela da Divindade todo-beatífica e, em Seu toque, que põe à prova nossa imperfeição, o toque do amigo e construtor do espírito no ser humano. As discórdias do mundo são as discórdias de Deus e somente ao aceitá-las e atravessá-las é que poderemos chegar às concórdias maiores de Sua harmonia suprema, aos cumes e às vastidões vibrantes de Sua Ananda transcendente e de Sua Ananda cósmica.

O problema suscitado pela Gītā e a solução que ela oferece exigem esse caráter da visão do espírito universal. Esse é o problema de um grande conflito, de uma ruína e de um massacre que foi provocado pela Vontade que tudo guia e em que o próprio Avatar eterno desceu como auriga do protagonista na batalha. O vidente, aquele que tem a visão, é ele mesmo o protagonista, o representante da alma humana, que combate e deve abater os poderes da tirania e da opressão que obstruem a via de sua evolução; ele deve estabelecer e fruir o reino de um direito superior e de uma lei de ser mais nobre. Atônito diante do terrível aspecto da catástrofe, em que semelhantes destroem seus semelhantes, em que inteiras nações devem perecer e a própria sociedade parece condenada a afundar em um fosso de confusão e de anarquia, ele titubeou, recusou a tarefa do destino e perguntou ao seu divino Amigo e Guia por que a ele foi designada uma tarefa tão terrível, *kiṃ karmaṇi ghore māṃ niyojayasi*. Foi-lhe mostrado então como se elevar individualmente acima do caráter aparente de todas as obras que ele poderia cumprir, como ver que é a Natureza, a força executiva, que cumpre a obra, que seu ser natural é o instrumento e Deus o Mestre da Natureza e das obras, a quem ele deve oferecer suas obras como um sacrifício, sem desejo nem escolha egoísticas. Foi-lhe mostrado também que o Divino, que está acima de todas essas coisas e não é perturbado por elas, manifesta-se, no entanto, nos indivíduos e na Natureza e na ação deles e que tudo é um movimento nos ciclos dessa manifestação divina. Mas agora, ao se ver face a face com a encarnação dessa verdade, ele vê nela, magnificado pela imagem da grandeza divina, esse aspecto de terror e destruição que o aterroriza e pode dificilmente suportá-la. De fato, por que é preciso que seja desse modo que o Todo-Espírito se manifesta na Natureza? Qual é o significado dessa chama que cria e devora e é a existência mortal? Que querem dizer esse combate em proporção mundial, essas revoluções constantes e desastrosas, esse labor, essa angústia e essa agonia, essa morte de criaturas? Ele coloca a antiga questão e murmura a prece eterna: "Diz-me quem Tu és, Ó Tu que vens a nós sob essa forma feroz. Eu gostaria de saber quem Tu és, Ó Tu que foste desde o começo, pois eu não conheço a vontade que está em Tuas obras. Faz Teu coração voltar-se para a graça".

A destruição, responde a Divindade, é a vontade que está em Minhas obras e com a qual Eu estou presente aqui neste campo de Kurukshetra, o campo onde se elabora o Darma, o campo da ação humana – como se poderia simbolicamente traduzir a frase descritiva *dharma-kṣetre kuru-kṣetre* –, uma destruição vasta como o mundo, que foi trazida no processo do Espírito-Tempo. Eu tenho um propósito visionário que se cumpre de maneira infalível, e nem a participação nem a abstenção de qualquer indivíduo pode preveni-lo, alterá-lo ou atenuá-lo; tudo já foi feito por Mim no olhar eterno de Minha vontade antes que o homem possa fazê-lo, mesmo se um pouco, sobre a terra. Eu, enquanto Tempo, devo destruir as velhas estruturas e construir um novo reino, poderoso e esplêndido. Tu, enquanto instrumento humano do Poder e da Sabedoria divinos, nessa luta que não podes impedir, deves combater pelo direito, destruir e conquistar teus oponentes. Tu também, a alma humana na Natureza, deves saborear na Natureza o fruto que Eu dou, o império do direito e da justiça. Que isso seja suficiente para ti: ser uno com Deus em tua alma, receber seu comando, cumprir sua vontade, ver calmamente um propósito supremo executado no mundo. "Eu sou o Tempo que devasta os povos revoltados e em ascensão; a vontade em Minhas operações aqui é destruir as nações. Mesmo sem ti, todos estes guerreiros vão deixar de existir, aqueles que estão nas fileiras do exército adverso. Portanto, levanta-te, cobre-te de glória, conquista teus inimigos e frui um reino opulento. Por Mim, e nenhum outro, eles já estão mortos, tu te tornas apenas a ocasião, Ó Savyasachin. Mata-os, aqueles que, por Mim, estão mortos, Drona, Bhishma, Jayadratha, Karna e outros combatentes heroicos; não sintas dor nem perturbações. Luta, tu conquistarás o adversário na batalha." O fruto da grande obra terrível está prometido e profetizado, não como um fruto cobiçado pelo indivíduo – pois para esse não deve haver nenhum apego –, mas como resultado da vontade divina, a glória e sucesso da coisa a ser feita, a cumprir, a glória que o Divino dá a si mesmo, em seu vibhuti. Essa é a ordem final e irresistível para agir que é dada ao protagonista da batalha do mundo.

Esse é o Atemporal manifestado como Tempo e como Espírito Universal, de quem vem a ordem para agir. Pois é certo que, quando a Divindade diz "Eu sou o Tempo, o Destruidor dos seres", não quer dizer que Ele seja o Espírito-Tempo apenas, ou que a essência do Espírito-Tempo seja a destruição. Mas é essa a atual vontade em suas obras, *pravṛtti*. A destruição é sempre um elemento, simultâneo ou alternado, que caminha no mesmo ritmo da criação, e é pela destruição e pela renovação que o Mestre da Vida cumpre seu longo trabalho de preservação. E mais, a destruição é a primeira condição para o progresso. Interiormente, aquele que não destrói as formações inferiores de seu ser não pode se elevar a uma existência maior. Exteriormente também, a nação, a comunidade ou a raça que evitam por muito tempo a destruição e a substituição de suas formas de vida passadas, são elas mesmas destruídas, apodrecem e perecem e, de seus escombros, outras nações, comunidades e raças são formadas. Ao destruir os gigantescos ocupantes de antigamente o ser humano fez para si mesmo um lugar na terra. Pela destruição dos titãs, os deuses mantêm a continuidade da Lei divina no cosmos. Quem tentar se liberar de maneira prematura dessa lei da batalha e da destruição, lutará em vão contra a vontade maior do Espírito Universal. Quem se afastar dela pela fraqueza em suas partes inferiores, como o fez Arjuna no começo – e por isso sua esquivez foi condenada como uma piedade pequena e falsa, uma debilidade do coração e impotência do espírito, *klaibyam, kṣudraṁ hṛdaya-daurbalyam*, sem glória, sem nada de ariano ou celestial – mostra, não uma virtude verdadeira, mas uma falta de coragem espiritual para enfrentar as verdades mais severas da Natureza e da ação da existência. O ser humano só poderá exceder a lei da batalha ao descobrir a lei maior de sua imortalidade. Há aqueles que a buscam onde ela existe sempre e deve primeiramente ser encontrada, nos espaços superiores do espírito puro e, para encontrá-la, eles se retiram de um mundo governado pela lei da Morte. Essa é uma solução individual que nada muda para a humanidade e para o mundo ou, antes, a única diferença é que a humanidade e o mundo são privados de muitíssimo poder espiritual, que teria podido ajudá-los a avançar na árdua marcha de sua evolução.

O que deve fazer, então, o homem-mestre, o operário divino, o canal aberto da Vontade universal, quando descobre que o Espírito Universal está voltado para alguma imensa catástrofe e representado diante de seus olhos como Tempo, o destruidor, erguido e aumentado para destruir as nações e ele mesmo está posto aí, na primeira linha, seja enquanto combatente com armas físicas, seja enquanto líder e guia ou, ainda, como inspirador dos homens, o que ele não pode deixar de ser, pela própria força de sua natureza e pelo poder nele, *svabhāvajena svena karmaṇā*? Abster-se, sentar-se em silêncio, protestar mediante a não intervenção? Porém, a abstenção não ajudará, não impedirá a Vontade destruidora de cumprir-se, mas, antes, pela lacuna criada, ela aumentará a confusão. Mesmo sem ti, exclama a Divindade, Minha vontade de destruir cumprir-se-ia ainda, *ṛte'pi tvām*. Se Arjuna devesse se abster ou mesmo se a batalha de Kurukshetra não tivesse que ser travada, essa evasão apenas prolongaria e agravaria a confusão, a desordem, a ruína que se avizinhavam.

Pois essas coisas não são um acidente, mas são uma semente inevitável que foi semeada e os frutos devem ser colhidos. Aqueles que semearam o vento, recolhem o furacão. Na verdade, tampouco sua natureza permitirá a Arjuna abster-se realmente, *prakṛtis tvāṁ niyokṣyati*. Isto, o Instrutor diz a Arjuna para concluir: "Aquilo que pensas em teu egoísmo e dizes: 'não combaterei', é uma resolução vã. A Natureza te atrelará ao teu trabalho. Atado pela ação que te é própria, nascida da lei de teu ser, aquilo que, em teu engano, tu não desejas fazer, isso tu farás, mesmo à força". Dar, então, uma virada, recorrer a uma espécie de força de alma, de método e poder espirituais e não a armas físicas? Mas isso é apenas outra forma da mesma ação; a destruição acontecerá todavia e a virada que será dada também não será aquilo que o ego individual quer, mas o que o Espírito Universal quiser. A força de destruição pode mesmo alimentar-se desse poder novo, tirar dele um ímpeto mais formidável e Kali se erguer, enchendo o mundo com o som ainda mais terrível de seu riso. A verdadeira paz não poderá existir enquanto o coração do ser humano não merecer paz; a lei de Vishnu não poderá prevalecer enquanto a dívida de Rudra não for paga. Recuar, então, e pregar para uma humanidade ainda involuída a lei do amor e da unidade? Deve haver instrutores dessa lei de amor e unidade, pois é desse modo que deve vir a salvação última. Porém, enquanto o Espírito do Tempo no ser humano não estiver pronto, a realidade interior e última não poderá prevalecer sobre a realidade externa e imediata. Cristo e Buda vieram e se foram, mas é Rudra que ainda sustém o mundo no côncavo de sua mão. E, durante esse tempo, em seu feroz labor para avançar, a humanidade, atormentada e oprimida pelos poderes que são aproveitadores da força egoísta, ajudados por seus servidores, chama aos gritos a espada do herói da batalha e a palavra de seu profeta.

A via mais elevada que lhe é indicada é executar a vontade de Deus sem egoísmo, como ocasião e instrumento humanos daquilo que, a seus olhos, está decretado, com o suporte constante da lembrança da Divindade nele mesmo e nos demais, *māṁ anusmaran* e de todas as maneiras que lhe forem indicadas pelo Senhor de sua Natureza. *Nimittamātraṃ bhava savyasācin*. Ele não alimentará a inimizade pessoal, a cólera, o ódio, o desejo e a paixão egoístas, não se apressará para o combate nem ansiará pela violência e a destruição, como o asura ameaçador, mas fará seu trabalho, *lokasaṅgrahāya*. Para além da ação, ele olhará em direção àquilo a que a ação conduz e o porquê de sua luta. Pois Deus, o Espírito do Tempo, não destrói pelo prazer da destruição, mas para abrir os caminhos, no curso do processo cíclico, para uma manifestação maior e progressiva, *rājyaṁ samṛddham*. Ele aceitará, em seu sentido mais profundo, aquilo que a mente de superfície não vê – a grandeza do combate, a glória da vitória e, se necessário, a glória da vitória que vem mascarada como derrota. Ele conduzirá também o ser humano à fruição de seu opulento reino. Não será aterrorizado pela face do Destruidor, mas verá nele o espírito eterno, imperecível em todos esses corpos perecíveis e, por trás desse rosto, aquele do Auriga, do Líder dos homens, do Amigo de todas as criaturas, *suhṛdaṁ sarvabhūtānām*. Uma vez vista e reconhecida essa formidável forma universal, é em direção a essa verdade tranquilizadora que o resto do capítulo é dirigido; ele revela, no final, uma face e um corpo mais íntimos do Eterno.

CAPÍTULO XI

A VISÃO DO ESPÍRITO UNIVERSAL[1] – O ASPECTO DUPLO

Mesmo enquanto os efeitos do terrível aspecto dessa visão ainda persistem nele, as primeiras palavras que Arjuna pronuncia depois que a Divindade falou são reveladoras de uma realidade maior, que eleva e tranquiliza, por trás dessa face de morte e dessa destruição. Ele diz: "É com justa razão, Ó Krishna, que o mundo se rejubila e gosta de Teu nome, que os rakshasas fogem de Ti, aterrorizados, em todas as direções e as companhias de siddhas prosternam-se diante de Ti em adoração. Como poderiam eles não Te prestar homenagem, Ó grande Espírito? Pois Tu és o Criador original e Autor das obras, maior mesmo que Brahma, o criador. Ó Tu, Infinito, Ó Tu, Senhor dos deuses, Ó Tu, morada do universo, Tu és o Imutável e Tu és o que é e o que não é e Tu és aquilo que é o Supremo. Tu és a Alma antiga, o Divino primeiro e original e o supremo lugar de repouso desse Tudo; Tu és aquele que conhece e aquilo que deve ser conhecido e o estado mais alto; Ó Infinito modelado na forma, por Ti o universo foi expandido. Tu és Yama e Vayu, Agni e Soma, Varuna e Prajapati,[2] o pai das criaturas e o

---

1. Gītā, XI. 35-55.

2. *vāyu* – vento, respiração. Deus do vento, que no sistema védico é o Mestre da Vida, aquele que inspira o sopro da energia dinâmica chamada *prana*.

agni – deus do fogo (psicologicamente): a vontade divina inspirada perfeitamente pela Sabedoria divina e, de fato, una com ela, que é o poder ativo e efetivo da Consciência-Verdade.

soma – o Senhor do vinho do deleite e da imortalidade, a divindade representativa da beatitude. (Também a planta que fornece o vinho místico para o sacrifício védico.)

varuṇa – "ele, da Vastidão"; nos vedas: o *deus* enquanto Amplidão que permeia tudo e pureza do Divino, que sustenta e aperfeiçoa o mundo; ele representa a pureza etérea e a vastidão oceânica da Verdade infinita; a divindade das águas nos Puranas; na Gītā é chamado o principal entre os povos dos mares.

prajāpati – o pai das criaturas; no plural: os progenitores originais. (N. da T.)

grande antepassado. Saudações a Ti mil vezes e ainda e ainda e sempre saudações, saudações de frente, de trás e de todos os lados, pois Tu és cada um e tudo o que é. Infinito em poder, imensurável em força de ação, Tu impregnas tudo e és cada um".

Mas esse Ser supremo universal viveu aqui diante dele com uma face humana, em um corpo mortal, o Homem divino, a Divindade encarnada, o Avatar, e até agora ele não o conhecia. Ele viu apenas o aspecto humano e tratou o Divino como uma mera criatura humana. Ele não transpassou a máscara terrestre para chegar à Divindade, da qual o aspecto humano era um receptáculo e um símbolo, e agora implora que a Divindade lhe perdoe sua indiferença cega e sua ignorância negligente. "Por tudo o que, em minha veemência impetuosa, eu pude Te dizer por ver em Ti somente meu amigo humano e companheiro humano, Ó Krishna, Ó Yadava, Ó camarada, sem conhecer essa grandeza que é Tua, por um erro de negligência ou por amor, ou por todo desrespeito que Te mostrei por brincadeira, deitado, sentado ou no banquete, sozinho ou em Tua presença, eu Te peço perdão, Ó imensurável. Tu és o pai de todo este mundo do movimento e da imobilidade; Tu és alguém para ser adorado e o mais solene objeto de veneração. Ninguém Te iguala. Como haveria, então, alguém maior que Tu nos três mundos, Ó Tu incomparável em poder? Portanto, eu me inclino diante de Ti e prostro meu corpo e Te peço graça, Ó Senhor adorável. Como um pai com seu filho, como um amigo com seu amigo e camarada, como um amado com aquele que ele ama, assim Tu deves, Ó Divindade, ter paciência comigo. Eu vi o que jamais havia sido visto antes e rejubilo, mas minha mente está agitada pelo medo. Ó Divindade, mostra-me aquela outra forma de Ti. Eu gostaria de Te ver como antes, coroado e com Tua maça e Teu disco. Reassume Tua forma com quatro braços, Ó Tu que tens mil braços, Ó Forma universal."

As primeiras palavras sugerem já a verdade escondida por trás dessas formas aterradoras: uma verdade tranquilizadora, encorajadora, cheia de encanto. Há algo que faz o coração do mundo encher-se de júbilo e sentir prazer no nome e na proximidade do Divino. É o sentido profundo daquilo que nos faz ver a face da Mãe na face escura de Kali e perceber, mesmo em meio à destruição, os braços protetores do Amigo das criaturas, em meio ao mal a presença de uma Benignidade pura e inalterável e, em meio à morte, o Mestre da Imortalidade. Destruídos, vencidos, subjugados, os ferozes e gigantescos poderes da obscuridade, os rakshasas, fogem do terror que representa o Rei da ação divina. Mas os siddhas, mas os seres completos e perfeitos que conhecem e cantam os nomes do Imortal e vivem na verdade de Seu ser, inclinam-se diante de cada forma d'Ele e sabem de quem cada forma é o santuário e o quê essa forma significa. Nada necessita realmente ter medo, exceto aquilo que deve ser destruído – o mal, a ignorância, os seres que estendem os véus da Noite, os poderes rakshásicos. Todo o movimento e toda a ação de Rudra, o Terrível, são em direção à perfeição, à luz e à plenitude divinas.

Pois é somente na forma externa que esse Espírito, esse Divino, é o Destruidor, o Tempo que desfaz todas essas formas finitas; porém, em Si mesmo, Ele é o Infinito, o Mestre das Divindades cósmicas, em quem o mundo e toda sua criação estão estabelecidos em toda segurança. Ele é o Criador original e que gera para sempre, maior do que essa representação do Poder criador chamado Brahma, que Ele nos revela sob a forma das coisas como um aspecto de Sua trindade, a criação variegada por um equilíbrio entre preservação e destruição. A real criação divina é eterna; é o Infinito sempiternalmente manifestado nas coisas finitas, o Espírito que se esconde e se revela para sempre em sua infinidade inumerável de almas e na maravilha de suas ações e na beleza de suas formas. Ele é o eterno Imutável; Ele é a aparência dual daquilo que É e daquilo que não É, do manifestado e do jamais manifestado, das coisas que foram e parecem não mais ser, que são e parecem condenadas a perecer, que serão e passarão. Mas aquilo que Ele é, mais além de todas essas aparências, é Isto, o Supremo, que contém todas as coisas mutáveis na única eternidade de um Tempo em que tudo é para sempre presente. Ele possui Seu self imutável em uma eternidade atemporal em que Tempo e criação são uma representação que se desdobra sem cessar.

Essa é a Verdade do Espírito na qual tudo está reconciliado; uma harmonia de verdades simultâneas e interdependentes parte da única verdade real e se iguala a ela. É a verdade de uma Alma suprema de cuja natureza suprema o mundo é uma derivação e uma representação inferior desse Infinito; a verdade do Ancião dos Dias, que preside para sempre as longas evoluções do Tempo; a verdade da Divindade original do qual os deuses, os seres humanos e todas as criaturas vivas são as crianças, os poderes, as almas, espiritualmente justificados em seu ser pela verdade de Sua existência, a verdade do Conhecedor que desenvolve no indivíduo o conhecimento de si, do mundo e de Deus; a verdade do único Objeto de todo conhecimento, que se revela no coração, na mente e na alma do indivíduo, de modo que cada nova abertura nas formas de nosso conhecimento é um desdobramento parcial desse Objeto, até a forma mais elevada pela qual ele é visto e descoberto da maneira mais íntima, mais profunda e mais integral. Essa é a alta, a suprema Estabilidade, que gera, sustenta e recebe em si mesma todas as coisas que estão no universo. É por ele, em sua própria existência, que o mundo é expandido – por seu poder onipotente, por sua miraculosa autoconcepção, sua energia e sua Ananda de criação interminável. Tudo é uma infinidade de suas formas materiais e espirituais. Ele é todos os múltiplos deuses, do menor ao maior; ele é o pai das criaturas e todas são suas crianças e seu povo. Ele é a origem de Brahma, o pai do primeiro pai dos divinos criadores dessas diferentes raças de coisas vivas. Essa verdade é constantemente enfatizada. Ou ainda, repete-se que ele é o Tudo, que é cada um e todos, *sarvaḥ*. Ele é o Universal infinito e é cada indivíduo e cada coisa que existe, a única Força e o Ser único em cada um de nós, a Energia infinita que se projeta nessas multidões, a Vontade imensurável e o Poder potente de moção e de ação que, a partir dele mesmo, forma todos os percursos do Tempo e todos os acontecimentos do espírito na Natureza.

E, a partir dessa ênfase, o pensamento volta-se naturalmente para a presença dessa única e grande Divindade no ser humano. A alma daquele que tem a visão recebe então a marca de três sugestões sucessivas. Primeiro, uma certeza se impõe a ele que, no corpo desse filho do Homem que, enquanto criatura transitória na terra, se movia ao seu lado, se sentava perto dele, se estendia com ele no mesmo divã e com ele comia durante o banquete, era o objeto de brincadeiras e palavras descuidadas e tomava parte ativa na guerra, no conselho e nas coisas comuns, nessa imagem de homem mortal havia sempre algo grande, escondido, de significado extraordinário – uma Divindade, um Avatar, um Poder universal, uma Realidade Única, um Transcendente supremo. Ele estava cego a essa divindade oculta, na qual está envolto todo o sentido do ser humano e de sua longa trajetória, e da qual toda a existência do mundo recebe seu significado interior, de grandeza inefável. Somente agora ele vê o Espírito universal no corpo individual, o Divino encarnado na humanidade, o Habitante transcendente dessa Natureza simbólica. Ele viu somente agora essa tremenda, infinita, imensurável Realidade de todas essas coisas aparentes, essa Forma universal e ilimitada que excede de tal maneira cada forma individual e da qual, no entanto, cada coisa individual é a morada. Pois essa grande Realidade é igual e infinita e a mesma no indivíduo e no universo. E, no início, sua cegueira, o fato de ter tratado o Divino como o simples homem exterior, de ter visto apenas as relações nos planos mental e físico, parece-lhe um pecado contra a Potência que estava aí presente. Pois o ser que se chamava Krishna, Yadava, camarada, era essa Grandeza imensurável, esse Poder incomparável, esse Espírito único em tudo e do qual todos são criações. Isto, e não a humanidade exterior que é um véu, *avajānan mānuṣīṁ tanum āśritam*, era o que ele deveria ter visto com temor, com submissão, com veneração.

Mas a segunda sugestão é que aquilo que foi representado na manifestação humana e nas relações humanas, é também uma realidade que acompanha e atenua para nossa mente o caráter tremendo da visão universal. A transcendência e o aspecto cósmico devem ser vistos, pois sem essa visão as limitações da humanidade não poderão ser superadas. E nessa unidade unificadora tudo deve ser incluído. Porém, em si mesmo, isso criaria um abismo muito grande entre o espírito transcendente e essa alma atada e circunscrita a uma Natureza inferior. Em seu esplendor irrestrito, a presença infinita seria demasiado esmagadora para a pequenez separadora do ser humano natural, individual e limitado. Uma ligação é necessária, pela qual ele possa ver essa Divindade universal em seu próprio ser individual e natural, próxima a ele – essa Divindade não estaria aí apenas em Sua onipotência, para governar tudo o que Ela é por Seu Poder universal e imensurável. Ela deve ter uma representação humana para sustentar o ser humano e o elevar à unidade por meio de uma relação individual íntima. A adoração pela qual a criatura finita se inclina diante do Infinito recebe toda sua doçura e se aproxima mais de uma verdade de companheirismo e de unidade quando se aprofunda e se torna a adoração mais íntima, que vive no sentido de Deus enquanto pai, de Deus enquanto amigo, para se tornar o amor irresistível entre o Espírito divino e nossa alma e natureza humanas. Pois o Divino habita na alma e no corpo humanos; Ele atrai para Si e usa como uma vestimenta a mente e a aparência humanas. Assume as relações humanas que a alma faz uso ao assumir o corpo mortal e elas encontram em Deus seu sentido mais completo e sua maior realização. Essa é a bhakti Vaishnava da qual a semente se encontra aqui, nas palavras da Gītā, mas que recebeu em seguida uma extensão mais profunda, mais extática e mais significativa.

E dessa segunda sugestão logo surge uma terceira. A forma do Ser transcendente e universal, para o vigor do espírito liberado, é uma coisa poderosa que encoraja e fortifica, uma fonte de poder, uma visão que iguala, sublima e justifica tudo; mas, para o indivíduo normal, essa forma é esmagadora, aterradora e inexprimível. A verdade que tranquiliza, mesmo quando é conhecida, é difícil de ser abarcada por trás do aspecto formidável e poderoso do Tempo que tudo destrói, por trás de uma Vontade incalculável e de uma vasta operação imensurável e inextricável. Mas há também a graciosa forma mediadora do divino Narayana, o deus que está tão próximo do ser humano e habita nele, o Auriga da batalha e da viagem, com seus quatro braços de poder prestimoso, símbolo humanizado da Divindade e não essa universalidade com milhões de braços. É esse aspecto mediador que o ser humano deve ter, de maneira constante, como sustento diante de si. Pois é essa representação de Narayana que simboliza a verdade que tranquiliza. É ela que torna próxima, visível, viva, assimilável, a vasta alegria espiritual. Para a vida e o espírito interiores do indivíduo é nela que, por trás de todos os seus ciclos, sua retrogressão e sua progressão estupendas, culminam de maneira soberana as operações universais das quais ela é o desfecho maravilhoso e auspicioso. Para essa alma encarnada, humanizada, seu final traduz-se aqui por uma união, uma intimidade, uma camaradagem constante entre o indivíduo e Deus, o ser humano que vive no mundo para Deus e Deus que habita no ser humano e dirige, para seus fins divinos nele, o enigmático processo do mundo. E há, mais além do fim, uma unidade e um domicílio interior ainda mais maravilhosos nas últimas transfigurações do Eterno.

O Divino, em resposta à prece de Arjuna, retorna à Sua imagem normal de Narayana, *svakaṁ rūpam*, à imagem desejada da graça, do amor, da doçura e da beleza. Porém, primeiro, ele afirma o significado incalculável da outra Imagem, a do Poder, que está prestes a velar. "Aquele que tu agora vês", diz ele a Arjuna, "é Minha forma suprema, Minha forma de energia luminosa: a universal, a original, que ninguém mais viu, senão tu. Eu a mostrei por meio de Meu Ioga. Pois é uma imagem de Meu próprio Self e de Meu próprio Espírito, o próprio Supremo representado por ele mesmo na existência cósmica, e a alma que está em perfeito Ioga comigo a vê sem que tremam de nenhum modo suas partes nervosas ou sem nenhum assombro ou confusão na mente, porque ele enxerga não apenas o que é terrível e avassalador nessa aparência, mas também o que ela significa de elevado e tranquilizador. E tu também deves encarar isso sem medo, sem confusão na mente, sem que teus membros sucumbam; porém, visto que a natureza inferior em ti ainda não está pronta para olhar com essa alta força e essa tranquilidade, eu reassumo para ti Minha forma de Narayana, em que a mente humana vê, isolada e em sintonia com a humanidade, a calma, a prestimosidade e o deleite de uma Divindade que é amizade. A Forma maior" – e isso é repetido depois que a Forma desapareceu – "é apenas para as almas raras e mais elevadas. Os próprios deuses querem sempre pousar nela seus olhos. Mas os Vedas, as austeridades, os dons ou o sacrifício não podem conquistá-la; para vê-la, conhecê-la, entrar nela, é somente por essa bhakti que olha, adora e ama a Mim unicamente, em todas as coisas."

Mas qual é, então, o caráter único dessa Forma que a eleva tão mais além da percepção que toda tentativa habitual do conhecimento humano, e mesmo a austeridade mais profunda de seu esforço espiritual, são insuficientes, sem ajuda, para alcançar a visão? É que o indivíduo pode conhecer por outros meios esse ou aquele aspecto exclusivo da existência única, sua aparência individual ou cósmica ou aquela que exclui o mundo, mas não essa Unidade suprema que reconcilia todos os aspectos da Divindade, em que tudo é, ao mesmo tempo e na mesma visão, manifestado, superado, consumado. Pois, aqui, a Divindade transcendente, universal e individual, Espírito e Natureza, Infinito e finito, espaço, tempo e ausência de tempo, Ser e Vir a Ser, tudo o que podemos nos esforçar para pensar e conhecer da Divindade, quer na existência absoluta, quer na existência manifestada, tudo é maravilhosamente revelado em uma unidade inefável. Essa visão só pode ser alcançada pela adoração absoluta, o amor, a unidade íntima que, em seu cume, coroa a plenitude das obras e do conhecimento. Conhecer essa Forma, vê-la, entrar nela, ser uno com essa suprema Forma do Supremo, torna-se, então, possível, e é esse fim que a Gītā propõe para seu Ioga. Há uma consciência suprema por meio da qual é possível entrar na glória do Transcendente e conter nele o Self imutável e todo Devenir mutável – é possível ser uno com tudo e, no entanto, acima de tudo, abarcar ao mesmo tempo toda a natureza do Divino, tanto a cósmica quanto a supracósmica. Isso, na verdade, é difícil para o ser humano limitado, aprisionado em sua mente e em seu corpo, porém, diz a Divindade, "sê o executante de Minhas obras, aceita-Me como o ser supremo e o objeto supremo, torna-te Meu bhakta, sejas livre de apegos e não tenhas inimizades com existência alguma; pois aquele que vive assim, vem a Mim". Em outras palavras, a superioridade em relação à natureza inferior, a unidade com todas as criaturas, a união com a Divindade cósmica e com a Transcendência, a união da vontade com o Divino nas obras, o amor absoluto pelo Um e por Deus em tudo – esse é o caminho para a absoluta superação de si no plano espiritual e para essa inimaginável transformação.

CAPÍTULO XII

O CAMINHO E O BHAKTA

No undécimo capítulo da Gītā, o objeto original do ensinamento foi alcançado e levado à certa completude. A ordem foi dada para executar uma ação divina para o mundo e em união com o Espírito que aí habita, assim como em todas as suas criaturas, e em quem todas as operações do mundo acontecem – e o vibhuti aceitou a ordem. O discípulo foi conduzido para longe do velho equilíbrio do indivíduo normal e das normas, motivos, perspectivas, da consciência egoística de sua ignorância, para longe de tudo o que, no final, o havia traído na hora de sua crise espiritual. A própria ação que, nessa base, ele havia rejeitado, a terrível função, o labor pavoroso, ele agora foi levado a admitir e a aceitar em uma nova base interior. Um conhecimento maior conciliador, uma consciência mais divina, um alto motivo impessoal, uma norma espiritual de unidade com a vontade do Divino agindo no mundo a partir da luz da origem e com a força motriz da natureza espiritual – esse é o novo princípio interior das obras, que deve transformar a velha ação ignorante. Um conhecimento que abarca a unidade com o Divino e chega, pelo Divino, a uma unidade consciente com todas as coisas e com todos os seres, uma vontade vazia de egoísmo, que age apenas pelo comando e como um instrumento do Mestre secreto das obras; um amor divino cuja única aspiração é a busca de uma intimidade estreita com a Alma suprema de toda a existência; consumada pela unidade desses três poderes aperfeiçoados, uma unidade interior que abrange tudo – unidade com o Espírito transcendente e universal, com a Natureza e com todas as criaturas –, essa é a base oferecida ao indivíduo liberado para suas atividades. Pois, a partir dessa base, a alma nele pode permitir à natureza instrumental agir com segurança; ele é elevado acima de tudo o que causa os tropeços, liberado do egoísmo e de suas limitações, salvo de todo medo do pecado e do mal e de suas consequências, enaltecido ao sair dessa servidão à natureza exterior e à ação limitada que é o nó da Ignorância. Ele pode agir segundo o poder da Luz e não mais na penumbra ou na obscuridade e uma sanção divina sustenta sua conduta a cada passo. A dificuldade que havia surgido da antinomia entre a liberdade do Espírito e a servidão da alma na Natureza, foi resolvida por uma reconciliação luminosa entre o Espírito e a Natureza. Essa antinomia existe para a mente na ignorância; ela deixa de existir para o espírito que possui o conhecimento.

Porém, há algo mais a ser dito a fim de ressaltar todo o significado da grande mudança espiritual. O duodécimo capítulo nos conduz a esse conhecimento ainda não formulado, e os seis últimos capítulos que seguem o desenvolvem até uma grande conclusão final. Essa coisa que ainda está para ser dita move-se em torno da diferença entre o ponto de vista vedântico corrente de liberação espiritual e a liberdade maior e mais abrangente que o ensinamento da Gītā possibilita ao espírito. Há agora um retorno evidente a essa diferença. A via vedântica comum passava pela porta de um conhecimento austero e exclusivo: O Ioga, a unidade que ela reconhecia como meio e como essência a ser assimilada da liberação espiritual, era um Ioga de conhecimento puro e unidade imóvel, com um supremo Imutável, um Indefinível absoluto – o Brahman não manifestado, infinito, silencioso, intangível, distante, muito acima de todo esse universo de relações. Na via proposta pela Gītā o conhecimento é, de fato, a fundação indispensável, mas é um conhecimento integral. As obras integrais e impessoais são o primeiro meio indispensável; porém, um amor e uma adoração vastos e profundos aos quais um Não Manifestado sem relações, um Brahman distante e inamovível não podem dar resposta – visto que essas coisas demandam uma relação e uma profunda intimidade pessoal –, esse amor e essa adoração são o mais poderoso e o mais alto poder de liberação, de perfeição espiritual e Ananda imortal. A Divindade com a qual a alma do indivíduo deve entrar nessa mais íntima unidade é, de fato, em seu estado supremo, um Impensável transcendente demasiado grande para qualquer manifestação, Parabrahman; mas Ele é, ao mesmo tempo, a Alma viva suprema de todas as coisas. Ele é o Senhor supremo, o Mestre das obras e da natureza universal. Ao mesmo tempo, Ele ultrapassa e habita a alma, a mente e o corpo da criatura enquanto seu self. Ele é Purushottama, Parameshvara e Paramatman e, em todos esses aspectos iguais, a mesma Divindade única e eterna. É no despertar para esse conhecimento conciliador integral que se encontra o largo portão da completa liberação da alma e de uma inimaginável perfeição da natureza. É à Divindade na unidade de todos os seus aspectos, que nossas obras, nossa adoração e nosso conhecimento devem ser dirigidos como um constante sacrifício interior. É nessa alma suprema, Purushottama, que transcende o universo mas é também o espírito que o contém, o habita e o possui, assim como o mostra de maneira poderosa a visão de Kurukshetra, é nessa alma que o espírito liberado deve entrar, uma vez que tenha alcançado a visão e o conhecimento daquilo que ela é em todos os seus princípios e poderes da existência, uma vez que ele seja capaz de pegar e fruir a unidade múltipla que ela possui, *jñātuṁ draṣṭuṁ tattvena praveṣṭuṁ ca.*

A liberação proposta pela Gītā não é uma abolição em que o ser pessoal da alma esquece a si mesmo na absorção no Um, *sāyujya mukti*; ela é todos os tipos de união ao mesmo tempo. Há uma inteira unificação com a Divindade suprema na essência do ser e uma intimidade da consciência e uma identidade da beatitude, *sāyujya* – pois um dos objetos desse Ioga é tornar-se Brahman, *brahmabhūta.* Há uma morada eterna extática na existência suprema do Mais-Alto, *sālokya* – pois é dito: "Tu terás tua morada em Mim", *nivasiṣyasi mayyeva.* Há um amor e uma adoração eternos em uma proximidade unificadora, o espírito liberado é abraçado por seu Amante divino e pelo Self que o envolve com suas infinitudes, *sāmīpya.* Há uma identidade da natureza liberada com a natureza divina, *sādṛśya mukti* – pois a perfeição do espírito livre é tornar-se semelhante ao Divino, *madbhāvam āgataḥ*, e ser uno com Ele na lei de seu ser e na lei de suas obras e de sua natureza, *sādharmyam āgataḥ.* O Ioga ortodoxo do conhecimento tem como objetivo uma imersão insondável na existência única e infinita, *sāyujya*; e vê somente isso como a completa liberação. O Ioga da adoração considera uma habitação ou proximidade eternas como a maior liberação, *sālokya, sāmīpya.* O Ioga das obras conduz à unidade no poder de ser e de natureza, *sādṛśya.* Mas a Gītā abrange todos esses resultados em sua integralidade universal e os funde todos em uma liberdade e perfeição divinas que são as maiores e as mais ricas.

Arjuna é levado a formular uma questão sobre essa diferença. Deve ser lembrado que a distinção entre o impessoal e imutável Akshara Purusha e a Alma suprema que é, ao mesmo tempo, impessoalidade e Pessoa divina e muito mais que ambas – que essa distinção capital, implícita nos últimos capítulos e no divino "Eu" de que Krishna não cessou de falar, *aham, mām,* não foi feita até agora, nem de maneira definida nem de maneira exata. Nós a antecipamos do início ao fim, para compreender desde o começo o pleno significado da mensagem da Gītā, caso contrário, seríamos obrigados a voltar atrás, ao mesmo terreno visto de outro modo e sob a perspectiva da luz dessa verdade maior. Primeiro, Arjuna recebeu a ordem de deixar sua personalidade separada afundar-se na calma impessoalidade do self único, eterno e imutável, um ensinamento que combinava muito bem com suas noções prévias e não apresentava dificuldade alguma. Mas agora, confrontado com a visão desse transcendente maior, dessa Divindade universal mais vasta, ele recebe a ordem de buscar a unidade com Ela por meio do conhecimento, das obras e da adoração. Portanto, para que seja eliminada uma dúvida que, de outro modo, poderia surgir, ele pergunta: "Desses devotos que, assim, por uma união constante, Te buscam, *tvām*, e daqueles que buscam o Imutável não manifestado, quais são aqueles que têm o maior conhecimento do Ioga?". O que faz lembrar a distinção feita no início por expressões como "no self e, depois, em Mim", *ātmani atho mayi*; Arjuna indica a distinção, *tvām*, *akṣaram avyaktam*. Tu és, diz ele, em substância, a Fonte e a Origem supremas de todos os seres, uma Presença imanente em todas as coisas, um Poder que, em tuas formas, permeia o universo, uma Pessoa manifestada em Teus vibhutis, manifestada nas criaturas, manifestada na Natureza, estabelecido como Senhor das obras no mundo e em nossos corações por Teu poderoso Ioga universal. Como tal, eu devo Te conhecer, adorar e me unir a Ti em todo o meu ser, em toda a minha consciência, em meus pensamentos, meus sentimentos e minhas ações, *satata-yukta*. Mas o que acontece, então, com esse Imutável que jamais se manifesta, jamais assume alguma forma, se mantém retirado e à parte de toda ação e não entra em nenhuma relação com o universo nem com nada no universo, é eternamente silencioso e uno e impessoal e imóvel? Segundo todas as noções correntes, esse Self eterno é o maior Princípio e a Divindade na manifestação é uma representação inferior: é o não manifestado e não o manifestado, que é o Espírito eterno. Como, então, a união que admite a manifestação, que admite o que é o menos importante, passa, no entanto, a se tornar o maior conhecimento ióguico?

A essa pergunta Krishna responde com força e firmeza: "Aqueles que estabelecem em Mim sua mente e, por uma união constante, possuidores de uma fé suprema, Me buscam, esses Eu considero como os mais perfeitamente unidos em Ioga". A fé suprema é aquela que busca Deus em tudo e, a seus olhos, a manifestação e a não manifestação são uma única Divindade. A união perfeita é aquela que encontra o Divino a cada instante, em cada ação e com toda a integralidade da natureza. Mas também aqueles que, por uma ascensão difícil, buscam somente o Imutável indeterminável e não manifestado, diz a Divindade, chegam a Mim. Pois eles não se enganam sobre o objetivo, mas seguem um caminho mais difícil, menos completo e menos perfeito. No melhor dos casos, para alcançar o Absoluto não manifestado, eles devem subir e atravessar o Imutável manifestado aqui. Esse manifestado Imutável é Minha impessoalidade e Meu silêncio, que permeiam tudo; vasto, impensável, imóvel, constante, onipresente, ele sustenta a ação da personalidade, mas não participa dela. Ele não oferece ponto de apoio à mente; ele só pode ser alcançado por uma impessoalidade e um silêncio espiritual sem movimento, e aqueles que o seguem de maneira exclusiva devem restringir, sem exceção, e mesmo reabsorver por completo, a ação da mente e dos sentidos. No entanto, pela igualdade de sua compreensão, pela sua visão de um self único em todas as coisas e pela tranquila benignidade de sua vontade silenciosa em relação ao bem de todas as existências, eles também Me encontram em todos os objetos e em todas as criaturas. Não menos do que aqueles que se unem ao Divino em todos os seus modos de existir, *sarva-bhāvena*, e entram de maneira ampla e plena no manancial impensável e vivo das coisas universais, *divyaṁ puruṣam acinthya-rūpam*, também esses buscadores, que atravessam essa mais difícil unidade exclusiva em direção a um Absoluto não manifestado e sem relações, encontram no final o mesmo Eterno. Mas esse é um caminho menos direto e mais árduo; não é o pleno movimento natural da natureza humana espiritualizada.

E não se deve pensar que, por ser mais árduo, esse processo seja, por essa razão, superior e mais eficaz. A via da Gītā, mais fácil, conduz de maneira mais rápida, mais natural e mais normal à mesma liberação absoluta. Pois, se ela aceita a Pessoa divina, isso não quer dizer que ela seja apegada às limitações mentais e sensoriais da Natureza encarnada. Ao contrário, essa aceitação liberta, com prontidão e eficácia, das amarras fenomênicas do nascimento e da morte. O iogue do conhecimento exclusivo impõe-se um combate doloroso com as múltiplas exigências de sua natureza; ele lhes recusa mesmo suas satisfações mais elevadas e extirpa de si mesmo seus impulsos espirituais voltados para o alto quando estes implicam relações ou não podem alcançar um absoluto negativo. Ao caminho vivo da Gītā, ao contrário, encontra o mais intenso meio de orientar todo o nosso ser em direção ao alto e, o voltando para Deus, usa o conhecimento, a vontade, o sentimento e o instinto de perfeição como tantas asas poderosas de uma liberação ascendente. O Brahman não manifestado, em sua unidade indefinível, é uma coisa que as almas encarnadas só podem alcançar – e isso com dificuldade – por uma mortificação constante, um sofrimento de todos os membros reprimidos, uma dificuldade áspera e uma angústia da natureza, *duḥkham avāpyate, kleśo 'dhikataras teṣām*. A Unidade indefinível aceita tudo o que sobe até ela, mas não oferece ajuda de relações nem ponto de apoio ao escalador. Tudo deve ser feito por meio de uma austeridade severa e um esforço individual rígido e solitário. Como é diferente para aqueles que buscam o Purushottama segundo a via da Gītā! Quando meditam n'Ele em um Ioga que não vê ninguém mais porque nesse Ioga tudo é Vasudeva, o Purushottama vem a eles em cada lugar, em cada movimento, todo o tempo, com formas e rostos inumeráveis, eleva a lâmpada do conhecimento interior e inunda toda a existência com seu brilho divino e feliz. Iluminados, eles discernem o Espírito supremo em cada forma e em cada face e chegam de imediato, por meio de toda a Natureza, ao Senhor da Natureza. Chegam, por meio de todos os seres, à Alma de todo ser, chegam, por meio deles mesmos, ao Self de tudo o que eles são; de pronto, eles atravessam centenas de aberturas ao mesmo tempo e entram nisso em que tudo tem sua origem. O outro método, de uma difícil imobilidade sem relações, tenta retirar-se de toda ação, mesmo sendo isso impossível para as criaturas encarnadas. Aqui, todas as ações são entregues ao Mestre supremo da ação, ele, enquanto Vontade suprema, recebe a vontade do sacrifício, toma dela sua carga e se encarrega ele mesmo das obras da Natureza divina em nós. E quando, do mesmo modo, em sua elevada paixão de amor, o discípulo do Amante e Amigo dos seres humanos e de todas as criaturas, projeta n'Ele todo seu coração de consciência e seu desejo ardente de experienciar o deleite, então o Supremo vem a ele rapidamente, como salvador e libertador, e o exalta por uma feliz inclusão de sua mente, de seu coração e de seu corpo, que o faz sair das ondas do mar da morte e passar dessa natureza mortal à segurança do seio do Eterno.

Então, essa via é a mais rápida, a mais vasta e a maior. Em Mim, diz a Divindade à alma do homem, repousa tua mente e aloja toda tua compreensão: Eu as elevarei até Mim, de quem todas as coisas fluem, banhadas no ardor supernal do amor, da vontade e do conhecimento divinos. Não duvides, tu terás tua morada em Mim, acima dessa existência mortal. A cadeia da natureza terrestre limitadora não pode reter o espírito imortal exaltado pela paixão, pelo poder e pela luz do amor, da vontade e do conhecimento eternos. Há, sem dúvida, dificuldades nesse caminho também, pois há a natureza inferior com sua feroz ou obtusa gravitação para o baixo, que resiste e luta contra o movimento ascendente e obstrui as asas da exaltação e do enlevo ascendentes. A consciência divina, mesmo quando já foi encontrada, no início, na maravilha de grandes momentos ou em períodos calmos e esplêndidos, não pode ser retida completamente ou chamada de volta segundo nossa vontade. Sente-se com frequência uma incapacidade para manter a consciência pessoal fixa com firmeza no Divino; há noites de longo exílio longe da Luz, há horas ou momentos de revolta, de dúvida ou de fracasso. Porém, mesmo assim, pela prática da união e pela repetição constante da experiência, a influência desse espírito supremo cresce no ser e toma posse da natureza de maneira permanente. É também isso considerado muito difícil por causa do poder e da persistência do movimento exteriorizado da mente? Então, há um meio simples: cumprir todas as ações para o Senhor da ação, a fim de que cada movimento da mente, voltado para o exterior, seja associado à verdade espiritual interior do ser e chamado de volta, em seu próprio movimento, para a realidade eterna e conectado com sua fonte. Então, a presença do Purushottama influenciará mais ainda o ser humano natural, até que ele seja preenchido por ela e se torne uma divindade e um espírito; toda a vida se tornará uma lembrança constante de Deus e a perfeição também crescerá, assim como a unidade de toda a existência da alma humana com a Existência suprema.

Porém, talvez mesmo essa lembrança constante de Deus e a elevação constante de nossas obras a Ele possa parecer ir além do poder da mente limitada, porque, em seu esquecimento, ela se volta para o ato e seu objeto exterior e não se recordará de olhar dentro e de depositar todos os nossos movimentos no altar divino do Espírito. Nesse caso, o meio é controlar o self inferior na ação e executar as obras sem desejo pelos frutos. Devemos renunciar a todos os frutos, oferecê-los ao Poder que dirige a obra – e, no entanto, a obra deve ser executada, aquela que esse Poder impõe à Natureza. Desse modo, então, o obstáculo diminui com regularidade e desaparece sem dificuldade, a mente é deixada livre para se lembrar do Senhor e se fixar na liberdade da consciência divina. E, aqui, a Gītā dá uma escala de potências ascendentes e atribui a palma de excelência a esse Ioga da ação sem desejo. *Abhyāsa*, a prática de um método, a repetição de um esforço e de uma experiência é algo grande e poderoso; porém, melhor que isso é o conhecimento, em que o pensamento se volta de maneira vitoriosa e luminosa em direção à Verdade por trás das coisas. Esse pensamento-conhecimento é também ultrapassado por uma concentração silenciosa e completa na Verdade, a fim de que a consciência possa, por fim, viver nela e ser sempre una com ela. Porém, ainda mais poderosa é a entrega do fruto das obras, porque isso destrói de imediato todas as causas de perturbação e traz e preserva automaticamente uma calma e paz interiores, e a calma e a paz formam o alicerce em que tudo o mais se torna uma posse perfeita e segura para o espírito tranquilo. Então, a consciência pode ficar à vontade, fixar-se com felicidade no Divino e se elevar, serena, à perfeição. Então, o conhecimento, a vontade e a devoção poderão também elevar seus cumes a partir de um terreno firme de calma sólida e entrar no éter da Eternidade.

Qual será, então, a natureza divina, qual será o estado superior de consciência e de ser do bhakta que seguiu esse caminho e se voltou para a adoração do Eterno? A Gītā anuncia, em numerosos versos, as mudanças implícitas em sua primeira e contínua exigência sobre a igualdade, a ausência de desejo, a liberdade do espírito. Isso deve sempre ser a base – e daí a razão de tanta insistência no início. E nessa igualdade, a bhakti, o amor e a adoração do Purushottama devem erguer o espírito em direção a alguma perfeição muito alta e muito grande da qual essa calma igualdade será a vasta fundação. Muitas fórmulas dessa consciência equânime fundamental são dadas aqui. Primeiro, uma ausência de egoísmo, do sentido do eu e do meu, *nirmano nirahaṅkāraḥ*. O bhakta do Purushottama é aquele que tem um coração e uma mente universais, aquele que rompeu todas as paredes estreitas do ego. Um amor universal habita em seu coração, de onde se derrama uma compaixão universal como um mar que circunda tudo. Ele terá amizade e piedade por todos os seres e nenhum ódio pelas coisas vivas: pois ele é paciente, longânime, resistente – um poço de perdão. Dele, é um contentamento sem desejo, uma tranquila igualdade diante do prazer e da dor, do tormento e da felicidade, um controle inabalável de si mesmo, a vontade e a resolução firmes e inalteráveis do iogue e um amor e devoção que entregam toda a mente e toda a razão ao Senhor, ao Mestre de sua consciência e de seu conhecimento. Ou, simplesmente, ele será aquele que está liberado da natureza inferior perturbada e agitada e de suas ondas de alegria, de medo, de ansiedade, de desagrado e de desejo, um espírito de calma para quem o mundo não está aflito ou perturbado, nem ele está aflito ou perturbado pelo mundo – uma alma de paz, com quem todos estão em paz.

Ou, então, ele será aquele que entregou todo desejo e toda ação ao Mestre de seu ser, aquele que é puro e tranquilo, indiferente a tudo o que vier, não pesaroso ou aflito por quaisquer resultados ou eventos, aquele que rejeitou de si toda iniciativa egoística pessoal e mental, seja para o ato interior, seja para o ato exterior, aquele que deixa a vontade divina e o conhecimento divino fluírem através de si sem se deixar desviar por suas resoluções, preferências e desejos pessoais e, ainda assim, por essa razão mesma, é rápido e hábil em todas as ações de sua natureza, porque essa unidade sem defeito com a vontade suprema, essa pura instrumentação, é a condição da habilidade maior nas obras. Também, ele será aquele que não deseja o agradável e não se rejubila com seu contato, assim como não abomina o desagradável nem sofre com o seu peso. Ele aboliu a distinção entre os eventos afortunados e os desafortunados, porque sua devoção recebe todas as coisas do mesmo modo, como boas, das mãos de seu eterno Amante e Mestre. O amante de Deus, caro a Deus, é uma alma de vasta igualdade, igual em relação ao amigo e ao inimigo, igual em relação à honra e ao insulto, ao prazer e à dor, ao elogio e à reprovação, ao pesar e à felicidade, ao calor e ao frio, em relação a tudo o que perturba a natureza comum com afeições opostas. Ele não terá apego nem às pessoas nem às coisas, nem aos lugares nem às moradias; estará contente e satisfeito com tudo o que poderá lhe circundar, com todas as relações que os demais poderão ter com ele, com tudo o que lhe seja reservado como posição ou como destino. Ele conservará uma mente firme em todas as coisas, porque sua mente permanecerá constantemente no self superior e estará para sempre fixa no objeto único de seu amor e de sua adoração. A igualdade, a ausência de desejo e a liberdade em relação à natureza inferior egoística e às suas pretensões são sempre a única perfeita fundação exigida pela Gītā para a grande liberação. Até o fim, são repetidos com insistência seu primeiro ensinamento de base e seu desiderato original: a alma calma do conhecimento que vê o self único em todas as coisas; a tranquila igualdade sem ego que resulta desse conhecimento, a ação sem desejo ofertada nessa igualdade ao Mestre das obras, a entrega de toda a natureza mental do indivíduo ao espírito mais poderoso que habita dentro. E a coroa dessa igualdade é o amor baseado no conhecimento, consumado na ação instrumental, expandido a todas as coisas e a todos os seres, um amor vasto que absorve e contém tudo – amor pelo Self divino que é Criador e Mestre do universo, *suhṛdaṁ sarva-bhūtānāṁ sarva-loka-maheśvaram*.

Esse é o fundamento, a condição, o meio, pelos quais a perfeição espiritual suprema é conquistada, e aqueles que possuem isso de uma maneira ou de outra Me são caros, diz o divino, *bhaktimān me priyaḥ*. Mas, muitíssimo mais caros, *atīva me priyāḥ*, são aquelas almas mais próximas da Divindade, cujo amor por Mim completa-se pela perfeição ainda mais vasta e maior, da qual Eu acabei de te mostrar a via e o processo. Esses são os bhaktas que fazem do Purushottama seu objetivo único e supremo, e seguem com uma fé e exatidão perfeitas o Darma imortalizador descrito nesse ensinamento. Na linguagem da Gītā, darma significa a lei inata do ser e de suas obras e uma ação que procede da natureza interior e é determinada por ela, *svabhāva-niyataṁ karma*. Na consciência ignorante inferior da mente, da vida e do corpo há muitos darmas, regras, normas e leis porque há, para a natureza mental, vital e física, muitas determinações e tipos variáveis. O dharma imortal é um; é aquele da divina consciência espiritual mais alta e de seus poderes, *parā prakṛtiḥ*. Está além das três gunas e, para chegar a ele, todos esses darmas inferiores devem ser abandonados, *sarva-dharmān parityajya*. Somente a única Consciência-Poder do Eterno, libertadora e unificadora, deverá substituí-los e se tornar a fonte infinita e o molde de nossa ação, determinante e exemplar. Elevar-se e sair de nosso egoísmo pessoal inferior, entrar na calma impessoal e igual do imutável e eterno Akshara Purusha que impregna tudo e, a partir daí, aspirar a uma entrega de toda a nossa natureza e de toda a nossa existência àquele que é diferente e mais elevado do que o Akshara – essa é a primeira necessidade desse Ioga. Na força dessa aspiração podemos nos elevar ao Darma imortal. Lá, ao tornar-se um em ser, em consciência, em divina beatitude com o superior Uttama Purusha, ao tornar-se um com sua natureza-força dinâmica, *svā prakṛtiḥ*, o espírito liberado poderá conhecer sem fim, amar sem limites, agir sem erro segundo o poder autêntico de uma imortalidade que é a mais alta e de uma liberdade perfeita. O restante da Gītā é escrito para lançar uma luz mais completa no Darma imortal.

PARTE II

O SEGREDO SUPREMO

CAPÍTULO XIII

O CAMPO E O CONHECEDOR DO CAMPO[1]

A Gītā, a fim de basear em um conhecimento claro e completo o meio que a alma tem de se elevar da natureza inferior à natureza divina, em seus últimos capítulos expõe mais uma vez e de outra forma as luzes que o Instrutor já havia dado a Arjuna. Em essência, é o mesmo conhecimento, mas os detalhes e as relações são agora mais proeminentes e todo o seu significado lhes é atribuído; pensamentos e verdades são expressos em seu pleno valor, aos quais foram feitas apenas alusões rápidas ou que se encontravam, em geral, expostos à luz de outro propósito. Assim, nos primeiros seis capítulos, a proeminência é dada ao conhecimento que é necessário para a distinção entre o self imutável e a alma velada na natureza. As referências ao Self supremo e ao supremo Purusha foram sumárias e nada explícitas; esse Purusha era um postulado estabelecido a fim de justificar as obras no mundo e se afirmava que ele era o Mestre do ser, mas à parte isso, não havia nada que indicasse o que ele era, suas relações com o resto nem sequer eram sugeridas e muito menos desenvolvidas. Os capítulos remanescentes dedicam-se a pôr toda a luz nesse conhecimento supresso e a estabelecer com força sua proeminência. É ao Senhor, ao Ishvara, e à distinção entre a natureza superior e a natureza inferior e à visão do Divino, origem e constituinte de tudo na Natureza, é ao Um em todos os seres que é atribuído o papel principal nos próximos seis *Adhyayas*[2] (7-12) a fim de fundamentar uma unidade-raiz das obras e do amor com o conhecimento. Mas agora é necessário expressar de modo mais definitivo as relações precisas entre o Purusha supremo, o Self imutável, o Jiva e a Prakriti em sua ação e em suas gunas. Arjuna é levado, então, a fazer uma pergunta que

1. Gītā, XIII.
2. Capítulos. (N. da T.)

evocará uma elucidação mais clara desses temas ainda mal esclarecidos. Ele pede para aprender sobre o Purusha e a Prakriti; ele pergunta sobre o campo do ser, o conhecedor do campo e o conhecimento e o objeto do conhecimento. Aqui está contida a soma de todo o conhecimento do self e do mundo que é ainda necessário, se a alma deve rejeitar sua ignorância natural e se, fortalecendo seus passos por meio de um justo uso do conhecimento, da vida, das obras e de suas próprias relações com o Divino nessas coisas, ela deve se elevar à unidade do ser com o Espírito eterno da existência.

A essência das ideias da Gītā quanto a essas questões já foi elucidada em certa medida, antecipando a evolução final de seu pensamento; porém, seguindo seu exemplo, podemos expressá-la mais uma vez do ponto de vista de sua preocupação atual. A ação sendo admitida, uma ação divina realizada com o autoconhecimento enquanto instrumento da Vontade divina no cosmos, e aceita como de todo coerente com o estado brâmine e como parte indispensável do movimento em direção a Deus – essa ação, sendo interiormente elevada em um sacrifício cheio de adoração ao Mais Alto, como esse método afetaria, na prática, o grande objetivo da vida espiritual, que é se elevar da natureza inferior à natureza superior, do ser mortal ao ser imortal? Toda a vida, todas as obras são uma operação entre a alma e a Natureza. Qual é o caráter original dessa operação? O que se torna ela em seu ponto espiritual culminante? A que perfeição ela conduz a alma que se libera de seus motivos inferiores e externos e cresce interiormente até o mais alto equilíbrio do Espírito e à mais profunda força motriz das obras de sua energia no universo? Essas são as perguntas implicadas – há outras que a Gītā não fez ou a que não responde, pois elas não tinham nada de urgente para a mente humana daquela época e são respondidas no sentido da solução extraída de uma combinação cuja visão vasta abarca os pontos de vista do Vedanta, do Sankhya e do Ioga sobre a existência, e que é o ponto de partida de todo o pensamento da Gītā.

A Alma que se encontra aqui, encarnada na Natureza, tem, para sua autoexperiência, uma realidade tripla. Ela é, primeiro, um ser espiritual, em aparência sujeita pela ignorância às operações exteriores da Prakriti e é representada, em sua mobilidade, como uma personalidade que age, pensa e é mutável como uma criatura da Natureza, como um ego. Em seguida, quando vai por trás de toda essa ação e moção, ela descobre que sua realidade superior é um self eterno e impessoal e um espírito imutável, que não toma parte na ação e no movimento senão para sustentá-los com sua presença e observá-los como faria uma testemunha equânime e impassível. E, por fim, quando olha mais além desses dois selfs opostos, ela descobre uma Realidade inefável e maior de onde procedem os dois, o Eterno que é o Self do self e o Mestre de toda a Natureza e de todas as ações, e não apenas o Mestre, mas a origem, o sustento espiritual e a cena dessas operações de sua própria energia no cosmos, e não apenas a origem e o recipiente espiritual, mas o habitante espiritual em todas as forças, em todas as coisas e em todos os seres, e não apenas o habitante, mas é, ele mesmo – pelos desenvolvimentos dessa eterna energia de seu ser que chamamos Natureza – todas as energias e todas as forças, todas as coisas e todos os seres. Essa Natureza é, ela mesma, de dois tipos, uma, derivada e inferior, a outra, original e suprema. Há uma natureza inferior do mecanismo cósmico; ao se associar a ela, a alma na Prakriti vive em certa ignorância originada da Maia – *traiguṇamayī māyā*, concebe-se como o ego de uma mente e de uma vida encarnadas, age sob o poder dos três modos da Natureza, vê-se atada, sofredora, limitada pela personalidade, encadeada à obrigação do nascimento e à roda da ação: uma coisa voltada para os desejos, transitória, mortal, uma escrava de sua própria natureza. Acima desse poder inferior da existência há uma natureza espiritual mais alta e mais divina, a de seu ser verdadeiro, em que esta alma é para sempre uma porção consciente do Eterno e Divino, bem-aventurada, livre, superior à sua máscara de vir a ser, imortal, imperecível, um poder da Divindade. Elevar-se ao Eterno por essa natureza superior, por meio do conhecimento, do amor e dos trabalhos divinos baseados em uma universalidade espiritual é a chave da liberação espiritual completa. Isso foi clarificado; devemos agora ver mais em detalhe as considerações adicionais que essa mudança de ser implica e, sobretudo, qual é a diferença entre essas duas naturezas e como nossa ação e nosso estado-de-alma são afetados pela liberação. Com esse propósito, a Gītā aprofunda-se e entra em certos detalhes do mais alto conhecimento que, até agora, havia deixado em segundo plano. Ela insiste sobretudo nas relações entre o Ser e o vir a ser, a Alma e a Natureza, a ação das três gunas, a mais alta libertação, o dom de si maior e mais completo da alma humana ao Espírito Divino. Em tudo o que ela diz nesses seis últimos capítulos há muitas coisas da maior importância, mas é o último pensamento, com o qual ela encerra, que é de supremo interesse; pois encontramos nele a ideia central de seu ensinamento, a grande palavra dirigida à alma humana, sua mensagem suprema.

Primeiro, o todo da existência deve ser visto como um campo em que a alma constrói e age em meio à Natureza. A Gītā explica o *kṣetram* – o campo –

dizendo que é esse corpo que é chamado o campo do espírito, e que nesse corpo há alguém que toma consciência do campo, *kṣetrajña*, o conhecedor da Natureza. É evidente, contudo, a partir das definições que vêm depois, que o campo não é apenas o corpo físico, mas também tudo o que o corpo sustenta, o trabalho da natureza, a mentalidade, a ação natural da objetividade e da subjetividade de nosso ser.[3] Esse corpo mais vasto também é apenas o campo individual; há um corpo maior, universal, um corpo-mundo, um campo mundial do mesmo Conhecedor. Pois em cada criatura encarnada encontra-se esse Conhecedor único: em cada existência ele utiliza sobretudo, e de maneira central, esse único resultado exterior do poder de sua natureza que ele formou para sua habitação, *īśā vāsyaṁ sarvaṁ yat kiñca*; ele faz de cada nó distinto e sustentado de sua Energia móvel a primeira base e o primeiro raio de ação de suas crescentes harmonias. Na Natureza, ele conhece o mundo como este afeta a consciência e como é refletido pela consciência nesse único corpo limitado; o mundo existe para nós como é visto em nossa mente individual – e, no final, mesmo essa consciência encarnada, pequena em aparência, pode alargar-se de modo a conter todo o universo, *ātmani-viśva-darśanam*. Porém, fisicamente, é um microcosmo em um macrocosmo e o macrocosmo também, o vasto mundo também, é um corpo e um campo habitados pelo conhecedor espiritual.

Isso se torna evidente quando a Gītā prossegue e expõe o caráter, a natureza, a fonte, as deformações, os poderes dessa encarnação sensível de nosso ser. Vemos, então, que este é todo o trabalho da Prakriti inferior que se entende como *kṣetra*. Essa totalidade é o campo de ação do espírito encarnado em nós aqui, o campo do qual ele toma conhecimento. Para um conhecimento diversificado e detalhado de todo esse mundo da Natureza em sua ação essencial, assim como a vemos do ponto de vista espiritual, somos reportados aos versos dos antigos videntes, os videntes do Veda e dos Upanishads, nos quais encontramos a explicação inspiradora e intuitiva dessas criações do Espírito e aos Brahma Sutras, que nos darão a análise racional e filosófica. A Gītā contenta-se com uma breve exposição prática da natureza inferior de nosso ser nos termos dos pensadores do Sankhya. Primeiro, há a Energia indiscriminada e não manifestada; a partir dela surgiu a evolução objetiva dos cinco estados elementares da matéria, assim como a evolução subjetiva dos sentidos, da inteligência e do ego; há também cinco objetos dos sentidos ou, antes, cinco maneiras diferentes de tomar conhecimento

3. O Upanishad fala de um corpo ou de um quíntuplo invólucro da Natureza: físico, vital, mental, ideal e divino. É isso que pode ser considerado a totalidade do campo, *kṣetram*.

do mundo de modo sensorial, cinco poderes desenvolvidos pela energia universal a fim de lidar com todas as formas das coisas que ela criou a partir dos cinco estados elementares assumidos pela sua substância original objetiva – relações orgânicas, pelas quais o ego dotado de inteligência e de sensibilidade atua sobre as formações do cosmos: essa é a constituição do kshetra. Em seguida, há uma consciência geral que inspira e depois ilumina a Energia em suas obras. Há uma faculdade dessa consciência pela qual a Energia mantém as relações dos objetos; há também uma continuidade, uma persistência das relações subjetivas e objetivas de nossa consciência com seus objetos. Esses são os poderes necessários do campo; todos eles são comuns e universais e pertencem ao mesmo tempo à Natureza mental, vital e física. O prazer e a dor, a preferência e a aversão são as deformações principais do kshetra. Do ponto de vista vedântico podemos dizer que prazer e dor são deformações vitais ou sensoriais dadas pela energia inferior à Ananda espontânea, ou deleite do espírito, quando entra em contato com os trabalhos da Natureza. E, do mesmo ponto de vista, podemos dizer que preferência e aversão são as deformações mentais correspondentes, que ela dá à Vontade reativa do espírito que determina a resposta aos contatos da Natureza. Essas dualidades são os termos positivos e negativos em que a alma-ego da natureza inferior frui do universo. Os termos negativos – dor, aversão, tristeza, repulsa e o resto –, são respostas deturpadas ou, no melhor dos casos, invertidas pela ignorância; os termos positivos – a preferência, o prazer, a alegria, a atração – são respostas desviadas ou, no melhor dos casos, insuficientes e de caráter inferior àquelas da experiência espiritual verdadeira.

Tomadas juntas, todas essas coisas constituem o caráter basilar de nossas primeiras operações com o mundo da Natureza, mas essa não é, evidentemente, toda a descrição de nosso ser; isso é o que somos em nossa realidade, mas não o limite de nossas possibilidades. Há, mais além, algo a conhecer, *jñeyam*, e é quando o conhecedor do campo se desvia do campo propriamente dito para aprender sobre si mesmo no campo e sobre tudo o que está por trás de suas aparências, que o verdadeiro conhecimento começa, *jñānam* – o verdadeiro conhecimento do campo não menos que o do conhecedor. Somente nos voltando para o interior é que seremos liberados da ignorância. Pois, quanto mais nos interiorizamos, mais as realidades das coisas que apreendemos são maiores e mais plenas e compreendemos a verdade completa não só de Deus e da alma, mas do mundo e seus movimentos. Por conseguinte, diz o Instrutor divino, é o conhecimento, ao mesmo tempo, do campo e de seu conhecedor, *kṣetra-kṣetrajñayor jñānam*, um conhecimento de si e do mundo unido e mesmo unificado, que é a iluminação real e a única sabedoria. Pois a alma e a natureza, ambas, são o Brahman, mas a verdadeira verdade do mundo da Natureza só pode ser descoberta pelo sábio liberado que possui também a verdade do espírito. Um Brahman, uma realidade única no Self e na Natureza é o objeto de todo o conhecimento.

A Gītā nos diz, então, o que é o conhecimento espiritual ou, antes, ela nos diz quais são as condições do conhecimento, as marcas, os sinais daquele cuja alma está voltada para a sabedoria interior. Esses sinais são as características reconhecidas e tradicionais do sábio – seu coração se retira com força do apego às coisas exteriores e mundanas, seu espírito é interiorizado e meditativo, sua mente é estável e ele possui uma calma equanimidade, seu pensamento e sua vontade estão fixamente estabelecidos nas verdades maiores e mais profundas, nas coisas reais e eternas. Primeiro, aparece certa condição moral, um governo sátvico do ser natural. Nele, estão fixas uma total ausência de arrogância e de orgulho mundanos, uma alma cândida, um coração tolerante, longânime e benigno, uma pureza da mente e do corpo, uma firmeza e uma resolução tranquilas, um autocontrole, uma governança magistral da natureza inferior e a veneração que o coração oferece ao Instrutor, seja o Instrutor divino no interior do ser, seja ao Mestre humano em que se encarnou a Sabedoria divina – pois esse é o sentido da reverência ao guru. A seguir, há uma atitude mais nobre e mais livre em relação ao mundo exterior, uma atitude de perfeito desapego e de perfeita igualdade, uma eliminação firme da atração do ser natural pelos objetos dos sentidos e uma liberdade radical das exigências desse sentido de ego, dessa ideia de ego, desse motivo egoísta constante e clamoroso que tiraniza o ser humano normal. Não nos agarramos mais ao apego e à absorção pela família e pelo lar. Em lugar desses movimentos vitais e animais há uma vontade, uma sensibilidade e uma inteligência desapegadas, uma percepção aguda da natureza defeituosa da vida comum do homem físico com sua sujeição dolorosa e sem objetivo ao nascimento, à morte, à doença, à idade, uma igualdade constante em relação a todos os eventos agradáveis ou desagradáveis – pois a alma está alojada dentro, impérvia aos choques dos eventos exteriores – e uma mente meditativa voltada para a solidão e distante do barulho vão das multidões e das assembleias humanas. Por fim, há uma forte virada interior em direção às coisas que deveras importam, uma percepção filosófica do verdadeiro sentido e dos grandes princípios da existência, uma tranquila continuidade do conhecimento e da luz espirituais interiores, o Ioga de uma devoção indefectível, o amor de Deus, a profunda e constante adoração do coração à Presença universal e eterna.

O único objeto para o qual a mente do conhecimento espiritual deve se voltar é o Eterno; fixa n'Ele, a alma anuviada aqui, recoberta pelas brumas da Natureza, recupera e frui sua consciência nativa original que é de imortalidade e transcendência. Estar fixo no transiente, estar limitado pelo fenomênico, é aceitar a mortalidade; a verdade constante nas coisas que perecem é que, nelas, aquilo que está no interior é imutável. Quando se deixa tiranizar pelas aparências da Natureza, a alma perde a si mesma e sai rodopiando ao acaso, no ciclo de nascimentos e mortes de seus corpos. Aí, seguindo de maneira apaixonada e sem fim as mutações da personalidade e seus interesses, ela não pode se retirar para possuir sua autoexistência impessoal e não nascida. Ser capaz disso quer dizer encontrar-se e retornar ao seu ser verdadeiro, aquele que assume esses nascimentos mas não perece quando perecem suas formas. Fruir a eternidade para a qual nascimento e vida são apenas circunstâncias exteriores é a verdadeira imortalidade da alma e a sua transcendência. Esse Eterno, ou essa Eternidade, é o Brahman. O Brahman é Isto que é transcendente e Isto que é universal; é o espírito livre que, na frente, sustenta o jogo da alma com a natureza e que, por trás, assegura a unidade imperecível delas; Ele é, ao mesmo tempo, o mutável e o imutável, o Tudo que é o Um. Em seu estado supremo supracósmico, o Brahman é uma Eternidade transcendente sem origem nem mudança, muito acima, distante das oposições fenomênicas da existência e da não existência, da persistência e da transitoriedade, entre as quais o mundo exterior se move. Porém, uma vez que o vimos na substância e na luz dessa eternidade, o mundo também se torna outro, diferente do que parece para a mente e para os sentidos; pois então não vemos mais o universo como um turbilhão da mente, da vida e da matéria, nem como uma massa das determinações de energia e de substância, mas como esse eterno Brahman. Um espírito que, imensuravelmente, enche de si mesmo, e circunda, todo esse movimento – pois, de fato, o movimento também é ele – e que, em tudo o que é finito, projeta o esplendor de sua vestimenta de infinidade, um espírito que não tem corpo e tem milhões de corpos, cujas mãos poderosas e os pés velozes nos rodeiam por todos os lados, cujas cabeças e os olhos e os rostos são as inumeráveis faces que nós vemos para qualquer lado que nos voltemos, cujo ouvido, em toda parte, ouve o silêncio da eternidade e a música dos mundos, é o Ser universal em cujo abraço nós vivemos.

Todas as relações da Alma e da Natureza são circunstâncias na eternidade do Brahman; o sentido e a qualidade, o que as reflete e as constitui, são os dispositivos da Alma suprema para representar as operações que sua própria energia nas coisas libera de forma constante no movimento. O próprio Brahman está além da limitação dos sentidos e vê todas as coisas, mas não com os olhos físicos, ouve todas as coisas, mas não com o ouvido físico, percebe todas as coisas, mas não com a mente limitadora – a mente que representa, mas não é verdadeiramente capaz de saber. Não determinado por qualidade alguma, ele possui e determina em sua substância todas as qualidades e frui essa ação qualitativa de sua Natureza. Ele não é apegado a nada, ligado a nada, fixo a nada daquilo que faz; calmo, ele sustenta em uma vasta liberdade imortal toda a ação, todo o movimento, toda a paixão da Shakti universal. Ele se torna tudo o que está no universo; tudo o que está em nós é ele e tudo o que experienciamos fora de nós é ele. O interior e o exterior, o distante e o próximo, o móvel e não móvel, tudo isso é ele ao mesmo tempo. Ele é a sutilidade do sutil que está além de nosso conhecimento, assim como ele é a densidade da força e da substância que se oferecem à compreensão de nossa mente. Ele é indivisível e o Um, mas parece dividir-se em formas e criaturas e aparece como todas essas existências separadas. Todas as coisas podem reentrar nele, podem, no Espírito, retornar à unidade indivisível de sua autoexistência. Tudo nasce eternamente dele, é sustentado em sua eternidade, retomado eternamente em sua unidade. Ele é a luz de todas as luzes e luminoso para além de toda a obscuridade de nossa ignorância. Ele é o conhecimento e o objeto do conhecimento. O conhecimento espiritual supramental que inunda a mente iluminada e a transfigura, é esse espírito manifestando-se na luz à alma obscurecida pela força que ele emitiu na ação da Natureza. Essa Luz eterna está no coração de todos os seres; é ele o conhecedor secreto do campo, *kṣetrajña*, e, enquanto Senhor, preside, no coração das coisas, a essa província e a todos esses reinos de seu devir e de sua ação manifestados. Quando o indivíduo vê em si mesmo essa Divindade eterna e universal, quando se torna consciente da alma em todas as coisas e descobre o espírito na Natureza, quando sente todo o universo como uma onda que se eleva nessa Eternidade e tudo o que é como uma única existência, ele veste a luz da Divindade e está livre em meio aos mundos da Natureza. O segredo da grande liberação espiritual consiste em um conhecimento divino e em se voltar perfeitamente e com adoração para o Divino. A liberdade, o amor e o conhecimento espiritual nos elevam da natureza mortal até o ser imortal.

A Alma e a Natureza são apenas dois aspectos do eterno Brahman, uma dualidade aparente em que se fundamentam as operações de sua existência universal. A Alma é sem origem e eterna; a Natureza também é sem origem e eterna; mas os modos da Natureza e as formas inferiores que ela assume para nossa experiência consciente têm uma origem nos acordos entre essas duas entidades. Eles vêm dela, carregam, por decisão dela, a cadeia exterior de causa e efeito, da ação e de seus resultados, da força e de suas operações, de tudo o que aqui é transitório e mutável. Eles mudam sem cessar e a alma e a Natureza parecem mudar com eles, mas em si mesmos esses dois poderes são eternos e sempre os mesmos. A Natureza cria e age, a Alma frui de sua criação e de sua ação, porém, nessa forma inferior de sua ação, a Natureza muda essa fruição em figuras obscuras e mesquinhas da dor e do prazer. A alma, ou Purusha individual, é atraída à força pelas operações qualitativas da Natureza, e essa atração por suas qualidades a leva constantemente a nascimentos de todo tipo, nos quais ela frui as variações e as vicissitudes, o bem e o mal do nascimento na Natureza. Mas essa é apenas a experiência exterior da alma concebida como mutável pela identificação com a Natureza mutável. Alojada no corpo encontra-se nossa Divindade, que é aquela da Natureza também, o Self supremo, Paramatman, a Alma suprema, o poderoso Senhor da Natureza, que observa a ação dela, sanciona suas operações, sustenta tudo o que ela faz, comanda sua múltipla criação, frui, com o deleite universal que lhe é próprio, esse jogo das figuras do seu ser que ela lhe propõe. Esse é o autoconhecimento ao qual devemos habituar nossa mentalidade antes de poder verdadeiramente conhecer a nós mesmos como porções eternas do Eterno. Uma vez isso estabelecido, pouco importa como a alma em nós pode comportar-se exteriormente em suas operações com a Natureza; qualquer coisa que ela possa parecer fazer, de qualquer modo que pareça assumir essa ou aquela representação da personalidade, da força ativa e do ego encarnado, ela é livre em si mesma, não mais ligada ao nascimento, porque está, mediante a impessoalidade do self, unificada com o espírito interior e não nascido da existência. Essa impessoalidade é nossa união com o supremo Eu sem ego, de tudo o que está no cosmos.

Esse conhecimento vem por uma meditação interior pela qual o self eterno se torna aparente para nós em nossa autoexistência. Ou vem pelo Ioga dos sankhyas, a separação entre a alma e a Natureza. Ou vem pelo Ioga das Obras, em que a vontade pessoal se dissolve por meio da abertura de nossa mente e de nosso coração e de todas as nossas forças ativas ao Senhor que assume o todo de nossas obras na natureza. O conhecimento espiritual pode ser despertado pela insistência do espírito em nós, por seu chamado a esse ou àquele Ioga, a esse ou àquele caminho em direção à unidade. Ou ele pode nos vir ao ouvirmos outras pessoas falarem sobre a verdade e como a mente pode ser moldada conforme o sentido daquilo que ela ouve com fé e concentração. Mas de qualquer maneira que cheguemos a Ele, esse conhecimento nos transporta para além da morte, para a imortalidade. Bem acima das operações mutáveis da alma com a mortalidade da natureza, o conhecimento nos mostra nosso Self mais alto sob o aspecto do supremo Senhor das ações da natureza, um e igual em todos os objetos e em todas as criaturas, não nascido ao tomar um corpo, não sujeito à morte quando perecem todos esses corpos. Essa é a visão verdadeira, a visão daquilo em nós que é eterno e imortal. Ao percebermos cada vez mais esse espírito igual em todas as coisas passamos a essa igualdade do espírito; ao permanecermos cada vez mais nesse ser universal tornamo-nos, nós mesmos, seres universais, ao percebermos cada vez mais esse ser eterno assumimos nossa própria eternidade e somos para sempre. Identificamo-nos com a eternidade do self e não mais com a limitação e a angústia de nossa ignorância mental e física. Vemos então que todas as nossas obras são um movimento evolutivo e uma operação da Natureza e que nosso self real não é o executante, mas a testemunha livre e o senhor da ação e aquele que frui dela sem apego. Toda essa superfície de movimento cósmico é um devir diverso de existências naturais no Ser eterno único, tudo está expandido, manifestado, desdobrado pela Energia universal a partir das sementes da Ideia dela nas profundezas da existência d'Ele; mas o espírito, mesmo se assume as operações que ela executa em nosso corpo e frui disso, não é afetado pela mortalidade, porque ele é eterno para além de nascimento e morte; não está limitado pelas múltiplas personalidades que ele assume nela, porque ele é o self supremo e único de todas essas personalidades; as mutações de qualidade não o modificam, porque ele não está determinado pela qualidade; ele não age, mesmo na ação, *kartāram api akartāram*, porque sustenta a ação da natureza em perfeita liberdade espiritual em relação aos seus efeitos; ele é, na verdade, a origem de todas as atividades, mas de nenhum modo modificado ou afetado pelo jogo de sua natureza. Assim como o éter que impregna tudo não é afetado ou modificado pelas múltiplas formas que assume e permanece sempre a mesma substância original sutil e pura, do mesmo modo esse espírito, quando fez e se tornou todas as coisas possíveis permanece, todo o tempo, a mesma pura essência imutável, sutil e infinita. Essa é a condição suprema da alma, *parā gatiḥ*, esse é o ser divino, essa é a natureza divina, *madbhāva*, e quem quer que alcance o conhecimento espiritual, eleva-se a essa imortalidade suprema do Eterno.

Esse Brahman, esse conhecedor eterno e espiritual do campo de seu próprio devenir natural, essa Natureza – perpétua energia do Brahman – que se converte nesse campo, essa imortalidade da alma na natureza mortal: essas coisas juntas fazem toda a realidade de nossa existência. O espírito dentro, quando nos voltamos para ele, ilumina todo o campo da Natureza com o esplendor dos raios de sua verdade. À luz desse sol de conhecimento o olho do conhecimento abre-se em nós; e vivemos nessa verdade e não mais nessa ignorância. Percebemos então que nos limitar à nossa presente natureza mental e física foi um erro da obscuridade, somos então liberados da lei da Prakriti inferior, da lei da mente e do corpo e alcançamos então a natureza suprema do espírito. Essa esplêndida, essa alta mudança é a última, o devenir infinito e divino, em que despimos a natureza mortal e vestimos a natureza imortal.

CAPÍTULO XIV

ACIMA DAS GUNAS[1]

As distinções entre a Alma e a Natureza, que são estabelecidas de modo rápido em alguns epítetos decisivos nos versos do décimo terceiro capítulo, algumas caracterizações breves mas densas de seus poderes e de seus modos de funcionar separados e, sobretudo, a distinção entre a alma encarnada sujeita à ação da Natureza pelo fato de que ela frui de suas gunas, qualidades ou modos e a Alma suprema que aí vive, fruindo das gunas mas não sujeita, porque ela mesma está situada mais além delas – são a base na qual a Gītā edifica sua ideia completa do ser liberado, tornado um na lei consciente de sua existência com o Divino. Essa liberação, essa unidade, esse fato de assumir a natureza divina, *sādharmya*, ela declara ser a própria essência da liberdade espiritual e todo o significado da imortalidade. Essa importância suprema atribuída ao *sādharmya* é um ponto capital no ensinamento da Gītā.

Para o antigo ensinamento espiritual a imortalidade jamais consistiu em uma mera sobrevivência pessoal após a morte do corpo: todos os seres são imortais nesse sentido e são apenas as formas que perecem. As almas que não alcançam a liberação vivem ao longo de éons recorrentes; todas existem, involuídas ou secretas, no Brahman, durante a dissolução dos mundos manifestados e renascem quando surge um novo ciclo. O Pralaya, o fim de um ciclo de éons, é a desintegração temporária de uma forma universal de existência e de todas as formas individuais que se movem em seus círculos, mas é apenas uma pausa momentânea, um intervalo silencioso seguido de uma explosão de uma nova criação, reintegração e reconstrução, na qual essas formas reaparecem e recobram o ímpeto de sua progressão. Nossa morte física é também um pralaya – a Gītā apresentará o uso

1. Gītā, XIV.

dessa palavra no sentido dessa morte, *pralayaṁ yāti deha-bhṛt*, "a alma levando o corpo chega a um pralaya", a uma desintegração dessa forma de matéria com a qual sua ignorância identificava seu ser e que se dissolve agora nos elementos naturais. Mas a própria alma persiste e, após um intervalo recomeça, em um novo corpo formado a partir desses elementos, seu círculo de nascimentos no ciclo, exatamente como após o intervalo de pausa e cessação o Ser universal recomeça seu círculo sem fim nos ciclos de éons. Essa imortalidade nos círculos do Tempo é comum a todo espírito que se encarna.

Ser imortal no sentido mais profundo é algo diferente dessa sobrevivência após a morte e dessa constante recorrência. A imortalidade é um estado supremo em que o Espírito se sabe superior à morte e ao nascimento, não condicionado pela natureza de sua manifestação, infinito, imperecível, imutavelmente eterno e imortal, porque, jamais nascido, não morre jamais. O divino Purushottama, que é o Senhor supremo e o supremo Brahman, possui para sempre essa eternidade imortal e não é afetado pelo fato de assumir um corpo ou de assumir continuamente formas e poderes cósmicos, porque ele existe sempre nesse autoconhecimento. Sua própria natureza é ser inalteravelmente consciente de sua eternidade; ele é autoconsciente, sem começo nem fim. Ele é aqui o Habitante de todos os corpos, mas como o não nascido em cada corpo, não limitado em sua consciência por essa manifestação, não identificado com a natureza física que assume; pois essa é apenas uma circunstância menor de seu jogo universal da existência, tornado ativo. A liberação, a imortalidade, é viver nesse ser inalteravelmente consciente e eterno do Purushottama.[2] Porém, para chegar aqui, a essa maior imortalidade espiritual, a alma encarnada deve cessar de viver conforme a lei da natureza inferior; ela deve assumir a lei do modo supremo de existência própria do Divino, que é, de fato, a lei real de sua existência eterna. Na evolução espiritual de seu devenir, tanto quanto em seu ser original secreto, ela deve crescer à imagem do Divino.

Esta grande coisa – elevar-se da natureza humana até a natureza divina – só poderemos conseguir por um esforço do conhecimento, da vontade e da

---

2. Notemos que em nenhum lugar na Gītā está indicado que a dissolução do ser espiritual individual no Brahman não manifestado, indefinível ou absoluto, *avyaktam anirdeśyam*, seja o verdadeiro sentido ou a verdadeira condição da imortalidade ou o verdadeiro objetivo do Ioga. Ao contrário, a Gītā descreve mais adiante a imortalidade como o fato de habitar no Ishvara em seu estado supremo, *mayi nivasiṣyasi, paraṁ dhāma*, e, aqui, como *sādharmya, parāṁ siddhim*, uma perfeição suprema, o fato de tornar-se uno na lei de ser e em natureza com o Supremo para o indivíduo que permanece ainda na existência e é consciente do movimento universal, mas acima, como todos os sábios que existem ainda, *munayaḥ sarve*, não ligados pelo nascimento na criação, não perturbados pela dissolução dos ciclos.

adoração voltados para Deus. Pois a alma enviada pelo Supremo como sua porção eterna, sua representante imortal nas operações da Natureza universal é, contudo, obrigada pelo caráter daquelas operações, *avaśaṁ prakṛter vasat*, a identificar-se em sua consciência exterior com as condições limitativas da Natureza, a identificar-se com uma vida, uma mente e um corpo que estão esquecidos de sua realidade espiritual interior e da Divindade inata. Retornar ao autoconhecimento e ao conhecimento do real, no sentido de que esse duplo conhecimento é distinto das relações aparentes da alma com a Natureza, conhecer Deus, nós mesmos e o mundo em uma experiência não mais física ou exteriorizada, mas espiritual, pela verdade mais profunda da consciência espiritual interior e não pelos significados fenomênicos enganadores da mente sensorial e da compreensão exterior, é um meio indispensável para essa perfeição. A perfeição não pode vir sem o conhecimento de si e de Deus e sem uma atitude espiritual em relação à nossa existência natural; é por isso que a antiga sabedoria insistia tanto na salvação pelo conhecimento – não uma competência intelectual para julgar as coisas, mas o desenvolvimento do ser humano, o ser mental, em uma maior consciência espiritual. A salvação da alma não pode ser obtida sem a perfeição da alma, sem que ela desabroche na natureza divina; a Divindade, que é imparcial, não o efetuará para nós por um ato caprichoso ou um *sanad*[3] arbitrário de seu favor. As obras divinas são efetivas para a salvação porque nos conduzem em direção a essa perfeição e a um conhecimento do self, da Natureza e de Deus por uma unidade crescente com o Mestre interior de nossa existência. O amor divino é efetivo porque nós crescemos, graças a ele, à imagem do único e supremo objeto de nossa adoração e chamamos para baixo, em resposta, o amor do Mais Alto para nos inundar com a luz de seu conhecimento, do poder e da pureza inspiradores de seu espírito eterno. Portanto, diz a Gītā, esse é o conhecimento supremo e o mais alto de todos os conhecimentos, porque nos conduz à perfeição mais alta e ao estado espiritual, *parāṁ siddhim*, e confere à alma a semelhança ao Divino, *sādharmya*. Essa é a sabedoria eterna, a grande experiência espiritual pela qual todos os sábios alcançaram essa perfeição mais alta, se tornaram uma só lei de ser com o Supremo e vivem para sempre em Sua eternidade, não nascidos na criação, não perturbados pela angústia da dissolução universal. Essa perfeição, então, essa *sādharmya*, é a via da imortalidade e a condição indispensável sem a qual a alma não pode viver conscientemente no Eterno.

3. Diploma, certificado (palavra árabe). (N. da T.)

A alma humana não poderia desenvolver essa semelhança com o Divino se não fosse, em sua essência secreta, imperecivelmente una com o Divino e parte e parcela de Sua divindade: ela não poderia ser nem se tornar imortal se fosse uma mera criatura da Natureza mental, vital e física. Toda existência é uma manifestação da Existência divina e isso que está dentro de nós é o espírito do Espírito eterno. Nós descemos, na verdade, na natureza material inferior e estamos sob sua influência, mas viemos da natureza espiritual suprema: esse estado inferior imperfeito é nosso ser aparente, mas o outro é nosso ser real. O Eterno põe em circulação todo esse movimento – é sua autocriação. Ele é, ao mesmo tempo, o Pai e a Mãe do universo; a substância da Ideia infinita, *vijñāna*, o Mahad Brahman, é o ventre no qual ele lança a semente de sua autoconcepção. Enquanto Sobre-Alma ele lança a semente, enquanto Mãe, a Alma-Natureza, a Energia preenchida com seu poder consciente, ele a recebe nessa infinita substância de ser fecundada por sua Ideia ilimitável e que contudo limita a si mesma. Ele recebe, nessa Vastidão de autoconcepção, o embrião divino e aí o desenvolve e o muda em uma forma mental e física da existência, nascida do ato original de criação conceptiva. Tudo o que vemos surge desse ato criador; porém, isso que nasce aqui é apenas uma ideia e uma forma finitas do não nascido e infinito. O Espírito é eterno e superior a toda a sua manifestação: a Natureza, eterna, sem começo no Espírito, prossegue para sempre nos ritmos dos ciclos pelo ato sem fim da criação e aquele ato, que não é uma conclusão, da cessação; a Alma também, que assume essa ou aquela forma na Natureza, não é menos eterna que a Natureza, *ānadī ubhāv api*. Mesmo quando na Natureza ela segue o incessante círculo dos ciclos, ela é, no Eterno de onde provém, para sempre elevada acima dos termos do nascimento e da morte e, mesmo em sua consciência aparente aqui, ela pode perceber essa transcendência constante e inata.

O que é, então, que faz a diferença, o que é isso que captura a alma na aparência do nascimento, da morte e da servidão – pois é evidente que isso é apenas uma aparência? Esse é um ato ou estado subordinados da consciência, uma identificação – um autoesquecimento – com os modos da Natureza nas operações limitadas dessa motricidade inferior e com esse nó encoberto pelo self e restringido pelo ego, nó que representa a ação da mente, da vida e do corpo. Elevarmo-nos acima dos modos da Natureza, sermos *traiguṇyātīta* é indispensável, se quisermos retornar ao nosso ser plenamente consciente, longe do poder obsedante da ação inferior e assumir a natureza livre do espírito e sua eterna imortalidade. Essa condição de *sādharmya* é o que a Gītā vai desenvolver em seguida. Ela já fez alusão a isso e o expôs com uma ênfase breve em um capítulo precedente, mas agora ela deve indicar com maior precisão o que são esses modos, essas gunas, como elas acorrentam a alma e a separam da liberdade espiritual e o que significa se elevar acima dos modos da Natureza.

Os modos da Natureza são todos qualitativos em sua essência e, por essa razão, são chamados de suas gunas ou qualidades. Em toda concepção espiritual do universo isso é, necessariamente, assim, porque o meio que une o espírito à matéria deve ser o psíquico, o poder da alma e a ação primordial deve ser psicológica e qualitativa, não física e quantitativa; pois qualidade é o elemento imaterial, o mais espiritual em toda a ação da Energia universal, sua força motriz precedente. A predominância da Ciência física nos habituou a uma visão diferente da Natureza, porque lá a primeira coisa que nos impressiona muito é a importância do aspecto quantitativo de suas operações e a dependência dela em relação às combinações e disposições quantitativas para criar formas. No entanto, mesmo aí, a descoberta que a matéria é, antes, uma substância ou um ato da energia, mais do que a energia sendo uma força motriz da substância material autoexistente ou um poder inerente que age na matéria, levou a certa renovação de uma maneira mais antiga de ler a Natureza universal. A análise dos antigos pensadores indianos, sem rejeitar a ação quantitativa da Natureza, *mātrā*, considerava que essa ação era própria ao seu modo de funcionar mais objetivo e formalmente executivo, enquanto o poder que, ideativo e executivo de modo inato, dispõe das coisas segundo a qualidade do ser e da energia delas, *guṇa*, *svabhāva*, é o determinante primeiro, subjacente em todas as disposições quantitativas exteriores. Na base do mundo físico isso não é aparente apenas porque aí o espírito ideativo subjacente, o Mahad Brahman, está recoberto e escondido pelo movimento da matéria e da energia material. Porém, mesmo no mundo físico, os diversos resultados miraculosos de diferentes combinações e quantidades de elementos, de outro modo idênticos uns aos outros, não admitem explicação concebível se não houver um poder superior de qualidade que provoque a variação, e do qual essas disposições materiais são apenas os convenientes dispositivos mecânicos. Ou, digamos logo, deve haver uma secreta capacidade ideativa da energia universal, *vijñāna* – mesmo se supormos que essa energia e sua ideia instrumental, *buddhi*, sejam elas mesmas mecânicas em sua natureza – que fixa as matemáticas e decide os resultantes dessas disposições exteriores: é a Ideia onipotente no espírito que inventa esses dispositivos e os utiliza. E, na existência vital e mental, a qualidade aparece de imediato e abertamente como o poder primeiro e a quantidade de energia é apenas um fator secundário.

Mas, de fato, a existência mental, a existência vital, a existência física estão todas sujeitas às limitações da qualidade, todas são governadas por suas determinações, embora essa verdade pareça cada vez mais obscurecida à medida que descemos a escala da existência. Somente o Espírito, que pelo poder de sua ideia-ser e de sua ideia-força, denominadas *mahat* e *vijñāna*, estabelece essas condições, não está determinado dessa maneira, não está sujeito a nenhuma limitação de qualidade ou de quantidade, porque sua infinidade, imensurável e indeterminável, é superior aos modos que ele desenvolve e utiliza para sua criação.

Mas, de novo, toda a ação qualitativa da Natureza, tão infinitamente intrincada em seus detalhes e em sua variedade, é figurada como fundida em um molde de três modos gerais de qualidade presente em todo lugar, entrelaçados, quase inextricáveis, *sattva*, *rajas*, *tamas*. Esses modos são descritos na Gītā apenas por sua ação psicológica nos indivíduos ou, de maneira incidental, nas coisas como o alimento, conforme produzam um efeito psicológico ou vital sobre os seres humanos. Se buscarmos uma definição mais geral poderemos, talvez, perceber algo na ideia simbólica da religião indiana, que atribui respectivamente cada uma dessas qualidades a um dos membros da Trindade cósmica, *sattva* a Vishnu, o preservador, *rajas* a Brahma, o criador, *tamas* a Rudra, o destruidor. Buscando por trás dessa ideia a explicação dessa tripla atribuição, poderemos definir os três modos ou qualidades em termos da moção da energia universal como os três poderes inseparáveis e concomitantes da Natureza: equilíbrio, kinesis e inércia. Porém, isso é apenas a aparência deles em termos da ação exterior da Força. Mas isso é diferente, se considerarmos a consciência e a força como termos gêmeos da Existência única, sempre coexistentes na realidade do ser, embora no fenômeno primordial exterior da Natureza material, a luz da consciência poderia parecer desaparecer na vasta ação de uma energia insciente e não iluminada, enquanto no polo oposto, de quiescência espiritual, a ação pode parecer desaparecer na imobilidade da consciência que observa, ou consciência-testemunha. Essas duas condições são os dois extremos do Purusha e da Prakriti em aparência separados, porém, cada um em seu ponto extremo não abole o outro, mas apenas esconde seu eterno companheiro nas profundezas do modo de ser que lhe é próprio. Portanto, visto que a consciência está sempre presente, mesmo em uma força inconsciente em aparência, devemos descobrir um poder psicológico que corresponda a essas três qualidades ou modos, poder que inspire sua ação executiva mais externa. Do ponto de vista psicológico, as três qualidades podem ser definidas da seguinte maneira: *tamas* é o poder de insciência da

Natureza; *rajas* é o seu poder de ignorância ativa e que busca, aclarada pelo desejo e o impulso; *sattva* é o seu poder de conhecimento, que possui e harmoniza.

Esses três modos qualitativos da Natureza são inextricavelmente entrelaçados em toda existência cósmica. *Tamas*, o princípio da inércia, é uma insciência passiva e inerte que é submetida a todos os choques e a todos os contatos sem se esforçar de modo algum para ter uma reação que os controle; por si mesma, essa insciência conduziria a uma desintegração de toda a ação da energia e a uma dispersão radical da substância. Mas ela é conduzida pelo poder cinético de *rajas* e, mesmo na insciência da Matéria, um princípio preservador – inato, mas não possuído – de harmonia, de equilíbrio e de conhecimento, entra em contato com ela e a abarca. A energia material parece tamásica em sua ação de base, *jaḍa*, insciente, mecânica e desintegradora em seu movimento. Mas ela é dominada por uma força e um impulso enormes de uma muda kinesis rajásica que, mesmo em e por sua dispersão e desintegração, a leva a construir e a criar e, também, por um elemento sátvico ideativo em sua força, em aparência inconsciente, que sempre impõe uma harmonia e uma ordem preservadora às duas tendências opostas. *Rajas*, o princípio de esforço criador, de moção e de impulso na Prakriti, de kinesis, *pravṛtti*, percebido desse modo na Matéria, aparece mais evidentemente como uma paixão, consciente ou semiconsciente, de busca, de desejo e de ação no caráter dominante da Vida – pois essa paixão é a natureza de toda existência vital. E, por si mesmo, *rajas* conduziria, em sua própria natureza, a uma vida, a uma atividade e a uma criação sempre mutáveis e instáveis sem nenhum resultado definitivo. Porém, confrontada de um lado pelo poder desintegrador de *tamas* com a morte, o declínio e a inércia, sua ação ignorante é, do outro lado de seu modo de funcionar, estabelecida, harmonizada, sustentada pelo poder de *sattva*, subconsciente nas formas inferiores da vida, cada vez mais consciente no emergir da mentalidade, muito mais consciente no esforço da inteligência evoluída, representada como vontade e razão no ser mental plenamente desenvolvido. *Sattva*, o princípio do conhecimento que compreende e da assimilação, da medida e do equilíbrio que harmonizam, por si mesmo conduziria apenas a alguma concórdia durável de harmonias fixas e luminosas; mas é impelido, nas moções desse mundo, a seguir a luta e a ação mutáveis da kinesis eterna e é constantemente sobrepujado ou cercado pelas forças da inércia e da insciência. Essa é a aparência de um mundo governado pelo jogo dos três modos qualitativos da Natureza, em seu entrelaço e limitação mútua.

A Gītā aplica essa análise generalizada da Energia universal à natureza psicológica do ser humano em relação à sua sujeição à Prakriti e na realização da liberdade espiritual. *Sattva*, ela nos diz, é, pela pureza de sua qualidade, causa de luz e de iluminação e, pela virtude dessa pureza, não produz doença nem morbidez, nem sofrimento na natureza. Quando, por todas as portas do corpo, entra um fluxo de luz, como se as portas e as janelas de uma casa fechada se abrissem à luz do sol – uma luz de compreensão, percepção, conhecimento – quando a inteligência está atenta e iluminada, os sentidos vivificados, toda a mentalidade satisfeita e cheia de brilho e o ser nervoso calmo e cheio de um bem--estar iluminado e de claridade, *prasāda*, devemos compreender que houve um grande aumento e uma elevação da guna sátvica na natureza. Pois conhecimento e um bem-estar, um prazer e uma felicidade harmoniosos são os resultados característicos de *sattva*. O prazer sátvico não é apenas esse regozijo que uma claridade interior de vontade e inteligência satisfeitas proporciona, mas também todo deleite e júbilo que vêm da alma que possui a si mesma na luz ou por um acordo, um equilíbrio, adequado e verdadeiro, entre a alma que olha, a Natureza circundante e os objetos que ela oferece ao desejo e à percepção.

Além disso *Rajas*, nos diz a Gītā, tem como essência a atração, a preferência e o desejo veemente. *Rajas* é um filho do apego da alma aos desejos pelos objetos; nasce da sede da Natureza por uma satisfação não alcançada. Ele é, portanto, cheio de agitação e febre, luxúria e avidez e excitação, uma coisa de impulsos que buscam, e tudo isso cresce em nós quando a guna intermediária aumenta. É a força do desejo, que motiva toda iniciativa pessoal comum para a ação e todo esse movimento de agitação, de busca e de propulsão em nossa natureza, que compõe o ímpeto para a ação e as obras, *pravṛtti*. *Rajas*, então, é evidentemente a força cinética nos modos da Natureza. Seu fruto é o desejo intenso de agir, mas também a aflição, a dor, todos os tipos de sofrimento, pois ele não possui seu objeto da maneira justa – de fato, desejo implica a não posse – e mesmo o prazer pela posse adquirida é confuso e instável, porque seu conhecimento não é claro e ele não sabe como possuir nem pode encontrar o segredo da concórdia e da fruição justa. Toda busca ignorante e apaixonada da vida pertence ao modo rajásico da Natureza.

Tamas, por fim, nasce da inércia e da ignorância e seu fruto também é inércia e ignorância. É a escuridão de *tamas* que obscurece o conhecimento e causa confusão e engano. Portanto, *tamas* é o oposto de *sattva*, pois a essência de *sattva* é o esclarecimento, *prakāśa*, e a essência de *tamas* é a ausência de luz, insciência, *aprakāśa*. Mas *tamas* traz incapacidade de agir e negligência, assim como a incapacidade e a negligência em razão do erro, da falta de atenção e da má compreensão ou não compreensão; indolência, langor e sono pertencem a essa guna. Portanto, é também o oposto de *rajas*; pois a essência de *rajas* é movimento e impulso, a kinesis, *pravṛtti*, mas a essência de *tamas* é inércia, *apravṛtti*. *Tamas* é inércia de insciência e inércia da inação, um duplo negativo.

Essas três qualidades da Natureza estão, evidentemente, presentes e ativas em todos os seres humanos e não se pode dizer de ninguém que ele seja de todo destituído de uma ou de outra ou livre de qualquer uma das três; ninguém está moldado na forma de uma só guna à exclusão das outras. Todos os seres humanos têm em si mesmos, em qualquer grau que seja, o impulso rajásico do desejo e da atividade e o dom sátvico da luz e da felicidade, certo equilíbrio, certa adaptação da mente a ela mesma, ao seu meio e aos seus objetos e todos têm sua parte de incapacidade e ignorância ou de insciência tamásica. Mas essas qualidades não são constantes em nenhum ser humano na ação quantitativa da força delas nem na combinação de seus elementos; pois elas são variáveis e em um contínuo estado de impacto mútuo, de deslocação e de interação. Ora uma conduz, ora uma outra aumenta e predomina, e cada uma nos sujeita à sua ação característica e suas consequências. Somente por uma predominância geral e comum de uma ou de outra das qualidades é que se pode dizer do indivíduo que ele é sátvico, rajásico ou tamásico em sua natureza; mas isso pode ser apenas uma descrição geral e não exclusiva ou absoluta. As três qualidades são um poder triplo, cuja interação determina o caráter e a disposição e, por meio disso e por suas variadas moções, determinam as ações do ser humano natural. Mas esse poder triplo é, ao mesmo tempo, uma corda tripla de servidão. "As três gunas nascidas da Prakriti", diz a Gītā, "atam ao corpo o imperecível habitante do corpo." Em certo sentido, podemos ver de imediato que deve haver essa servidão ao seguirmos a ação das gunas; pois todas as três são limitadas, porque são finitas em qualidade e em modo de funcionar e causam limitação. *Tamas* é, em ambos os aspectos, uma incapacidade e, portanto, de maneira óbvia, vincula à limitação. O desejo rajásico, enquanto iniciador de ação, é um poder mais positivo, porém, mesmo assim, podemos ver bastante bem que o desejo, com sua dominação limitadora e monopolizadora do indivíduo é, necessariamente, uma servidão. Mas como *sattva*, o poder de conhecimento e de felicidade, torna-se uma prisão? Porque ele é um princípio da natureza mental, um princípio do conhecimento limitado e limitador e de uma felicidade que depende de seguir o que é justo ou de alcançar esse ou aquele objetivo ou, então, de estados particulares da mentalidade, de uma luz da mente que não pode ser mais do que uma meia-luz mais ou menos clara. Seu prazer só pode ser uma intensidade passageira ou um sossego condicional. Diferentes são o conhecimento espiritual infinito e o deleite livre autoexistente de nosso ser espiritual.

Mas surge então a pergunta: como nosso espírito infinito e imperecível, mesmo envolto na Natureza, chega a confinar-se na ação inferior da Prakriti e a submeter-se a essa servidão e como – a exemplo do espírito supremo do qual é uma porção – ele não é livre em sua infinidade mesmo quando frui as autolimitações de sua evolução ativa? A razão, diz a Gītā, é o nosso apego às gunas e ao resultado de suas operações. *Sattva* apega-se à felicidade, *rajas* apega-se à ação, *tamas* cobre o conhecimento e se apega à negligência nascida do erro e da inação. Ou ainda: "*sattva* aprisiona pelo apego ao conhecimento e à felicidade, *rajas* aprisiona o espírito encarnado pelo apego às obras, *tamas* aprisiona pela negligência, pela indolência e pelo sono". Em outras palavras, a alma, pelo apego à fruição das gunas e aos seus resultados, concentra sua consciência na ação inferior e exterior da vida, da mente e do corpo na Natureza, aprisiona-se na forma dessas coisas e se esquece de sua consciência maior que está por trás, no espírito, sem perceber o livre poder e o âmbito do Purusha libertador. Evidentemente, para sermos livres e perfeitos devemos nos retirar dessas coisas, nos distanciar das gunas, nos elevar acima delas e retornar ao poder dessa livre consciência espiritual acima da Natureza.

Mas isso pareceria implicar uma cessação de toda ação, visto que toda ação natural é feita pelas gunas – pela Natureza por meio de seus modos. A alma não pode agir por si mesma, ela só pode agir por meio da Natureza e seus modos. E contudo a Gītā, mesmo exigindo que nos liberemos dos modos, insiste na necessidade da ação. Aqui, vemos a importância de sua insistência no abandono dos frutos; pois é o desejo pelos frutos da ação que é a causa mais potente da escravidão da alma e, pela renúncia a isso, a alma pode ser livre na ação. A ignorância é o resultado da ação tamásica, a dor é a consequência das obras rajásicas: a dor da reação, da decepção, da insatisfação ou da transitoriedade. Portanto, o apego aos frutos desse tipo de atividade, acompanhados como eles são dessas reações indesejáveis, não traz benefício algum. Mas o fruto das obras feitas do modo justo é puro e sátvico e o resultado interior é conhecimento e felicidade. Contudo, é preciso abandonar por completo o apego, mesmo a essas coisas agradáveis – primeiro, porque na mente elas são formas limitadas e limitadoras e, em segundo lugar, há uma perpétua insegurança em sua fruição, visto que *sattva* está constantemente emaranhado com *rajas* e *tamas*, por quem é assediado e que podem a qualquer instante dominá-lo. Porém, mesmo se formos livres de todo apego ao fruto, pode haver um apego ao próprio trabalho, seja por amor ao trabalho – a ligação rajásica essencial –, seja por uma sujeição débil à Natureza que nos impele – a ligação tamásica –, seja pela atraente justiça da coisa feita – que é a causa sátvica do apego, que exerce seu poder sobre o indivíduo virtuoso ou sobre o indivíduo de conhecimento. E aqui, de maneira evidente, o recurso está nesta outra injunção da Gītā: abandonar a própria ação ao Senhor das obras e ser apenas um instrumento, sem desejo e equânime, de Sua vontade. Ver que os modos da Natureza são o inteiro agente e a causa de nossas obras, conhecer o que é supremo acima das gunas e se voltar para aquela direção é o meio de elevar-se acima da natureza inferior. Somente assim poderemos alcançar o movimento e o estado do Divino, *mad-bhāva*, pelos quais, livres da sujeição ao nascimento e à morte e aos seus concomitantes, declínio, velhice e sofrimento – a alma liberada fruirá, por fim, a imortalidade e tudo o que é eterno.

Porém, pergunta Arjuna, quais são os sinais de um tal indivíduo? Como ele age e como, mesmo na ação, diz-se que ele está acima das três gunas? O sinal, diz Krishna, é essa igualdade de que falei tão constantemente; o sinal é que, em seu interior, ele vê a felicidade e o sofrimento da mesma maneira, é que o ouro, o barro e a pedra são, para ele, de igual valor e, aos seus olhos, o agradável e o desagradável, o elogio e a censura, a honra e o insulto, a facção de seus amigos e a facção de seus inimigos são coisas iguais. Ele é inalterável, estabelecido em uma calma e quietude interiores cheias de sabedoria que nada pode perturbar nem modificar. Ele não inicia nenhuma ação, mas deixa todas as obras serem feitas pelas gunas da Natureza. *Sattva, rajas* ou *tamas* podem surgir ou cessar em sua mentalidade exterior ou em seus movimentos físicos, ter seus resultados de iluminação, de impulso ao trabalho ou de inação e enevoar o ser mental e nervoso, mas ele não rejubila quando isso acontece ou quando cessa, tampouco abomina as operações ou a cessação dessas coisas, nem recua delas. Ele está estabelecido na luz consciente de um princípio diferente da natureza das gunas e essa consciência maior permanece firme nele, acima desses poderes, não abalada pelos movimentos deles, assim como o sol acima das nuvens para aquele que se elevou a uma atmosfera superior. Dessa altura, ele vê que são as gunas que estão em ação e a tempestade e a calmaria delas não são ele, mas apenas um movimento da Prakriti; seu self está imóvel acima e seu espírito não participa dessa mutabilidade movente das coisas instáveis. Essa é a impessoalidade do estado brâmine; pois o princípio superior, essa consciência maior e mais vasta, situada nas alturas, *kūṭastha*, é o Brahman imutável.

Porém, é evidente que há aí um duplo estado, uma cisão do ser entre dois opostos; um espírito liberado no Self imutável ou Brahman observa a ação de uma Natureza não liberada e mutável – Akshara e Kshara. Não haveria nenhum estado superior, nenhum princípio de perfeição mais absoluto, ou seria essa divisão a consciência mais alta possível no corpo e o Ioga teria como fim abandonar a natureza mutável e desaparecer na impessoalidade e na paz eterna do Brahman? Seria essa *laya*, ou dissolução do Purusha individual, a maior liberação? Há, ao que parece, algo mais, pois a Gītā diz no fim, sempre a retornar a essa única nota final: "Aquele que Me ama e se esforça para Me encontrar com um amor e uma adoração que não se desvia, deixa para trás as três gunas e também está preparado para se tornar o Brahman". Esse "Eu" é o Purushottama, que é fundamento do Brahman silencioso e da imortalidade, da existência espiritual imperecível, do darma eterno e de uma absoluta felicidade bem-aventurada. Há, então, um estado que é superior à paz do Akshara que observa, sem ser tocado, a luta das gunas. Há uma experiência e uma fundação espirituais supremas acima da imutabilidade do Brahman, há um Darma eterno maior que o impulso rajásico para agir, *pravṛtti*, há um deleite absoluto que não é tocado pelo sofrimento rajásico e está mais além da felicidade sátvica; encontramos essas coisas e as possuímos ao vivermos no ser e no poder de Purushottama. Mas visto que isso é adquirido pela bhakti, seu estado deve ser o deleite divino, a Ananda, em que é vivenciada a união do amor absoluto[4] e a posse na unidade, a coroação da bhakti. Elevar-se a essa Ananda, nessa unidade imperecível, deve ser a conclusão da perfeição espiritual e a consumação do eterno darma de imortalidade.

---

4. *niratiśayapremāspadatvam ānandatattvam.*

CAPÍTULO XV

OS TRÊS PURUSHAS[1]

A doutrina da Gītā, do começo ao fim, converge, em todas as suas linhas e por toda a flexibilidade de suas voltas, para um pensamento central único, ao qual ela chega ao equilibrar e conciliar todos os desacordos dos diversos sistemas filosóficos e ao sintetizar com cuidado as verdades da experiência espiritual, das luzes que, muitas vezes, estão em conflito ou que, ao menos, divergem quando tomadas em separado ou quando seguidas de maneira exclusiva, segundo seu arco e sua curva exterior de radiação, mas que aqui estão agrupadas em um único foco de visão de conjunto. Esse pensamento central é a ideia de uma consciência tripla – três e no entanto uma – presente em toda a escala da existência.

Há um espírito aqui, a trabalhar no mundo, que é um em inumeráveis aparências. É ele que elabora o nascimento e a ação, o poder que move a vida, a consciência que habita nas miríades de mutabilidades da Natureza e organiza suas associações; ele é a realidade constituinte de todo esse movimento no Tempo e no Espaço; ele mesmo é Tempo, Espaço e Circunstância. Ele é essa multidão de almas nos mundos; é os deuses e os seres humanos e as circunstâncias e as coisas e as forças, as qualidades e as quantidades, os poderes e as presenças. Ele é a Natureza, que é o poder do Espírito e é os objetos, que são seus fenômenos manifestados como nomes, ideias e formas e ele é as existências, que são porções, nascimentos e devires dessa entidade espiritual única e autoexistente, o Um, o Eterno. Mas o que vemos de maneira óbvia a trabalhar diante de nós não é esse Eterno e sua Shakti consciente, mas é uma Natureza, que na cega tensão de suas operações é ignorante do espírito no interior de sua ação. Seu trabalho é um jogo confuso, ignorante e limitador de certos modos, qualidades, princípios de força basilares

1. Gītā, XV.

na operação mecânica e na fixidez ou no fluxo de suas consequências. E toda alma que vem à superfície em sua ação parece, ela mesma, ignorante, sofredora, atada ao jogo incompleto e insatisfatório dessa Natureza inferior. O Poder inerente a ela é, contudo, diferente do que parece ser; pois, escondido em sua verdade, manifestado em suas aparências, ele é o Kshara, a Alma universal, o espírito na mutabilidade do fenomênico e do devir cósmicos, uno com o Imutável e o Supremo. Devemos chegar a essa verdade escondida por trás da manifestação de suas aparências; devemos descobrir o Espírito por trás desses véus e ver tudo como o Um, *vāsudevaḥ sarvam iti*, o individual, o universal, o transcendente. Mas isso é uma coisa impossível de alcançar com alguma completude no plano da realidade interior enquanto vivermos concentrados na Natureza inferior. Pois nesses movimentos menos importantes a Natureza é uma ignorância, uma Maia; ela abriga o Divino em suas dobras e o esconde dela mesma e de suas criaturas. A Divindade está escondida pela Maia de seu próprio Ioga criador de todas as coisas, o Eterno representado na transitoriedade, o Ser absorvido e recoberto pelos fenômenos de sua representação. No Kshara tomado em separado como uma coisa em si, no universal mutável, considerado à parte do Imutável e do Transcendente não dividido, não há completude de conhecimento, não há completude de nosso ser e, portanto, não há liberação.

Mas há, então, um outro espírito do qual tomamos consciência e que não é nenhuma dessas coisas, que é o self, e o self somente. Esse Espírito é eterno, sempre o mesmo, jamais mudado ou afetado pela manifestação, o um, o estável, uma autoexistência indivisa e nem mesmo em aparência dividida pela divisão das coisas e dos poderes na Natureza, inativa em sua ação, imóvel em sua moção. Ele é o Self de tudo e, no entanto, imperturbado, indiferente, intangível, como se todas essas coisas que dependem dele fossem não self, não fossem seus próprios resultados, poderes e consequências, mas uma representação da ação que se desenrola diante dos olhos de um espectador impassível e que não participa. Pois a mente que monta a peça teatral e participa dela é diferente do Self que, indiferente, contém em si a ação. O espírito é atemporal, embora o vejamos no Tempo; ele não está expandido no espaço, embora nos pareça impregnar o espaço. Tornamo-nos conscientes dele à medida que nos retiramos do exterior para o interior ou que buscamos, por trás da ação e do movimento, algo que seja eterno e estável ou à medida que nos afastamos do tempo e de sua criação para passar ao não criado, que deixamos o fenomênico para passar ao ser, o pessoal para passar à impessoalidade, o devir para passar à autoexistência inalterável.

Esse é o Akshara, o imutável no mutável, o imóvel no móvel, o imperecível nas coisas perecíveis. Ou, antes, visto que há apenas uma aparência de difusão, é o imutável, o imóvel, o imperecível do qual procede toda a mobilidade das coisas mutáveis e perecíveis.

O espírito Kshara, visível para nós sob a forma de toda a existência natural e da totalidade de todas as existências, move-se e se difunde em sua ação no Akshara imóvel e eterno. Esse Poder móvel do Self atua nessa estabilidade fundamental do Self enquanto segundo princípio da Natureza material, Vayu, com sua força de contato que agrega e separa, atrai e repele; ele sustenta a força formadora que está nos movimentos ígneos (radiantes, gasosos e elétricos) e outros movimentos elementais, estende-se pela difusão na estabilidade sutilmente maciça do éter. Esse Akshara é o self superior à buddhi – ele ultrapassa mesmo esse supremo princípio subjetivo da Natureza em nosso ser, a inteligência libertadora pela qual o indivíduo, ao superar sua mente movente e agitada e retornar ao seu self espiritual eterno e calmo, está enfim livre da constância do nascimento e da longa cadeia da ação, do Carma. Esse self, em seu estado mais elevado, *paraṁ dhāma*, é um não manifestado mais além mesmo do princípio não manifestado da Prakriti cósmica e original, *avyakta*, e, se a alma se volta para esse Imutável, o controle do cosmos e da Natureza sobre ela a abandona e ela vai mais além do nascimento e alcança uma existência eterna e inalterável. Estes dois são, então, os dois espíritos que vemos no mundo; um, emerge no primeiro plano em sua ação, o outro, permanece por trás, firmemente estabelecido nesse silêncio perpétuo do qual provém a ação e no qual todas as ações cessam e desaparecem no ser atemporal, Nirvana. *Dvāv imau puruṣau loke kṣaraś cākṣara eva ca.*

A dificuldade que desconcerta nossa inteligência é que esses dois parecem ser opostos irreconciliáveis, sem nenhum nexo real entre eles nem nenhuma transição de um para o outro, exceto por um movimento intolerante de separação. O Kshara age ou, ao menos, motiva a ação, isoladamente no Akshara; o Akshara permanece à parte, centrado em si mesmo, isolado, em sua inatividade, do Kshara. À primeira vista, isso pareceria quase melhor, mais lógico, mais fácil de compreender se admitíssemos, com os sankhyans, uma dualidade original e eterna Purusha-Prakriti, e mesmo uma eterna pluralidade de almas. Nossa experiência do Akshra seria, então, apenas o retirar-se de cada Purusha em si mesmo, afastando--se da Natureza e, portanto, de todo contato com outras almas nas relações da existência; pois cada alma seria autossuficiente, infinita e completa em sua essência. Porém, após tudo, a experiência final é aquela da unidade de todos os seres, que não é apenas uma comunidade de experiência, uma sujeição comum a uma força da Natureza, mas uma unidade no espírito, uma vasta identidade do ser consciente mais além de toda essa infinita variedade de determinações, por trás de todo esse aparente separatismo da existência relativa. A Gītā toma como base essa experiência espiritual suprema. Ela parece, de fato, admitir uma eterna pluralidade de almas sujeitas à sua unidade eterna e sustentadas por ela, pois o cosmos existe para sempre e a manifestação segue em ciclos sem fim; ela não afirma, tampouco, em parte alguma, nem utiliza nenhuma expressão que pudesse indicar um desaparecimento absoluto, *laya*, a anulação da alma individual no Infinito. Porém, ao mesmo tempo, ela afirma, com forte insistência, que o Akshara é o self único de todas essas múltiplas almas e é, portanto, evidente que esses dois espíritos são um estado dual de uma única existência eterna e universal. Essa é uma doutrina muito antiga, que é toda a base da visão maior dos Upanishads – como quando o Isha Upanishad nos diz que o Brahman é o móvel e o imóvel, ambos, é o Um e o Múltiplo, é o Self e todas as existências, *ātman*, *sarvabhūtāni*, é o Conhecimento e a Ignorância, é a eterna condição de não nascido e também o nascimento das existências e que insistir apenas em uma dessas coisas e rejeitar seu eterno complemento é uma obscuridade do conhecimento exclusivo ou uma obscuridade da ignorância. Como a Gītā, o Isha mantém que o indivíduo deve conhecer e abranger ambos aspectos e descobrir o Supremo em sua completude – *samagraṁ mām*, na expressão da Gītā – a fim de fruir a imortalidade e viver no Eterno. O ensino da Gītā e esse aspecto do ensino dos Upanishads estão, até aqui, em acordo; pois consideram e admitem os dois lados da realidade e ainda assim chegam à identidade como a conclusão da existência e sua verdade mais alta.

Porém, esse conhecimento e essa experiência maiores, por mais verdadeiros que sejam e por mais que atraiam de maneira poderosa nossa visão mais alta, devem ainda se desembaraçar de uma dificuldade muito real e urgente, de uma contradição ao mesmo tempo prática e lógica que parece, à primeira vista, persistir até as alturas supremas da experiência espiritual. O Eterno é diferente dessa experiência móvel subjetiva e objetiva, há uma consciência maior, na *idaṁ yad upāsate*,[2] e, contudo, tudo isso é, ao mesmo tempo, a perene visão de si do Ser, *sarvaṁ khalu idaṁ brahma*,[3] *ayam ātmā brahma*.[4] O Eterno tornou-se todas as existências, *ātmā abhūt sarvāṇi bhūtāni*;[5] como diz o Swetaswatara Upanishad:

2. *Kena Upanishad.*
3. *Chhandogya Upanishad*: Na verdade, tudo isto que é, é o Brahman.
4. *Mandukya Upanishad*: O Self é o Brahman.
5. *Isha Upanishad.*

"Tu és esse menino e, acolá, aquela menina, e este idoso que caminha apoiado em seu bastão". Do mesmo modo, na Gītā, o Divino diz que Ele é Krishna e Arjuna e Vyasa e Ushanas, e o leão e a árvore ashvatta, e a consciência e a inteligência e todas as qualidades e o self de todas as criaturas. Mas como esses dois podem ser o mesmo, quando parecem não apenas tão opostos em natureza, mas tão difíceis em unificar em experiência? Pois, quando vivemos na mobilidade do devenir, podemos perceber a imortalidade da autoexistência atemporal, mas não nos é possível viver nela. E quando nos estabelecemos no ser atemporal, Tempo, Espaço e circunstância retiram-se de nós e começam a aparecer como um sonho agitado no Infinito. A conclusão mais persuasiva, à primeira vista, seria que a mobilidade do espírito na Natureza seja uma ilusão, uma coisa que só é real quando vivemos nela, mas não é real em essência: é por isso que, ao retornarmos ao self, ela se retira de nossa essência incorruptível. É assim que, em geral, se corta o nó do enigma, *brahma satyaṁ jagan mithyā*.

A Gītā não se refugia nessa explicação, que apresenta enormes dificuldades próprias, além de seu malogro em justificar a ilusão. Pois essa explicação diz apenas que tudo é uma Maia misteriosa e incompreensível – poderíamos então também dizer que tudo é uma dupla realidade misteriosa e incompreensível, o espírito que se esconde do espírito. A Gītā fala de Maia, mas apenas como de uma consciência parcial e desorientadora que perde o domínio sobre a realidade completa, vive no fenomênico da Natureza móvel e não vê mais o Espírito do qual ela é o Poder ativo, *me prakṛtiḥ*. Quando transcendemos essa Maia, o mundo não desaparece; simplesmente, todo o seu significado é centralmente modificado. Na visão espiritual não descobrimos que tudo isso não tem existência real, mas, antes, que tudo é, mas com um sentido bem diferente do seu atual significado errôneo: tudo é o self, a alma, a natureza do divino, tudo é Vasudeva. Para a Gītā o mundo é real, uma criação do Senhor, um poder do Eterno, uma manifestação do Parabrahman e mesmo essa natureza inferior da Maia tripla deriva da suprema Natureza divina. Tampouco podemos nos refugiar completamente nessa distinção segundo a qual haveria uma realidade dupla: uma, inferior, ativa e temporal e uma superior, calma, imóvel e eterna, para além da ação – distinção segundo a qual nossa liberação consiste em passar desse estado parcial a essa grandeza, da ação ao silêncio. Pois a Gītā insiste que podemos e devemos, enquanto vivermos, ser conscientes no self e em seu silêncio e contudo agir com poder no mundo da Natureza. E ela dá o exemplo do próprio Divino, que não está preso pela necessidade do nascimento, mas é livre, superior ao cosmos e, contudo, permanece eternamente na ação, *varta eva ca karmaṇi*. Por conseguinte, é, ao assumir uma aparência da natureza divina em sua completude, que a unidade dessa dupla experiência se torna de todo possível. Mas qual é o princípio dessa unidade?

A Gītā o encontra em sua visão suprema do Purushottama, pois segundo sua doutrina esse é o tipo de experiência completa mais alta, é o conhecimento dos conhecedores integrais, *kṛtsnavidaḥ*. O Akshara é *para*, supremo em relação aos elementos e à ação da Natureza cósmica. É o Self imutável de todos e o Self imutável de todos é o Purushottama. O Akshara é ele, na liberdade de sua autoexistência que não é afetada pela ação de seu próprio poder na Natureza, que não colide com o impulso de seu devenir, não é perturbada pelo jogo de suas próprias qualidades. Mas esse é apenas um aspecto, embora um grande aspecto, do conhecimento integral. O Purushottama é, no entanto, maior que o Akshara, porque é mais do que essa imutabilidade e não está limitado nem mesmo pelo mais alto estado eterno de seu ser, *paraṁ dhāma*. Ainda assim, é pelo canal de tudo que é imutável e eterno em nós que alcançamos esse estado supremo do qual não se retorna para nascer; essa era a liberação que era buscada pelos mestres de outrora, os sábios antigos. Porém, quando procurada apenas por meio do Akshara, essa tentativa de liberação se torna a busca do Indefinível, algo difícil para nossa natureza, encarnados como estamos aqui na Matéria. O Indefinível, ao qual o Akshara, o self puro e intangível em nós aqui se eleva em seu ímpeto separador, é algum Não Manifestado supremo, *paro avyaktaḥ*, e esse supremo Akshara não manifestado é ainda o Purushottama. Portanto, disse a Gītā, também aqueles que seguem o Indefinível vêm a Mim, a Divindade eterna. Mas ele é, contudo, mais do que um supremo Akshara não manifestado, mais do que qualquer Absoluto negativo, *neti neti*, porque ele deve ser conhecido também como o supremo Purusha que expande em sua própria existência todo este Universo. Ele é um supremo e misterioso Tudo, um inefável Absoluto positivo de todas as coisas aqui. Ele é o Senhor no Kshara, o Purushottama não apenas lá, mas aqui, no coração de cada criatura, o Ishvara. E lá também, mesmo em seu estado eterno mais elevado, *paro avyaktaḥ*, ele é o Senhor supremo, Parameshvara, não um Indefinível longínquo e sem relações, mas a origem, o pai, a mãe, a primeira fundação, a moradia eterna do self e do cosmos, o Mestre de todas as existências, aquele que frui com a ascese e o sacrifício. É ao conhecê-lo ao mesmo tempo no Akshara e no Kshara, é ao conhecê-lo como o Não nascido que se manifesta de modo parcial em todos os nascimentos e desce mesmo pessoal e constantemente como Avatar, é ao conhecê-lo em sua inteireza, *samagraṁ mām*, que a alma se livra facilmente das aparências da Natureza inferior e, por um vasto e súbito crescimento e uma ampla, imensurável ascensão, retorna ao ser divino e à Natureza suprema. Pois a verdade do Kshara é também uma verdade do Purushottama. O Purushottama está no coração de cada criatura e se manifesta em seus inumeráveis vibhutis; o Purushottama é o espírito cósmico no Tempo e é ele quem comanda a ação divina do espírito humano liberado. Ele é o Akshara e o Kshara, ambos e, no entanto, é diferente, porque é mais e maior do que um ou outro desses opostos. *Uttamaḥ puruṣas tvanyaḥ paramātmetyudāhṛtaḥ, yo lokatrayam āviśya bibhartyavyaya īśvaraḥ*. "Porém outro, diferente desses dois, é o espírito mais alto chamado o Self supremo, que entra nos três mundos e os sustenta, o Senhor imperecível." Esse verso é a palavra-chave com a qual a Gītā reconcilia esses dois aspectos em aparência opostos de nossa existência.

A ideia do Purushottama foi preparada, sugerida, esboçada, mesmo assumida desde o começo, mas só agora, no décimo quinto capítulo, é que é formulada de maneira precisa e que a distinção traz um nome iluminador. E é instrutivo ver como ela é abordada e desenvolvida de maneira direta. Para ascender à natureza divina, nos foi dito, é preciso, primeiro, estabelecer-se em uma igualdade espiritual perfeita e se elevar acima da natureza inferior das três gunas. Assim, transcendendo a Prakriti inferior, nos estabelecemos na impessoalidade, na superioridade imperturbável em toda ação, na pureza em relação a toda definição e a toda limitação pela qualidade, que é um aspecto da natureza manifestada do Purushottama, sua manifestação enquanto eternidade e unidade do self, o Akshara. Mas há também uma multiplicidade inefável e eterna do Purushottama, uma verdade suprema mais verdadeira por trás do mistério primordial da manifestação da alma. O Infinito possui um eterno poder, uma ação sem começo nem fim de sua Natureza divina e, nessa ação, o milagre da personalidade da alma emerge de um jogo de forças em aparência impessoais, *prakṛtir jīvabhūtā*. Isso é possível porque a personalidade também é um caráter do Divino e encontra no Infinito sua verdade e seu significado espirituais mais altos. Mas a Pessoa no Infinito não é a personalidade egoística, separativa e sem memória que está na Prakriti inferior; ela é algo elevado, universal e transcendente, imortal e divino. Esse mistério da Pessoa suprema é o segredo do amor e da devoção. A pessoa espiritual, o *puruṣa*, a alma eterna em nós oferece a si mesma e tudo o que ela tem, e é, ao Divino eterno, à Pessoa suprema e à Divindade de que ela é uma porção, *aṁśa*. A completude do conhecimento encontra a si mesma nessa auto-oferenda, nessa elevação de nossa natureza pessoal, pelo amor e pela adoração, ao Mestre inefável de nossa personalidade e de seus atos; o sacrifício das obras é assim consumado e perfeitamente sancionado. É, então, por meio dessas coisas que a alma humana se cumpre mais totalmente nesse outro segredo dinâmico, nesse outro grande aspecto íntimo da natureza divina e possui, por essa consumação, a fundação da imortalidade, a felicidade suprema e o Darma eterno. E, ao ter assim exposto esse duplo requisito: a igualdade no self único, a adoração do Senhor único, primeiro em separado, como se eles fossem dois meios diferentes de chegar ao estado brâmine, *brahmabhūyāya* – um, tomando a forma de um *sannyāsa* quietista, o outro, uma forma de amor divino e de ação divina –, a Gītā prossegue agora para unir o pessoal e o impessoal no Purushottama e definir suas relações. Pois o objetivo da Gītā é desembaraçar-se de exclusões e exageros separativos e fundir esses dois aspectos do conhecimento e da experiência espiritual em uma única via perfeita em direção à perfeição suprema.

Primeiro, vem uma descrição da existência cósmica conforme a imagem vedântica da árvore ashvatta. Essa árvore da existência cósmica não tem começo nem fim, *mānto na cādiḥ*, no espaço ou no tempo; pois ela é eterna e imperecível, *aryaya*. Não podemos perceber sua forma real nesse mundo material em que o ser humano está encarnado, nem ela tem uma fundação duradoura aparente aqui; ela é um movimento infinito e sua fundação está acima, no supremo do Infinito. Seu princípio é a necessidade antiga e sempiterna de agir, *pravṛtti*, que emana para sempre, sem começo nem fim, da Alma original de toda existência, *ādyaṁ puruṣaṁ yataḥ pravṛttiḥ prasṛtā purāṇī*. Portanto, sua fonte original está no alto, mais além do Tempo, no Eterno, mas seus ramos alongam-se para baixo e ela estende e mergulha suas outras raízes – as raízes sólidas e pegadiças do apego e do desejo com suas consequências, que são mais e mais desejos e uma ação que se desenvolve de maneira interminável – em direção ao baixo, aqui, no mundo dos humanos. Os hinos dos Vedas são comparados às suas folhas e o indivíduo que conhece essa árvore do cosmos é o conhecedor dos Vedas. E, aqui, vemos o sentido dessa noção, antes depreciativa dos Vedas ou, ao menos, do Vedavada, que tivemos que mencionar no começo. Pois o conhecimento que os Vedas nos dá é um conhecimento dos deuses, dos princípios e dos poderes do cosmos e seus frutos são os frutos de um sacrifício oferecido com desejo, os frutos da fruição e do domínio na natureza dos três mundos, na terra, no céu e no mundo entre a terra e o céu. Os ramos dessa árvore cósmica estendem-se abaixo e acima, abaixo, no plano material, acima, nos planos suprafísicos; eles crescem segundo as gunas da Natureza, pois a guna tripla é o tema dos Vedas, *traiguṇya-viṣayā vedāḥ*. Os ritmos védicos, *chandāṁsi*, são as folhas e os objetos sensíveis do desejo supremamente obtidos por uma justa realização do sacrifício, são o brotar constante da folhagem. Portanto, enquanto fruir o jogo das gunas e estiver apegado ao desejo, o ser humano será mantido nos anéis de *pravṛtti*, no movimento do nascimento e da ação e dará voltas sem cessar entre a Terra, os planos intermediários e os céus, sem poder retornar às suas infinitudes espirituais supremas. Isso foi percebido pelos sábios. Para alcançar a liberação eles seguiram o caminho de *nivṛtti*, ou cessação do impulso original de ação, e a consumação dessa via é a cessação do próprio nascimento e um estado transcendente na extensão suprema do Eterno. Porém, para isso, é necessário cortar essas raízes do desejo, fixadas desde muito, com a forte espada do desapego e buscar então esse objetivo mais alto, de onde, uma vez alcançado, não é obrigatório retornar à vida mortal. Estar livre da desorientação dessa Maia inferior, sem egoísmo, o grande defeito do apego tendo sido conquistado, todos os desejos silenciados, a dualidade de alegria e aflição rejeitada, estar sempre estabelecido em uma vasta igualdade, sempre inabalável em uma pura consciência espiritual, essas são as etapas no caminho desse Infinito supremo. Aí, encontramos o ser atemporal que não é iluminado pelo sol, nem pela lua, nem pelo fogo, mas que é, ele mesmo, a luz da presença do eterno Purusha. Eu me afasto, diz o verso vedântico, a fim de buscar essa Alma original somente e alcançá-la no momento da grande passagem. Esse é o mais alto estado do Purushottama, sua existência supracósmica.

Porém, poderia parecer que isso pudesse ser alcançado muito bem, mesmo melhor, de maneira preeminente, direta, pela quietude do sannyasa. Pareceria que seu caminho seria a via do Akshara, uma renúncia completa às obras e à vida, uma reclusão ascética, uma inação ascética. Onde situar aqui a ordem de agir ou, ao menos, onde está o chamado, a necessidade, e o que tudo isso tem a ver com a manutenção da existência cósmica, *lokasaṇgraha*, a matança de Kurukshetra, as vias do Espírito no Tempo, a visão do Senhor dos milhões de corpos e sua voz ressoante comandando, "ergue-te, destrói teu inimigo, frui um reino opulento"? E o que é, então, essa alma na Natureza? Esse espírito também, esse Kshara, esse que frui nossa existência mutável, é o Purushottama; isso é Ele, em sua eterna multiplicidade, essa é a resposta da Gītā. "Essa é uma eterna porção de Mim, que se torna o Jiva em um mundo de Jivas." Isso é um epíteto, uma declaração cujo teor e cujas consequências são imensas. Pois isso quer dizer que cada alma, cada ser em sua realidade espiritual é o próprio Divino, por mais parcial que seja sua real manifestação d'Ele na Natureza. E isso quer dizer também, se é que palavras têm um sentido, que cada espírito que se manifesta, cada um dos múltiplos, é um indivíduo eterno, um poder eterno, não nascido e imortal, da Existência única. Chamamos este espírito que se manifesta o Jiva, pois aqui ele assume a aparência de uma criatura viva em um mundo de criaturas vivas, e falamos desse espírito no indivíduo como da alma humana e pensamos nele apenas nos termos da humanidade. Porém, na verdade, ele é algo maior do que sua aparência presente e não está preso à sua humanidade: ele foi uma manifestação menor do que o ser humano em seu passado, ele pode se tornar algo muito maior, em seu futuro, do que o homem mental. E quando essa alma se eleva acima de todas as limitações ignorantes, então ela assume sua natureza divina, da qual sua humanidade é apenas um véu temporário, uma coisa de significado parcial e incompleto. O espírito individual existe e sempre existiu além, no Eterno, pois ele mesmo é perpétuo, *sanatanā*. Evidentemente, é essa ideia do indivíduo eterno que leva a Gītā a evitar toda expressão que possa sugerir, por pouco que seja, uma completa dissolução, *laya*, e, antes, falar de um estado superior da alma, um estado em que a alma habita no Purushottama, *nivasiṣyasi mayyeva*. Se ao falar do Self único de todos ela parece usar a linguagem do Advaita, essa verdade durável do indivíduo eterno, *mamāṁśaḥ sanātanaḥ*, acrescenta, no entanto, algo que introduz uma qualificação e parece quase aceitar a visão do Visishtadvaita[6] – embora não devamos nos apressar em concluir que apenas isso é a filosofia da Gītā ou que sua doutrina seja idêntica àquela, mais tardia, de Ramanuja. Mas isto, em todo caso, está claro: há um princípio de multiplicidade eterno e real, e não apenas ilusório, no ser espiritual da existência Divina única.

Esse indivíduo eterno não é outro que o Purusha Divino ou, então, ele não está de nenhum modo realmente separado dele. É o Senhor Ele-mesmo, o Ishvara, que, em virtude da eterna multiplicidade de sua unidade – toda a existência não é ela uma expressão dessa verdade do Infinito? –, existe para sempre como alma imortal dentro de nós, assumiu este corpo e deixa esta moldura transiente quando ela é rejeitada, para desaparecer nos elementos da Natureza. Ele traz consigo, e cultiva, os poderes subjetivos da Prakriti, a mente e os cinco sentidos, a fim de fruir os objetos da mente e dos sentidos e, quando se vai, os leva consigo, assim como o vento leva os perfumes de um vaso. Mas a identidade do Senhor e da alma na Natureza mutável está escondida de nós pela aparência exterior e se perde na multidão de enganos moventes dessa Natureza. E aqueles que se deixam governar pelas representações da Natureza, pela representação da humanidade ou por qualquer outra forma, não a verão jamais, mas ignorarão e desprezarão o

6 . *Viśiṣṭādvaita* – monismo qualificado; *vedanta* monístico moderado. (N. da T.)

Divino alojado no corpo humano. Sua ignorância não pode percebê-Lo quando Ele entra, quando se vai ou quando fica e frui e assume a qualidade, mas vê apenas o que está visível para a mente e os sentidos, não a verdade maior que só pode ser vislumbrada pelo olho do conhecimento. Nunca eles poderão vê-Lo, mesmo que se esforcem para isso, enquanto não aprenderem a afastar as limitações da consciência exterior e construírem em si mesmos seu ser espiritual, enquanto não criarem para Ele, de algum modo, uma forma em sua natureza. O indivíduo, para se conhecer, deve ser *kṛtātmā*, moldado e completado no molde espiritual e a visão espiritual deve aclará-lo. Os iogues que possuem esse olho do conhecimento, veem o Ser Divino que nós somos em sua própria realidade sem fim, na eternidade de seu espírito. Iluminados, eles veem o senhor neles mesmos e são liberados da grosseira limitação material, da forma da personalidade mental, da formulação da vida transiente: imortais, eles habitam na verdade do self e do espírito. Mas eles veem o Senhor não só neles mesmos, mas também em todo o cosmos. Na luz do sol que ilumina todo este mundo eles reconhecem a luz da Divindade que está em nós; a luz da lua e do fogo é a luz do Divino. É o Divino que entrou nessa forma que é a terra e é o espírito da força material da terra e mantém sua multiplicidade pelo seu poder. O Divino é a divindade do Soma, que, pela *rasa*, a seiva da terra-mãe, alimenta as plantas e as árvores que cobrem sua superfície. O Divino, e não outro, é a chama da vida que sustenta o corpo físico das criaturas vivas e muda seu alimento em sustento de sua força vital. Ele está alojado no coração de tudo o que respira; d'Ele vêm a memória, o conhecimento e os debates da razão. Ele é aquele que é conhecido por todos os Vedas e por todas as formas de conhecimento; Ele é aquele que conhece os Vedas e faz o Vedanta. Em outras palavras, o Divino é, ao mesmo tempo, a Alma da matéria e a Alma da vida e a Alma da mente, assim como a Alma da luz supramental que está para além da mente e de sua inteligência racional e limitada.

Assim, o Divino está manifestado em uma alma dupla de Seu mistério, um poder duplo, *dvāv imau puruṣau*; Ele sustenta, ao mesmo tempo, o espírito das coisas mutáveis que é todas as existências, *kṣaraḥ sarvāṇi bhūtāni*, e o espírito imutável, que se mantém acima delas na imobilidade imperturbável de Seu silêncio e de Sua calma eternos. E é pela força do Divino nelas que esses dois espíritos, como dois polos magnéticos contrários e incompatíveis, um tentando anular o outro, atraem tão poderosamente em diferentes direções a mente, o coração e a vontade do indivíduo. Mas o Divino não é inteiramente o Kshara, nem inteiramente o Akshara. Ele é maior do que o Self imutável e é maior do que a Alma das coisas mutáveis. Se ele é capaz de ser ambos ao mesmo tempo é porque é diferente deles, *anyaḥ*, o Purushottama acima de todo o cosmos e, contudo, desdobrado no mundo e desdobrado no Veda, no autoconhecimento e na experiência cósmica. E quem quer que seja que o conheça assim e o veja como o Purushottama não se sentirá mais confuso, nem pela aparência do mundo nem pela atração divergente desses dois contrários em aparência. Primeiro, esses dois polos confrontam-se aqui, nele, como um positivo da ação cósmica e como seu negativo no Self, que não toma parte em uma ação que pertence, ou parece pertencer inteiramente, à ignorância da Natureza. Ou, então, eles desafiam sua consciência sob o aspecto de uma autoexistência positiva pura, indeterminável, estável, eterna e de seu negativo: um mundo de determinações e de relações, de ideias e formas impalpáveis, um vir a ser perpétuo e instável e o enredo, criador e aniquilador, da ação, da evolução, do nascimento e da morte, do aparecimento e do desaparecimento. Ele os abrange e escapa deles, vence sua oposição e se torna todo conhecedor, *sarvavid*, um conhecedor total. Ele vê o sentido completo do self e das coisas; ele restaura a realidade integral do Divino;[7] une o Kshara e o Akshara no Purushottama. Ele ama, venera, adora fielmente o Self supremo de sua existência e todas as existências, o único Senhor de suas energias e de todas as energias, o Eterno próximo e distante no mundo e mais além. E isso também, ele não o faz apenas com um aspecto ou uma porção de si mesmo, com uma mente espiritualizada exclusiva ou com a luz cegante do coração, intensa mas divorciada da amplidão, ou com a aspiração da vontade nas obras, mas o faz em todas as vias perfeitamente iluminadas de seu ser e de seu devenir, de sua alma e de sua natureza. Divino na igualdade de sua autoexistência imperturbável, uno nela com todos os objetos e todas as criaturas, ele faz descer essa igualdade sem limites, essa unidade profunda em sua mente, seu coração, sua vida e seu corpo e edifica nela, em uma integralidade indivisível, a trindade do amor divino, das obras divinas e do conhecimento divino. Essa é, segundo a Gītā, a via de salvação.

E não seria isso também o verdadeiro Advaita, que não cria a menor cisão na Existência eterna e única? Esse Monismo absoluto e que não divide, vê o um como o um até mesmo nas multiplicidades da Natureza, em todos os aspectos, na realidade do self e do cosmos tanto quanto nessa realidade suprema do supracósmico, que é a fonte do self e a verdade do cosmos e não está ligada por

7. *samagraṃ mām.*

nenhuma afirmação do vir a ser universal nem por nenhuma negação universal ou absoluta. Esse é, ao menos, o Advaita da Gītā. Esse é o Shastra mais secreto, diz o Instrutor a Arjuna; esse é o ensinamento e a ciência supremos que nos conduzem ao coração do mais alto mistério da existência. Conhecê-lo de maneira absoluta, apreendê-lo no conhecimento, no sentimento, na força e na experiência é alcançar a perfeição na compreensão transformada, estar divinamente satisfeito no coração e afortunado no sentido e no objetivo supremos de toda vontade, de toda ação e de toda obra. Esse é o meio para ser imortal, para se elevar à natureza divina mais alta e assumir o Darma eterno.

CAPÍTULO XVI

A PLENITUDE DA AÇÃO ESPIRITUAL

A ideia da Gītā alcançou um ponto em seu desenvolvimento em que apenas uma pergunta permanece sem solução – a questão de nossa natureza subjugada e incompleta, assim como os meios que ela possui para cumprir – não apenas em princípio, mas em todos os seus movimentos – sua evolução, desde o ser inferior até o ser superior e desde a lei de sua ação atual até o Darma imortal. Essa dificuldade está implícita em certas disposições estipuladas na Gītā, mas é preciso lhe dar uma maior proeminência do que aquela que aí recebe e uma forma mais clara para nossa inteligência. A Gītā baseou-se em um conhecimento psicológico familiar à mente daquela época e, seguindo esse pensamento, ela pode muito bem abreviar suas transições, considerar muitas coisas como adquiridas e deixar muitas outras não expressas, as quais nos foi necessário pôr em uma luz viva e as tornar precisas para nós. No início seu ensinamento declara propor uma nova fonte e um novo nível para nossa ação no mundo. Esse foi o ponto de partida e motiva também a conclusão. Seu objetivo inicial não era exatamente propor um meio para alcançar a liberação, *mokṣa*, mas, antes, mostrar a compatibilidade das obras com o esforço da alma em direção à liberação e com a própria liberdade espiritual, quando alcançada com a contínua ação no mundo, *muktasya karma*. Incidentalmente, um Ioga sintético ou método psicológico para alcançar a liberação e a perfeição espirituais foram desenvolvidos e certas afirmações metafísicas foram apresentadas, certas verdades de nosso ser e de nossa natureza, nas quais repousa a validade desse Ioga. Mas a preocupação original permanece o tempo todo, a dificuldade e o problema encontrados no início: como Arjuna, que por uma mudança violenta de seu pensamento e de seus sentimentos, foi desalojado de suas bases e de suas normas de ação estabelecidas, naturais e racionais, deve encontrar uma norma espiritual nova para a ação, ou como deve viver na verdade do Espírito – uma vez que ele não pode mais agir segundo as verdades parciais da razão e da natureza habituais do homem – e como deve, mesmo assim, cumprir o trabalho que lhe é designado no campo de batalha de Kurukshetra. Viver interiormente calmo, desapegado, silencioso no silêncio do Self impessoal e universal e, contudo, cumprir dinamicamente as obras da Natureza dinâmica e, com maior amplitude, ser uno com o Eterno em nós e cumprir toda a vontade do Eterno no mundo que se expressa por meio de uma força sublimada, de uma altura divina da natureza pessoal elevada, liberta, universalizada, que se fez una com a natureza divina – essa é a solução da Gītā.

Vejamos o que resulta disso, nos termos mais simples e positivos e considerando o problema que está na raiz da dificuldade de Arjuna e de sua recusa. Seu dever como indivíduo e como ser social é o desempenho das altas funções do *Kshatriya*, sem as quais a estrutura da sociedade não pode ser mantida, os ideais da espécie não podem ser justificados, a ordem harmoniosa do direito e da justiça não pode ser sustentada contra a violência anárquica da opressão, da maldade e da injustiça. E, contudo, o apelo ao dever não pode mais, por si mesmo, satisfazer o protagonista do combate, porque, na terrível realidade de Kurukshetra, este se apresenta em termos ásperos, confusos e ambíguos. O desempenho de seu dever social passou a significar subitamente a aprovação de um resultado enorme de pecado, tristeza e sofrimento; os meios habituais para manter a ordem social e a justiça, ao contrário, conduzem a uma grande desordem e ao caos. A regra da reivindicação e do interesse justos – aquilo que chamamos direitos – aqui não lhe servirá; o reino que ele deve vencer para si mesmo e seus irmãos e para seus aliados na guerra é, de fato, o deles, de pleno direito, e essa afirmação equivale a reverter a tirania asúrica e a defender a justiça, mas uma justiça ensanguentada e um reino possuído na aflição e manchado por um grande pecado, um dano monstruoso causado à sociedade, um verdadeiro crime contra a espécie humana. Tampouco a regra do darma, do direito ético, servirá; pois há aqui um conflito de darmas. Uma nova regra, maior e até agora impensável, é necessária para resolver o problema. Mas qual seria essa regra?

Retirar-se de seu trabalho, refugiar-se em uma inatividade santa e deixar o mundo imperfeito entregue a si mesmo, com seus métodos e motivos insatisfatórios, seria uma solução possível, fácil de imaginar, fácil de executar, mas é precisamente essa maneira de cortar o nó que o Instrutor proibiu com insistência. A ação é exigida do indivíduo, assim o quer o Mestre do mundo, que é o mestre de todas as obras do ser humano e de quem o mundo é um campo de ação, quer as obras feitas por meio do ego e na ignorância, quer feitas na luz parcial da razão limitada, quer provenham de um plano de visão e de motivação superiores, de onde se pode ter uma visão mais vasta. Por outro lado, abandonar essa ação particular como ruim, seria um outro tipo de solução, o recurso fácil da mente moralizadora em sua miopia, mas a essa evasão também o Instrutor recusa sua autorização. A abstenção de Arjuna provocaria um pecado e um mal bem maiores: caso tivesse algum efeito, isso significaria o triunfo do mal e da injustiça e a rejeição de sua própria missão como um instrumento dos trabalhos divinos. Uma crise violenta nos destinos da espécie humana foi provocada, não por alguma moção cega de forças, nem somente pelo confuso conflito de ideias, interesses, paixões, egoísmos humanos, mas por uma Vontade que está por trás dessas aparências externas. Essa Verdade, é preciso que Arjuna seja levado a ver; ele deve aprender a agir de maneira impessoal, sem que nada o perturbe, como o instrumento, não de seus pequenos desejos pessoais e das esquivanças da fraqueza humana, mas do Poder mais vasto e luminoso, de uma Vontade maior, todo-sabedoria divina e universal. Ele deve agir de maneira impessoal e universal, em uma alta união de sua alma com a Divindade interior e exterior, *yukta*, em um Ioga calmo com seu Self supremo e com o Self que anima o universo.

Mas essa verdade não pode ser vista de maneira correta e esse tipo de ação não pode ser empreendido, não pode se tornar real enquanto o ser humano for governado pelo ego, mesmo o ego sátvico, semiaclarado, mas sem iluminação, da razão e da inteligência mentais. Pois essa é uma verdade do espírito, uma ação que parte de uma base espiritual. Um conhecimento espiritual e não intelectual, é o requisito indispensável para essa via das obras, sua única luz, seu único meio, seu único incentivo possíveis. Primeiro, então, o Instrutor indica que todas essas ideias e todos esses sentimentos que perturbam, desorientam e desconcertam Arjuna – a alegria e a aflição, o desejo e o pecado, a tendência da mente para governar a ação a partir dos resultados exteriores da ação, o recuo humano diante do que parece terrível e tremendo nas relações do espírito universal com o mundo – são coisas nascidas da sujeição de nossa consciência à ignorância natural, ao modo de trabalhar de uma natureza inferior em que a alma está enredada e se vê como um ego separado que responde à ação que as coisas têm sobre ele pelas reações duais de prazer e dor, virtude e vício, certo e errado, boa ou má fortuna. Essas reações criam uma teia emaranhada de perplexidades em que a alma se perde, desorientada por sua própria ignorância; ela deve se guiar por soluções parciais e imperfeitas que bastam, em geral, com uma suficiência tropeçante, para a vida comum, mas falham quando examinadas por uma visão mais vasta e uma experiência mais profunda. Para compreender o verdadeiro sentido da ação e da existência, é preciso retirar-se por trás de todas essas aparências, na verdade do espírito; é preciso alicerçar o autoconhecimento antes de poder preparar a base de um conhecimento justo do mundo.

O primeiro requisito é sacudir as asas da alma para liberá-la do desejo, da paixão, das emoções que a agitam e de toda essa atmosfera perturbadora e deformada da mente humana e fazê-la entrar em um éter de igualdade sem paixão, em um céu de calma impessoal, em um sentimento e uma visão sem ego, das coisas. Pois somente nesse ar superior e transparente, nessas extensões livres de toda tempestade e de toda nuvem, o autoconhecimento pode vir e a lei do mundo e a verdade da Natureza podem ser vistas sem alterações, com um olhar abrangedor e em uma luz não perturbada, que engloba tudo e penetra tudo. Por trás dessa pequena personalidade, que é um instrumento desvalido, uma marionete passiva – ou que resiste em vão – da Natureza e uma forma representada nas criações dessa Natureza, há um self impessoal único em tudo, que vê e conhece todas as coisas; há uma presença igual, imparcial, universal, que sustenta a criação, uma consciência-testemunha que deixa a Natureza elaborar o devir das coisas em seu tipo particular, *svabhāva*, mas não se envolve nem se perde na ação que ela inicia. Retirar-se do ego e da personalidade agitada para entrar nesse Self calmo, igual, eterno, universal, impessoal, é o primeiro passo em direção à ação visionária no Ioga, uma ação feita em união consciente com o Ser divino e a Vontade infalível que, por mais obscura que seja agora para nós, se manifesta no universo.

Quando vivemos tranquilamente estabelecidos nesse self de amplidão impessoal, então, porque ele é vasto, calmo, quieto, impessoal, nosso outro self, pequeno e falso, nosso ego de ação, desaparece em sua extensão e vemos que é a Natureza que age e não nós, que toda ação é a ação da Natureza e não pode ser outra coisa. E essa coisa que chamamos Natureza é um Poder executivo universal de existência eterna, um Poder em movimento que assume diferentes formas e diferentes aspectos nessa ou naquela classe de criaturas e em cada indivíduo da espécie, segundo seu tipo de existência natural e a função e a lei resultantes de suas obras. Cada criatura deve agir segundo sua natureza e não pode agir conforme outra coisa. O ego, a vontade e o desejo pessoais não são mais do que formas vivamente conscientes e operações naturais limitadas de uma Força universal que é, ela mesma, sem forma e infinita e que as ultrapassa em muito; a razão, a inteligência, a mente, os sentidos, a vida e o corpo, tudo de que nos vangloriamos ou que consideramos nosso, são instrumentos e criações da Natureza. Mas o Self impessoal não age e não é parte da Natureza: ele observa a ação por trás e do alto e permanece senhor de si mesmo, um conhecedor e uma testemunha livres e impassíveis. A alma que vive nessa impessoalidade não é afetada pelas ações das quais nossa natureza é um instrumento; a alma não responde a elas ou aos efeitos delas, com aflição e alegria, com desejo e recuo, com atração e repulsão ou com qualquer uma das centenas de dualidades que nos atraem, agitam e afligem. Ela considera todos os seres humanos e todas as coisas e todos os eventos com olhos iguais, observa os modos ou qualidades da Natureza agirem sobre os modos ou qualidades, vê todo o segredo do mecanismo, mas ela mesma está além desses modos ou qualidades – um ser essencial puro e absoluto, impassível, livre, em paz. A Natureza elabora sua ação e a alma, impessoal e universal, a sustenta mas não se envolve, não está apegada, não está emaranhada, não está agitada, não está desorientada. Se pudermos viver nesse self igual, nós também estaremos em paz; nossas obras continuarão enquanto o impulso da Natureza se prolongar em nossos instrumentos, mas haverá uma liberdade e quietude espirituais.

Essa dualidade do Self e da Natureza, do Purusha quiescente e da Prakriti ativa não é, contudo, o todo de nosso ser; esses dois termos não são, na verdade, as duas últimas palavras sobre a questão. Se assim fosse, toda e qualquer obra seria de todo indiferente para a alma e essa ou aquela ação, ou a abstenção de ação, aconteceria por algum desvio desgovernado das variações móveis das gunas. Arjuna seria levado à luta pelo impulso rajásico nos instrumentos ou dissuadido de lutar pela inércia tamásica ou pela indiferença sátvica. Ou, então, se tivesse que agir, e agir somente desse modo, seria devido a algum determinismo mecânico da Natureza. Ademais, visto que a alma em seu retiro seria levada a viver no Self impessoal e inativo e cessaria de viver, por pouco que fosse, na Natureza ativa, o resultado final seria a quietude, a cessação, a inércia, não a ação imposta pela Gītā. E, por fim, essa dualidade na verdade não explica porque a alma é tão pouco chamada a envolver-se na Natureza e suas obras; pois não pode ser que o espírito único, autoconsciente e para sempre não envolvido na Natureza, se envolva nela, perca seu conhecimento de si e deva retornar a esse conhecimento. Esse Self puro, esse Atman está, ao contrário, sempre lá, sempre o mesmo, sempre a única Testemunha autoconsciente, impessoal e distante ou o sustento imparcial da ação. É essa lacuna, esse vácuo impossível, que nos obriga a supor dois Purushas ou duas atitudes do Purusha único: um, secreto no Self, que observa tudo a partir de sua autoexistência (ou que talvez nada observa), o outro – projetado de maneira espontânea na Natureza – que se presta às ações dela e se identifica com suas criações. Mas mesmo esse dualismo da Prakriti e do Self ou da Maia corrigido pelo dualismo dos dois Purushas não é todo o credo filosófico da Gītā, que vai além e alcança a suprema unidade todo-abrangente de um Purusha superior, o Purushottama.

A Gītā afirma que há um Mistério supremo, uma Realidade suprema que sustenta e reconcilia a verdade dessas duas manifestações diferentes. Há um último e supremo Self, Senhor e Brahman, que é, ao mesmo tempo, o impessoal e o pessoal, mas diferente e maior do que cada um deles e diferente e maior do que ambos juntos. Ele é o Purusha, o Self e a alma de nosso ser, mas ele é também Prakriti; pois Prakriti é o poder da Toda-Alma, o poder do Eterno e Infinito espontaneamente levado à ação e à criação. Inefável supremo, Pessoa universal, ele se torna por sua Prakriti todas essas criaturas. Supremo Atman e Brahman, ele manifesta por sua Maia de autoconhecimento e sua Maia de ignorância a dupla verdade do enigma cósmico. Senhor supremo, mestre de sua Força, de sua Shakti, ele cria, impele e governa toda essa Natureza e toda a personalidade, poder e obras dessas existências inumeráveis. Cada alma é um ser parcial desse Um autoexistente, uma alma eterna dessa Toda-Alma, uma manifestação parcial desse Senhor supremo e de sua Natureza universal. Tudo aqui é esse Divino, essa Divindade, Vasudeva; pois, por meio da Natureza e da alma na Natureza, ele se torna tudo o que é, e tudo procede dele e vive nele ou por ele, embora ele mesmo seja maior do que a manifestação mais vasta, do que o espírito mais profundo, do que qualquer representação cósmica. Essa é a verdade completa da existência e esse é todo o segredo da ação universal que nós vimos se desprender dos últimos capítulos da Gītā.

Mas como essa verdade maior modifica ou como afeta o princípio da ação espiritual? Ela a modifica, para começar, nisso, que é a questão basilar: todo o sentido da relação do Self, da alma e da Natureza modifica-se, abre-se a uma nova visão, preenche as lacunas que restaram, adquire uma amplitude maior, assume um significado verdadeiro, espiritualmente positivo e de uma integralidade sem defeito. O mundo não é mais uma ação e determinação qualitativas puramente mecânicas da Natureza, em oposição à quietude de uma autoexistência impessoal que não tem nem qualidade nem poder de autodeterminação, nem capacidade nem impulso para criar. Uma ponte foi lançada sobre o abismo deixado por esse dualismo insatisfatório e uma unidade edificante se revela entre o conhecimento e as obras, a alma e a Natureza. O Self quiescente e impessoal é uma verdade – é a verdade da calma da Divindade, do silêncio do Eterno, da liberdade do Senhor de todo nascimento e de todo devenir, de toda ação e de toda criação; é a verdade da calma e infinita liberdade de sua autoexistência, que não está encadeada, perturbada ou afetada por sua criação, que não é tocada pela ação e pela reação de sua Natureza. Agora, a própria Natureza não é mais uma ilusão inexplicável, um fenômeno separado e contrário, mas um movimento do Eterno; toda a sua dinâmica, toda a sua atividade e multiplicidade têm como fundação e sustento a tranquilidade do observador desapegado de um self e espírito imutáveis. O Senhor da Natureza permanece esse self imutável enquanto é, ao mesmo tempo, a alma única e múltipla do Universo e se torna, em uma manifestação parcial, todas essas forças, poderes, consciências, deuses, animais, coisas, seres humanos. A natureza determinada pelas gunas é uma ação inferior, autolimitada, do poder do Senhor; é a natureza de uma manifestação imperfeitamente consciente e, portanto, de certa ignorância. A verdade do self, assim como a verdade do Divino, está por trás, retirada da força de superfície absorvida aqui em sua ação exterior – muito semelhante ao modo como o ser mais profundo do ser humano é mantido por trás, retirado do saber de sua consciência de superfície –, até o momento em que a alma na Natureza se volta para encontrar essa coisa escondida, entra em si mesma e descobre suas próprias verdades reais, suas alturas e suas profundezas. Essa é a razão pela qual a alma deve retirar-se de seu pequeno self pessoal e egoísta e passar ao seu amplo Self impessoal, imutável e universal a fim de tornar-se capaz de conhecer a si mesma. Porém, o Senhor está aí, não apenas nesse self, mas na Natureza. Ele está no coração de cada criatura e guia, por sua presença, os giros desse grande mecanismo natural. Ele está presente em tudo, tudo vive nele, tudo é ele mesmo porque tudo é um devenir de seu ser, uma porção ou uma representação de sua existência. Mas tudo aqui procede no modo de funcionar inferior e parcial que veio de uma natureza secreta mais alta, maior e mais completa, da Divindade, *devātmaśakti*. Eterna porção do divino, ser espiritual do Ser Divino eterno, a alma perfeita, integralmente consciente, escondida no ser humano, pode abrir-se em nós e pode, também, abrir-nos a Ele se vivermos de maneira constante nessa verdade verdadeira de Sua ação e de nossa existência. Aquele que busca a Divindade deve retornar à realidade de seu self imutável impessoal e eterno e, ao mesmo tempo, ver em todo lugar o Divino do qual ele procede, ver que Ele é tudo, vê-lo no conjunto dessa Natureza mutável e em cada parte, em cada resultado e em todas as suas operações e, lá também, se fazer uno com Deus, lá também viver nele, lá também entrar na unidade divina. Nessa integralidade, ele une a liberdade e a calma divinas de sua existência essencial profunda com um poder supremo de ação instrumental em seu self divinizado, que é parte da Natureza.

Mas como fazer isso? Isso pode ser feito, primeiro, por um espírito justo em nossa vontade de agir. Aquele que busca deve considerar toda a sua ação como um sacrifício ao Senhor das obras, que é o Ser eterno e universal, seu próprio Self supremo e o self de todos os outros e a Divindade suprema que habita em tudo, contém tudo e governa tudo no universo. Toda a ação da Natureza é esse sacrifício – oferecido, primeiro, de fato, aos Poderes divinos que a movem e se movem nela, mas esses poderes são apenas formas e nomes limitados do Um, do Ilimitável. Em geral, as pessoas oferecem seu sacrifício, abertamente ou sob um disfarce, ao seu próprio ego, sua oblação é a ação falsa de seu capricho e de sua ignorância. Ou, então, oferecem seus conhecimentos, ações, aspirações, as obras de sua energia, seu esforço aos deuses, por motivos parciais, temporais e pessoais. O indivíduo de conhecimento, a alma liberada, ao contrário, oferece todas as suas atividades à Divindade única, eterna, sem nenhum apego aos seus frutos ou à satisfação de seus desejos inferiores pessoais. Ele trabalha para a Divindade, não para si mesmo, para o bem universal, para a Alma do mundo e não para algum objetivo particular que é de sua própria criação pessoal ou para alguma construção de sua vontade mental ou algum objeto de seus apetites vitais, ele trabalha enquanto agente divino e não como aproveitador principal e à parte no comércio do mundo. E isso, deve ser notado, é uma coisa que, na verdade, não pode ser feita, exceto na medida em que a mente chega à igualdade, à universalidade, a uma impessoalidade vasta e a se liberar claramente de todo disfarce do ego insistente: pois sem essas coisas, afirmar que se age assim é uma pretensão ou uma ilusão. Toda a ação do mundo é um assunto do Senhor do Universo, diz respeito ao Espírito autoexistente do qual esse universo é a criação incessante, o devenir progressivo, a manifestação significativa e o símbolo vivo na Natureza. Os frutos pertencem a Ele, os resultados são aqueles determinados por Ele e nossa ação pessoal não é mais do que uma contribuição menor regulada ou desregulada – na medida em que seu motivo for uma pretensão egoísta – por esse Self, esse Espírito em nós que é o Self e o Espírito em tudo e governa as coisas para os fins universais e o bem universal e não para o nosso ego. Trabalhar de maneira impessoal, sem desejo e sem apego aos frutos de nosso trabalho, para Deus e o mundo, para o Self maior e a realização da vontade universal – essa é a primeira etapa em direção à liberação e à perfeição.

Porém, mais além dessa etapa, encontra-se esse outro movimento maior, a entrega interior de todas as nossas ações à Divindade em nós. Pois é a Natureza infinita que impele nossas obras e uma Vontade divina nela e acima dela que nos demanda a ação; a escolha e a tendência que lhes dá nosso ego são uma contribuição de nossa qualidade tamásica, rajásica, sátvica ou uma deformação na Natureza inferior. A deformação vem porque o ego se considera como o autor; o caráter do ato assume a forma da natureza pessoal limitada, e a alma está ligada a isso e às suas estreitas representações e não permite que o ato proceda de maneira livre e pura do poder infinito que está nela. E o ego está atado ao ato e ao seu resultado; ele deve suportar as consequências e reações pessoais, visto que se atribui a responsabilidade e a origem da ação e pretende que ela seja o resultado de sua vontade pessoal. O trabalho livre e perfeito acontece quando começamos a referir e, no final, a entregar inteiramente a ação e sua origem ao Mestre divino de nossa existência; pois sentimos que uma suprema Presença em nós se encarrega delas progressivamente, que a alma é levada a uma profunda intimidade e estreita unidade com um Poder e uma Divindade interiores e que o trabalho se origina diretamente do Self maior, da força todo-sabedoria, infinita, universal, de um ser eterno e não da ignorância do pequeno ego pessoal. A ação é escolhida e moldada conforme a natureza, mas inteiramente pela Vontade divina na natureza e, portanto, a ação é livre e perfeita interiormente, qualquer que seja a aparência exterior; ela se apresenta portadora do selo espiritual interior do Infinito a indicar que ela é a coisa a ser feita, o movimento e os passos do movimento decretados nas vias do Mestre onisciente da ação, *kartavyaṁ karma*. A alma do indivíduo liberado é livre em sua impessoalidade mesmo quando ele contribui, como meio e ocasião para a ação, com a criação pessoal e instrumental de seu self, com a vontade e o poder particulares de sua natureza. Essa vontade e esse poder agora não são mais propriamente seus – de maneira egoísta e separada –, mas são uma força do divino suprapessoal, que age nesse vir a ser de Seu próprio Self, nessa personalidade em meio a miríades de outras, por meio da forma característica do ser natural, o *svabhāva*. Esse é o alto segredo, o alto mistério, *uttamaṁ rahasyam*, da ação do indivíduo liberado. Esse é o resultado do crescimento da alma humana em uma Luz divina e da união de sua natureza com uma suprema natureza universal.

Essa mudança só pode acontecer por meio do conhecimento. É necessário um justo conhecimento do self, de Deus e do mundo e é também necessário viver e crescer na consciência maior à qual esse conhecimento nos admite. Sabemos agora o que é o conhecimento. É suficiente lembrar que ele repousa em uma visão diferente daquela da mente humana e é mais vasto que ela – em uma visão e experiência mudadas, pelas quais se é, em primeiro lugar, liberado das limitações do sentido do ego e dos seus contatos e se sente e se vê o self único em tudo, tudo em Deus, todos os seres como Vasudeva, como receptáculos da Divindade e a si mesmo como um ser significativo dessa Divindade única e uma alma que manifesta Seu poder. Essa alma trata, em uma consciência espiritual unificadora, todos os eventos da vida dos demais como se fossem eventos de sua própria vida; ela não permite nenhum muro de separação e vive em harmonia universal com todas as existências, enquanto em meio aos movimentos do mundo cumpre ainda a obra que é preciso cumprir para o bem de todos, *sarva-bhūta-hite*, segundo a via assinalada pelo Divino e na medida imposta pelo comando do Espírito, que é o Mestre do Tempo. Ao viver e agir assim no conhecimento, a alma do indivíduo une-se ao Eterno na personalidade e na impessoalidade, vive no Eterno embora aja no Tempo, como o faz o eterno, e é livre, perfeita e beatífica, quaisquer que sejam as formas e a determinação da obra que se cumpre na Natureza.

O indivíduo liberto possui o conhecimento completo e total, *kṛtsnavid*, e cumpre todas as obras sem nenhuma das restrições feitas pela mente, *kṛtsna-karma-kṛt*, segundo a força, a liberdade e o poder infinito da vontade divina em seu interior. E visto que está unido com o Eterno, ele possui também a alegria espiritual pura e ilimitável de sua eterna existência. Com adoração, ele se volta para o Self, de quem é uma porção, para o Mestre de suas obras, o Amante divino de sua alma e de sua natureza. Ele não é apenas um espectador impassivo e calmo; ele não eleva apenas seu conhecimento e sua vontade ao Eterno, mas também seu coração cheio de amor, de adoração e de paixão. Pois sem essa elevação do coração sua natureza não está toda ela realizada e unida a Deus, o êxtase da calma do espírito precisa ser transformado pelo êxtase da Ananda da alma. Mais além do Jiva pessoal e do Brahman ou Atman impessoal ele alcança o Purushottama supracósmico, que é imutável na impessoalidade, se cumpre na personalidade e nos atrai a si por meio dessas duas atrações diferentes. O buscador liberado alça-se pessoalmente a esse Númeno supremo pelo amor e pela alegria que sua alma encontra em Deus e pela adoração da vontade nele pelo Mestre de suas obras; a paz e a amplidão de seu conhecimento impessoal e universal são aperfeiçoadas pelo deleite ocasionado pela realidade integral autoexistente, próxima e íntima, dessa Divindade superior e universal. Esse deleite glorifica seu conhecimento e o une ao deleite eterno do Espírito em seu self e em sua manifestação; ele aperfeiçoa também sua personalidade na suprapessoa do divino Purusha e faz seu ser natural e sua ação uno com a beleza eterna, a eterna harmonia, o amor e a Ananda eternos.

Mas toda essa mudança significa a inteira passagem da natureza humana inferior à natureza divina superior. É uma elevação de todo o nosso ser – ou, ao menos, de todo o nosso ser mental que quer, sabe e sente – para além daquilo que somos, para alguma consciência espiritual suprema, algum poder de existência satisfatório perfeitamente pleno, algum deleite muito profundo e muito vasto do espírito. E isso pode muito bem ser possível por uma transcendência de nossa presente vida natural, isso pode muito bem ser possível em algum estado celestial para além da existência terrestre ou ainda mais além, em uma supraconsciência supracósmica; isso pode acontecer por uma transição que conduza a um poder e a um estado absolutos e infinitos do Espírito. Mas enquanto estivermos aqui no corpo, aqui na vida, aqui na ação, o que se tornará a natureza inferior durante essa mudança? Pois no presente todas as nossas atividades são determinadas, em suas tendências e em suas formas, pela natureza e essa Natureza, aqui, é a natureza das três gunas e em todos os seres naturais e em todas as atividades naturais, há a tripla guna: *tamas*, com sua ignorância e sua inércia; *rajas*, com seu dinamismo e sua ação, sua paixão, sua aflição e sua distorção; *sattva*, com sua luz e sua felicidade e sua sujeição a essas coisas. E admitindo que a alma, no self, se torne superior às três gunas, como, em sua natureza instrumental, poderá ela escapar às operações, aos resultados delas e da sujeição a elas? Pois mesmo o indivíduo de conhecimento, diz a Gītā, deve agir conforme sua natureza. Sentir e suportar as reações das gunas na manifestação exterior, mas ser livre delas e superior a elas no self consciente que, por trás, observa, não é suficiente, pois ainda permanece um dualismo liberdade-sujeição, uma contradição entre o que somos dentro e o que somos fora, entre nosso self e nosso poder, entre aquilo que sabemos que somos e aquilo que queremos e fazemos. Onde está a liberação aqui, onde, a completa transformação, a completa elevação à natureza espiritual superior, o Darma imortal, a lei própria da pureza infinita e do poder infinito de um ser divino? Se essa mudança não puder ser efetuada enquanto estivermos no corpo, então será preciso dizer que a natureza não pode ser transformada totalmente e deverá permanecer uma dualidade irreconciliável até que o tipo mortal de existência se desprenda do espírito, como uma casca abandonada. Porém, nesse caso, o evangelho das obras não poderia ser aquele justo ou, ao menos, não poderia ser o evangelho último: uma quietude perfeita ou, ao menos, a mais perfeita possível, um sannyasa progressivo e uma renúncia progressiva às obras pareceria ainda ser a verdadeira recomendação para alcançar a perfeição – como afirma, de fato, o Mayavadin, que diz que a via da Gītā é, sem dúvida, a via justa enquanto permanecermos na ação, mas que, ainda assim, todas as obras são uma ilusão e a quietude é o caminho supremo. Agir nesse espírito estaria bem, mas apenas como uma transição para a renúncia a todo trabalho, para a cessação, para uma quietude absoluta.

Essa é a dificuldade que a Gītā deve ainda enfrentar, a fim de justificar as obras para aquele que busca o Espírito. Senão, ela deveria ter dito a Arjuna: "Age temporariamente desse modo, mas busca mais tarde a via superior da renúncia às obras". Porém, ao contrário, a Gītā disse que o melhor caminho não é a cessação das obras, mas a renúncia aos desejos; ela fala da ação do indivíduo liberto, *muktasya karma*. Ela até mesmo insistiu, ao dizer que é preciso cumprir todas as ações, *sarvāṇi karmāṇi*, *kṛtsna-karma-kṛt*; de qualquer modo que viva ou aja, o iogue aperfeiçoado, diz a Gītā, vive e age em Deus. Isso só poderá ser se a natureza também, em sua dinâmica e em suas operações, se tornar divina: um poder imperturbável, intangível, inviolável, puro e não afetado pelas reações da Prakriti inferior. Como, e por quais etapas, deverá efetuar-se essa transformação tão difícil? Qual é esse último segredo da perfeição da alma? Qual é o princípio, ou o processo, dessa transmutação de nossa natureza humana e terrestre?

CAPÍTULO XVII

DEVA E ASURA[1]

A dificuldade prática da mudança da natureza normal ignorante e aprisionada do ser humano para a liberdade dinâmica de um ser divino espiritual aparecerá se nos perguntarmos, de maneira rigorosa, como a transição poderá ser efetuada, desde o modo de funcionar aguilhoado e atrapalhado das três qualidades até a ação infinita do indivíduo liberto que não está mais sujeito às gunas. A transição é indispensável; pois está claramente estipulado que o indivíduo deve estar acima das três gunas ou, então, sem as gunas, *truguṇātīta*, *nistraiguṇya*. Por outro lado, não está menos claramente estipulado, nem com menos ênfase, que em cada existência natural aqui na terra as três gunas estão presentes em seu jogo inextricável, e é mesmo dito que toda ação do ser humano, ou da criatura, ou da força, é apenas a ação que esses três modos exercem uns sobre os outros, um modo de funcionar em que predomina um ou outro e os demais modificam a operação e os resultados, *guṇā guṇeṣu vartante*. Como, então, poderia haver uma outra natureza dinâmica e cinética, ou qualquer outro tipo de obras? Agir seria estar sujeito às três qualidades da Natureza; estar além dessas condições das operações dela seria estar silencioso no Espírito. O Ishvara, o Supremo, que é o mestre de todas as obras e funções da Natureza, que as guia e determina por sua vontade divina, estaria, de fato, acima desse mecanismo das qualidades, não tocado ou limitado pelos modos da Natureza; mas pareceria, no entanto, que ele age sempre por meio delas, que ele cria formas pelo poder do *svabhāva* e por meio do mecanismo psicológico das gunas. Essas três gunas são propriedades basilares da Prakriti, operações necessárias da Natureza-força executiva que toma forma aqui, em nós, e o próprio Jiva é apenas uma porção do Divino nessa Prakriti. Se, então, o indivíduo liberto continua a agir, a mover-se no movimento

1. Gītā, XVI.

cinético, deveria ser que ele se move e age na Natureza e pelo aspecto limitador das qualidades dela, sujeito às reações dessas qualidades e não – na medida em que persiste a parte da natureza nele – na liberdade do Divino. Mas a Gītā disse exatamente o contrário; ela disse que o iogue liberto é liberado das reações das gunas e que, o que quer que ele faça, independente de como viva, ele se move e age em Deus, no poder de sua liberdade e de sua imortalidade, na lei do Infinito supremo e eterno, *sarvathā vartamāno'pi sa yogī mayi vartate*. Parece haver aqui uma contradição, um impasse.

Porém, isso só ocorre quando nos encerramos nas rígidas oposições lógicas da mente analítica, não quando consideramos de maneira livre e sutil a natureza do espírito e o espírito na Natureza. O que move o mundo não é, na verdade, os modos da Prakriti – esses são apenas o aspecto inferior, o mecanismo de nossa natureza normal. A verdadeira força motriz é a Vontade divina espiritual que, no presente, utiliza essas condições inferiores mas não está, ela mesma, limitada, dominada nem mecanizada, como está a vontade humana, pelas gunas. Visto que esses modos são tão universais em sua ação, não há dúvida de que procedem de algo inerente ao poder do Espírito; deve haver poderes na força-Vontade divina dos quais esses aspectos da Prakriti se originam. Pois tudo na natureza normal inferior deriva do poder espiritual superior do ser do Purushottama, *mattaḥ pravartate*; isso não se manifesta *de novo* e sem causa espiritual. Deve haver algo no poder essencial do espírito do qual a luz e a satisfação sátvicas, a dinâmica rajásica, a inércia tamásica de nossa natureza são derivadas e do qual são as formas imperfeitas ou degradadas. Porém, uma vez que retornamos a essas fontes em sua pureza, acima dessa imperfeição e degradação em que vivemos, constatamos que essas moções assumem um aspecto de todo diverso a partir do momento em que começamos a viver no espírito. O ser e a ação e os modos do ser e da ação tornam-se coisas de todo diferentes, muito acima de sua atual aparência limitada.

O que está, então, por trás desse dinamismo agitado do cosmos, com todos os seus impulsos e suas lutas? O que é isso que, ao tocar a mente, ao assumir valores mentais, cria as reações de desejo, esforço, tensão, erro da vontade, tristeza, pecado, dor? É uma vontade do espírito em movimento, é uma ampla vontade divina em ação, que não é tocada por essas coisas; é um poder[2] da Divindade consciente, livre e infinita, que não tem desejos porque frui de uma posse universal e de uma Ananda espontânea de seus movimentos. Cansado por

2. *tapas, cit-śakti.*

esforço algum e por tensão alguma, ele frui uma mestria livre de Seus meios e de Seus objetos; desviado por nenhum erro da vontade, ele possui um conhecimento de si e das coisas que é a fonte de Sua mestria e de Sua Ananda; subjugado por nenhuma tristeza, nenhum pecado, nenhuma dor, Ele tem a alegria e a pureza de Seu ser e a alegria e a pureza de Seu poder. A alma que vive em Deus age conforme essa vontade espiritual e não conforme a vontade normal da mente não liberada: sua dinâmica acontece por essa força espiritual e não pelo modo rajásico da Natureza, precisamente porque ela não vive mais no movimento inferior ao qual essa deformação pertence, mas porque na natureza divina ela retorna ao sentido puro e perfeito da kinesis.

Por outro lado, o que está por trás da inércia da Natureza, por trás desse *tamas* que, quando completo, faz a ação da Natureza parecer a condução cega de uma máquina, um ímpeto mecânico desatento a tudo, exceto às trilhas habituais onde ela deve girar sem fim e inconsciente, mesmo da lei desse movimento – esse *tamas*, que muda a parada da ação habitual em morte e desintegração e se torna na mente um poder para a inação e a ignorância? Esse *tamas* é uma obscuridade que traduz mal, podemos dizer, o eterno princípio de calma e repouso do Espírito em inação do poder e inação do conhecimento – o repouso que o Divino não perde jamais, mesmo quando age; o eterno repouso que suporta a ação integral de Seu conhecimento e a força de Sua vontade criadora, lá, em Suas infinidades e, aqui, em uma aparente limitação de suas operações e de sua autoconsciência. A paz da Divindade não é uma desintegração da energia ou uma inércia ociosa; essa paz preserva tudo o que o Infinito conheceu e cumpriu; recolhido e concentradamente consciente em um silêncio onipotente, mesmo se o Poder em toda parte cessasse por um tempo de conhecer e criar ativamente. O Eterno não necessita dormir ou repousar, ele não se cansa nem enfraquece; ele não necessita uma pausa para revigorar e recriar suas energias exauridas; pois sua energia é inesgotavelmente a mesma, infatigável e infinita. A Divindade é calma e em repouso em meio à Sua ação; e se, por outro lado, Ela parasse Sua ação, essa parada conservaria o pleno poder e todo o potencial de Sua kinesis. A alma liberada entra nessa calma e participa do eterno repouso do Espírito. Cada um que experimentou, mesmo se um pouco, a alegria da liberação, sabe que ela contém um eterno poder de calma. Essa tranquilidade profunda pode permanecer no próprio âmago da ação, pode persistir no mais violento movimento de forças. Pode haver um fluxo impetuoso de pensamento, de ação, de vontade, de movimento, uma transbordante afluência de amor, a emoção do êxtase espiritual autoexistente em sua intensidade mais forte, e isso pode se estender a uma fruição espiritual, ardente e vigorosa, das coisas e dos seres no mundo e nas vias da Natureza e, ainda assim, essa tranquilidade e esse repouso estariam por trás dos vagalhões e neles, sempre conscientes de suas profundezas, sempre os mesmos. A calma do indivíduo liberto não é indolência, incapacidade, insensibilidade, inércia; ela está cheia de poder imortal, é capaz de toda ação, em sintonia com o deleite mais profundo, aberta ao amor e à compaixão mais profundos e a todos os modos da Ananda mais intensa.

Do mesmo modo, para além da luz e da felicidade inferiores dessa qualidade mais pura da Natureza, *sattva* – o poder que contribui para a assimilação e a equivalência, para o saber justo e para as relações justas, para a bela harmonia, o equilíbrio firme, a lei de ação justa e a posse justa e que dá à mente uma satisfação tão plena, mais além dessa coisa que é a mais elevada da natureza normal, admirável em si mesma em seus limites e enquanto puder ser mantida, porém precária, assegurada pela limitação, dependente de regras e condições – em sua origem alta e distante, há uma luz maior e uma beatitude livre no espírito livre. Essa luz e essa beatitude não são limitadas nem dependentes da limitação, da regra ou da condição, mas são autoexistentes e inalteráveis, não são o resultado dessa ou daquela harmonia, em meio às discórdias de nossa natureza, mas elas são fonte de harmonia e capazes de criar todas as harmonias que quiserem. Essa é uma força de conhecimento que é luminosa e espiritual e, em sua ação nativa, é direta e supramental, *jyotiḥ*, não de nossa luz mental modificada e derivada, *prakāśa*. Essa é a luz e a beatitude da mais vasta autoexistência, do autoconhecimento espontâneo, da identidade íntima universal, do intercâmbio de si mais profundo e não de uma aquisição, assimilação, de uma adaptação e de uma equivalência fabricada. Essa luz está cheia de luminosa vontade espiritual e não há um abismo ou dessemelhança entre seu conhecimento e sua ação. Esse deleite não é nossa felicidade mental mais pálida, *sukham*, mas uma beatitude autoexistente profunda, intensa e concentrada, expandida a tudo o que nosso ser faz, considera e cria: um êxtase divino estável, Ananda. A alma liberta participa de maneira cada vez mais profunda dessa luz e dessa beatitude e cresce nela de maneira ainda mais perfeita, une-se ainda mais integralmente ao Divino. E, enquanto entre as gunas da Natureza inferior há, necessariamente, um desequilíbrio, uma constante alteração de medidas e uma luta perpétua para dominar, a luz e a beatitude maiores do Espírito, sua calma e sua vontade cinética não se excluem mutuamente, não estão em guerra, não estão nem mesmo simplesmente em equilíbrio: cada uma é o aspecto das duas outras e, em sua plenitude, todas são inseparáveis e uma. Nossa mente, ao se aproximar do Divino, pode parecer entrar em uma à exclusão de outra, pode parecer, por exemplo, alcançar a calma à exclusão da dinâmica da ação, mas isso é apenas porque nos aproximamos do Divino, primeiro, por meio do espírito seletivo na mente. Mais tarde, quando formos capazes de nos elevar até mesmo acima da mente espiritual, poderemos ver que cada poder divino contém todo o resto e pode se desembaraçar desse erro inicial.[3]

Vemos então que a ação é possível sem que a alma esteja sujeita ao modo de funcionar habitual degradado dos modos da Natureza. Esse modo de funcionar depende da limitação mental, vital e física na qual somos moldados; é uma deformação, uma incapacidade, um valor falso ou diminuído que nos são impostos pela mente e pela vida na matéria. Quando crescemos no espírito esse darma, lei inferior da Natureza, é substituído pelo darma imortal do espírito; há a experiência de uma livre ação imortal, de um conhecimento divino ilimitável, de um poder transcendente, de um repouso insondável. Mas permanece ainda a questão da transição; pois deve haver uma transição, um avanço por etapas, visto que nada, nas operações de Deus neste mundo, é feito por uma ação abrupta, sem método ou base. Aquilo que buscamos, nós o temos em nós mesmos, porém, na prática, temos que o fazer evoluir a partir das formas inferiores de nossa natureza.[4] Portanto, na própria ação dos modos deve haver algum meio, alguma alavanca, algum *point d'appui*[5] pelo qual possamos efetuar essa transformação. A Gītā o encontra no desenvolvimento pleno da guna sátvica: em sua potente expansão ela alcança um ponto em que pode ultrapassar a si mesma e desaparecer em sua fonte.

---

3. A descrição dada aqui das formas espirituais supremas e das formas supramentais da ação da mais alta Natureza correspondendo às gunas não vem da Gītā, mas é introduzida a partir da experiência espiritual. A Gītā não dá nenhum detalhe sobre a ação da Natureza mais alta, *rahasyam uttamaṁ*; ela deixa ao buscador o trabalho de fazer a descoberta por meio de sua própria experiência espiritual. Ela apenas indica a natureza da índole e da ação sátvicas elevadas, pelas quais esse supremo mistério deve ser alcançado, e insiste ao mesmo tempo na superação de *sattva* e na transcendência das três gunas.

4. Isso, do ponto de vista de nossa natureza elevando-se pela conquista de si, pelo esforço e pela disciplina. Deve também intervir cada vez mais uma descida da Luz, da Presença e do Poder divinos no ser, a fim de transformá-lo; de outro modo a mudança, no ponto culminante e além, não poderá acontecer. Essa é a razão pela qual entra em jogo, como último movimento, a necessidade de uma absoluta autoentrega.

5. Ponto de apoio – em francês no original. (N. da T.)

A razão disso é evidente, porque *sattva* é um poder de luz e de felicidade, uma força que prepara para a calma e o conhecimento e, em seu ponto mais alto, pode chegar a refletir, em certa medida, a luz e a beatitude espirituais das quais deriva e quase a se identificar mentalmente com elas. As duas outras gunas não podem passar por essa transformação, *rajas* não pode se transformar na vontade divina cinética, nem *tamas* no repouso e na calma divinos sem a intervenção do poder sátvico na Natureza. O princípio de inércia permanecerá sempre uma inação inerte do poder ou uma incapacidade do conhecimento, até que sua ignorância desapareça em uma iluminação e sua incapacidade entorpecida se perca na luz e na força da onipotente vontade divina de repouso. Somente então poderemos ter a calma suprema. Portanto, *tamas* deve ser dominado por *sattva*. Pela mesma razão, o princípio de *rajas* deve sempre permanecer um modo de funcionar perturbado, agitado, febril ou infeliz, porque não tem o conhecimento justo; seu movimento nativo é uma ação errada e deturpada – deturpada por causa da ignorância. Nossa vontade deve purificar-se pelo conhecimento; deve cada vez mais chegar a uma ação justa e luminosamente inspirada, antes de poder converter-se na vontade divina cinética. Isso também torna necessário a intervenção de *sattva*. A qualidade sátvica é um primeiro mediador entre a natureza superior e a inferior. Em certo ponto, ela deve, de fato, se transformar ou escapar de si mesma, fragmentar-se e se dissolver em sua fonte; sua luz que busca é condicionada e derivada, sua ação, cuidadosamente construída; ambas devem mudar-se na dinâmica livre e direta e na luz espontânea do espírito. Nesse meio-tempo, um maior aumento do poder sátvico nos libera amplamente da incapacidade tamásica e rajásica; e sua própria incapacidade, uma vez que não seremos mais puxados para baixo em demasia por *rajas* e *tamas*, poderá ser ultrapassada com mais facilidade. Desenvolver *sattva* até que se torne cheio de luz, de calma e de felicidade espirituais é a primeira condição dessa disciplina preparatória da natureza.

Isso, como veremos, é toda a intenção dos últimos capítulos da Gītā. Porém, primeiro ela prefacia a consideração desse movimento iluminador por uma distinção entre dois tipos de seres, o deva e o asura; pois o deva é capaz de uma alta ação sátvica autotransformadora, enquanto o asura é incapaz disso. Devemos ver qual é o objeto dessa introdução e qual é o sentido exato dessa distinção. A natureza geral de todos os seres humanos é a mesma, ela é uma mistura das três gunas; pareceria, então, que em todos deveria haver a capacidade de desenvolver e fortificar o elemento sátvico e o dirigir para o alto, para os cumes da transformação divina. Nossa tendência habitual é, na realidade, fazer de nossa razão, de nossa vontade, os servidores de nosso egoísmo rajásico ou tamásico, ministros de nosso desejo cinético agitado e desequilibrado, ou de nossa indolência autoindulgente e inércia estática – essa tendência, se poderia pensar, só pode ser uma característica temporária de nosso ser espiritual não desenvolvido, uma rudeza de sua evolução imperfeita e deverá desaparecer quando nossa consciência se elevar na escala espiritual. Porém, na verdade, vemos que os indivíduos, ao menos aqueles acima de certo nível, se dividem, grosso modo, em duas classes, aqueles que têm a força dominante da natureza sátvica, voltada para o conhecimento, o autocontrole, a beneficência, a perfeição, e aqueles que têm a força dominante da natureza rajásica voltada para a grandeza egoística, a satisfação do desejo, a indulgência em relação à sua forte vontade e à sua personalidade, que buscam impor ao mundo não para o serviço do ser humano ou de Deus, mas para seu próprio orgulho, sua glória e seu prazer. Esses são os representantes humanos dos devas e dos danavas, ou asuras, os deuses e os titãs. Essa é uma distinção muito antiga no simbolismo religioso indiano. A ideia fundamental do Rig Veda é uma luta entre os deuses e seus sombrios oponentes, entre os Mestres da Luz, filhos da Infinidade, e as crianças da Divisão e da Noite, uma batalha em que o ser humano toma parte e que se reflete em toda a sua vida interior e em sua ação. Esse era também um princípio basilar da religião de Zoroastro. A mesma ideia é proeminente na literatura ulterior. O Ramayana, em sua intenção ética, é a parábola de um enorme conflito entre o deva sob uma forma humana e o rakshasa encarnado, entre o representante de uma cultura e de um darma elevados e uma força imensa e desenfreada e uma gigantesca civilização de um ego amplificado. O Mahabharata, de que a Gītā é uma seção, toma como tema um embate, que dura uma vida, entre devas e asuras humanos, os homens de poder, filhos de deuses, que são governados pela luz de um alto darma ético e os outros, que são titãs encarnados, os homens de poder que se erguem para o serviço de seu ego intelectual, vital e físico. A mente dos antigos – mais aberta que a nossa para a verdade das coisas por trás do véu físico – viu por trás da vida do homem grandes Poderes cósmicos ou seres representativos de certos aspectos ou de certos graus da Shakti universal: divinos, titânicos, gigantescos, demoníacos; e aqueles que personificavam poderosamente esses tipos da natureza eram eles mesmos considerados devas, asuras, rakshasas, pisachas. A Gītā, para seus propósitos próprios, retoma essa distinção e desenvolve a diferença entre esses dois tipos de seres, *dvau bhūtasargau*. Ela falou anteriormente da natureza asúrica e rakshásica que obstrui o conhecimento de Deus, a salvação e a perfeição; ela agora a contrasta com a natureza dévica, que é voltada para essas coisas.

Arjuna, diz o Instrutor, é da natureza dos devas. Ele não precisa se afligir pensando que, ao aceitar a batalha e a chacina, cederá aos impulsos do asura. A ação em torno da qual tudo gira, a batalha que Arjuna deve enfrentar com a Divindade encarnada como auriga, quando for dada a ordem pelo Mestre do mundo sob a forma do Espírito do Tempo, é um combate para estabelecer o reino do Darma, o império da Verdade, do Direito e da Justiça. Ele mesmo nasceu na categoria dos devas; ele desenvolveu em si mesmo o ser sátvico, até ter chegado a um ponto em que é capaz de uma alta transformação, de uma liberação do *traiguṇya* e, portanto, da própria natureza sátvica. A distinção entre deva e asura não inclui toda a humanidade, não pode ser aplicada de maneira rígida a todos os indivíduos, tampouco é nítida e definida em todos os estágios da história moral ou espiritual da espécie humana, nem em todas as fases da evolução individual. O indivíduo tamásico, que forma uma parte tão grande do todo, não entra em nenhuma categoria assim como é descrita aqui, embora possa ter ambos elementos em si mesmo, em grau pouco elevado; com maior frequência ele serve, de maneira tépida, às qualidades inferiores. O indivíduo comum é, em geral, uma mistura, mas nele uma tendência é mais pronunciada do que outra, e tende a torná-lo predominantemente rajásico-tamásico ou sátvico-rajásico e o prepara, pode-se dizer, para culminar, seja na claridade divina, seja na turbulência titânica. Pois aqui o que está em questão é certa culminação na evolução da natureza qualitativa, como ficará evidente a partir da descrição dada no texto. Por um lado, pode haver uma sublimação da qualidade sátvica, a culminação ou manifestação do deva não nascido; por outro lado, uma sublimação da tendência rajásica da alma na natureza, o nascimento completo do asura. Uma conduz ao movimento de liberação no qual a Gītā vai insistir em seguida; ela permite a *sattva* ultrapassar-se enormemente e torna possível uma transformação na semelhança do ser divino, *vimokṣāya*. A outra desvia essa potencialidade universal e se precipita em direção a um exagero de nossa sujeição ao ego. Esse é o sentido dessa distinção.

A natureza do deva distingue-se por um auge dos hábitos e das qualidades sátvicas; autocontrole, sacrifício, hábito religioso, asseio e pureza, candor e retidão, verdade, calma e abnegação, compaixão por todos os seres, modéstia, gentileza, perdão, paciência, constância, uma séria ausência, doce e profunda, de toda agitação, frivolidade e inconstância são seus atributos nativos. As características asúricas – cólera, avidez, astúcia, perfídia, injúria intencional a outros, orgulho, arrogância e pretensão excessiva – não têm lugar em sua composição. Mas a gentileza, abnegação e autocontrole da natureza do deva são isentos de toda fraqueza: ela possui a energia, a força da alma, uma resolução poderosa, a intrepidez da alma que vive na justiça e conforme à verdade, assim como sua incapacidade de fazer o mal, *tejaḥ*, *abhayam*, *dhḥtiḥ*, *ahiṁsā*, *satyam*. Todo o ser, toda a índole, é integralmente pura; há a busca pelo conhecimento e uma permanência calma e fixa no conhecimento. Essa é a riqueza, a plenitude daquele que nasceu na natureza do deva.

A natureza asúrica tem também sua riqueza, a plenitude de sua força, mas é de um tipo muito diferente, poderoso e mau. Os indivíduos asúricos não possuem o verdadeiro conhecimento do modo de agir ou de abster-se, de seguir sua natureza ou de reprimi-la. A verdade não está neles, nem a ação limpa, nem a fiel observância. Eles veem naturalmente no mundo nada mais do que um imenso jogo para a satisfação de si mesmos. Seu mundo é um mundo que tem o Desejo como causa, como semente, como força dirigente e como lei, um mundo do Acaso, um mundo desprovido de relações justas e da ligação com o carma, um mundo sem Deus, não verdadeiro, não fundamentado na Verdade. Podem possuir os melhores dogmas intelectuais ou dogmas religiosos superiores, isso somente é o verdadeiro credo de sua mente e de sua vontade em ação; eles seguem sempre o culto do Desejo e do Ego. Eles se apoiam na realidade a partir dessa maneira de ver a vida e, por essa falsidade, arruínam sua alma e sua razão. O indivíduo asúrico torna-se o centro ou o instrumento de uma ação feroz, titânica, violenta, um poder de destruição no mundo, uma fonte de injustiça e de maldade. Arrogantes, cheios de amor-próprio, embriagados de orgulho, os seres asúricos são almas desviadas que se iludem, persistem em objetivos e propósitos falsos e obstinados e perseguem a resolução fixa e impura de seus apetites. Imaginam que desejo e prazer são todo o objetivo da vida e, em sua perseguição insaciável e desregrada, eles são a presa de uma preocupação, de um pensamento, de um esforço, de uma ansiedade devoradores, sem medida, incessantes, até o momento de sua morte. Amarrados por centenas de laços, devorados pela cólera e pela luxúria, ocupados incansavelmente a acumular ganhos injustos que possam servir ao seu prazer e à satisfação de seu apetite, eles pensam sempre: "Hoje eu ganhei esse objeto de desejo, amanhã terei esse outro; hoje, eu possuo tanta riqueza, terei ainda mais amanhã. Eu matei esse meu inimigo, os demais também eu matarei. Eu sou um senhor e rei de homens, sou perfeito, consumado, forte, feliz, afortunado, usufruo do mundo de forma privilegiada; sou rico, de alta estirpe, quem pode se igualar a mim? Eu farei sacrifícios, eu darei, eu fruirei". Assim ocupados por muitas ideias egoístas, iludidos, fazendo trabalhos, mas da maneira errada, agindo de maneira poderosa, mas para si mesmos, pelo desejo, pela fruição, não para Deus neles mesmos e Deus no ser humano, eles despencam no inferno imundo de seu próprio mal. Eles sacrificam e dão, mas por seu próprio interesse e ostentação, por vaidade, com um orgulho rígido e néscio. No egoísmo de sua força e de seu poder, na violência de sua cólera e de sua arrogância, eles odeiam, desprezam e rebaixam o Deus escondido neles e o Deus no ser humano. E porque têm esse ódio e esse desprezo orgulhoso pelo bem e por Deus, porque são cruéis e maus, o Divino lhes precipita sem cessar em nascimentos mais asúricos. Como não O buscam, eles não O encontram e, por fim, ao perder por completo o caminho para Ele, eles afundam no estado mais baixo da natureza da alma, *adhāmaṁ gatim*.

Essa descrição vívida, mesmo se dá todo seu valor à distinção que ela sugere, não deve ser impelida ao ponto de expressar mais do que significa. Quando é dito que há duas criações de seres neste mundo material, Deva e Asura,[6] isso não quer dizer que as almas humanas sejam criadas assim por Deus desde o começo, cada uma com seu curso de vida inevitável na Natureza; tampouco quer dizer que haja uma predestinação espiritual rígida e aqueles que, rejeitados desde o início pelo Divino, sejam cegados por Ele de modo a serem lançados na perdição eterna e na impureza do inferno. Todas as almas são porções eternas do Divino, o Asura tanto quanto o Deva, todos podem alcançar a salvação: mesmo o maior pecador pode voltar-se para o Divino. Porém, a evolução da alma na Natureza é uma aventura da qual o *svabhāva* e o carma governado pelo *svabhāva* são sempre os poderes principais; se um excesso na manifestação do *svabhāva*, ou devenir essencial da alma, se uma desordem intervir em seu jogo e fizer a lei do ser se voltar para o lado da distorção, se as qualidades rajásicas receberem o comando e forem cultivadas em detrimento de *sattva*, então a tendência do carma e seus resultados necessariamente culminarão, não nas alturas sátvicas que são capazes do movimento libertador, mas no maior exagero das degenerações da natureza inferior. O indivíduo, se não interromper claramente e abandonar o caminho do erro que ele segue, no final terá o pleno nascimento do asura nele e, uma vez

6. A distinção entre as duas criações tem sua completa verdade nos planos suprafísicos, onde a lei da evolução espiritual não governa o movimento. Há os mundos dos devas, os mundos dos asuras e, nesses mundos por trás de nós, existem tipos constantes de seres que sustentam o completo jogo divino da criação indispensável à marcha do universo e que projetam também sua influência sobre a terra, sobre a vida e a natureza do ser humano nesse plano físico da existência.

que foi tão longe da Luz e da Verdade, não poderá mais voltar atrás, levado pela velocidade fatal de sua corrida – devido à própria imensidade do poder divino nele, do qual ele fez mau uso –, até que tenha sondado as profundezas em que caiu, tocado o fundo e visto aonde o caminho o conduziu: o poder exaurido e desperdiçado, ele mesmo no estado mais baixo da natureza da alma, que é o Inferno. Somente quando ele entender e se voltar em direção à Luz, é que intervirá esta outra verdade da Gītā: que mesmo o maior pecador, mesmo o malfeitor mais impuro e violento é salvo, a partir do momento em que se volta para adorar e seguir a Divindade que está nele. Então, por esse simples movimento, ele entra bem rápido no caminho sátvico que conduz à perfeição e à liberdade.

A Prakriti asúrica é a Prakriti rajásica em seu apogeu; ela leva à escravidão da alma na Natureza, ao desejo, à cólera e à avidez, os três poderes do ego rajásico, que são as triplas portas do Inferno, o Inferno no qual o ser natural cai quando se abandona à impureza, ao mal e ao erro de seus instintos inferiores ou pervertidos. Esses três, ademais, são as portas de uma grande obscuridade e se recolhem no interior de *tamas*, o poder característico da Ignorância original; pois a força desenfreada da natureza rajásica, quando se esgota, recai na fraqueza, no declínio, na escuridão, na incapacidade do pior estado tamásico da alma. Para escapar dessa queda, devemos nos desembaraçar dessas três forças maléficas e nos voltar para a luz da qualidade sátvica, viver conforme a justiça, nas verdadeiras relações segundo a Verdade e a Lei; então, seguiremos no nosso próprio bem superior e chegaremos ao estado mais elevado da alma. Seguir a lei do desejo não é a verdadeira regra de nossa natureza; há uma norma mais alta e mais justa para suas obras. Mas onde está ela encarnada e como poderemos encontrá-la? Em primeiro lugar, a espécie humana sempre buscou essa lei justa e elevada e tudo o que ela pôde descobrir está incorporado em seu Shastra, sua regra para a ciência e para o conhecimento, sua regra para a ética e sua regra para a religião, sua regra para viver o melhor possível na sociedade, sua regra que governa as justas relações com o ser humano, Deus e a Natureza. Shastra não significa uma massa de costumes, alguns bons, alguns ruins, seguidos de maneira ininteligente pela habitual mente rotineira do indivíduo tamásico. Shastra é o conhecimento e o ensinamento estabelecidos pela intuição, pela experiência e pela sabedoria, pela ciência, a arte e a ética da vida, as melhores normas disponíveis para a espécie. O indivíduo semidesperto, que abandona a observância da regra para seguir a guiança de seus instintos e desejos, pode encontrar o prazer, mas não a felicidade; pois a felicidade interior só pode vir por uma maneira justa de viver.

Esse indivíduo não pode caminhar em direção à perfeição, não pode adquirir o mais alto estado espiritual. A lei do instinto e do desejo no mundo animal parece vir primeiro, mas a humanidade do ser humano cresce pela procura da verdade, da religião, do conhecimento e de uma vida justa. O Shastra, o Direito reconhecido que ele edificou para governar suas partes inferiores por meio de sua razão e de sua vontade inteligente, deve, portanto, ser observado no começo e se tornar a autoridade para avaliar a conduta e as obras e para o que deve e o que não deve ser feito, até que a natureza instintiva do desejo seja educada, reduzida e enfraquecida pelo hábito do autocontrole e que o indivíduo esteja pronto, primeiro, para guiar a si mesmo de maneira mais livre e inteligente e, então, para seguir, no seu grau mais alto, a suprema lei e a suprema liberdade da natureza espiritual.

Pois o Shastra, em seu aspecto comum, não é essa lei espiritual, embora, em seu ponto mais elevado – quando se torna uma ciência e uma arte de viver espiritualmente, Adhyatma-shastra (a própria Gītā descreve seu ensinamento como o Shastra mais elevado e mais secreto) –, ele formule uma regra para a autotranscendência da natureza sátvica e desenvolva a disciplina que conduz à transmutação espiritual. Porém, todo Shastra é edificado em uma quantidade de condições preparatórias, darmas; ele é um meio, não um fim. O fim supremo é a liberdade do espírito quando, ao abandonar todos os darmas, a alma se volta para Deus para receber sua única lei de ação, age diretamente pela vontade divina e vive na liberdade da natureza divina, não na Lei, mas no Espírito. Esse é o desenvolvimento do ensinamento que prepara a próxima pergunta de Arjuna.

CAPÍTULO XVIII

AS GUNAS, A FÉ E AS OBRAS[1]

A Gītā fez uma distinção entre a ação conforme a licença do desejo pessoal e a ação feita conforme o Shastra. Por essa última, devemos entender a ciência e a arte de viver reconhecidas e que são o resultado da vida coletiva da humanidade, de sua cultura, de sua religião, de sua ciência, de sua descoberta progressiva da melhor regra de vida – mas a humanidade avança ainda na ignorância e se move em uma meia-luz em direção ao conhecimento. A ação do desejo pessoal pertence ao estado não regenerado de nossa natureza e é ditada pela ignorância ou pelo falso conhecimento ou, então, por um egoísmo cinético ou rajásico não regulado, ou regulado mal. A ação governada pelo Shastra é resultado de uma cultura intelectual, ética, estética, social e religiosa; ela dá corpo a uma tentativa voltada para uma vida de justiça, de harmonia e de uma ordem justa; evidentemente ela representa um esforço mais ou menos avançado, segundo as circunstâncias, do elemento sátvico no indivíduo, para ultrapassar, regular e controlar ou guiar, lá onde isso deve ser admitido, seu egoísmo rajásico ou tamásico. Esse é o meio de avançar um passo e, por conseguinte, a humanidade deve, primeiro, servir-se disso para progredir e fazer desse Shastra sua lei de ação, em vez de obedecer ao impulso de seus desejos pessoais. Essa é uma regra geral, que a humanidade sempre reconheceu aonde quer que tenha chegado a algum tipo de sociedade estabelecida e desenvolvida; ela possui uma ideia de ordem, de lei, de norma para sua perfeição, algo diferente da guiança de seus desejos ou da tendência grosseira de seus impulsos toscos. Essa regra maior o indivíduo, em geral, a encontra fora de si mesmo, em algum resultado mais ou menos fixo, da experiência e da sabedoria da espécie, que ele aceita, à qual sua mente e as partes dominantes de seu ser dão seu consentimento ou sanção e que ele tenta fazer sua, vivendo-a em sua

1. Gītā, XVII.

mente, em sua vontade e em sua ação. E esse consentimento do ser, essa aceitação consciente, essa vontade de crer e de realizar, isso pode ter o nome que a Gītā lhe dá, ser sua fé, *śraddhā*. A religião, a filosofia, a lei ética, a ideia social, a ideia cultural nas quais ponho minha fé me dão uma lei para minha natureza e suas obras, uma lei do direito relativo ou uma ideia da perfeição relativa ou absoluta e, na medida em que minha fé nessa ideia é sincera e completa e intensa minha vontade de viver conforme essa fé, eu posso me tornar o que ela me propõe, posso modelar-me à imagem desse direito ou me tornar um exemplo dessa perfeição.

Mas vemos também que há uma tendência mais livre no ser humano, diferente daquilo que comanda seus desejos e diferente de sua vontade de aceitar a Lei, a ideia estabelecida, a direção segundo o Shastra. Vemos com muita frequência o indivíduo e a comunidade, em qualquer momento de sua vida, distanciar-se do Shastra, tornar-se impaciente com ele, perder essa forma de sua vontade ou de sua fé e ir em busca de outra lei que, no presente, estejam mais dispostos a admitir como regra de vida justa e a considerar como uma verdade mais vital ou mais alta para a existência. Isso pode ocorrer quando o Shastra estabelecido deixa de ser uma coisa viva e degenera ou se enrijece, tornando--se uma massa de costumes e convenções. Ou pode acontecer porque achamos que o Shastra é imperfeito ou não mais útil para o progresso demandado; uma nova verdade, uma lei mais perfeita da existência, tornam-se imperativas. Se não existem, devem ser inventadas pelo esforço da espécie ou por alguma mente individual grande e iluminada que personifique o desejo e a busca da espécie. A lei védica torna-se uma convenção e um Buda aparece com sua regra nova da via óctupla e o nirvana como objetivo; e é possível observar que ele não a propõe como uma invenção pessoal, mas como a verdadeira regra da vida ariana que o Buda redescobre constantemente, a mente iluminada, o espírito desperto. Mas na prática isso quer dizer que há um ideal, um darma eterno que a religião, a filosofia, a ética e todos os demais poderes que no ser humano se esforçam em direção à verdade e à perfeição, buscam sem cessar encarnar em novas afirmações da ciência e da arte da vida interior e exterior: um novo Shastra. A lei de Moisés, lei de retidão religiosa, moral e social, é considerada culpada de estreiteza e imperfeição e, além do mais, hoje é uma convenção; a lei do Cristo vem substituí-la e pretende, ao mesmo tempo, ab-rogar e cumprir – ab-rogar a forma imperfeita e cumprir, em uma luz e poder mais profundos e mais vastos, o espírito da coisa almejada: a norma divina de vida. E a busca humana não para aqui, ela abandona essas formulações também, retorna a alguma verdade passada que ela rejeitou ou se lança para adiante, para alguma verdade e poder novos, mas está sempre em busca da mesma coisa – a lei de sua perfeição, sua regra de vida justa, seu self e sua natureza completos, supremos, essenciais.

Esse movimento começa com o indivíduo, que não se satisfaz mais com a lei porque estima que ela não corresponde mais à sua ideia e à sua experiência mais vastas ou mais intensas de si mesmo e da existência e, portanto, ele não pode mais consagrar a ela a vontade de crer e de praticar. Ela não corresponde ao seu modo interior de ser; para ele, ela não é *sat*, a coisa que é verdadeiramente, que é justa, que é o bem real ou o mais alto ou o melhor; essa não é a verdade e a lei de seu ser nem de todos os seres. O Shastra é algo impessoal em relação ao indivíduo e isso lhe dá sua autoridade sobre a estreita lei pessoal de seus membros; porém, o Shastra é, ao mesmo tempo, pessoal em relação à coletividade, é o resultado de sua experiência, de sua cultura ou de sua natureza. Ele não é, em toda a sua forma e em todo o seu espírito, a regra ideal de consumação do Self, nem a lei eterna do Mestre de nossa natureza, embora possa conter em si mesmo, em uma medida maior ou menor, indicações, preparações, percepções iluminadoras dessa coisa bem maior. E o indivíduo pode ter ido mais além da coletividade e estar pronto para uma verdade mais vasta, uma vida mais ampla, uma intenção mais profunda do Espírito da Vida. O movimento nele que o guia e se separa do Shastra pode, de fato, não ser sempre um movimento superior; pode tomar a forma de uma revolta da natureza egoística ou rajásica que busca se liberar do jugo de algo que ela sente restringir sua liberdade de cumprir-se e encontrar a si mesma. Mas mesmo assim esse movimento é muitas vezes justificado por alguma estreiteza ou alguma imperfeição do Shastra ou pela degradação da regra de vida corrente, que se torna apenas uma convenção limitativa ou sem vida. E, nesse sentido, ele é legítimo, faz apelo a uma verdade, tem uma razão boa e justa para existir: pois, embora não tome o bom caminho, de fato, a ação livre do ego rajásico, porque possui em si mesma mais liberdade e mais vida, é melhor do que a adesão tamásica, inativa e tacanha, a uma convenção. A natureza rajásica é sempre mais forte, sempre inspirada de maneira mais vigorosa e tem mais possibilidades em si mesma do que a natureza tamásica. Mas esse movimento também pode ser sátvico em sua essência; pode fazer com que nos voltemos em direção a um ideal mais vasto e maior, que nos aproximará de uma verdade mais completa e mais vasta de nosso self e da existência universal, de uma verdade que não havíamos jamais visto, e estaremos, portanto, mais próximos dessa lei superior que é una com a liberdade divina. E, com efeito, esse movimento é, em geral, uma tentativa para tomar posse de alguma verdade esquecida ou para caminhar em direção a uma verdade ainda não descoberta, nem vivida, de nosso ser. Isso não é um mero movimento licencioso da natureza desgovernada; ele tem sua justificativa espiritual, é uma necessidade de nosso progresso espiritual. E mesmo se o Shastra for ainda uma coisa viva e a melhor regra para a humanidade comum, o indivíduo excepcional, espiritual, interiormente desenvolvido, não estará amarrado por essa norma. Ele é chamado a ir além da linha estabelecida do Shastra. Pois essa é uma norma para a guiança, o controle, a perfeição relativa do ser humano comum e imperfeito, e ele deve buscar uma perfeição mais absoluta; esse é um sistema de darmas fixos, e ele deve aprender a viver na liberdade do Espírito.

Mas qual será então a base segura de uma ação que se afasta, seja da guiança do desejo, seja da lei normal? Pois a regra do desejo tem uma autoridade própria, que, sem ser mais segura ou satisfatória para nós como é para o animal, ou como pôde ser para uma humanidade primitiva é, no entanto, em seus limites, fundada em uma parte muito viva de nossa natureza e fortificada por suas fortes indicações; e a lei, o Shastra, tem por trás de si toda a autoridade de uma regra estabelecida desde muito tempo, antigas sanções bem-sucedidas e uma segura experiência passada. Porém, esse novo movimento é da natureza de uma poderosa aventura no desconhecido ou no parcialmente conhecido, um desenvolvimento audacioso e uma nova conquista. Qual é então o fio condutor que é preciso seguir, a luz condutora de que pode depender esse desenvolvimento, essa conquista? Ou qual é em nosso ser sua base forte? A resposta é esta: o fio condutor e o apoio devem encontrar-se na *śrddhā* do ser humano, em sua fé, sua vontade de crer, de viver o que ele vê ou pensa ser a verdade de seu ser e da existência. Em outras palavras, esse movimento é o apelo do indivíduo a si mesmo ou a algo poderoso e irresistível, nele mesmo ou na existência universal, para descobrir sua verdade, sua lei de vida, o caminho de sua plenitude e de sua perfeição. E tudo depende da natureza de sua fé, da coisa nele ou na alma universal – da qual ele é uma porção ou uma manifestação – em direção à qual ele dirige sua fé; tudo depende também da proximidade a que ele chega, por meio dela, de seu self real e do Self ou ser verdadeiro do universo. Se o indivíduo for tamásico, obscuro, nublado, se tem uma fé ignorante e uma vontade inepta, não alcançará nada de verdadeiro e recairá em sua natureza inferior. Se for seduzido por falsas luzes rajásicas, ele será levado por sua obstinação a desvios que podem conduzi-lo a pântanos ou a precipícios. Em ambos os casos sua única possibilidade de salvação é que *sattva* retorne, para impor aos seus componentes uma nova ordem e uma nova regra esclarecidas que o libertarão do erro violento de sua obstinação ou do erro obtuso de sua ignorância nublada. Se, por outro lado, ele tem a natureza sátvica e uma fé sátvica que dirige seus passos, ele chegará próximo de uma regra ideal mais alta, ainda não alcançada, que poderá conduzi-lo, em raras situações, até mesmo além da luz sátvica, ao menos avizinhá-lo um pouco de uma iluminação divina suprema e de uma maneira divina de ser e de viver. Porque, se a luz sátvica for tão forte nele a ponto de conduzi-lo ao seu próprio ponto culminante, então, partindo desse ponto, ele poderá abrir sua porta ou entrada em um primeiro raio daquilo que é divino, transcendente e absoluto. Em todos os esforços para encontrar a si mesmo, essas possibilidades se apresentam; essas são as condições dessa aventura espiritual.

Agora, precisamos ver como a Gītā lida com essa questão, em sua linha de ensinamento espiritual e de autodisciplina. Pois de imediato Arjuna faz uma pergunta sugestiva da qual surge o problema, ou um aspecto do problema. Quando os homens, diz ele, sacrificam a Deus ou aos deuses, com fé, *śraddhā*, mas abandonam a regra do Shastra, qual é neles essa vontade concentrada de devoção, *niṣṭhā*, que lhes dá essa fé e os incita a esse tipo de ação? É *sattva, rajas* ou *tamas*? A qual aspecto de nossa natureza ela pertence? A resposta da Gītā primeiro enuncia como princípio que em nós a fé é tripla como todas as coisas na Natureza e varia segundo a qualidade dominante de nossa natureza. A fé de cada indivíduo toma a forma, a cor, a qualidade que lhe é dada pela substância de seu ser, sua índole constitutiva, seu poder inato de existência, *sattvānurūpā sarvasya śraddhā*. E agora vem um verso extraordinário, em que a Gītā nos diz que esse Purusha, essa alma no ser humano é, por assim dizer, feita de *śraddhā* – uma fé, vontade de ser, crença em si e na existência – e qualquer que seja essa fé, essa vontade ou essa crença constitutiva nele, ele é isso, e isso é ele. *Śraddhāmayo 'yaṁ puruṣo yo yac-chraddhaḥ sa eva saḥ*. Se olharmos de perto essa declaração fecunda veremos que, subjacente em suas poucas poderosas palavras, essa única frase contém em si quase toda a teoria do moderno evangelho do pragmatismo. Pois, se um indivíduo, ou a alma em um indivíduo, consiste da fé que está nele, tomada nesse sentido mais profundo, então, segue-se que a verdade que ele vê e quer viver é para ele a verdade de seu ser, a verdade de si mesmo, que ele criou ou cria e não pode haver para ele outra verdade real. Essa verdade é uma coisa de sua ação interior e exterior, coisa do seu vir a ser, da dinâmica da alma, não daquilo nele que nunca muda. Ele é o que é hoje devido a alguma vontade passada de sua natureza, sustentada e continuada por uma vontade presente de conhecer, de crer e de ser em sua inteligência e sua força vital, e qualquer nova virada escolhida por essa vontade e essa fé ativa em sua própria substância, é isso que ele tenderá a tornar-se no futuro. Nós criamos nossa própria verdade de existência em nossa ação da mente e da vida, o que é outro modo de dizer que criamos nosso próprio ser, que somos criadores de nós mesmos.

Porém, de maneira bastante óbvia, esse é apenas um aspecto da verdade e todas as afirmações unilaterais são suspeitas para o pensador. A verdade não é apenas tudo o que nossa personalidade é ou criou; essa é apenas a verdade de nosso vir a ser, um ponto ou uma linha de importância em um movimento de volume mais amplo. Mais, além de nossa personalidade, há, primeiro, um ser universal, assim como um devir universal, do qual os nossos são um pequeno movimento; e ainda mais além, há o Ser eterno do qual derivam todos os nossos devires e ao qual eles devem suas potencialidades, seus elementos, seus motivos originais e finais. Podemos dizer, de fato, que todo devir é apenas um ato da consciência universal, é Maia, é uma criação da vontade de tornar-se e que a única outra realidade, se houver uma, é uma pura existência eterna para além da consciência, sem traços, não expressa e inexprimível. Esse é, praticamente, o ponto de vista adotado pelo Advaita do mayavadin e o sentido da distinção que ele faz entre a verdade pragmática que para sua mente é ilusória ou, ao menos, apenas temporária ou parcialmente real – enquanto o pragmatismo moderno a considera a verdadeira verdade ou, ao menos, a única realidade reconhecível porque é a única realidade em que podemos agir e conhecer – entre essa ilusão pragmática e, do outro lado da Maia criadora, o Absoluto solitário, sem traços e inexprimível. Porém, para a Gītā, o Brahman absoluto é também o supremo Purusha, e Purusha é sempre a Alma consciente, embora sua consciência mais alta, sua supraconsciência, podemos dizer (como, podemos acrescentar, sua consciência mais baixa, que chamamos o Inconsciente), seja algo muito diferente de nossa consciência mental, a única a que estamos habituados a dar esse nome. Há, nessa supraconsciência suprema, uma verdade e um darma supremos: a imortalidade, uma maneira de ser maior e divina, uma maneira de ser do eterno e infinito. Essa eterna maneira de existir, essa divina maneira de ser existe já na eternidade do Purushottama, mas tentamos agora criá-las aqui também, em nosso devenir, por meio do Ioga; nosso esforço é para tornarmo-nos o Divino, para sermos como Ele, *madbhāva*. Isso também depende da *śraddhā*. É por um ato de nossa substância consciente e por acreditar em sua verdade, por uma vontade interior de viver isso ou de ser isso, que nós as obtemos; mas isso não quer dizer que elas não existam já para além de nós. Embora possam não existir para nossa mente exterior até que as vejamos e nos recriemos de outro modo nelas, elas estão, no entanto, lá, no Eterno, e podemos até dizer que elas já estão em nosso secreto self; pois em nós também, em nossas profundezas, o Purushottama sempre está. Se nos tornamos isso, se O criamos, essa criação é d'Ele, e é Sua manifestação em nós. Toda criação, de fato, visto que procede da substância consciente do Eterno, é uma manifestação d'Ele e procede de uma fé, uma aceitação, uma vontade de ser na consciência originadora, Chit-Shakti.

Contudo, o que nos ocupa no presente não é o aspecto metafísico, mas a relação entre essa vontade ou essa fé em nosso ser e nossa possibilidade de crescer na perfeição da natureza divina. Esse poder, essa *śraddhā*, é, de todo modo, nossa base. Quando vivemos, quando somos e agimos conforme nossos desejos, esse é um ato persistente de *śraddhā*, pertencente sobretudo à nossa natureza vital e física, à nossa natureza tamásica e rajásica. E quando tentamos ser, viver e agir segundo o Shastra, o fazemos por um ato persistente de *śraddhā* que pertence – supondo que essa não seja uma fé rotineira – a uma tendência sátvica que trabalha sem cessar para se impor às nossas partes rajásicas e tamásicas. Quando abandonamos ambas essas coisas e tentamos ser, viver e agir segundo alguma concepção ideal ou nova da verdade que nós mesmos encontramos ou individualmente aceitamos, isso também é um ato persistente de *śraddhā*, que pode ser dominado por qualquer uma dessas três qualidades que, constantemente, governam todo o nosso pensamento, todos os nossos sentimentos e atos. E ainda, quando tentamos ser, viver e agir segundo a natureza divina, é preciso, aí também, fazê-lo por um ato persistente de *śraddhā*, que deve ser, segundo a Gītā, a fé da natureza sátvica quando culmina e se prepara para ultrapassar seus próprios limites definidos. Mas todas essas coisas – e cada uma em particular – implicam uma cinética ou deslocação da natureza, todas supõem uma ação interior ou exterior ou em geral ambas – interior e exterior. E qual será então o caráter dessa ação? A Gītā define três elementos principais da obra que devemos cumprir, *kartavyaṁ karma*, e esses três são: o sacrifício, o dom e a ascese. Pois, quando questionado por Arjuna sobre a diferença entre a renúncia exterior e a renúncia interior, *sannyāsa* e *tyāga*, Krishna insiste que não se deve renunciar a essas três coisas de nenhum modo, mas cumpri-las inteiramente, pois elas são a obra que nos é proposta, *kartavyaṁ karma*, e purificam o sábio. Em outras palavras, esses atos constituem os meios de nossa perfeição. Mas ao mesmo tempo eles podem ser executados sem sabedoria ou com menos sabedoria, pelo insensato. Toda ação dinâmica pode ser reduzida, em suas partes essenciais, a esses três elementos. Pois toda ação dinâmica, toda cinética da natureza, implica uma tapasya, uma ascese voluntária ou involuntária, uma energização e uma concentração de nossas forças ou de nossas capacidades, ou de alguma capacidade que nos ajude a realizar, a adquirir ou a devenir alguma coisa: *tapas*. Toda ação implica um dom daquilo que somos ou possuímos, uma despesa que é o preço dessa realização, aquisição ou desse devenir: *dāna*. Toda ação implica também um sacrifício a poderes elementares ou universais ou ao Mestre supremo de nossas obras. A questão é saber se fazemos essas coisas de maneira inconsciente, passiva ou, no melhor dos casos, com uma vontade ininteligente, ignorante e semiconsciente, ou com uma energização insensata ou degradantemente consciente, ou com uma vontade sábia e consciente enraizada no conhecimento – em outras palavras, se nosso sacrifício, nosso dom, nossa ascese, são de natureza tamásica, rajásica ou sátvica.

Pois tudo aqui, incluindo as coisas físicas, recebem esse caráter triplo em partilha. Nosso alimento, por exemplo, a Gītā nos diz, é sátvico, rajásico ou tamásico, conforme seu caráter e seu efeito sobre o corpo. A índole sátvica no corpo mental e físico volta-se naturalmente para as coisas que aumentam a vida, que aumentam a força interior e exterior, que nutrem ao mesmo tempo a força mental, vital e física e aumentam o prazer, a satisfação e a condição feliz da mente, da vida e do corpo – tudo que é suculento e suave e firme e que satisfaz. A índole rajásica prefere naturalmente o alimento que é violentamente ácido, pungente, picante, acre, áspero, forte e ardente, os alimentos que aumentam a saúde ruim e as indisposições da mente e do corpo. A índole tamásica encontra um prazer desarrazoado na comida fria, impura, rançosa, apodrecida ou sem gosto e, como os animais, aceita até mesmo os restos do que outros comeram pela metade. O princípio das três gunas impregna tudo. Na outra extremidade, as gunas se aplicam da mesma maneira às coisas da mente e do espírito, ao sacrifício, ao dom e à ascese e, sob cada uma dessas três categorias, a Gītā distingue entre os três gêneros, segundo a terminologia habitual dessas coisas como eram formuladas no simbolismo da antiga cultura indiana. Porém, recordando o senso muito amplo que a própria Gītā dá à ideia do sacrifício, podemos muito bem alargar o significado superficial dessas sugestões e abri-las a um significado mais livre. E será oportuno tomá-las na ordem inversa, de *tamas* à *sattva*, visto que consideramos como nos elevar, como sair de nossa natureza inferior graças a certa culminação sátvica e a uma superação de si para nos dirigir a uma natureza e a uma ação divinas mais além das três gunas.

O sacrifício tamásico é o trabalho feito sem fé, quer dizer, sem nenhuma ideia, nenhuma aceitação, nenhuma vontade inteira e consciente voltada para aquilo que, portanto, a Natureza nos obriga a executar. Ele é feito de maneira mecânica, porque o ato de viver o exige, porque se apresenta em nosso caminho, porque outros o fazem, para evitar alguma outra dificuldade maior que poderá vir porque não o fizemos, ou por qualquer outro motivo tamásico. E se tivermos plenamente esse tipo de caráter, o sacrifício tenderá a ser feito sem cuidado, sem real interesse, do modo errado. Não será executado conforme a *vidhi* ou a regra justa do Shastra, não será conduzido de etapa em etapa conforme o modo justo estabelecido pela arte e ciência da vida e a verdadeira ciência da coisa a ser feita. Não se dará alimento durante o sacrifício – e esse ato no ritual indiano simboliza o elemento do dom prestimoso inerente a cada ação que é um sacrifício real, o indispensável dom aos outros, a ajuda fecunda aos outros, ao mundo, sem os quais nossa ação se torna uma ação de todo egocêntrica e a violação da verdadeira lei universal da solidariedade e do intercâmbio. A obra será feita sem a dakshina, sem a muito necessária oferenda ou dom de si aos guias da ação sacrifical, seja o guia externo que nos ajuda em nosso trabalho, seja a divindade velada ou manifestada em nós. A obra será feita sem o mantra, sem o pensamento consagrador que é o corpo sagrado de nossa vontade e de nosso conhecimento elevado às divindades que nós servimos pelo nosso sacrifício. O indivíduo tamásico não oferece seu sacrifício aos deuses, mas aos poderes elementares inferiores ou àqueles espíritos mais grosseiros que, por trás do véu, se alimentam de suas obras e dominam sua vida com sua obscuridade.

O indivíduo rajásico oferece seu sacrifício às divindades inferiores ou aos poderes obstinados no erro, os yakshas, os guardiões das riquezas, ou às forças asúricas ou rakshásicas. Seu sacrifício pode ser executado exteriormente conforme o Shastra, mas seu motivo é a ostentação, o orgulho ou a cobiça pelo fruto de sua ação, uma insistência veemente em obter o prêmio de suas obras. Portanto, todo trabalho que procede de um desejo pessoal violento ou egoístico ou de uma vontade arrogante decidida a impor-se no mundo por objetivos pessoais, é de natureza rajásica, mesmo que se disfarce com as insígnias da luz, mesmo se, exteriormente, seja executado como um sacrifício. Embora seja oferecido a Deus ou aos deuses de maneira ostensiva esse trabalho permanece, em sua essência, uma ação asúrica. É o estado interior, o motivo e a direção interiores que dão seu valor às nossas obras e não apenas a aparente direção exterior, os nomes divinos de que podemos nos servir para sancioná-las, nem mesmo a sincera crença intelectual que parece nos justificar em sua execução. Lá onde o egoísmo domina nossos atos, lá nossa obra se torna um sacrifício rajásico. O verdadeiro sacrifício sátvico, por outro lado, distingue-se por três sinais que são o calmo selo de seu caráter. Primeiro, ele é ditado pela verdade efetiva, executado conforme *vidhi*, o princípio justo, o método e a norma exatos, o ritmo e a lei justos de nossas obras, seu verdadeiro modo de funcionar, seu darma; isso significa que a razão e a vontade esclarecidas serão os guias e os determinantes de suas etapas e de seus propósitos. Em segundo lugar, ele é executado com a mente concentrada e fixada na ideia da coisa a ser feita como um verdadeiro sacrifício que nos é imposto pela lei divina que governa nossa vida e, portanto, executado a partir de uma alta obrigação interior ou de uma verdade imperativa e sem desejo pelo fruto pessoal – quanto mais o motivo da ação e o caráter da força que é posta nela forem impessoais, mais sua natureza será sátvica. E, por fim, ele é oferecido aos deuses sem nenhuma reserva; eles são agradáveis aos poderes divinos, por meio dos quais o Mestre da existência governa o universo, pois eles são Suas máscaras e Suas personalidades.

Esse sacrifício sátvico chega bem perto, então, do ideal e conduz diretamente ao tipo de ação exigido pela Gītā; mas esse não é o último ideal, nem o mais alto, não é ainda a ação do indivíduo aperfeiçoado que vive na natureza divina. Pois esse sacrifício é executado como um darma fixo e oferecido como um sacrifício ou um serviço aos deuses, a um poder ou a um aspecto parcial do Divino manifestado em nós mesmos ou no Universo. O trabalho feito com uma fé religiosa desinteressada ou sem egoísmo para a humanidade ou de maneira impessoal, pela devoção à Justiça e à Verdade, é dessa natureza, e esse tipo de ação é necessário para nossa perfeição, pois purifica nosso pensamento, nossa vontade e nossa substância natural. A culminação da ação sátvica à qual devemos chegar é de um tipo ainda mais vasto e mais livre; é o alto sacrifício último que oferecemos ao Divino supremo em Seu ser integral na busca do Purushottama ou vendo Vasudeva em tudo o que é; é a ação feita de maneira impessoal, universal, para o bem do mundo, para que se cumpra a vontade divina no universo. Essa culminação conduz à sua própria transcendência, ao Darma imortal. Pois então surge uma liberdade em que não há ação pessoal de nenhum modo, nenhuma regra sátvica de darma, nenhuma limitação originada do Shastra; a razão e a vontade inferiores são, elas próprias, ultrapassadas, e não são elas, mas uma sabedoria suprema que dita e guia a obra e comanda o objetivo. Não há questão de fruto pessoal, pois a vontade que age não é a nossa, mas uma Vontade suprema da qual a alma é o instrumento. Não há egocentrismo nem desprendimento, pois o Jiva, a eterna porção do Divino, está unido ao Self supremo de sua existência e ele e tudo estão nesse Self, nesse Espírito. Não há ação pessoal, pois todas as ações são entregues ao Mestre de nossas obras e é ele quem cumpre a ação por meio da Prakriti divinizada. Não há sacrifício – a menos que possamos dizer que o Mestre do sacrifício oferece a si mesmo sob sua forma cósmica, as obras de sua energia no Jiva. Esse é o supremo estado de autotranscendência que alcançamos pela ação que é um sacrifício, essa é a perfeição da alma que chegou à sua plena consciência na natureza divina.

A tapasya tamásica é aquela que é seguida sob a orientação de uma ideia nublada e enganadora, endurecida e obstinada em seu engano, mantida por uma fé ignorante em alguma falsidade admirada, uma tapasya executada com esforço e sofrimento impostos sobre si mesmo na procura de algum objetivo egoístico estreito e vulgar, vazio de relação com qualquer objetivo verdadeiro ou grande, ou então que concentra a energia na vontade de fazer mal a outros. Aquilo que torna tamásico esse tipo de energização não é algum princípio de inércia, pois inércia é alheia à tapasya, mas uma escuridão na mente e na natureza, uma estreiteza e uma feiura vulgares na maneira de agir ou um instinto ou um desejo grosseiros no objetivo ou no sentimento motor. As asceses com energizações rajásicas são aquelas empreendidas para obter honrarias e adoração dos homens, para a distinção pessoal, a glória e a grandeza exteriores ou por qualquer um dos numerosos motivos da vontade egoística e do orgulho. Esse tipo de ascese se dedica a certos objetivos efêmeros que não acrescentam nada ao crescimento da alma em direção ao céu nem à sua perfeição; é uma coisa que não tem princípio fixo e útil, uma energia ligada à ocasião que muda e passa e ela mesma é dessa natureza. Ou, mesmo se houver visivelmente um objetivo mais interior e mais nobre e a fé e a vontade forem de um tipo superior, mesmo assim, se entra na ascese qualquer tipo de arrogância ou de orgulho ou, com uma grande força, manifestar-se nela a violência de uma vontade egoística ou de desejo, se essa ascese conduzir a uma ação violenta, desenfreada ou terrível, contrária ao Shastra, a uma oposição à justa lei da vida e das obras e for motivo de aflição para si mesmo e para outros ou, se for da natureza da autotortura e fizer mal aos elementos do mental, do vital e do físico ou violentar o Deus em nós que está alojado no corpo sutil interior, então, essa também será uma tapasya insensata, asúrica, rajásica ou rajásica-tamásica.

A tapasya sátvica é aquela feita com uma fé muito elevada e luminosa, como um dever profundamente aceito ou por alguma razão ética ou espiritual ou outra razão superior, sem desejo por nenhum fruto exterior nem estreitamente pessoal na ação. Seu caráter é o da autodisciplina e demanda autocontrole e harmonização da natureza. A Gītā descreve três tipos de ascese sátvica. Primeiro, vem a ascese física, a ascese do ato exterior; sob essa categoria são mencionados, sobretudo, o culto e a reverência àqueles que merecem reverência, o asseio da pessoa, da ação e da vida, relações francas e pureza sexual; devemos nos abster de matar ou de ferir outros. Em seguida, vem a ascese da fala, da palavra, que consiste no estudo da Escritura, em um falar amável, verdadeiro e benéfico – e em evitar de maneira cuidadosa palavras que possam causar medo, aflição e perturbação a outros. Por fim, há a ascese da perfeição mental e moral e isso quer dizer a purificação de todo o temperamento, a gentileza e uma felicidade mental clara e calma, o autocontrole e o silêncio. Aqui se introduz tudo que acalma ou disciplina a natureza rajásica e egoísta, tudo o que a substitui pelo princípio feliz e tranquilo do bem e da virtude. Essa é a ascese do darma sátvico tão altamente apreciado no sistema da antiga cultura indiana. Sua culminação maior será uma alta pureza da razão e da vontade, uma alma igual, uma paz e uma calma profundas, uma vasta simpatia e preparação para a unidade, um reflexo na mente, na vida e no corpo da felicidade divina da alma interior. Lá, nesse ponto elevado, o tipo, o caráter ético, funde-se já no espiritual. Podemos também levar essa culminação à sua própria transcendência, podemos fazê-la entrar em uma luz superior e mais livre e ela pode desaparecer na firme energia divina da natureza suprema. O que permanecerá então será o tapas imaculado do espírito, uma vontade mais alta e uma força luminosa em todos os membros, agindo em uma calma vasta e sólida, em um deleite espiritual – Ananda – profundo e puro. Então, não haverá mais necessidade de ascese nem de tapasya, porque tudo será natural e facilmente divino, tudo será esse tapas. Não haverá o labor separado da energização inferior, porque a energia da Prakriti terá encontrado sua fonte e sua base verdadeiras na vontade transcendente do Purushottama. Então, devido a essa origem elevada, os atos dessa energia nos planos inferiores também procederão natural e espontaneamente de uma perfeita vontade inata e por uma perfeita guiança inerente. Nenhum dos darmas atuais porá limites, pois haverá uma ação livre muito acima da natureza rajásica e tamásica, mas também muito mais além dos limites demasiado precavidos e estreitos da regra da ação sátvica.

Assim como acontece com a tapasya, toda oferenda é de caráter ignorante e tamásico, ou ostentoso e rajásico, ou desinteressado, aclarado e sátvico. A oferenda tamásica é oferecida de maneira ignorante, sem considerar as condições justas de tempo, de lugar e do objeto; é um movimento insensato, irrefletido e, na verdade, egocêntrico, uma generosidade não generosa e ignóbil, o dom oferecido sem simpatia nem liberalidade verdadeira, sem respeito pelos sentimentos do recipiente e desprezado por este, mesmo na aceitação. O tipo rajásico de oferenda é aquele que é feito com pesar, de maneira relutante e com violência contra si mesmo ou com um objetivo pessoal ou egoístico ou com a esperança de receber, de um ponto ou de outro, algo em retorno ou um benefício correspondente maior que o do recebedor. A maneira sátvica da oferenda é doar com justa razão, boa vontade e simpatia, nas condições justas de tempo e de lugar e ao recipiente justo, àquele que é digno ou a quem a dádiva pode realmente ajudar. Seu ato é executado pelo prazer de dar, por beneficência, sem ter em mira um benefício já recebido, ou que deva ainda receber, do recebedor do benefício e sem nenhum objetivo pessoal na ação. A culminação do modo sátvico de *dāna* introduzirá na ação um elemento crescente desse vasto dom de si aos outros, ao mundo e a Deus, *ātma-dāna*, *ātma-samarpaṇa*, que é a alta consagração do sacrifício das obras que a Gītā prescreve. E a transcendência na natureza divina será uma completude muito grande da oferenda de si fundada no mais vasto significado da existência. Todo este múltiplo universo nasce e é constantemente mantido pelo fato de que Deus se dá Ele mesmo, assim como Seus poderes, e pelo profuso fluir de Seu self e de Seu espírito em todas essas existências; o ser universal, diz o Veda, é o sacrifício do Purusha. Toda ação da alma aperfeiçoada será, do mesmo modo, um dom, constante e divino, de si e de seus poderes, um fluir do conhecimento, da luz, da força, do amor, da alegria, da Shakti prestimosa que ela possui no Divino e, pela influência d'Ele e Sua efluência, se derramará sobre tudo em torno dela segundo a capacidade de recepção de cada coisa, ou sobre todo este mundo e suas criaturas. Esse será o resultado completo do completo dom de si da alma ao Mestre de nossa existência.

A Gītā fecha esse capítulo com o que parece, à primeira vista, um enunciado recôndito. A fórmula OM, Tat, Sat, ela diz, é a tripla definição do Brahman, por quem os Brahmanas, os Vedas e os sacrifícios foram criados antigamente, e nessa fórmula reside todo o significado deles. Tat, Isto, indica o Absoluto. Sat indica a existência suprema e universal em seu princípio. OM é o símbolo do triplo Brahman: o Purusha voltado para o exterior, o Purusha voltado para o interior, ou sutil, e o Purusha causal ou supraconsciente. Cada letra, A, U, M, indica um desses três em ordem ascendente e a sílaba como um todo expressa o quarto estado, *turya*, que se eleva ao Absoluto. OM é a sílaba que inicia, pronunciada no começo como um prelúdio abençoador para sancionar todos os atos do sacrifício, todos os atos do dom e todos os atos da ascese; OM lembra que de nossa obra devemos fazer uma expressão do triplo Divino em nosso ser interior, que devemos voltá-la em Sua direção, na ideia e no motivo. Aqueles que buscam a liberação cumprem essas ações sem desejo pelo fruto, mas somente com a ideia, o sentimento, a Ananda do Divino absoluto por trás de sua natureza. É isso que eles buscam por essa pureza e essa impessoalidade em seus trabalhos, essa elevada ausência de desejos, essa vasta ausência de ego e essa vasta plenitude do Espírito. Sat significa o bem e a existência. Essas duas coisas, o princípio do bem e o princípio da realidade devem estar presentes por trás dos três tipos de ação. Todas as boas obras são Sat, pois preparam a alma para a realidade superior de nosso ser; toda perseverança firme no sacrifício, na oferenda e na ascese e todas as obras executadas com essa visão central, como sacrifício, como oferenda, como ascese são Sat, pois constroem a base para a verdade mais alta de nosso espírito. E porque *śraddhā* é o princípio central de nossa existência, qualquer uma dessas coisas feita sem *śraddhā* é uma falsidade e não tem significado verdadeiro ou verdadeira substância sobre a terra ou mais além, é sem realidade, sem poder de durar ou de criar na vida aqui ou após a vida mortal, nas regiões maiores de nosso espírito consciente. A fé da alma – não um mero credo intelectual, mas a vontade harmoniosa de conhecer, de ver, de crer, de agir e de ser conforme sua visão e seu conhecimento – é aquilo que, por seu poder, determina a medida das possibilidades de nosso devenir, e é essa fé e essa vontade voltadas em todo o nosso self, em toda a nossa natureza e em toda a nossa ação interiores e exteriores, em direção àquilo que é mais alto, mais divino e mais real e eterno, que nos permitirão alcançar a perfeição suprema.

CAPÍTULO XIX

AS GUNAS, A MENTE E AS OBRAS[1]

A Gītā não completou ainda sua análise da ação à luz dessa ideia fundamental das três gunas e de sua transcendência por uma culminação em que se ultrapassa a mais alta disciplina sátvica. A fé, *śraddhā*, a vontade de crer e de ser, de conhecer, de viver e de estabelecer a Verdade que nós vimos é o fator principal, a força indispensável por trás de uma ação que se desenvolve, sobretudo por trás do crescimento da alma que, por meio das obras, alcança sua plena estatura espiritual. Mas há também os poderes mentais, os instrumentos e as condições que ajudam a constituir o *momentum*, a direção e o caráter da atividade e que desempenham, portanto, um papel importante para a perfeita compreensão dessa disciplina psicológica. A Gītā entra em uma análise psicológica resumida dessas coisas antes de proceder para sua grande conclusão, a culminação de todo o seu ensinamento, o supremo segredo, que é exceder espiritualmente todos os darmas, uma divina transcendência. E devemos segui-la em suas breves descrições, de maneira sumária, expandirmo-nos apenas o suficiente para apreender plenamente a ideia principal; pois essas são coisas secundárias, porém, cada uma tem grande consequência em seu lugar próprio e para seu propósito. É sua ação vertida no tipo das gunas que devemos ressaltar a partir das descrições breves do texto; a natureza da culminação de uma ou de outra, ou de cada uma delas, provirá automaticamente do caráter da transcendência geral.

Essa parte do tema é introduzida por uma última pergunta de Arjuna a respeito do princípio de sannyasa, o princípio de tyaga e a diferença entre eles. A Gītā retorna com frequência a essa distinção crucial, a enfatiza com insistência, e isso foi amplamente justificado pela história da mente indiana mais recente, sua constante confusão em relação a essas duas coisas tão diferentes e sua

1. Gītā, XVIII. 1-39.

forte tendência a depreciar qualquer atividade do gênero ensinada pela Gītā e considerá-la, no melhor dos casos, apenas um prelúdio à suprema inação do sannyasa. De fato, quando as pessoas falam de tyaga, de renúncia, é sempre a renúncia física ao mundo que elas entendem com essa palavra ou, ao menos, o que enfatizam, enquanto a Gītā, ao contrário, sustenta que o verdadeiro tyaga tem como base a ação e a vida no mundo e não uma fuga para o monastério, a caverna ou o cume da montanha. O verdadeiro tyaga é a ação com a renúncia ao desejo e isso é, também, o verdadeiro Sannyasa.

A atividade libertadora da autodisciplina sátvica deve, sem dúvida, estar impregnada de um espírito de renúncia – esse é um elemento essencial: mas que tipo de renúncia e de que maneira pertence ela ao espírito? Não a renúncia às obras no mundo, nem nenhum ascetismo externo, nenhuma ostentação de um visível abandono do prazer, mas uma renúncia, uma rejeição, *tyāga*, do desejo vital e do ego vital, em que se põe de lado totalmente, *sannyāsa*, a vida pessoal separada guiada pela alma de desejo e pela mente governada pelo ego e pela natureza vital rajásica. Essa é a verdadeira condição para a entrada nas alturas do Ioga, seja por meio do self impessoal e a unidade brâmine, seja por meio do Vasudeva universal, seja internamente no supremo Purushottama. Visto de maneira mais convencional, sannyasa, na terminologia mais estabelecida dos sábios, significa que abandonamos fisicamente as ações desejáveis, que as pomos de lado: *tyāga* – essa é a distinção da Gītā – é o nome dado pelos sábios a uma renúncia mental e espiritual, a um completo abandono de todo apego ferrenho ao fruto de nossas obras, à própria ação ou àquilo que nos faz pessoalmente iniciá-la, ao impulso rajásico. Nesse sentido tyaga, não sannyasa, é o melhor caminho. Não são as ações atraentes que devemos afastar, mas é o desejo, que lhes dá esse caráter, que deve ser expulso de nós. O fruto das ações pode vir, concedido pelo Mestre das Obras, porém, não deve haver exigência egoística para recebê-lo como recompensa, nem fazer disso uma condição para cumprir as obras. Ou o fruto pode não vir de nenhum modo; ainda assim, é preciso executar a obra como sendo a coisa a ser feita, *kartavyaṁ karma*, a coisa que o Mestre dentro de nós demanda. O sucesso, o fracasso, estão em Suas mãos e Ele os regulará segundo sua vontade consciente e Seu propósito inescrutável. A ação, toda ação, deve, na verdade, no final ser entregue não fisicamente por abstenção, por imobilidade, pela inércia, mas espiritualmente, ao Mestre de nosso ser, por cujo único poder toda e qualquer ação pode ser executada. É preciso renunciar à ideia falsa de que somos nós mesmos os executantes, pois na realidade é a Shakti universal que trabalha mediante nossa personalidade e nosso ego. A transferência espiritual de todas as nossas obras ao Mestre e sua Shakti é o verdadeiro Sannyasa no ensinamento da Gītā.

A questão ainda se coloca: quais as obras que devem ser executadas? Mesmo os defensores de uma renúncia física final não estão de acordo nessa difícil questão. Alguns gostariam que todas as obras fossem extirpadas de nossa vida, como se isso fosse possível. Mas isso não é possível enquanto estivermos em um corpo e vivos; tampouco pode a salvação consistir em reduzir, por meio do transe, nosso self ativo à imobilidade sem vida de um torrão ou de um seixo. O silêncio do samádi não ab-roga a dificuldade, pois logo que a respiração retorna ao corpo, estamos mais uma vez em ação, desabados das alturas dessa salvação decorrente de uma sonolência espiritual. Mas a verdadeira salvação, a liberação pela renúncia interior ao ego e pela reunião com o Purushottama, permanece em qualquer estado que seja, persiste neste mundo ou fora dele, ou em qualquer mundo que seja, ou fora de todos os mundos, é autoexistente, *sarvathā vartamāno'pi*, e não depende da inação nem da ação. Quais são, então, as ações que é preciso executar? A resposta extrema do asceta, não mencionada pela Gītā – talvez ela não fosse tão corrente naquela época –, poderia ter sido que, em meio às atividades voluntárias, as únicas que deveriam ser autorizadas seriam aquelas que consistem em mendigar, comer e meditar, sem contar as ações necessárias ao corpo. Mas a solução mais liberal e abrangente era, evidentemente, continuar as atividades mais sátvicas: sacrifício, dom e ascese. E essas certamente devem ser feitas, diz a Gītā, pois purificam o sábio. Porém, de maneira mais geral e compreendendo essas três coisas em seu sentido mais amplo, é a ação regulada de modo justo, *nyataṁ karma*, que deve ser feita, a ação regulada pelo Shastra, pela ciência e a arte do conhecimento justo, das obras justas, da maneira justa de viver ou regulada pela natureza essencial, *svabhāva-niyataṁ karma* ou, por fim e o melhor de tudo, regulada pela vontade divina em nós e acima de nós. Esta última é a verdadeira e única ação do indivíduo liberado, *muktasya karma*. Renunciar às obras não é um movimento justo – a Gītā o declara nítida e incisivamente no final, *niyatasya tu sannyāsaḥ karmaṇo nopapadyate*. Renunciar a elas confiando, por ignorância, que seria suficiente se retirar para obter a verdadeira liberação seria uma renúncia tamásica. As gunas, como vimos, nos seguem na renúncia às obras assim como nas obras. Uma renúncia acompanhada do apego à inação, *saṅgo akarmaṇi*, seria, igualmente, uma retirada tamásica. E abandonar as obras porque elas nos trazem aflição ou são uma perturbação para a carne ou provocam lassidão na mente ou o sentimento de que tudo é vaidade e balbúrdia do espírito – essa é uma renúncia rajásica e não traz o alto fruto espiritual; isso também não é o verdadeiro tyaga. Esse é um resultado do pessimismo intelectual ou lassidão vital, tem suas raízes no ego. Nenhuma liberdade pode vir de uma renúncia governada por esse princípio egocêntrico.

O princípio sátvico da renúncia é retirar-se não da ação, mas da demanda pessoal, do fator ego que está por trás dela. É cumprir as obras ditadas não pelo desejo, mas pela lei mais justa de viver ou pela natureza essencial, seu conhecimento, seu ideal, sua fé em si mesma e pela Verdade que ela vê, sua *śraddhā*. Ou então, em um plano espiritual superior, elas são ditadas pela vontade do Mestre e executadas com a mente no Ioga, sem nenhum apego pessoal, seja à ação, seja ao fruto da ação. Deve haver uma renúncia completa a todo desejo, a toda escolha, a todo impulso egoísticos e egocêntricos e, por fim, a esse egoísmo muito mais sutil que diz: "O trabalho é meu, sou eu o executante", ou mesmo: "O trabalho é de Deus, mas sou eu o executante". Não deve haver nenhum apego à obra agradável e atraente, lucrativa ou destinada ao sucesso e tampouco deve ser ela executada por ter essa natureza, mas esse tipo de trabalho também deve ser feito – e feito de maneira total, sem egoísmo, com a permissão do espírito – quando esta for a ação exigida do alto e do nosso interior, *kartavyaṁ karma*. Não deve haver nenhuma aversão à ação desagradável, ingrata ou que não desperte o desejo ou à obra que provoca, ou poderia provocar, sofrimento, perigo, condições difíceis e ter consequências nefastas; porque isso também tem que ser aceito de maneira total, sem egoísmo, com uma profunda compreensão de sua necessidade e de seu significado, quando essa for a obra a ser feita, *kartavyaṁ karma*. O indivíduo sábio afasta as recusas e hesitações da alma de desejo e as dúvidas da inteligência humana comum, que tem como medidas pequenas normas pessoais, convencionais ou bem limitadas. Ele segue – na luz da mente plenamente sátvica e com o poder da renúncia interior que eleva a alma ao estado impessoal, em direção a Deus, em direção ao universal e ao eterno – a suprema lei ideal de sua natureza ou a vontade do Mestre das obras em Seu espírito secreto. Ele não cumprirá a ação para um resultado pessoal nem para uma recompensa nesta vida, nem com algum apego ao sucesso, ao proveito ou às consequências: tampouco suas obras serão empreendidas para obter um fruto no invisível além, nem pedirão uma recompensa em outras vidas ou em outros mundos mais além, os prêmios de que a mente religiosa sem maturidade, tem fome. Os três tipos de resultado – agradável, desagradável e misturado – neste, ou em outros mundos, nesta, ou em outra vida – são para os escravos do desejo e do ego; essas coisas não se agarram ao espírito livre. O trabalhador liberto, que pelo sannyasa interior entregou suas obras a um Poder superior, está livre do Carma. Ele cumprirá a ação, pois certo tipo de ação, pouca ou muita, pequena ou grande, é inevitável, natural e justa para a alma encarnada – a ação faz parte da lei divina da existência, é a alta dinâmica do espírito. A essência da renúncia, o verdadeiro tyaga, o verdadeiro Sannyasa, não é uma regra de ouro da inação, mas pertence a uma alma desinteressada, a uma mente sem egoísmo, à transição do ego para a natureza livre, impessoal e espiritual. O espírito dessa renúncia interior é a primeira condição mental da culminação superior da disciplina sátvica.

A Gītā fala, então, das cinco causas ou requisitos indispensáveis para cumprir as obras segundo as linhas do Sankhya. Essas cinco causas são, primeiro, a estrutura do corpo, da vida e da mente que são a base, ou a fundação sólida, da alma na Natureza, *adhiṣṭhāna*, depois, o executante, *kartā*, terceiro, a instrumentação variada da Natureza, *kāraṇa*, quarto, os muitos tipos de esforço que compõem a força da ação, *ceṣṭāḥ*, e, por último, o Destino, *daivam*, ou seja, a influência do Poder ou dos poderes diferentes dos fatores humanos, diferentes do mecanismo visível da Natureza e que se mantêm por trás destes, modificam a obra e dispõem de seus frutos nas fases do ato e de suas consequências. Esses cinco elementos constituem entre eles todas as causas eficientes, *kāraṇa*, que determinam a forma e o resultado de todo trabalho que o indivíduo empreende com sua mente, sua linguagem e seu corpo.

Supomos, em geral, que o executante seja nosso ego pessoal de superfície, mas essa é uma ideia falsa da compreensão que ainda não chegou ao conhecimento. O ego é o executante visível, mas o ego e sua vontade são criações e instrumentos da Natureza, com os quais a compreensão ignorante identifica, erroneamente, nosso self; eles não são nem mesmo os únicos determinantes da ação humana, muito menos de suas voltas e de suas consequências. Quando somos liberados do ego nosso self real, que está por trás, vem para a frente, impessoal e universal e, em sua visão espontânea da unidade com o Espírito universal, ele vê a Natureza como executora da obra e a Vontade Divina por trás enquanto soberana da Natureza universal. Só que, enquanto não possuirmos esse conhecimento, estaremos ligados pelo caráter de executantes do ego e sua vontade, fazemos o bem e o mal e temos a satisfação de nossa natureza tamásica, rajásica ou sátvica. Porém, uma vez que vivermos nesse conhecimento maior, o caráter e as consequências da obra não farão diferença para a liberdade do espírito. Exteriormente, a obra pode ser uma ação terrível, como essa grande batalha e massacre de Kurukshetra; porém, embora o indivíduo liberado tome parte na luta e destrua toda essa gente, ele não mata ninguém e não está ligado por sua ação, porque a obra é a do Mestre dos mundos e é Ele quem já exterminou todos esses exércitos em sua secreta vontade onipotente. Esse trabalho de destruição foi necessário para que a humanidade pudesse avançar para uma outra criação e um novo propósito e, como em um fogo, pudesse desfazer-se de seu carma passado de improbidade, opressão e injustiça e se dirigir a um reino do Darma. O indivíduo liberto executa tudo o que lhe é designado enquanto instrumento vivo, uno em espírito com o Espírito universal. E sabendo que tudo isso deve ser e olhando mais além da aparência, ele age não para si mesmo mas para Deus e para o ser humano e a ordem cósmica,[2] de fato não agindo ele próprio, mas consciente da presença e do poder da Força divina em seus atos e seus resultados. Ele sabe que em seu corpo mental, vital e físico, *adhiṣṭhāna*, a suprema Shakti executa, e é a única executante daquilo que um Destino indica, um Destino que na verdade não é um Destino, não é uma desobrigação mecânica, mas a verdade sábia que vê tudo e trabalha por trás do Carma humano. Essa "obra terrível" em torno da qual gira todo o ensino da Gītā, é um exemplo extremo da ação em aparência desfavorável, *akuśalam*, embora se encontre um grande bem mais além da aparência. Ela deve ser executada de maneira impessoal pelo indivíduo divinamente designado, para a coesão do propósito cósmico, *loka-saṅgrahārtham*, sem objetivo ou desejo pessoal, porque é o serviço designado.

É claro, então, que a obra não é a única coisa que conta; o conhecimento a partir do qual executamos as obras faz uma imensa diferença espiritual. Há três coisas, diz a Gītā, que concorrem para constituir o impulso mental para as obras, e elas são: o conhecimento em nossa vontade, o objeto do conhecimento e o conhecedor; e no conhecimento sempre entram em jogo as operações das três gunas. É esse elemento das gunas que faz toda a diferença para nossa noção da coisa conhecida e para o espírito no qual o conhecedor executa sua obra. O conhecimento tamásico ignorante é uma maneira pequena, estreita, preguiçosa ou obtusamente obstinada de ver as coisas, que não tem olhos para a natureza real do mundo ou para a coisa feita, nem para seu campo, nem para o ato, nem para

2. A ordem cósmica entra em questão porque o triunfo do asura na humanidade significa, na mesma proporção, o triunfo do asura no equilíbrio das forças cósmicas.

suas condições. A mente tamásica não procura a causa real e o efeito real, mas se absorve em um movimento único ou em uma só rotina com um apego obstinado a isso; ela não pode ver nada que não seja a pequena seção da atividade pessoal que tem diante dos olhos e não sabe, de fato, o que faz, mas deixa cegamente o impulso natural elaborar, por meio de sua ação, resultados que ela não concebe nem prevê, e nem tem deles, tampouco, uma compreensão inteligente. O conhecimento rajásico é aquele que vê a multiplicidade das coisas, mas somente em seu estado separado e na variedade de operações de todas essas existências; é incapaz de descobrir um verdadeiro princípio de unidade ou de coordenar corretamente sua vontade e sua ação; ele segue a inclinação do ego e do desejo, a atividade de sua vontade egoísta multiplamente ramificada, motivos diversos e misturados em resposta às solicitações dos impulsos e das forças interiores e do ambiente. Esse modo de conhecer é uma mistura desordenada de porções de conhecimento – muitas vezes um conhecimento inconsistente – postas juntas pela mente a fim de traçar uma espécie de caminho através da confusão de nosso semiconhecimento e semi-ignorância. Ou, então, é uma múltipla ação cinética agitada e sem ideal superior firme que a governe, nem lei inerente e segura de luz e poder verdadeiros nela mesma. O conhecimento sátvico, ao contrário, vê a existência como um todo indivisível em todas essas divisões, um ser imperecível único em todos os devires. Ele governa o princípio de sua ação e a relação entre a ação particular e o propósito total da existência; põe no lugar certo cada etapa do processo completo. No cume mais alto do conhecimento, essa visão se torna o conhecimento do espírito único no mundo, único em todas essas múltiplas existências, do Mestre único de todas as obras, das forças do cosmos como expressões da Divindade e da própria obra como a operação dessa vontade e sabedoria supremas no ser humano, em sua vida e em sua natureza essencial. A vontade pessoal é agora inteiramente consciente, iluminada, espiritualmente desperta, e ele vive e trabalha no Um, obedece de modo cada vez mais perfeito Sua suprema ordem, torna-se cada vez mais um instrumento impecável de Sua luz e de Seu poder na pessoa humana. Essa culminação do conhecimento sátvico conduz à suprema ação liberada.

Há ainda três coisas, o executante, o instrumento e a obra executada, que mantêm a coesão da ação e a torna possível. E, aqui ainda, é a diferença das gunas que determina o caráter de cada um desses elementos. A mente sátvica, que sempre busca uma harmonia e um conhecimento justos, é o instrumento que dirige o indivíduo sátvico e move todo o resto da máquina. Uma vontade de desejo egoística, sustentada pela alma de desejo, é o instrumento dominante do trabalhador rajásico. Um instinto ignorante ou um impulso não aclarado da mente física e da natureza vital grosseira é a força instrumental mais importante do executante tamásico da ação. O instrumento do indivíduo liberto é uma luz e um poder espirituais maiores, muito superiores à mais alta inteligência sátvica e que atuam nele por uma descida envolvedora a partir de um centro suprafísico e utilizam, como um canal claro de sua força, uma mente, uma vida e um corpo purificados e receptivos.

A ação tamásica é aquela executada com uma mente confusa, iludida e ignorante, em obediência mecânica aos instintos, aos impulsos e às ideias cegas, sem considerar a força, a capacidade, o desperdício e a perda do esforço cego mal aplicado ou o antecedente e a consequência do impulso, do esforço ou da labuta e quais são suas condições justas. A ação rajásica é aquela que é empreendida sob o domínio do desejo, os olhos fixos em seu trabalho e no fruto que se espera dele e nada mais, ou com o sentido egoístico da própria personalidade na ação; é executada com um esforço excessivo, um labor apaixonado, arfante, que força a vontade pessoal para obter o objeto desejado. A ação sátvica é aquela que o indivíduo executa calmamente à clara luz da razão e do conhecimento e com um senso impessoal do direito e do dever ou do que demanda um ideal; é a coisa que deve ser feita, qualquer que seja o resultado para ele mesmo neste mundo ou em outro; um trabalho executado sem apego, sem preferência ou desagrado em relação àquilo que, nesse trabalho, estimula ou desanima, pelo único contentamento da razão e do senso de justiça, da inteligência lúcida e da vontade aclarada, da mente pura e desinteressada e do alto espírito satisfeito. Na linha de culminação de *sattva* a ação será transformada e se tornará uma ação impessoal superior ditada pelo espírito interior e não mais pela inteligência, uma ação movida pela mais alta lei da natureza, livre do ego inferior e de sua bagagem leve ou pesada e da limitação, mesmo se fosse originada da melhor opinião, do desejo mais nobre, da vontade pessoal mais pura ou do ideal mental mais elevado. Não haverá nenhum desses estorvos; em seu lugar haverá um autoconhecimento claro e uma iluminação espiritual, o senso íntimo e imperativo de um poder infalível que age e da obra a ser feita para o mundo e para o Mestre do mundo.

O autor tamásico da ação é aquele que não se coloca realmente em seu trabalho, mas age com uma mente mecânica ou obedece ao pensamento mais trivial do rebanho, segue a rotina comum ou está preso a um erro e um preconceito cegos. Ele é obstinado em sua estupidez, teimoso no erro e se orgulha de maneira tola de sua ação ignorante; uma astúcia estreita e evasiva substitui a inteligência verdadeira; ele sente um desdém estúpido e insolente por aqueles com quem tem que lidar, sobretudo por aqueles mais sábios e melhores do que ele. Uma preguiça insípida, uma lentidão, procrastinação, moleza, falta de vigor e de sinceridade marcam sua ação. Em geral, o indivíduo tamásico é lento no agir, vagaroso em seus passos, deprime-se facilmente, pronto rapidamente a abandonar sua tarefa se ela exige demais de sua força, de sua diligência ou de sua paciência. O autor rajásico da ação, ao contrário, avidamente apegado ao trabalho, quer concluí-lo com rapidez, deseja com paixão seus frutos, a recompensa e o resultado, seu coração é ávido, sua mente, impura, ele é muitas vezes violento, cruel e brutal nos meios que usa; preocupa-se pouco em saber se prejudica alguém ou em qual medida prejudica outros, contanto que obtenha o que quer, satisfaça suas paixões e sua vontade, justifique as reivindicações de seu ego. Ele é cheio de uma alegria descontrolada no sucesso e amargamente mortificado e acabrunhado pelo fracasso. O autor sátvico é livre de todo esse apego, desse egoísmo, dessa força violenta ou dessa fraqueza apaixonada; ele tem uma mente e uma vontade que não exultam com o sucesso, não se deprimem com o fracasso, repletas de uma fixa resolução impessoal, de uma calma retidão e desvelo ou de um entusiasmo elevado, puro e desinteressado em relação ao trabalho que deve ser feito. Na culminância de *sattva* e além, essa resolução, esse desvelo, esse entusiasmo se tornam o trabalho espontâneo do *tapas* espiritual e, por fim, uma suprema força da alma, o imediato Poder de Deus, o movimento poderoso e firme de uma energia divina no instrumento humano, os passos seguros de uma vontade visionária, a inteligência gnóstica e, com ela, o vasto deleite do espírito livre nas obras da natureza liberada.

A razão armada com a vontade inteligente opera no indivíduo de qualquer maneira ou em qualquer medida em que ele possa possuir esses dons humanos e, em consequência, ela é justa ou degenerada, enevoada ou luminosa, estreita e pequena ou grande e vasta, segundo a mente que a possui. É o poder de compreensão de sua natureza, *buddhi*, que escolhe a obra para ele ou, com mais frequência, aprova e sanciona uma ou outra em meio às numerosas sugestões de seus instintos, impulsos, ideias e desejos complexos. É isso que determina para ele o que está certo ou errado, o que é para ser feito ou não, darma ou adarma. E a persistência da vontade[3] é essa contínua força da Natureza mental que sustenta a obra e lhe dá consistência e persistência. Aqui, ainda, há a incidência das gunas.

3. *dhṛti.*

A razão tamásica é um instrumento falso, ignorante e obscurecido que nos obriga a ver todas as coisas sob uma luz opaca e errônea, uma nuvem de concepções erradas, uma estúpida ignorância dos valores das coisas e das pessoas. Essa razão chama a luz de trevas e as trevas, de luz, toma o que não é a verdadeira lei e a defende como lei, persiste naquilo que não deve ser feito e o expõe a nós como a única coisa justa a ser feita. Sua ignorância é invencível e a persistência de sua vontade é uma persistência na satisfação e no orgulho insípido de sua ignorância. Isso, no que se refere à ação cega; mas ela é também perseguida por uma pesada tensão de inércia e impotência, uma persistência na obtusidade e no sono, uma aversão à mudança e ao progresso mental, uma insistência em relação aos medos, às dores e depressões da mente, que nos entravam em nosso caminho ou nos mantêm em um comportamento baixo, fraco e covarde. A timidez, a esquiva, a evasão, a indolência, a justificação pela mente de seus medos e de suas falsas dúvidas, de suas cautelas, de sua recusa ao dever, de seus lapsos e de suas recusas ao apelo de nossa natureza superior, uma adesão sem risco à linha na qual a resistência é menor a fim de que possa haver, nos ganhos do fruto de nosso labor, o mínimo de problemas, esforço ou perigo –, e, diz essa razão, melhor nenhum fruto, ou um resultado medíocre, do que uma labuta grande e nobre ou um esforço e aventura perigosos e exigentes – essas são as características da vontade e da inteligência tamásicas.

A compreensão rajásica, quando não escolhe de maneira deliberada o erro e o mal por amor ao erro e ao mal, pode fazer a distinção entre certo e errado, entre o que pode e o que não pode ser feito, mas, quando se engana, antes força e deforma as verdadeiras medidas dessas coisas e distorce constantemente seus valores. Isso porque sua razão e sua vontade são uma razão do ego e uma vontade de desejo e esses poderes desfiguram e falseiam a verdade e a justiça a fim de fazê-las servir a seus propósitos egoísticos. Somente quando estivermos livres do ego e do desejo e olharmos resolutamente, com uma mente calma, pura e desinteressada – interessada apenas na verdade e sua continuidade – é que poderemos esperar ver as coisas de maneira correta e em seu justo valor. Porém, a vontade rajásica fixa sua atenção persistente na satisfação de seus apegos e desejos pegadiços, em sua procura do interesse e do prazer e do que ela pensa, ou escolhe pensar, ser o direito e a justiça, darma. Ela está sempre pronta a pôr sobre essas coisas a construção que mais lisonjeará e justificará seus desejos e a sustentar que são justos e legítimos os meios que a ajudarão da melhor maneira a obter os frutos cobiçados do seu trabalho e do seu esforço.

Essa é a causa dos três quartos da falsidade e do desvio da razão e da vontade humanas. *Rajas*, com seu domínio veemente sobre o ego vital, é o grande pecador e o verdadeiro corruptor.

A compreensão sátvica vê em seu justo lugar, em sua justa forma, em sua justa medida, o movimento do mundo, a lei da ação e a lei da abstenção da ação, a coisa que é para ser feita e a coisa que não é para ser feita, o que é sem perigo para a alma e o que é perigoso, aquilo que é para ser temido e evitado e aquilo que a vontade deve abraçar, aquilo que amarra o espírito do homem e aquilo que o libera. Essas são as coisas que ela segue ou evita pela persistência de sua vontade consciente, segundo o grau de sua luz e o estágio da evolução que ela alcançou em sua ascensão ao supremo self e Espírito. A culminação dessa inteligência sátvica é alcançada por meio de uma elevada persistência da buddhi em sua aspiração, quando ela está estabelecida naquilo que ultrapassa a razão comum e a vontade mental e visa os cumes, volta-se para um controle firme dos sentidos e da vida e para uma união, pelo Ioga, com o mais alto Self do ser humano, o Divino universal, o Espírito transcendente. É aí que, chegando pela guna sátvica, podemos passar além das gunas, subir para além das limitações da mente, de sua vontade e de sua inteligência e que mesmo *sattva* pode desaparecer naquilo que está acima das gunas e mais além dessa natureza instrumental. Aí, a alma tem a luz como santuário, está entronizada em uma união firme com o Self, o Espírito e a Divindade. Alcançado esse cume, podemos deixar o Supremo guiar a Natureza em nossos membros na espontaneidade livre de uma ação divina: pois aí não existem operações iníquas ou confusas, nem elementos de erro ou impotência para obscurecer ou distorcer a perfeição e o poder luminosos do Espírito. Todas essas condições, leis, darmas inferiores cessam de ter domínio sobre nós; o Infinito age no indivíduo liberto e não há lei, mas a verdade e o direito imortais do espírito livre – não há Carma, nenhum tipo de servidão.

Harmonia e ordem são as características da mente e da índole sátvicas, uma felicidade quieta, uma alegria clara e calma e um bem-estar e paz interiores. A felicidade é, de fato, a única coisa que é, de maneira aberta ou de maneira indireta, aquilo que nossa natureza humana procura – a felicidade ou algo que a sugira ou a imite, algum prazer, alguma fruição, alguma satisfação da mente, da vontade, das paixões do corpo. A dor é uma experiência que nossa natureza tem que aceitar quando é preciso, de maneira involuntária, como uma coisa necessária, um incidente inevitável da Natureza universal, ou de maneira voluntária, como um meio para obter o que buscamos, mas não como uma coisa desejada por si mesma – exceto quando é buscada na degradação ou com um ardor entusiasta pelo sofrimento, para receber algum toque de prazer arrebatador que ela traz ou a força intensa que ela gera. Mas há vários tipos de felicidade ou de prazer conforme a guna que domina nossa natureza. Assim, a mente tamásica pode permanecer bastante bem em sua indolência e em sua inércia, seu estupor e seu sono, sua cegueira e seu erro. A Natureza a armou com o privilégio de uma satisfação enfatuada originada em sua estupidez e ignorância, em suas luzes opacas da caverna, em seu contentamento inerte, em suas alegrias mesquinhas baixas ou vulgares. Engano é o começo dessa satisfação e engano é sua consequência; mas, mesmo assim, há um prazer apático, de nenhum modo admirável, mas um prazer suficiente em seus enganos, que é dado ao habitante da caverna. Há uma felicidade tamásica que é fundada na inércia e na ignorância.

A mente da pessoa rajásica bebe de um copo mais ardente e embriagador; o prazer agudo, móvel, ativo, dos sentidos e do corpo, a vontade e a inteligência emaranhadas pelos sentidos ou ardentemente cinéticas são para ela toda a alegria da vida e o próprio significado da existência. Ao primeiro contato, essa alegria é um néctar para os lábios, mas há um veneno secreto no fundo do copo e em seguida vem a amargura: decepção, saciedade, fadiga, revolta, desgosto, pecado, sofrimento, perda, transitoriedade. E isso deve ser assim, porque esses prazeres, em seu aspecto externo, não são as coisas que o espírito demanda realmente da vida; existe algo por trás e além da transitoriedade da forma, algo duradouro, que satisfaz e é autossuficiente. O que a natureza sátvica busca, portanto, é a satisfação da mente superior e do espírito e, uma vez que ela consegue esse vasto objetivo de sua busca, uma felicidade da alma, clara e pura, se faz sentir, um estado de plenitude, um bem-estar e uma paz duráveis. Essa felicidade não depende de coisas exteriores, mas apenas de nós mesmos e do florescer daquilo que é o melhor e mais interior em nós. Porém, no início, isso não é nossa posse normal; é preciso conquistá-lo pela autodisciplina, um labor da alma, um esforço elevado e árduo. No início, isso significa uma perda importante do prazer habitual, muito sofrimento e luta, um veneno[4] nascido

4. Sri Aurobindo se refere à luta entre os deuses e os demônios, em que o oceano de leite foi revolvido na busca pelo néctar da imortalidade. Seres, criaturas e coisas emergiram desse oceano, inclusive um poderosíssimo veneno, que foi absorvido pelo deus Shiva. Por fim, o néctar da imortalidade. Esse episódio corresponde à segunda encarnação de Vishnu como Avatar, em forma de tartaruga, *kurma avatar.* (N. da T.)

das sacudidas de nossa natureza, um conflito doloroso de forças, muita revolta e oposição à mudança devido à má vontade dos membros ou da insistência dos movimentos vitais; mas, no final, o néctar da imortalidade se eleva no lugar dessa amargura e, à medida que nos alçamos à natureza espiritual superior, chegamos ao final da tristeza, à eutanásia da aflição e da dor. Essa é a felicidade superior que desce sobre nós quando chegamos ao ponto ou à linha onde culmina a disciplina sátvica.

A natureza sátvica supera a si mesma quando alcançamos – mais além do prazer sátvico, grande, mas inferior, mais além dos prazeres do conhecimento, da virtude e da paz mentais – a calma eterna do self e o êxtase espiritual da unidade divina. Essa alegria espiritual não é mais a felicidade sátvica, *sukham*, mas a Ananda absoluta. Ananda é o deleite secreto do qual todas as coisas nascem, pelo qual tudo é sustentado na existência e para o qual tudo pode se elevar na culminação espiritual. Só é possível possuí-la quando o indivíduo liberto, livre do ego e de seus desejos é, enfim, uno com todos os seres e uno com Deus em uma absoluta beatitude do espírito.

CAPÍTULO XX

SVABHAVA E SVADHARMA[1]

É, então, por um desenvolvimento libertador da alma, que a fará sair dessa natureza inferior das três gunas e a levará à suprema natureza divina mais além das três gunas, que poderemos chegar da melhor maneira à perfeição e à liberdade espirituais. E, por outro lado, o que pode melhor conduzir a isso é um desenvolvimento anterior da predominância da qualidade sátvica mais alta, até um ponto em que o *sattva* também é ultrapassado, eleva-se mais além de suas próprias limitações e se dissolve em uma suprema liberdade, uma luz absoluta, um poder sereno do espírito consciente no qual não há determinação causada pelas gunas em conflito. Uma fé e um objetivo sátvicos muito elevados, modelando de novo aquilo que somos em acordo com a mais alta concepção mental que nossa inteligência livre possa formar de nossas possibilidades interiores, são mudados, por essa transição, em uma visão de nosso ser real, em um conhecimento espiritual de nós mesmos. Uma idealidade muito elevada ou uma norma do darma muito alta, uma procura pela lei justa de nossa existência natural são transformadas em uma perfeição autoexistente livre e assegurada, em que toda dependência em relação às normas é transcendida e a lei espontânea do self e espírito imortais remove a norma inferior dos instrumentos e dos membros. A mente e a vontade sátvicas mudam nesse conhecimento espiritual e nesse poder dinâmico de existência idêntica, em que toda a natureza retira seu disfarce e se torna uma expressão livre da divindade dentro dela. O executante sátvico torna-se o Jiva em contato com sua fonte, unido ao Purushottama; ele não é mais o autor pessoal do ato, mas um canal espiritual das obras do Espírito transcendente e universal. Seu ser natural transformado e iluminado permanece, a fim de ser o instrumento de uma ação universal e impessoal, o

---

1. Gītā, XVIII. 40-48.

arco do Arqueiro divino. Aquilo que era ação sátvica se torna atividade livre da natureza aperfeiçoada, em que não há mais nenhuma limitação pessoal, nada que nos amarre a essa ou àquela qualidade, nenhuma servidão ao pecado e à virtude, não mais self e outros, ou nada que decide, mas uma autodeterminação espiritual suprema. Esta é a culminação das obras que elevam ao Operário divino único um conhecimento espiritual em busca de Deus.

Porém, há ainda uma questão incidental de grande importância no antigo sistema indiano de cultura e, mesmo se pormos à parte essa visão antiga, de importância geral considerável. Sobre isso a Gītā já nos fez, de passagem, alguns pronunciamentos, que agora surgem em seu devido lugar. Toda ação no nível normal é determinada pelas gunas; a ação que é para ser feita, *kartavyaṁ karma*, toma a forma tripla: oferenda, ascese e sacrifício e qualquer uma dessas três coisas, ou as três juntas, podem assumir o caráter de qualquer uma das gunas. Portanto, devemos prosseguir elevando essas coisas ao cume sátvico mais elevado de que elas forem capazes e ir ainda mais longe, ainda além, em uma vastidão em que todas as obras se tornam um livre dom de si, uma energia do tapas divino, um perpétuo sacramento da existência espiritual. Mas essa é uma lei geral e todas essas considerações foram o enunciado de princípios muito gerais, e se referem indiscriminadamente a todas as ações e a todos os seres humanos de igual maneira. Pela evolução espiritual todos podem, por fim, chegar a essa forte disciplina, a essa perfeição ampla, a esse estado espiritual mais alto. Mas embora a regra geral da mente e da ação seja a mesma para todos, vemos também que há uma lei constante de variação e que cada indivíduo age, não apenas segundo as leis comuns do espírito humano, da mente, da vontade e da vida humanas, mas segundo sua própria natureza; cada indivíduo preenche funções diferentes ou segue uma tendência diferente de acordo com a regra das circunstâncias, capacidades, direção, caráter, poderes que lhe são próprios. Que lugar deve ser designado a essa variação, a essa regra individual da natureza, na disciplina espiritual?

A Gītā insistiu nesse ponto e mesmo lhe atribuiu uma grande importância preliminar. Bem no início ela falou da natureza, da regra e da função do Kshatriya como a lei da ação de Arjuna, *svadharma*;[2] ela prosseguiu, estipulando com uma ênfase surpreendente que se deve observar e seguir sua própria natureza, sua regra e sua função – mesmo se deficientes, elas valem mais do que a regra bem executada da natureza de um outro. Morrer seguindo a lei de sua natureza é melhor para um homem do que conseguir a vitória seguindo um movimento

2. II. 31. *svadharmam api cāvekṣya.*

alheio. Seguir a lei da natureza de outro é perigoso para a alma,[3] contraditório, podemos dizer, à via natural de sua evolução, uma coisa imposta mecanicamente e, portanto, importada, artificial e esterilizante para o crescimento voltado em direção à verdadeira estatura do espírito. O que vem do ser é a coisa justa e sã, o movimento autêntico, não o que lhe é imposto do exterior ou que é posto sobre ele pelas compulsões da vida e pelos erros da mente. Esse *svadharma* pertence a quatro gêneros gerais formulados exteriormente na ação das quatro ordens da antiga cultura social indiana, *cāturvarṇya*.[4] Esse sistema corresponde, diz a Gītā, a uma lei divina e "foi criado por Mim segundo as divisões das gunas e das obras" – criado desde o começo pelo Mestre da existência. Em outras palavras, existem quatro ordens distintas na natureza ativa, ou quatro tipos basilares da alma na natureza, *svabhāva*, e o trabalho e a função própria de cada ser humano corresponde ao seu tipo de natureza. Isso é, agora, por fim, explicado em detalhes mais precisos. As obras dos brâmanes, dos Kshatriyas, dos vaishyas e dos sudras, diz a Gītā, dividem-se segundo as qualidades (*guṇas*) nascidas de sua natureza interior, índole espiritual, caráter essencial (*svabhāva*). Calma, autocontrole, ascese, pureza e longanimidade, franqueza, conhecimento, aceitação da verdade espiritual são o trabalho do brâmane e nascem de seu *svabhāva*. Heroísmo, intrepidez, resolução, competência, fidelidade a seu posto na batalha, o dom, a autoridade (*īśvara-bhāva*, o temperamento do governante e do líder), são o trabalho natural do Kshatriya. Agricultura, criação de animais domésticos, comércio, inclusive o trabalho manual e o artesanato, são o trabalho natural do vaishya. Todo o trabalho que tenha um caráter de serviço faz parte da função natural do sudra. Aquele que se consagra ao seu próprio trabalho natural na vida, diz a Gītā, adquire a perfeição espiritual – certamente não pelo mero ato em si, mas, se for executado com o justo conhecimento e o motivo justo, se ele puder fazer disso um meio de adorar o espírito dessa criação e o dedicar de maneira sincera ao Mestre do universo, de quem nasce todo o impulso para agir. Todo labor, toda ação e toda função, quaisquer que sejam, podem ser consagrados por essa dedicação das obras, podem converter a vida em um dom de si à Divindade em nós e fora de nós e eles mesmos são convertidos em um meio para a perfeição espiritual. Mas um trabalho que não seja naturalmente nosso, embora possa ser bem executado, mesmo que pareça melhor visto de fora quando julgado a partir de normas externas e mecânicas ou que possa levar a mais sucesso na vida é,

3. III. 35.
4. *Cāturvarṇya* – o sistema das quatro ordens (N. da T.)

ainda assim, inferior enquanto meio para o crescimento subjetivo, precisamente porque tem um motivo externo e um impulso mecânico. Nosso próprio trabalho natural é melhor, mesmo que pareça imperfeito de outro ponto de vista. Não incorremos em pecado ou em desonra quando agimos no verdadeiro espírito do trabalho e em acordo com a lei de nossa natureza. Toda ação nas três gunas é imperfeita, todo trabalho humano está sujeito a erro, a defeito ou a limitação; mas isso não deve nos levar a abandonar a obra que nos é dada, nem nossa função natural. A ação deve ser regulada de maneira justa, *niyataṁ karma*, mas ser intrinsecamente nossa, desenvolvida do interior, em harmonia com a verdade de nosso ser, regulada pelo *svabhāva*, *svabhāva-niyataṁ karma*.

Qual é, precisamente, a intenção da Gītā? Tomemos isso, primeiro, em seu significado mais exterior e consideremos a matiz que é dada ao princípio que ela anuncia pelas ideias da raça e da época – as nuances do meio cultural e o significado antigo. Esses versos e as declarações precedentes da Gītā sobre o mesmo tema foram apanhados para serem lançados nas controvérsias correntes sobre a questão das castas e interpretadas por alguns como uma sanção do sistema atual, enquanto outros se serviram deles para negar a base hereditária das castas. De fato, os versos na Gītā não têm relação com o sistema de castas em vigor, porque esse é muito diferente do antigo ideal social do *caturvarṇa*[5] – as quatro ordens claramente delimitadas da comunidade ariana – e de nenhum modo corresponde à descrição da Gītā. Agricultura, cuidar do rebanho e o comércio de todo tipo são o trabalho do vaisya – mas, no sistema mais recente, a maioria daqueles que se ocupam do comércio ou cuidam do rebanho, os artesãos, os pequenos trabalhadores manuais e outros são, de fato, classificados como sudras (quando não são de todo rejeitados) e, com algumas exceções, a única classe dos negociantes – e essa, também, não em todo lugar – está classificada como vaisya. Agricultura, governo e serviço são profissões de todas as classes, desde o brâmane até o sudra. E se divisões econômicas da função foram confundidas ao ponto em que não é mais possível retificar, a lei das gunas, ou qualidades, faz ainda menos parte do sistema mais recente. Aí, tudo é costume rígido, *ācāra*, sem nenhuma referência às necessidades da natureza individual. Se, além disso, tomarmos o aspecto religioso da controvérsia anunciada pelos advogados do sistema de castas, certamente não poderemos amarrar às palavras da Gītā uma ideia tão absurda como aquela que queria que fosse para o indivíduo uma lei de sua natureza seguir, sem considerar suas tendências naturais e capacidades pessoais,

5. A ordem quádrupla: *brāmaṇa*, *kṣatriya*, *vaiśya*, *śūdra* (N. da T.)

a profissão de seus pais ou de seus ancestrais próximos ou distantes: o filho de um leiteiro ser leiteiro, o filho de um médico ser médico ou os descendentes de sapateiros permanecerem sapateiros até o final dos tempos mesuráveis; ainda menos a ideia de que, ao fazer assim, por essa repetição mecânica e ininteligente da lei da natureza de outro, sem considerar sua própria vocação e qualidades individuais, o indivíduo pudesse avançar automaticamente em sua perfeição e alcançar a liberdade espiritual. As palavras da Gītā referem-se ao antigo sistema de *caturvarṇa* como existiu ou como se supunha que tivesse existido em sua pureza ideal – há alguma controvérsia sobre se, alguma vez, isso tenha sido algo mais do que um ideal ou do que uma norma geral seguida de maneira mais ou menos solta na prática – e é só nesse contexto que devemos considerá-lo. Aqui também há uma dificuldade considerável quanto ao exato significado exterior.

O antigo sistema das quatro ordens tinha um aspecto triplo; ele assumia uma aparência social e econômica, uma aparência cultural e uma aparência espiritual. Do lado econômico reconhecia quatro funções do indivíduo social na comunidade: as funções religiosas e intelectuais, as funções políticas, as funções econômicas e, por fim, as de serviço. Haveria assim, quatro tipos de trabalho: o serviço religioso, letras, estudo e conhecimento; depois, o governo, política, administração e guerra; depois, a produção, a criação de riqueza e a troca e, por fim, o trabalho e o serviço assalariados. Um esforço foi feito para fundar e estabilizar toda a estruturação da sociedade sob a repartição dessas quatro funções em quatro classes claramente delimitadas. Esse sistema não foi peculiar à Índia, mas, com algumas diferenças, foi a característica dominante de uma época da evolução social em outras sociedades antigas ou medievais. As quatro funções são ainda inerentes à vida de toda comunidade normal, mas a divisão nítida não existe mais, em lugar nenhum. O velho sistema desmoronou em toda parte e deu lugar a uma ordem mais fluida ou, como na Índia, a uma confusa e complexa rigidez social e a uma imobilidade econômica que degenerou pouco a pouco em um caos de castas. Associada a essa divisão econômica havia uma ideia cultural que dava a cada classe seu costume religioso, sua lei da honra, sua norma ética, a educação e o treinamento apropriados, seu tipo de caráter, a disciplina e o ideal de seus familiares. As realidades da vida nem sempre correspondiam à ideia – há sempre certa distância entre a ideia mental e a prática vital e física – mas houve um esforço constante e árduo para manter, tanto quanto possível, uma correspondência real. A importância dessa tentativa e do ideal e atmosfera culturais que ela criou antigamente na preparação do indivíduo social, dificilmente pode ser exagerada; porém, na atualidade, ela não tem mais do que um significado histórico, algo que passou e contribuiu para a evolução. Por fim, onde quer que esse sistema tenha existido, uma sanção religiosa lhe foi, mais ou menos, dada, (mais no Oriente, muito pouco na Europa) e na Índia um uso e significado espirituais mais profundos. Esse significado espiritual é o verdadeiro âmago do ensinamento da Gītā.

Esse sistema já existia e a mente indiana estava impregnada de seu ideal; a Gītā reconheceu e aceitou os dois, o ideal e o sistema e sua sanção religiosa. "A ordem quádrupla foi criada por Mim", diz Krishna, "segundo as divisões da qualidade e da função ativa". Apenas pela mera força dessa frase não é possível concluir, no todo, que a Gītā considerava esse sistema uma ordem social eterna e universal. Outras autoridades antigas não o fizeram: antes, elas afirmaram claramente que ele não existia no começo e ruiria em um período ulterior do ciclo. Ainda assim, podemos compreender a partir dessa frase que a função quádrupla do indivíduo social era considerada, em geral, inerente às necessidades psicológicas e econômicas de cada comunidade e, portanto, era decretada pelo Espírito que se expressa na existência humana coletiva e individual. O verso da Gītā é, de fato, uma interpretação intelectual do famoso símbolo no Purusha-Sukta védico. Mas qual seria, então, a base natural dessas funções e que forma dar à sua prática? A base prática no tempo antigo veio a ser o princípio da hereditariedade. A função e a posição sociais do indivíduo eram, à origem, determinadas – como o são ainda em comunidades mais livres, menos rigorosamente ordenadas – pelo meio, pela ocasião, pelo nascimento e pela capacidade; porém, inserida em uma estratificação mais rígida, sua posição passou a ser regulada, praticamente, ou sobretudo, apenas pelo nascimento; e no sistema posterior das castas o nascimento passou a ser a única norma para estabelecer a condição. O filho de um brâmane tem sempre a condição de brâmane, embora possa não ter nada das qualidades ou do caráter típico do brâmane, nem possuir educação intelectual ou experiência espiritual, nem mérito religioso ou conhecimento, nem ter relação alguma com a função justa de sua classe, nada de brâmane em seu trabalho e nada de brâmine em sua natureza.

Isso foi uma evolução inevitável, porque os sinais externos são os únicos fácil e convenientemente determináveis, e o nascimento era o mais prático e manejável em uma ordem social cada vez mais mecanizada, complexa e convencional. Durante um tempo, a disparidade que pudesse haver entre a ficção da hereditariedade e o verdadeiro caráter, a verdadeira capacidade inatos do indivíduo foi compensada ou minimizada pela educação e o treino;

mas esse esforço no final deixou de ser sustentado e a convenção hereditária manteve-se como regra absoluta. Os antigos legisladores, ao mesmo tempo que reconheciam a prática da hereditariedade, insistiam que a qualidade, o caráter e a capacidade eram a única base sã e real e que, sem esses, a condição social hereditária se tornava uma falsidade antiespiritual, porque havia perdido seu verdadeiro significado. A Gītā também, como sempre, baseia seu pensamento no significado interior. De fato, em um verso ela fala do trabalho nascido com o indivíduo, *sahajaṃ karma*; mas, em si, isso não implica uma base hereditária. Segundo a teoria indiana do renascimento, que a Gītā reconhece, a natureza inata de uma pessoa e o curso de sua vida são determinados, em essência, por suas vidas passadas, são o autodesenvolvimento já efetuado por suas ações passadas e por sua evolução mental e espiritual e não podem depender unicamente do fator material: seus ancestrais, seus ascendentes, seu nascimento físico – coisas que podem ser apenas um momento subordinado, um sinal efetivo, talvez, mas não o princípio dominante. A palavra *sahaja* significa aquilo que nasceu conosco, tudo o que é natural, inerente, inato; seu equivalente em todas as outras passagens é *svabhāvaja*. O trabalho ou a função de um indivíduo são determinados por suas qualidades, o carma é determinado pelas *guṇas*; esse é o trabalho nascido de seu *svabhāva*, *svabhāvajaṁ karma*, e regulado por seu *svabhāva*, *svabhāva-niyataṁ karma*. Essa ênfase em uma qualidade e espírito interiores, que encontram sua expressão no trabalho, na função e na ação é todo o sentido da ideia da Gītā sobre carma.

E dessa ênfase na verdade interior e não na forma exterior nasce o significado e o poder espirituais que a Gītā atribui aos adeptos do *svadharma*. Isso é o que é deveras importante no trecho. Demasiado foi dito sobre sua conexão com a ordem social exterior, como se o objetivo da Gītā fosse dar suporte a isso para seu próprio bem. Ou justificá-lo por uma teoria filosófico-religiosa. De fato, a Gītā insiste muito pouco na regra exterior e muito na lei interior que o sistema varna[6] tentou pôr em prática exteriormente e de maneira regulada. E é no valor individual e espiritual dessa lei que se fixa o olhar do pensamento nesse trecho, não em sua importância na comunidade e para a economia, ou em outro sistema social e cultural. A Gītā aceita a teoria védica do sacrifício, mas lhe dá um aspecto de profundidade, um significado interior, subjetivo e universal, um sentido e uma direção espirituais que modificam todos os seus valores. Aqui também, e do mesmo modo, ela aceita a teoria das quatro ordens para os individuos, mas

6. *varṇas* – (*caturvaṇa*): as quatro categorias da sociedade. (N. da T.)

lhe dá uma direção profunda, um significado interior, subjetivo e universal, um sentido e direção espirituais. E, de imediato, a ideia que está por trás da teoria muda de valor e se torna uma verdade duradoura e viva, não amarrada ao caráter transiente de uma forma e de uma ordem sociais particulares. O que interessa à Gītā não é a validez da ordem social ariana agora abolida ou em deliquescência – se isso fosse tudo, seu princípio do *svabhāva* e do *svadharma* não teria verdade nem valor permanentes –, mas as relações entre a vida exterior de um indivíduo e seu ser interior, a evolução de sua ação a partir de sua alma e da lei interior de sua natureza.

E vemos, de fato, que a própria Gītā indica de modo muito claro sua intenção, quando descreve o trabalho do brâmane e do kshatriya não em termos da função exterior, não os definindo como erudição, trabalho sacerdotal e letras, ou governo, guerra e política, mas inteiramente em termos do caráter interior. Para nossos ouvidos, a linguagem soa de modo um pouco curioso. Calma, autocontrole, ascese, pureza, longanimidade, sinceridade, conhecimento, aceitação e prática da verdade espiritual não seriam, em geral, descritos como a função e o trabalho de um indivíduo, nem como a ocupação de sua vida. E, contudo, isso é precisamente o que a Gītā quer dizer e diz – que essas coisas, seu desenvolvimento, sua expressão na conduta, seu poder para dar forma à lei da natureza sátvica são o verdadeiro trabalho do brâmane: a erudição, o ministério religioso e as demais funções exteriores são apenas o campo mais cômodo, um meio favorável a esse desenvolvimento interior, uma autoexpressão apropriada, sua maneira de fixar-se na firmeza de um tipo e na solidez exteriorizada do caráter. Guerra, governo, política, liderança e comando são um campo e um meio similares para o kshatriya; mas seu trabalho real é o desenvolvimento, a expressão na conduta, o poder de dar forma e ritmo dinâmico de movimento à lei do espírito régio ou guerreiro ativo e combativo. O trabalho do vaishya e o trabalho do sudra se expressam em termos de função exterior, e esse aspecto oposto poderia ter algum significado. Pois a índole incitada a produzir e a obter riqueza ou aquela que se limita ao círculo do labor e do serviço, a mente mercantil e a mente servil são, em geral, voltados para fora, mais ocupados com os valores externos de seu trabalho do que com seu poder para forjar o caráter, e essa disposição não é favorável a uma ação sátvica ou espiritual da natureza. Essa é também a razão pela qual uma era ou uma sociedade comercial e industrial, preocupadas com a ideia de trabalho e de labor, criam em torno de si uma atmosfera mais favorável à vida material do que à vida espiritual, mais adaptada à eficiência vital do que à perfeição mais sutil da mente de alto alcance e do espírito. No entanto, esse tipo de natureza também, assim como suas funções, tem seu significado interior, seu valor espiritual e podemos fazer dela um meio e um poder para a perfeição. Como foi dito em outro lugar, não apenas o brâmane, com seu ideal de espiritualidade, de pureza ética e de conhecimento, não apenas o kshatriya, com seu ideal de nobreza, de cavalheirismo e de elevado caráter, mas o vaishya, que busca a riqueza e o sudra, prisioneiro do labor, a mulher, com sua vida acanhada, circunscrita e submissa e mesmo o pária, nascido do ventre de pecado, *pāpayonayaḥ*, pode, por esse caminho, elevar-se de imediato para a grandeza interior e a liberdade espiritual mais altas, para a perfeição, para a liberação e a consumação do elemento divino no ser humano.

Três proposições se oferecem desde o primeiro olhar e podem ser consideradas implícitas em tudo o que a Gītā diz nessa passagem. Primeiro, toda ação deve ser determinada do interior, porque cada indivíduo tem em si algo que lhe é próprio, um princípio característico e um poder inato de sua natureza. Esse é o poder eficaz de seu espírito, que cria a forma dinâmica de sua alma na natureza; expressá-lo e aperfeiçoá-lo pela ação, torná-lo efetivo em capacidade, em conduta e na vida é o trabalho, o verdadeiro carma do indivíduo: isso lhe indica a justa maneira de viver interior e exteriormente e é o ponto de partida justo para seu desenvolvimento ulterior. Depois há, de modo geral, quatro tipos de natureza, cada tipo com sua função característica, sua regra ideal de trabalho e de caráter, que indica o campo particular de cada indivíduo e deve traçar para ele o justo círculo de sua função em sua existência social exterior. Por fim, todo trabalho que um indivíduo executa, se for executado conforme a lei de seu ser, a verdade de sua natureza, pode ser voltado para Deus e mudado em um meio efetivo de liberação e perfeição espirituais. A primeira e a última dessas proposições sugerem uma verdade e justiça evidentes. O modo de viver comum do homem individual e social parece, na verdade, contradizer esses princípios, pois certamente nós carregamos um peso terrível: necessidade, norma e lei exteriores e que nossa necessidade de nos expressar, de desenvolver nossa pessoa verdadeira, nossa alma real e a mais profunda lei característica de nossa natureza na vida é, a cada instante, dificultada, frustrada, desviada de seu curso pelas influências do ambiente, que oferecem uma chance muito fraca e um pobre escopo. A vida, o Estado, a sociedade, a família, todos os poderes circundantes parecem associar-se para pôr nosso espírito sob seu jugo, nos verter em seus moldes à força, nos impor seu interesse mecânico e sua vantagem imediata e grosseira. Tornamo-nos parte de uma máquina; nós não somos, dificilmente temos o direito de ser, no verdadeiro sentido, *manuṣya*, *puruṣa*, almas, mentes, crianças livres do espírito habilitadas a desenvolver a perfeição característica mais alta de nosso ser e a fazer dela nosso meio de servir à espécie humana. Pareceria que não somos o que fazemos de nós mesmos, mas aquilo que é feito de nós. Contudo, quanto mais avançamos em conhecimento, mais a verdade da regra da Gītā deve aparecer. A educação da criança deveria ser um meio de trazer à luz tudo o que é melhor, mais poderoso, mais íntimo e mais vivo em sua natureza; o molde no qual se deveria verter a ação e o desenvolvimento do ser humano é aquele de sua qualidade e poder inatos. Ele deve adquirir coisas novas, mas as adquirirá melhor, de maneira mais essencial, ao ter como base o desenvolvimento de seu tipo próprio e de sua força inata. Assim, do mesmo modo, as funções do indivíduo deveriam ser determinadas por suas disposições, dons e capacidades naturais. O indivíduo que se desenvolve livremente dessa maneira será uma alma viva e uma mente viva, e terá um poder muito maior para pôr ao serviço da espécie humana. E podemos ver hoje de maneira mais clara que essa regra é verdadeira não apenas para o indivíduo, mas para a comunidade e a nação, para a alma de grupo, para o indivíduo coletivo. A segunda proposição – a dos quatro tipos e de suas funções – oferece mais ao debate. Pode-se dizer que ela é demasiado simples e positiva, não leva bastante em consideração a complexidade da vida e a plasticidade da natureza humana e, qualquer que seja a teoria ou os seus méritos intrínsecos, sua aplicação no plano social exterior conduzirá precisamente a essa tirania de uma regra mecânica que é a contradição flagrante de toda lei do *svadharma*. Porém, ela tem um significado mais profundo sob a superfície, que lhe dá um valor menos discutível. E mesmo se a rejeitarmos, a terceira proposição, no entanto, conservará seu significado geral. Qualquer que sejam a função e o trabalho de um indivíduo na vida, ele pode, se estes forem determinados do interior ou se lhe for permitido fazer deles uma autoexpressão de sua natureza, torná-los um meio de crescimento e de uma perfeição interior maior. E, qualquer que seja sua função natural, se ele a cumpre no espírito justo, se a clareia por meio da mente ideal, se ele volta sua ação para o uso da Divindade interior e se com ela serve o Espírito manifestado no universo ou faz dela uma instrumentação consciente para os propósitos do Divino na humanidade, ele pode transmutar a ação em um meio para elevá-lo à mais alta perfeição e à mais alta liberdade espirituais.

Mas o ensinamento da Gītā aqui tem um significado ainda mais profundo, se o tomamos não como uma citação separada, com um significado independente como o fazemos com demasiada frequência, mas como deve ser feito, em relação a tudo o que foi dito ao longo da obra e, sobretudo, em relação aos doze últimos capítulos. A filosofia da vida e das obras segundo a Gītā é que tudo procede da Existência Divina, do Espírito transcendente e universal. Tudo é uma manifestação velada da Divindade, Vasudeva, *yataḥ pravṛttir bhūtānām yena sarvam idaṁ tatam*; desvelar o Imortal dentro de nós e no mundo, habitar em união com a Alma do universo, elevar-se em consciência, em conhecimento, em vontade, em amor, em deleite espiritual à unidade com a Divindade suprema, viver na mais alta natureza espiritual, com o ser individual e natural liberados da imperfeição e da ignorância e feito um instrumento consciente para os trabalhos da Shakti divina, é a perfeição de que a humanidade é capaz e a condição da imortalidade e da liberdade. Mas como será isso possível, quando, de fato, estamos envolvidos na ignorância natural e nossa alma está encerrada na prisão do ego, quando somos dominados, assediados, martelados e moldados pelo meio, governados pelo mecanismo da Natureza, despossuídos da realidade de nossa secreta força espiritual? A resposta é que toda essa ação natural, por mais que agora esteja envolta em um modo de funcionar velado e contrário, ainda assim contém o princípio de sua liberdade e perfeição progressivas. Uma Divindade está alojada no coração de cada ser humano e é o Senhor dessa misteriosa ação da Natureza. E embora esse Espírito do universo, esse Um que é tudo, pareça nos fazer girar, pela força de Maia, na roda do mundo como em uma máquina, a nos moldar, em nossa ignorância, como o ceramista molda um utensílio, como o tecelão tece um tecido, por um hábil princípio mecânico, é, contudo, esse Espírito que é nosso self maior; e é conforme à ideia real, à verdade de nosso ser, conforme a isso que cresce em nós e encontra sempre formas novas e mais adequadas de nascimento em nascimento, em nossa vida animal e humana e divina, naquilo que fomos, naquilo que somos, naquilo que seremos – é em conformidade com essa verdade interior da alma que, como descobrirão nossos olhos abertos, somos progressivamente modelados por esse espírito dentro de nós em sua onipotência todo-sabedoria. Esse mecanismo do ego, essa complexidade inextricável das três gunas, da mente, do corpo, da vida, das emoções, do desejo, da luta, do pensamento, da aspiração, do esforço, essa interação travada da dor e do prazer, do pecado e da virtude, do esforço para o sucesso e o fracasso, da alma e do meio, de mim mesmo e dos outros, é apenas a forma externa imperfeita que uma Força espiritual superior assume em mim e que, através de suas vicissitudes, busca a autoexpressão progressiva da realidade e da grandeza divinas que sou secretamente em espírito e que me tornarei abertamente em minha natureza. Essa ação contém em si mesma o princípio de seu sucesso, o princípio do *svabhāva* e do *svadharma*.

O Jiva é, em sua autoexpressão, uma porção do Purushottama. Ele representa na Natureza o poder do Espírito supremo, em sua personalidade ele é esse Poder; ele manifesta em uma existência individual as potencialidades da Alma do universo. Esse Jiva é, ele mesmo, espírito e não o ego natural; é o espírito e não a forma do ego, que é a nossa realidade e o princípio interior de nossa alma. A verdadeira força daquilo que somos e poderemos ser está aí, nesse Poder espiritual superior, e a Maia mecânica das três gunas não é a verdade fundamental, nem a mais profunda, de seus movimentos; é apenas uma energia, pelo momento executiva, um aparato inferior conveniente, um esquema para práticas e exercícios exteriores. A Natureza espiritual que se tornou essa personalidade múltipla no universo, *parā prakṛtir jīva-bhūtā*, é a substância de base de nossa existência: todo o resto é uma derivação inferior e formação exterior de uma suprema atividade escondida do espírito. E na Natureza cada um de nós tem um princípio e uma vontade de tornar-se aquilo que ele é; cada alma é uma força da autoconsciência que formula uma ideia do Divino em si mesma e guia, por essa ideia, sua ação e sua evolução, sua autodescoberta progressiva, sua autoexpressão constante e variada, seu crescimento, em aparência incerto, mas secretamente inevitável, em direção à plenitude. Esse é nosso *svabhāva*, nossa natureza real, essa é nossa verdade de ser que, no presente, encontra apenas uma expressão parcial constante em nosso devir variado no mundo. A lei da ação determinada por esse *svabhāva* é a lei justa que governa nossa formação, nossa função e nossas obras, nosso *svadharma*.

Esse princípio prevalece em todo o cosmos; em toda parte o Poder único está trabalhando – uma Natureza universal comum, mas que, em cada categoria, cada forma, cada energia, cada gênero, cada espécie, cada criatura individual, segue uma Ideia maior e ideias e princípios menores de variação constante e complexa, que fundamentam os dois: o Darma permanente de cada um e seus darmas temporários. Esses estabelecem para ele a lei de seu ser em devenir, a curva de seu nascimento, de sua persistência e de sua mudança, a força de sua autopreservação e de seu autocrescimento, as linhas de sua autoexpressão e de sua autodescoberta que, estáveis, fazem evoluir, contudo, as normas de suas relações com todo o resto da expressão do Self no universo. Seguir a lei de seu ser, *svadharma*, desenvolver a ideia em seu ser, *svabhāva*, é o terreno de sua segurança, seu justo caminho e seu justo meio de proceder. No final, isso não encadeia a alma a nenhuma formulação atual, mas, antes, por esse modo de desenvolvimento a alma se enriquece de maneira mais segura, com novas experiências assimiladas à sua lei e ao seu princípio e pode, da maneira mais poderosa, crescer e romper, ao chegar a hora, os moldes presentes e ir mais além, em direção a uma autoexpressão superior. Que a alma não possa manter sua lei e seu princípio, que não consiga se adaptar ao seu meio de modo a adaptá-lo a si mesma e a torná-lo útil à sua natureza é, para a alma, perder seu self, ser destituída dos direitos de seu self, desviada do caminho do seu self; isso é a perdição, *vinaṣṭi*, é a falsidade, a morte, a angústia da decadência e da dissolução e a necessidade de uma dolorosa recuperação de si, muitas vezes depois do eclipse e do desaparecimento, esse é o vão circuito da estrada errada, retardando nosso real progresso. Essa lei prevalece em uma ou outra forma em toda a Natureza; é subjacente em toda essa ação da lei da universalidade e da lei da variação que a ciência nos revela. A mesma lei prevalece na vida do ser humano, todas as suas múltiplas vidas em múltiplos corpos humanos. Aqui, ele tem um jogo exterior e uma verdade espiritual interior, e o jogo exterior só poderá assumir seu significado pleno e real quando tivermos encontrado a verdade espiritual interior e aclarado toda a nossa ação com os valores do espírito. Essa grande e desejável transformação pode efetuar-se com rapidez e poder, proporcional ao nosso progresso no autoconhecimento.

E, primeiro, devemos ver que o *svabhāva* significa uma coisa na natureza espiritual mais alta e toma uma forma e um sentido bem diferentes na natureza inferior das três gunas. Aí também ele age, mas não está em plena posse de si mesmo; ele busca, de algum modo, sua verdadeira lei em uma meia-luz ou em uma obscuridade, e continua seu caminho passando por muitas formas inferiores, muitas formas falsas, imperfeições e distorções sem fim, perdendo-se e se encontrando, em busca de norma e regra antes de chegar à autodescoberta e à perfeição. Nossa natureza aqui é uma trama misturada de conhecimento e ignorância, de verdade e falsidade, de sucesso e derrota, de certo e errado, de descoberta e perda, de pecado e virtude. É sempre o *svabhāva* que busca se exprimir e se encontrar por meio de todas essas coisas, *svabhāvas tu pravartate*, uma verdade que poderia nos ensinar uma caridade universal e uma igualdade de visão, visto que estamos todos sujeitos à mesma perplexidade e à mesma luta. Essas moções pertencem não à alma, mas à natureza. O Purushottama não está limitado por essa ignorância; ele a governa do alto e guia a alma no decurso de suas mutações. O puro self imutável não é afetado por esses movimentos; ele é a testemunha e sustenta, por sua eternidade intangível, essa Natureza mutável em suas vicissitudes. A alma real do indivíduo, o ser central em nós, é maior do que essas coisas, mas as aceita em sua evolução exterior na Natureza. E quando chegamos a essa alma real, a esse self universal e imutável que nos sustenta, e ao Purushottama, o Senhor em nós que preside a toda ação da Natureza e a guia, encontramos todo o significado espiritual da lei de nossa vida. Pois nos tornamos conscientes do Mestre da existência que se expressa para sempre em sua qualidade infinita, *anantaguṇa*, em todos os seres. Tornamo-nos conscientes de uma presença quádrupla da Divindade: de uma Alma de conhecimento de si e de conhecimento do mundo, de uma Alma de força e de poder que busca e encontra e utiliza seus poderes, de uma Alma de mutualidade, de criação, de relações e de intercâmbios entre criatura e criatura, de uma Alma de obras que labora no Universo e serve todos em cada um e põe o labor de cada um a serviço de todos os outros. Tornamo-nos conscientes também do Poder individual do Divino em nós, daquilo que utiliza diretamente esses poderes quádruplos, designa a linha de nossa autoexpressão, determina nossa obra divina e nosso serviço divino e nos eleva, por meio de tudo isso, à sua universalidade na multiplicidade, até que possamos assim encontrar nossa unidade espiritual com Ele e com tudo o que Ele é no cosmos.

A ideia exterior das quatro ordens de indivíduos na vida ocupa-se apenas com as operações mais externas dessa verdade da ação divina; limita-se a um só lado de suas operações no modo de funcionar das três gunas. É verdade que nesse nascimento cabe aos indivíduos, de modo geral, dispor-se em um dos quatro tipos: o homem de conhecimento, o homem de poder, o homem vital de produção, o homem do labor árduo e do serviço. Essas não são divisões basilares, mas etapas do desenvolvimento de nossa qualidade enquanto seres humanos. O ser humano começa com um peso considerável de ignorância e de inércia; um primeiro estágio é de rude labuta, imposta à sua indolência animal pelas necessidades do corpo, pelos impulsos da vida, pela exigência da Natureza e, passado certo grau dessa necessidade, por alguma forma de coerção direta ou indireta que a sociedade exerce sobre ele; aqueles que ainda são governados por esse *tamas* são os sudras, os servos da sociedade, que dão a ela seu labor e, em comparação com pessoas mais desenvolvidas, não podem contribuir com nada mais, ou muito pouco, ao múltiplo jogo da vida da sociedade. Pela ação cinética, o indivíduo desenvolve a guna rajásica em si mesmo e obtemos um segundo tipo de indivíduo, conduzido por um constante instinto de criação, produção, possessão, aquisição, de ter e de fruir vantajosos – o homem mediano, econômico e vital, o vaisya. Em um grau mais elevado da qualidade rajásica ou cinética de nossa natureza única e comum, nós temos o indivíduo ativo com uma vontade mais dominante, ambições audaciosas, o instinto para agir, para batalhar, impor sua vontade e, em seu aspecto mais forte, para liderar, comandar, governar, conduzir massas de homens em sua órbita, o combatente, o líder, o governante, o príncipe, o rei, o kshatriya. E onde predomina a mente sátvica, temos o brâmane, o indivíduo voltado para o conhecimento, que introduz na vida o pensamento, a reflexão, a busca da verdade e uma norma inteligente ou, em seu cume, uma regra espiritual, e com ela ilumina sua concepção da existência e seu modo de vida.

Sempre há na natureza humana algo dessas quatro personalidades, desenvolvidas ou não, amplas ou estreitas, reprimidas ou vindo à superfície, mas, no caso da maioria dos indivíduos, uma ou outra tende a predominar e, algumas vezes, parece ocupar o inteiro espaço da ação na natureza. E em toda sociedade deveríamos ter os quatro tipos – mesmo se, por exemplo, pudéssemos criar uma sociedade puramente produtora e comercial do tipo que os tempos modernos tentaram ou, por assim dizer, uma sociedade sudra de labor, do proletariado, como aquela que atrai a mente mais moderna e agora está sendo tentada em uma parte da Europa e proposta em outras.[7] Haveria ainda os pensadores levados a encontrar a lei, a verdade e a regra condutora de toda coisa, os capitães e os líderes da indústria que fariam de toda essa atividade produtiva uma desculpa para satisfazer sua necessidade de aventura, de batalha, de liderança e dominação, os muitos indivíduos típicos, puramente produtores e obtentores de riqueza, os trabalhadores medianos satisfeitos com um labor módico e a recompensa por seu labor. Mas essas são coisas bem exteriores e, se isso fosse tudo, essa economia de tipo humano não teria significado espiritual algum. Ou significaria, no máximo, como algumas vezes foi considerado na Índia, que devemos passar por essas etapas de desenvolvimento em nossos nascimentos; pois devemos, forçosamente, proceder de maneira progressiva e assumir a natureza tamásica, a natureza rajo-tamásica, a natureza rajásica ou a natureza rajo-sátvica para alcançar a natureza sátvica, elevarmo-nos e nos fixar no estado interior do brâmane, *brāhmaṇya* e, dessa base, buscar então a salvação. Porém, nesse caso, não haveria um espaço lógico para a afirmação da Gītā que mesmo o sudra ou o chandala,[8] podem, voltando sua vida para a Divindade, alçar-se diretamente à liberdade e à perfeição espirituais.

7. Essas linhas foram escritas em 1920. (N. da T.)
8. O pária, o fora de casta. (N. da T.)

A verdade fundamental não é essa coisa exterior, mas uma força de nosso ser interior em movimento, a verdade do quádruplo poder ativo da natureza espiritual. Cada Jiva possui, em sua natureza espiritual, esses quatro aspectos, é uma alma de conhecimento, uma alma de força e de poder, uma alma de mutualidade e intercâmbio, uma alma de trabalhos e de serviço, mas um aspecto ou outro predomina na ação e no espírito expressivo e tinge as relações da alma com sua natureza encarnada; esse aspecto conduz aos outros poderes, lhes confere sua marca e os utiliza para a linha de ação, a tendência e a experiência principais. O *svabhāva* segue então (não de maneira grosseira e rígida como indica a delimitação social, mas de maneira sutil e flexível) a lei dessa tendência e, ao desenvolvê-la, desenvolve também os três outros poderes. Assim, a procura do impulso para as obras e para o serviço bem executados desenvolve o conhecimento, aumenta o poder, treina para a proximidade ou o equilíbrio da mutualidade, da habilidade e da ordem nas relações. Cada face da divindade quádrupla move-se, por meio da ampliação do princípio dominante de sua natureza e seu enriquecimento pelos outros três, para uma perfeição total. Esse desenvolvimento está submetido à lei das três gunas. Aí, é possível seguir até mesmo o darma da alma de conhecimento de modo tamásico e rajásico; de seguir o darma de poder de maneira irracional tamásica ou de uma elevada maneira sátvica; de seguir o darma das obras e do serviço de maneira energicamente rajásica ou de uma maneira sátvica bela e nobre. Chegar à maneira sátvica do *svadharma* individual interior e das obras para as quais ela nos move nos caminhos da vida é uma condição preliminar da perfeição. E se pode notar que o *svadharma* interior não está atado por nenhuma forma exterior, social ou outra, de ação, de ocupação, nem de função. A alma de trabalhos que está satisfeita em servir pode, por exemplo, fazer da vida em que se busca o conhecimento, da vida de luta e de poder, ou da vida de mutualidade, produção e intercâmbio, um meio de satisfazer seu divino impulso para trabalhar e servir.

E, no final, chegar à representação mais divina e ao mais dinâmico poder da alma dessa atividade quádrupla, é servir-se de uma ampla passagem que conduz do modo mais rápido à realidade mais vasta da perfeição espiritual mais alta. Isso é o que poderemos fazer se mudarmos a ação do *svadharma* em uma adoração da Divindade interior, do Espírito universal, do Purushottama transcendente e se, por fim, entregamos toda a ação em suas mãos, *mayi sannyasya karmāṇi*. Então, assim como ultrapassamos a limitação das três gunas, do mesmo modo ultrapassaremos também a divisão da lei quádrupla e a limitação de todo darma distintivo, *savadharmām parityajya*. O Espírito conduz o indivíduo ao *svabhāva* universal, aperfeiçoa e unifica a alma quádrupla da natureza em nós e executa suas obras espontaneamente determinadas conforme a vontade divina e o poder consumado da Divindade na criatura.

A injunção da Gītā é adorar o Divino por meio de nossas obras, *sva-karmaṇā*; nossa oferenda deve consistir nas obras determinadas por nossa lei de ser e nossa natureza. Pois é do Divino que se originam todos os movimentos de criação e todos os impulsos para agir, e é por Ele que todo esse universo é desdobrado e é para a coesão dos mundos que Ele preside a toda ação e a molda por meio do *svabhāva*. Adorá-Lo em nossas atividades interiores e exteriores, fazer de toda a nossa vida um sacrifício das obras ao Mais Alto é prepararmo-nos para nos tornar uno com Ele em toda a nossa vontade, em toda a nossa substância e em toda a nossa natureza. Nosso trabalho deve ser conforme à verdade que está em nós e não deve ser uma adaptação às normas externas e artificiais: deve ser uma expressão viva e sincera da alma e de seus poderes inatos. Pois seguir a verdade viva e mais interior dessa alma em nossa natureza presente nos ajudará a alcançar por fim a verdade imortal da mesma alma na natureza suprema, agora supraconsciente. Poderemos aí viver em unidade com Deus, com nosso self verdadeiro e com todos os seres e, aperfeiçoados, nos tornar instrumentos impecáveis da ação divina na liberdade do Darma imortal.

CAPÍTULO XXI

EM DIREÇÃO AO SEGREDO SUPREMO[1]

O Instrutor concluiu tudo o que precisava ainda dizer, elaborou todos os princípios centrais e as sugestões e implicações que suportam essa mensagem e elucidou as dúvidas e as questões que poderiam surgir em torno dela; agora, tudo o que lhe resta a fazer é pôr em uma expressão decisiva e em uma fórmula penetrante a única, última palavra, o próprio coração da mensagem, o âmago mesmo de seu evangelho. E descobrimos que essa palavra decisiva e última que coroa tudo não é meramente a essência do que já foi dito sobre o assunto, não é apenas uma descrição concentrada da autodisciplina necessária, a sádana, e dessa consciência espiritual maior que deve ser o resultado de todo esse esforço e de toda essa ascese; ela se estende, por assim dizer, ainda mais longe, rompe todo limite e toda regra, toda norma e toda fórmula e se abre em uma verdade espiritual vasta e ilimitável, cujo significado é potencialmente infinito. E esse é um sinal da profundidade, do amplo alcance, da grandeza de espírito do ensino da Gītā. Um ensino religioso ou uma doutrina filosófica comuns se satisfazem facilmente captando alguns grandes aspectos vitais da verdade e fazendo deles dogmas utilizáveis e uma instrução, um método e uma prática para guiar o indivíduo em sua vida interior e na lei e na forma de sua ação; estes não vão mais longe, não abrem portas fora do círculo de seu próprio sistema, não nos conduzem a uma liberdade mais ampla, a uma vastidão que não pode ser aprisionada. Essa limitação é útil e, de fato, indispensável por um tempo. O ser humano, preso por sua mente e sua vontade, tem necessidade de uma lei e de uma regra, de um sistema fixo, de uma prática definida que selecione para ele seu pensamento e sua ação; ele pede o caminho já talhado, único, inconfundível, com sua aleia,

1. Gītā, XVIII. 49-56.

fixo e seguro para trilhar, os horizontes limitados, o lugar de repouso entre muros. Somente os fortes, e poucos, poderão mover-se livremente em direção à liberdade. E, ainda, no final, a alma livre deve sair das formas e dos sistemas em que a mente encontra seus benefícios e seu prazer limitado. Ultrapassar a escada de nossa ascensão, não parar à pequena distância do alvo, mesmo no degrau mais alto, mas se mover livremente e à vontade na vastidão do espírito é uma liberação importante para nossa perfeição; a liberdade absoluta do espírito é nosso estado perfeito. E é assim que a Gītā nos conduz: ela estabelece um caminho firme e seguro para a ascensão, mas muito amplo, um grande darma e, então, nos faz emergir mais além de tudo o que está estabelecido, além de todos os darmas, nos espaços infinitamente abertos, revela-nos a esperança, nos admite no segredo de uma perfeição absoluta fundamentada em uma liberdade espiritual absoluta, e esse segredo, *guhyatamam*, é a substância daquilo que ela chama sua palavra suprema, essa é a coisa escondida, o conhecimento mais profundo.

E, primeiro, a Gītā expõe mais uma vez o corpo de sua mensagem. Ela resume todo o contorno e toda a essência no curto espaço de quinze versos, linhas de uma expressão breve e concentrada e um significado ao qual não falta nada do âmago da matéria, expressos em frases da mais lúcida precisão e clareza. Portanto, esses versos devem ser examinados com cuidado, lidos com profundidade à luz de tudo o que os precede, porque aqui a intenção é, evidentemente, extrair o que a própria Gītā considera o sentido central de seu próprio ensinamento. A exposição começa do ponto de partida original do pensamento-base do livro: o enigma da ação humana, a dificuldade, em aparência insuperável, de viver no self e no espírito mais altos enquanto continuamos ainda a executar as obras no mundo. O caminho mais fácil seria desistir do problema por ser insolúvel, da vida e da ação por serem uma ilusão ou um movimento inferior da existência, que devemos abandonar logo que possamos nos alçar e sair da armadilha do mundo para entrar na verdade de nosso ser espiritual. Essa é a solução ascética, se podemos chamá-la uma solução; de todo modo, é uma maneira decisiva e eficaz de sair do enigma, uma maneira para a qual o antigo pensamento da Índia, do tipo mais elevado e mais meditativo, logo que começou a descer o declive agudo, ao deixar sua síntese inicial ampla e livre, se voltou, dando-lhe uma preponderância sempre crescente. A Gītā, como o Tantra e, em certos aspectos, as religiões mais tardias, tenta preservar o antigo equilíbrio: ela mantém a substância e o fundamento da síntese original, mas a forma foi mudada e renovada à luz de uma experiência espiritual que se desenvolvia. Esse ensinamento não evita o problema difícil de reconciliar a vida ativa plena do indivíduo com a vida interior no self e no espírito mais altos; ele apresenta o que vê como a verdadeira solução. Ele não nega de nenhum modo a eficácia, para seu propósito, da renúncia ascética à vida, mas considera que essa renúncia corta, em vez de afrouxar, o nó do enigma e, portanto, ele a considera um método inferior e acha que o seu próprio é melhor. Os dois caminhos nos fazem sair da habitual natureza humana inferior ignorante e nos conduzem à pura consciência espiritual e, até lá, devemos considerar ambos válidos e mesmo um, em essência: porém, onde um para bruscamente e volta atrás, o outro avança com uma sutileza firme e uma coragem elevada, abre uma porta para vistas inexploradas, completa o ser humano em Deus e une e reconcilia no espírito a alma e a Natureza.

Por conseguinte, nos cinco primeiros desses versos, a Gītā formula sua declaração de modo a que possa se aplicar à via da renúncia interior e à via da renúncia exterior e, contudo, de tal modo que basta atribuir a algumas de suas expressões comuns um significado mais profundo e interiorizado para ter o sentido e o pensamento do método preferido pela Gītā. A dificuldade da ação humana é que a alma e a natureza do ser humano parecem fatalmente sujeitas a muitos tipos de escravidão: a prisão da ignorância, a teia do ego, as cadeias das paixões, o martelar insistente da vida do instante, um círculo obscuro e limitado, sem saída. A alma encerrada nesse círculo de ação não tem liberdade, não tem oportunidade nem a luz do autoconhecimento para descobrir a si mesma e descobrir o verdadeiro valor da vida e o significado da existência. Na verdade, ela recebe, em relação ao seu ser, certas sugestões que vêm de sua personalidade ativa e natureza dinâmica, mas as normas de perfeição que ela pode erigir a partir disso são demasiado temporais, restritas e relativas para fornecer uma chave satisfatória para seu próprio enigma. Como – enquanto absorvida e forçada a exteriorizar-se continuamente pela chamada absorvente de sua natureza ativa – ela vai retornar ao seu self real e à sua existência espiritual? A renúncia ascética e o caminho da Gītā estão ambos de acordo que a alma deve, primeiro, renunciar a essa absorção, rejeitar as solicitações externas das coisas de fora e separar o self silencioso, da natureza ativa; ela deve identificar-se com o Espírito imóvel e viver no silêncio. Deve chegar a uma inatividade interior, *naiṣkarmya*. Portanto, é essa passividade interior salvadora que a Gītā coloca aqui como o primeiro objeto do seu Ioga, como a primeira perfeição, ou siddhi, necessária. "Uma compreensão que não se apega a coisa alguma, uma alma conquistada por si mesma e vazia de desejo, o homem, pela renúncia, alcança uma perfeição suprema de *naiṣkarmya*."

Esse ideal de renúncia, de uma quietude autoconquistada, de uma passividade espiritual e de uma liberdade em relação ao desejo é comum a toda a sabedoria antiga. A Gītā nos dá a base psicológica disso com uma completude e clareza insuperáveis. Essa base repousa na experiência própria a todos aqueles que buscam o autoconhecimento: há em nós duas naturezas diferentes e, por assim dizer, dois selfs. Há o self inferior da natureza mental, vital e física obscura, sujeito à ignorância e à inércia na própria substância de sua consciência e sobretudo em sua base, que é de substância material; esse self é, de fato, cinético e vital pelo poder da vida, mas sem posse nem conhecimento de si inerentes em sua ação – ele alcança na mente certo conhecimento e certa harmonia, mas só com esforços difíceis e por uma luta constante com suas próprias incapacidades. E há a natureza superior, o self de nossa natureza espiritual, possuído por si mesmo e autoluminoso, porém, em nossa mentalidade comum, inacessível à nossa experiência. Algumas vezes temos vislumbres dessa coisa maior em nós, mas não estamos conscientemente nela, não vivemos em sua luz e em sua calma e em seu ilimitável esplendor. A primeira dessas duas naturezas muito diferentes é, segundo a Gītā, aquela que é definida pelas gunas. Sua visão de si mesma está centrada na ideia do ego, seu princípio de ação é o desejo nascido do ego, e o nó do ego é o apego aos objetos da mente e dos sentidos e o desejo da vida. O resultado constante, inevitável, de todas essas coisas é a servidão, a sujeição permanente a um controle inferior, a ausência da mestria de si, a ausência do autoconhecimento. O outro poder e presença maiores é, descobrimos, a natureza e o ser do puro espírito não condicionado pelo ego, aquilo que é chamado na filosofia indiana self e Brahman impessoal. Seu princípio é uma existência infinita e impessoal, uma e igual em tudo: e visto que essa existência impessoal é sem ego, sem qualidade que a condicione, sem desejo, necessidade ou estímulo, ela é imóvel e imutável; eternamente a mesma, ela olha e sustenta a ação do universo, mas não toma parte nela nem a inicia. A alma, quando se lança na Natureza ativa é o Kshara da Gītā, seu Purusha móvel ou mutável; a mesma alma concentrada em seu self puro e silencioso, no espírito essencial, é o Akshara da Gītā, o Purusha imóvel ou imutável.

Então, evidentemente, o caminho direto e simples para se livrar dessa estreita escravidão da natureza ativa e retornar à liberdade espiritual é rejeitar por completo tudo o que pertence à dinâmica da ignorância e converter a alma em uma pura existência espiritual. Isso é o que se chama tornar-se Brahman, *brahma-bhūya*. É desembaraçar-se da existência mental, vital e física inferior e assumir o puro ser espiritual. Isso pode ser feito da melhor maneira pela inteligência e pela vontade, *buddhi*, nosso princípio mais alto no presente. A buddhi deve deixar para trás as coisas da existência inferior e, primeiro e sobretudo, seu nó efetivo do desejo, nosso apego aos objetos buscados pela mente e pelos sentidos. Devemos nos tornar uma compreensão desapegada de todas as coisas, *asakta-buddhiḥ sarvatra*. Então, todo desejo se vai da alma em seu silêncio; ela está livre de todo anseio, *vigata-spṛhaḥ*. E isso traz, ou torna possível, a submissão de nosso self inferior e a posse de nosso self superior, uma posse que depende da completa mestria de si, assegurada por uma vitória radical e a conquista de nossa natureza móvel, *jitātmā*. E tudo isso equivale a uma absoluta renúncia interior ao desejo pelas coisas, *sannyāsa*. A renúncia é a via dessa perfeição e aquele que assim renunciou a tudo interiormente a Gītā descreve como o verdadeiro sannyasin. Mas porque a palavra, em geral, designa também uma renúncia exterior ou mesmo, algumas vezes, somente isso, o Instrutor utiliza outra palavra, *tyāga*, para diferenciar o retiro interior do retiro exterior, e diz que Tyaga é melhor que Sannyasa. A via ascética vai muito mais longe em seu recuo diante da Natureza dinâmica. Enamorada da renúncia pela renúncia, ela insiste em um abandono exterior da vida e da ação, um quietismo completo da alma e da natureza. Isso, a Gītā responde, não é possível em sua completude enquanto vivermos no corpo. Podemos fazer na medida do possível, mas uma tal rigorosa diminuição das obras não é indispensável: não é nem mesmo aconselhável realmente ou, ao menos, em geral. A única coisa necessária é um completo quietismo interior e isso é todo o sentido que a Gītā dá a *naiṣkarmya*.

Se perguntarmos por que essa reserva, por que essa indulgência em relação ao princípio dinâmico, quando nosso objetivo é nos tornar o self puro e o self puro é descrito como inativo, *akartā*, a resposta é que essa inatividade e esse divórcio entre o self e a Natureza não são toda a verdade de nossa liberação espiritual. Self e Natureza são, no final, uma só coisa; uma espiritualidade total e perfeita torna-nos um com todo o Divino no self e na natureza. De fato, tornar-se Brahman, elevar-se e entrar no self de silêncio eterno, *brahma-bhūya*, não é todo o nosso objetivo, mas apenas a imensa base necessária a um devir divino, *mad-bhāva*, ainda maior e mais maravilhoso. E para alcançar essa perfeição espiritual maior devemos, na verdade, permanecer imóveis no self, silenciosos em todos os nossos membros, mas também agir no poder, Shakti, Prakriti, a verdadeira e alta força do Espírito. E se perguntarmos como é possível uma simultaneidade daquilo que parece ser dois opostos, a resposta é que essa é a própria natureza de um ser espiritual completo; ele possui sempre esse duplo equilíbrio do Infinito. O self impessoal é silencioso; nós também devemos ser silenciosos interiormente, impessoais, recolhidos no espírito. O self impessoal considera que toda ação é feita não por ele, mas pela Prakriti; ele olha, com uma pura igualdade, todo o modo de funcionar das qualidades, dos modos e das forças dela: a alma impersonalizada no self deve, do mesmo modo, considerar todas as nossas ações como feitas não por ela mesma mas pelas qualidades da Prakriti; ela deve ser igual em todas as coisas, *sarvatra*. E, ao mesmo tempo, a fim de que não paremos aqui, a fim de que possamos, no final, ir adiante e encontrar uma regra e uma direção espirituais em nossas obras e não apenas uma lei de imobilidade e de silêncio interiores, nos é pedido de impor à inteligência e à vontade a atitude do sacrifício, toda a nossa ação interiormente modificada e mudada em uma oferenda ao Senhor da Natureza, ao Ser de quem a Prakriti é o poder essencial, *svā prakṛtiḥ*, o Espírito supremo. Devemos mesmo, no final, renunciar a tudo, tudo colocar em Suas mãos, abandonar toda iniciativa pessoal para a ação, *sarvārambhāḥ*, manter nosso self pessoal apenas como instrumento de Suas obras e de Seus propósitos. Essas coisas já foram explicadas em detalhe e a Gītā aqui não insiste, mas emprega simplesmente, sem qualificar mais, os termos comuns, *sannyāsa* e *naiṣkarmya*.

Uma vez aceito o mais completo quietismo interior como meio necessário à nossa existência no self puro e impessoal, a questão de saber como, na prática, esse quietismo produz esse resultado é a próxima questão que surge. "Como, ao ter alcançado essa perfeição, se alcança, do mesmo modo, o Brahman, ouve-o de Mim, ó filho de Kunti – aquilo que é a suprema orientação concentrada do conhecimento." O conhecimento indicado aqui é o Ioga dos sankhyas – o Ioga do conhecimento puro aceito pela Gītā, *jñāna-yogena sāṅkhyānām*, na medida em que é um com seu próprio Ioga, que inclui também a via das obras dos iogues, *karma-yogena yoginām*. Mas toda menção às obras é posta de lado pelo momento. Pois Brahman aqui quer dizer, primeiro, o Brahman silencioso, impessoal, imutável. De fato, o Brahman é para os Upanishads e para a Gītā tudo aquilo que é, vive e se move; não é somente um Infinito impessoal ou um Absoluto impensável e incomunicável, *acintyam avyavahāryam*. Tudo isso é Brahman, diz o Upanishad; tudo isso é Vasudeva, diz a Gītā – o supremo Brahman é tudo o que se move ou é estável e suas mãos, seus pés, seus olhos, suas cabeças, seus rostos estão ao nosso redor. Mas existem, no entanto, dois aspectos desse Tudo – seu self imutável e eterno que sustenta a existência e seu self de poder ativo que se move em todas as direções no movimento do mundo. Somente quando perdemos nossa limitada personalidade egoísta na impessoalidade do self, é que alcançamos a unidade calma e livre pela qual podemos possuir uma verdadeira unidade com o poder universal do Divino em seu movimento universal. A impessoalidade recusa a limitação e a divisão e o culto da impessoalidade é uma condição natural do ser verdadeiro, um prelúdio indispensável ao verdadeiro conhecimento e, portanto, um primeiro requisito para a verdadeira ação. É bem claro que não poderemos nos tornar um com tudo, um com o Espírito universal e seu vasto conhecimento de si, sua vontade complexa e seu vasto propósito universal se insistirmos na personalidade limitada do ego, pois isso nos separa dos outros, nos amarra e nos dá como centro nosso ponto de vista e nossa vontade de agir. Aprisionados na personalidade, poderemos alcançar apenas uma união limitada: por simpatia ou por nossa adaptação relativa ao ponto de vista, aos sentimentos e à vontade de outros. Para ser um com tudo e com o Divino e sua vontade no cosmos devemos, primeiro, nos tornar impessoais e livres de nosso ego e suas reivindicações e da maneira em que o ego nos vê e vê o mundo e os demais. Isso não poderemos fazer se não houver em nosso ser algo diferente da personalidade, diferente do ego, um self impessoal uno com todas as existências. Perder o ego e ser esse self impessoal, tornar-se esse Brahman impessoal em nossa consciência é, portanto, o primeiro movimento desse Ioga.

Como fazer isso, então? Primeiro, diz a Gītā, por uma união de nossa inteligência purificada com a pura substância espiritual em nós, pelo Ioga da buddhi, *buddhyā viśuddhayā yuktaḥ*. Essa virada espiritual da buddhi, que não olha mais para fora e para baixo, mas para o interior e para o alto é a essência do Ioga do conhecimento. A compreensão purificada deve governar todo o ser, *ātmānaṁ niyamya*; ela deve nos afastar do apego aos desejos voltados para o exterior e que pertencem à natureza inferior, por uma vontade firme e estável, *dhṛtyā*, que em sua concentração se volta por inteiro em direção à impessoalidade do espírito puro. Os sentidos devem abandonar seus objetos, a mente deve rejeitar o gosto e o desgosto que esses objetos estimulam nela – pois o self impessoal não tem desejos nem repulsas; essas são reações vitais de nossa personalidade ao contato com as coisas, e a resposta correspondente da mente e dos sentidos aos toques é seu suporte e sua base. É preciso adquirir um controle completo sobre a mente, a fala, o corpo e até mesmo sobre as reações do vital e do físico: fome, frio, calor, prazer e dor físicos; todo o nosso ser deve se tornar indiferente, ser insensível a essas coisas, ser igual diante de todos os contatos exteriores assim como das reações e respostas interiores a eles. Esse é o método mais direto e mais poderoso, a via direta e precisa do Ioga. Deve haver uma completa cessação do desejo e do apego, *vairāgya*; é exigido daquele que busca que ele recorra com força à solidão impessoal, que se una constantemente com o self mais profundo pela meditação. E, no entanto, o objeto dessa disciplina austera não é fazer de si mesmo o centro em algum isolamento supremo egoísta, alguma tranquilidade do sábio, do pensador avesso ao incômodo da participação na ação cósmica; o objetivo é liberar-se de todo ego. Devemos, primeiro, de forma absoluta, eliminar o gênero rajásico de egoísmo, a força e a violência do ego, sua arrogância, seu desejo, sua cólera, o sentido e o instinto de posse, as exigências das paixões, a luxúria poderosa da vida. Mas em seguida devemos rejeitar o egoísmo de todos os tipos, mesmo o mais sátvico, pois o objetivo é, no final, tornar a alma, a mente e a vida livres do "eu" e do "meu", *nirmama*, que aprisionam. A extinção do ego e de suas exigências de todo tipo é o método que nos é proposto. Pois o self puro e impessoal que, inabalável, sustenta o universo, não tem egoísmo e nada exige de coisas ou pessoas; ele é calmo e luminosamente impassível, observando em silêncio todas as coisas e todas as pessoas com um olhar igual de autoconhecimento e conhecimento do mundo. Então, claramente, é vivendo interiormente em uma impessoalidade similar ou idêntica que a alma dentro, liberada do assalto das coisas, pode, da melhor maneira, tornar-se capaz de unidade com o Brahman imutável, que observa e conhece, mas não é afetado pelas formas e mutações do universo.

Essa primeira procura da impessoalidade, assim como prescrita pela Gītā, traz com ela, evidentemente, certo quietismo interior bastante completo e idêntico, em seus elementos e normas de prática, ao método de Sannyasa. E, no entanto, há um ponto em que sua tendência a se retirar das reivindicações da Natureza dinâmica e do mundo exterior sofre um revés, e um limite é imposto para impedir o quietismo interior de aprofundar-se e mudar em recusa da ação e em uma reclusão física. A renúncia de seus objetos pelos sentidos, *viṣayāṁs tyaktvā*, deve ser da natureza de Tyaga, deve ser um abandono de todo apego sensual, *rasa*, não uma recusa da necessária atividade intrínseca dos sentidos. Devemos nos mover em meio às coisas que nos cercam e agir sobre os objetos do campo sensorial com um modo de funcionar puro, verdadeiro e intenso, simples e absoluto, dos sentidos, pela utilidade deles para o espírito na ação divina, *kevalair indriyaiś caran*, e de nenhum modo para a consumação do desejo. Deve haver *vairāgya*, não no sentido habitual de desgosto pela vida ou de desinteresse pela ação do mundo, mas no sentido da renúncia à *rāga*, assim como ao seu oposto, *dveṣa*.[2] Devemos nos abstrair de toda atração mental e vital, assim como de toda repulsa mental e vital, sejam quais forem. E isso nos é pedido não em vista da extinção, mas para que possa haver uma perfeita igualdade na qual o espírito tenha condições de dar um acordo sem entrave e sem limite à visão divina integral e abrangente das coisas e à ação divina integral na Natureza. Recorrer constantemente à meditação, *dhyāna-yoga-paro nityam*, é o meio seguro pelo qual a alma humana pode realizar seu self de Poder e seu self de silêncio. Contudo, não deve haver abandono da vida ativa por uma vida de pura meditação; a ação deve sempre ser feita como um sacrifício ao espírito supremo. Esse movimento de recuo no caminho do Sannyasa prepara uma absorção, um desaparecimento do indivíduo no Eterno, e a renúncia à ação e à vida no mundo é uma etapa necessária do processo. Porém, no caminho do Tyaga da Gītā, isso é, antes, uma preparação para a mudança de toda a nossa vida, de toda a nossa existência, de toda a nossa ação em uma unidade integral com o ser, a consciência e a vontade, serenos e imensuráveis, do Divino – isso é um prelúdio e torna possível uma vasta, uma total passagem ascendente da alma, a partir do ego inferior, para a perfeição inexprimível da suprema natureza espiritual, *parā prakṛti*.

Essa orientação decisiva do pensamento da Gītā é indicada nos dois próximos versos, dos quais o primeiro flui com uma sequência significativa: "Quando alguém se tornou o Brahman, quando não se aflige nem tem mais desejos, quando é igual diante de todos os seres, então, ele tem por Mim o amor e a devoção supremos". Porém, no estreito caminho do conhecimento, a bhakti, a devoção à Divindade pessoal, não poderia ser mais do que um movimento inferior preliminar; o final, o clímax, seria o desaparecimento da personalidade, em uma unidade sem traços com o Brahman impessoal em que não pode haver lugar para bhakti, pois aí não há ninguém a quem adorar, nem ninguém para adorar; todo o resto se perde na silenciosa e imóvel identidade do Jiva com o Atman. Aqui, nos é dado algo ainda mais alto do que o Impessoal – aqui, há o Self supremo que é o supremo Ishvara; aqui, há a Alma suprema e sua suprema natureza; aqui, há o Purushottama, que está mais além do pessoal e do impessoal e os reconcilia em suas alturas eternas. Contudo, a personalidade do ego ainda desaparece no silêncio do Impessoal, porém, ao mesmo tempo, apesar desse silêncio por trás, permanece a ação de um Self supremo, maior do que o Impessoal. Não há mais a ação inferior do ego, cega e claudicante, e das três gunas, mas em seu lugar o vasto movimento autodeterminador de uma infinita Força espiritual, uma Shakti livre e imensurável. Toda a Natureza se torna

2. *rāga* – preferência, atração; *dveṣa* – antipatia, repulsão. (N. da T.)

o poder do Divino único e toda ação, Sua ação, que tem o indivíduo como canal e instrumento. Em lugar do ego, vem para a frente, consciente e manifestado, o verdadeiro indivíduo espiritual, na liberdade de sua verdadeira natureza, no poder de seu estado superno, na majestade e no esplendor de sua eterna semelhança com o Divino, uma porção imperecível da Divindade suprema, um poder indestrutível da suprema Prakriti, *mamaivāṁśaḥ sanātanaḥ, parā prakṛtir jīva-bhūtā.* A alma do homem sente-se então una, em uma suprema impessoalidade espiritual, com o Purushottama e, em sua personalidade universalizada, sente que ela é um poder manifesto da Divindade. Seu conhecimento é uma luz do conhecimento d'Ele; sua vontade é uma força da vontade d'Ele; sua unidade com tudo no universo é um jogo da eterna unidade d'Ele. É nessa dupla realização, é nessa união de dois aspectos de uma Verdade inefável da existência – por um ou por outro, ou por ambos, o homem pode aproximar-se de seu próprio ser infinito e entrar nele –, que deve viver o indivíduo liberado, que deve agir, sentir e determinar ou, antes, ver determinadas para ele, por um poder maior de seu self supremo, suas relações com tudo e as operações interiores e exteriores de seu espírito. E nessa realização unificadora a adoração, o amor e a devoção não somente continuam a ser possíveis, mas formam uma grande parte inevitável, uma coroação da mais alta experiência. O Um, que eternamente se torna o Múltiplo, o Múltiplo, que em sua aparente divisão permaneceu eternamente um, o Mais-Alto, que nos revela esse segredo e mistério da existência, não disperso por sua multiplicidade, não limitado por sua unidade – esse é o conhecimento integral, essa é a experiência reconciliadora que nos torna capazes de uma ação liberada, *muktasya karma.*

Esse conhecimento, diz a Gītā, nasce de uma bhakti mais elevada. Nós a alcançamos quando a mente ultrapassa a si mesma por meio de uma visão espiritual supramental e elevada das coisas e quando o coração também se eleva em uníssono – para além de nossas formas mentais mais ignorantes de amor e devoção – a um amor que é calmo, profundo e luminoso, de um conhecimento muito vasto, a um supremo deleite em Deus e a uma adoração ilimitável, ao êxtase imperturbável, à Ananda espiritual. Quando a alma perdeu sua personalidade separadora, quando se tornou o Brahman, é então que ela pode viver na verdadeira Pessoa e alcançar a suprema bhakti reveladora pelo Purushottama e chegar a conhecê-Lo completamente pelo poder de sua profunda bhakti, do conhecimento de seu coração, *bhaktyā mām abhijānāti.* Esse é o conhecimento integral, quando a visão insondável do coração completa a experiência absoluta da mente – *samagraṁ māṁ jñātvā.* "Ele consegue Me conhecer", diz a Gītā, "saber quem Eu sou e quanto Eu estou em toda a realidade e em todos os princípios de Meu ser, *yāvān yaś cāsmi tattvataḥ*." Esse conhecimento integral é o conhecimento do Divino presente no indivíduo; é a experiência plena do Senhor secreto no coração do ser humano, revelada agora como o Self supremo de sua existência, o Sol de toda a sua existência iluminada, o Mestre e o Poder de todas as suas obras, a Fonte divina de todo o amor e de todo o deleite de sua alma, o Amante e o Bem Amado de seu culto e de sua adoração. É o conhecimento, também, do Divino expandido no Universo, do eterno de quem tudo procede e em quem tudo vive e tem seu ser, do Self e do Espírito do cosmos, de Vasudeva, que se tornou tudo aquilo que é, do Senhor da existência cósmica que reina sobre as obras da Natureza. É o conhecimento do divino Purusha luminoso em sua eternidade transcendente, cujo ser tem uma forma que escapa ao pensamento da mente, mas não ao seu silêncio; é a experiência inteira e viva do Purusha enquanto self absoluto, Brahman supremo, Alma suprema, Divindade suprema; pois esse Absoluto, em aparência incomunicável, é, ao mesmo tempo e mesmo nesse estado, que é o mais elevado, o Espírito que dá origem à ação cósmica, Senhor de todas essas existências. A alma do indivíduo liberado entra, assim, no Purushottama por um conhecimento reconciliador, aí penetra por um deleite perfeito e simultâneo do Divino transcendente, do Divino no indivíduo e do Divino no universo, *māṁ viśate tadanantaram*. O indivíduo torna-se um com o Divino em Seu autoconhecimento e em Sua autoexperiência, um com Ele em Seu ser, em Sua consciência e em Sua vontade, em Seu conhecimento e impulso universais, um com Ele no universo e em Sua unidade com todas as criaturas no universo e um com Ele mais além do mundo e do indivíduo, na transcendência do eterno Infinito, *śāśvataṁ padam avyayam*. Essa é a culminação da suprema bhakti que se encontra no âmago do conhecimento supremo.

E se torna, então, evidente como a ação contínua, incessante e diversa, sem que nenhuma parte das atividades da vida seja diminuída ou abandonada, pode não apenas ser compatível com uma suprema experiência espiritual, mas constituir um meio tão vigoroso para alcançar essa condição espiritual mais alta quanto a bhakti ou o conhecimento. Nada pode ser mais positivo do que a declaração da Gītā sobre esse tema. "E, fazendo assim, alojado em Mim, toda ação, ele alcança, por Minha graça, o estado eterno e imperecível." Essa ação liberadora é do caráter das obras executadas em uma profunda união da vontade e de todas as partes dinâmicas de nossa natureza com o Divino em nós mesmos e no cosmos. Ela é, primeiro, executada como um sacrifício e ainda com a ideia de que nosso self é o autor. Ela é executada em seguida sem essa ideia e com a percepção de que essa Prakriti é a única autora. Ela é executada, por fim, com o conhecimento de que essa Prakriti é o supremo poder do Divino e com uma renúncia, uma entrega de todas as nossas ações ao Divino – com o indivíduo apenas como um canal e um instrumento. Nossas obras, então, procedem diretamente do Self, do Divino em nós, fazem parte da ação universal indivisível, são iniciadas e realizadas não por nós, mas por uma Shakti vasta e transcendente. Tudo o que fazemos é feito para o Senhor que reside no coração de todos, para a Divindade no indivíduo e para a realização de sua vontade em nós, para o Divino no mundo, para o bem de todos os seres, para a realização da ação universal e do propósito universal ou, em uma palavra, para o Purushottama e, na realidade, feito por Ele, por meio de sua Shakti universal. Essas obras divinas, quaisquer que sejam suas formas ou seu caráter exterior, não podem atar, mas são, antes, um meio poderoso para nos içar dessa Prakriti inferior das três gunas e nos conduzir à perfeição da suprema natureza divina e espiritual. Desvencilhados desses darmas misturados e limitados, passamos ao darma imortal que nos cabe quando nos fazemos um, em toda a nossa consciência e em toda a nossa ação, com o Purushottama. Essa unidade aqui traz com ela o poder de nos elevar à imortalidade mais além do Tempo. Lá, existiremos em sua eterna transcendência.

Assim, esses oito versos lidos com cuidado à luz do conhecimento que já nos foi dado pelo Instrutor são uma indicação breve, mas ainda assim abrangente, de toda a ideia essencial, de todo o método central, do próprio âmago do Ioga completo da Gītā.

CAPÍTULO XXII

O SEGREDO SUPREMO[1]

A essência do ensinamento e do Ioga foi, assim, dada ao discípulo no campo de seu trabalho e de seu combate e o Instrutor divino passa agora a aplicá-la na ação do discípulo, mas em um modo que a torne aplicável a toda ação. Ligadas a um exemplo crucial, dirigidas ao protagonista de Kurukshetra, as palavras têm um significado muito mais vasto e são uma norma universal para todos aqueles que estiverem prontos a elevar-se acima da mentalidade comum, a viver e a agir na consciência espiritual mais alta. Evadir-se do ego e da mente pessoal e ver tudo na vastidão do self e do espírito, conhecer Deus e adorá-Lo em sua verdade integral e em todos os seus aspectos, entregar tudo o que somos à Alma transcendente da natureza e da existência, possuir a consciência divina e ser possuído por ela, ser uno com o Um na universalidade do amor e do deleite, da vontade e do conhecimento, um n'Ele com todos os seres, cumprir as obras como uma adoração e um sacrifício, na fundação divina de um mundo em que tudo é Deus e no estado divino de um espírito liberado, esse é o sentido do Ioga da Gītā. É uma transição, uma passagem da verdade aparente de nosso ser à Sua suprema verdade espiritual e real, e entra-se nela rejeitando as numerosas limitações da consciência separativa e o apego da mente à paixão, ao desassossego e à ignorância, à luz e ao conhecimento inferiores, ao pecado e à virtude, à lei e à norma duais da natureza inferior. Por conseguinte, diz o Instrutor, "consagrando a Mim todo o teu ser, transferindo a Mim todas as tuas ações em teu espírito consciente, recorrendo ao Ioga da vontade e da inteligência, sê sempre um comigo em teu coração e em tua consciência. Se fores assim todo o tempo, então, por Minha graça, atravessarás sem risco todas as passagens difíceis e perigosas; porém, se por egoísmo tu não escutares, cairás em perdição. Vã é essa tua decisão, em que, em teu egoísmo,

1. Gītā, XVIII. 57-66, 73.

tu pensas: 'não combaterei'. Tua natureza te indicará essa tarefa. Aquilo que, enganado, tu não desejas executar, a isso serás forçado, impotente, pelo teu próprio trabalho, pela obra de teu *svabhāva*. O senhor está alojado no coração de todas as existências, ó Arjuna e, por sua Maia, as faz girar e girar, montadas em uma máquina. Refugia-te n'Ele em concordância com todas as vias de teu ser e, por Sua graça, alcançarás a paz suprema e o estado eterno".

Essas são as linhas que trazem em si mesmas o coração mais profundo desse Ioga e conduzem à sua experiência culminante; devemos compreendê-las em seu espírito mais profundo e em toda a vastidão desse alto cume de experiência. As palavras expressam a relação mais completa, mais íntima e mais viva possível entre Deus e o ser humano; elas estão impregnadas da força concentrada do sentimento religioso que brota da adoração absoluta do ser humano, da entrega ascendente de toda a sua existência, de seu dom de si sem reserva e perfeito à Divindade transcendente e universal, da qual ele vem e na qual ele vive. Essa ênfase dada ao sentimento está em inteira consonância com o lugar, alto e durável, que a Gītā designa à bhakti, ao amor de Deus, à adoração do Mais-Alto, como espírito e motivo mais profundos da ação suprema, como coroa e núcleo do conhecimento supremo. As frases usadas e a emoção espiritual com a qual elas vibram parecem dar a mais intensa proeminência possível e uma extrema importância à verdade e à presença pessoais da Divindade. Não é ao Absoluto abstrato do filósofo, não é à Presença indiferente e impessoal ou ao inefável Silêncio que não tolera nenhuma relação, que se pode fazer essa completa entrega de nossas obras; e não podemos impor em todas as partes de nossa existência consciente essa proximidade, essa íntima unidade com ele, como condição e como lei de nossa perfeição, e não é dele que essa intervenção, essa proteção, essa liberação divinas são a promessa. É somente um Mestre de nossas obras, um Amigo e um Amante de nossa alma, um íntimo Espírito de nossa vida, um Senhor de todo o nosso self e de toda a nossa natureza pessoais e impessoais, que vive em nosso interior e acima de nós, que pode proferir para nós essa mensagem, próxima e comovente. E, contudo, essa não é a relação comum estabelecida pelas religiões, entre o indivíduo que vive em sua mente sátvica ou em outra mentalidade egoísta e alguma forma, algum aspecto pessoais da Divindade, *iṣṭa-deva*, construídos por essa mente ou oferecidos a ela para satisfazer seu ideal, sua aspiração ou seu desejo limitados. Esse é o sentido comum e o caráter real da devoção religiosa do ser mental normal, mas há aqui algo mais vasto que ultrapassa a mente, seus limites e seus darmas. É algo mais profundo do que a mente que oferece o dom de si e algo maior do que o ishta-deva que o recebe.

Esse que se entrega aqui é o Jiva, a alma essencial, o ser central e espiritual original do ser humano, o Purusha individual. É o Jiva, liberado do sentido do ego limitador e ignorante, que conhece a si mesmo não como uma personalidade separada, mas como uma eterna porção, um poder e um devir-da-alma do divino, *aṁśa-sanātana*, é o Jiva liberado e elevado pela morte da ignorância e estabelecido na luz e na liberdade de sua natureza própria, verdadeira e suprema, e que é una com aquela do eterno. É esse ser espiritual central em nós que entra em uma relação perfeita e intimamente real de deleite e união com a origem, o continente, o Self soberano e o Poder de nossa existência. E aquele que recebe nosso dom de si não é uma Divinade limitada, mas o Purushottama, a Divindade única e eterna, a Alma suprema única de tudo o que é e de toda a Natureza, o Espírito transcendente original da existência. Uma autoexistência imutável e impessoal é a primeira evidência espiritual dele mesmo, que ele oferece à experiência de nosso conhecimento liberado, o primeiro sinal de sua presença, o primeiro toque, a primeira impressão de sua substância. Uma Pessoa, um Purusha universal, transcendente e infinito é o misterioso segredo escondido de seu próprio ser, impensável sob uma forma mental, *acintya-rūpa*, mas muito próximo e presente para os poderes de nossa consciência, emoção, vontade e conhecimento quando são alçados para fora de si mesmos, de suas formas cegas e insignificantes, para entrar em uma Ananda, um poder e uma gnose luminosos e espirituais, imensuráveis, supramentais. É Ele, inefável absoluto, mas também Amigo, Senhor, Iluminador e Amante, que é o objeto dessa devoção e aproximação mais completas, desse devir e dessa entrega mais íntimos. Essa união, essa relação é uma coisa elevada para além das formas e das leis da mente limitadora, demasiado alta para todos esses darmas inferiores; ela é uma verdade de nosso self, de nosso espírito. E no entanto, ou melhor, por conseguinte – porque essa é a verdade de nosso self e espírito, a verdade de sua unidade com esse Espírito do qual tudo vem, e é por Ele, enquanto seus derivados e suas sugestões, que tudo existe e labuta –, essa não é uma negação, mas uma consumação de tudo o que a mente e a vida indicam e que trazem em si mesmas como seu significado secreto e incompleto. Assim, não é por um nirvana, por uma exclusão e uma extinção aniquiladora de tudo o que somos aqui, mas por um nirvana, uma exclusão e uma extinção aniquiladora da ignorância e do ego e pela inefável realização e consequência de nosso conhecimento, de nossa vontade e da aspiração de nosso coração: é vivendo isso, mais alto e sem limite no Divino, no Eterno, *nivasiṣyasi mayyeva*; é quando toda a nossa consciência é transfigurada e transferida a um estado interior maior que essa suprema perfeição pode vir, essa suprema liberação no espírito.

O ponto crucial do problema espiritual, o caráter dessa transição que é tão difícil para a mente humana comum perceber de fato, gira completamente em torno da distinção capital entre a vida ignorante do ego na natureza inferior e a vasta e luminosa existência do Jiva liberado em sua verdadeira natureza espiritual. A renúncia à primeira deve ser completa e a transição para a segunda, absoluta. Essa é a distinção na qual a Gītā insiste aqui com toda a ênfase possível. De um lado, está essa pobre, trepidante, fanfarrona condição egoística da consciência, *ahaṅkṛta bhāva*, a paralisante estreiteza dessa pequena personalidade desvalida e separativa, conforme os pontos de vista da qual nós em geral pensamos e agimos, sentimos os contatos da existência e respondemos a eles. Do outro lado, estão as vastas extensões espirituais da plenitude, da beatitude e do conhecimento imortais em que somos admitidos pela união com o Ser divino, do qual somos, então, uma manifestação e expressão na luz eterna e não mais um disfarce na escuridão da natureza egoística. É a completude dessa união que é indicada pela *satataṁ mac-cittaḥ* da Gītā. A vida do ego é fundamentada em uma construção da aparente verdade mental, vital e física da existência, em uma conexão de relações pragmáticas entre a alma individual e a Natureza, em uma interpretação intelectual, emocional e sensorial de coisas utilizadas pelo pequeno eu limitado em nós para manter e satisfazer as ideias e os desejos dessa personalidade presa e separada em meio à vasta ação do universo. Todos os nossos darmas, todas as normas comuns pelas quais determinamos nossa visão das coisas, nosso conhecimento e nossa ação procedem dessa base estreita e limitadora; segui-las, mesmo nas voltas mais largas em torno do centro de nosso ego, não nos faz sair desse círculo fútil. Este é um círculo em que a alma é uma prisioneira satisfeita ou que se debate, sujeita para sempre às coerções misturadas da Natureza.

Pois o Purusha se vela nessas voltas, vela na ignorância seu ser divino imortal e está sujeito à lei de uma Prakriti insistente e limitadora. Essa lei é a regra coerciva das três gunas. É uma escada tripla que sobe cambaleante em direção à luz divina mas não pode alcançá-la. Em sua base, a lei ou darma da inércia: o homem tamásico obedece de maneira inerte, em uma ação costumeira e mecânica, às sugestões e aos impulsos, aos giros da vontade de sua natureza material e de sua natureza vital e sensorial semi-intelectualizada. No meio, intervém a lei cinética, ou darma: vital, dinâmico, ativo, o homem rajásico tenta impor-se ao seu mundo e ao seu meio, mas apenas aumenta o peso contundente e o jugo tirânico de suas paixões, desejos e egoísmos turbulentos, o fardo de sua obstinação infatigável, o jugo de sua natureza rajásica egoística. No cume a lei, o darma regulador e harmônico pressiona a vida: o homem sátvico tenta erigir e seguir suas normas pessoais limitadas de conhecimento racional, de utilidade aclarada ou de virtude mecanizada, suas religiões e suas filosofias e suas fórmulas éticas, sistemas e construções mentais, seus canais fixos da ideia e da conduta – que não estão de acordo com a totalidade do sentido da vida e são constantemente quebrados no movimento de um propósito mais vasto e universal. O darma do homem sátvico é o mais alto no círculo das gunas; mas é ainda uma visão limitada e uma norma de anão. Suas indicações imperfeitas conduzem a uma perfeição pequena e relativa; provisoriamente satisfatório para o ego pessoal aclarado, esse darma não está baseado nem na inteira verdade do self, nem na inteira verdade da Natureza.

E, de fato, a vida real do ser humano não é, em nenhum instante, apenas uma dessas coisas: não é uma execução mecânica rotineira da primeira e grosseira lei da Natureza, nem a luta de uma alma cinética de ação, nem o emergir vitorioso da luz consciente, da razão, do bem e do conhecimento. Há uma mistura de todos esses darmas, a partir da qual nossa vontade e inteligência fazem uma construção mais ou menos arbitrária para ser realizada o melhor possível, mas que, de fato, nunca foi realizada, exceto por um acordo com outras coisas prementes na Prakriti universal. Os ideais sátvicos de nossa vontade e de nossa razão aclaradas são eles próprios acordos, no melhor dos casos acordos progressivos, sujeitos a uma imperfeição constante e ao fluxo da mudança; ou, se forem de um caráter absoluto, só poderão ser seguidos como conselhos de perfeição, cuja prática é ignorada pela maior parte ou que são bem-sucedidos apenas como uma influência parcial. E se algumas vezes imaginamos que os realizamos por completo, é porque ignoramos em nós mesmos a mistura subconsciente ou semiconsciente de outros poderes ou de outros motivos que, em geral, são, tanto quanto nossos ideais ou mesmo mais, a verdadeira força de nossa ação. Essa autoignorância constitui toda a vaidade da razão humana e da presunção. Esse é o sombrio forro secreto por trás das brancuras exteriores imaculadas da santidade humana e que só ele torna possíveis os capciosos egoísmos do conhecimento e da virtude. O melhor conhecimento humano é um semiconhecimento e a mais alta virtude humana uma coisa misturada que, mesmo quando é o mais sinceramente absoluta como norma, é relativa o suficiente na prática. Como leis gerais da vida, os ideais sátvicos absolutos não podem prevalecer na conduta; indispensáveis enquanto poder para melhorar e elevar a aspiração e a conduta pessoais, sua insistência modifica a vida, mas não pode mudá-la por completo, e a perfeita consumação deles projeta-se apenas em um sonho do futuro ou de um mundo de natureza celestial livre dos esforços misturados de nossa existência terrestre. Não pode ser de outro modo, porque nem a natureza desse mundo, nem a natureza humana é, ou pode ser, uma única parte feita da pura substância de *sattva*.

A primeira porta que vemos para escapar dessa limitação de nossas possibilidades, para sair dessa mistura confusa de darmas, é certa alta tendência à impessoalidade, um movimento voltado para dentro, em direção a algo vasto e universal, calmo e livre e justo e puro, agora escondido pela mente limitadora do ego. A dificuldade é que, embora possamos sentir uma real liberação nessa impessoalidade nos momentos de quietude e silêncio de nosso ser, uma atividade impessoal não é, em nenhum caso, tão fácil de realizar. A busca de uma verdade ou de uma vontade impessoais em nossa conduta é contaminada enquanto vivermos, por pouco que seja, em nossa mente normal e a partir daquilo que é natural e inevitável para essa mente, a lei de nossa personalidade, o impulso sutil de nossa natureza vital, a cor do ego. A busca da verdade impessoal, por essas influências, muda em uma capa insuspeitada para encobrir um sistema de preferências intelectuais sustentado pela insistência limitadora de nossa mente; a busca de uma ação impessoal desinteressada converte-se em uma autoridade maior e em uma alta sanção aparente para justificar as escolhas interessadas e as persistências arbitrárias cegas de nossa vontade pessoal. Por outro lado, uma impessoalidade absoluta pareceria impor um quietismo igualmente absoluto, e isso significaria que toda ação estaria ligada ao mecanismo do ego e das três gunas e que o único meio de sair do círculo seria retirar-se da vida e de suas obras. O silêncio impessoal, contudo, não é a última palavra de sabedoria nessa matéria, porque ele não é a única via e a única coroação, nem toda a via e a última coroação da autorrealização que se oferecem a nossos esforços. Há uma experiência espiritual mais poderosa, mais plena e mais positiva, em que o círculo de nossa personalidade egoísta e os giros das limitações da mente desvanecem na infinitude sem muros de um self e espírito muito maiores e, no entanto, a vida e suas obras não só permanecem aceitáveis e possíveis, mas se elevam, expandem-se até a sua mais vasta plenitude espiritual e assumem um grande significado ascendente.

Houve diferentes gradações nesse movimento para transpor o abismo entre uma impessoalidade absoluta e as possibilidades dinâmicas de nossa natureza.

O pensamento e a prática do Mahayana[2] abordaram essa difícil reconciliação pela experiência de uma profunda ausência de desejos e de uma ampla liberdade dissolvente em relação ao apego mental e vital e os sanskaras e, do lado positivo, um altruísmo universal, uma compaixão insondável pelo mundo e suas criaturas – compaixão e altruísmo que se tornaram, de algum modo, uma inundação e o extravasamento do alto estado nirvânico na vida e na ação. Essa reconciliação orientou igualmente uma outra experiência espiritual mais consciente de um significado universal, mais profunda, mais estimulante, ricamente abrangente no plano da ação, que se aproxima um passo a mais do pensamento da Gītā: essa experiência nós a encontramos ou ao menos podemos lê-la, entre as linhas das expressões dos pensadores taoistas. Nelas, parece haver um Eterno impessoal inefável, que é espírito e, ao mesmo tempo, a única vida do universo; de maneira imparcial ele sustenta todas as coisas e flui nelas, *samaṁ brahma*; é um Um que não é nada, Asat, porque é diferente de tudo o que percebemos e, no entanto, é a totalidade de todas essas existências. A personalidade fluida que se forma como espuma nesse Infinito, o ego móvel, com seus apegos e repulsas, suas simpatias e antipatias, suas distinções mentais fixas, é uma imagem efetiva que vela e deforma aos nossos olhos a realidade única, Tao, o supremo Tudo e Nada. Isso só pode ser tocado ao perdermos a personalidade e suas pequenas formas estruturais na inapreensível Presença universal e eterna, e isso, uma vez alcançado, viveremos nela uma vida real e possuiremos uma outra consciência que, maior, nos fará penetrar em todas as coisas, nós mesmos nos tornando penetráveis por todas as influências eternas. Aqui, como na Gītā, a via mais alta pareceria ser uma abertura completa e um completo dom de si ao Eterno. "Teu corpo não é teu", diz o pensador taoista, "ele é a imagem delegada de Deus: tua individualidade não é tua, ela é a adaptabilidade delegada de Deus." E aqui também uma perfeição vasta e uma ação liberada são o resultado dinâmico da entrega da alma. As obras da personalidade egoística são uma oposição separadora, contrária à tendência da natureza universal. Esse movimento falso deve ser substituído por uma passividade, sábia e tranquila, nas mãos do Poder universal e eterno, uma passividade que nos torne adaptáveis à ação infinita, em harmonia com sua verdade, nos torne plásticos ao sopro do Espírito que modela. Aquele que possuir essa harmonia pode estar imóvel em seu interior e absorvido no silêncio, mas seu self aparecerá livre de disfarces, a Influência divina estará agindo nele e, mesmo enquanto ele permanece em tranquilidade e inação interiores, *naiṣkarmya*, ainda

2. *Mahayana* – "o grande veículo", o nome de um ensinamento budista. (N. da T.)

assim agirá com um poder irresistível e miríades de coisas e de seres mover-se-ão e reunir-se-ão sob sua influência. A força impessoal do Self encarregar-se-á de suas obras, de seus movimentos não mais deformados pelo ego, e agirá de maneira soberana por meio dele, para a coesão e a mestria do mundo e de seus povos, *loka-saṅgrahārthāya*.

Há pouca diferença entre essas experiências e a primeira atividade impessoal inculcada pela Gītā. A Gītā também nos demanda a renúncia ao desejo, ao apego e ao ego, a transcendência da natureza inferior e a ruptura de nossa personalidade e de suas pequenas formações. A Gītā nos demanda também de viver no Self e Espírito, de ver o Self e o Espírito em tudo e tudo no Self e no Espírito e tudo como o Self e Espírito. Ela nos demanda, como o pensador taoista, de renunciar no Self, no Espírito, no Eterno, no Brahman, à nossa personalidade natural e às suas obras, *ātmani sannyasya, brahmaṇi*. E essa coincidência existe porque essa é sempre a experiência mais alta e mais livre possível que um indivíduo possa ter da vastidão e do silêncio quiescentes interiores, conciliados com uma vida exterior ativa e dinâmica, os dois coexistentes ou fundidos na infinita realidade impessoal e na ação ilimitável do Poder imortal único e da única e eterna Existência. Porém, a Gītā acrescenta uma frase de imensa importância e que altera tudo, *ātmani atho mayi*. A demanda é ver todas as coisas no self e, então, em Mim, o Ishvara, renunciar, no Self, no Espírito, no Brahman, a toda ação e, a partir daí, renunciar na suprema Pessoa, o Purushottama. Há, aqui, um complexo ainda maior e mais profundo de experiência espiritual, uma transmutação mais ampla do sentido da vida humana, um ímpeto mais místico e genuíno, do rio que retorna ao oceano, a restituição das obras pessoais e da ação cósmica ao Operário Eterno. A ênfase colocada na impessoalidade pura tem para nós uma dificuldade e uma incompletude: ela reduz a pessoa interior, o indivíduo espiritual, esse milagre persistente de nosso ser mais profundo, a uma formação temporária ilusória e mutável no Infinito. Só o Infinito existiria e, exceto em um jogo passageiro, ele não se ocuparia verdadeiramente da alma da criatura viva. Não poderia haver relações reais e permanentes entre a alma no ser humano e o Eterno, se essa alma fosse, como o corpo, sempre renovável, se ela fosse não mais do que um fenômeno transiente no Infinito.

É verdade que o ego e sua personalidade limitada são mesmo uma formação temporária e mutável da Natureza e, por conseguinte, devem ser rompidos e nós devemos nos sentir um com tudo e infinitos. Mas o ego não é a pessoa real; uma vez que foi dissolvido permanece ainda o indivíduo espiritual, há ainda o eterno Jiva. A limitação do ego desaparece e a alma vive em uma unidade profunda com o Um e sente sua unidade universal com todas as coisas. E, no entanto, é ainda nossa alma que frui essa expansão e essa unidade. A ação universal, mesmo quando é sentida como a ação de uma só e única energia em tudo, mesmo quando é vivenciada como impulso e movimento do Ishvara, ainda assim assume diferentes formas nas diferentes almas humanas, *aṁśaḥ sanātanaḥ*, e uma tendência diferente em sua natureza. A luz do conhecimento espiritual, a múltipla Shakti universal, o eterno deleite de ser vertem-se em nós e em torno de nós, concentram-se na alma e fluem para o mundo circundante, de cada uma delas como de um centro de consciência espiritual vivo, cuja circunferência perde-se no infinito. E mais, o indivíduo espiritual permanece enquanto pequeno universo de existência divina, ao mesmo tempo independente e inseparável de todo o universo infinito da automanifestação divina, da qual vemos uma ínfima porção em torno de nós. Porção do Transcendente, criador, ele cria seu próprio mundo em torno de nós, mesmo enquanto conserva essa consciência cósmica na qual estão todos os outros mundos. Mesmo se objetarmos dizendo que isso é uma ilusão que deverá desaparecer quando ele se retirar no Absoluto transcendente, não há, malgrado tudo, nenhuma certeza segura nessa matéria. Pois é ainda a alma no homem que frui dessa liberação, pois ela era o centro espiritual vivo da ação e da manifestação divinas; há algo mais do que o mero rompimento no Infinito de uma concha ilusória de individualidade. Esse mistério de nossa existência significa que aquilo que somos não é apenas um nome e uma forma temporária do Um, mas, podemos dizer, uma alma e um espírito da Unidade Divina. Nossa individualidade espiritual, da qual o ego não é mais do que uma sombra e uma projeção enganadoras na ignorância, tem ou é uma verdade que persiste mais além da ignorância; há algo em nós que vive para sempre na natureza suprema do Purushottama, *nivasiṣyasi mayi*. Essa é a profunda abrangência do ensinamento da Gītā: enquanto ela reconhece a verdade da impessoalidade universalizada na qual entramos graças à extinção do ego, *brahma-nirvāṇa* – pois, na verdade, sem isso não poderia haver liberação ou, pelo menos, não uma liberação absoluta –, ela reconhece também a verdade espiritual persistente de nossa personalidade como um fator da mais alta experiência. Não é esse ser natural, mas esse ser divino e central em nós que é o Jiva eterno. É o Ishvara, Vasudeva, que é todas essas coisas, é ele que assume nossa mente, nossa vida e nosso corpo para a fruição que ele experiencia na Prakriti inferior; e é a suprema Prakriti, a natureza espiritual original do supremo Purusha que mantém a coesão do universo e aí aparece enquanto Jiva. Esse Jiva é, então, uma porção do ser espiritual divino original do Purushottama, um poder vivente do Eterno vivente. Ele não é apenas uma forma temporária da Natureza inferior, mas uma porção eterna do Mais-Alto em sua Prakriti suprema, um eterno raio consciente da existência divina e tão sempiterno quanto uma Prakriti superna. Um aspecto da perfeição e da condição mais altas de nossa consciência liberada deve ser, então, assumir o verdadeiro lugar do Jiva em uma suprema Natureza espiritual, de aí viver na glória do supremo Purusha e de ter aí a alegria da eterna unidade espiritual.

O mistério de nosso ser implica, necessariamente, um mistério supremo semelhante do ser do Purushottama, *rahasyam uttamam*. Não é uma impessoalidade exclusiva do Absoluto que é o segredo superior, é o milagre de uma suprema Pessoa e de um vasto Impessoal aparente que são um, um Self imutável e transcendente de todas as coisas e um Espírito que se manifesta aqui, no próprio alicerce do cosmos, enquanto personalidade infinita e múltipla a agir em toda parte – um Self e Espírito revelado à nossa experiência última mais íntima, mais profunda, como Ser ilimitável que nos aceita e nos conduz a Ele – não em um vazio de existência sem traços, mas de maneira mais positiva, mais profunda, mais maravilhosa, em tudo Ele mesmo e de todos os modos próprios à Sua existência consciente e à nossa. Essa experiência superior e essa maneira de ver muito mais vasta oferecem um significado profundo, comovente e sem fim àquilo que, em nós, pertence à natureza, ao nosso conhecimento, à nossa vontade, ao amor e à adoração de nosso coração, e esse significado se perde ou diminui se insistirmos exclusivamente no impessoal, porque essa insistência suprime, minimiza ou interdiz a realização mais intensa dos movimentos e poderes que são uma porção de nossa natureza mais profunda, das intensidades e luminosidades que estão ligadas às fibras essenciais mais próximas de nossa autoexperiência. Não é apenas a austeridade do conhecimento que pode nos ajudar; há um lugar, e um lugar infinito, para o amor e a aspiração do coração, iluminado e elevado pelo conhecimento, um conhecimento mais misticamente claro, maior e calmamente apaixonado. É pela perpétua proximidade unificada da consciência de nosso coração, de nossa mente, de tudo, *satataṁ maccittaḥ*, que adquirimos a experiência mais ampla, mais profunda, mais integral, de nossa unidade com o Eterno. Uma unidade muito próxima em todo o ser, profundamente individual em uma paixão divina mesmo no meio da universalidade, mesmo no cume da transcendência, é isso que é ordenado aqui à alma humana como meio para alcançar o Mais-Alto e possuir a perfeição e a consciência divina para as quais ela é chamada por sua natureza enquanto espírito. A inteligência e a vontade devem voltar toda a existência, em todas as suas partes, em direção ao Ishvara, ao Self divino, o divino Mestre de toda essa existência, *buddhi-yogam upāśritya*. O coração deve verter toda emoção no deleite da unidade com Ele e no amor d'Ele em todas as criaturas. Os sentidos espiritualizados devem vê-lo e ouvi-lo e senti-lo em todo lugar. A vida deve ser completamente sua vida no Jiva. Todas as ações devem proceder de seu único poder, de seu único impulso, na vontade, no conhecimento, nos órgãos de ação, nos sentidos, nas partes vitais, no corpo. Essa via é profundamente impessoal porque o caráter separador do ego é abolido para a alma universalizada e restituído à transcendência. E, contudo, é intimamente pessoal, porque ela alça o voo para uma paixão e um poder transcendentes de habitação interior e na unidade. Uma extinção sem feições pode ser a demanda rigorosa da lógica da mente que busca se anular, mas não é a última palavra do mistério supremo, *rahasyam uttamam*.

A recusa de Arjuna em perseverar na obra que lhe havia sido divinamente confiada vinha do sentido de ego nele, *ahaṅkāra*. Por trás havia uma mistura, uma confusão, um erro emaranhado de ideias e impulsos do ego sátvico, rajásico, tamásico, o medo que a natureza vital tem do pecado e suas consequências pessoais, o recuo do coração diante da aflição e do sofrimento individuais, o anuviamento da razão, que cobre os impulsos egoístas sob o pretexto autoenganador e capcioso de retidão e virtude, a retração ignorante de nossa natureza diante das vias de Deus porque elas parecem diferentes das vias humanas e impõem coisas terríveis e desagradáveis às partes nervosas e emocionais de seu ser e à sua inteligência. As consequências espirituais serão infinitamente piores agora do que antes – agora, que uma verdade superior, uma via e espírito maiores lhe foram revelados – se, ainda assim, persistindo em seu egoísmo, ele perseverar em uma recusa vã e impossível. Pois é uma solução vã, um recuo inútil, visto que brotam apenas de deficiência temporária da força, um desvio forte, porém passageiro, do princípio de energia de seu caráter mais profundo e não é a verdadeira vontade nem a verdadeira via de sua natureza. Se, agora, ele abaixa as suas armas, ainda assim será compelido, por essa natureza, a retomá-las, quando verá a batalha e a chacina prosseguirem sem ele e que sua abstenção é uma derrota de tudo pelo qual ele viveu, que a causa para a qual ele nasceu perdeu sua força e se tornou confusa pela ausência ou pela inatividade de seu protagonista, que essa causa foi atacada e vencida pela força cínica e sem escrúpulos dos campeões da desonestidade e da injustiça do ego. E nesse retrocesso não haverá virtude espiritual. Foi uma confusão das ideias e dos sentimentos da mente egoísta que impeliu sua recusa; será sua natureza, operando para a restauração das ideias e dos sentimentos característicos da mente egoísta, que o compelirá a anular sua recusa. Mas, qualquer que seja a direção, essa submissão contínua ao ego significará uma recusa espiritual pior e mais funesta, uma perdição, *vinaṣṭi*; pois isso será uma queda definitiva, a partir de uma verdade de seu ser, maior do que aquela que ele seguiu na ignorância da natureza inferior. Ele foi admitido a uma consciência superior, a uma nova autorrealização, foi-lhe mostrada a possibilidade de uma ação divina em lugar de uma ação egoística; os portões foram abertos diante dele, de uma vida divina e espiritual em lugar de uma vida meramente intelectual, emocional, sensual e vital. Ele é chamado a ser não mais um grande instrumento cego, mas uma alma consciente, um poder e um receptáculo aclarado da Divindade.

Pois há essa possibilidade dentro de nós, essa consumação e essa transcendência já abertas para nós no que temos humanamente de mais alto. A mente e a vida comuns do ser humano são um desenvolvimento semiaclarado e com frequência ignorante e uma manifestação parcial e incompleta de algo que está escondido dentro dele. Há aí uma divindade escondida dele mesmo, subliminar para sua consciência, imobilizada por trás do véu obscuro de um modo de funcionar que não é de todo o seu e do qual ele ainda não possui o segredo. Ele se encontra no mundo a pensar, querer, agir e se considera, instintiva ou intelectualmente, um ser separado, autoexistente – ou, ao menos, conduz sua vida como um tal ser, que teria a liberdade de seu pensamento, de sua vontade, de seus sentimentos e de suas ações. Ele carrega o fardo de seu pecado, de seu erro e de seu sofrimento e se atribui a responsabilidade e o mérito de seu conhecimento e de sua virtude; ele reivindica o direito de satisfazer seu ego sátvico, rajásico ou tamásico e se arroga o poder de moldar seu próprio destino e de pôr o mundo ao seu serviço. É por essa ideia de si mesmo que a Natureza age nele e, se ela lida com ele segundo as concepções que ele tem, ela cumpre, no entanto, todo o tempo, a vontade do Espírito superior que está nela. O erro que comete o indivíduo por ter essa visão de si mesmo é, como a maioria de seus erros, a distorção de uma verdade, uma distorção que cria todo um sistema de valores errôneos e, ainda assim, eficazes. Aquilo que é verdade e vem de seu espírito, ele atribui à sua personalidade-ego e dá a isso uma aplicação falsa, uma forma falsa, com uma massa de consequências ignorantes. A ignorância reside nessa deficiência basilar de sua consciência de superfície: ele se identifica apenas com a parte mecânica exterior de si mesmo – essa parte que é uma conveniência da Natureza – e com a alma somente na medida em que ela reflete essas operações e é refletida nelas. Ele não percebe o espírito interior maior, que dá a toda a sua mente, a toda a sua vida e a toda a sua criação e ação uma promessa não cumprida e um significado escondido. Aqui, uma Natureza universal obedece ao poder do Espírito que é o mestre do universo, modela cada criatura e determina sua ação segundo a lei de sua natureza, *svabhāva,* modela o ser humano também e determina sua ação segundo a lei geral da natureza de sua espécie, essa lei de um ser mental ignorante enredado na vida e no corpo, modela também cada indivíduo e determina a sua ação individual segundo a lei de seu tipo próprio e as variações de seu *svabhāva* original. É essa Natureza universal que forma e dirige as operações mecânicas do corpo e as operações instintivas de nossas partes vitais e nervosas; e aí é muito óbvia nossa sujeição a ela. Ela também formou e dirige a ação – apenas menos mecânica, como as coisas são agora – de nossa mente sensorial, de nossa vontade e de nossa inteligência. Só que, enquanto no animal as operações mentais obedecem de maneira de todo mecânica à Prakriti, o ser humano se distingue, porque encarna um desenvolvimento consciente em que a alma participa de maneira mais ativa; isso dá à sua mentalidade exterior o sentido, útil para ele, indispensável – mas em grande parte o engana – de certa liberdade e de uma crescente mestria de sua natureza instrumental. E esse sentido é sobretudo enganador porque o torna cego em relação aos duros fatos de sua sujeição, e sua falsa ideia de liberdade o impede de encontrar uma verdadeira liberdade e uma verdadeira soberania. Pois a liberdade e a mestria que o ser humano tem em relação à sua natureza não são, na verdade, nem mesmo reais e não podem ser completas até que ele perceba a Divindade dentro de si e esteja em posse de seu self real, de seu espírito, que é diferente do ego, *ātmavān.* É isso que a Natureza labora para expressar na mente, na vida e no corpo; é isso que impõe a ela essa lei de ser e de ação, *svabhāva*; é isso que modela o destino exterior e a evolução da alma dentro de nós. Portanto, será apenas quando ele estiver em posse de seu self real, de seu espírito, que sua natureza poderá se tornar um instrumento consciente e um poder aclarado da Divindade.

Pois, então, quando entramos nesse self mais profundo de nossa existência alcançamos o conhecimento de que em nós e em tudo está o Espírito único, a Divindade única a quem toda a Natureza serve e manifesta e que nós mesmos somos alma dessa Alma, espírito desse Espírito, que nosso corpo é Sua imagem delegada, nossa vida um movimento do ritmo de Sua vida, nossa mente um estojo de Sua consciência, nossos sentidos Seus instrumentos, nossas emoções e sensações as buscas de Seu deleite de ser, nossas ações um meio para cumprir Seu propósito, nossa liberdade apenas uma sombra, uma sugestão, um vislumbre enquanto formos ignorantes, porém, quando O conhecermos e nos conhecermos, um prolongamento e um canal efetivo de Sua liberdade imortal. Nossas mestrias são um reflexo de Seu poder em ação, nosso melhor conhecimento uma luz parcial de Seu conhecimento, a vontade mais alta e a mais poderosa de nosso espírito uma projeção e delegação da vontade desse Espírito em todas as coisas, que é o Mestre e a Alma do universo. Ele é o Senhor alojado no coração de cada criatura que, enquanto durou a ignorância, nos fez girar em toda nossa ação interior e exterior, como montados em uma máquina nas rodas dessa Maia da Natureza inferior. Quer obscuros na Ignorância, quer luminosos no Conhecimento, é para Ele em nós e para Ele no mundo que nós existimos. Viver de maneira consciente e integral nesse conhecimento e nessa verdade é escapar do ego e se evadir da Maia. Todos os outros darmas mais elevados são apenas uma preparação para esse Darma, e todo Ioga é apenas um meio pelo qual poderemos chegar primeiro a certo tipo de união e, por fim, se tivermos a plena luz, a uma união integral com o Mestre e Alma suprema, o Self supremo de nossa existência. O maior Ioga consiste em afastarmo-nos de todas as indecisões e de todas as dificuldades de nossa natureza e refugiarmo-nos nesse Senhor de toda a Natureza, imanente, em voltarmo-nos em Sua direção, com todo o nosso ser, com a vida, com o corpo, com os sentidos e a mente, o coração e a compreensão, com todo o nosso conhecimento, nossa vontade e nossa ação consagrados, *sarva-bhāvena*, por todas as maneiras de ser de nosso ser consciente e de nossa natureza instrumental. E quando podemos, todo o tempo e inteiramente, fazer isso, então a Luz, o Amor e o Poder divinos apoderam-se de nós, preenchem ao mesmo tempo o self e os instrumentos e nos conduzem com toda segurança através de todas as dúvidas, de todas as dificuldades, das indecisões e dos perigos que assediam nossa alma e nossa vida – e nos conduzem a uma paz suprema e à liberdade espiritual de nosso estado imortal e eterno, *parāṁ śāntim, sthānaṁ śāśvatam*.

Pois após enunciar todas as leis, todos os darmas e a essência mais profunda do seu Ioga, após dizer que, para além dos primeiros segredos revelados à mente humana pela luz transformadora do conhecimento espiritual, *guhyāt*, há uma verdade ainda mais secreta, *guhyataram*, a Gītā declara subitamente que há ainda uma palavra suprema que ela deve dizer, *paramaṁ vacaḥ*, e uma verdade que é a mais secreta de todas, *sarva-guhyatamam*. Esse segredo dos segredos, o Instrutor o dirá a Arjuna como seu bem supremo, porque ele é a alma eleita e bem-amada, *iṣṭa*.

Pois, evidentemente, como já foi declarado pelo Upanishad, somente a alma rara escolhida pelo Espírito para a revelação de seu próprio corpo, *tanuṁ svām*, pode ter acesso a esse mistério, pois somente ela, em seu coração, em sua mente e em sua vida está bastante próxima da Divindade para responder a isso verdadeiramente em todo o seu ser e fazer disso uma prática viva. A última palavra, suprema e final, da Gītā, aquela que expressa o mistério mais alto, é formulada em duas breves *ślokas*,[3] diretas e simples, que sem nenhum comentário nem nenhuma ampliação, por si mesmas devem entranhar-se na mente e revelar seu inteiro significado na experiência da alma. Pois somente essa experiência interior, que se estende sem cessar, pode tornar evidente a infinita quantidade de significados com que são para sempre férteis essas palavras, em aparência tão leves e simples em si mesmas. E nós sentimos, quando elas são pronunciadas, que foi para isso que a alma do discípulo estava sendo preparada todo o tempo e que o resto era apenas disciplina e doutrina para aclarar e habilitar. E este é o segredo dos segredos, a mensagem mais direta e mais elevada do Ishvara: "Torna-te aquele que pensa em Mim, torna-te Meu amante e adorador, Meu sacrificante, inclina--te diante de Mim, tu virás a Mim, essa é Minha garantia e Minha promessa a ti, pois Me és caro. Abandona todos os darmas e refugia-te só em Mim. Eu te liberarei de todo pecado e de todo mal, não te aflijas".

A Gītā tem insistido, do princípio ao fim, em uma disciplina do Ioga, grande e bem construída, em um sistema filosófico vasto e traçado claramente, no *svabhāva* e no *svadharma*, na lei sátvica da vida que, ao ultrapassar a si mesma, por uma elevação indizível nos conduz a um darma livre, espiritual, a uma existência imortal de extrema vastidão em seus espaços e enaltecida para além da própria limitação dessa guna mais alta; a Gītā insistiu também em numerosas regras e meios, injunções e condições de perfeição e agora, subitamente, ela parece romper sua própria estrutura e diz à alma humana: "Abandona todos os darmas, entrega-te ao Divino somente, à Divindade suprema acima, em torno e dentro de ti; isso é tudo o que necessitas, essa é a via mais verdadeira e maior, essa é a real liberação". O Mestre dos mundos, sob a forma do Auriga divino, do divino Instrutor de Kurukshetra, revelou ao homem as magníficas realidades de Deus, do Self, do Espírito, a natureza do mundo complexo e a relação entre o Espírito e a mente, a vida, o coração e os sentidos do homem e o meio vitorioso pelo qual, mediante sua própria disciplina e seu esforço, ele poderá elevar-se,

3. *śloka*, ou shloka, é uma forma poética usada em sânscrito, sobretudo nos grande épicos, como O Mahabharata, A Gita, os Puranas e outros. (N. da T.)

sair do estado mortal e entrar na imortalidade, sair de sua existência mental limitada e entrar em sua existência espiritual infinita. E agora, falando enquanto Espírito e Divindade no ser humano, Ele lhe diz: "Todo esse esforço pessoal e essa autodisciplina, no final, não serão necessários, toda prática e toda limitação de uma regra e de um darma podem, no final, ser rejeitadas como obstáculos e estorvos se tu puderes te entregar a Mim por completo, depender somente do Espírito e Divindade em ti e em todas as coisas, confiar somente em sua guiança. Volta em Minha direção toda a tua mente e preenche-a com Meu pensamento e Minha presença. Volta todo o teu coração para Mim, faz de cada ação, qualquer que seja, um sacrifício e uma oferenda a Mim. Isso feito, deixa--Me executar Minha vontade com tua vida, tua alma e tua ação; não te aflijas nem te confundas pela maneira pela qual eu trato tua mente, teu coração, tua vida e tuas obras, nem te perturbes porque essa maneira não parece seguir as leis e os darmas que o ser humano se impõe para guiar sua vontade e sua inteligência limitadas. Minhas vias são as vias de uma perfeita sabedoria, de um poder e de um amor que sabem todas as coisas e combinam todos os seus movimentos em vista de um resultado final perfeito, pois eles refinam e tecem os numerosos fios de uma perfeição integral. Eu estou aqui contigo, em teu carro de batalha, revelado como o Mestre da Existência, em ti e fora de ti e reitero a absoluta certeza, a promessa infalível que Eu te conduzirei a Mim, através e além de toda tribulação e de todo mal. Quaisquer que sejam as dificuldades e confusões que surjam, está seguro que Eu te conduzirei a uma vida divina completa no Espírito universal e a uma existência imortal no espírito transcendente".

A coisa secreta, *guhyam*, que todo profundo conhecimento espiritual nos revela, refletida em vários ensinamentos e justificada na experiência da alma é, para a Gītā, o segredo do self espiritual escondido dentro de nós e do qual a mente e a Natureza exteriores são apenas manifestações ou imagens. É o segredo das relações constantes entre a alma e a Natureza, Purusha e Prakriti, o segredo de uma Divindade inerente que é o senhor de toda existência, velado para nós em suas formas e em seus movimentos. Essas são as verdades ensinadas de muitas maneiras pelo Vedanta, pelo Sankhya e pelo Ioga e sintetizadas nos capítulos precedentes da Gītā. E, em meio a todas as distinções aparentes, elas são uma verdade única e todas as diferentes vias do Ioga são meios diversos de autodisciplina espiritual, pelos quais nossa mente inquieta e nossa vida cega são aquietadas e voltadas em direção a esse Um dos múltiplos aspectos, e a verdade secreta do self e de Deus torna-se tão real e íntima para nós que podemos, seja viver e habitar conscientemente nela, seja perder no eterno nosso self separado e não mais sermos compelidos de nenhum modo pela Ignorância mental.

A coisa mais secreta, *guhyataram*, desenvolvida pela Gītā, é a profunda verdade reconciliadora do divino Purushottama, ao mesmo tempo self e Purusha, Brahman supremo e Divindade única, íntima, misteriosa, inefável. Isso dá ao pensamento uma base e uma compreensão mais vastas e mais profundas para um conhecimento último e, para a experiência espiritual, um Ioga maior, mais inteiramente abrangente e abrangível. Esse mistério mais profundo encontra-se no recôndito da suprema Prakriti espiritual e do Jiva, eterna porção do Divino na Natureza eterna e aqui nessa Natureza manifestada, e uno em espírito e em essência com o Divino em sua autoexistência imutável. Esse conhecimento mais profundo escapa à distinção elementar da experiência espiritual entre o Mais-Além e o que está aqui. Pois o Transcendente mais além dos mundos é, ao mesmo tempo, Vasudeva, que está em todas as coisas em todos os mundos; ele é o Senhor que se mantém no coração de todas as criaturas e o self de todas as existências, a origem e o significado supernal de tudo o que Ele emitiu em Sua Prakriti. Ele está manifestado em seus vibhutis e é o Espírito no Tempo que compele a ação do mundo, o Sol de todo conhecimento, o Amante e o Bem--Amado da alma e o Mestre de todas as obras e de todo sacrifício. O resultado de uma abertura muito interior a esse mistério mais profundo, mais verdadeiro, mais secreto, é o Ioga da Gītā, Ioga do conhecimento integral, das obras integrais e da bhakti integral. Essa é a experiência simultânea da universalidade espiritual e de uma individualidade espiritual livre e aperfeiçoada, de uma inteira união com Deus, onde vivemos inteiramente n'Ele, que é, ao mesmo tempo, moldura da imortalidade da alma e o sustento e poder de nossa ação liberada no mundo e no corpo.

E em seguida vem a palavra suprema, a coisa mais secreta de todas, *guhyatamam*: o Espírito, a Divindade, é um Infinito livre de todos os darmas e, embora Ele conduza o mundo segundo leis fixas e guie o ser humano mediante seus darmas de ignorância e conhecimento, de pecado e virtude, de certo e errado, de simpatia, antipatia e indiferença, de prazer e dor, de alegria e tristeza e da rejeição desses opostos, mediante suas formas, suas regras e suas normas físicas, vitais, intelectuais, emocionais, éticas e espirituais, o Espírito, a Divindade, ainda assim transcende todas essas coisas e, se nós também pudermos rejeitar toda dependência em relação aos darmas, nos entregar a esse Espírito livre e eterno e, nos preocupando apenas em nos manter absoluta e exclusivamente abertos a Ele, pudermos nos confiar à luz, ao poder e ao deleite do Divino em nós e, sem medo e sem aflição, aceitar apenas sua guiança, então essa é a liberação mais verdadeira e maior e que traz a perfeição absoluta e inevitável de nosso self e de nossa natureza. Essa é a via oferecida aos escolhidos pelo Espírito – àqueles, somente, em quem Ele mais se deleita, pois são os mais próximos d'Ele e os mais capazes de unidade e de identidade com Ele, àqueles que consentem livremente e estão em acordo com a Natureza em seu poder e movimento mais altos, universais na consciência da alma, transcendentes no espírito.

Pois chega um tempo no desenvolvimento espiritual em que nos damos conta de que todo o nosso esforço e toda a nossa ação são apenas reações mentais e vitais às solicitações silenciosas e secretas de uma Presença maior em nós e em torno de nós. Compreendemos que todo o nosso Ioga, nossa aspiração e nosso esforço são formas imperfeitas ou estreitas, porque desfiguradas ou, ao menos, limitadas pelas associações, demandas, preconceitos, predileções da mente e suas interpretações errôneas ou semitraduções de uma verdade mais vasta. Nossas ideias, experiências, esforços, não são mais do que imagens mentais de coisas maiores que poderiam ser feitas de maneira mais perfeita, direta, livre, ampla, mais em harmonia com a vontade universal e eterna por esse próprio Poder que está em nós, se somente pudéssemos nos colocar de maneira passiva como instrumentos nas mãos de uma força e de uma sabedoria suprema e absolutas. Esse Poder não está separado de nós; ele é nosso próprio self, que é um com o self de todos os outros e, ao mesmo tempo, um Ser transcendente e uma Pessoa imanente. Nossa existência, nossa ação, erguidas e integradas nessa Existência suprema, não seriam mais, como nos parecem agora, individualmente nossas em uma separação mental. Elas seriam o movimento vasto de um Infinito e de uma Presença íntima e inefável; elas seriam a espontaneidade constante da formação e da expressão em nós desse profundo self universal e desse Espírito transcendente. A Gītā indica que, para que isso seja de todo possível, a entrega deve ser sem reservas; nosso Ioga, nossa vida, o estado de nosso ser interior deve ser determinado livremente por esse Infinito vivo e não predeterminado pela preferência de nossa mente por esse ou aquele darma ou por qualquer darma. O divino Mestre do Ioga, *yogeśvaraḥ kṛṣṇaḥ*, se encarregará, ele mesmo, de nosso Ioga e nos alçará à nossa mais extrema perfeição possível, não a perfeição de uma norma exterior ou mental ou de uma regra limitadora, mas uma perfeição vasta e abrangente, incalculável para a mente. Será uma perfeição desenvolvida por uma Sabedoria que tudo vê segundo a inteira verdade, primeiro, de fato, de nosso *svabhāva* humano, mas, depois, de uma coisa maior na qual ele se abrirá, um espírito e um poder ilimitáveis, imortais, livres e que transmutam tudo: a luz e o esplendor de uma natureza divina e infinita.

Tudo deve ser dado como material dessa transmutação. Uma consciência onisciente assumirá nosso conhecimento e nossa ignorância, nossa verdade e nosso erro, rejeitará suas formas insuficientes, *sarva-dharmān parityajya* e os transformará todos em sua luz infinita. Um Poder todo poderoso assumirá nossa virtude e nosso pecado, nossa justiça e nossa injustiça, nossa força e nossa fraqueza, rejeitará as imagens enredadas, *sarva-dharmān parityajya*, e os transformará todos em sua pureza transcendente, seu bem universal e sua força infalível. Uma Ananda inefável assumirá nossa pequena alegria e nossa pequena tristeza, nosso prazer e nossa dor que se debatem, rejeitará suas discordâncias e seus ritmos imperfeitos, *sarva-dharmān parityajya*, e os transformará todos em seu inimaginável deleite, transcendente e universal. Tudo o que todos os Iogas podem fazer será feito e mais, porém, será feito, segundo uma visão maior, com uma sabedoria e uma verdade maiores do que aquelas que nenhum instrutor, nenhum santo ou sábio humano poderiam nos dar. O estado espiritual interior para o qual esse Ioga supremo nos conduzirá estará acima de tudo o que está aqui e, no entanto, abrangerá tudo o que está aqui neste mundo e nos outros mundos, mas com uma transformação espiritual de tudo, sem limitações, sem servidão, *sarva-dharmān parityajya*. A existência, a consciência e o deleite da Divindade em seu calmo silêncio e Sua brilhante atividade ilimitada estarão lá, serão a substância fundamental, universal, molde e caráter essenciais desse estado. E nesse molde de infinidade, o Divino tornado manifesto residirá abertamente, não mais escondido por Seu Ioga-Maia e, quando Ele quiser e ao Seu modo, Ele construirá em nós imagens do Infinito, formas translúcidas de conhecimento, de pensamento, de amor, de alegria espiritual, de poder e ação segundo Sua vontade, que se cumpre espontaneamente, e Seu prazer imortal. E não haverá nada para amarrar a alma livre e a natureza impassível, nenhuma cristalização inevitável nessa ou naquela fórmula inferior. Pois toda ação será executada pelo poder do Espírito em uma divina liberdade, *sarva-dharmān parityajya*. Uma morada estável no Espírito transcendente, *paraṁ dhāma*, será a fundação e a certeza desse estado espiritual. Uma unidade íntima, cheia de compreensão, com o ser universal e todas as criaturas, liberada do mal e do sofrimento da mente separativa, mas sabiamente respeitosa das verdadeiras distinções, será o poder determinador. Um deleite, uma unidade, uma harmonia constantes do indivíduo eterno aqui com o Divino e tudo o que Ele é será o efeito dessa liberação integral. Os problemas desconcertantes de nossa existência humana, dos quais a dificuldade de Arjuna representa um exemplo pungente, são criados por nossa personalidade separadora na Ignorância. Esse Ioga – porque põe a alma humana em suas justas relações com Deus e com a existência universal e faz de nossa ação a ação de Deus, faz do conhecimento e da vontade que a moldam e a movem o conhecimento e a vontade de Deus e, de nossa vida, a harmonia de uma autoexpressão divina – é o meio de fazê-los desaparecer totalmente.

Todo o Ioga é revelado, a grande palavra do ensinamento é dada, e Arjuna, a alma humana escolhida, é dirigido mais uma vez – não mais em sua mente egoísta, mas em seu conhecimento de si supremo – à ação divina. O vibhuti está pronto para a vida divina na vida humana, seu espírito consciente pronto para as obras da alma liberada, *muktasya karma*. A ilusão da mente foi destruída; a memória que a alma tem de seu self e de sua verdade – escondida por tanto tempo pelas imagens e pelas formas enganadoras de nossa vida – retornou a ela e se tornou sua consciência normal: todas as dúvidas e perplexidades se foram, a alma pode voltar-se para a execução da ordem e executar fielmente todos os trabalhos, para Deus e para o mundo, que lhes possam ser designados e atribuídos pelo Mestre de nosso ser, o Espírito, a Divindade que se cumpre no Tempo e no Universo.

CAPÍTULO XXIII

O ÂMAGO DO SIGNIFICADO DA GĪTĀ

Qual é, então, a mensagem da Gītā e qual é o seu valor prático, a sua utilidade espiritual para a mente humana dos dias atuais, após os longos períodos decorridos depois que ela foi escrita e depois das grandes transformações subsequentes do pensamento e da experiência? A mente humana move-se sempre para a frente, modifica seu ponto de vista e amplia a substância de seu pensamento; o efeito dessa mudança é tornar obsoletos os antigos sistemas de pensamento ou, quando eles são preservados, estender, modificar e, de maneira sutil ou visível, alterar seu valor. A vitalidade de uma doutrina antiga consiste em sua capacidade de adaptar-se naturalmente a um tratamento desse gênero; pois isso significa que quaisquer que sejam as limitações e a obsolescência das formas de seu pensamento, a verdade da substância, a verdade da visão e da experiência vivas nas quais seu sistema foi construído são sadias e conservam uma validez e um significado duradouros. A Gītā é um livro que envelheceu extraordinariamente bem e é quase tão jovem e, em sua real substância, continua ainda tão nova – porque a experiência pode sempre renová-la – quanto no momento em que foi inserida pela primeira vez no quadro do Mahabharata ou no momento em que foi escrita nesse quadro preciso. É ainda recebida na Índia como um dos maiores corpos de doutrina que com mais autoridade dirige o pensamento religioso; e se seu ensinamento nem sempre é aceito inteiramente, quase todas as nuances da fé e da opinião religiosas reconhecem seu mais alto valor. Sua influência não é apenas filosófica ou acadêmica, mas direta e viva, uma influência tanto para o pensamento quanto para a ação, e suas ideias estão realmente presentes como um poderoso fator criativo no renascimento e na renovação de uma nação e de uma cultura. Foi mesmo dito recentemente por uma grande voz que toda a verdade espiritual que necessitamos para a vida espiritual se encontra na Gītā. Seria encorajar a superstição do livro tomar de modo demasiado literal essa declaração. A verdade do espírito é infinita e não pode ser circunscrita dessa maneira. Pode-se dizer, no entanto, que a maioria dos indícios principais se encontram na Gītā e que, depois de todos os recentes desenvolvimentos da experiência e descoberta espirituais, podemos ainda retornar a ela para uma inspiração e guiança vastas. Fora da Índia também, ela é universalmente reconhecida como uma das grandes Escrituras, embora na Europa seu pensamento seja melhor compreendido do que o segredo de sua prática espiritual. O que é isso, então, que dá essa vitalidade ao pensamento e à verdade da Gītā?

O interesse central da filosofia e do Ioga da Gītā está em sua tentativa, na ideia com a qual ela inicia, prossegue e conclui, de conciliar e mesmo de efetuar uma espécie de unidade entre a verdade espiritual interior em sua realização mais absoluta e mais integral e as realidades externas da vida e da ação humanas. Um acordo entre essas duas coisas é bastante comum, mas nunca poderá ser uma solução final e satisfatória. Uma adaptação ética da espiritualidade é também comum e tem seu valor como lei de conduta; mas essa é uma solução mental que não equivale a uma completa reconciliação prática da inteira verdade do espírito com a inteira verdade da vida e provoca a mesma quantidade de problemas quanto os que resolve. Um desses problemas é, de fato, o ponto de partida da Gītā, que começa com uma questão ética suscitada por um conflito em que temos, de um lado, o darma do indivíduo de ação, o príncipe, guerreiro, líder, protagonista de uma grande crise, de um combate no plano físico – o plano da vida real – entre os poderes do bem e da justiça e, do outro lado, os poderes do mal e da injustiça, a exigência que lhe impõe o destino da raça de resistir, de combater e de estabelecer, mesmo ao preço de um terrível combate físico e de uma gigantesca carnificina, uma nova era, um reino da verdade, do bem e da justiça e, do outro lado, o sentido ético, que condena os meios e a ação como um pecado, que recua diante do preço do sofrimento individual e da luta, da desordem e perturbação sociais e considera que se abster da violência e da batalha é o único caminho e a única atitude moral justa. Uma ética espiritualizada insiste em Ahinsa[1] não fazer mal, não matar – como a lei mais alta da conduta espiritual. A batalha, se deve, de qualquer modo, ser travada, deverá ser no plano espiritual e por

1. O mesmo que *ahiṁsā*. (N.da T.)

meio de algum tipo de não resistência ou pela recusa a participar ou somente pela resistência da alma e, se isso não for bem-sucedido no plano exterior, se a força da injustiça vencer, o indivíduo, ainda assim, terá sua virtude preservada e, por seu exemplo, justificará o ideal mais alto. Por outro lado, uma posição extrema e mais insistente da direção espiritual interior, que ultrapassasse essa luta entre o dever social e um ideal ético absolutista, estaria sujeita a escolher a tendência ascética e a rejeitar a vida, seus objetivos e suas normas de ação, a designar um outro estado, celestial ou supracósmico, no qual, somente, mais além da vaidade e da ilusão confusas do nascimento, da vida e da morte do indivíduo, poderia haver uma existência espiritual pura. A Gītā não rejeita nenhuma dessas coisas quando em seu lugar próprio – pois ela insiste no cumprimento do dever social, ela quer que o indivíduo que devesse tomar parte na ação comum siga o Darma, ela aceita Ahinsa como parte do ideal ético-espiritual mais alto e reconhece a renúncia ascética como um caminho para a salvação espiritual. E, contudo, ela vai de maneira audaciosa além de todas essas posições conflituosas; com muita coragem, ela justifica para o espírito toda a vida enquanto manifestação significativa do Ser Divino único e afirma a compatibilidade entre uma completa ação humana e uma completa vida espiritual vivida em união com o Infinito, em harmonia com o Self supremo, expressando a Divindade perfeita.

Todos os problemas da vida humana surgem da complexidade de nossa existência, da obscuridade de seu princípio essencial e do aspecto sigiloso de seu poder mais profundo, que formula suas determinações e governa seu propósito e seu processo. Se nossa existência fosse de uma só peça, unicamente material-vital ou apenas mental ou apenas espiritual e as outras estivessem de todo, ou sobretudo, involuídas em uma dessas partes, ou fossem de todo latentes em nossas partes subconscientes ou supraconscientes, não haveria nada para nos confundir; a lei material e vital seria imperativa, ou a lei mental seria clara para seu próprio princípio puro e desobstruído, ou a lei espiritual seria autoexistente e autossuficiente para o espírito. Os animais não têm percepção dos problemas; um deus mental em um mundo de pura mentalidade não admitiria nenhum ou os resolveria todos pela pureza de uma regra mental ou se satisfaria com uma harmonia racional; um espírito puro estaria acima deles e, no infinito, viveria sua satisfação de ser. Mas a existência do ser humano é uma trama tripla, uma coisa misteriosamente físico-vital, mental e espiritual ao mesmo tempo, e ele não sabe o que são as verdadeiras relações dessas coisas, qual é a verdadeira realidade de sua vida e de sua natureza, aonde o leva seu destino e onde se encontra a esfera de sua perfeição.

Matéria e Vida são sua base real, aquilo de onde ele começa e onde se mantém e cuja exigência e lei ele deve satisfazer, se quiser existir de algum modo na terra e no corpo. A lei material e vital é uma regra de sobrevivência, de luta, de desejo e de posse, de autoafirmação e de satisfação do corpo, da vida e do ego. Todas as razões intelectuais do mundo, todo o idealismo ético e o absolutismo espiritual de que as faculdades humanas mais altas são capazes, não podem abolir a realidade e os direitos de nossa base vital e material ou impedir a espécie de seguir, sob a compulsão imperativa da Natureza, seus objetivos e de satisfazer às suas necessidades, ou de fazer de seus problemas maiores uma grande e legítima parte do destino humano e do interesse e esforço humanos. E mesmo a inteligência humana, não podendo encontrar nenhum sustento nas soluções espirituais ou ideais que resolvem tudo, salvo os problemas prementes de nossa vida humana atual, muitas vezes afasta-se delas e se volta para uma aceitação exclusiva da existência vital e material e para a busca, de maneira racional ou instintiva, da sua máxima eficácia, bem--estar e satisfação organizada. Um evangelho da vontade de viver ou da vontade de poder ou de uma perfeição vital e material racionalizada torna-se, então, o darma reconhecido da espécie humana e tudo o mais passa a ser considerado, seja uma falsidade pretensiosa, seja uma coisa muito subsidiária, um assunto lateral, de consequência menor ou subordinada.

Contudo, a matéria e a vida, apesar de sua persistência e grande importância, não são tudo o que o ser humano é, e ele não pode completamente aceitar a mente como nada mais do que a servidora da vida e do corpo, à qual se concede alguns simples prazeres que lhe são próprios como um tipo de recompensa por seus serviços, e tampouco considerá-la como não mais do que uma extensão e floração do impulso vital, um luxo ideal que depende da satisfação da vida material. A mente, de maneira muito mais íntima do que o corpo e a vida, é o ser humano e, na medida em que se desenvolve, ela insiste cada vez mais em fazer do corpo e da vida instrumentos – instrumentos indispensáveis e, contudo, representam um obstáculo considerável, de outro modo não haveria problema – para suas satisfações características e sua autorrealização. A mente de um indivíduo não é apenas uma inteligência vital e física, mas também uma inteligência intelectual, estética, ética, psíquica, emocional e dinâmica e, na esfera de cada uma de suas tendências, sua natureza mais alta e mais forte é o esforço para alcançar certo absoluto delas, que o quadro da vida não permitiria capturar de modo completo nem encarnar e torná-lo aqui inteiramente real. O absoluto mental de nossa aspiração permanece como um ideal brilhante ou um ideal ardente apreendido de forma parcial, que a mente pode interiormente tornar muito presente para si mesma, que pode interiormente governar seu esforço – que ela pode mesmo efetuar em parte –, mas não pode compelir todos os fatos da vida a assemelhar-se à sua imagem. Há, assim, um absoluto, um alto imperativo da verdade e da razão intelectuais que nosso ser intelectual busca; há um absoluto, um imperativo do direito e da conduta que é o objetivo da consciência ética; há um absoluto, um imperativo de amor, de simpatia, de compaixão, de unidade, pelo qual nossa natureza emocional e psíquica aspira; há um absoluto, um imperativo de deleite e de beleza que faz palpitar a alma estética; há um absoluto, um imperativo de mestria de si interior e de controle da vida que a vontade dinâmica labora para obter; todos esses absolutos estão presentes ao mesmo tempo e se chocam com o absoluto, com o imperativo da posse, do prazer e da existência encarnada sem riscos, que a mente vital e a mente física reclamam. E a inteligência humana, visto que não é capaz de realizar inteiramente nenhuma dessas coisas, muito menos todas elas juntas, erige em cada esfera um número de normas e de darmas; normas de verdade e razão, de justiça e conduta, de deleite e beleza, de amor, simpatia e unidade, de mestria de si e controle, de autopreservação e posse, de eficiência vital e de prazer e tenta impô-los à vida. Os brilhantes ideais absolutos estão muito acima e muito além de nossa capacidade e são raros os indivíduos que se aproximam deles do melhor modo que podem: a massa segue, ou professa seguir, alguma norma menos magnífica, alguma regra estabelecida possível e relativa. A vida humana como um todo submete-se à atração, porém rejeita o ideal. A vida resiste pela força de algum infinito obscuro que lhe é próprio e desgasta ou rompe toda ordem mental e moral estabelecida. E isso deve ser assim, seja porque os dois princípios são bastante diferentes e díspares embora se encontrem e interajam, seja porque a mente não possui o indício que a faria ver a inteira realidade da vida. Esse indício deve ser procurado em algo maior, algo desconhecido, acima da mentalidade e da moralidade da criatura humana.

A própria mente tem o vago sentido de certo fator eminente desse tipo e, na busca por seus absolutos, com frequência se choca contra eles. Ela percebe um estado, um poder, uma presença próximos e interiores, que lhe são íntimos e, ao mesmo tempo, imensuravelmente maiores e singularmente distantes e acima dela; ela tem uma visão de algo mais essencial, mais absoluto do que seus próprios absolutos, de íntimo, de infinito e um, e é isso que chamamos Deus, Self ou Espírito. Isso a mente tenta, então, conhecer, entrar nisso, tocar nisso e apreender isso em sua totalidade, aproximar-se disso ou tornar-se isso, chegar a algum tipo de unidade ou perder-se em uma completa identidade com esse mistério, *āścaryam*. A dificuldade é que esse espírito em sua pureza parece algo ainda mais distante das realidades da vida do que os absolutos mentais, algo que a mente não pode traduzir em seus próprios termos, muito menos naqueles da vida e da ação. Por conseguinte, temos os absolutistas intransigentes do espírito, que rejeitam a mente, condenam o ser material e almejam uma pura existência espiritual venturosamente adquirida pelo preço da dissolução de tudo o que somos na vida e na mente: um nirvana. O resto do esforço espiritual, para esses fanáticos do Absoluto, é uma preparação mental ou um acordo, uma espiritualização, na medida do possível, da vida e da mente. E, porque a dificuldade mais constantemente insistente na mentalidade do ser humano é, na prática, aquela apresentada pelas exigências de seu ser vital, pela vida, pela conduta e pela ação, a direção tomada por esse empenho preparatório consiste sobretudo em uma espiritualização da mente ética sustentada pela mente psíquica – ou, antes, ele introduz o poder e a pureza espirituais para ajudá-las a impor seu direito absoluto e para atribuir ao ideal ético de justiça e verdade da conduta ou ao ideal psíquico de amor, simpatia e unidade uma autoridade maior do que aquela que a vida permite. Essas coisas são ajudadas a encontrar alguma expressão muito alta, lhes são dadas as suas mais amplas bases de luz por uma aceitação, pela razão e pela vontade, da verdade subjacente da unidade absoluta do espírito e, por conseguinte, da unidade essencial de todas as criaturas vivas. Uma espiritualidade desse tipo, ligada de certo modo às exigências da mente normal do indivíduo, persuadida a aceitar o dever social útil e a lei corrente da conduta social popularizada pelo culto, pela cerimônia e pela imagem, é a substância exterior das principais religiões do mundo. Essas religiões têm suas vitórias individuais, pedem auxílio a algum raio de uma luz superior, impõem a sombra de uma regra espiritual ou semiespiritual maior, mas não podem efetuar uma vitória completa; elas acabam prostradas por um acordo e, por causa desse acordo, são vencidas pela vida. Seus problemas permanecem e mesmo retornam em seus aspectos mais ferozes – como esse implacável problema de Kurukshetra. O intelecto idealizador e a mente ética esperam sempre eliminá-los, descobrir algum feliz subterfúgio nascido de sua aspiração, que se tornaria eficaz por sua insistência imperativa e aniquilaria esse inconveniente aspecto inferior da vida; mas ele perdura e não desaparece. A inteligência espiritualizada, por outro lado, oferece de fato, pela voz da religião, a promessa de algum milênio vitorioso no futuro, porém, nesse meio-tempo, semiconvencida da impotência terrestre, persuadida que a alma é uma estrangeira e uma intrusa na terra, ela declara que, no fundo, não é aqui, na vida do corpo ou na vida coletiva do ser humano mortal, mas em algum Além imortal, que se encontra o céu ou o nirvana, único lugar em que se deve buscar a verdadeira existência espiritual.

É aqui que a Gītā intervém, ao reafirmar a verdade do Espírito, do Self, de Deus e do mundo e da Natureza. Ela prolonga e remodela a verdade desenvolvida por um pensamento ulterior a partir dos antigos Upanishads e se aventura com passos seguros no empenho de aplicar seu poder de elucidação ao problema da vida e da ação. A solução oferecida pela Gītā não desenreda todo o problema assim como ele se apresenta à humanidade moderna; formulada como aqui, por uma mentalidade mais antiga, ela não satisfaz a pressão insistente com que a mente humana busca hoje um progresso coletivo, nem responde à sua voz, que reivindica uma vida coletiva que encarne, por fim, um ideal maior, racional e ético e, se possível, até mesmo um ideal espiritual dinâmico. Seu chamado é dirigido ao indivíduo que se tornou capaz de uma existência espiritual completa. Porém, para o resto da humanidade, ela prescreve apenas um progresso gradual, a ser efetuado com sabedoria seguindo fielmente a lei de sua natureza com cada vez mais inteligência e propósito moral e, por fim, voltando-se para a espiritualidade. Sua mensagem toca as outras soluções – mais limitadas –, mas, mesmo quando as aceita, em parte é para lhes indicar, mais além, um segredo mais elevado e mais integral no qual, até o momento, poucos indivíduos se mostraram capazes de entrar.

A mensagem da Gītā para a mente que segue a vida vital e material é que toda a vida é, de fato, uma manifestação do Poder universal no indivíduo, uma derivação do Self, um raio do Divino, mas que, na verdade, ela apresenta o Self, o Divino, sob o véu de uma Maia que O disfarça, e perseguir a vida inferior por ela mesma é persistir em um caminho tropeçante, entronizar a obscura ignorância de nossa natureza e não encontrar de nenhum modo a verdade verdadeira e a lei completa da existência. Um evangelho baseado na vontade de viver, na vontade de poder, na satisfação do desejo, na mera glorificação da força e do poder, no culto do ego e de sua veemente obstinação em possuir e no incansável e presunçoso intelecto, é o evangelho do Asura e isso pode levar apenas a uma ruína e perdição gigantescas. Para sua guiança o ser humano vital e material deve aceitar um dharma religioso, social e ideal, pelo qual, mesmo enquanto satisfaz o desejo e os interesses sob restrições justas, ele possa treinar e subjugar sua personalidade inferior e a sintonizar de maneira escrupulosa com uma lei superior, tanto em sua vida pessoal quanto na vida em comunidade.

A mensagem da Gītā à mente ocupada em seguir suas normas intelectuais, éticas e sociais, à mente que insiste na salvação pela observância dos darmas estabelecidos, da lei moral, do dever e da função social ou pelas soluções da inteligência liberada, é que, na verdade, essa é uma etapa muito necessária e que o darma, de fato, deve ser acatado e, se acatado da maneira justa, pode elevar a estatura do espírito, preparar a vida espiritual e a servir, mas que essa não é ainda a verdade completa e última da existência. A alma humana deve ir além, para abranger um darma mais absoluto da natureza espiritual e imortal do ser humano. E isso só pode ser feito se reprimirmos as formulações ignorantes dos elementos inferiores do mental e a falsidade da personalidade egoística, se nos liberarmos delas, se impersonalizarmos a ação da inteligência e da vontade, se vivermos na identidade do self único em todos, se rompermos os moldes do ego para ingressar no espírito impessoal. A mente move-se sob a compulsão limitante da tripla natureza inferior, erige suas normas em obediência às qualidades tamásicas e rajásicas ou, no melhor dos casos, à qualidade sátvica; mas o destino da alma é a perfeição e a libertação divinas; e isso só pode ser se for baseado na liberdade de nosso self mais alto; para alcançar isso é preciso passar pela vasta impessoalidade e universalidade desse self, mais além da mente, e ingressar na luz integral da Divindade imensurável e do supremo Infinito que está além de todos os darmas.

A mensagem da Gītā àqueles que, buscadores absolutistas do Infinito, levam a impessoalidade a um extremo exclusivo, que nutrem uma paixão intolerante pela extinção da vida e da ação e gostariam de ter como objetivo e ideal, únicos e últimos, um esforço para cessar toda a existência individual e passar ao puro silêncio do Espírito inefável, é que esse é, de fato, um caminho para efetuar a jornada e entrar no Infinito, mas o mais difícil; que o ideal da inação é uma coisa perigosa para sustentar perante o mundo pela doutrina ou pelo exemplo, que essa via, embora grande, no entanto não é a melhor para o ser humano; que esse conhecimento, embora verdadeiro não é, no entanto, o conhecimento integral. O Supremo, o Self todo-consciente, a Divindade, o Infinito, não é apenas uma existência espiritual remota e inefável; Ele está aqui no universo, ao mesmo tempo escondido e manifesto por meio dos seres humanos e dos deuses e por meio de todos os seres e em tudo o que existe. E é ao encontrá-lo, não apenas em algum silêncio imutável, mas no mundo e seus seres, em todo self e em toda a Natureza, é ao elevar a uma união integral bem como suprema, com Ele, todas as atividades da inteligência, do coração, da vontade, da vida, que o ser humano poderá resolver em seguida seu enigma interior do Self e de Deus e o problema exterior de sua existência humana ativa. Feito à semelhança de Deus, ao se tornar Deus, ele poderá fruir da infinita vastidão de uma consciência espiritual suprema que se alcança pelas obras não menos que pelo amor e pelo conhecimento. Imortal e livre, ele poderá continuar sua ação humana a partir desse nível mais elevado e a transmutar em uma ação suprema e divina que abrange tudo – essa é, de fato, a coroação última e o significado aqui de toda obra, de toda vida, de todo sacrifício e de todo o esforço do mundo.

Essa mensagem suprema é, primeiro, para aqueles que têm a força de segui-la, os mestres-homens, os grandes espíritos, os conhecedores de Deus, os amantes de Deus que podem viver em Deus e para Deus e fazer com alegria seu trabalho para Ele no mundo, um trabalho divino elevado acima da obscuridade inquieta da mente humana e das limitações falsas do ego. Ao mesmo tempo e, aqui, temos os vislumbres de uma promessa maior que poderemos mesmo estender à esperança de uma orientação coletiva para a perfeição – porque, se há esperança para um indivíduo, por que não haveria para a humanidade? –, a Gītā declara que todos podem, se quiserem, mesmo os mais baixos e os mais pecaminosos entre os seres humanos, entrar no caminho desse Ioga. E se houver uma verdadeira entrega do self e uma fé absoluta e sem ego na Divindade imanente, o sucesso é seguro nesse caminho. Essa orientação decisiva é necessária; deve haver uma crença firme no espírito, uma vontade sincera e persistente de viver no Divino, de ser, no self, um com Ele e com a Natureza – em que nós somos também uma porção eterna de Seu ser –, um com Sua Natureza espiritual maior, possuídos por Deus em todos os nossos membros e iguais a Ele.

A Gītā, no desenvolvimento de suas ideias, levanta muitas questões, tais como o determinismo da Natureza, o significado da manifestação universal e o estado último da alma liberada, questões que têm sido objeto de debates sem fim e inconcludentes. Nessa série de ensaios cujo propósito é examinar e afirmar claramente a substância da Gītā, desprender sua contribuição ao pensamento espiritual durável da humanidade e seu âmago de prática viva, não é necessário ir mais longe nessas discussões ou considerar onde poderemos divergir de seu ponto de vista ou de suas conclusões, nem fazer qualquer reserva em nossa adesão, ou mesmo, fortes de uma experiência mais recente, ir mais além de seu ensino metafísico ou de seu Ioga. Será suficiente concluir com uma formulação da mensagem viva que ela ainda oferece ao ser humano, o eterno buscador e descobridor, para guiá-lo através dos circuitos atuais e na possível ascensão mais escarpada de sua vida até as luminosas alturas de seu espírito.

CAPÍTULO XXIV

A MENSAGEM DA GĪTĀ

"O segredo da ação" – assim poderíamos resumir a mensagem da Gītā, a palavra de seu Instrutor divino – "é uno com o segredo de toda vida e de toda existência. A existência não é apenas um mecanismo da Natureza, a roda de uma lei na qual a alma está enredada por um instante ou por eras; ela é uma manifestação constante do Espírito. A vida não existe apenas para a vida, mas para Deus, e a alma viva do ser humano é uma porção eterna da Divindade. A ação tem como objetivo encontrar a si mesmo, desenvolver-se, realizar-se, ela não existe apenas por seus frutos exteriores aparentes do momento ou do futuro. Há uma lei e um significado interiores das coisas – essa lei e esse significado dependem da natureza suprema do self, assim como de sua natureza manifestada; nisso se encontra a verdadeira verdade das obras e só podemos representá-la de maneira incidental, imperfeita e disfarçada pela ignorância, sob as aparências exteriores da mente e de sua ação. Suprema e sem defeito, a mais ampla lei de ação é, portanto, descobrir a verdade de sua existência mais alta e mais profunda e viver nela, e não seguir nenhuma outra regra, nenhum outro darma exteriores. Toda vida e toda ação, até chegarem a isso, são necessariamente imperfeitas, difíceis, um conflito e um problema. É somente ao descobrir seu verdadeiro self e ao viver conforme sua verdadeira verdade, sua real realidade, que o problema poderá, por fim, ser resolvido, a dificuldade e o conflito serem ultrapassados e suas ações, aperfeiçoadas na segurança do self, do espírito descoberto, poderão tornar-se uma ação divinamente autêntica. Portanto, conheça seu self; saiba que seu verdadeiro self é Deus e que ele é um com o self de todos os outros; saiba que sua alma é uma porção de Deus. Viva naquilo que você sabe; viva no self, viva em sua suprema natureza espiritual, seja unido a Deus e semelhante a Deus. Ofereça, primeiro, todas as suas ações como um sacrifício ao Mais-Alto e ao Um em você, ao Mais--Alto e ao Um no mundo; entregue, por fim, tudo o que você é e tudo o que faz em Suas mãos, para que o supremo Espírito universal cumpra, por seu meio, Sua vontade e Suas obras no mundo. Essa é a solução que Eu lhe apresento e, no final, verá que não há outra."

Aqui, é necessário expressar o ponto de vista da Gītā em relação à oposição fundamental na qual todo o ensinamento indiano se baseia. Essa descoberta do verdadeiro self, esse conhecimento da Divindade em nós e em tudo não é uma coisa fácil; tampouco é uma coisa fácil mudar esse conhecimento, mesmo se for visto pela mente, na substância de nossa consciência e na inteira condição de nossa ação. Toda ação é determinada pelo estado efetivo de nosso ser, e o estado efetivo de nosso ser é determinado pelo estado de nossa vontade constante e que vê a si mesma e pelo estado de nossa consciência ativa, assim como por sua base de movimento cinético. É aquilo que, com toda nossa natureza ativa, nós vemos e acreditamos que somos e aquilo que vemos e acreditamos que nossas relações com o mundo significam, é nossa fé, nossa *śraddhā*, que faz de nós aquilo que somos. Mas a consciência do ser humano é dupla e corresponde a uma dupla verdade da existência, pois há uma verdade da realidade interior e uma verdade da aparência exterior. Conforme ele viva em uma ou na outra, ele será uma mente que tem sua morada na ignorância humana ou uma alma fundamentada no conhecimento divino.

Em sua aparência externa, a verdade da existência é apenas aquilo que chamamos Natureza ou Prakriti, uma Força que opera enquanto lei e mecanismos completos do ser, cria o mundo que é o objeto de nossa mente e de nossos sentidos e cria também a mente e os sentidos como um meio para a relação entre a criatura e o mundo objetivo no qual ela vive. Em sua aparência externa o ser humano, em sua alma, sua mente, sua vida, seu corpo, parece ser uma criatura da Natureza, diferenciada das outras por uma separação de seu corpo, de sua vida e de sua mente e, sobretudo, pelo seu sentido-ego, esse mecanismo sutil construído para ele a fim de que pudesse confirmar e centralizar a consciência que ele tem de toda essa forte separatividade e diferença. Tudo nele, a alma de sua mente e a ação desta, assim como o modo de funcionar de sua vida e de seu corpo, tudo é muito evidentemente determinado pela lei de sua natureza, ele não pode sair dela, não pode operar de outro modo. De fato, ele atribui certa liberdade à sua vontade pessoal, à vontade de seu ego; mas isso, na realidade, não tem valor algum, visto que seu ego é apenas um sentido que faz com que ele se identifique com essa criação da Natureza que é ele mesmo, com a mente, a vida e o corpo cambiantes que ela construiu. Seu próprio ego é um produto das operações da Natureza e, assim como for a natureza de seu ego, assim será a natureza de sua vontade: é de acordo com isso que ele deve agir, e não pode fazer de outro modo.

Esta, então, é a consciência comum que o indivíduo tem de si mesmo, é esta sua fé em seu próprio ser: que ele é uma criatura da Natureza, um ego separado que estabelece todo tipo de relações com os demais e com o mundo, desenvolvendo-se em todo tipo de modos, satisfazendo todas as vontades, todos os desejos, todas as ideias de sua mente que sejam permissíveis no círculo da Natureza e consonantes com a intenção dela ou com sua lei na existência dele.

Há algo, contudo, na consciência humana, que não se enquadra na rigidez dessa fórmula; o ser humano tem uma fé – que cresce à medida que sua alma se desenvolve – em outra realidade, uma realidade interior, da existência. Nessa realidade interior a verdade da existência não é mais a Natureza mas a Alma e o Espírito, o Purusha, mais que a Prakriti. A própria Natureza é apenas um poder do Espírito, Prakriti, a força do Purusha. Um Espírito, um Self, um Ser uno em tudo é o Mestre desse mundo, que é apenas uma manifestação parcial d'Ele. Este Espírito é o sustento da Natureza e de sua ação, ele é aquele que dá a sanção e pela sua sanção somente, a lei da Natureza torna-se imperativa e sua força e suas vias se tornam operativas. Este Espírito nela é o Conhecedor que a ilumina e a torna consciente em nós; d'Ele é a Vontade imanente e supraconsciente que inspira e motiva as operações da Natureza. Porção dessa Divindade, a alma de cada um compartilha a natureza dessa Divindade. Nossa natureza é a manifestação de nossa alma, opera pela sanção da alma e encarna seu autoconhecimento e sua autoconsciência secretos e sua vontade de ser nas moções, nas formas e nas mudanças da Natureza.

Nossa alma real, nosso self real, está escondido para nossa inteligência por sua ignorância das coisas interiores, por uma identificação falsa, uma absorção no mecanismo exterior da mente, da vida e do corpo. Mas, se a alma ativa do indivíduo puder uma vez retirar-se dessa identificação com seus instrumentos naturais, se puder ver sua realidade interior e viver na fé inteira, nessa realidade, então tudo mudará para ela, a vida e a existência assumirão outra aparência, a ação assumirá um significado e um caráter diferentes. Nosso ser deixará, então, de ser essa pequena criação egoísta da Natureza e se tornará a vastidão de um Poder divino, imortal e espiritual. Nossa consciência, não mais aquela de uma criatura mental e vital limitada e em luta, tornar-se-á uma consciência infinita, divina e espiritual. E nossa vontade e nossa ação também não serão mais as dessa personalidade presa e de seu ego, mas uma vontade e uma ação divinas e espirituais, a vontade e o poder do Universal, do Supremo, do Todo-Self e Espírito que age livremente por meio da forma humana.

"Essa é a grande mudança e transfiguração" diz a mensagem da Divindade no homem, o Avatar, o Instrutor divino, "para a qual eu chamo os escolhidos e os escolhidos são todos aqueles que podem afastar sua vontade da ignorância dos instrumentos naturais e voltá-la para a mais profunda experiência da alma, seu conhecimento do self, do espírito interior, seu contato com a Divindade, seu poder para entrar no Divino. Os escolhidos são aqueles que podem aceitar essa fé, essa lei maior. Ela é, de fato, difícil de ser aceita pelo intelecto humano, sempre apegado às suas próprias formas nebulosas e às meias-luzes da ignorância e aos hábitos ainda mais obscuros das partes mentais, nervosas e físicas do ser humano; porém, uma vez que foi recebida, ela é um meio de salvação grande e seguro, porque é idêntica à verdadeira verdade do ser do indivíduo e é o movimento autêntico de sua natureza mais alta e mais profunda.

"Porém, a mudança é muito grande, uma transformação enorme, e não pode ser feita sem reorientar e converter inteiramente todo o ser e toda a natureza. Será necessário uma consagração completa de seu ser, de sua natureza e de sua vida ao Mais-Alto e a nada mais senão o Mais-Alto, pois devemos tudo possuir para o Mais-Alto unicamente, e não aceitar as coisas exceto como elas existem em Deus, como formas de Deus e pelo amor ao Divino. Será necessário admitir uma nova verdade, fazer sua mente voltar-se em direção a um conhecimento novo, entregá-la a esse novo conhecimento do self, dos outros, do mundo, de Deus, da alma e da Natureza, um conhecimento da unidade, um conhecimento da Divindade universal que será, no início, uma aceitação pela compreensão, mas deverá se tornar, no final, uma visão, uma consciência, um estado permanente da alma e da estrutura de seus movimentos.

"Será necessário uma vontade, que fará desse conhecimento, dessa visão, dessa consciência novos um motivo de ação, e o único motivo. E esse deve ser o motivo não de uma ação feita com má vontade, limitada, confinada a algumas operações necessárias da Natureza ou a algumas coisas que parecem úteis para uma perfeição formal, apropriadas a uma disposição religiosa ou a uma salvação individual, mas, antes, toda ação da vida humana deverá ser assumida pelo espírito em sua igualdade e feita para Deus e para o bem de todas as criaturas. Será necessário elevar o coração em uma única aspiração em direção ao Mais-Alto, um único amor pelo Ser Divino, uma única adoração a Deus. E deve haver também uma ampliação do coração apaziguado, aclarado, para abraçar Deus em todos os seres. Será necessário mudar a natureza habitual normal do ser humano como ele é agora em uma natureza espiritual suprema e divina. Em uma palavra, será necessário um Ioga que seja, ao mesmo tempo, um Ioga do conhecimento integral, um Ioga da vontade integral e suas obras, um Ioga do amor integral, da adoração e da devoção integrais e um Ioga de uma perfeição espiritual integral: de todo o ser e de todas as suas partes, de todos os seus estados, de todos os seus poderes e de todos os seus movimentos.

"O que é, então, esse conhecimento que terá que ser admitido pela compreensão, sustentado pela fé da alma e feito real e vivo para a mente, o coração e a vida? Esse é o conhecimento da Alma suprema, do Espírito supremo em sua unidade e sua totalidade. É o conhecimento de um Ser que é para sempre, mais além do Tempo e do Espaço, do nome, da forma e do mundo, muito além de seus próprios níveis, pessoal e impessoal e, contudo, do qual tudo isso procede, de um Ser que tudo manifesta na Natureza múltipla e na multiplicidade das representações dela. É o conhecimento d'Ele enquanto Espírito impessoal, eterno e imutável, a coisa calma e ilimitada que chamamos Self, infinito, igual e sempre o mesmo, nem afetado, nem modificado, inalterado em meio a toda essa constante mudança e a toda essa multitude de personalidades individuais, de poderes de alma e de poderes da Natureza, em meio a formas, forças e eventualidades dessa existência transitória e aparente. É o conhecimento que Ele é, ao mesmo tempo, Espírito e Poder, que parecem sempre mutáveis na Natureza, o Habitante que modela a si mesmo ao seu grado em cada forma e se modifica segundo cada categoria, cada grau, cada atividade de seu poder, o Espírito que, se tornando tudo o que é, mesmo sendo para sempre infinitamente mais do que tudo o que é, habita no ser humano, no animal e nas coisas, sujeito e objeto, alma, mente, vida e matéria, cada existência e cada força e cada criatura.

"Não é pela insistência somente nesse ou naquele aspecto da verdade que você pode praticar esse Ioga. O Divino que você deve buscar, o Self que se deve descobrir, a Alma suprema da qual a sua alma é uma porção eterna é, simultaneamente, todas essas coisas. Você deve conhecer todos os aspectos de maneira simultânea em uma unidade suprema, entrar em todos eles ao mesmo tempo e, em todos os estados e em todas as coisas, ver somente Ele. Se Ele fosse não mais do que o Espírito mutável na Natureza, existiria apenas um eterno devir universal. Se você limita sua fé e seu conhecimento a esse único aspecto não irá jamais além de sua personalidade e de suas representações, que mudam constantemente; nessa base, você estará inteiramente encadeado aos ciclos da Natureza. Mas você não é uma mera sucessão de instantes da alma no Tempo. Há em você um self impessoal que sustenta o curso de sua personalidade e é um com o vasto espírito impessoal de Deus. E, incalculável para além dessa impessoalidade e personalidade, a dominar esses dois polos constantes daquilo que você é aqui, você é eterno e transcendente na Eterna Transcendência.

"Por outro lado, se houvesse apenas a verdade de um self eterno e impessoal que não agisse nem criasse, então o mundo e sua alma seriam ilusões sem nenhuma base real. Se você limitar sua fé e seu conhecimento a esse aspecto único e solitário, a renúncia à vida e à ação será seu único recurso. Mas Deus no mundo e você no mundo são realidades; o mundo e você são poderes e manifestações verdadeiros e reais do supremo. Portanto, aceite a vida e a ação e não as rejeite. Uno com Deus em seu self e em sua essência impessoais, uma porção eterna da Divindade voltada para Ele pelo amor e pela adoração de sua personalidade espiritual por seu próprio Infinito, faça de seu ser natural aquilo que ele é destinado a ser, um instrumento das obras, um canal, um poder do Divino. Isso, ele é sempre em sua verdade, mas agora de maneira inconsciente e imperfeita, por causa da natureza inferior, condenado a desfigurar a Divindade pelo seu ego. Faça dele, de maneira consciente e perfeita e sem nenhuma distorção pelo ego, um poder do Divino em Sua suprema natureza espiritual e um veículo de Sua vontade e de Suas obras. Desse modo, você viverá na verdade integral de seu ser e possuirá a união divina integral, o Ioga completo e sem defeito.

"O Supremo é o Purushottama, eterno para além de toda manifestação, infinito além de toda limitação criada pelo Tempo, pelo Espaço ou pela Causalidade ou por qualquer uma de Suas qualidades e de Seus aspectos inumeráveis. Mas isso não significa que em Sua eternidade suprema Ele seja sem relação com tudo o que acontece aqui, separado do mundo e da Natureza, distante de todos esses seres. Ele é o Supremo, inefável Brahman, Ele é o self impessoal, Ele é todas as existências pessoais. O Espírito aqui e a vida e a matéria, a alma e a Natureza e as obras da Natureza são aspectos e movimentos de Sua existência infinita e eterna. Ele é o supremo Espírito transcendente e tudo o que entra na manifestação tem Ele como origem; todos são Suas formas e Seus poderes essenciais. Enquanto self único, aqui Ele permeia tudo, é igual e impessoal no ser humano, no animal, nas coisas e nos objetos e em cada força da Natureza. Ele é a Alma suprema e todas as almas são chamas incansáveis dessa Alma única. Todos os seres vivos são, em suas personalidades espirituais, porções imortais dessa Pessoa única ou Purusha. Ele é o eterno Mestre de toda a existência manifestada, Senhor dos mundos e de suas criaturas. Ele é a origem onipotente de todas as ações, não atado às Suas obras e para Ele vão toda ação, todo esforço, todo sacrifício. Ele está em todos e todos estão n'Ele; Ele se tornou tudo e, contudo, está também acima de tudo e não limitado por Suas criações. Ele é o Divino transcendente, Ele desce como Avatar; manifesta-se por Seu poder no vibhuti; Ele é a Divindade secreta em cada ser humano. Todos os deuses a quem os seres humanos adoram são apenas personalidades, formas, nomes e corpos mentais da Existência Divina única.

"O Supremo manifestou o mundo a partir de sua essência espiritual e em sua existência infinita e se manifestou também de maneira diversificada no mundo. Todas as coisas são Seus poderes e Suas representações e para Seus poderes e Suas representações não há fim, porque Ele mesmo é infinito. Enquanto existência essencial e impessoal, que permeia e contém, Ele anima e sustenta igualmente – e sem nenhuma parcialidade nem preferência, sem nenhum apego a nada nem a ninguém, a nenhum evento ou aspecto – toda essa manifestação infinita no Tempo e no Universo. Esse Self puro e igual não age, mas sustenta de maneira imparcial toda a ação das coisas. E, contudo, é o Supremo, mas enquanto Espírito cósmico e Espírito do Tempo, que quer, conduz e determina a ação do mundo por meio de seu múltiplo poder-de-ser, é esse poder do Espírito que chamamos Natureza. Ele cria, sustenta e destrói Suas criações. Ele está alojado igualmente no coração de cada criatura viva e, de lá, enquanto Poder secreto no indivíduo, não menos que a partir de Sua presença universal no cosmos, Ele cria pela força da Natureza, Ele manifesta uma linha de Seu mistério em qualidade e em energia executiva da natureza, modela cada coisa e cada ser em separado, segundo seu grupo natural e inicia e sustenta toda ação. É essa primeira criação transcendente vinda do Supremo e essa constante manifestação universal e individual d'Ele nas coisas e nos seres, que criam o aspecto complexo do cosmos.

"Esses três estados do Ser Divino existem sempre. Há sempre e para sempre essa autoexistência única, eterna e imutável, que é a base e o suporte das coisas existentes. Há sempre e para sempre esse Espírito mutável na Natureza, manifestado por ela sob a forma de todas essas existências. Há sempre e para sempre esse Divino transcendente que pode ser os dois ao mesmo tempo, ser um puro Espírito silencioso e ao mesmo tempo a alma ativa e a vida dos ciclos do Universo, porque Ele é algo diferente dessa alma ativa e desse Espírito silencioso – e mais do que eles, tomados em separado ou juntos. Em nós se encontra o Jiva, espírito desse Espírito, poder consciente do Supremo. Ele é aquele que leva em seu self mais profundo a totalidade do Divino imanente e, na Natureza, vive no Divino universal –, não uma criação temporária, mas uma alma eterna que age e se move no Self eterno, no eterno Infinito.

"Essa alma consciente em nós pode adotar qualquer um desses três estados do Espírito. O ser humano pode viver aqui na mutabilidade da Natureza, e nisso somente. Ignorante de seu self real, ignorante da Divindade em seu interior, ele conhece apenas a Natureza: a vê como uma Força mecânica que executa e cria e a si mesmo e aos outros como criações dela – egos, existências separadas no universo dela. É assim, superficialmente, que ele vive agora e, enquanto for assim, e até que ele ultrapasse essa consciência exterior e conheça aquilo que está nele, todo o seu pensamento e toda a sua ciência não poderão ser mais do que uma sombra de luz projetada em telas e superfícies. Essa ignorância é possível, e é mesmo imposta, porque a Divindade no interior está escondida pelo véu de Seu próprio poder. Sua realidade maior está perdida para a nossa visão porque se identificou totalmente, sob uma aparência parcial, com Suas criações e Suas imagens e absorveu a mente criada nas operações enganadoras de Sua própria Natureza. E essa ignorância é possível também porque a Natureza real, eterna, espiritual, que é o segredo das coisas em si mesmas, não está manifestada em seus fenômenos exteriores. A Natureza que vemos quando olhamos para fora, a Natureza que age em nossa mente, em nosso corpo e em nossos sentidos é uma Força inferior, uma derivação, uma Maga que cria imagens do Espírito, mas esconde o Espírito em suas imagens, encobre a verdade e faz com que os homens olhem máscaras, uma Força capaz somente de uma soma de valores secundários e condensados, não do poder, da glória e do êxtase e doçura completos da manifestação do Divino. Essa Natureza em nós é uma Maia do ego, um emaranhado das dualidades, um tecido da ignorância e das três gunas. E, enquanto a alma do indivíduo viver no fato superficial da mente, da vida e do corpo e não em seu self e espírito, ele não poderá ver Deus, nem a si mesmo e o mundo como na realidade são, não poderá vencer essa Maia, mas deverá fazer o que puder com os termos e as imagens dela.

"Retirando-se da disposição inferior de sua natureza, na qual os seres humanos vivem atualmente, é possível despertar dessa luz que é uma obscuridade e viver na verdade luminosa da autoexistência eterna e imutável. O indivíduo, então, não estará mais encarcerado na estreita prisão de sua personalidade, não se verá mais como esse pequeno 'eu' que pensa, age, sente e luta e labora por bem pouco. Ele será imerso na impessoalidade vasta e livre do Espírito puro; tornar-se-á o Brahman; saberá que é um com o Self único em todas as coisas. Ele não perceberá mais o ego, não será perturbado pelas dualidades, não mais sentirá a angústia da dor ou os transtornos da alegria, não será mais agitado pelo desejo, não será mais perturbado pelo pecado ou limitado pela virtude. Ou, se as sombras dessas coisas permanecerem, ele as verá e saberá que elas são apenas a Natureza que opera em suas qualidades próprias e não as sentirá como a verdade de seu ser, na qual ele vive. A Natureza apenas age e ela somente elabora suas imagens mecânicas; mas o espírito puro é silencioso, inativo e livre. Calmo, não tocado pelas operações da Natureza, ele as olha com uma igualdade perfeita e sabe que é diferente dessas coisas. Esse estado espiritual traz uma paz e uma liberdade quietas mas não a divindade dinâmica, não a perfeição integral; é uma grande etapa, mas não é o conhecimento integral de Deus e de si mesmo.

"O único meio para chegar à perfeição perfeita é viver no Divino supremo e inteiro. Então, a alma do ser humano se une à Divindade da qual ela é uma porção; então, ela é una com todos os seres no self e no espírito, unida com ambos em Deus e na Natureza; então, ela é não apenas livre mas completa, mergulhada na felicidade suprema, pronta para sua perfeição última. O indivíduo ainda não vê o self como um Espírito eterno e imutável que sustenta de maneira silenciosa todas as coisas; mas também não mais vê a Natureza como uma mera força mecânica que elabora as coisas segundo o mecanismo das gunas, mas como um poder do Espírito e a força de Deus na manifestação. Ele vê que a Natureza inferior não é a verdade mais profunda da ação do espírito; ele se torna consciente de uma profunda natureza espiritual do Divino em que estão contidas a fonte e, ainda a ser realizada, a verdade maior de tudo o que, no momento atual, está representado de maneira imperfeita na vida, na mente e no corpo. Elevado da mente inferior a essa suprema natureza espiritual, nela ele está liberado de todo ego. Ele se conhece como um ser espiritual, uno em sua essência com todas as existências e, em sua natureza ativa, um poder da Divindade única e uma alma eterna do Infinito transcendente. Ele vê tudo em Deus e Deus em tudo; vê que todas as coisas são Vasudeva. Ele está liberado das dualidades da alegria e da dor, do agradável e do desagradável, do desejo e da decepção, do pecado e da virtude. Doravante, tudo, para sua visão e seus sentidos conscientes, é a vontade e a obra do Divino. Ele vive e age enquanto alma e porção da consciência e do poder universais; está preenchido com o deleite divino transcendente, uma Ananda espiritual. Sua ação se torna a ação divina e seu estado é o mais alto estado espiritual.

* *

"Essa é a solução, essa é a salvação, essa é a perfeição que Eu ofereço a todos aqueles que podem escutar uma voz divina dentro de si e são capazes dessa fé e desse conhecimento. Porém, para elevar-se a essa condição preeminente, a primeira necessidade, o passo radical original, é repelir tudo o que pertence à sua Natureza inferior e se fixar, pela concentração da vontade e da inteligência, naquilo que é superior a ambas, à vontade e à inteligência, superior à mente, ao coração, aos sentidos e ao corpo. E, antes de tudo, você deve se voltar para o seu próprio self eterno, imutável, impessoal, que é o mesmo em todas as criaturas. Enquanto viver no ego e na personalidade mental, você girará infindavelmente nos mesmos círculos e aí não pode haver uma verdadeira saída. Dirija sua vontade para o interior, além do coração e seus desejos, dos sentidos e daquilo que os atrai; alce sua vontade para além da mente, suas associações e seus apegos, para além de suas veleidades, pensamentos e impulsos limitados. Chegue àquele algo dentro de você que é eterno, que não muda nunca, calmo, imperturbado, igual, imparcial em relação a todas as coisas, todas as pessoas, todos os eventos, que não é afetado por nenhuma ação, que não é alterado pelas representações da Natureza. Seja isso, seja o eterno self, seja o Brahman. Se você puder se tornar isto por uma experiência espiritual permanente, terá uma base assegurada em que poderá se assentar, liberado das limitações de sua personalidade criada pela mente, ao abrigo de toda diminuição da paz e do conhecimento, livre do ego.

"Assim, impessoalizar seu ser não será possível enquanto você alimentar, acalentar seu ego e se agarrar a ele ou a qualquer coisa que lhe pertença. O desejo e as paixões que nascem do desejo são o sinal e o nó principais do ego. É o desejo que lhe faz continuar a dizer 'eu' e 'meu' e, por um egoísmo persistente, lhe sujeita à satisfação e à insatisfação, preferência e aversão, esperança e desespero, alegria e pesar, aos seus amores e aos seus ódios triviais, à cólera e à paixão, ao seu apego ao sucesso e às coisas agradáveis, à aflição e ao sofrimento diante da derrota e das coisas desagradáveis. O desejo sempre traz a confusão da mente e a limitação da vontade, uma visão egoística e distorcida das coisas, uma falha e um anuviamento do conhecimento. O desejo e suas preferências são, com a violência, a primeira forte raiz do pecado e do erro. Enquanto você acalantar o desejo não poderá haver tranquilidade sem manchas e assegurada, nenhuma luz estabelecida, nenhum conhecimento calmo e puro. Não poderá haver existência justa – pois desejo é uma distorção do espírito – nem fundação firme para um pensamento, uma ação e um sentimento justos. O desejo, se permitirmos que permaneça sob qualquer cor que seja, é uma ameaça perpétua mesmo para o mais sábio e pode, a qualquer instante, de modo sutil ou violento, provocar a queda da mente, mesmo de sua base mais firme e adquirida da maneira mais segura. Desejo é o principal inimigo da perfeição espiritual.

"Mate, então, o desejo, rejeite o apego à posse e à fruição do caráter exterior das coisas. Separe-se de tudo o que vem a você como contatos e solicitações externas, como objetos da mente e dos sentidos. Aprenda a suportar e a rejeitar todo o assalto das paixões e a permanecer abrigado em seu self interior, mesmo quando elas vociferam em seus membros e até que, no final, elas cessem de afetar qualquer parte de sua natureza. Suporte e rejeite do mesmo modo os ataques formidáveis e mesmo os mais leves contatos que possam insinuar alegria ou tristeza. Rejeite a simpatia e a antipatia, destrua a preferência e a raiva, desarraigue o retraimento e a repugnância. Que haja uma calma indiferença em relação a essas coisas e a todos os objetos de desejo em toda a sua natureza. Olhe para eles com o olhar silencioso e tranquilo de um espírito impessoal.

"O resultado será uma igualdade absoluta e o poder de uma calma inabalável que o espírito universal mantém diante de suas criações, sempre voltado para a ação múltipla da Natureza. Olhe tudo com um olhar igual; receba com um coração igual e uma mente igual tudo o que lhe vem, sucesso e fracasso, honra e desonra, a estima e o amor das pessoas assim como seu desprezo, suas perseguições e sua raiva, todos os eventos que, para os demais, seriam uma causa de alegria e todos os eventos que, para os demais, seriam uma causa de tristeza. Olhe todas as pessoas com um olhar igual: os bons e os maus, os sábios e os tolos, o brâmane e o pária, o indivíduo em seu mais alto e todas as criaturas mais insignificantes. Acolha do mesmo modo todas as pessoas, quaisquer que sejam suas relações com você, o amigo e o aliado, o neutro e o indiferente, o oponente e o inimigo, aquele que ama e aquele que odeia. Essas coisas têm a ver com o ego e você é chamado a ser livre do ego. Essas são relações pessoais e você deve observar tudo com o olhar profundo do espírito impessoal. Essas são diferenças temporais e pessoais que você deve ver, mas não ser influenciado por elas, pois não deve se fixar nessas diferenças, mas naquilo que é idêntico em todos, no self único que todos são, no Divino em cada criatura e no modo de funcionar único da Natureza, que é a vontade igual de Deus nos seres humanos, nas coisas, nas energias e nos eventos e em todo esforço, todo resultado, toda consequência, qualquer que seja, do labor do mundo.

"A ação cumprir-se-á ainda em você, porque a Natureza está sempre ao trabalho, mas você deve aprender e sentir que seu self não é o autor da ação. Observe apenas, observe impassível o trabalho da Natureza, o jogo de suas qualidades e a magia das gunas. Observe impassível essa ação em você mesmo; olhe tudo o que se faz ao seu redor e veja que é o mesmo trabalho em outros. Observe que o resultado de suas obras e o das obras deles difere constantemente daquilo que você ou eles desejaram ou tiveram a intenção, que não é o resultado deles e não é o seu, mas que está fixo, de maneira onipotente, por um Poder maior que age e quer aqui na Natureza universal. Observe também, que mesmo a vontade em suas obras não é a sua, mas a da Natureza. É a vontade do sentido do ego em você, e esta é determinada pela qualidade predominante em sua composição, que a Natureza desenvolveu no passado ou, então, que ela traz para a frente no momento atual. Essa vontade depende do jogo de sua personalidade natural e essa formação da Natureza não é sua pessoa verdadeira. Retire-se dessa formação externa e entre em seu self interior silencioso, você verá que, enquanto Purusha, você é inativo, mas a Natureza continua sempre a executar suas obras conforme suas gunas. Se fixe nessa sua inatividade e nessa tranquilidade interiores: não se considere mais como o autor. Permaneça estabelecido em si mesmo, acima do jogo, livre da ação agitada das gunas. Viva em segurança na pureza de um espírito impessoal, viva sem que lhe perturbem as ondas mortais que persistem em seus membros.

"Se puder fazer isso, então você se encontrará elevado em uma grande liberação, uma vasta liberdade e uma paz profunda. Então será consciente de Deus e imortal, possuindo sua autoexistência sem idade, independente da mente, da vida e do corpo, seguro de seu ser espiritual, imperturbado pelas reações da Natureza, sem as manchas da paixão, do pecado, da dor e da tristeza. Então não dependerá, para sua alegria e seu desejo, de nada mortal, exterior ou mundano, mas possuirá de maneira inalienável o deleite autossuficiente de um espírito calmo e eterno. Então você terá cessado de ser uma criatura mental e se tornará espírito ilimitável, o Brahman. E, ao rejeitar de sua mente todo germe de pensamento e toda raiz de desejo, ao rejeitar a imagem do nascimento no corpo poderá, no seu momento final, passar a essa eternidade do self silencioso, concentrando-se no puro Eterno e transferindo de maneira poderosa sua consciência ao Infinito, ao Absoluto.

* *

"Contudo, essa não é toda a verdade do Ioga e esse fim e essa maneira de partir, embora um grande fim e uma grande maneira, não são aquilo que eu lhe proponho. Pois Eu sou o eterno Operário em seu interior e lhe peço obras. Eu lhe demando, não uma aquiescência passiva a um movimento mecânico da Natureza de que você é, em seu self, totalmente separado, indiferente e afastado, mas uma ação completa e divina, executada por você enquanto instrumento voluntário e inteligente do Divino, para Deus em você e nos outros e para o bem do mundo. Essa ação eu lhe proponho primeiro, sem dúvida, como um meio de perfeição na suprema Natureza espiritual, mas também como parte dessa perfeição. A ação é parte do conhecimento integral de Deus, de Sua verdade misteriosa e maior e de uma vida inteiramente vivida no Divino; a ação pode e deve ser continuada mesmo depois que a perfeição e a liberdade forem conquistadas. Eu lhe peço a ação do Jivanmukta, as obras do siddha. Algo deve ser acrescentado ao Ioga já descrito – pois esse foi apenas um primeiro Ioga do conhecimento. Há também um Ioga da ação na iluminação da experiência de Deus; as obras podem tornar-se una em espírito com o conhecimento. Pois as obras executadas em uma total visão de si e de Deus, em uma visão de Deus no mundo e do mundo em Deus são, elas mesmas, um movimento de conhecimento, um movimento de luz, um meio indispensável e uma parte intrínseca da perfeição espiritual.

"Portanto, acrescente agora à experiência de uma alta impessoalidade esse conhecimento, também, que o Supremo, a quem encontramos enquanto Self puro e silencioso pode, do mesmo modo, ser encontrado enquanto Espírito vasto e dinâmico, origem de todas as obras, Senhor dos mundos e Mestre da ação, do esforço e do sacrifício do ser humano. Esse mecanismo da Natureza, que, em aparência, age por ele mesmo, esconde uma Vontade divina imanente que o compele e guia e dá forma a seus propósitos. Mas você não pode sentir nem conhecer essa Vontade enquanto estiver fechado na cela estreita da sua personalidade, cego e acorrentado ao seu ponto de vista que nasce do ego e de seus desejos. Você só poderá responder a isso completamente quando o conhecimento o tornar impessoal e vasto, capaz de ver todas as coisas no self e em Deus e o self e Deus em todas as coisas. Tudo se torna aqui pelo poder do Espírito; todos cumprem suas obras pela imanência de Deus nas coisas e sua presença no coração de cada criatura. O Criador dos mundos não é limitado por suas criações; o Senhor das obras não está amarrado por suas obras; a Vontade divina não está apegada ao seu labor nem aos resultados de seu labor, pois ela é onipotente, possui tudo e conhece a beatitude em tudo. Mas ainda assim, a partir de sua transcendência, o Senhor olha suas criações; ele desce como Avatar; ele está aqui em seu interior; ele governa, do interior, todas as coisas conforme o andamento da natureza delas. E você também deve cumprir as obras n'Ele, à maneira da natureza divina e no andamento da natureza divina, imperturbado pela limitação, pelo apego ou pela servidão. Aja pelo melhor bem de todos, aja para manter o progresso do mundo, para sustentar ou guiar seus povos. A ação que lhe é pedida é a ação do iogue liberado; é o transbordamento espontâneo de uma energia livre que é o bem de Deus, é um movimento equânime, um labor sem egoísmo e sem desejo.

"O primeiro passo nesse caminho livre, nesse caminho igual, nesse caminho divino da ação é desprender-se do apego ao fruto e à recompensa e laborar apenas em benefício da obra a ser feita. Pois você deve sentir em profundidade que os frutos não lhe pertencem, mas ao Mestre do mundo. Consagre seu labor e deixe sua retribuição ao Espírito que se manifesta e se cumpre no movimento universal. O resultado de sua ação é determinado apenas por Sua vontade e, qualquer que seja, boa ou má fortuna, sucesso ou fracasso, o Espírito se serve dele para cumprir Seu propósito no mundo. Que a vontade pessoal e toda a natureza instrumental operem sem desejo algum e de maneira desinteressada, é a primeira regra do Carma-Ioga. Não demande nenhum fruto, aceite todos os resultados que lhes serão dados; aceite-os com igualdade e uma alegria calma: bem-sucedido ou derrotado, próspero ou aflito, continue sem medo, imperturbado e resoluto, na via íngreme da ação divina.

"Esse não é mais que o primeiro passo no caminho. Pois você deve ser não apenas desapegado dos resultados, mas desapegado também de seu labor. Cesse de considerar seu trabalho como seu; assim como você abandonou os frutos de seu trabalho, deve, do mesmo modo, entregar também seu trabalho ao Senhor da ação e do sacrifício. Reconheça que sua natureza determina sua ação; sua natureza governa o movimento imediato de seu *svabhāva* e decide as voltas e o desenvolvimento que expressarão seu espírito nas vias da força executiva da Prakriti. Não faça mais intervir a vontade pessoal que confunde os passos de sua mente ao seguir a via que leva a Deus. Aceite a ação própria à sua natureza. Faça de tudo o que executa – desde o maior esforço e o mais incomum até o menor ato cotidiano –, faça de cada ato de sua mente, cada ato de seu coração, cada ato de seu corpo, de cada tendência interior e exterior, de cada pensamento, vontade e sentimento, de cada passo, cada pausa e cada movimento, um sacrifício ao Mestre de todo sacrifício e de toda tapasya.

"Em seguida, saiba que você é uma eterna porção do Eterno e os poderes de sua natureza nada são sem Ele, nada, senão Sua autoexpressão parcial. É o infinito Divino que se cumpre de maneira progressiva em sua natureza. É o supremo poder-de-ser, é a Shakti do Senhor que modela seu *svabhāva* e nele toma forma. Abandone, então, toda a impressão de que você é o autor da ação; veja o Eterno somente como o autor da ação. Deixe que seu ser natural seja uma ocasião, um instrumento, um canal de poder, um meio de manifestação. Ofereça a Ele sua vontade e faça dela una com Sua vontade eterna: entregue todas as suas ações, no silêncio de seu self e espírito, ao Mestre transcendente de sua natureza. Isso não poderá ser feito de maneira efetiva, nem de maneira perfeita, enquanto houver em você qualquer sentido de ego ou qualquer reivindicação mental ou qualquer protesto vital. A ação executada, por pouco que seja, para o ego ou com laivos do desejo e da vontade do ego não é um sacrifício perfeito. Tampouco essa grande coisa poderá ser feita bem e verdadeiramente executada enquanto houver, em alguma parte, uma desigualdade ou um sinal qualquer de preferência e de recuo ignorantes. Mas quando há uma perfeita igualdade em relação a todas as obras, a todos os resultados, a todas as coisas e a todas as pessoas, um dom de si ao Mais-Alto e não ao desejo ou ao ego, então a Vontade divina determina sem hesitação ou desvio e o Poder divino executa livremente, sem interferência inferior ou reação deturpada, todas as obras, na pureza e na segurança de sua natureza transmutada. Permitir que por seu intermédio a Vontade divina, em sua soberania imaculada, modele todos os seus atos é o mais alto grau de perfeição, que advém quando executamos as obras em Ioga. Isso feito, sua natureza seguirá sua marcha cósmica em uma união completa e constante com o Supremo, expressará o Self mais alto, obedecerá ao Ishvara.

"Essa via das obras divinas é uma liberação bem melhor e uma via e uma solução mais perfeitas do que a renúncia física à vida e às obras. Uma abstenção física não é de todo possível e, na medida em que for possível, não é indispensável à liberdade do espírito; ademais, é um exemplo perigoso, pois exerce uma influência enganadora sobre as pessoas comuns. Os melhores, os maiores estabelecem a norma que o resto da humanidade se esforça para seguir. Então, visto que a ação é a natureza do espírito encarnado, visto que as obras são a vontade do eterno Operário, os grandes espíritos, as mentes superiores, devem estabelecer esse exemplo. Eles devem ser operários universais, executando todas as obras do mundo sem reserva, operários divinos livres, felizes e sem desejo, almas e natureza liberadas.

❊❊

"A mente de conhecimento e a vontade de ação não são tudo; há em você um coração que demanda o deleite. Aqui também, no poder e na iluminação do coração, em sua demanda pelo deleite, pela satisfação da alma, é preciso mudar sua natureza, transformá-la e elevá-la a um êxtase único, consciente, com o Divino. O conhecimento do self impessoal traz sua própria Ananda; há uma alegria da impessoalidade, uma singeleza da alegria do espírito puro. Porém, um conhecimento integral traz um maior deleite, triplo. Ele abre os portões da beatitude do Transcendente; dá a liberdade no deleite sem limites de uma impessoalidade universal; descobre o enlevo de toda essa manifestação múltipla – pois há uma alegria do Eterno na Natureza. Essa Ananda no Jiva, uma porção do Divino aqui, toma a forma de um êxtase fundamentado na Divindade que é a fonte dele, do Jiva, seu self supremo, e fundamentado no Mestre de sua existência. Completos, o amor e a adoração a Deus estendem-se e se tornam um amor pelo mundo, por todas as suas formas, poderes e criaturas; em todos o Divino é visto, encontrado, adorado, servido ou sentido na unidade. Acrescente ao conhecimento e às obras essa coroa do eterno deleite triuno; admita esse amor, aprenda essa adoração; faça dela uma coisa do mesmo espírito que as obras e o conhecimento. Esse é o ápice da perfeição perfeita.

"Esse Ioga do amor lhe dará uma mais alta força potencial para a vastidão, a unidade e a liberdade espirituais. Mas esse deve ser um amor que é uno com o conhecimento de Deus. Há uma devoção que busca Deus no sofrimento, para obter consolação, socorro e salvação; há uma devoção que O busca por suas dádivas, para a ajuda e a proteção divinas e como uma fonte para a satisfação de desejos; há uma devoção que, embora ignorante, se volta para Ele em busca de luz e conhecimento. E enquanto formos limitados por essas formas, poderá persistir, mesmo em seu mais alto e em sua mais nobre orientação em direção a Deus, o modo de funcionar das três gunas. Mas, quando o amante de Deus é também aquele que conhece Deus, o amante torna-se um com o Bem-Amado, porque ele é o eleito do Mais--Alto, o eleito do Espírito. Desenvolva em você esse amor inteiramente absorto em Deus; espiritualizado, elevado mais além das limitações de sua natureza inferior, o coração lhe revelará da maneira mais íntima os segredos do ser imensurável de Deus, fará penetrar em você todo o toque, todo a afluência, toda a glória de Seu poder divino e lhe abrirá os mistérios do êxtase eterno. É o amor perfeito que é a chave para um conhecimento perfeito.

"Esse amor de Deus integral demanda também um trabalho integral pelo Divino em você mesmo e em todas as criaturas. O indivíduo comum executa as obras para obedecer a algum desejo pecador ou virtuoso, a algum impulso vital baixo ou alto, a alguma escolha mental comum ou exaltada, ou por algum motivo em que se misturam a mente e o vital. Mas o trabalho executado por você deve ser livre e sem desejo; o trabalho feito sem desejo não cria reação e não impõe sujeição. Executado em uma igualdade perfeita, em uma calma e uma paz imperturbáveis, mas sem nenhuma paixão divina, ele é, primeiro, o jugo maravilhoso de uma obrigação espiritual, *kartavyaṁ karma*, depois, a elevação de um divino sacrifício; em seu cume, o trabalho pode ser a expressão de uma aquiescência calma e feliz em uma unidade ativa. A unidade no amor fará muito mais: ela substituirá a calma impassível do início por um enlevo poderoso e profundo, não o ardor trivial do desejo egoísta, mas o oceano de uma Ananda infinita. Ela introduzirá em suas obras o sentido comovente, a paixão pura e divina da presença do Bem Amado; e haverá uma alegria persistente no labor para Deus em você mesmo e para Deus em todos os seres. Amor é a coroa das obras e a coroa do conhecimento.

"Esse amor que é o conhecimento, esse amor que pode ser o coração profundo de sua ação, será sua força mais eficaz para uma consagração absoluta e uma completa perfeição. Uma união integral do ser do indivíduo com o Ser Divino é a condição de uma perfeita vida espiritual. Volte-se, então, inteiramente, em direção ao Divino; faça que toda a sua natureza seja una com Ele pelo conhecimento, pelo amor e pelas obras. Volte em Sua direção, inteiramente, sua mente, seu coração e sua vontade, toda a sua consciência e até mesmo seus sentidos e seu corpo e os entregue sem relutar em Suas mãos. Deixe sua consciência ser soberanamente modelada por Ele em um molde sem defeito de Sua consciência divina. Deixe seu coração se tornar um coração claro ou flamejante do Divino. Deixe sua vontade ser uma ação impecável de Sua vontade. Deixe seus sentidos e seu corpo serem eles mesmos, a sensação extática e o corpo extático do Divino. Adora-O e cumpra o sacrifício a Ele com tudo o que você é; lembre-se d'Ele em cada pensamento e sentimento, em cada impulso e em cada ato. Persevere até que todas essas coisas sejam inteiramente d'Ele e que, pela Sua constante presença transmutadora, Ele ocupe as coisas mais comuns e as mais exteriores, tanto quanto a câmara mais interior e mais sagrada de seu espírito.

✻✻

"Essa via triuna é o meio pelo qual você poderá sair inteiramente de sua natureza inferior e se elevar à sua suprema natureza espiritual. Essa é a Natureza escondida supraconsciente, na qual o Jiva, uma porção do alto Infinito, do Divino e, intimamente, um na lei de ser com Ele, habita em Sua verdade e não mais em uma Maia exteriorizada. É possível fruir essa perfeição, essa unidade, em seu estado original mantendo-se a distância, em uma suprema existência supracósmica: mas você pode e deve realizá-las aqui também, aqui no corpo humano e no mundo físico. Para isso, não basta ser calmo, inativo e livre das gunas no self interior e observar e permitir com indiferença sua ação mecânica nos membros exteriores. Pois a natureza ativa, assim como o self, deve ser dada ao Divino e se tornar divina. Tudo o que você é deve crescer em uma única lei de ser com o Purushottama, *sādharmya*; tudo deve ser mudado em Meu devenir espiritual consciente, *mad-bhāva*. Uma entrega completa é necessária. Tome refúgio em Mim de todas as múltiplas maneiras e conforme a todas as linhas vivas de sua natureza, pois somente isso trará essa grande mudança e essa perfeição.

"Essa grande consumação do Ioga resolverá de imediato ou, antes, removerá e destruirá por completo, em suas raízes, o problema da ação. A ação humana é uma coisa cheia de dificuldades e perplexidades, emaranhada e confusa como uma floresta com algumas trilhas, mais ou menos obscuras, abertas nela, antes que a atravessando; mas toda essa dificuldade e todo esse emaranhado nasce do único fato de que o indivíduo vive prisioneiro na ignorância de sua natureza mental, vital e física. Ele é compelido por suas qualidades e, no entanto, sofre com a responsabilidade que está em sua vontade, porque algo nele sente que ele é uma alma que deveria ser o que agora ele não é de modo algum ou muito pouco: o mestre e o soberano de sua natureza. Todas as suas leis de vida, todos os seus darmas, nessas condições, só podem ser imperfeitos, temporários, provisórios e, no melhor dos casos, apenas parcialmente justos ou verdadeiros. Suas imperfeições só poderão cessar quando ele conhecer a si mesmo, quando conhecer a real natureza do mundo no qual vive e, acima de tudo, conhecer o Eterno de onde ele vem e em quem e para quem ele existe. Quando ele conseguir alcançar uma verdadeira consciência e um verdadeiro conhecimento, não haverá mais nenhum problema; pois então ele agirá de maneira livre a partir de si mesmo e viverá espontaneamente em acordo com a verdade de seu espírito e de sua natureza mais alta. Em seu máximo, na altura maior desse conhecimento, não será mais ele quem agirá, mas o Divino, o Um eterno e infinito que agirá nele e por meio dele, em sua sabedoria, seu poder e sua perfeição liberados.

"Em seu ser natural o ser humano é uma criatura sátvica, rajásica e tamásica da Natureza. Segundo qual dessas qualidades predomine, ele faz e segue essa ou aquela lei para sua vida e sua ação. Sua mente tamásica, material e de sensação, sujeita à inércia, ao medo e à ignorância, ou obedece parcialmente à compulsão de seu meio e parcialmente aos impulsos espasmódicos de seus desejos, ou encontra uma proteção em seguir por rotina uma inteligência obtusa e costumeira. A mente rajásica de desejo se debate com o mundo em que vive e tenta sempre possuir novas coisas, comandar, combater, conquistar, criar, destruir, acumular. Sempre, ela vai adiante, a debater-se entre o sucesso e o fracasso, a alegria e a tristeza, a exultação e o desespero. Mas em tudo, qualquer lei que possa parecer admitir, ela segue, na verdade, apenas a lei do self inferior e do ego, da mente sem sossego, incansável, de natureza asúrica ou rakshásica, que devora a si mesma e devora tudo. A inteligência sátvica supera parcialmente esse estado, vê que uma lei melhor que a do desejo e do ego deve ser seguida, erige e impõe a si mesma uma regra social, ética, religiosa, um darma, um shastra. Isso é o mais alto que a mente comum do ser humano pode ir para erigir um ideal ou uma regra prática para a guiança da mente e da vontade, e os observar da maneira mais fiel possível na vida e na conduta. Essa mente sátvica deve ser desenvolvida até seu ponto mais alto, onde ela consegue se desembaraçar por completo da mistura dos motivos do ego e observar o darma por si mesmo, como ideal impessoal, social, ético ou religioso, como a coisa a ser feita de maneira desinteressada, pela única razão que ela é a coisa justa, *kartavyaṁ karma.*

"A verdade real de toda essa ação da Prakriti é, contudo, menos exteriormente mental e mais interiormente subjetiva. Isso quer dizer que o ser humano é uma alma encarnada, involuída na natureza material e mental e que, nela, ele segue, para desenvolver-se, uma lei progressiva determinada por uma lei interior de seu ser; a inclinação de seu espírito estabelece a inclinação de sua mente e de sua vida, seu *svabhāva*. Cada indivíduo tem um *svadharma*, uma lei de seu ser interior que ele deve observar, descobrir e seguir. A ação determinada por sua natureza interior – é esse seu verdadeiro dharma. Segui-lo é a verdadeira lei de seu desenvolvimento; desviar-se dele é introduzir a confusão, o retardo e o erro. Essa lei e esse ideal sociais, éticos, religiosos ou outros são sempre melhores para ele e o ajudam a observar e seguir até o fim seu *svadharma*.

"Contudo, toda essa ação está, no melhor dos casos, sujeita à ignorância da mente e ao jogo das gunas. Somente quando a alma do indivíduo encontra a si mesma é que ele pode exceder sua consciência e suprimir dela a ignorância e a confusão das gunas. É verdade que, mesmo quando você se encontrou e vive em seu self, sua natureza continuará ainda em suas antigas linhas e agirá por algum tempo segundo seus modos inferiores. Mas você pode seguir agora essa ação com um perfeito autoconhecimento e fazer dela um sacrifício ao Mestre de sua existência. Siga, então, a lei de seu *svadharma*, cumpra a ação requirida por seu *svabhāva*, qualquer que ela seja. Rejeite todo motivo egoístico, todo começo a partir da vontade pessoal, todo o domínio do desejo, até que possa fazer a completa entrega de todos os modos de seu ser ao Supremo.

"E quando você for capaz de fazê-lo de maneira sincera, será o momento de renunciar àquilo que dá início às suas ações, sem exceção, e o deixar nas mãos da Divindade suprema em seu interior. Então, estará liberado de todas as leis de conduta, liberado de todos os darmas. O Poder e a Presença divinos em você o liberarão do mal e do pecado e o elevará muito acima das normas humanas de virtude. Pois você viverá e agirá na justiça e pureza absolutas e espontâneas do ser espiritual e da natureza divina. O Divino, e não você, cumprirá Sua vontade e Suas obras por meio de você, não para seu prazer e desejo pessoais, mas para o propósito cósmico, para seu bem divino e para o bem manifesto ou secreto, de todos. Inundado de luz, você verá a forma da Divindade no mundo e nas obras do Tempo, conhecerá seu propósito e executará seu comando. Enquanto instrumento, sua natureza receberá somente Sua vontade, qualquer que ela possa ser, e você a executará sem questões, porque, em cada começo de seus atos virão do alto e de seu interior, um conhecimento imperativo e uma aceitação iluminada da sabedoria divina e do que ela representa. A batalha será do Divino, d'Ele a vitória, d'Ele o império.

"Essa será sua perfeição no mundo e no corpo e, mais além desses mundos do nascimento temporal, a supraconsciência eterna e suprema será sua e você habitará para sempre no mais alto estado do Espírito Supremo. Os ciclos da encarnação e o medo da mortalidade não lhe afligirão; pois aqui na vida você haverá realizado a expressão da Divindade e sua alma, embora tenha descido na mente e no corpo, viverá já na vasta eternidade do Espírito.

"Esse, então, é o supremo movimento, essa completa entrega de todo o seu self e de toda a sua natureza, esse abandono de todos os darmas ao Divino, que é o seu Self mais alto, essa aspiração absoluta de todos os seus membros à suprema natureza espiritual. Se puder realizar isso uma vez, seja no início, seja bem mais tarde no caminho, então, quem quer que você seja ou que tenha sido em sua natureza exterior, seu caminho é seguro e sua perfeição inevitável. Uma Presença suprema dentro de você se encarregará de seu Ioga e o conduzirá prontamente, segundo as linhas de seu *svabhāva*, à sua consumação perfeita. E, mais tarde, qualquer que seja seu gênero de vida e seu modo de ação, você viverá e agirá conscientemente, agindo e se movendo n'Ele, e o Poder Divino agirá por meio de você em todos os seus movimentos interiores e exteriores. Esse é o supremo caminho, porque é o mais alto segredo e o mais alto mistério e, ainda assim, é um movimento interior que todos podem realizar de maneira progressiva. Esta é a verdade mais profunda e mais íntima de sua existência real, de sua existência espiritual."

FIM DOS ENSAIOS SOBRE A GĪTĀ